Besgen/Prinz
Handbuch Internet.Arbeitsrecht

AnwaltsPraxis

Handbuch Internet.Arbeitsrecht

Rechtssicherheit bei Nutzung, Überwachung und Datenschutz

3. Auflage 2013

Herausgegeben von

Rechtsanwalt, Fachanwalt für Arbeitsrecht
Dr. Nicolai Besgen, Bonn
und
Rechtsanwalt
Thomas Prinz, Berlin

Deutscher**Anwalt**Verlag

Zitiervorschlag:
Besgen/Prinz, Internet.ArbR, § 1 Rn 1

Anregungen und Kritik zu diesem Werk senden Sie bitte an
kontakt@anwaltverlag.de
Autoren und Verlag freuen sich auf Ihre Rückmeldung.

Copyright 2013 by Deutscher Anwaltverlag, Bonn
Satz: Reemers Publishing Services, Krefeld
Druck: Hans Soldan Druck GmbH, Essen
Umschlaggestaltung: gentura, Holger Neumann, Bochum
ISBN 978-3-8240-1111-7

Bibliografische Information der Deutschen Nationalbibliothek
Die Deutsche Nationalbibliothek verzeichnet diese Publikation in der Deutschen
Nationalbibliografie; detaillierte bibliografische Daten sind im Internet über
http://dnb.d-nb.de abrufbar.

Vorwort

Die Nutzung von Informations- und Kommunikationsmitteln in Betrieb und Unternehmen, der Einsatz von Internet, E-Mail, Mobiltelefon und Smartphone birgt eine Vielzahl arbeits- und datenschutzrechtlicher Problemstellungen und Besonderheiten und steht bereits seit längerem auch im Fokus rechtspolitischer Diskussionen. Der Entwurf eines Gesetzes zur Regelung des Beschäftigtendatenschutzes im Bundesdatenschutzgesetz ist in den Koalitionsfraktionen seit über einem Jahr umstritten. Die Europäische Kommission hat zudem zu Anfang des Jahres den Entwurf einer europäischen Datenschutzverordnung vorgelegt, der bei seiner Umsetzung auch Auswirkungen auf den Arbeitnehmerdatenschutz hätte.

Die besonderen arbeitsrechtlichen Problemfelder werden Arbeitgeber und Arbeitnehmer oft erst bewusst, wenn eine Störung innerhalb des Arbeitsverhältnisses vorliegt, wenn z.B. der Arbeitgeber eine Kündigung wegen einer missbräuchlichen Nutzung des betriebseigenen Internetanschlusses aussprechen möchte. Oft nehmen die Parteien erst in diesem Moment zur Kenntnis, dass klare Regelungen zur Internet- und E-Mail-Nutzung im Arbeitsvertrag fehlen. Immer wieder stellt sich insbesondere der Arbeitgeber die Frage, wie er die Nutzung von Internet und E-Mail kontrollieren kann und in welchem Umfang er dies darf. Ein beliebter Streitpunkt ist die Frage, inwieweit dem Betriebsrat moderne Informations- und Kommunikationsmittel zur Verfügung zu stellen sind. Auch moderne Arbeitsformen wie Telearbeit, Desk-Sharing und grenzüberschreitende „Internetarbeitsverhältnisse" sind Herausforderungen für die Gestaltung des Arbeitsvertrages. Außerdem bietet der technische Fortschritt immer wieder neue Instrumente, wie GPS (Global Positioning System), RFID (Radio Frequency Identification) oder biometrische Zugangskontrollen, die im Arbeitsverhältnis eine Rolle spielen können.

Der arbeitsrechtliche Berater muss sich dabei die erforderlichen Informationen in den Bereichen des Arbeits-, Arbeitsschutz-, Datenschutz- und Steuerrechts aus einer nahezu unüberschaubaren Fülle unterschiedlicher allgemeiner und spezieller arbeitsrechtlicher Quellen zusammenstellen. Bei dieser Beratungsleistung soll das in dritter Auflage umfassend aktualisierte Werk Unterstützung liefern. In einer systematischen Darstellung, die sich nicht an einzelnen Rechtsquellen orientiert, sondern an den praktischen Anwendungsfeldern, sollen sämtliche Fragen der Einführung moderner Kommunikationsmittel, der Kontrollmöglichkeiten bei der Anwendung und des dabei relevanten Datenschutzes, Fragen der Haftung und des Arbeitsschutzes, der Telearbeit sowie des grenzüberschreitenden Datenverkehrs praxisgerecht beantwortet werden. Die Neuauflage verzichtet zwecks besserer Handhabbarkeit auf eine gesonderte Darstellung des Datenschutzes und integriert die datenschutzrechtlichen Fragestellungen in den jeweiligen Kapiteln. Umfassend erläutert werden zudem die lohn- und einkommensteuerrechtlichen Aspekte bei der Nutzung moderner Kommunikationseinrichtungen durch den Arbeitnehmer. Neu aufgenommen wurde ein Kapitel zur Nutzung von Social Media im Arbeitsverhältnis, weil die damit zusammenhängenden Fragestellungen und Gestaltungsmöglichkeiten ständig zunehmen.

Ein besonderes Augenmerk wird auf die Rechtsprechung gelegt, die zwar noch bei weitem nicht so ausgeprägt ist wie in vielen anderen Bereichen des Arbeitsrechts, sich aber mit einer ständig steigenden Zahl von Fällen befassen muss, die die Nutzung moderner Informations- und Kommunikationseinrichtungen im Zusammenhang mit dem Arbeitsverhältnis betreffen. Checklisten und Formulierungsmuster helfen bei der praktischen Umsetzung in die arbeits- und datenschutzrechtliche Beratung.

Bonn/Berlin, im August 2012

Nicolai Besgen

Thomas Prinz

Inhaltsübersicht

Inhaltsverzeichnis

Autorenverzeichnis

Dr. Nicolai Besgen
Rechtsanwalt und Fachanwalt für Arbeitsrecht, Bonn

Dr. Stephan Dornbusch
Rechtsanwalt und Fachanwalt für Steuerrecht und für
Gewerblichen Rechtsschutz, Bonn

Verena Fausten
Rechtsanwältin und Fachanwältin für Arbeitsrecht, Bonn

Prof. Dr. Richard Giesen
Direktor des Zentrums für Arbeitsbeziehungen und
Arbeitsrecht (ZAAR), Ludwig-Maximilians-Universität München

Ebba Herfs-Röttgen
Rechtsanwältin und Fachanwältin für Arbeitsrecht, Bonn

Dr. Jan H. Lessner-Sturm
Rechtsanwalt, Düsseldorf

Dr. Stephan Osnabrügge
Rechtsanwalt und Fachanwalt für Arbeitsrecht, Bonn

Dr. Stephan Pauly
Rechtsanwalt und Fachanwalt für Arbeitsrecht, Bonn

Thomas Prinz
Rechtsanwalt, Berlin

Prof. Dr. Oliver Ricken
Lehrstuhl für Bürgerliches Recht, Arbeitsrecht und Sozialrecht, Universität Bielefeld

Anja Schumacher
Rechtsanwältin und Fachanwältin für Arbeitsrecht, Bonn

Michael Werner
Rechtsanwalt und Fachanwalt für Arbeits- und für Sozialrecht, Köln

Sebastian Witt
Rechtsanwalt und Fachanwalt für Arbeitsrecht, Bonn

Literaturverzeichnis

I. Kommentare, Handbücher, Monographien

AnwaltKommentar Arbeitsrecht, 2. Auflage 2010 (zit. AnwK-*Bearb.*)

Beck'scher Online-Kommentar, Arbeitsrecht, Stand 1.12.2011 (zit.: BeckOK-*Bearb.*)

Beck'scher TKG-Kommentar, 3. Auflage 2006 (zit.: Beck'scher TKG-Kommentar-*Bearb.*)

Besgen/Kade, Kündigungsschutz in der anwaltichen Praxis, Handbuch, 1. Auflage 2007

Blanke/Schüren/Wank/Wedde (Hrsg.), Neue Beschäftigungsformen: Teilzeitarbeit, Telearbeit, Fremdfirmenpersonal, Franchiseverhältnisse, 2002

Borges, Verträge im elektronischen Geschäftsverkehr, 2003

Brecht, Kommentar zum Heimarbeitsgesetz, 1977

Bücker/Feldhoff/Kohte, Vom Arbeitsschutz zur Arbeitsumwelt, 1994

Däubler, Gläserne Belegschaften?, 5. Auflage 2009

Däubler, Internet und Arbeitsrecht, 3. Auflage 2004

Däubler/Kittner/Klebe, Kommentar zum Betriebsverfassungsgesetz, 13. Auflage 2011

Dammann/Simitis, Kommentar zur EG-Datenschutzrichtlinie, 1997

Dörner/Luczak/Wildschütz, Handbuch Arbeitsrecht, 9. Auflage 2011 (zit.: DLW-*Bearb.*)

Draf, Die Regelung der Übermittlung personenbezogener Daten in Drittländer nach Art. 25, 26 der EG-Datenschutzrichtlinie, 1999

Ehmann/Helfrich, Kommentar zur EG-Datenschutzrichtlinie, 1999

Elschner, Rechtsfragen der Internet- und E-Mail-Nutzung am Arbeitsplatz, 2004

Engel, Reichweite und Umsetzung des Datenschutzes gemäß der Richtlinie 95/46/EG für aus der Europäischen Union in Drittländer exportierte Daten am Beispiel der USA, 2003

Erfurter Kommentar zum Arbeitsrecht, 12. Auflage 2012 (zit.: ErfK-*Bearb.*)

Erler, Die private Nutzung neuer Medien am Arbeitsplatz, 2003

Erman, Kommentar zum Bürgerlichen Gesetzbuch, 13. Auflage 2011 (zit.: Erman-*Bearb.*)

Fenski, Außerbetriebliche Arbeitsverhältnisse, 2. Auflage 2000

Fitting/Engels/Schmidt/Trebinger/Linsenmaier, Kommentar zum Betriebsverfassungsgesetz, 26. Auflage 2012 (zit.: *Fitting u.a.*)

Flüter-Hoffmann/Kowitz, Erfolgreiche Einführung von Telearbeit – Beratungshilfen für Unternehmen, 2002

Gemeinschaftskommentar zum Betriebsverfassungsgesetz, 9. Auflage 2010 (zit.: GK-BetrVG-*Bearb.*)

Godehardt/Worch/Förster, Teleworking: so verwirklichen Unternehmen das Büro der Zukunft; [geeignete Arbeitsbereiche auswählen, Telearbeitsplätze richtig ausstatten, Effizienzpotentiale erschließen, Mitarbeiter aus der Ferne führen; mit Musterverträgen], 1996

Gola/Müthlein, Kommentar zum Teledienstgesetz/Teledienstdatengesetz, 2000

Gola/Schomerus, Kommentar zum Bundesdatenschutzgesetz, 10. Auflage 2010

Gola/Wronka, Handbuch zum Arbeitnehmerdatenschutz, 5. Auflage 2009

Gummert/Trapp (Hrsg.), Neue Medien im Steuerrecht, 2001 (zit.: Gummert/Trapp-*Bearb.*)

Hanau/Hoeren, Private Internetnutzung durch Arbeitnehmer, 2003

Hanau/Steinmeyer/Wank, Handbuch des europäischen Arbeits- und Sozialrechts, 2002 (zit.: Hanau/Steinmeyer/Wank-*Bearb.*)

Handkommentar Bürgerliches Gesetzbuch, 7. Auflage 2011 (zit.: Hk-BGB-*Bearb.*)

Henssler/Willemsen/Kalb (Hrsg.), Arbeitsrecht Kommentar, 5. Auflage 2012 (zit.: HWK-*Bearb.*)

Hess/Schlochauer/Worzalla/Glock, Kommentar zum Betriebsverfassungsgesetz, 8. Auflage 2011 (zit.: Hess u.a.-*Bearb.*)

Heun (Hrsg.), Handbuch zum Telekommunikationsrecht, 2. Auflage 2007 (zit.: Heun-*Bearb.*)

Hobert, Datenschutz und Datensicherheit im Internet, 2. Auflage 2000

Hoeren, Grundzüge des Internetrechts, 2. Auflage 2002

Hoeren/Sieber (Hrsg.), Handbuch Multimedia-Recht, Ergänzungslieferung 31, Stand März 2012 (zit.: Hoeren/Sieber-*Bearb.*)

Hümmerich, Arbeitsrecht, Formularbuch, 7. Auflage 2011

Hümmerich/Reufels, Gestaltung von Arbeitsverträgen, 2. Auflage 2011

Hümmerich/Spirolke (Hrsg.), Das arbeitsrechtliche Mandat, 6. Auflage 2012 (zit.: Hümmerich/Spirolke-*Bearb.*)

Jacob, Datenübermittlungen in Drittländer nach der EU-Richtlinie, in: *Büllesbach*, Alfred (Hrsg.), Datenverkehr ohne Datenschutz? Eine globale Herausforderung, 1999

Jarass/Pieroth, Kommentar zum Grundgesetz, 11. Auflage 2011

Kaminski/Henssler/Kolaschnik/Papathoma-Baetge, Rechtshandbuch E-Business, 2002 (zit.: Kaminski u.a.-*Bearb.*)

Kammerer, Personalakte und Abmahnung, 3. Auflage 2001

Kasseler Kommentar Sozialversicherungsrecht, Ergänzungslieferung 73 (zit.: Kasseler Kommentar Sozialversicherungsrecht-*Bearb.*)

Kazemi/Leopold, Datenschutzrecht in der anwaltlichen Beratung, 2011

Kilian/Heussen, Computerrechts-Handbuch, 30. Auflage 2012, Stand September 2011

Kirchhof, KompaktKommentar EStG, 9. Auflage 2010 (zit.: Kirchhof-*Bearb.*)

Kollmer/Klindt (Hrsg.), Kommentar zum Arbeitsschutzgesetz, 2. Auflage 2011 (zit.: Kollmer-*Bearb.*)

Korinth, Einstweiliger Rechtsschutz im Arbeitsgerichtsverfahren, 2. Auflage 2007

Küttner (Hrsg.), Personalbuch 2012, 19. Auflage 2012

Lammeyer, Telearbeit, 2007

Landmann/Rohmer, Gewerbeordnung und ergänzende Vorschriften, Band II, 59. Ergänzungslieferung, Stand: September 2001

Münchener Handbuch zum Arbeitsrecht, hrsg. v. Richardi/Wissmann/Wlotzke/Oetker, Bd. 1 und 2, 3. Auflage 2009 (zit.: MüHdbArbR-*Bearb.*)

MüKo zum Bürgerlichen Gesetzbuch, Bd. 6 Sachenrecht, 5. Auflage 2009 (zit.: MüKo-*Bearb.*)

MüKo zum Strafgesetzbuch, Bd. 3, 2. Auflage 2012 (zit.: MüKo-*Bearb.*)

Neuerhauser, Cui bono? – Kollektivrechtliche Vereinbarungen zur Telearbeit, (Diss.), 2010

Otto/Schwarze, Die Haftung des Arbeitnehmers, 3. Auflage 1998

Palandt, Kommentar zum Bürgerlichen Gesetzbuch, 71. Auflage 2012

Pauly/Osnabrügge, Handbuch Kündigungsrecht, 3. Auflage 2010 (zit.: Handbuch Kündigungsrecht-*Pauly/Osnabrügge*)

Preis (Hrsg.), Der Arbeitsvertrag, 4. Auflage 2011

Preis (Hrsg.), Innovative Arbeitsformen, 2005 (zit.: Preis-*Bearb.*, Innovative Arbeitsformen)

Richardi (Hrsg.), Kommentar zum Betriebsverfassungsgesetz mit Wahlordnung, 13. Auflage 2012 (zit.: Richardi-*Bearb.*)

Roßnagel (Hrsg.), Handbuch Datenschutzrecht, 2003 (zit.: Roßnagel-*Bearb.*)

Schaar, Datenschutz im Internet, 2002

Schaffland/Wiltfang, Kommentar zum Bundesdatenschutzgesetz, Stand 2011

Schaub, Arbeitsrechts-Handbuch, 14. Auflage 2011 (zit.: Schaub-*Bearb.*, ArbRHdb)

Schiffer/von Schubert (Hrsg.), Recht, Wirtschaft und Steuern im E-Business, 2002

Schmidt (Hrsg.), Kommentar zum Einkommensteuergesetz, 31. Auflage 2012

Schmidt/Koberski/Tiemann/Wascher, Kommentar zum Heimarbeitsgesetz, 4. Auflage 1998 (zit.: *Schmidt u.a.*, Heimarbeitsgesetz)

Schönke/Schröder, Kommentar zum Strafgesetzbuch, 28. Auflage 2010

Schwab/Weth (Hrsg.), Kommentar zum Arbeitsgerichtsgesetz, 3. Auflage 2011

Simitis (Hrsg.), Kommentar zum Bundesdatenschutzgesetz, 6. Auflage 2006 (zit.: Simitis-*Bearb.*)

Spindler/Schmitz/Geis, Kommentar zum Teledienstegesetz, Teledienstedatenschutzgesetz und Signaturgesetz, 2004

Stahlhacke (Hrsg.), fortgeführt von Leinemann, Handbuch zum Arbeitsrecht, Ergänzungslieferung 358, Stand Dezember 2011 (zitiert: HzA-Bearbeiter)

Staudinger, Kommentar zum Bürgerlichen Gesetzbuch, Buch III (§§ 854–882), 2007

Thüsing, Arbeitnehmerdatenschutz und Compliance, 2010

Tinnefeld/Ehmann/Gerling, Einführung in das Datenschutzrecht, 4. Auflage 2004

Fischer, Kommentar zum Strafgesetzbuch, 59. Auflage 2011

Wank, Arbeitnehmer und Selbstständige, 1988

Wank, Telearbeit, AR-Blattei, Bd. 5, 1997

Wedde, Telearbeit: Arbeitsrecht-Sozialrecht-Datenschutz, 2002

Weißgerber, Arbeitsrechtliche Fragen bei der Einführung und Nutzung vernetzter Computerarbeitsplätze, 2003

Wuermeling, Handelshemmnis Datenschutz, 2000

Wybitul, Handbuch für Datenschutz im Unternehmen, 2011

Zöller, Kommentar zur Zivilprozessordnung, 29. Auflage 2011

II. Aufsätze

Altenburg/von Reinersdorff/Leister, Betriebsverfassungsrechtliche Aspekte der Telekommunikation am Arbeitsplatz, MMR 2005, 222

Altenburg/von Reinersdorff/Leister, Telekommunikation am Arbeitsplatz, MMR 2005, 135

Bahnsen, Schriftform nach § 14 IV TzBfG – die neue Befristungsfalle für Arbeitgeber, NZA 2005, 676

Balke/Müller, Arbeitsrechtliche Aspekte beim betrieblichen Einsatz von e-mails, DB 1997, 326

Barton, E-Mail-Kontrolle durch Arbeitgeber, CR 2003, 839

Barton/Weißnicht, Online-Überwachung im Unternehmen – Ein Überblick über die Rechtslage in Frankreich, MMR 2008, 149

Bauer/Krieger/Powietzka, Erstes BAG-Urteil nach der „Junk"-Entscheidung des EuGH – Endlich: Klarheit bei Massenentlassungen?, DB 2005, 1570

Becker-Schaffner, Die Nutzung von Firmenfahrzeugen bei Beendigung des Arbeitsverhältnisses, DB 1993, 2078

Beckschulze, Internet-, Intranet- und E-Mail-Einsatz am Arbeitsplatz, DB 2003, 2777; 2007, 1526; 2009, 2097

Beckschulze, Nutzung von Internet und Intranet durch den Betriebsrat, SAE 2005, 131

Beckschulze/Henkel, Der Einfluss des Internets auf das Arbeitsrecht, DB 2001, 1491

Behling, Compliance versus Fernmeldegeheimnis, BB 2010, 892

Bengelsdorf, Die Anwendbarkeit der §§ 14 IV, 21 TzBfG auf die Weiterbeschäftigungsverhältnisse während eines Kündigungsschutzverfahrens, NZA 2005, 277

Berger, Beweisführung mit elektronischen Dokumenten, NJW 2005, 1016

Besgen, D., Anspruch des Betriebsrats auf sächliche Mittel, Räume und Büropersonal, AiB 1987, 150

Besgen, N., Die Mitbestimmung des Betriebsrats bei der Einführung von Internet und E-Mail, B+P 2001, 360

Besgen, N., Anspruch des Betriebsrats auf Räume, Sach- und moderne Kommunikationsmittel sowie Büropersonal, B+P 2004, 93

Besgen, N., Moderne Kommunikationseinrichtungen für den Betriebsrat – Sachmittelanspruch nach § 40 Abs. 2 BetrVG, B+P 2006, 19

Besgen, N., BlackBerry und Homepage für den Betriebsrat?, NZA 2006, 959

Bier, Internet und E-Mail am Arbeitsplatz, DuD 2004, 277

Bissels/Lützeler/Wisskirchen, Facebook, Twitter & Co: Das Web 2.0 als arbeitsrechtliches Problem, BB 2010, 2433

Boemke/Ankersen, Telearbeit und Betriebsverfassung, BB 2000, 2254

Brandl, Telearbeit, AiB 2004, 349

van Bürck/Nussbaum, Herausgabe des Dienstfahrzeugs während der Freistellung des Arbeitnehmers: vertragliche Gestaltungsmöglichkeiten für die Praxis, BB 2002, 2278

Bundesbeauftragter für den Datenschutz, Leitfaden „Internet am Arbeitsplatz", RDV 2003, 105

Byers/Mößner, Die Nutzung des Web 2.0 am Arbeitsplatz: Fluch und Segen für den Arbeitgeber, BB 2012, 1665

Dann/Gastell, Geheime Mitarbeiterkontrollen: Straf- und arbeitsrechtliche Risiken bei unternehmensinterner Aufklärung, NJW 2008, 2945

Däubler, Das Fernsprechgeheimnis des Arbeitnehmers, CR 1994, 754

Däubler, Das neue Teilzeit- und Befristungsgesetz, ZIP 2001, 217

Däubler, Erhebung von Arbeitnehmerdaten, CR 1994, 101

Däubler, Gewerkschaftliche Information und Werbung im Netz, DB 2004, 2102

Däubler, Nutzung des Internets durch Arbeitnehmer, K&R 2000, 324

Däubler, Obligatorische Schriftform für Kündigungen, Aufhebungsverträge und Befristungen, AiB 2000, 188

Däubler, Schutz des Betriebsrats durch eigene Software und separate Geräte?, CF 2002, 25

Dahlem/Wiesner, Arbeitsrechtliche Aufhebungsverträge in einem Vergleich nach § 278 Abs. 6 ZPO, NZA 2004, 530

Dammann, Internationaler Datenschutz, RDV 2002, 70

Demuth, Betriebsratsarbeit 2.0, AiB 2010, 302

Dickmann, Inhaltliche Ausgestaltung von Regelungen zur privaten Internetnutzung im Betrieb, NZA 2003, 1009

Diller/Schuster, Rechtsfragen der elektronischen Personalakte, DB 2008, 928

Dzida/Naber, EGMR stärkt „Whistleblowern" den Rücken, ArbRB 2011, 238

Eckhardt, Anmerkung zum Urteil des LG Berlin vom 6.9.2007, 23 S 3/07, K&R 601

Engel-Flechsig/Maennel/Tettenborn, Das neue Informations- und Kommunikations-dienste-Gesetz, NJW 1997, 2981

Engelhardt, Kleine Tele-Heimarbeit, AiB 2006, 696

Erd, Datenschutzrechtliche Probleme sozialer Netzwerke, NVwZ 2011, 19

Ernst, Der Arbeitgeber, die E-Mail und das Internet, NZA 2002, 585

Ernst, Social Networks und Arbeitnehmer-Datenschutz, NJOZ 2011, 953

Feldmann, Unterliegen Arbeitgeber der Pflicht zur Vorratsspeicherung gem. § 113a TKG?, NZA 2008, 911

Fetzer, Internet und Datenschutz im Telemediengesetz, DRiZ 2007, 206

Fischer, Prozessuales Verwertungsverbot für mitbestimmungswidrig erlangtes Beweismittel, BB 1999, 154

Fischer, Sachausstattung des Betriebsrats und Behinderungsverbot nach § 78 BetrVG, BB 1999, 1920

Fischer, Zweifelsfragen zur Steuerbefreiung der privaten Nutzung von betrieblichen PC und Telekommunikationsgeräten durch Arbeitnehmer, DStR 2001, 201

Fleischmann, Betriebliche Übung zur Privatnutzung üblicher elektronischer Kommunika-tionsmittel, NZA 2008, 1397

Forst, Bewerberauswahl über soziale Netzwerke?, NZA 2010, 427

Frings/Wahlers, Social Media, iPad & Co im Arbeitsverhältnis, BB 2011, 3126

Fröhlich, Erstattung von Detektivkosten im Arbeitsverhältnis, NZA 1996, 464

Gabriel/Cornels, Direktionsrecht und soziale Netzwerke, MMR aktuell 2011, 316759

Gaul/Köhler, Mitarbeiterdaten in der Computercloud: Datenschutzrechtliche Grenzen des Outsourcing, BB 2011, 2229

Geis, Die neuen Überwachungstechniken im Kontext eines digitalen Personalaktensystems, RDV 2008, 64

Geis/Grentzer/Jänicke, Rechtliche Betrachtung eines digitalen Personalakten-Systems, L+G 2003, 40

Geyer, Die private Nutzung von Kommunikationsmitteln am Arbeitsplatz, FA 2003, 102

Giesen, Die Kontrolle des Datenverkehrs mit Drittländern – Modelle und Grenzen, DuD 1996, 394

Giesen, Rechtsstellung, Aufgaben und Befugnisse der Datenschutzkontrollstellen nach Art. 28 der EG-Datenschutzrichtlinie, RDV 1998, 15

Giesen/Besgen, Fallstricke des neuen gesetzlichen Abfindungsanspruchs, NJW 2004, 185

Godehardt/Worch, Das virtuelle Büro, Personalwirtschaft 9/1996

Göpfert/Wilke, Recherchen des Arbeitgebers in sozialen Netzwerken nach dem geplanten Beschäftigtendatenschutzgesetz, NZA 2010, 1329; ArbRAktuell 2011, 159

Gola, Betriebliche IuK-Technik für Betriebsrats- und Gewerkschaftsinformationen, MMR 2005, 17

Gola, Die Einwilligung als Legitimation für die Verarbeitung von Arbeitnehmerdaten, RDV 2002, 109

Gotthardt/Beck, Elektronische Form und Textform im Arbeitsrecht: Wege durch den Irrgarten, NZA 2002, 876

Gramlich, Internetnutzung zu privaten Zwecken in Behörden und Unternehmen, RDV 2001, 123

Grentzer, Die Einführung einer Digitalen Personalakte – Leitfaden für den Praktiker, RDV 2005, 134

Grimm/Michaelis, Keine Vorratsdatenspeicherungspflicht für Arbeitgeber, DB 2009, 174

Grimm/Roßnagel, Datenschutz für das Internet in den USA, DuD 2000, 446

Grosjean, Überwachung von Arbeitnehmern – Befugnisse des Arbeitgebers und mögliche Beweisverwertungsverbote, DB 2003, 2650

Günther/Vietze, Außerordentliche Kündigung wegen Raucherpausen und privater Internetnutzung, ArbRAktuell 2010, 492

Hähnchen, Das Gesetz zur Anpassung der Formvorschriften des Privatrechts und anderer Vorschriften an den modernen Rechtsverkehr, NJW 2001, 2831

Härting, E-Mail und Telekommunikationsgeheimnis, CR 2007, 311

Haußmann/Krets, EDV-Betriebsvereinbarungen im Praxistest, NZA 2005, 259

Heidrich/Tschoepe, Rechtsprobleme der E-Mail-Filterung, MMR 2004, 75

Heil, Datenschutz durch Selbstregulierung – Der europäische Ansatz, DuD 2001, 129

Heinson/Sörup/Wybitul, Ausführliche Kommentierung des Regierungsentwurfs zum Beschäftigtendatenschutzgesetz, CR 2010, 751

Hilber/Frik, Rechtliche Aspekte der Nutzung von Netzwerken durch Arbeitnehmer und Betriebsrat, RdA 2002, 89

Hilger, Zulässigkeit der Telefondatenerfassung, DB 1986, 911

Hoeren, Der Tod und das Internet – Rechtliche Fragen zur Verwendung von E-Mail- und WWW-Accounts nach dem Tode des Inhabers, NJW 2005, 2113

Hoeren, Virenscanning und Spamfilter – Rechtliche Möglichkeiten im Kampf gegen Viren, Spams & Co., NJW 2004, 3513

Hoeren, Das Telemediengesetz, NJW 2007, 801

Hold, Arbeitnehmer-Datenschutz – Ein Überblick, RDV 2006, 249

Hopfner/Schrock, Die Gewerkschaften im elektronischen Netzwerk des Arbeitgebers, DB 2004, 1558

Hoppe/Braun, Vertrauen ist gut – Kontrolle ist schlecht – Auswirkungen der neuesten Rechtsprechung des BVerfG auf das Arbeitsverhältnis, MMR 2010, 80

Hromadka, Die Änderungskündigung – eine Skizze, DB 2002, 1322

Hunold, Der Internetzugang für den Betriebsrat, NZA 2004, 370

Innenministerium Baden-Württemberg, Hinweise zum Datenschutz für die Private Wirtschaft (Nr. 37), RDV 1999, 131

Jüngel/Schwan/Neumann, Das Abfangen von E-Mails nach § 303a StGB?, MMR 2005, 820

Kania/Ruch, Anspruch auf private Internetnutzung kraft betrieblicher Übung?, ArbRB 2010, 352

Kaufmann, Mitarbeiterdaten auf der Homepage, DuD 2005, 262

Kieper, Datenschutz für Telearbeitnehmer, DuD 1998, 583

Kilian/Borsum/Hoffmeister, Telearbeit und Arbeitsrecht – Ergebnisse eines Forschungsprojekts, NZA 1987, 401

Kitz, Das neue Recht der elektronischen Medien in Deutschland – sein Charme, seine Fallstricke, ZUM 2007, 368

Klebe/Wedde, Vom PC zum Internet: IT-Nutzung auch für Betriebsräte, DB 1999, 1954

Klebe/Wedde, Gewerkschaftsrechte auch per E-Mail und Intranet?, AuR 2000, 401

Kliemt, Vertrauen ist gut, Kontrolle ist besser. Internet- und E-Mail-Nutzung von Mitarbeitern, AuA 2001, 532

Köcher, Strafbarkeit der Ausfilterung von E-Mails, DuD 2005, 163

Kömpf/Kunz, Kontrolle der Nutzung von Internet und E-Mail am Arbeitsplatz in Frankreich und Deutschland, NZA 2007, 1341

Königshofen, Die Umsetzung von TKG und TDSV durch Netzbetreiber, Service-Provider und Telekommunikationsanbieter, RDV 1997, 97

Körner, Telearbeit – neue Form der Erwerbsarbeit, alte Regeln?, NZA 1999, 1190

Koch, Rechtsprobleme privater Nutzung betrieblicher elektronischer Kommunikationsmittel, NZA 2008, 911

Konferenz der Datenschutzbeauftragten des Bundes und der Länder, Orientierungshilfe zur datenschutzgerechten Nutzung von E-Mail und anderen Internetdiensten am Arbeitsplatz, RDV 2002, 155

Kopke, Heimliches Mithörenlassen eines Telefongesprächs, NZA 1999, 917

Kopp, Tendenzen der Harmonisierung des Datenschutzrechts in Europa, DuD 1995, 204

Korff, Der EG-Richtlinienentwurf über Datenschutz und „anwendbares Recht", RDV 1994, 209

Kort, Lückenhafte Reform des Beschäftigtendatenschutzes – offene Fragen und mögliche Antworten in Bezug auf die geplanten §§ 32 ff. BDSG, MMR 2011, 294

Kramer, BAG zur Kündigung wegen privater Internetnutzung, NZA 2007, 1338

Kramer, Gestaltung arbeitsvertraglicher Regelungen zur Telearbeit, DB 2000, 1329

Kramer, Internetnutzung als Kündigungsgrund, NZA 2004, 457

Krimphove, Neuer Europäischer Datenschutz im Arbeitsrecht, NZA 1996, 1121

Kronisch, Privates Internet-Surfen am Arbeitsplatz, AuA 1999, 550

Kursawe, Öffentliche Kritik am Arbeitgeber, Grenzen der Meinungsfreiheit und Reaktionsmöglichkeiten, ArbRB 2010, 21

Kursawe/Nebel, Sozialübliche innerbetriebliche Kommunikation – zum Anwendungsbereich des Beschäftigtendatenschutzes, BB 2012, 516

Kutscha, Verdeckte Online-Durchsuchung und Unverletzlichkeit der Wohnung, NJW 2007, 1169

Lambrich/Cahlik, Austausch von Arbeitnehmerdaten in multinationalen Konzernen – Datenschutz- und betriebsverfassungsrechtliche Rahmenbedingungen, RDV 2002, 287

Lansnicker, Surfen im Internet während der Arbeitszeit, BB 2007, 2188

Latendorf, Möglichkeiten und Grenzen der Telefondatenerfassung, CR 1987, 242

Legerlotz, Social Media im Unternehmen – Wie frei sind Arbeitnehmer, was dürfen Arbeitgeber?, ArbRB 2011, 250

Lehnhardt, Löschung virenbehafteter Emails, DuD 2003, 487

Lelley, Die Grenzen digitaler Gewerkschaftsrechte im Betrieb, BB 2002, 252

Lelley/Müller, Ist § 32 Abs. 6 Satz 3 BDSG-E verfassungsmäßig?, RDV 2012, 59

Lindemann/Simon, Betriebsvereinbarungen zur E-Mail-, Internet- und Intranet-Nutzung, BB 2001, 1950

Lipinski/Praß, Diskriminierung eines Stellenbewerbers wegen seines Alters, BB 2011, 2239

Löwisch, Änderungen der Betriebsverfassung durch das Betriebsverfassungs-Reformgesetz, BB 2001, 1734

Lück, Anspruch des Betriebsrats auf Informations- und Kommunikationstechnik, AiB 2011, 298

Lunk, Prozessuale Verwertungsverbote im Arbeitsrecht, NZA 2009, 457

Lützeler, Social Media – Leitfaden für Arbeitgeber: Rechte und Pflichten im Arbeitsverhältnis, ArbR Aktuell 2011, 499

Mankowski, Internet und Telearbeit im Internationalen Arbeitsvertragsrecht, DB 1999, 1854

Matthes, Möglichkeiten und Grenzen betrieblicher Telefondatenerfassung, CR 1987, 108

Mazurkiewicz, Effektives Management durch elektronische Personalakte, AuA 2003, 26

Mengel, Alte arbeitsrechtliche Realitäten im Umgang mit der neuen virtuellen Welt, NZA 2005, 752

Mengel, Kontrolle der E-mail- und Internetkommunikation am Arbeitsplatz, BB 2004, 2014

Mengel, Kontrolle der Telefonkommunikation am Arbeitsplatz, BB 2004, 1445

Mühlhausen, Homepage als erforderliches Sachmittel nach § 40 Abs. 2 BetrVG, NZA 1999, 136

Nadler/von Medem, Formnichtigkeit einer Befristungsabrede im Arbeitsvertrag – ein nicht zu korrigierender Fehler?, NZA 2005, 1214

Nägele, Der Telearbeitsvertrag, ArbRB 2002, 313

Nägele, Internet und E-Mail: Abwehrrechte des Arbeitnehmers und Betriebsrats gegen unberechtigte Kontrollmaßnahmen des Arbeitgebers, ArbRB 2002, 55

Nägele/Meyer, Internet und E-Mail am Arbeitsplatz: Rechtliche Rahmenbedingungen der Nutzung und Kontrolle sowie der Reaktion auf Missbrauch, K&R 2004, 312

Natzel, Das neue Berufsausbildungsgesetz, DB 2005, 610

Niebler/Schmiedl, Die Rechtsprechung des BAG zum Schicksal des Arbeitsverhältnisses bei Geschäftsführerbestellung nach Inkrafttreten des § 623 BGB, NZA-RR 2001, 281

Niedermeyer/Schröcke, Asset-Tracking – datenschutzrechtlicher Zündstoff?, CR 2002, 241

Niermann, Änderungen im Bereich der Arbeitnehmerbesteuerung durch die Lohnsteuer-Richtlinien 2002, DB 2001, 2415

Novara, Ausstattung des Betriebsrats mit Informations- und Kommunikationstechnik – Die Rechtsprechung zum Anspruch auf Computer, Internet, E-Mail und Co, ArbRB 2011, 21

Novara/Knierim, Der Emmely-Fall – Viel Lärm und nichts?!, NJW 2011, 1175

Oberwetter, Arbeitnehmerrechte bei Lidl, Aldi & Co, NZA 2008, 609

Oberwetter, Bewerberprofilerstellung durch das Internet – Verstoß gegen das Datenschutzrecht?, BB 2008, 1562

Oberwetter, Soziale Netzwerke im Fadenkreuz des Arbeitsrechts, NJW 2011, 417

Ohlenburg, Der neue Telekommunikationsdatenschutz. Eine Darstellung von Teil 7 Abschnitt 2 TKG, MMR 2004, 431

Opolony, Das Recht der Berufsausbildung nach dem Berufsausbildungsreformgesetz, BB 2005, 1050

Pahlen-Brandt, Zur Personenbezogenheit von IP-Adressen, K&R 2008, 288

Pasch/Utescher, Die Telearbeit als Option zur Green Card – die steuerliche Behandlung von Telearbeitsplätzen, BB 2001, 1660

Peter, Kernfragen der Telearbeit, DB 1998, 573

Post-Ortmann, Der Arbeitgeber als Anbieter von Telekommunikations- und Telediensten, RDV 1999, 102

Preis/Bender, Die Befristung einzelner Arbeitsbedingungen – Kontrolle durch Gesetz oder Richterrecht?, NZA-RR 2005, 337

Preis/Gotthardt, Schriftformerfordernis für Kündigungen, Aufhebungsverträge und Befristungen nach § 623 BGB, NZA 2000, 348

Prinz, Europäische Rahmenvereinbarung über Telearbeit, NZA 2002, 1268

Pröpper/Römermann, Nutzung von Internet und E-Mail am Arbeitsplatz (Mustervereinbarung), MMR 2008, 514

Raab, Der Abfindungsanspruch gemäß § 1a KSchG, RdA 2005, 1

Raffler/Hellich, Unter welchen Voraussetzungen ist die Überwachung von Arbeitnehmer-E-Mails zulässig?, NZA 1997, 862

Rath/Karner, Private Internetnutzung am Arbeitsplatz – rechtliche Zulässigkeit und Kontrollmöglichkeit des Arbeitgebers, K&R 2007, 446

Rhotert, Prozessuales Verwertungsverbot für mitbestimmungswidrig erlangtes Beweismittel?, BB 1999, 1378

Richardi, Formzwang im Arbeitsverhältnis, NZA 2001, 46

Richardi/Annuß, Der neue § 623 BGB – Eine Falle im Arbeitsrecht?, NJW 2000, 1233

Ricken, Annahmeverzug und Prozessbeschäftigung während des Kündigungsrechtsstreits, NZA 2005, 323

Rieble/Gutzeit, Gewerkschaftliche Selbstdarstellung im Internet und Intranet, ZfA 2001, 341

Riesenhuber, Keine Rettung der formnichtigen Befristungsabrede im Arbeitsvertrag?, NJW 2005, 2268

Rittweger/Schmidl, Arbeitnehmerdatenschutz im Lichte des Allgemeinen Gleichbehandlungsgesetzes, RDV 2006, 235

Rolf/Rötting, Google, Facebook & Co als Bewerberdatenbank für Arbeitgeber? RDV 2009, 263

Roloff, Vertragsänderungen und Schriftformklauseln, NZA 2004, 1191

Roßnagel, Elektronische Signaturen mit der Bankkarte? Das erste Gesetz zur Änderung des Signaturgesetzes, NJW 2005, 385

Roßnagel/Pfitzmann, Der Beweiswert von E-Mail, NJW 2003, 1209

Sander/Siebert, Die Schriftform im individuellen Arbeitsrecht, AuR 2000, 287 und 330

Schaar, Neues Datenschutzrecht für das Internet, RDV 2002, 4

Schaar/Schläger, Sicherheitsprotokollierung und Arbeitnehmerdatenschutz, CR 1993, 435

Schiefer, Betriebsratsschulungen – geänderte Spielregeln, DB 2008, 2649

Schlachter, Grenzüberschreitende Arbeitsverhältnisse, NZA 2000, 57

Schmechel, Die Rolle des Betriebsrats bei der Einführung und Durchführung von Telearbeit, NZA 2004, 237

Schmidl, Die Subsidiarität der Einwilligung im Arbeitsverhältnis, DuD 2007, 756

Schmidl, E-Mail-Filterung am Arbeitsplatz, MMR 2005, 343

Schmidl, Private E-Mail-Nutzung – Der Fluch der guten Tat, DuD 2005, 267

Schmiedl, Die Sicherung des Herausgabeanspruchs am Dienstwagen nach Beendigung des Arbeitsverhältnisses mittels einstweiliger Verfügung, BB 2002, 992

Schulin/Babl, Rechtsfragen der Telefondatenverarbeitung, NZA 1986, 46

Simitis, Die EU-Datenschutzrichtlinie – Stillstand oder Anreiz?, NJW 1997, 281

Söllner, Das Zurückbehaltungsrecht des Arbeitnehmers, ZfA 1973, 1

Stadler, Schutz vor Spam durch Greylisting, DuD 2005, 344

Straub, Erste Erfahrungen mit dem Teilzeit- und Befristungsgesetz, NZA 2001, 919

Streinz, Die Rechtsprechung des EuGH zum Datenschutz, DuD 2011, 602

Thüsing, Rechtsfragen grenzüberschreitender Arbeitsverhältnisse, NZA 2003, 1303

Thüsing, Datenschutz im Arbeitsverhältnis, NZA 2009, 865

Tinnefeld, Arbeitnehmerdatenschutz und neue Unternehmenskulturen – Stand und Regelungsbedarf, ZRP 1999, 197

Tinnefeld/Viethen, Arbeitnehmerdatenschutz und Internet-Ökonomie, NZA 2000, 977

Ulmer/Schrief, Datenschutz im neuen Telekommunikationsrecht – Bestandsaufnahme eines Telekommunikationsdienstleisters zum aktuellen Entwurf des Telekommunikationsgesetzes, RDV 2004, 3

Ulrici, Betriebliche Übung und AGB-Kontrolle, BB 2005, 1902

Urban, Navigationsgerät im Dienstwagen steuerfrei?, FR 2004, 1383

Vehslage, Das geplante Gesetz zur Anpassung der Formvorschriften des Privatrechts und anderer Vorschriften an den modernen Rechtsverkehr, DB 2000, 1801

Vehslage, Privates Surfen am Arbeitsplatz, AnwBl 2001, 145

Viefhues, Das Gesetz über die Verwendung elektronischer Kommunikationsformen in der Justiz, NJW 2005, 1009

Waltermann, Risikozuweisung nach den Grundsätzen der beschränkten Arbeitnehmerhaftung, RdA 2005, 98

Weber, EG-Datenschutzrichtlinie – Konsequenzen für die deutsche Datenschutzgesetzgebung, CR 1995, 297

Weber, Erforderlichkeit von Computer und Internet für die Betriebsratsarbeit?, NZA 2008, 280

Wedde, Mobiltelefone und Arbeitsrecht, CR 1995, 41

Wegner/Schröder/Poschadel/Baur, Belastung und Beanspruchung durch alternierende Telearbeit, Zentralblatt für Arbeitsmedizin, Arbeitsschutz und Ergonomie, Bd. 61 (2011), 14

Weißgerber, Das Einsehen kennwortgeschützter Privatdaten des Arbeitnehmers durch den Arbeitgeber, NZA 2003, 1005

Weißnicht, Die Nutzung des Internet am Arbeitsplatz, MMR 2003, 448

Welling, Zweifelsfragen zur Steuerbefreiung der privat veranlassten Telefonkosten?, DStR 2001, 650

Wellhöner/Byers, Datenschutz im Betrieb – alltägliche Herausforderungen für den Arbeitgeber?!, BB 2009, 2310

Werner, Haftungsrisiken des Arbeitgebers, AWR 2004, 178

Wiese, Der Persönlichkeitsschutz des Arbeitnehmers gegenüber dem Arbeitgeber, ZfA 1971, 273

Wiese, Personale Aspekte und Überwachung der häuslichen Telearbeit, RdA 2009, 344

Wilke, Videoüberwachung, RDV 2005, 96

Wilken, Die Personalakte wird digitalisiert, AuA 2000, 66

Wilske, Datenschutz in den USA, CR 1993, 297

Wisskirchen/Jordan/Bissels, Arbeitsrechtliche Probleme bei der Einführung internationaler Verhaltens- und Ethikrichtlinien (codes of conduct/codes of ethics), DB 2005, 2190

Wlotzke, Fünf Verordnungen zum Arbeitsschutzgesetz von 1996, NJW 1997, 1469

de Wolf, Kollidierende Pflichten: zwischen Schutz von E-Mails und „Compliance" im Unternehmen, NZA 2010, 1206

Wolf/Mulert, Die Zulässigkeit der Überwachung von E-Mail-Korrespondenz am Arbeitsplatz, BB 2008, 442

Worzalla, Neue Spielregeln beim Betriebsübergang, NZA 2002, 353

Wybitul, Bundestag: Streit um den neuen Beschäftigtendatenschutz, MMR-Aktuell 2011, 315091

Wybitul/Fladung, EU-Datenschutz-Überblick und arbeitsrechtliche Betrachtung des Entwurfs, RB 2012, 509

Zilkens, Datenschutz am Arbeitsplatz, DuD 2005, 253

Zilkens/Klett, Datenschutz im Personalwesen, DuD 2008, 41

§ 1 Dienstliche und private Nutzung von Internet, Intranet und E-Mail – Individualarbeitsrecht

Anja Schumacher/Verena Fausten

Inhalt

A. Dienstliche und private Nutzung – Regelungs- und Gestaltungsmöglichkeiten

I. Dienstliche Nutzung

1 Individualrechtliche Grundlage für die Internet-, Intranet- und E-Mail-Nutzung ist mangels ausdrücklicher Regelung im Arbeitsvertrag das **Direktions- und Weisungsrecht** des Arbeitgebers. Gemessen am Maßstab des § 315 BGB ist die Einrichtung von Internetanschlüssen durch den Arbeitgeber – insbesondere aufgrund der Tatsache, dass die Nutzung von Internet und E-Mail längst zum allgemeinen technischen Standard gehört – nicht zu beanstanden.[1] Der Arbeitgeber genießt demzufolge ein Einführungsrecht und den Arbeitnehmer trifft zur Erfüllung seiner Arbeitsaufgaben eine damit korrespondierende Nutzungspflicht. In der Vergangenheit möglicherweise langjährig genutzte andere Kommunikationseinrichtungen ändern nichts an diesem Einführungsrecht und der Nutzungspflicht, weil sich bestimmte Arbeitsbedingungen auch über einen längeren Zeitraum nicht in der Weise verfestigen, dass sie nicht mehr einseitig abgeändert werden könnten.[2]

2 Für den Fall, dass ältere Arbeitnehmer Berührungsängste im Hinblick auf die Internetnutzung haben, kann der Arbeitgeber gemäß § 315 BGB gehalten sein, von der Einrichtung eines Internetanschlusses Abstand zu nehmen.[3] Derartige Fälle sind aber aufgrund der fortgeschrittenen Entwicklung in der Praxis kaum noch denkbar.

3 Will der Arbeitgeber nicht alle vergleichbaren Arbeitsplätze mit einem Internetanschluss ausstatten, so entsteht möglicherweise ein Konflikt mit dem **allgemeinen Gleichbehandlungsgrundsatz**. Ein solcher Konflikt ist nach den allgemeinen Grundsätzen zu lösen.[4] Der Arbeitgeber darf einzelne Arbeitnehmer oder Arbeitnehmergruppen nur dann anders bzw. ungünstiger als andere Arbeitnehmer in vergleichbarer Lage behandeln, wenn hierfür ein sachlicher Grund besteht.

4 Die dienstliche Nutzung und die private Nutzung des Internets sind wegen der unterschiedlichen damit verbundenen rechtlichen Regelungen, z.B. auf dem Gebiet des Datenschutzes, sorgfältig zu unterscheiden. Immer dann, wenn ein spezifischer Bezug zu den dienstlichen Aufgaben des Arbeitnehmers besteht, liegt eine betriebliche bzw. dienstliche Nutzung des Internets vor.[5] Auf die Zweckmäßigkeit der konkreten Nutzung soll es dabei nicht unbedingt ankommen.[6] Die Nutzung muss aber jedenfalls abstrakt objektiv dazu geeignet sein, die dienstlichen Aufgaben zu fördern, es kommt nicht allein auf die subjektive Sichtweise des Arbeitnehmers an. **Überschneidungen zwischen dienstlicher und privater Nutzung** können nicht ausgeschlossen werden. Unter die

---

1 *Küttner-Kreitner*, Personalbuch 2012, Internet-/Telefonnutzung Rn 3.

2 Vgl. zur sog. Konkretisierung: BAG 17.5.11–9 AZR 201/10, BeckRS 2011, 76231; BAG 23.6.1992–1 AZR 57/92, NZA 1993, 89; LAG Düsseldorf 23.6.1994–12 Sa 489/94, ZTR 1994, 436.

3 *Küttner-Kreitner*, Personalbuch 2012,Internet-/Telefonnutzung Rn 3; a.A. *Hümmerich/Reufels*, Gestaltung von Arbeitsverträgen, § 1 Rn 2364.

4 *Küttner-Kreitner*, Personalbuch 2012, Internet-/Telefonnutzung Rn 3; Gleichbehandlung Rn 13 ff.

5 *Däubler*, Internet und Arbeitsrecht, Rn 177.

6 *Däubler*, Internet und Arbeitsrecht, Rn 177; *Hanau/Hoeren*, Private Internetnutzung durch Arbeitnehmer, S. 19; *Dickmann*, NZA 2003, 1009; *Ernst*, NZA 2002, 588.

dienstliche Nutzung des Internets fällt auch ein privater Kontakt aus dienstlichem Anlass.[7] Insoweit gelten dieselben Grundsätze wie bei der dienstlichen Veranlassung privater Telefongespräche.[8] Privatgespräche oder private E-Mails aus dienstlichem Anlass sind solche, deren Notwendigkeit aus Umständen resultiert, die in der Sphäre des Arbeitgebers liegen oder zu deren Gestattung auf eigene Kosten der Arbeitgeber kraft seiner Fürsorgepflicht verpflichtet ist. Hierzu gehört insbesondere die Mitteilung an Familienangehörige, dass sich die Heimkehr aus dienstlichen Gründen verzögert.[9] Im Zusammenhang mit der Neuinstallation eines Internetanschlusses kann in der Anlernphase des Arbeitnehmers auch das Aufrufen von Internetseiten aus privaten Themenfeldern unter dem Aspekt des Einarbeitens und Vertrautmachens mit dem Medium eine betriebliche Nutzung des Internets darstellen.[10] Hier sind allerdings enge Grenzen zu ziehen, die Eingewöhnungsphase darf allenfalls wenige Tage in Anspruch nehmen. Der innerbetriebliche Austausch von persönlichen Informationen, etwa wenn der Vermerk eines Vorgesetzten an seinen Mitarbeiter auch noch persönliche Wünsche zu dessen Urlaub enthält,[11] ist allerdings nicht ohne weiteres als dienstlicher Vorgang zu qualifizieren. Bei einer mittelbar dienstlichen Veranlassung privater Kontakte kann man aber trotzdem, z.B. mit der Zielsetzung der Schaffung und Aufrechterhaltung einer guten Arbeitsatmosphäre, von einer überwiegend betrieblichen Nutzung ausgehen.

Der dienstlichen Nutzung gleichzusetzen ist die Nutzung von Internet und E-Mail durch den **Betriebsrat** im Rahmen seiner Amtspflichten (vgl. auch § 2 Rn 79 ff.).

II. Private Nutzung

Der Arbeitgeber ist frei darin, über die Nutzung von Internet und E-Mail individuell und den betrieblichen Bedürfnissen entsprechend zu entscheiden.[12] Er kann frei über das „Ob" und den Umfang einer Internet- und E-Mail-Nutzung disponieren.[13] Entscheidet sich der Arbeitgeber dafür, die private Internet- und/oder E-Mail-Nutzung zu erlauben, so kann dies im Wesentlichen arbeitsvertraglich, durch Betriebsvereinbarung oder auch eine stillschweigende Duldung, aus der in Ausnahmefällen eine betriebliche Übung entstehen kann, erfolgen.[14] Auf diese Formen der möglichen Erlaubnisse wird im Folgenden näher eingegangen.

5

1. Ausdrückliche Erlaubniserteilung

Der Arbeitgeber kann die Erlaubnis zur Nutzung des Internets und des E-Mail-Systems zu privaten Zwecken ausdrücklich erteilen. Die ausdrückliche Erlaubniserteilung wird normalerweise durch entsprechende Klauseln in den einzelnen Arbeitsverträgen oder in Betriebsvereinbarungen geschehen. Eine ausdrückliche Erlaubnis wird auch dann erteilt, wenn der Arbeitgeber dem Arbeitnehmer neben der dienstlichen eine zweite E-Mail-Adresse zur privaten Nutzung zuweist.[15]

6

---

7 *Hanau/Hoeren,* Private Internetnutzung durch Arbeitnehmer, S. 20.
8 *Matthes,* CR 1987, 112.
9 *Däubler,* K&R 2000, 324; *Weißnicht,* MMR 2003, 448.
10 *Hanau/Hoeren,* Private Internetnutzung durch Arbeitnehmer, S. 20.
11 Vgl. *Hanau/Hoeren,* Private Internetnutzung durch Arbeitnehmer, S. 20.
12 *Hümmerich/Reufels,* Gestaltung von Arbeitsverträgen, § 1 Rn 2366; *Nägele/Meyer,* K&R 2004, 312.
13 *Hanau/Hoeren,* Private Internetnutzung durch Arbeitnehmer, S. 20; *Däubler,* Internet und Arbeitsrecht, Rn 180; *Kronisch,* AuA 1999, 550; *Raffler/Hellich,* NZA 1997, 862; *Dickmann,* NZA 2003, 1009, 1010; *Ernst,* NZA 2002, 585; *Kramer,* NZA 2004, 458; *Beckschulze/Henkel,* DB 2001, 1491; *Beckschulze,* DB 2003, 2777; LAG Nürnberg 29.1.1987–5 TaBV 4/86, LAGE § 87 BetrVG 1972 Kontrolleinrichtung Nr. 9.
14 Vgl. *Hümmerich/Reufels,* Gestaltung von Arbeitsverträgen, § 1 Rn 2373.
15 *Hanau/Hoeren,* Private Internet-Nutzung durch Arbeitnehmer, S. 219.

Weiterhin kommen als ausdrückliche Regelungen Aushänge, Hinweise im Intranet oder eine E-Mail an alle Arbeitnehmer in Betracht.[16]

7   Es ist grundsätzlich zu empfehlen, eine klare Regelung darüber zu treffen, ob die private Nutzung von Internet und E-Mail erlaubt ist oder nicht. Nichtsdestotrotz ist bei einer fehlenden Gestattung der privaten Nutzung durch den Arbeitgeber in der Regel von einem Verbot der privaten Nutzung von Internet und E-Mail auszugehen.[17] Nicht nachvollziehbar ist die Auffassung von zwei Instanzgerichten, wonach der Arbeitnehmer bei einer fehlenden ausdrücklichen Erklärung des Arbeitgebers von einer zugelassenen privaten Nutzung ausgehen durfte (siehe unten Rn 13).[18]

8   Sofern eine Regelung im Arbeitsvertrag getroffen wird, sollte nach dem Schuldrechtsmodernisierungsgesetz geprüft werden, ob es sich bei der Klausel um eine vorformulierte Vertragsbedingung und damit um allgemeine Geschäftsbedingungen im Sinne von § 310 Abs. 4 BGB handelt. In der Regel ist die Überprüfung einer solchen Klausel allerdings nur dann nach §§ 305 ff. BGB vorzunehmen, wenn sie mit einer Einwilligung im Sinne des § 4a BDSG hinsichtlich der Kontrolle und Überwachung der E-Mail- bzw. Internet-Nutzung verbunden ist.[19] Anderenfalls obliegt es der freien Unternehmerentscheidung, ob und wenn ja in welchem Umfang eine private Nutzung zugelassen wird. Eine arbeitsvertragliche Klausel kann grundsätzlich nicht dahin gehend überprüft werden, in welchem Umfang die private Nutzung gestattet wird.

2. Betriebliche Übung

9   Entsprechend der Telefonnutzung ist es auch denkbar, dass die private Internet- und E-Mail-Nutzung ohne Kostenübernahme durch eine betriebliche Übung gestattet ist.[20] Unter einer betrieblichen Übung ist die regelmäßige Wiederholung bestimmter Verhaltensweisen des Arbeitgebers zu verstehen, aus denen der Arbeitnehmer schließen kann, ihm solle eine Leistung oder eine Vergünstigung auf Dauer eingeräumt werden. Entscheidend für die Entstehung eines Anspruchs ist dabei nicht der Verpflichtungswille, sondern wie der Erklärungsempfänger die Erklärung oder das Verhalten des Arbeitgebers nach Treu und Glauben unter Berücksichtigung aller Begleitumstände (§§ 133, 157 BGB) verstehen musste und durfte. Dabei ist im Wege der Auslegung des Verhaltens des Arbeitgebers zu ermitteln, ob der Arbeitnehmer davon ausgehen konnte, die Leistung werde nur unter bestimmten Voraussetzungen oder nur für eine bestimmte Zeit gewährt.[21] Die Kenntnis und Duldung der privaten Internet- und E-Mail-Nutzung kann möglicherweise eine solche Wiederholung bestimmter Verhaltensweisen des Arbeitgebers bedeuten. Eine solche Duldung liegt nicht vor, wenn der Arbeitgeber keinerlei Anhaltspunkte für eine vertragswidrige Nutzung durch seine Arbeitnehmer hat.[22] Die Beweislast für das Vorliegen der betrieblichen Übung trifft dabei den Arbeitnehmer. Er muss beweisen, dass der Arbeitgeber Kenntnis von einer privaten Nutzung durch den Arbeitnehmer hatte und dies über einen längeren Zeitraum geduldet hat. Er muss außerdem beweisen, dass die Vergünstigung nicht nur für eine bestimmte Zeit, sondern dauernd gewährt werden sollte.

---

16 *Beckschulze*, DB 2003, 2777.

17 *Beckschulze*, DB 2003, 2777; *Dickmann*, NZA 2003, 1001, 1010; *Ernst*, NZA 2002, 585, 586; *Geyer*, FA 2003, 102; in diesem Sinne jetzt auch BAG, 7.7.2005 – 2 AZR 581/04, NZA 2006, 98; BAG, 31.5.2007–2 AZR 200/06, NZA 2007, 922.

18 ArbG Frankfurt/M. 2.1.2002–2 Ca 5340/01, DB 2002, 1273; ArbG Wesel, 21.3.2001–5 Ca 4021/00, NZA 2001, 786.

19 *Beckschulze*, DB 2003, 2777.

20 *Hanau/Hoeren*, Private Internetnutzung durch Arbeitnehmer, S. 22; *Küttner-Kreitner*, Personalbuch 2012, Internet-/Telefonnutzung Rn 4; *Beckschulze/Henkel*, DB 2001, 1491; *Beckschulze*, DB 2003, 2777.

21 BAG 16.1.2002–5 AZR 715/00, DB 2002, 1327.

22 *Koch*, NZA 2008, 911 vertritt dementsprechend die nachvollziehbare Auffassung, dass eine betriebliche Übung hinsichtlich der Privatnutzung elektronischer Kommunikationsmittel gar nicht entstehen kann. A.A. *Fleischmann*, NZA 2008, 1397.

Das Entstehen einer betrieblichen Übung scheitert dann, wenn der Arbeitnehmer weder darlegen   **10**
noch beweisen kann, in welchem Umfang die betriebliche Übung entstanden sein soll.[23] Zu beachten ist, dass die Vergünstigung der privaten Internet- und E-Mail-Nutzung vom Arbeitgeber lediglich durch ein Unterlassen der Kontrolle gewährt würde. Es liegt also kein positives Tun, wie z.B. bei einer mehrere Jahre hintereinander folgenden Weihnachtsgeldzahlung vor. Im Gegensatz zur Entscheidung des Arbeitsgerichts Wesel kann aus dem Unterlassen einer Kontrolle kein dementsprechender Verpflichtungswille angenommen werden.[24] Zu beachten ist außerdem, dass der Arbeitgeber nie, auch nicht bei einer ausdrücklichen Erlaubnis der privaten Nutzung, die Arbeitszeit reduzieren bzw. die Effizienz der Arbeit schmälern will. Es ist deshalb anerkannt, dass eine übermäßige private Nutzung nie gestattet ist und auch nicht durch eine betriebliche Übung erlaubt sein kann.[25]

> *Praxishinweis*   **11**
>
> Die betriebliche Übung kann nicht ohne weiteres durch die Vereinbarung einer doppelten Schriftformklausel verhindert werden. Bei einer vorformulierten doppelten Schriftformklausel unterliegt diese der AGB-Kontrolle. Nach der Rechtsprechung des Bundesgerichtshofs[26] und des Bundesarbeitsgerichts[27] verstößt eine solche Klausel gegen § 307 Abs. 1 BGB, weil sie beim Vertragspartner den Eindruck erweckt, eine nachträglich wirksam vorgenommene formfreie Vertragsänderung sei formunwirksam.
>
> Eine betriebliche Übung kann allerdings durch einen Freiwilligkeitsvorbehalt verhindert werden.[28] Da jedoch auch Freiwilligkeitsvorbehalte und Widerrufsklauseln der AGB-Kontrolle unterliegen, sollten diese entsprechend der Rechtsprechung des Bundesarbeitsgerichts[29] so klar und deutlich wie möglich formuliert werden (vgl. auch § 4 Rn 30 ff.).

Es dürfte dem Arbeitnehmer regelmäßig schwer fallen darzulegen, dass er auf eine betriebliche   **12**
Übung in einem genau umrissenen Umfang vertrauen konnte. Dies kann allenfalls hinsichtlich einer Erlaubnis der privaten Nutzung in den Arbeitspausen möglich sein.

Mit der Rechtsprechung des Bundesarbeitsgerichts ist zu beachten, dass ein Vertrauenstatbestand   **13**
zugunsten des Arbeitnehmers bei unmittelbaren materiellen Zuwendungen eher angenommen werden kann als bei der Gewährung von freien Tagen oder Stunden.[30] Bei der Prüfung der Frage, ob die private Internet- und E-Mail-Nutzung durch eine betriebliche Übung erlaubt wurde, sind deshalb hohe Hürden anzusetzen, weil der Arbeitnehmer im gewissen Maße von seiner Arbeitspflicht für die Zeit dieser privaten Nutzung freigestellt wird. Zur Vermeidung der betrieblichen Übung kann deshalb nicht generell ein aktives Tun des Arbeitgebers in der Form der Schaffung von ausdrücklichen Regelungen verlangt werden, wie dies das Arbeitsgericht Wesel annimmt (siehe oben Rn 7). Es gilt auch hier der Grundsatz, dass aus einem Schweigen allein im Rechtsverkehr keine Zustimmung folgt. Anderenfalls würde eine unzulässige Beweislastumkehr vorgenommen. *Beckschulze*[31] hat völlig Recht damit, dass auch niemand auf die Idee käme, dass ein Arbeitgeber hinsichtlich von Arbeitsmitteln, wie Werkzeug oder eines Pkw, erst ausdrücklich erklären muss, diese dürften privat nicht genutzt werden. An das Entstehen einer betrieblichen Übung im Zusammenhang mit der Internet- und E-Mail-Nutzung sind deshalb hohe Anforderungen zu stellen.

---

23 *Beckschulze*, DB 2003, 2777, 2778.
24 *Beckschulze*, DB 2003, 2777, 2778; DB 2009, 2097; *Thüsing*, Arbeitnehmerdatenschutz und Compliance, Rn 215.
25 *Beckschulze*, DB 2003, 2777, 2778; *Ernst*, NZA 2002, 585, 586; *Kania/Ruch*, ArbRB 2010, 352.
26 15.2.1995 – VIII ZR 93/94, BB 1995, 742; 9.7.1991 – XI ZR 72/90, NJW 1991, 2559.
27 BAG 20.5.2008–9 AZR 382/07, ZAP EN-Nr. 457/2008.
28 Vgl. *Ulrici*, BB 2005, 1902, 1903.
29 BAG12.1.2005–5 AZR 264/04, NZA 2005, 465; BAG 18.3.2009–10 AZR 289/08, NJW 2009, 2619; BAG 14.9.2011–10 AZR 526/10, NZA 2012, 81.
30 BAG 17.9.1970–5 AZR 539/69, DB 1970, 2225; BAG 12.1.1994–5 AZR 41/93, DB 1994, 2034.
31 DB 2003, 2777, 2779.

14   *Praxishinweis*

Arbeitgeber sollten sich nicht in Sicherheit wiegen und darauf verlassen, dass eine „Nichtregelung" keinerlei Probleme hervorruft. Es ist dringend zu empfehlen, eine ausdrückliche Regelung über die Nutzung von Internet und E-Mail zu treffen.[32] Gleichzeitig sollte an die Einholung der Einwilligung gemäß § 4a BDSG gedacht werden.

3. Nutzungsumfang

15   Geregelt werden sollte nicht nur, ob der Arbeitnehmer den Internet- und E-Mail-Zugang privat nutzen darf oder nicht, sondern ggfs. auch in welchem Umfang. Die Festlegung des Umfangs der erlaubten Privatnutzung obliegt dabei wiederum allein der Entscheidung des Arbeitgebers.[33]

16   Bei dieser Entscheidung muss der Arbeitgeber die konkrete Ausgestaltung des Arbeitsverhältnisses im Einzelfall berücksichtigen sowie die Leistungsfähigkeit seiner elektronischen Ressourcen und das mögliche Gefährdungspotential, das durch eine Privatnutzung für den Arbeitgeber z.B. durch eine erhöhte Virenanfälligkeit entsteht.

17   Erlaubt der Arbeitgeber ausdrücklich die private Internetnutzung, so richtet sich der zeitliche und inhaltliche Rahmen der erlaubten Nutzung nach dem Inhalt der Regelung. Eine darüber hinausgehende private Nutzung ist in diesem Fall selbst dann unzulässig, wenn dem Arbeitgeber hierdurch keine zusätzlichen Kosten entstehen und die Arbeitskraft des Arbeitnehmers nicht beeinträchtigt ist.[34]

18   *Praxishinweis*

Aus Gründen der Rechtssicherheit sollte im Falle einer Erlaubnis der privaten Nutzung deren Ausgestaltung möglichst detailliert geregelt werden. In Betracht kommt hier der Arbeitsvertrag selbst, eine Betriebs- oder eine Zusatzvereinbarung. Anhand der folgenden Checkliste sollte dabei geprüft werden, welche Regelungen im Einzelfall erforderlich sind:

- Grundsätzliche Entscheidung, ob private Nutzung von Internet und E-Mail sinnvoll ist.
- Entscheidung über den maximalen Nutzungsumfang (täglich/wöchentlich/monatlich).
- Regelungen zur Handhabung des Herunterladens von Dateien.
- Regelungen für das Speichern von Daten auf lokalen Datenträgern.
- Verbot des Besuchs bestimmter Internetseiten, insbesondere mit rechtswidrigem oder sexuellem Inhalt.
- Regelungen über Kontroll-, Löschungs- und Filterbefugnisse des Arbeitgebers.
- Möglicherweise Festlegung einer Kostentragungspflicht des Arbeitnehmers.
- Einwilligungserklärung nach § 4a BDSG.

19   Wird es versäumt, eine eindeutige Regelung über den Umfang der erlaubten Nutzung zu treffen, so ist dieser durch Auslegung zu ermitteln. Gemäß den Grundsätzen der §§ 133, 157 BGB ist die Erklärung so auszulegen, wie sie der Erklärungsempfänger nach Treu und Glauben unter Berücksichtigung der Verkehrssitte verstehen muss.[35] Es muss dabei abgewogen werden zwischen einer noch hinnehmbaren Nutzung und einer Nutzung, die die Grenzen des maximal Erlaubten überschreitet.[36] Bei der Auslegung müssen die arbeitsvertraglichen Pflichten insgesamt und die Einhaltung der täglichen Arbeitszeit mit berücksichtigt werden.

---

32 Vgl. *Koch*, NZA 2008, 911.
33 Vgl. ArbG Wesel 21.3.2001–5 Ca 4021/00, NZA 2001, 787.
34 *Hanau/Hoeren*, Private Internetnutzung durch Arbeitnehmer, S. 23.
35 Palandt-*Ellenberger*, § 133 Rn 9.
36 Vgl. *Däubler*, Internet und Arbeitsrecht, Rn 189.

Für den Fall, dass die private Internet- und E-Mail-Nutzung ausdrücklich erlaubt wird, aber über 20
den **Umfang der Nutzung keinerlei Regelung** getroffen wird, ist diese Erklärung dahingehend
auszulegen, dass die Nutzung zu keiner Beeinträchtigung der Arbeitsleistung führen darf und sich
demzufolge grundsätzlich auf die **Pausenzeiten** zu beschränken hat.[37] Ähnlich wie bei der Tele-
fon-Nutzung dürfen Internet und E-Mail während der Arbeitszeit nur ausnahmsweise und kurz,
wie etwa zur Beantwortung einer dringenden privaten E-Mail, genutzt werden. Sobald die **betriebliche Nutzbarkeit** von Internet und E-Mail beeinträchtigt wird, ist die Grenze der erlaubten
Nutzung überschritten. Bei der Beurteilung dessen sind die Art des Internet-Anschlusses und der
vereinbarten Abrechnungsmodalitäten, ob also z.B. eine Flatrate besteht oder nutzungsabhängig
gezahlt werden muss, zu berücksichtigen. Aussagen über den genauen Umfang einer zulässigen
Privatnutzung können daher immer nur in unmittelbarem Zusammenhang zu den vor Ort gegebenen Hard- und Software-Voraussetzungen gemacht werden. Ein Grundsatz kann lediglich lauten,
dass alles erlaubt ist, was die betriebliche Benutzung nicht stört und keine erheblichen Kosten verursacht.[38]

Auch wenn die private Nutzung des Internets erlaubt ist, ist das Aufrufen von Internetseiten mit 21
strafrechtlich relevanten Inhalten selbstverständlich verboten. Umstritten ist, ob auch der Aufruf
von Seiten mit pornografischem Inhalt generell verboten ist. Unter Hinweis auf eine Entscheidung
des LAG Baden-Württemberg, wonach das Arbeitsverhältnis durch den Konsum von Haschisch
bei der Arbeit, der die Arbeitsleistung nicht beeinträchtige, nicht berührt sei, wird teilweise auch
der Missbrauch des Internets bei lediglich individuellem Konsum von pornographischen Dateien
von einem arbeitsrechtlichen Bezug freigestellt.[39] Dieser Auffassung kann aber, wie *Hanau/Hoe-
ren* zu Recht ausführen, nicht gefolgt werden.[40] Der Unterschied zwischen dem Haschisch-Fall
und dem Missbrauch des Internets liegt darin, dass der Haschisch-Fall sich verheimlichen lässt,
die Nutzung des Internets aber immer Spuren im globalen Datennetz hinterlässt. Eine eindeutige
Zuordnung zu einem bestimmten Arbeitgeber ist dadurch möglich. Eine Veröffentlichung der
entsprechenden Daten kann das Ansehen des Arbeitgebers schädigen.[41] Durch die jederzeit nach-
vollziehbaren Spuren im Netz wird der geforderte Bezug zum Arbeitsverhältnis auch bei individuellem Missbrauch z.B. von pornographischen Inhalten hergestellt. Es ist jedoch zu beachten,
dass die Beurteilung, ob das Ansehen des Arbeitgebers durch den Aufruf bestimmter Seiten gefährdet ist und damit die Sanktion der Kündigung gerechtfertigt ist (vgl. Rn 61 ff., 91 f., 121 f.),
einzelfallbezogen erfolgen muss.

Hanau/Hoeren[42] und *Ernst*[43] vertreten die Auffassung, hinsichtlich des Umfangs der erlaubten 22
Nutzung gelte dasselbe wie für private Telefonate, sofern das Recht zur Privatnutzung des Internets aus der Erlaubnis, privat telefonieren zu dürfen, hergeleitet werde. Diese Auffassung verkennt aber, dass aus einer ausdrücklichen Erlaubnis der privaten Nutzung nicht zwangsläufig
auf eine konkludente Erlaubnis der privaten E-Mail-Nutzung geschlossen werden kann. Aufgrund der hohen technischen und datenschutzrechtlichen Sensibilität privater E-Mail-Nutzung,
der Auswirkungen auf die Kontrollbefugnis des Arbeitgebers und der erhöhten Gefahr, dass in
erheblichem Maße Arbeitszeit für private Aktivitäten verwendet wird, kann sich aus der Erlaubnis

---

[37] *Hanau/Hoeren*, Private Internetnutzung durch Arbeitnehmer, S. 24.
[38] *Hanau/Hoeren*, Private Internetnutzung durch Arbeitnehmer, S. 24; LAG Köln 11.2.2005–4 Sa 1018/04, MDR 2006, 36.
[39] *Däubler*, Internet und Arbeitsrecht, Rn 192.
[40] *Hanau/Hoeren*, Private Internetnutzung durch Arbeitnehmer, S. 25.
[41] BAG, 7.7.2005 – 2 AZR 581/04, NZA 2006, 98; LAG Hamm, 16.1.2012–7 Sa 1201/11, juris; LAG Nürnberg 17.11.2010–4 Sa 795/07, juris.
[42] Vgl. *Hanau/Hoeren*, Private Internetnutzung durch Arbeitnehmer, S. 25.
[43] *Ernst*, NZA 2001, 585 f.

der privaten Telefonnutzung keine konkludente Erlaubnis der Internet- und E-Mail-Nutzung ergeben.[44] Generell ist zu beachten, dass eine ausschweifende Nutzung immer gegen die Pflicht des Arbeitnehmers zur Rücksichtnahme auf die Interessen des Arbeitgebers verstößt.[45] Gegen eine unerhebliche Beanspruchung des Internetzugangs außerhalb der regulären Arbeitszeiten dürften dagegen keine durchgreifenden Bedenken bestehen.

23 Gestaltungsspielraum besteht weiterhin hinsichtlich des **Ortes der privaten Internet- und E-Mail-Nutzung.** Im Normalfall wird sich die Nutzungserlaubnis auf den Arbeitsplatz-Rechner des Arbeitnehmers beziehen. Ebenso möglich ist aber auch eine Vereinbarung darüber, dass eine private Internet- und E-Mail-Nutzung an eigens hierfür bereitgestellten Computer-Terminals, z.B. in Pausenräumen oder eigens zu diesem Zweck eingerichteten Internet-Cafés, erlaubt ist. Eine solche Trennung kann verschiedene Vorteile haben. Sie erleichtert die Kontrolle der Arbeitsleistung des Arbeitnehmers und sie beugt einem Virenbefall vor.

24 Es ist aber auch eine **Ausweitung der örtlichen Zugangsberechtigung** möglich. So kann das Netzwerk des Betriebes einbezogen werden oder der private Netzzugang des Arbeitnehmers an seinem Wohnort. Es besteht die technische Möglichkeit, über den privaten Telefonanschluss des Arbeitnehmers eine Internetverbindung mit unternehmenseigenen Zugangsparametern herzustellen oder sogar eine unternehmenseigene Internetverbindung zu nutzen. Eine solche Nutzung ist allerdings nur aufgrund einer ausdrücklichen Erlaubnis möglich. Eine konkludente Nutzungsgestattung ist hier nicht denkbar.[46]

25 Unabhängig davon, auf welchem Wege eine private Nutzung von Internet und E-Mail erlaubt wird, kann diese Nutzung immer nur unter Beachtung des **Vorrangs der Arbeitsverpflichtung** wahrgenommen werden. Der Arbeitnehmer ist grundsätzlich verpflichtet, während der gesamten Arbeitszeit die ihm obliegende Arbeit nach den ihm vom Arbeitgeber erteilten Weisungen zu verrichten. Der Arbeitgeber kann deswegen die private Internetnutzung oder das Versenden von privaten E-Mails jederzeit ohne vorherige Ankündigung zugunsten einer dienstlichen Inanspruchnahme unterbrechen. Diese Unterbrechung ist sowohl durch eine mündliche Aufforderung als auch durch den Einsatz technischer Einrichtungen möglich. Die Situation ist vergleichbar mit der privaten Nutzung des Telefons, wozu das Bundesarbeitsgericht entschieden hat, dass der Arbeitgeber private Telefongespräche wegen der vorrangig zu erfüllenden Arbeitspflicht seines Arbeitnehmers Kraft seines Direktionsrechts jederzeit zugunsten einer dienstlichen Inanspruchnahme unterbrechen darf.[47] Will der Arbeitgeber die generell erlaubte Privatnutzung zugunsten einer betrieblichen Inanspruchnahme kurzfristig unterbrechen, so hat er die Möglichkeit zur Ausübung seines Direktionsrechts. Er hat dabei dieses Direktionsrecht nach billigem Ermessen auszuüben.[48]

4. Rücknahme der Erlaubnis

26 Die Erlaubnis der privaten Nutzung des Internetanschlusses wie des E-Mail-Systems ist eine freiwillige Leistung und kann daher grundsätzlich auch zurückgenommen werden.[49] Soweit die Privatnutzung ausdrücklich vereinbart wurde, steht dem Widerruf einer Erlaubnis der privaten Nutzung in der Regel der Arbeitsvertrag bzw. die Betriebsvereinbarung entgegen, in der die Regelung vorgenommen wurde. Ergibt sich die Nutzungserlaubnis ausnahmsweise aufgrund einer betrieblichen Übung, muss der Arbeitgeber den auf diese Weise geschaffenen Vertrauenstatbestand be-

---

44 Vgl. *Dickmann,* NZA 2003, 1009, 1010; *Hümmerich/Reufels,* Gestaltung von Arbeitsverträgen, § 1 Rn 2373.

45 Vgl. BAG 31.5.2007–2 AZR 200/06, NJW 2007, 922; BAG 7.7.2005 – 2 AZR 581/04, NZA 2006, 98; LAG Niedersachsen 31.5.2010–12 Sa 875/09, NZA-RR 2010, 406.

46 Vgl. *Hanau/Hoeren,* Private Internetnutzung durch Arbeitnehmer, S. 27.

47 BAG 1.3.1973–5 AZR 453/72, BB 1973, 704.

48 BAG 27.3.1980–2 AZR 506/78, AP Nr. 26 zu § 611 BGB Direktionsrecht; BAG 20.12.1984–2 AZR 436/83, AP Nr. 27 zu § 611 BGB Direktionsrecht; BAG 25.10.1989–2 AZR 633/88, AP Nr. 36 zu § 611 BGB Direktionsrecht.

49 *Hanau/Hoeren,* Private Internetnutzung durch Arbeitnehmer, S. 22.

rücksichtigen. Will der Arbeitgeber also eine Nutzungsvereinbarung zurücknehmen, so muss er mit allen begünstigten Arbeitnehmern eine entsprechende Vereinbarung treffen. Ist eine solche einvernehmliche Lösung nicht möglich, so kommt eine Änderungskündigung in Betracht. Da es sich bei der privaten Nutzung von Internet und E-Mail lediglich um eine Nebenabrede zum Arbeitsvertrag handelt, sind an die Änderungskündigungen keine hohen Anforderungen zu stellen.[50] Erfolgt die private Nutzung aufgrund betrieblicher Übung, so muss vor dem Hintergrund des mangelnden Verpflichtungswillens des Arbeitgebers umso leichter die Möglichkeit gegeben sein, sich von der betrieblichen Übung wieder zu lösen. Geprüft werden muss im Einzelfall, ob sich zum Zeitpunkt der Änderungskündigung die ursprünglich vorliegenden Umstände so geändert haben, dass ein dringendes betriebliches Erfordernis zur Änderung der Nutzungsmöglichkeit vorliegt.[51]

Außerdem kann der Arbeitgeber wie bei jeder zusätzlichen Leistungsgewährung von vornherein durch einen Freiwilligkeitsvorbehalt eine Bindung für die Zukunft ausschließen oder sich im Wege eines Widerrufsvorbehalts selbst die Möglichkeit einräumen, die Leistungszusage später zu widerrufen.[52] Aufgrund der Rechtsprechung des Bundesarbeitsgerichts[53] ist allerdings eine klare und eindeutige Formulierung erforderlich (vgl. § 4 Rn 30 ff.). 27

III. Weiterleitung von E-Mails

Unabhängig davon, ob die private E-Mail-Nutzung gestattet ist oder nicht, sollte in die Nutzungsvereinbarung oder in die Nutzungsrichtlinien eine **ausdrückliche Vertretungsregelung** für den Fall der Abwesenheit des Arbeitnehmers und der damit verbundenen Verzögerung hinsichtlich des Empfangs und der Beantwortung von E-Mails getroffen werden.[54] Eine solche Vertretungsregelung für Urlaubs- und Dienstreiseabwesenheiten kann entweder vorsehen, dass der Arbeitnehmer verpflichtet ist, die automatische Weiterleitung (Auto Forward) oder den Abwesenheitsassistenten (Auto Reply) zu aktivieren. Die automatische Weiterleitung ermöglicht die Kenntnisnahme der während der Abwesenheit eingehenden E-Mails durch einen anwesenden Kollegen. Der Abwesenheitsassistent sendet eine automatisierte Rückmeldung an den Absender einer E-Mail, mit der ein alternativer Ansprechpartner und ggf. die Abwesenheitszeit mitgeteilt wird. Auch für den Fall der ungeplanten Abwesenheit, z.B. durch Krankheit, sollte sichergestellt werden, dass dann der Abwesenheitsassistent vom Administrator aktiviert werden kann. 28

Sofern die private Nutzung erlaubt ist, kann der Arbeitnehmer nicht ohne weiteres zur Weiterleitung seiner E-Mails an den Vorgesetzten verpflichtet werden.[55] Deswegen sollte die Weiterleitung an einen Kollegen erfolgen, den der Arbeitnehmer als Person seines Vertrauens auswählt. 29

Im Zusammenhang mit der Vertretungsregelung sollte auch geregelt werden, welche Folgen das Ausscheiden des Mitarbeiters aus dem Arbeitsverhältnis für noch eingehende E-Mails und vorhandene E-Mail-Datenbanken hat.[56]

---

50 Vgl. BAG 27.3.2003–2 AZR 74/02, DB 2003, 1962.
51 *Beckschulze*, DB 2003, 2777, 2779.
52 *Hanau/Hoeren*, Private Internetnutzung durch Arbeitnehmer, S. 23.
53 BAG 12.1.2005 –5 AZR 264/04, NZA 2005, 465; BAG 13.4.2010 –9 AZR 113/09, NZA-RR 2010, 457; BAG 20.4.2011–5 AZR 191/10, BB 2011, 2364.
54 *Grimm*, ArbRB 2011, 200.
55 *Beckschulze*, DB 2003, 2777, 2780.
56 Vgl. hierzu auch *Hoeren*, NJW 2005, 2113 zur Handhabung von E-Mail und Internetzugang nach dem Tod des Nutzers.

IV. Muster

30 ▼

Muster 1.1: Verbot der privaten Nutzung

Ergänzung zum Arbeitsvertrag vom

Zwischen Herrn/Frau _____ (Arbeitnehmer) und der Firma _____ (Arbeitgeber) wird folgende Vereinbarung getroffen:

Eine private Nutzung des betrieblichen Internetanschlusses und des betrieblichen E-Mail-Systems ist nicht gestattet. Der Zugang zum Internet und das Versenden von E-Mails dürfen ausschließlich zu dienstlichen Zwecken erfolgen.

Zur Nutzung des Internets vergibt der Arbeitgeber eine persönliche Zugangsberechtigung (User-ID). Diese User-ID und das zugehörige Passwort dürfen nicht an Dritte weitergegeben werden.

Es dürfen keinerlei fremde Programme über externe Datenträger oder das Internet auf die Festplatte des Computers kopiert bzw. auf dem PC installiert werden. Im Falle des Auftretens eines Computervirus ist dies unverzüglich dem Systemadministrator mitzuteilen.

Für den Fall seiner betrieblichen Abwesenheit hat der Arbeitnehmer eigenverantwortlich eine automatisierte Antwort an den Absender eingehender E-Mails einzurichten, die den Absender über die Abwesenheit des Arbeitnehmers informiert und einen Hinweis auf den zuständigen Vertreter und dessen Telefonnummer enthält.

Der Arbeitgeber ist berechtigt, jede Nutzung von Internet und E-Mail für die Dauer von maximal drei Monaten zu speichern, um die Einhaltung des Verbots der privaten Nutzung entsprechend den vorstehenden Bestimmungen zu überprüfen. Der **Arbeitnehmer erteilt** insoweit seine **Einwilligung gem. § 4a BDSG in** die hiermit verbundene **Verarbeitung persönlicher Daten.**

Verstöße gegen diese Vorschriften können arbeitsrechtliche Konsequenzen haben.

Ich bin mit den vorstehenden Verhaltensregelungen einverstanden.

Ort, Datum, _____

Unterschriften von Arbeitnehmer und Arbeitgeber _____

▲

31 ▼

Muster 1.2: Internetnutzungsrichtlinien bei Verbot der privaten Nutzung

I. Allgemeines

Für bestimmte Personalcomputer im Betrieb X besteht ein Zugang zum Internet. Mitarbeiter, die zur Nutzung des Internets berechtigt sind, sind über das Internet von außen erreichbar. Sie können gleichzeitig firmenbezogene Informationen über E-Mail bzw. das Internet an andere Personen innerhalb und außerhalb des Betriebes übermitteln.

Zur uneingeschränkten Nutzung der Kommunikationseinrichtungen müssen Gefahren, die z.B. durch Computerviren entstehen, abgewehrt werden, um die folgenden Sicherheitsanforderungen zu erfüllen:

1. Vertraulichkeit

Jegliche Informationen dürfen nur befugten Personen zugänglich gemacht werden. Eine unbefugte Informationsgewinnung ist nicht erlaubt.

2. Integrität

Eine Änderung von Informationen ist nur durch dazu befugte Personen möglich. Eine Modifizierung von Informationen durch unbefugte Personen findet nicht statt.

3. Authentizität

Kommunikationspartner werden bei der Herstellung und während der gesamten Dauer einer Verbindung zweifelsfrei erkannt.

4. Verfügbarkeit

Die Verfügbarkeit des Kommunikationssystems und der vorhandenen Daten muss jederzeit gewährleistet sein. Auch vorübergehende Beeinträchtigungen sind zu vermeiden.

Zur Gewährleistung dieser Sicherheitsanforderungen müssen diese Benutzerrichtlinien konsequent und gewissenhaft angewendet werden.

Die Kenntnis der nachfolgenden Regelungen und deren Einhaltung ist Voraussetzung zur Gewährleistung und Verbesserung des Sicherheitsniveaus der Firma. Die Benutzerrichtlinien ergänzen die sonstigen Regelungen und Vorschriften für die Anwendung von Informationstechnik und den Umgang mit personenbezogenen Daten.

II. Verantwortung

Jeder berechtigte Nutzer muss in seinem Zuständigkeitsbereich sämtliche Regelungen und Anweisungen einhalten, die der Gewährleistung von Datenschutz und Datensicherheit dienen. Vorhandene Zugriffssicherungen und -maßnahmen wie Dokumenten- und Passwortschutz und -verwaltung, Virenschutz etc. sind zu beachten und zweckgemäß zu benutzen.

III. Internetzugang

Die Genehmigung zur Nutzung des Internetzugangs wird durch den zuständigen Vorgesetzten erteilt. Die Schaffung der technischen Voraussetzungen und die Vergabe der Benutzeridentität erfolgt durch den Administrator.

Das Einbringen von Hard- oder Software in das lokale Netz sowie das Ausführen von Programmen oder von ausführbaren Programmcodes und das Herunterladen von Dateien, die aus dem bzw. über das Internet beschafft wurden, ist ohne vorherige Prüfung durch den Administrator untersagt.

Die Einrichtung und der Betrieb eines nicht genehmigten Anschlusses an ein öffentlich zugängliches Netz mittels Modem, ISDN-Karte oder sonstiger Datenübertragungseinrichtungen ist nicht zulässig.

Die Nutzung von Internet- und E-Mail-Diensten ist nur im dienstlich notwendigen Umfang gestattet. Die Nutzung aller über die Aufgabenerfüllung hinausgehenden Dienste ist nicht gestattet. Die Nutzung von Internet und E-Mail für private Zwecke ist untersagt.

Internetdienste, wie z.B. aufwendige Recherchen, sind zu Zeiten durchzuführen, in denen erfahrungsgemäß eine schnelle und kostengünstige Abwicklung zu erwarten ist.

Die Ausforschung und Benutzung fremder Identifikationsmittel wie Benutzerkennung und Passwort sowie sonstiger Authentifizierungsmittel ist unzulässig. Wird zufällig Kenntnis von fremden Zugangsdaten erlangt, so ist diese unverzüglich dem Administrator mitzuteilen.

Die Weitergabe der eigenen Benutzerkennung und der zugehörigen Authentifizierungsmittel an Dritte ist verboten. Es wird ausdrücklich darauf hingewiesen, dass in einem solchen Fall aus den Protokolldaten die Identität der Person, deren Benutzerkennung benutzt wird, hervorgeht. Jegliche – auch unzulässige Aktivität – durch Dritte wird der Person zugeschrieben, deren Benutzerkennung benutzt wird.

IV. Übertragung von sensiblen Daten

Die Übertragung von sensiblen, schutzwürdigen, und von personenbezogenen Daten über das Internet oder per E-Mail ist nicht gestattet. Ausnahmen sind nur nach vorheriger Genehmigung des Datenschutzbeauftragten in verschlüsselter Form zulässig. Die Übertragung von als „Nur für den Dienstgebrauch" und sensibler eingestuften Daten ist untersagt.

V. Sicherheitsrelevante Ereignisse

Alle sicherheitsrelevanten Ereignisse, wie z.B. der Verlust oder die Veränderung von Daten oder Programmen, der Verdacht auf Missbrauch der eigenen Benutzerkennung und ein unerklärliches Systemverhalten sind sofort dem Administrator zu melden. Der Angelegenheit wird von dort aus nachgegangen. Eigene Aufklärungsversuche sind zu unterlassen, damit eventuelle Hinweise und Spuren nicht verwischt werden oder verloren gehen.

VI. Kontrolle

Die Einhaltung dieser Richtlinie kann stichprobenartig und/oder anlassbezogen kontrolliert werden.

VII. Sanktionen

Zuwiderhandlungen und Verstöße gegen die Richtlinie werden als Verstöße gegen die dienstrechtlichen bzw. arbeitsvertraglichen Pflichten verfolgt. Außerdem können Verstöße strafrechtliche Folgen haben.

Der Benutzer/Arbeitnehmer bestätigt die Kenntnisnahme der vorstehenden Regelungen, verpflichtet sich zu deren Einhaltung und bestätigt durch die nachstehende Unterschrift den Erhalt einer Abschrift. Die zweite Ausfertigung erhält der Administrator, die dritte wird zur Personalakte genommen.

Ort/Datum:

Nutzer/Arbeitnehmer:

Ort/Datum:

Administrator: [57]

▲

---

57 Vgl. zu der Thematik „Internetnutzungsrichtlinien bei Verbot der privaten Nutzung" auch *Hümmerich/Reufels*, Gestaltung von Arbeitsverträgen, § 1 Rn 2389 ff.

▼ 32

Muster 1.3: Eingeschränkte Privatnutzung

Ergänzung zum Arbeitsvertrag vom ▮▮▮▮▮

Zwischen Herrn/Frau ▮▮▮▮ (Arbeitnehmer) und der Firma ▮▮▮▮ (Arbeitgeber) wird folgende Vereinbarung getroffen:

Die im Betrieb vorhandenen elektronischen Kommunikationsmittel dürfen grundsätzlich nur zu dienstlichen Zwecken genutzt werden. Eine private Nutzung durch den Arbeitnehmer ist nur in angemessenem Umfang und nur außerhalb der Arbeitszeiten, bspw. in Pausen, erlaubt. Die private Nutzung darf 20 Minuten pro Tag nicht überschreiten.

Es ist verboten, Internetseiten mit rechtswidrigen Inhalten aufzurufen.

Ich bin mit den vorstehenden Verhaltensregelungen einverstanden.

Ort, Datum, ▮▮▮▮

Unterschriften von Arbeitnehmer und Arbeitgeber ▮▮▮▮

▲

B. Kontrolle der Internet- und E-Mail-Nutzung

I. Einleitung

Die grundsätzliche Entscheidung des Arbeitgebers darüber, ob er seinen Arbeitnehmern die private Nutzung von Internet und E-Mail neben der dienstlichen Nutzung erlaubt oder diese verbietet, hat wesentliche Auswirkungen auf seine **Kontrollbefugnis**. Da der Arbeitgeber als Gläubiger der Arbeitsleistung ein berechtigtes Interesse an der **Überwachung des Nutzungsverhaltens** seiner Arbeitnehmer hinsichtlich seiner Internet- und E-Mail-Nutzung hat, ist es wichtig, die Auswirkungen eines Verbots oder einer Erlaubnis der privaten Nutzung zu kennen. Ebenso wichtig ist es zu wissen, dass den äußerst weit reichenden technischen Kontrollmöglichkeiten eine Vielzahl rechtlicher Grenzen gesetzt sind.[58] Diese rechtlichen Grenzen werden im Wesentlichen vom **allgemeinen Persönlichkeitsrecht**, dem Datenschutzrecht und den Mitbestimmungsrechten (vgl. auch § 2 Rn 2 ff.) gesetzt. 33

Die Kontrolle von Internet- und E-Mail-Nutzung spielt sich auf der Grundlage widerstreitender Grundrechtspositionen ab. Das allgemeine Persönlichkeitsrecht des Arbeitnehmers einerseits ist abzuwägen gegen das Persönlichkeitsrecht des Arbeitgebers sowie dessen Grundrecht aus Art. 14 GG andererseits. Dabei sind die **formale Seite** der Datenübermittlung und die damit zusammenhängende Überwachung immer vom Persönlichkeitsrecht des Arbeitgebers und dessen Grundrecht aus Art. 14 GG gedeckt.[59] Hierzu gehören **Schutzvorkehrungen** zur Sicherung der ungestörten dienstlichen Kommunikation, wie z.B. die Verwendung von Passwörtern oder Zahlencodes, die Verschlüsselung von E-Mails und die Installierung von besonderen Virenschutzprogrammen.[60] 34

Eine inhaltliche Kontrolle dagegen scheitert in den allermeisten Fällen am allgemeinen Persönlichkeitsrecht des Arbeitnehmers. Das allgemeine Persönlichkeitsrecht des Arbeitnehmers aus Art. 1 und 2 GG umfasst nach der ständigen Rechtsprechung des Bundesverfassungsgerichts 35

58 *Hanau/Hoeren*, Private Internetnutzung durch Arbeitnehmer, S. 57.
59 *Küttner-Kreitner*, Personalbuch 2012, Internet-Telefonnutzung Rn 9.
60 *Raffler/Hellich*, NZA 1997, 862; *de Wolf*, NZA 2010, 1206.

neben dem Recht auf Schutz des gesprochenen Wortes[61] insbesondere auch das **Recht auf informationelle Selbstbestimmung**,[62] d.h. das Recht des Betroffenen auf den Schutz aller seiner persönlichen Daten. Die Beantwortung der Frage, ob durch die Kontrolle von Internet- und E-Mail-Nutzung ein Eingriff in das allgemeine Persönlichkeitsrecht vorliegt, hängt davon ab, ob die berechtigten Interessen des Arbeitgebers die Interessen des Arbeitnehmers am Schutz seiner Daten bzw. Dateninhalte überwiegen.[63] Das allgemeine Persönlichkeitsrecht gewährt ein umfassendes objektives Recht auf Achtung und Entfaltung der Persönlichkeit und wirkt sich als Ausfluss der Grundrechte aus Art. 2 Abs. 1 bzw. Art. 1 Abs. 1 GG auf das gesamte Privatrecht, demzufolge auch auf das Arbeitsrecht aus.[64] Einfachgesetzlich ist das allgemeine Persönlichkeitsrecht in § 75 Abs. 2 BetrVG verankert.[65] Dieser regelt, dass Arbeitgeber und Betriebsrat die Persönlichkeit der im Betrieb beschäftigten Arbeitnehmer zu schützen und zu fördern haben (vgl. auch § 2 Rn 14).

36   Ob die Kontrolle von Internet- und E-Mail-Nutzung eine rechtswidrige Persönlichkeitsverletzung des Betroffenen darstellt, kann im Grunde nur anhand der Besonderheiten jedes Einzelfalls beurteilt werden. Die Reichweite des allgemeinen Persönlichkeitsrechts ist zum einen sehr groß, die Beschränkungsmöglichkeiten sind zum anderen äußerst vielseitig. Da es sich beim allgemeinen Persönlichkeitsrecht um ein sog. Rahmenrecht handelt, kann bei der Prüfung, ob eine Überwachung der Internet- und E-Mail-Nutzung eine Verletzung des allgemeinen Persönlichkeitsrechts darstellt, nicht wie bei anderen Rechtsnormen unter feste Tatbestandsmerkmale subsumiert werden.[66] Deswegen ist meist eine einzelfallbezogene Interessenabwägung erforderlich. Eine Überwachungs- und Kontrollmaßnahme ist normalerweise dann zulässig, wenn sie nach Inhalt, Form und Begleitumständen das gebotene und schonendste Mittel zur Erreichung des verfolgten Ziels darstellt.[67]

37   Der Arbeitnehmer hat schon mit dem Abschluss des Arbeitsvertrages akzeptiert, dass er im Rahmen seines Arbeitsverhältnisses gewissen Einflüssen auf seine Privat- und Eigensphäre ausgesetzt ist.[68] Deshalb ist es weitgehend unbestritten, dass der Arbeitnehmer im Rahmen des Arbeitsverhältnisses Beeinträchtigungen seines Persönlichkeitsrechts in einem gewissen Umfang hinnehmen muss.[69] Beeinträchtigungen nur geringfügiger Natur muss der Arbeitnehmer deshalb dulden, insbesondere wenn sie in Zusammenhang mit der Kontrolle der von ihm tatsächlich erbrachten und dem Arbeitgeber geschuldeten Arbeitsleistung stehen.

Deshalb ist im Zusammenhang mit der Internet- und E-Mail-Nutzung in jedem Fall eine Protokollierung der äußeren Verbindungsdaten zulässig.[70] Hierzu gehören die Daten, die die Art des genutzten Dienstes beschreiben sowie den Umfang des Datenverkehrs und die zeitlichen Eckdaten der Verbindungsaufnahmen. Diese Zulässigkeit der Datenfeststellung besteht selbst dann, wenn dem Arbeitgeber durch die Verbindungsaufnahme zum Internet keine separaten Kosten entstehen, etwa weil er die Gebühren pauschal über eine Flatrate abrechnet. Auch in solchen Fällen muss der Arbeitgeber die Auslastung seines Internet-Anschlusses und das zeitliche Nutzungsverhalten

---

61   BVerfG 19.12.1991–1 BvR 382/85, DB 1992, 786.

62   BVerfG 15.12.1983–1 BvR 209/83, DB 1984, 36.

63   BAG 27.3.2003–2 AZR 51/02, NZA 2003, 1193; BAG 13.12.2007–2 AZR 537/06, NZA 2008, 1008; BAG 16.12.2010–2 AZR 485/08, NZA 2011, 571.

64   BAG 26.8.2008–1 ABR 16/07, NZA 2008, 1187; BAG 4.4.1990–5 AZR 299/89, NJW 1990, 2272; *Hanau/Hoeren*, Private Internet-Nutzung durch Arbeitnehmer, S. 60; GK-BetrVG-*Kreutz*, § 75 Rn 65 ff.

65   BAG 29.6.2004–1 ABR 21/03, NZA 2004, 1278.

66   *Hanau/Hoeren*, Private Internet-Nutzung durch Arbeitnehmer, S. 60.

67   Vgl. *Wiese*, ZfA 1971, 273, 283; BVerfG 9.10.2002–1 BvR 1611/96, NJW 2002, 3619; BVerfG 13.2.2007–1 BvR 421/05, NJW 2007, 753; BAG 29.10.1997–5 AZR 508/96, NZA 1998, 307; BAG 13.12.2007–2 AZR 537/06, NZA 2008, 1008.

68   Vgl. *Wiese*, ZfA 1971, 273, 299.

69   *Ehmann*, Die Persönlichkeit als Grundlage des Arbeitsrechts, Festschrift für Wiese, 1998, S. 99.

70   *Hanau/Hoeren*, Private Internetnutzung durch Arbeitnehmer, S. 60; *Thüsing*, Arbeitnehmerdatenschutz und Compliance, Rn 305 ff.; *Dann/Gastell*, NJW 2008, 2945.

seiner Arbeitnehmer kontrollieren können.[71] Allerdings ist der Arbeitgeber nicht zur Vorrats-
datenspeicherung verpflichtet.[72] § 113a TKG[73] ist auf den Arbeitgeber nicht anwendbar, weil der
Arbeitgeber keinen der Öffentlichkeit zur Verfügung stehenden Telekommunikationsdienst
erbringt. Öffentlichkeit ist jeder unbestimmte Personenkreis,[74] der Arbeitgeber stellt das Tele-
kommunikationsnetz einem bestimmten begrenzten Personenkreis zur Verfügung. Auch die Bun-
desnetzagentur als zuständige Aufsichtsbehörde stellt auf ihrer Internet-Seite klar, dass der Arbeitgeber, der seinen Arbeitnehmern die private Nutzung seiner Telekommunikationseinrichtungen
erlaubt, nicht verpflichtet ist diese Daten entsprechend § 113a TKG zu speichern.[75]

Daneben ist der zum 1.9.2009 neu eingeführte **§ 32 BDSG – „Datenerhebung, -verarbeitung**   38
und -nutzung für Zwecke des Beschäftigungsverhältnisses" zu beachten. Die Vorschrift dient
als Legitimationsgrundlage für die Kontrolle der E-Mail- und Internetnutzung, da hierbei in der
Regel personenbezogene Daten im Sinne der §§ 3 Abs. 1, 4 Abs. 1 BDSG betroffen sind.

Dient die Kontrolle der Ermittlung von möglichen Gesetzesverstößen eines Mitarbeiters, ist § 32
Abs. 1 S. 2 BDSG entscheidend. Danach dürfen zur **Aufdeckung von Straftaten** personenbezogene Daten eines Beschäftigten nur dann erhoben, verarbeitet oder genutzt werden, wenn zu
dokumentierende tatsächliche Anhaltspunkte den Verdacht begründen, dass der Betroffene im
Beschäftigungsverhältnis eine Straftat begangen hat, die Erhebung, Verarbeitung oder Nutzung
zur Aufdeckung erforderlich ist und das schutzwürdige Interesse des Beschäftigten an dem Ausschluss der Erhebung, Verarbeitung oder Nutzung nicht überwiegt, insbesondere Art und Ausmaß
im Hinblick auf den Anlass nicht unverhältnismäßig sind. Diese Regelung beruht inhaltlich auf
der Rechtsprechung des BAG zur verdeckten Videoüberwachung, so dass zur Auslegung der Begriffe auf diese Rechtsprechung zurückgegriffen werden kann (siehe hierzu § 5 Rn 10 ff.).

Der **hinreichende Verdacht einer Straftat** im Sinne der Norm liegt vor, wenn sich aus der juristischen Laiensphäre der Geschäftsleitung der konkrete Verdacht aufdrängt, dass eine Straftat
im Beschäftigungsverhältnis begangen worden ist.[76] Die dem Verdacht zugrundeliegenden Tatsachen müssen zudem sorgfältig dokumentiert werden. Darüber hinaus muss die Maßnahme geeignet, erforderlich und verhältnismäßig sein. Im Rahmen der Verhältnismäßigkeit sind die
schutzwürdigen Interessen des Betroffenen gegen das Aufklärungsinteresse des Unternehmens
abzuwägen. Zu berücksichtigen sind hierbei insbesondere Art und Schwere der Straftat, Intensität
des Verdachts sowie Art und Ausmaß der Persönlichkeitsrechtsverletzung des Mitarbeiters.

Dient die Kontrolle nicht der Aufklärung einer bereits begangenen Straftat, sondern präventiv der
Verhinderung von Straftaten oder anderen Rechtsverstößen, ist § 32 Abs. 1 S. 2 BDSG nicht
anwendbar. In diesem Fall ist auf § 32 Abs. 1 S. 1 BDSG zurückzugreifen, wonach personenbezogene Daten für Zwecke des Beschäftigungsverhältnisses erhoben, verarbeitet oder genutzt werden dürfen, wenn dies für die Entscheidung über die Begründung eines Beschäftigungsverhältnisses oder nach Begründung des Beschäftigungsverhältnisses für dessen Durchführung oder
Beendigung erforderlich ist. Zur Durchführung des Arbeitsverhältnisses gehört auch die Wahrnehmung der Arbeitgeberrechte einschließlich der Leistungs- und Verhaltenskontrolle. Zu diesem Zweck kann also auch das Verhalten des Arbeitnehmers bei der E-Mail- und Internetnutzung
überprüft werden. Anders als bei der Datenerhebung zur Aufklärung von Straftaten sieht § 32
Abs. 1 S. 1 BDSG nur vor, dass die Maßnahme erforderlich sein muss. Hieraus könnte man
den Schluss ziehen, dass die schutzwürdigen Interessen des Betroffenen nicht zu berücksichtigen

---

71 *Hanau/Hoeren*, Private Internetnutzung durch Arbeitnehmer, S. 60.
72 *Feldmann*, NZA 2008, 1398; *Grimm/Michaelis*, DB 2009, 174; *Beckschulze*, DB 2009, 2097; a.A. *Koch*, NZA
   2008, 911.
73 Mit Urt. v. 2.3.2010–1 BvR 256/08, NJW 2010, hat das BVerfG die Vorschrift des § 113 TKG für verfassungswid-
   rig erklärt. Der Gesetzgeber hat allerdings noch keine Änderung an der Norm vorgenommen.
74 Vgl. BT-Drucks 15/2316, 60.
75 Vgl. www.bundesnetzagentur.de.
76 *Behling*, BB 2010, 892.

ist. Nach der herrschenden Meinung ist jedoch auch bei § 32 Abs. 1 S. 1 BDSG die Verhältnismäßigkeit anhand einer Gesamtabwägung der widerstreitenden Interessen zu überprüfen.[77]

Bei dem **Verdacht einer Pflichtverletzung** eines Mitarbeiters, die keine Straftat, sondern eine Ordnungswidrigkeit oder eine sonstige Arbeitsvertragsverletzung darstellt, haben sich die Aufklärungsmaßnahmen ebenfalls nach § 32 Abs. 1 S. 1 BDSG zu richten, da § 32 Abs. 1 S. 1 BDSG sich eindeutig nur auf Straftaten bezieht. Die Sondervorschrift zum Umgang mit Beschäftigtendaten bei Straftaten soll nach der Gesetzesbegründung der Tatsache Rechnung tragen, dass Maßnahmen zur Aufdeckung einer Straftat in der Regel besonders intensiv in das allgemeine Persönlichkeitsrecht eingreifen.[78]

II. Kontrolle bei Verbot der privaten E-Mail-Nutzung

39 Soweit der Arbeitgeber die private Nutzung von E-Mails untersagt, hat die Kontrolle den Grundsätzen von § 32 BDSG zu folgen. Hierbei ist eine **Gesamtabwägung** zwischen den Interessen des Arbeitgebers an einer Kontrolle der dienstlichen E-Mails und den Persönlichkeitsrechten des Arbeitnehmers vorzunehmen. Zu berücksichtigen ist insbesondere, dass die persönlichkeitsrechtliche Eigensphäre des Arbeitnehmers bei einer dienstlich veranlassten Tätigkeit weniger berührt ist als bei einer erlaubten Privatnutzung des Internet-Anschlusses oder des Zugangs zur E-Mail. Grundsätzlich gehen die Kontrollinteressen des Arbeitgebers dem Persönlichkeitsrecht des Betroffenen daher vor. Aus diesem Grund stehen dem Arbeitgeber bezogen auf die dienstlich veranlasste Nutzung des Internet-Anschlusses weitgehende Überwachungsbefugnisse zu.[79] Der Arbeitgeber ist als Gläubiger der Arbeitsleistung berechtigt, sich im Rahmen der datenschutzrechtlichen Vorgaben umfassend Kenntnis darüber zu verschaffen, ob der Arbeitnehmer seine aufgrund des Arbeitsvertrages geschuldete Arbeitsleistung ordnungsgemäß erbringt. Hierzu kann der Arbeitgeber die konkreten Eckdaten des Datenverkehrs einsehen, z.B. auch den Inhalt einer E-Mail. Problematisch erscheint dagegen eine minutiöse und detaillierte Aufzeichnung des Nutzungsverhaltens des Arbeitnehmers über die gesamte Dauer seiner Arbeitszeit.[80] Unproblematisch dagegen sind grundsätzlich **anonyme Kontrollen**. Eine solche anonyme Kontrolle ist gem. § 3 Abs. 6 BDSG gegeben, wenn Einzelangaben über persönliche oder sachliche Verhältnisse nicht mehr oder nur mit einem unverhältnismäßig großen Aufwand an Zeit, Kosten und Arbeitskraft einer bestimmten oder bestimmbaren natürlichen Person zugeordnet werden können. Ergibt sich aufgrund einer solchen zulässigen anonymen Kontrolle ein Verdacht einer rechtswidrigen Nutzung, kann der Arbeitgeber gezielt weiter prüfen. In solchen Fällen überwiegt das berechtigte Interesse des Arbeitgebers gegenüber dem Persönlichkeitsrecht des Arbeitnehmers.[81] Ist die private Nutzung generell verboten, sind die Befugnisse des Arbeitgebers als besonders weit reichend anzusetzen, da in diesem Fall jede private Nutzung eine Pflichtverletzung des Arbeitnehmers darstellt. Insoweit steht dem Arbeitnehmer kein schützenswertes Interesse zur Seite. Eine Berufung auf das Persönlichkeitsrecht wäre sogar rechtsmissbräuchlich. Im Rahmen des **„Entwurfs eines Gesetzes zur Regelung des Beschäftigtendatenschutzes"**[82] des Bundestages vom 15.12.2010 („BDSG-GE") ist bei der anonymen Kontrolle zukünftig **§ 32d Abs. 3 BDSG-GE** zu beachten. Danach darf der Arbeitgeber zur Aufdeckung von Straftaten oder anderen schwerwiegenden Pflichtverletzungen durch Beschäftigte im Beschäftigungsverhältnis einen automatisierten Abgleich von Beschäftigtendaten in anonymi-

---

77 *Wybitul*, Handbuch Datenschutz im Unternehmen, Rn 183; *Thüsing*, Arbeitnehmerdatenschutz und Compliance, Rn 268; ErfK-*Wank*, § 32 BDSG Rn 6.
78 BT-Drucks 16/13657, S. 21.
79 *Hanau/Hoeren*, Private Internet-Nutzung durch Arbeitnehmer, S. 61; *Wybitul*, Handbuch Datenschutz im Unternehmen, Rn 193; *Dann/Gastell*, NJW 2008, 2945; *Wellhöner/Byers*, BB 2009, 2310.
80 *Wellhöner/Byers*, BB 2009, 2310.
81 *Beckschulze*, DB 2003, 2777, 2779; *Thüsing*, Arbeitnehmerdatenschutz und Compliance, Rn 322.
82 BT-Drucks 17/4230.

sierter oder pseudonymisierter Form mit von ihm geführten Dateien durchführen. Ergibt sich ein Verdachtsfall, dürfen die Dateien personalisiert werden. Der Arbeitgeber hat zudem Dokumentations- und Unterrichtungspflichten zu beachten. Zudem darf die Verarbeitung der erhobenen Daten nach § 32d Abs. 5 BDSG-GE nicht dazu führen, dass die durch die automatisierte Zusammenführung einzelner Lebens- und Personaldaten ein Gesamtbild der wesentlichen geistigen und charakterlichen Eigenschaften oder des Gesundheitszustandes des Beschäftigten ergeben.

Ist die private Nutzung verboten, ist, wie bereits gesagt, auch eine **Inhaltskontrolle** dienstlicher E-Mails zulässig, da eine E-Mail eher mit einer Postkarte als mit einem Telefonat zu vergleichen ist.[83] Jede E-Mail muss zuerst schriftlich niedergelegt und anschließend durch ein erneutes Tätigwerden versandt werden. Wird eine automatische Rechtschreibüberprüfung eingeschaltet, so kommt eine weitere Zeitverzögerung hinzu, die die E-Mail ebenfalls vom Telefonat entfernt. Da eine E-Mail die Textformerfordernisse des § 126b BGB erfüllt, kann sie nicht dem flüchtig gesprochenen Wort gleichgesetzt werden.[84] Die E-Mail ist als Sammlung geschriebener Worte eine Willenserklärung unter Abwesenden, da eine unmittelbare Kommunikation nicht stattfindet. Wie bei der herkömmlichen Post kann der Arbeitgeber daher die dienstlichen E-Mails einsehen oder sich ausdrucken lassen. Der überwiegenden Meinung folgend scheint es daher überzeugend, dass eine E-Mail weniger schutzbedürftig ist als das z.B. am Telefon flüchtig gesprochene Wort. **40**

In der Literatur wird teilweise die Auffassung vertreten, die Kontrollbefugnis des Arbeitgebers bei Verbot der privaten Nutzung hänge von dem Aufbau der E-Mail-Adresse ab.[85] Diese Auffassung geht davon aus, dass allgemeine Firmenadressen oder Abteilungsadressen (Info@X-AG.de Vertriebsabteilung@X-AG.de) automatisch als Empfangsstellen betrieblicher E-Mails zu qualifizieren sind und der Arbeitgeber deshalb berechtigt ist, diese zu öffnen und zu lesen. Dieses Kontrollrecht soll der Arbeitgeber danach aber nicht bei E-Mails haben, die an einen Account gerichtet werden, der den Namen des Mitarbeiters enthält (z.B. Karl.Müller@X-AG.de). **41**

Dieser Auffassung kann allerdings nicht gefolgt werden. Auch hinsichtlich einer solchen persönlichen dienstlichen E-Mail-Adresse hat der Arbeitgeber die **volle Kontrollbefugnis**. Es handelt sich bei einer solchen Adresse nicht um eine rein persönliche Adresse, sondern weiterhin um eine dienstliche E-Mail-Adresse, die direkt zu einem bestimmten Account der Mitarbeiter weitergeleitet wird. Hier ist ein direkter Vergleich mit der normalen Briefpost möglich. Ist ein Brief nicht als „persönlich/vertraulich" gekennzeichnet, darf der Arbeitgeber die Post uneingeschränkt öffnen. Deshalb muss Gleiches auch im E-Mail-Verkehr gelten.[86] Etwas anderes gilt nur, wenn der Absender die E-Mail als „persönlich/vertraulich" gekennzeichnet bzw. verschlüsselt hat oder der Inhalt der E-Mail aus anderen Gründen erkennbar privat ist.[87] **42**

In der Praxis ist es nicht etwa so, dass E-Mails, die offiziell an ein Unternehmen adressiert werden sollen, nur an dessen zentrale Mail-Adresse versandt werden. Im Gegenteil versucht jeder Kunde, einen persönlichen Ansprechpartner ausfindig zu machen, um eine möglichst individuelle Antwort zu erhalten. Alle eingehenden geschäftlichen E-Mails an alle E-Mail-Adressen eines Betriebs oder Unternehmens dürfen daher aus Geschäftskontrollgründen vom Arbeitgeber eingesehen werden.[88] Der Arbeitgeber kann somit den E-Mail-Account abwesender Arbeitnehmer einsehen. Besteht kein Unterscheidungsvermerk zwischen privaten und beruflichen E-Mails **43**

83 *Thüsing*, Arbeitnehmerdatenschutz und Compliance, Rn 321; *Beckschulze*, DB 2003, 2777, 2779; *Beckschulze/ Henkel*, DB 2001, 1491; *Hilber/Frick*, RdA 2002, 89, 95; *Lindemann/Simon*, BB 2001, 1950, 1952; *Nägele*, ArbRB 2002, 55, 57; Schiffer/von Schubert-*Schneider*, Recht, Wirtschaft und Steuern im E-Business, B VI, Rn 59; a.A. *Ernst*, NZA 2002, 585, 589; *Dann/Gastell*, NJW 2008, 2945.

84 *Beckschulze*, DB 2003, 2777, 2779.

85 So *Ernst*, NZA 2002, 585, 589.

86 *Beckschulze*, DB 2003, 2777, 2779.

87 *Wellhöner/Byers*, BB 2009, 2310.

88 *Beckschulze*, DB 2003, 2777, 2780; *Thüsing*, Arbeitnehmerdatenschutz und Compliance, Rn 322; im Ergebnis ebenso *Kliemt*, AuA 2001, 532, 536.

und ist eine etwaige private Natur einer E-Mail aufgrund der Adressierungselemente nicht erkennbar und auch nicht anzunehmen, darf der Arbeitgeber genauso wie bei klassischen Postsendungen davon ausgehen, dass die E-Mail allein dienstlich veranlasst ist. Ein Absender, der an Firmenadressen versendet, muss damit rechnen, dass an eine solche Firmenadresse versandte E-Mails auch von anderen Personen als dem gewünschten Adressaten eingesehen werden können. Insoweit kommt es allein auf den Empfängerhorizont an.

> *Praxishinweis*
>
> Ist die private Internet-Nutzung verboten, so kann die Kontrolle dadurch erleichtert werden, dass durch den Einsatz von Filterprogrammen und Zugangssperren von vornherein eine andere als dienstlich veranlasste Nutzung unmöglich gemacht wird. Hierbei ist grundsätzlich der Betriebsrat zu beteiligen (vgl. § 2 Rn 2 ff.).

44   Nach dem Gesetzesentwurf des neuen Beschäftigtendatenschutzes wird die Kontrolle der E-Mail-Nutzung stark eingeschränkt. Vorrangig ist hierbei die Regelung des **§ 32i BDSG-GE** zu beachten, der überschrieben ist mit **„Nutzung von Telekommunikationsdiensten"**. Der Anwendungsbereich beschränkt sich auf ausschließlich zu beruflichen oder dienstlichen Zwecken genutzte Telekommunikationsmittel. Erlaubt der Arbeitgeber dagegen auch die private Nutzung, findet § 32i BDSG-GE keine Anwendung.

> *Praxishinweis*
>
> Nach dem Wortlaut der Regelung kommt es maßgeblich auf die fehlende „Erlaubnis" der Privatnutzung durch den Arbeitgeber an. Ob sich alle Arbeitnehmer hieran halten oder ob der Arbeitgeber dies kontrolliert, ist nicht entscheidend. Es liegt demnach alleine in der Hand des Arbeitgebers, die Anwendbarkeit von § 32i BSGE-GE herbeizuführen.[89]

§ 32i Abs. 1 BDSG-GE betrifft hierbei den Umgang mit **Verbindungsdaten** und regelt, dass der Arbeitgeber die bei der Nutzung anfallenden Daten nur erheben, verarbeiten oder nutzen darf, soweit dies erforderlich ist

>   1. *zur Gewährleistung des ordnungsgemäßen Betriebes von Telekommunikationsnetzen oder Telekommunikationsdiensten, einschließlich der Datensicherheit,*
>   2. *zu Abrechnungszwecken oder*
>   3. *zu einer stichprobenartigen oder anlassbezogenen Leistungs- oder Verhaltenskontrolle*

und soweit keine Anhaltspunkte dafür bestehen, dass schutzwürdige Interessen des Beschäftigten an einem Ausschluss der Erhebung, Verarbeitung oder Nutzung überwiegen. Zu den bei der Nutzung anfallenden Daten gehören nach der Gesetzesbegründung z.B. die Nummer oder Kennung der beteiligten Anschlüsse, der Beginn und das Ende der jeweiligen Verbindung nach Datum und Uhrzeit, sowie die übermittelten Datenmengen.[90] Eine Datenerhebung zur Leistungs- und Verhaltenskontrolle nach § 32i Abs. 1 S. 1 Nr. 3 BDSG-GE kann auch der Feststellung dienen, ob die Nutzung von Internet und E-Mail tatsächlich nur zu dienstlichen Zwecken erfolgt. Zudem kann die Überprüfung der Daten auch ein taugliches Mittel für den Arbeitgeber sein, um Vertragsverletzungen zu seinen Lasten, Ordnungswidrigkeiten oder Straftaten zu verhindern oder aufzuklären.[91] Sofern die hierbei erhobenen Daten einem bestimmten Beschäftigten zugeordnet werden, ist dieser durch den Arbeitgeber über die Verarbeitung und Nutzung der Daten zu unterrichten, sobald die Leistungs- oder Verhaltenskontrolle dadurch nicht mehr gefährdet wird, § 32i Abs. 1 S. 2 BDSG-GE.

§ 32i Abs. 3 BDSG-GE regelt den Umgang mit **Inhalten** der Nutzung von Internet und E-Mail, wobei sich der Anwendungsbereich auf laufende Kommunikationsvorgänge beschränkt. Nach

---

89 *Wybitul*, Handbuch Datenschutz im Unternehmen, Anhang 3 § 32i BDSG-E unter 1.a).
90 BT-Drucks 17/4230, S. 20.
91 BT-Drucks 17/4230, S. 21.

Abschluss einer Telekommunikation ist § 32i Abs. 4 BDSG-GE maßgeblich. § 32i Abs. 3 BDSG-GE verweist für die Zulässigkeit der Verwendung der Inhaltsdaten im Wesentlichen auf § 32i Abs. 1 BDSG-GE. Für die Erhebung, Verarbeitung und Nutzung der Inhaltsdaten gelten demnach dieselben Voraussetzungen wie für die Verbindungsdaten. Werden die Inhalte ohne Kenntnis des Beschäftigten zur Leistungs- oder Verhaltenskontrolle erhoben, hat der Arbeitgeber zusätzlich § 32e BDSG-GE zu beachten, wonach die Datenerhebung nur bei einem konkreten Verdacht einer Straftat oder einer anderen schwerwiegenden Pflichtverletzung möglich ist.

Nach **Abschluss der Telekommunikation** kommt § 32i Abs. 4 BDSG-GE zum Tragen. Die Unterscheidung zu den Absätzen 1 bis 3 ist erforderlich, da mit Telekommunikation nach § 3 Nr. 22 TKG der technische Vorgang des Aussendens, Übermittelns und Empfangens von Signalen mittels Telekommunikationsanlagen bezeichnet wird. Die Telekommunikation ist somit mit dem Empfang der übermittelten Signale abgeschlossen.[92] Die Inhalte und Verbindungsdaten der abgeschlossenen Telekommunikation eines Beschäftigten, etwa die auf dem Arbeitsplatzcomputer eingegangenen E-Mails, dürfen nach § 32i Abs. 4 BDSG-GE vom Arbeitgeber gemäß den §§ 32c und 32d BDS-GE („Datenerhebung und Datenverarbeitung bzw. -nutzung im Beschäftigungsverhältnis") erhoben, verarbeitet oder genutzt werden. Dies bedeutet, dass die Verwendung erforderlich sein muss für die Durchführung, Beendigung oder Abwicklung des Beschäftigungsverhältnisses (vgl. unten Rn 50 ff.).[93] Darunter ist nach der Gesetzesbegründung z.B. der Fall zu subsumieren, dass wegen der Abwesenheit des Beschäftigten die dienstlichen oder beruflichen E-Mails von dem Vertreter des Beschäftigten oder dem Arbeitgeber selbst weiter bearbeitet werden müssen.[94] Die Verwendung erkennbar privater Inhalte und Daten ist dagegen nach § 32i Abs. 4 S. 2 BDSG-GE nur zulässig, wenn dies zur Durchführung des ordnungsgemäßen Geschäftsbetriebes unerlässlich ist, so z.B. wenn die E-Mails des Mitarbeiters während einer unvorhergesehenen Arbeitsunfähigkeit gesichtet werden müssen, um die dringenden dienstlichen E-Mails herauszufiltern. Zudem ist der Mitarbeiter auf die Datenverwendung schriftlich hinzuweisen. Die Regelung in § 32i Abs. 4 S. 2 BDSG-GE könnte als widersprüchlich angesehen werden, da § 32i BDSG-GE schließlich ausdrücklich nur für Telekommunikationsmittel gilt, die lediglich zu dienstlichen oder beruflichen Zwecken genutzt werden. Der Gesetzgeber scheint bei dieser Regelung jedoch davon auszugehen, dass das Verbot privater Nutzung von den Mitarbeitern nicht konsequent durchgehalten wird.

III. Kontrolle bei erlaubter privater E-Mail-Nutzung

Gewährt der Arbeitgeber den Arbeitnehmern das Recht, das E-Mail-Programm auch privat zu nutzen, stellt sich ebenfalls die Frage der richtigen Ermächtigungsgrundlage für die Kontrolle durch den Arbeitgeber. Nach der bislang (noch) herrschenden Ansicht in der Literatur wird der Arbeitgeber durch die Erlaubnis privater Nutzung zum Diensteanbieter i.S.d. § 88 TKG und hat daher das **Fernmeldegeheimnis** zu wahren.[95] Im Rahmen der privaten Nutzungseinräumung der betrieblichen Kommunikationssysteme trete der Beschäftigte dem Arbeitgeber als „Dritter" im Sinne des § 3 Nr. 10 TKG gegenüber. Bei Anwendung des Fernmeldegeheimnisses wird das Kontrollrecht stark eingeschränkt. Insbesondere ist es dem Arbeitgeber nach § 88 Abs. 3 TKG untersagt, „sich oder anderen über das für die geschäftsmäßige Erbringung der Telekommunikationsdienste einschließlich des Schutzes ihrer technischen Systeme erforderliche Maß hi-

45

---

92 BT-Drucks. 17/4230, S. 21 f.

93 Siehe hierzu ergänzend die Erläuterungen in *Wybitul*, Handbuch Datenschutz im Unternehmen, Anhang 3, §§ 32c, 32d BDSG-E.

94 BT-Drucks 17/4230, S. 22.

95 *Däubler*, Internet und Arbeitsrecht, Rn 236 f.; *Gola/Schomerus*, BDSG, § 32 Rn 18; *Beckschulze/Henkel*, DB 2001, 1491; *Ernst*, NZA 2002, 585; *Feldmann*, NZA 2008, 1398; *Koch*, NZA 2008, 911; *Lindemann/Simon*, BB 2001, 1950; *Mengel*, BB 2004, 2014; *Kömpf/Kunz*, NZA 2007, 1341; *Hoppe/Braun*, MMR 2010, 80.

naus Kenntnis vom Inhalt oder den näheren Umständen der Telekommunikation zu verschaffen".[96] Zudem läuft der Arbeitgeber Gefahr, eine Straftat nach § 206 StGB zu begehen.

Die erste wesentliche Entscheidung zu der Frage der Anwendbarkeit des § 88 TKG erfolgte durch den VGH Kassel.[97] Nach seiner Ansicht unterliegen die E-Mails zumindest dann nicht mehr dem Fernmeldegeheimnis, wenn sie von dem Beschäftigten mit Erlaubnis des Arbeitgebers im Posteingang oder -ausgang belassen oder in anderen auf lokalen Rechnern oder zentral gesicherten Verzeichnissen des Systems abgespeichert worden sind. Im Anschluss folgten Entscheidungen des LAG Niedersachsen[98] und LAG Berlin-Brandenburg,[99] die übereinstimmend – jedoch ohne nähere Begründung – feststellten, dass der Arbeitgeber alleine durch die Gestattung der Privatnutzung nicht zum Dienstanbieter i.S.d. § 88 TKG wird. Dieser Ansicht schließen sich nun vermehrt Stimmen in der Literatur an.[100]

Praxistipp

Mit den Entscheidungen der Landesarbeitsgerichte und des VGH Kassel lässt sich gut argumentieren, dass § 88 TKG jedenfalls dann keine Anwendung findet, wenn der Arbeitnehmer die E-Mails bereits gesichtet hat und sie im Posteingang belässt oder in einem anderen Verzeichnis gespeichert hat. Ungelesene E-Mails sollten dagegen nur in besonderen Ausnahmefällen kontrolliert werden, z.B. dann, wenn der Zugriff aufgrund einer unvorhergesehenen Abwesenheit des Mitarbeiters dringend erforderlich ist. Insgesamt sollte jeder Arbeitgeber bis zu einer höchstrichterlichen Klärung dieser Frage jedoch äußerst vorsichtig vorgehen und die Zulässigkeit in jedem Einzelfall gründlich überprüfen.

Geht man vor diesem Hintergrund davon aus, dass § 88 TKG nicht zur Anwendung gelangt, ist die Kontrolle von Verkehrsdaten und E-Mails nach derzeitiger Rechtslage nach § 32 BDSG zu beurteilen. Auch hierbei gilt für die präventive Kontrolle bzw. für die Kontrolle zur Aufdeckung einer Pflichtverletzung, die keine Straftat darstellt, § 32 Abs. 1 S. 1 BDSG und für die repressive Kontrolle zur Aufdeckung einer Straftat aufgrund eines konkreten Verdachts § 32 Abs. 1 S. 2 BDSG. Im Rahmen der Interessenabwägung ist zu berücksichtigen, dass dem Recht auf informationelle Selbstbestimmung des Arbeitnehmers bei einer Gewährung der privaten Nutzung eine wesentliche Rolle zukommt. Damit die Kontrollmaßnahme zulässig ist, muss der Arbeitgeber also ein berechtigtes Interesse an der Kontrolle der Log-Files bzw. des Inhaltes vorweisen können.

Die Kontrolle von privaten E-Mails durch den Arbeitgeber stellt regelmäßig einen rechtswidrigen Eingriff in die Persönlichkeitssphäre des Arbeitnehmers dar. Eine Inhaltskontrolle der privaten Nachrichten ist grundsätzlich unzulässig.[101] Sie kommt, ähnlich wie die Inhaltskontrolle privater Telefongespräche (vgl. § 4 Rn 49, 51),[102] allerdings in Betracht, wenn ein schwerer Verdacht, z.B. auf Industriespionage oder Ähnliches, besteht und eine anderweitige Klärung des Sachverhalts nicht möglich ist.

46 Soweit von der Kontrolle nur die äußeren Verbindungsdaten einschließlich der E-Mail-Kopfzeile betroffen sind, liegt allerdings möglicherweise nur ein unerheblicher und damit seitens des Arbeitnehmers zu duldender Eingriff vor. Allerdings können aus den äußeren Verbindungsdaten konkrete Rückschlüsse auf die Persönlichkeitssphäre des Betroffenen gezogen werden. Feststell-

---

96 Siehe zu den Einzelheiten des Fernmeldegeheimnisses *Kazemi/Leopold*, Datenschutzrecht in der anwaltlichen Beratung, § 3 Rn 688 ff.
97 VGH Kassel 19.5.2009–6 A 2672/08.Z, NJW 2010, 2470.
98 LAG Niedersachsen 31.5.2010–12 Sa 845/09, NZA-RR 2010, 406.
99 LAG Berlin-Brandenburg 16.2.2011–4 Sa 2132/10, BB 2011, 2298.
100 *Wybitul*, BB 2011, 2241; *ders.*, Handbuch Datenschutz im Unternehmen, Rn 196; *Thüsing*, Arbeitnehmerdatenschutz und Compliance, Rn 246.
101 *Hanau/Hoeren*, Private Internet-Nutzung durch Arbeitnehmer, S. 64.
102 Vgl. *Andres*, Die Integration moderner Technologien in den Betrieb, S. 194 ff.

bar ist der Kommunikationspartner sowie die für die Kommunikation aufgewendete Zeit und die versandten Datenmengen. In Anlehnung an die herrschende Meinung zur Zielnummernerfassung bei privaten Telefongesprächen[103] ist die Erfassung von Adressat oder Absender nicht von vornherein durch ein überwiegendes betriebliches Interesse des Arbeitgebers gerechtfertigt. Vielmehr ist es dem Arbeitgeber nur bei einem besonderen schutzwürdigen Interesse gestattet, die äußeren Verbindungsdaten der E-Mail-Nachrichten seiner Arbeitnehmer einzusehen.[104]

Dieses **berechtigte betriebliche Interesse** liegt insbesondere in der Kontrolle des Arbeitsverhaltens der Arbeitnehmer. Die Zeitangaben im Zusammenhang mit dem Versand und dem Empfang privater E-Mails können Aufschluss darüber geben, ob der Arbeitnehmer seine private Post lediglich in den Pausenzeiten erledigt oder die Arbeitszeit hierfür genutzt hat. Mit der Rechtsprechung und überwiegenden Ansicht in der Literatur kann davon ausgegangen werden, dass der Arbeitgeber ein berechtigtes betriebliches Interesse daran hat, zu erfahren, welcher Teil der Arbeitszeit durch den Arbeitnehmer für private Zwecke aufgewandt wurde.[105] Der Arbeitgeber kann deshalb zumindest die Versand- bzw. Empfangszeiten des dienstlichen wie privaten E-Mail-Verkehrs innerhalb der regulären Arbeitszeit kontrollieren. Hier sind schützenswerte Persönlichkeitsinteressen der Arbeitnehmer nicht ersichtlich, weil es lediglich um die Kontrolle der vertraglich geschuldeten Arbeitsleistung geht. **47**

Auch die Größe einer E-Mail kann Aufschluss darüber geben, welche Datenmengen über den E-Mail-Dienst verschickt bzw. empfangen wurden. In den Fällen, in denen der Empfang von privaten E-Mails für den Arbeitgeber einen zusätzlichen Kostenaufwand bedeutet, muss er die Möglichkeit haben, neben dem Datum und der Uhrzeit auch die kapazitiven Verbindungsdaten zu kontrollieren.[106] Hier gilt dasselbe wie bei privaten Telefongesprächen (vgl. § 4 Rn 42 ff.). Der Arbeitgeber darf die Anzahl der Gespräche, deren Dauer sowie die Summe der verbrauchten Einheiten im Abrechnungsintervall festhalten, um die für jeden Arbeitnehmer anfallenden Kosten zu berechnen.[107] Grundsätzlich hat sich die Überwachung des Verhaltens des Arbeitnehmers bei der privaten Nutzung des Internetanschlusses auf das Datum und die Uhrzeit der Übersendung bzw. das Datum und die Uhrzeit des Empfangs von E-Mails zu beschränken. Aufgrund der technischen Gegebenheiten kann man allerdings aus den äußeren Verbindungsdaten meist auf den Adressaten und den Absender schließen. Eine Verschleierung der Adressaten- oder Empfängerangaben über den Einsatz von Spezialsoftware kann vom Arbeitgeber unter vertretbaren technischen und finanziellen Aufwand nicht verlangt werden.[108] Dabei ist zu bedenken, dass der Arbeitgeber dem Arbeitnehmer die Nutzung der E-Mail-Funktionen zu privaten Zwecken freiwillig erlaubt. Aus dieser freiwilligen Gestaltung sollten ihm keine erheblichen Nachteile entstehen. **48**

Da der Arbeitgeber nur anhand von Absender, Empfänger oder Betreff einer E-Mail erkennen kann, ob die E-Mail dienstlicher oder privater Natur ist, muss es ihm grundsätzlich gestattet sein, die äußeren Verbindungsdaten einer E-Mail einzusehen. Da die meisten E-Mail-Programme beim Aufruf einer E-Mail standardmäßig auch deren Inhalt anzeigen, hat der Arbeitgeber durch entsprechende technische Einstellungen dafür zu sorgen, dass der Inhalt der Mail nicht eingesehen wird. Darüber hinaus kann der Arbeitnehmer die **Verschlüsselung** seiner privaten E-Mails ver- **49**

---

103 Vgl. BAG 27.5.1986–1 ABR 48/84, NZA 1986, 643; GK-BetrVG-*Wiese*, § 87 Rn 563; *Däubler,* CR 1994, 101; *Schulin/Babel*, NZA 1986, 46, 49.

104 *Hanau/Hoeren*, Private Internet-Nutzung durch Arbeitnehmer, S. 64; *Thüsing*, Arbeitnehmerdatenschutz und Compliance, Rn 277 ff.

105 BAG 27.5.1986–1 ABR 48/84, NZA 1986, 643; *Däubler*, CR 1994, 754, 75; *Hilger*, DB 1986, 910, 913; a.A. *Latendorf*, CR 1987, 242, 243; *Schulin/Babel*, NZA 1986, 46, 49.

106 *Hanau/Hoeren*, Private Internet-Nutzung durch Arbeitnehmer, S. 65.

107 BAG 27.5.1986–1 ABR 48/84, NZA 1986, 643; GK-BetrVG-*Wiese*, § 87 Rn 563; MüHdbArbR-*Blomeyer*, § 95 Rn 11; *Schulin/Babel*, NZA 1986, 46, 49; a.A. für die Nutzung von Mobiltelefonen *Wedde*, CR 1995, 41, 45.

108 Vgl. *Hanau/Hoeren*, Private Internetnutzung durch Arbeitnehmer, S. 65.

langen. Nur in Ausnahmefällen, in denen das Arbeitgeberinteresse überwiegt, ist der Arbeitnehmer dann zur Entschlüsselung verpflichtet.[109] Die Kontrolle von E-Mails auf Viren durch automatisierte Verfahren ist auch bei der erlaubten Privatnutzung zulässig. Eine spezialisierte Software (Content-Searcher) kann alle eingehenden und ausgehenden E-Mails auf Viren kontrollieren. E-Mails, welche dieser Kontrolle nicht standhalten, werden zur genaueren Kontrolle durch den Systemadministrator in einen besonderen Ordner umgeleitet. Diese Art von Kontrollsoftware schützt die EDV-Anlage des Arbeitgebers vor Infizierung mit Computerviren. Nur so können eine ständige Reparaturgefahr oder dauerhafter Datenverlust verhindert werden. Die Anwendung einer solchen Software ist deswegen durch das überwiegende Interesse des Arbeitgebers an der Funktionsfähigkeit seiner EDV-Anlage gerechtfertigt. Nicht zulässig ist allerdings die Durchsuchung von privaten E-Mails nach bestimmten Stichwörtern. Eine solche Suche durch die Content-Search-Software wäre eine unzulässige Inhaltskontrolle.

50   *Praxishinweis*

Möchte der Arbeitgeber die private E-Mail-Nutzung erlauben, aber dennoch nicht weitgehend in seinen Kontrollbefugnissen eingeschränkt werden, so bietet sich die Einrichtung zweier separater E-Mail-Postfächer für die Arbeitnehmer an. Erhält der Arbeitnehmer eine separate E-Mail-Adresse für Privat-E-Mails und eine für dienstliche E-Mails, so kann der dienstliche E-Mail-Account genauso kontrolliert werden wie bei einer verbotenen Privatnutzung.

Hinsichtlich des derzeit diskutierten Entwurfs eines geänderten Beschäftigtendatenschutzes soll eine Regelung zur Kontrolle der Telekommunikationsdienste in das BDSG aufgenommen werden. § 32i BDSG-GE soll jedoch nur für Telekommunikationsdienste gelten, die ausschließlich für berufliche oder dienstliche Zwecke genutzt werden (vgl. oben Rn 44 ff.). Eine Regelung zur Kontrolle von Telekommunikationsdiensten, die auch für private Zwecke verwendet werden dürfen, ist leider im BDSG-GE nicht vorgesehen. Dies wird von der Literatur als eine wesentliche Schwäche des Entwurfs angesehen.[110] Es deutet jedoch nichts darauf hin, dass mit dem Fehlen einer Regelung zugleich ein Verbot der Kontrolle bei erlaubter Internet- und E-Mail-Nutzung verbunden sein soll. Vielmehr hat sich die Kontrolle in diesem Fall nach den allgemeinen Regeln der §§ 32c ff. BDSG-GE zu richten.

§ 32c BDSG-GE regelt hierbei die **Datenerhebung** im Beschäftigungsverhältnis. Nach § 32c Abs. 1 BDSG-GE dürfen vorbehaltlich der §§ 32e bis 32i Beschäftigtendaten erhoben werden, wenn dies für die Durchführung, Beendigung oder Abwicklung des Beschäftigtenverhältnisses erforderlich ist. Dies ist insbesondere der Fall, soweit die Kenntnis dieser Daten für den Arbeitgeber erforderlich ist, um

1. *gesetzliche oder aufgrund eines Gesetzes bestehende Erhebungs-, Melde-, Auskunfts-, Offenlegungs- oder Zahlungspflichten zu erfüllen,*
2. *die gegenüber dem Beschäftigten bestehenden Pflichten zu erfüllen oder*
3. *die gegenüber dem Beschäftigten bestehenden Rechte des Arbeitgebers einschließlich der Leistungs- und Verhaltenskontrolle wahrzunehmen.*

Darüber hinaus ist die Datenerhebung nach § 32c Abs. 4 BDSG-GE nur zulässig, soweit Art und Ausmaß im Hinblick auf den Zweck verhältnismäßig sind. Gegenüber dem bisher geltenden § 32 BDSG treten durch die Neufassung also keine wesentlichen Änderungen ein.

§ 32d BDSG-GE betrifft die **Datenverarbeitung und -nutzung** im Beschäftigtenverhältnis. Nach seinem Abs. 1 darf der Arbeitgeber Beschäftigtendaten verarbeiten und nutzen, soweit

---

109 *Däubler,* Internet und Arbeitsrecht, Rn 250.
110 *Wybitul,* Handbuch Datenschutz im Unternehmen, Anhang 3 § 32i BDSG-E, S. 503; *Heinson/Sörup/Wybitul,* CR 2010, 751.

1. *sie nach §§ 32, 32a oder 32 c erhoben worden sind,*
2. *dies erforderlich ist zur Erfüllung der Zwecke, für die die Daten erhoben worden sind, oder zur Erfüllung anderer Zwecke, für die der Arbeitgeber sie nach den Vorschriften dieses Unterabschnittes hätte erheben dürfen, und*
3. *dies nach Art und Ausmaß im Hinblick auf den Zweck verhältnismäßig ist.*

Beschäftigtendaten, die der Arbeitgeber ohne Datenerhebung nach §§ 32, 32a oder 32 BDSG-GE erhalten hat, darf er nach § 32d Abs. 2 BDSG-GE nur verarbeiten und nutzen, soweit

1. *dies für die Durchführung, Beendigung oder Abwicklung des Beschäftigtenverhältnisses erforderlich und nach Art und Ausmaß im Hinblick auf den Zweck verhältnismäßig ist und*
2. *er sie nach den §§ 32, 32a oder 32c hätte erheben dürfen.*

Auch durch diese Vorschrift ergeben sich somit keine wesentlichen Änderungen der Zulässigkeit der Kontrolle von Daten der E-Mail-Nutzung durch Arbeitnehmer gegenüber den Regelungen in § 32 BDSG.

IV. Kontrolle bei Verbot privater Internet-Nutzung

Auch bei der Internet-Nutzung gilt, dass bei einer Privatnutzung ohne Erlaubnis des Arbeitgebers dieser ein berechtigtes betriebliches Interesse daran hat, zu erfahren, ob die Arbeitnehmer ihrer Arbeitspflicht nachkommen oder privat das Internet nutzen. Schützenswerte Belange hinsichtlich des Persönlichkeitsrechts des Arbeitnehmers kommen bei einem solchen Verbot der privaten Internetnutzung nicht in Betracht. Der Arbeitnehmer verhält sich bei einer privaten Nutzung arbeitsvertrags- und demzufolge rechtswidrig. Auch bei der dienstlichen Nutzung des Internets überwiegt weitgehend das Interesse des Arbeitgebers an der Überwachung der Arbeitnehmer gegenüber deren Persönlichkeitsinteresse.[111] Die technischen Überwachungsmöglichkeiten sind weit reichend. Die Standard-Web-Browser ermöglichen die Durchsicht von Cache-Inhalten und geben darüber hinaus die Möglichkeit, nachzuvollziehen, welche Internet-Adressen der Arbeitnehmer zu welchem Zeitpunkt besucht hat. Eine genauere Analyse, welche und wie viele Daten der Arbeitnehmer aus dem Internet übertragen hat, erfordert die Erstellung und Auswertung von detaillierten Log-Files, die in der Regel nur mittels einer speziellen Überwachungssoftware möglich ist.

51

V. Kontrolle der Internet-Nutzung bei Erlaubnis der privaten Nutzung

Da die weit reichenden technischen Kontrollarten ebenso weitgehend in das Persönlichkeitsrecht des Arbeitnehmers eingreifen können wie bei der Überwachung des Inhalts von E-Mails, ist die Kontrolle bei erlaubter privater Nutzung wiederum nur sehr eingeschränkt möglich. Die durch den Arbeitnehmer aufgerufenen Internet-Seiten geben Aufschluss über die Lebensgewohnheiten, das Freizeitverhalten und seine Interessen. Es stehen sich also wiederum das Interesse des Arbeitnehmers an der Geheimhaltung der von ihm besuchten Internetseiten und der dort aufgerufenen Daten einerseits und das betriebliche Interesse des Arbeitgebers an der Umlage von Kosten, der Überwachung der Einhaltung der vereinbarten Nutzungszeiten sowie der Verhinderung der Übertragung von strafrechtlich relevanten Inhalten andererseits gegenüber. Sofern eine Kostenabrechnung der privaten Internet-Nutzung erfolgt, ist die Speicherung und Überwachung dieser Daten erforderlich, die zur Kostenabrechnung benötigt werden. Für den Fall, dass eine Privatnutzung nur in den Pausenzeiten erlaubt ist, kann allein aufgrund der Ermittlung des in den Pausenzeiten übertragenen Datenvolumens eine Kostenbeteiligung für den jeweiligen Arbeitnehmer berechnet werden.

52

---

111 *Hanau/Hoeren*, Private Internetnutzung durch Arbeitnehmer, S. 67.

53 Ein offensichtliches betriebliches Interesse besteht für den Arbeitgeber hinsichtlich des Aufrufs strafrechtlich relevanter Inhalte. Schon die abstrakte Gefahr, dass Mitarbeiter Seiten mit strafrechtlich relevantem Inhalt aufrufen könnten, reicht aber nicht aus, um eine Überwachung der aufgerufenen Seiten gegenüber dem intensiven Eingriff in das Persönlichkeitsrecht zu rechtfertigen. Dem Arbeitgeber müssen deswegen konkrete Anhaltspunkte für den Aufruf strafrechtlich relevanter Inhalte durch seine Arbeitnehmer vorliegen. Hat der Arbeitgeber feste Zeiten für die private Nutzung des Internets festgelegt, ist eine Überwachung der aufgerufenen Internetseiten außerhalb dieser Zeiten grundsätzlich zulässig. Der Arbeitnehmer kann sich nicht auf die Verletzung seines Persönlichkeitsrechts berufen, da er im Falle einer Privatnutzung arbeitsvertrags- und damit rechtswidrig handelt.

VI. Kontrolle anderer Web-Dienste

1. Chat – IRC

54 Eine Überwachung des Arbeitgebers bei der Nutzung eines Chats durch den Arbeitnehmer kann einen relativ intensiven Eingriff in das Persönlichkeitsrecht des überwachten Arbeitnehmers bedeuten. Allerdings muss auch berücksichtigt werden, dass der überwiegende Teil von Chat-Kanälen für jedermann per Internet frei zugänglich ist. Demzufolge können Protokolle von solchen Chat-Kanälen mit dem Erstellen von Artikeln in Newsgroups (siehe Rn 55) verglichen werden. Dies spricht grundsätzlich dafür, dass eine Überwachung keine Verletzung des Persönlichkeitsrechts bedeutet. Fraglich ist allerdings, ob der Arbeitgeber ein berechtigtes betriebliches Interesse an der Überwachung einer Chat-Teilnahme vorweisen kann. Für eine Kostenabrechnung ist der Inhalt der Chat-Teilnahme nicht relevant. Insoweit sind nur Informationen über die ausgetauschte Datenmenge und ggf. Benutzungszeiten erforderlich. Daraus ergibt sich, dass die Überwachung des Inhalts eines Chats regelmäßig unzulässig ist.[112] Etwas anderes gilt selbstverständlich wiederum dann, wenn der Verdacht besteht, dass der an einem Chat teilnehmende Arbeitnehmer in dem entsprechenden Kanal strafrechtlich relevante Handlungen begeht. Diese können z.B. im Austausch oder dem Vertrieb urheberrechtlich geschützter Musiktitel bestehen.

2. Newsgroups (Newsnet), Weblogs

55 Die Nutzung von Newsgroups kann mit der Nutzung des E-Mail-Systems verglichen werden. Das Programm MS-Outlook-Express beispielsweise verbindet beide Dienste sogar in einem Programm. Trotz der Ähnlichkeit existieren allerdings Unterschiede, die bei einer Interessenabwägung zu unterschiedlichen Bewertungen führen können. Der Hauptunterschied besteht darin, dass Beiträge in Newsgroups nicht – wie bei der E-Mail – an einen oder mehrere bestimmte Adressaten gerichtet sind. Vielmehr kann jeder, der die Newsgroup abonniert hat, die entsprechenden Beiträge einsehen. Die innerhalb der Newsgroups getätigten Äußerungen sind damit öffentlicher und nicht privater Natur. Der Arbeitgeber könnte sich jederzeit durch Abonnieren der jeweiligen Newsgroups Kenntnis vom Inhalt der Nachrichten innerhalb dieser Newsgroups verschaffen. Deshalb ist auch die Überwachung des Inhalts einer innerhalb einer Newsgroup erstellten Nachricht ohne weiteres zulässig. Aufgrund der Öffentlichkeit der Nachrichten ist auch die Überwachung der adressierten Newsgroups zulässig.[113] Entsprechendes gilt für sog. Weblogs (kurz: „Blogs"), eine Art von öffentlichen Internettagebüchern.

---

112 *Hanau/Hoeren*, Private Internetnutzung durch Arbeitnehmer, S. 67.
113 *Hanau/Hoeren*, Private Internetnutzung durch Arbeitnehmer, S. 69.

3. Files Transfer Protocol (FTP)

Hinsichtlich des Herunterladens von Daten über einen FTP-Dienst, z.B. des Herunterladens von **56** Musikdateien, ist die persönlichkeitsrechtliche Situation bei der Überwachung mit derjenigen bei der Nutzung des Internets vergleichbar. Die Überwachungsmöglichkeiten entsprechen denjenigen bei der Internet-Nutzung. Es ist eine Überwachung der angesteuerten Server sowie der transferierten Dateien möglich. Wegen dieser Deckungsgleichheit kann auf die Ausführungen zur Internetnutzung (siehe Rn 34 ff., 51 ff.) verwiesen werden.

4. Intranet

Innerhalb des Intranets haben zumeist nur E-Mails an Kollegen private Inhalte. Hinsichtlich der **57** Überwachung dieser privaten Mitteilungen kann auf die Ausführungen zur E-Mail verwiesen werden (siehe Rn 40 ff.). Das Kontrollinteresse kann allerdings hier in der Regel nicht mit der Notwendigkeit der Kostenabrechnung begründet werden, weil wegen der Geringfügigkeit der anfallenden Kosten innerhalb des Intranets eine solche Kostenabrechnung zumeist nicht stattfindet.

5. Arbeitgeberbewertungsportale

Verschiedene Internetportale geben den Nutzern die Möglichkeit – meist anonym – manche nur **58** mit ausdrücklicher Zustimmung des Arbeitgebers, andere unabhängig von einer solchen Zustimmung, ihren Arbeitgeber, Kollegen und Vorgesetzten zu bewerten. Hinsichtlich der Zulässigkeit der Beteiligung des Arbeitnehmers in solchen Portalen gelten dieselben Grundsätze wie beim Umgang mit vertraulichen Informationen durch den Arbeitnehmer. Der Arbeitnehmer muss sich grundsätzlich so verhalten, dass der Betriebsfrieden nicht ernstlich und schwer gefährdet wird. Unter bestimmten Voraussetzungen ist der Wahrung des Betriebsfriedens sogar Vorrang vor der in Art. 5 GG geschützten Meinungsfreiheit des Arbeitnehmers einzuräumen.[114] Das Grundrecht auf Meinungsfreiheit muss jedenfalls dann zurücktreten, wenn sich eine Äußerung im Arbeitgeberbewertungsportal als Formalbeleidigung oder als eine Schmähung darstellt.[115] Kritik von Kollegen bzw. Vorgesetzten ist stets betriebsbezogene Kritik, die zunächst intern zu äußern ist. Es sind daher die betriebsinternen Zuständigkeits- und Verhaltensregeln zu beachten. Darüber hinaus besteht meist eine institutionelle Interessenvertretung der Arbeitnehmer im Betrieb, bei der Kritik gegenüber Vorgesetzten geäußert werden kann. Hieraus folgt die Pflicht, im Rahmen des Möglichen und Zumutbaren, betriebsbezogene Kritik zunächst intern vorzubringen und mit arbeitsrechtlichen Instrumenten Abhilfe anzustreben.[116] Die Veröffentlichung von Kritik im Internet im Rahmen eines Arbeitgeberbewertungsforums hat die Konsequenz, dass jeder registrierte Benutzer Zugriff auf diese Beurteilungen hat. Es handelt sich somit nicht mehr um interne Abhilfemechanismen. Eine „Flucht in die Öffentlichkeit" ist auch deswegen nicht vom Grundrecht auf Meinungsfreiheit gedeckt, weil die Öffentlichkeit nicht vom Führungsverhalten einzelner Führungskräfte eines Unternehmens betroffen ist. Die Teilnahme an Arbeitgeberbewertungsforen kann am Arbeitsplatz ausdrücklich untersagt werden. Ein Mitbestimmungsrecht des Betriebsrates ist hierbei grundsätzlich nicht zu beachten. Da sich die Pflicht, Beurteilungen von Mitarbeitern im Internet zu unterlassen, bereits aus den vertraglichen Nebenpflichten ergibt, handelt es sich bei dem Verbot lediglich um eine Konkretisierung der Pflicht aus dem Arbeitsverhältnis.

---

114 BVerfG 28.4.1976–1 BvR 71/73, NJW 1976, 1627.
115 Vgl. KR-*Fischermeier*, § 626 BGB Rn 117.
116 Vgl. ErfK-*Schmidt*, Art. 5 GG Rn 37.

59   Jüngst hatte der **Europäische Gerichtshof für Menschenrechte** (EGMR) über die Abwägung der Meinungsfreiheit der Arbeitnehmer mit den Unternehmerinteressen des Arbeitgebers zu entscheiden.[117] Im konkreten Fall hatte eine Altenpflegerin Strafanzeige gegen ihren Arbeitgeber wegen Betruges gestellt, da er angeblich Leistungen abrechne, die den Patienten des Altenheimes jedoch nicht gewährt wurden. Die Altenpflegerin war daraufhin fristlos gekündigt worden. Der EGMR stärkte in seiner Entscheidung die Meinungsfreiheit der Arbeitnehmerin und erklärte die Kündigung für unwirksam. Die Meinungsfreiheit der Arbeitnehmerin sei höher zu bewerten als die Sorge des Arbeitgebers um nachteilige Auswirkungen für sein Unternehmen. Dabei rückte der EGMR maßgeblich das öffentliche Interesse an der Meldung der Missstände in den Vordergrund. In einer demokratischen Gesellschaft sei das öffentliche Interesse an Informationen über Mängel in der institutionellen Altenpflege so wichtig, dass es gegenüber den Interessen dieses Unternehmens am Schutz seines Rufes und seiner Geschäftsinteressen überwiege.

C. Sanktionen bei unzulässiger Nutzung von Internet und E-Mail

I. Einleitung

60   Missbraucht der Arbeitnehmer die ihm zur Verfügung gestellten Kommunikationseinrichtungen, stellt sich die Frage nach den möglichen Sanktionen. Vorrangig kommen die üblichen arbeitsrechtlichen Disziplinarmaßnahmen in Betracht, also Abmahnung, ordentliche oder außerordentliche Kündigung. Möglich sind aber auch Alternativsanktionen in Form einer bloßen Ermahnung/Rüge, einer Versetzung des Arbeitnehmers, einer Sperrung des Internetzugangs oder auch die Geltendmachung von Schadensersatzansprüchen. Der **Grad der Sanktion** hängt dabei von dem Umfang des Verstoßes ab und auch von der Form der erlaubten bzw. unerlaubten Nutzung. Je unklarer die betriebliche Regelung ausgestaltet ist, desto weniger Sanktionen stehen dem Arbeitgeber zur Verfügung. Welche Möglichkeiten der Arbeitgeber im Einzelnen bei welcher Form der Nutzung ergreifen kann, wird in diesem Kapitel ausführlich dargestellt. Dabei gelten die dargestellten Grundsätze regelmäßig für alle Nutzungsformen, also Internet, E-Mail und Intranet.

61   Die Praxis zeigt, dass die Interessenlagen nicht unterschiedlicher sein könnten. Angesichts der weiten Verbreitung von Computern und Internetzugängen fehlt den Arbeitnehmern häufig das Unrechtsbewusstsein, wenn sie die ihnen zur Verfügung gestellten Arbeitsmittel auch für private Erledigungen oder privates Surfen einsetzen. Umgekehrt ist auf Arbeitgeberseite regelmäßig bei einer unerlaubten Nutzung das Interesse an einer sofortigen Sanktion besonders hoch. Meist wird in solchen Fällen unmittelbar das schärfste Schwert des arbeitgeberischen Handlungsinstrumentariums, die außerordentliche Kündigung, in Betracht gezogen. Diesen Konflikt gilt es daher zu lösen. Die ersten Urteile haben sich noch an der arbeitsrechtlichen Judikatur zu unzulässig geführten Privattelefonaten orientiert.[118] Zwischenzeitlich hat sich jedoch eine eigenständige **Rechtsprechung** herausgebildet, so dass es dieses Rückgriffs nicht mehr bedarf (vgl. unten Rn 118 ff.). So hat sich das Bundesarbeitsgericht in verschiedenen Grundsatzentscheidungen ausführlich mit der Problematik der unzulässigen Internetnutzung befasst und einheitliche Beurteilungsgrundsätze für die Praxis aufgestellt.[119] Es ist festzustellen, dass die zulässigen Sanktionen sehr stark einzelfallgeprägt sind, was eine sichere Prognose über die Erfolgsaussichten einer

---

117 EGMR 21.7.2011 – 28274/08, ArbuR 2011, 355.
118 Dazu *N. Besgen*, B+P 2000, 112.
119 BAG 7.7.2006–2 AZR 581/04, NZA 2006, 98; BAG 12.1.2006–2 AZR 179/05, NZA 2006, 980; BAG 27.4.2006–2 AZR 386/05, NZA 2006, 977; BAG 31.5.2007–2 AZR 200/06, NZA 2007, 922; siehe dazu auch *Kramer*, NZA 2007, 1338; *Beckschulze*, DB 2007, 1526; *Lansnicker*, BB 2007, 2184.

Kündigung erheblich erschwert. Dennoch eröffnen die BAG-Urteile Leitlinien, an denen man sich orientieren kann.

Auch hinsichtlich der Vornahme von Sanktionen bei unzulässiger Nutzung von Internet und E-Mail gilt der allgemeine Grundsatz, dass es im Bereich steuerbaren Verhaltens vor einer Kündigung stets einer **Abmahnung** bedarf. Das BAG hat in seinen Grundsatzentscheidungen sehr klar definiert, in welchen Fällen ausnahmsweise eine vorhergehende Abmahnung entbehrlich ist. Entsprechende Ausnahmen bestehen etwa bei extrem exzessiver Nutzung oder dem Besuch strafbarer Internetseiten (z.B. Gewalt verherrlichende Darstellungen, Kinderpornografie). Zwar ist der Arbeitgeber nicht zum **Sittenwächter** über die in seinem Betrieb tätigen Arbeitnehmer berufen. Durch die Internetnutzung der Arbeitnehmer darf es aber nicht zu einer Rufschädigung des Arbeitgebers kommen.[120] In welchen Fällen konkret schärfere Sanktionen als die einer Abmahnung in Betracht kommen, wird anhand der vorhandenen Rechtsprechung analysiert (vgl. Rn 121 ff.). 62

Bei Auswertung der Rechtsprechung zeigen sich immer wiederkehrende Fehler auf Arbeitgeberseite, denen leicht abgeholfen werden kann. Umgekehrt eröffnet deren genaue Kenntnis dem Arbeitnehmer zahlreiche Möglichkeiten, die Wirksamkeit einer ausgesprochenen Kündigung anzugreifen. Angesprochen werden dabei der Verlust der Warnfunktion bei mehreren Abmahnungen, die Frage der Beweissicherung und die Vereinbarung von Freiwilligkeitsvorhalten bei der erlaubten privaten Nutzung. 63

II. Abmahnung

Die Abmahnung ist eine ernsthafte Sanktion, die eine **Doppelfunktion** erfüllt. Sie ist zum einen grundsätzlich Voraussetzung für den Ausspruch einer verhaltensbedingten Kündigung, zum anderen aber auch auf die Fortsetzung des Arbeitsverhältnisses gerichtet. Zudem ist es nach der Rechtsprechung regelmäßig notwendig, in Fällen des Internetmissbrauchs zunächst abzumahnen, bevor wirksam eine ordentliche und/oder außerordentliche Kündigung ausgesprochen werden kann (siehe Rn 100 ff., 118 ff.). Es ist deshalb von besonderer Bedeutung, sich mit den Grundsätzen der Abmahnung eingehend zu befassen und insbesondere **formale Mängel** zu vermeiden. 64

1. Grundsätze

Bei der Abmahnung handelt es sich um eine einseitige Erklärung, die dem anderen Vertragsteil deutlich machen soll, dass ein vertragswidriges Verhalten nicht geduldet wird. Die Abmahnung zielt im allgemeinen Sinne auf die Herstellung eines zukünftigen vertragsgemäßen Verhaltens. Mit der Beanstandung des konkreten Fehlverhaltens des Arbeitnehmers kommt der Abmahnung damit eine Rüge- bzw. Sanktionsfunktion zu. Auf der anderen Seite muss jede wirksame Abmahnung auch die konkrete Androhung enthalten, dass im Wiederholungsfall das Arbeitsverhältnis gekündigt wird.[121] Diese Androhung beinhaltet eine **Warnfunktion**. Die Abmahnung hat damit einen Doppelcharakter. Sie ist primär bestandsschützend, aber auch Vorstufe zur verhaltensbedingten Kündigung. Hieraus folgt zugleich, dass es sich bei der einmal ausgesprochenen Abmahnung um einen Verzicht auf eine Kündigung handelt. Mit anderen Worten: Ein einmal abgemahnter Vorwurf ist als Sanktion verbraucht und erst im Wiederholungsfall können ggf. kündigungsrechtliche Konsequenzen gezogen werden.[122] Allerdings ist eine vorherige Abmahnung **entbehrlich**, wenn eine Verhaltensänderung in Zukunft trotz Abmahnung nicht zu erwarten ist oder es sich um eine **schwere Pflichtverletzung** handelt, deren Rechtswidrigkeit dem Arbeitnehmer ohne Weiteres erkennbar und die Hinnahme des Verhaltens durch den Arbeitgeber offen- 65

---

120 BAG 7.7.2005–2 AZR 581/04, NZA 2006, 98.
121 BAG 17.2.1994–2 AZR 616/93, NZA 1994, 656.
122 BAG 6.3.2003–2 AZR 128/02, NZA 2003, 1389.

sichtlich ausgeschlossen ist.[123] In welchen Fällen dies bei der Internetnutzung der Fall ist, wird weiter unten ausführlich dargestellt (vgl. Rn 83 ff.).

2. Wirksamkeitsvoraussetzungen

66   Eine Abmahnung kann grundsätzlich **formfrei** ausgesprochen werden, also insbesondere auch mündlich.[124] Wegen der strengen inhaltlichen Anforderungen kann jedoch nur dringend empfohlen werden, die **Schriftform zur Beweissicherung** einzuhalten. Abmahnungsberechtigt sind diejenigen Vorgesetzten, die maßgebliche Weisungsbefugnisse gegenüber dem betroffenen Mitarbeiter haben. Dies muss nicht zwingend der Arbeitgeber selbst (Geschäftsführer, Vorstand) sein. In Betracht kommen auch die Abteilungsleiter oder aber Personalleiter.[125]

67   Inhaltlich müssen bei einer Abmahnung zwingend bestimmte Voraussetzungen erfüllt werden. Zunächst muss das Fehlverhalten genau nach Inhalt, Ort, Zeitpunkt und beteiligten Personen bezeichnet werden. Damit wird der notwendigen **Dokumentationsfunktion der Abmahnung** Rechnung getragen. Bloße allgemeine Wertungen sind nicht ausreichend und machen die Abmahnung bereits aus diesem Grunde **unwirksam**.

68   *Praxishinweis*

Sind einem Mitarbeiter verschiedene abmahnungswürdige Verfehlungen vorzuhalten, sollten gesonderte Einzelabmahnungen ausgesprochen werden. Bei nicht ausreichend konkretisiertem Sachverhalt eines gerügten Fehlverhaltens oder fehlender sachlicher Berechtigung nur eines einzelnen Vorwurfes ist die Abmahnung **insgesamt rechtsunwirksam**, selbst wenn andere Vorwürfe in derselben Abmahnung gerechtfertigt sind.[126]

69   Neben der Dokumentationsfunktion muss auch die **Hinweisfunktion der Abmahnung** erfüllt werden. Der Arbeitnehmer muss also konkret darauf hingewiesen werden, dass ein bestimmtes Verhalten als vertragswidrig angesehen wird. Abgeschlossen wird die Abmahnung mit der konkreten **Kündigungsandrohung** (Warnfunktion). Fehlt die Kündigungsandrohung, ist die Abmahnung schon aus diesem Grunde rechtsunwirksam.[127] Dem Arbeitnehmer müssen die Sanktionen im Wiederholungsfalle deutlich bewusst sein. Nicht ausreichend sind undeutliche Formulierungen, die lediglich mögliche Sanktionen einbeziehen (*Beispiel: Im Wiederholungsfall müssen Sie mit weiteren Maßnahmen rechnen.*).[128] Bei weiteren Maßnahmen und/oder weiteren Sanktionen kann es sich auch lediglich um den Ausspruch einer weiteren Abmahnung handeln. Im Fall einer weiteren Abmahnung stellt diese dann jedoch keine Kündigung dar. Solche Unsicherheiten müssen daher vermieden werden.

70   Für den Ausspruch der Abmahnung existiert keine Frist.[129] Um der notwendigen Warnfunktion aber Nachdruck zu verleihen, sollte nach Kenntnis des Verstoßes möglichst **innerhalb von zwei Wochen** die Abmahnung ausgesprochen werden. Bei einem längeren Zuwarten verliert die Warnfunktion ihre Wirkung. Wird die Abmahnung erst viele Wochen nach dem Vorfall ausgesprochen, kann im Einzelfall sogar das Abmahnungsrecht verwirkt sein, denn das Rechtsinstitut der Verwirkung ist gem. § 242 BGB auch bei der Abmahnung zu beachten.[130] Hat bspw. der Arbeitgeber nach Kenntnisnahme des Vertragsverstoßes bei dem Arbeitnehmer durch eine all-

---

123 BAG 12.1.2006–2 AZR 179/05, NZA 2006, 980.
124 Handbuch Kündigungsrecht-*Ruge*, § 2 Rn 239.
125 Handbuch Kündigungsrecht-*Ruge*, § 2 Rn 238.
126 *Kammerer*, Personalakte und Abmahnung, Rn 343 f.
127 Handbuch Kündigungsrecht-*Ruge*, § 2 Rn 237.
128 BAG 15.3.2001–2 AZR 147/00, EzA Nr. 185 zu § 626 n.F. BGB.
129 ErfK-*Müller-Glöge*, § 626 BGB Rn 31.
130 LAG Köln 23.9.2003–13 (12) Sa 1137/02, ArbuR 2004, 235.

gemein gehaltene Äußerung den Eindruck erweckt, dass die Angelegenheit für ihn abgeschlossen sei, kann das Abmahnungsrecht bereits nach dreieinhalb Monaten der Untätigkeit bis zum Ausspruch der Abmahnung erloschen sein.[131] Andererseits unterliegt das Abmahnungsrecht nicht tariflichen Ausschlussfristen.[132]

Der Betriebsrat ist bei dem Ausspruch einer Abmahnung nicht zu beteiligen.[133] Vor Ausspruch **71** einer Abmahnung bedarf es auch keiner **Anhörung des Arbeitnehmers.** Die Wirksamkeit der Abmahnung wird bei unterlassener Anhörung daher nicht berührt. Im öffentlichen Dienst bestand nach Maßgabe des § 13 Abs. 2 S. 1 BAT die Verpflichtung, den Arbeitnehmer vor Übernahme der Abmahnung in die Personalakte anzuhören. Der TVÖD sieht diese Verpflichtung jedoch nicht mehr vor. Generell ist aber zu empfehlen, den Arbeitnehmer grundsätzlich vor Ausspruch einer Abmahnung zu den Vorwürfen anzuhören. Dies gibt dem Arbeitnehmer die Möglichkeit, sich zu entlasten. Zudem besteht auf diese Weise für den Arbeitgeber die Möglichkeit, den Sachverhalt näher aufzuklären und die Abmahnung dadurch konkreter zu formulieren.

Die Abmahnung muss schließlich dem Arbeitnehmer auch zugehen. Erforderlich ist im Hinblick **72** auf die Warnfunktion der Abmahnung die **tatsächliche Kenntnisnahme.**[134] Es ist also nicht – wie bei Kündigungen – ausreichend, wenn lediglich die Möglichkeit der Kenntnisnahme besteht. Allerdings geht die Rechtsprechung davon aus, dass die Kenntnisnahme (widerleglich) vermutet wird, wenn der Zugang feststeht.[135]

3. Gegenrechte des Arbeitnehmers

Wird eine Abmahnung ausgesprochen, hat zunächst jeder Arbeitnehmer das Recht, eine **Gegen-** **73** **darstellung** abzugeben.[136] Dieses Recht beinhaltet aber keine Verpflichtung. Daneben besteht die Möglichkeit, die **Beschwerderechte** der §§ 84 ff. BetrVG in Anspruch zu nehmen.[137] Der Arbeitnehmer hat danach das Recht, sich sowohl bei seinem Arbeitgeber als auch unmittelbar bei dem Betriebsrat zu beschweren.

Ist eine Abmahnung zu Unrecht erteilt worden, besteht ein **Entfernungsanspruch.**[138] Dieser Anspruch auf Entfernung der Abmahnung aus der Personalakte kann gerichtlich durchgesetzt werden.[139] Neben dem Entfernungsanspruch kann im Einzelfall auch ein Anspruch auf Widerruf gegen den Arbeitgeber bestehen. Ein solches **Widerrufsrecht** besteht insbesondere dann, wenn der Arbeitnehmer durch Behauptungen des Arbeitgebers in seinem beruflichen Fortkommen beeinträchtigt oder in seinem Persönlichkeitsrecht verletzt wird.[140] Ein Widerrufsanspruch des Arbeitnehmers setzt jedoch voraus, dass die Rechtsbeeinträchtigungen andauern und auch durch den Widerruf beseitigt werden können. Das Widerrufsrecht besteht damit nicht generell, sondern nur in besonders gelagerten Fällen.[141]

Die Frage, ob die Abmahnung innerhalb einer **Regelfrist ihre Wirkung** verliert, wird uneinheit- **75** lich beantwortet. Das Bundesarbeitsgericht geht davon aus, dass es keine Regelfrist für eine sol-

---

131 LAG Köln 23.9.2003–13 (12) Sa 1137/02, ArbuR 2004, 235.
132 LAG Köln 27.10.1994–6 Sa 812/94, zitiert nach juris, zur Frist des § 70 BAT; dazu auch BAG 14.12.1994–5 AZR 137/94, NZA 1995, 676.
133 Handbuch Kündigungsrecht-*Ruge*, § 2 Rn 264.
134 *Kammerer*, Personalakte und Abmahnung, Rn 333 ff.
135 LAG Köln 8.3.1996–11 (13) Sa 1164/95, zitiert nach juris.
136 *Küttner-Röller*, Personalbuch 2012, Abmahnung Rn 37.
137 Siehe ausführlich AnwK-ArbR/*Besgen*, §§ 84 ff. BetrVG.
138 BAG 5.8.1992–5 AZR 531/91, NZA 1993, 838; ferner Handbuch Kündigungsrecht-*Ruge*, § 2 Rn 266 ff.
139 BAG 27.11.1985–5 AZR 101/84, DB 1986, 489; BAG 5.8.1992–5 AZR 531/91, EZA § 611 BGB Abmahnung Nr. 25.
140 BAG 15.4.1999–7 AZR 716/97, NZA 1999, 1037 = DB 1999, 1810.
141 BAG 15.4.1999–7 AZR 716/97, NZA 1999, 1037 = DB 1999, 1810.

che Wirkungslosigkeit gibt.[142] Generell mag man von einem Zeitraum von zwei bis drei Jahren ausgehen. Das Bundesverfassungsgericht geht davon aus, dass eine Abmahnung auch bei schweren Verstößen des Arbeitnehmers jedenfalls nach drei bis fünf Jahren kündigungsrechtlich wirkungslos wird.[143] Dies gilt allerdings nur, wenn jedenfalls zwischenzeitlich kein weiteres Fehlverhalten zu verzeichnen ist.

76   *Praxishinweis*

Wird eine verhaltensbedingte Kündigung ausgesprochen, bedarf es regelmäßig der vorherigen Abmahnung. Liegt diese über ein Jahr zurück, bestehen bereits Risiken für die Wirksamkeit der Kündigung. Liegen zwischen dem ersten Fehlverhalten und dem Wiederholungsfall lange Zeiträume, sollte daher zunächst der Ausspruch einer weiteren Abmahnung erwogen werden.

77   Nicht eindeutig geklärt ist in diesem Zusammenhang die Frage, ob eine durch **Zeitablauf wirkungslos gewordene Abmahnung** aus der Personalakte entfernt werden muss.[144] Nach zutreffender Auffassung besteht ein solches Recht nicht, denn die Abmahnung hat nicht nur kündigungsschutzrechtliche Bedeutung, sondern gibt auch Aufschluss über die Entwicklung eines Arbeitnehmers. Für eine umfassende Beurteilung bedarf es deshalb einer lückenlosen Personalakte, ein Entfernungsanspruch ist auch für eine wegen Zeitablaufs wirkungslos gewordene Abmahnung zu verneinen.[145] Bestätigt wird diese Auffassung durch das sog. „Emmely"-Urteil des BAG.[146] Mit diesem Urteil wurden für die Bedeutung von Abmahnungen in Personalakten neue Maßstäbe gesetzt. Aufgrund der langjährigen und störungsfreien Betriebszugehörigkeit sprach das BAG einer Arbeitnehmerin ein Vertrauenskapital zu, welches mit den Arbeitgeberinteressen an einer Beendigung des Arbeitsverhältnisses abgewogen und in dieser Abwägung als überwiegendes Interesse bewertet wurde. Dies verdeutlicht, dass Arbeitgebern daran gelegen sein sollte, in langjährigen Arbeitsverhältnissen aufgetretene Störungen während der gesamten Vertragsdauer nachweisen zu können. Solche Störungen werden sich regelmäßig als Abmahnungen in den Personalakten zeigen. So ist es für Arbeitgeber wichtig, dass die Abmahnungen nicht nach dem Ablauf einer gewissen Zeit aus der Personalakte entfernt werden. Den Arbeitgebern steht nunmehr ein berechtigtes Interesse an dem Verbleib der Abmahnungen in den Personalakten zu.[147]

4. Sonderfall: Vielfache Abmahnungen und Verlust des Kündigungsrechts

78   Der Ausspruch mehrerer Abmahnungen kann nach der Rechtsprechung zum einen erforderlich sein, um die Voraussetzungen für eine zulässige verhaltensbedingte Kündigung zu erfüllen. Zum anderen kann eine Abmahnung aber auch ihre Funktion, den Arbeitnehmer vor einer wegen seines Fehlverhaltens drohenden Kündigung zu warnen (Warnfunktion), nur dann erfüllen, wenn der Arbeitnehmer erkennen muss, dass der Arbeitgeber diese Warnung auch **ernst meint**. Das Bundesarbeitsgericht hat diese Grundsätze in zwei Entscheidungen aus den Jahren 2001 und 2004 präzisiert.[148]

79   Die Warnfunktion einer Abmahnung kann dadurch erheblich abgeschwächt werden, dass der Arbeitgeber bei ständig neuen Pflichtverletzungen des Arbeitnehmers stets nur mit einer Kündigung droht, ohne jemals arbeitsrechtliche Konsequenzen folgen zu lassen. Eine Abmahnung kann

---

142 BAG 18.11.1986–7 AZR 674/84, DB 1987, 1303; BAG 21.5.1987–2 AZR 31/86, DB 1987, 2367.
143 BVerfG 16.10.1998 – BvR 1685/92, NZA 1999, 77.
144 Bejahend wohl BAG 13.4.1988–5 AZR 537/86, DB 1988, 1702.
145 Handbuch Kündigungsrecht-*Ruge*, § 2 Rn 248 ff.; zu den einzelnen Argumenten siehe *Eich*, NZA 1988, 759.
146 BAG 10.6.2010 –2 AZR 541/09, NZA 2010, 1227 ff.
147 In diesem Sinne auch *Novara/Knierim*, NJW 2011, 1175 ff.
148 BAG 15.11.2001–2 AZR 609/00, DB 2002, 689; BAG 16.9.2004–2 AZR 406/03, NZA 2005, 459.

nur dann die Funktion erfüllen, den Arbeitnehmer dahin gehend zu warnen, dass ihm bei der nächsten gleichartigen Pflichtverletzung die Kündigung droht, wenn der Arbeitnehmer diese Drohung auch ernst nehmen muss. Dies kann je nach den Umständen ausgeschlossen sein, wenn jahrelang die Kündigung stets nur angedroht wurde. Es handelt sich dann um eine **leere Drohung**. Bei der Frage, ob eine Abmahnung entgegen ihrem Wortlaut der ernsthaft gemeinten Warnung entbehrt, ist insbesondere die Zahl **der vorausgegangenen Abmahnungen** von Bedeutung.

In Anwendung dieser Grundsätze verweist das Bundesarbeitsgericht zunächst auf die im Arbeitsleben verbreitete Praxis, bei als leichter empfundenen Vertragsverstößen einer Kündigung mehrere, häufig **drei Abmahnungen** vorausgehen zu lassen. Insoweit kann daher in aller Regel nicht bereits die dritte Abmahnung als entwertet angesehen werden. Zudem liegt es in der Natur der Sache, dass Drohungen nicht immer sofort wahr gemacht werden. Allein aus dieser Unsicherheit kann daher nicht auf den **fehlenden Ernst von Abmahnungen** geschlossen werden. Auch geht das Bundesarbeitsgericht davon aus, dass gerade der ruhige und verständig abwägende, im Zweifel eher zur Nachsicht neigende Arbeitgeber nicht benachteiligt werden darf.[149]

80

Praxishinweis

Das Bundesarbeitsgericht hat in der Entscheidung aus dem Jahre 2004 klargestellt, dass jedenfalls bei zwei Abmahnungen, bei denen der Arbeitgeber die angekündigte Konsequenz der Kündigung des Arbeitsverhältnisses noch nicht gezogen hat, eine dritte Abmahnung in ihrer Warnfunktion noch nicht entwertet ist. Der Arbeitgeber ist also bei einem weiteren gleichartigen Fehlverhalten nach der dritten Abmahnung „an sich" zur verhaltensbedingten Kündigung des Arbeitsverhältnisses berechtigt. Bei wiederholten Abmahnungen mit Ausbleiben der angedrohten Kündigungskonsequenz sollte jedoch stets **genau auf die inhaltliche Formulierung der Abmahnung geachtet werden**. Bei wiederholten Pflichtverletzungen und Abmahnungen sollte der Arbeitgeber das Ende der bisher gezeigten Nachsicht auch deutlich machen. Dies kann bspw. durch ein unter Zeugen geführtes **eindringliches Abmahnungsgespräch** dokumentiert werden, zum anderen können auch schriftliche Abmahnungen unter eindeutiger Benennung der bisherigen Abmahnungen („Durchnummerierung") und mit eindringlichem hervorgehobenen Text als „letztmalige Abmahnung" bezeichnet und ausgehändigt werden.

81

5. Einzelfälle

Nachfolgend werden verschiedene Konstellationen dargestellt, in denen sich die Frage nach der Entbehrlichkeit einer Abmahnung stellt.

82

a) Verbotene private Nutzung

Ist die private Nutzung des Internets bzw. der private E-Mail-Verkehr ausdrücklich verboten, handelt es sich bei jedem Verstoß um eine **vertragliche Pflichtverletzung**, die abgemahnt werden kann.[150] Trotz des ausdrücklichen Verbots der Internetnutzung kann bei einem Missbrauch grundsätzlich nicht unmittelbar eine Kündigung ausgesprochen werden; vielmehr ist zunächst der Ausspruch einer Abmahnung erforderlich.[151] Bei einer unzulässigen Internetnutzung handelt es sich um ein steuerbares Verhalten, das zukünftig geändert werden kann. Gerade für diese Fälle sieht die Rechtsprechung die Notwendigkeit einer Abmahnung vor. Ausnahmen bestehen nur dann, wenn die Abmahnung objektiv kein geeignetes Mittel ist, das gestörte Vertrauen wie-

83

---

149 BAG 16.9.2004–2 AZR 406/03, NZA 2005, 459.
150 *Däubler*, Internet und Arbeitsrecht, Rn 195; BAG 31.5.2007–2 AZR 200/06, NZA 2007, 922.
151 Vgl. z.B. LAG Köln 17.2.2004–5 Sa 1049/03, NZA-RR 2005, 136; Hessisches LAG 13.12.2001–5 Sa 987/01, ZTR 2002, 292 = LAGE § 626 BGB Nr. 136; LAG Rheinland-Pfalz 2.3.2006–4 Sa 958/05, juris.

der herzustellen.[152] Dies ist bspw. dann der Fall, wenn der Arbeitnehmer abschließend erklärt, auch künftig sein Verhalten nicht ändern zu wollen.[153] Das Bundesarbeitsgericht hat sich in seinen Grundsatzentscheidungen mit der Frage der vorherigen Abmahnung ausführlich befasst.[154] Die Abmahnung ist danach immer dann entbehrlich, wenn eine Verhaltensänderung in Zukunft trotz Abmahnung nicht erwartet werden kann oder es sich um eine schwere Pflichtverletzung handelt. In der Entscheidung vom 12.1.2006 installierte der Arbeitnehmer eine unerlaubte **Anonymisierungssoftware**. Das BAG sah hier von dem Erfordernis einer vorherigen Abmahnung ausdrücklich wegen der Schwere des Verhaltens ab. In dem Urt. v. 7.7.2005 hat das BAG klargestellt, dass zahlreiche Fallgestaltungen denkbar sind, in denen es einer **Abmahnung nicht bedarf**. Dies sei bspw. bei einer extrem ausschweifenden Nutzung des Internets, auch bei erlaubter privater Nutzung, während der Arbeitszeit der Fall. Ebenso bei dem Herunterladen umfangreicher pornografischer Dateien. Entbehrlich ist der Ausspruch einer Abmahnung auch dann, wenn schwere schuldhafte Pflichtverletzungen vorliegen, bspw. der Besuch strafbarer Seiten (siehe unten Rn 92).

b) Keine klare Regelung vorhanden

84   In den ganz überwiegenden Fällen hat der Arbeitgeber entweder überhaupt keine Regelungen über die Art und Weise der Internet-/E-Mail-Nutzung festgelegt oder aber die vorhandenen Regelungen sind nicht abschließend. In vielen Fällen werden vorhandene Regelungen auch nicht konsequent umgesetzt, kontrolliert oder es hat sich eine abweichende betriebliche Übung „eingeschlichen". All diesen Fällen ist gemein, dass die **vorhandenen Regelungen** unklar sind und damit der Arbeitnehmer nicht abschließend einschätzen konnte, welche Regelungen eigentlich für ihn gelten sollen.[155] Die Rechtsprechung fordert daher insbesondere in diesen Fällen grundsätzlich vor etwaigen Kündigungen den Ausspruch einer Abmahnung.[156] Ist völlig unklar, was im Einzelfall gilt, kann sogar der Ausspruch einer Abmahnung ungerechtfertigt sein. Zugunsten der Arbeitnehmer wird teilweise auch die zunehmende Regelungsdichte im Arbeitsrecht berücksichtigt.[157] Unterliegt der Arbeitnehmer einer **Vertrauensarbeitszeit**, verstößt er ebenfalls gegen seine arbeitsvertraglichen Verpflichtungen, wenn er die ihm übertragenen Aufgaben vernachlässigt und stattdessen zu privaten Zwecken im Internet surft; ein Arbeitszeitbetrug im Sinne der Rechtsprechung des BAG zur ausschweifenden Internetnutzung *während der Arbeitszeit* scheidet aber in diesen Fällen regelmäßig aus.[158]

85   In einem Fall des LAG Köln aus dem Jahre 2004 hatten die Betriebspartner eine Dienstvereinbarung zur Nutzung des Internets abgeschlossen. In dieser Dienstvereinbarung war die private Nutzung gebührenfreier Internetdienste und der E-Mail-Funktionen außerhalb der Arbeitszeit ausdrücklich für zulässig erklärt. Die Dienstvereinbarung enthielt jedoch keine ausdrückliche Verbotsregelung für eine an sich mögliche Internetnutzung während der Arbeitszeit. Insbesondere waren **keine bestimmten Sanktionen** vorgesehen. Das LAG Köln hat daher die fristlose Kündigung des Arbeitgebers für unwirksam erklärt und auf das Erfordernis einer vorherigen Abmahnung hingewiesen.[159] Der Arbeitgeber hätte nach Auffassung des LAG Köln konkret vortra-

---

152 BAG 12.1.2006–2 AZR 179/05, NZA 2006, 980; BAG 24.3.2011–2 AZR 282/10, NZA 2011, 1029 und vgl. zur Selbstbindung des Arbeitgebers, zunächst nur eine Abmahnung auszusprechen: LAG Rheinland-Pfalz v. 23.4.2009–11Sa 566/08, BeckRS 2009, 72340.

153 BAG 17.5.1984–2 AZR 3/83, NZA 1985, 91 und 20.9.1984–2 AZR 233/83, NZA 1985, 285.

154 Siehe vor allem BAG 12.1.2006–2 AZR 179/05, NZA 2006, 980; ferner BAG 7.7.2005–2 AZR 581/04, NZA 2006, 98; BAG 27.4.2006–2 AZR 386/05, NZA 2006, 977; BAG 31.5.2007–2 AZR 200/06, NZA 2007, 922.

155 Hessisches LAG 13.12.2001–5 Sa 987/01, ZTR 2002, 292 = LAGE § 626 BGB Nr. 136.

156 Z.B. LAG Rheinland-Pfalz 12.7.2004–7 Sa 1243/03, NZA-RR 2005, 303.

157 Hessisches LAG 13.12.2001–5 Sa 987/01, ZTR 2002, 292 = LAGE § 626 BGB Nr. 136.

158 Vgl. LAG Rheinland-Pfalz 18.1.2006–10 Sa 328/05, juris; LAG Köln 20.3.2009–10 Sa 1283/08, BeckRS 2009, 69586.

159 LAG Köln 17.2.2004–5 Sa 1049/03, NZA-RR 2005, 136.

gen müssen, dass der Arbeitnehmer in Folge der Nutzung des Internets während der Arbeitszeit andere ihm obliegende Aufgaben vernachlässigt und die in seinem Arbeitsplan im Einzelnen vorgesehenen Arbeiten nicht verrichtet habe. Die bereits mehrfach erwähnten Grundsatzentscheidungen des BAG haben hier allerdings **strenge Grundsätze** aufgestellt und es erscheint mehr als fraglich, ob die vor 2005 ergangene liberale Instanz-Rechtsprechung insoweit noch zu halten ist. Das BAG hat jedenfalls schon in der ersten Entscheidung vom 7.7.2005 ausführlich begründet, dass die exzessive Nutzung des Internets während der Arbeitszeit, sogar bei erlaubter privater Nutzung, eine erhebliche Verletzung der arbeitsvertraglichen Haupt- und Nebenpflichten darstellt.[160]

Das Bundesarbeitsgericht hat sich auch deutlich von der in der Instanz-Rechtsprechung vertretenen Auffassung distanziert, der Arbeitnehmer könne berechtigterweise von der Duldung der Internet-/E-Mailnutzung während der Arbeitszeit ausgehen.[161] Nach dem BAG muss jeder Arbeitnehmer damit rechnen, dass der Arbeitgeber nicht damit einverstanden ist, wenn seine Arbeitnehmer ihre Arbeitsleistung nicht erbringen und gleichwohl eine entsprechende Vergütung dafür beanspruchen. Dies gilt nach Auffassung des BAG ausdrücklich auch dann, wenn der Arbeitgeber keine klarstellenden Nutzungsregelungen für den Betrieb aufgestellt hat. Bei der fehlenden ausdrücklichen Gestattung oder Duldung des Arbeitgebers ist eine private Nutzung des Internets also nicht erlaubt. Eine grundsätzliche Sozialadäquanz wird allenfalls für eine kurzfristige private Nutzung des Internets während der Arbeitszeit bejaht. Keinesfalls könne man aber bei einer exzessiven privaten Nutzung von einem sozialadäquaten Verhalten sprechen.[162]

86

Praxishinweis

Arbeitnehmer können nicht davon ausgehen, dass ihnen betriebliche Gegenstände auch zur privaten Nutzung zur Verfügung stehen. Dennoch ist in der Praxis in jedem Fall zu empfehlen, klare Nutzungsregelungen aufzustellen, damit den Arbeitnehmern der Umfang der Nutzung bekannt und bewusst ist.

87

c) Erlaubte private Nutzung

Hat der Arbeitgeber die Internet-/E-Mail-Nutzung während der Arbeitszeit erlaubt, besteht zunächst kein Anlass für Sanktionen. Etwas anderes gilt nur dann, wenn die Grenzen der privaten Nutzung nicht eingehalten werden. Auch hier gilt aber: werden diese Grenzen nicht im Vorhinein durch den Arbeitgeber festgelegt und definiert, kommt vorrangig eine Abmahnung als milderes Mittel gegenüber einer Kündigung in Betracht. Durch die erlaubte Nutzung hat der Arbeitgeber grundsätzlich dokumentiert, mit der Nutzung während der Arbeitszeit einverstanden zu sein. Soll daher die private Nutzung erlaubt werden, sollte der Umfang dieser privaten Nutzung festgelegt werden. Dies kann entweder durch einen vorgegebenen zeitlichen Rahmen geschehen, durch das Verbot des Besuchs bestimmter Seiten (Ebay, pornographische Seiten, private E-Mail-Dienste etc.) oder aber durch das Gebot, ausschließlich während der Pausen privat zu surfen. Der Arbeitgeber ist gehalten, durch klare **betriebliche Regelungen** alle Arbeitnehmer (nachweisbar) darauf hinzuweisen, in welchem Umfang die private Nutzung erlaubt ist. Ist nämlich für den Arbeitnehmer unklar, dass die private Nutzung überhaupt ausgeschlossen ist oder aber in welchem Umfang sie unzulässig sein soll, wird auch die Wirksamkeit einer Abmahnung fraglich sein. Gegebenenfalls kann dann nur eine klarstellende Ermahnung (als Vorstufe zur Abmahnung) in Betracht kommen.[163]

88

---

160 BAG 7.7.2005–2 AZR 581/04, NZA 2006, 98.
161 BAG 7.6.2005–2 AZR 581/04, NZA 2006, 98; anders noch LAG Köln 11.2.2005–4 Sa 1018/04, LAGReport 2005, 229; AG Frankfurt 2.1.2002–2 Ca 5340/01, NZA 2002, 1093; AG Wesel 21.3.2001–5 Ca 4021/00, NZA 2001, 786; wie das BAG *Beckschulze*, DB 2002, 2777; *Kramer*, NZA 2004, 457; siehe auch *Dickmann*, NZA 2003, 1009; ferner *Ernst*, NZA 2002, 585.
162 BAG 7.7.2005–2 AZR 581/04, NZA 2006, 98.
163 Hierauf weist *Däubler*, Internet und Arbeitsrecht, Rn 196 hin.

89 Die Notwendigkeit einer Abmahnung entfällt, wenn das Internet während der Arbeitszeit exzessiv genutzt wird, bspw. durch nachgewiesenes mehrstündiges privates Surfen über einen langen Zeitraum hinweg.[164] Kein Arbeitnehmer kann davon ausgehen, dass die prinzipiell erlaubte private Nutzung die vollständige oder teilweise Einstellung der Arbeitspflicht rechtfertigt. In solchen krassen Missbrauchsfällen bedarf es daher auch keiner vorherigen Abmahnung mehr, sondern die Voraussetzungen einer fristlosen Kündigung werden regelmäßig gerechtfertigt sein (siehe unten Rn 118 ff.). Die Beweislast in diesen Fällen liegt allerdings in vollem Umfang beim Arbeitgeber. In der ersten Internetentscheidung des BAG vom 7.7.2005 bejahte der 2. Senat die *ausschweifende* Nutzung schon in zwei bewiesenen Fällen von einmal 27 Minuten und einmal 74 Minuten (bereits abzüglich der Pausen).[165] Allerdings wurde dieser Fall von dem BAG nicht entschieden, sondern zur weiteren Sachaufklärung an die Vorinstanz zurückverwiesen. Es bedarf stets einer Beurteilung im **konkreten Einzelfall**, um die Schwere der Verstöße zu beurteilen. In dieser Einzelfallbeurteilung ist dann zu berücksichtigen, in welchem Umfange die Arbeitsverpflichtung tatsächlich vernachlässigt wurde. Zu prüfen ist auch, zu welchen Zeiten der Arbeitnehmer Pause gemacht hat und wie deutlich die Internetnutzung verboten bzw. eingeschränkt wurde.

d) Sexuelle Inhalte

90 Das Internet verführt zahlreiche Arbeitnehmer zum **Besuch pornographischer Seiten**. In den Fällen, in denen dies vom Arbeitgeber festgestellt wird, besteht regelmäßig der Wunsch, unmittelbar fristlos zu kündigen. Zunächst muss auch in diesen Konstellationen festgestellt werden, ob der Arbeitgeber jegliche private Nutzung ausgeschlossen hat, ob er die private Nutzung grundsätzlich erlaubt hat oder aber ob er die private Nutzung eingeschränkt für zulässig erklärt hat, bspw. mit dem ausdrücklichen Verbot, pornografische Seiten aufzurufen.

91 Auch hier gilt: Fehlt es an jeglichen Regelungen, gehen Unklarheiten zu Lasten des Arbeitgebers. Das bloße Aufrufen pornografischer Seiten lässt das Abmahnungserfordernis nicht entfallen.[166] Ist der Besuch bei erlaubter privater Nutzung solcher Seiten ausgeschlossen, handelt es sich um ein abmahnungsfähiges Fehlverhalten.[167] Eine Abmahnung ist dann aber entbehrlich, wenn umfangreiche pornografische Dateien heruntergeladen und geordnet gespeichert werden.[168] Kein Arbeitnehmer könne nach Auffassung des BAG damit rechnen, der Arbeitgeber sei, selbst wenn er prinzipiell eine private Nutzung des Internets duldet, damit einverstanden, dass er sich umfangreiche pornografische Dateien aus dem Internet herunter lädt.[169]

Zu den Anforderungen an eine außerordentliche Kündigung in diesem Zusammenhang siehe auch Rn 121 f. Bei der Frage, ob der Aufruf pornografischer Seiten zum Ausspruch einer Abmahnung, einer ordentlichen und/oder außerordentlichen Kündigung berechtigt, ist auch der im deutschen Arbeitsrecht geltende Grundsatz zu beachten, wonach der Arbeitgeber nicht zum **Sittenwächter** über die von ihm beschäftigten Arbeitnehmer berufen ist.[170] Mit dieser Argumentation hat daher das Arbeitsgericht Frankfurt die fristlose Kündigung in einem Fall abgelehnt, in dem der Arbeitnehmer in größerem Umfang Webseiten mit pornografischem Inhalt aufgesucht und sogar heruntergeladen hat.[171] Solange nicht die Grenzen des Strafrechts überschritten (siehe Rn 124) oder Arbeitgeber, Kollegen oder Dritte durch den Aufruf solcher Seiten belästigt werden, besteht regelmäßig **kein unmittelbares Kündigungsrecht**. Dieser in der Vergangenheit von dem BAG an-

---

164 BAG 7.7.2005–2 AZR 581/04, NZA 2006, 98.
165 BAG 7.7.2005–2 AZR 581/04, NZA 2006, 98.
166 LAG Rheinland-Pfalz 18.12.2003–4 Sa 1288/03, DB 2004, 1682; *Mengel*, NZA 2005, 752.
167 *Mengel*, NZA 2005, 752.
168 ArbG Frankfurt 2.1.2002–2 Ca 5340/01, NZA 2002, 1093; siehe auch BAG 7.7.2005 – 2 AZR 581/04, NZA 2006, 98.
169 So ausdrücklich BAG 7.7.2005–2 AZR 581/04, NZA 2006, 98.
170 So ausdrücklich BAG 23.6.1994–2 AZR 617/93, NZA 1994, 1080; ErfK-*Dieterich*, Art. 2 GG Rn 80; vgl. auch *Mengel*, NZA 2005, 753.
171 ArbG Frankfurt 2.1.2002–2 Ca 5340/01, NZA 2002, 1093; siehe auch Rn 121 ff.

geführte Grundsatz wurde allerdings in seinen Grundsatzentscheidungen nicht angesprochen. Aktuell stellt das BAG vielmehr die mögliche Rufschädigung des Arbeitgebers bei dem Aufruf pornografischer Internetseiten in den Vordergrund. Dies ermögliche die Rückverfolgung auf den Nutzer und erwecke den Eindruck, der Arbeitgeber befasse sich mit Pornografie.[172]

e) Strafbare Seiten

Kann einem Arbeitnehmer nachgewiesen werden, dass er im Internet strafbare Seiten aufgesucht hat, ist die **Rechtsprechung eindeutig streng**. Der Aufruf solcher Seiten rechtfertigt regelmäßig unmittelbar den **Ausspruch einer außerordentlichen Kündigung**. Eine vorherige Abmahnung ist nicht mehr erforderlich. Dies betrifft zunächst den Straftatbestand des § 184 StGB. Strafbar ist danach unter anderem die Verbreitung pornografischer Schriften und Darstellungen bei Vorliegen bestimmter Voraussetzungen, insbesondere wenn pornografische Schriften Personen unter 18 Jahren angeboten, überlassen oder zugänglich gemacht werden (§ 184 Abs. 1 Nr. 1 StGB) oder wenn man diese an einen anderen gelangen lässt, ohne hierzu aufgefordert worden zu sein (Nr. 6). Das Arbeitsgericht Hannover hat daher bei einem Weiterleiten von Dateien mit pornografischem Inhalt im Internet die Straftatbestände der § 184 Abs. 1 Nr. 6 StGB und § 21 Abs. 1 GjSM für verwirklicht angesehen.[173] Diese Strafnormen sollen der ungewollten Konfrontation Jugendlicher und auch Erwachsener mit Pornografie entgegenwirken.[174] Wer einfache Pornografie ins Internet stellt, macht diese zudem im Sinne des § 184 Abs. 1 Nr. 2 StGB zugänglich. Es ist völlig ausreichend, wenn Inhalte solcher Dateien an einem Computerbildschirm sichtbar gemacht und wahrgenommen werden können. Dies kann den Ausspruch einer fristlosen Kündigung rechtfertigen. Eine vorherige Abmahnung ist nach Auffassung des Arbeitsgerichts Hannover nicht erforderlich.

Das **Versenden von Dateien mit pornografischem Inhalt** kann auch eine sexuelle Belästigung nach § 3 Abs. 4 AGG bzw. früher § 2 BSchG darstellen.[175] Der Arbeitgeber ist in solchen Fällen verpflichtet, entsprechende Maßnahmen zu ergreifen, um die Fortsetzung einer festgestellten Belästigung zu unterbinden. In Betracht kommen auch sämtliche arbeitsrechtlichen Sanktionen über eine Abmahnung, eine ordentliche Kündigung oder Änderungskündigung bis hin zu einer fristlosen Kündigung.

Strafvorschriften existieren auch für die Verbreitung und Zugänglichmachung pornographischer Schriften, die Gewalttätigkeiten oder **sexuelle Handlungen von Menschen mit Tieren** zum Gegenstand haben, vgl. § 184a StGB. Die Vorschrift des § 184b StGB gilt für **kinderpornographische Schriften**.[176] In all diesen Fällen wird die fristlose Kündigung regelmäßig für zulässig erachtet.[177] Die Verbreitung **Gewalt verherrlichender und volksverhetzender Schriften** wird von den Tatbeständen der §§ 130, 131 StGB erfasst.[178]

Ausdrücklich hinzuweisen ist allerdings darauf, dass die arbeitsrechtliche Bewertung nicht von der Erfüllung eines bestimmten Straftatbestandsmerkmals abhängt. Es mag sein, dass die Verwirklichung eines Straftatbestandes nicht bejaht wird, aber dennoch die fristlose Kündigung rechtswirksam ist. Das Arbeitsrecht stellt auf die unwiederbringliche Zerstörung des für das Arbeitsverhältnis wesentlichen Vertrauensverhältnisses ab.[179] In diesem Zusammenhang ist auch zu

92

93

94

95

172 So insbesondere BAG 27.4.2006–2 AZR 386/05, NZA 2006, 977; siehe dazu auch *Besgen*, SAE 2006, 117.
173 ArbG Hannover 28.4.2005–10 Ca 791/04, NZA-RR 2005, 420.
174 Siehe dazu auch *Hörnle*, NJW 2002, 1008 ff.
175 Vgl. BAG 25.3.2004–2 AZR 341/03, NJW 2004, 3508.
176 Vgl. hierzu auch ArbG Braunschweig 22.1.1999–3 Ca 370/98, NZA-RR 1999, 192; vgl. ferner ArbG Frankfurt/M. 1.7.2002–15 Ca 2158/02, RDV 2003, 190.
177 Siehe auch *Däubler*, Internet und Arbeitsrecht, Rn 210.
178 *Fischer*, § 130 StGB Rn 21; *Kramer*, NZA 2004, 457, 461.
179 *Kramer*, NZA 2004, 457, 461.

beachten, dass nach dem Bundesarbeitsgericht der Arbeitgeber durch das Aufrufen pornographischer strafbarer Seiten einen **erheblichen Imageverlust** erleiden kann.[180]

96   Strafbare Pflichtverletzungen können auch in dem unbefugten Download **urheberrechtlich geschützter Musik-, Bild- und Videodateien** liegen oder aber in der Verbreitung ehrverletzender, wahrheitswidriger oder beleidigender Behauptungen über den Arbeitgeber.[181]

f) Downloads und Speichern von Daten

97   Der Besuch von bestimmten Internetseiten ist von dem gezielten Download bestimmter Dateien aus dem Internet zu unterscheiden. Mit einem solchen Download werden Daten und Bilder dauerhaft auf den **Betriebsmitteln**, die dem Arbeitnehmer zur Verfügung gestellt werden, abgespeichert und damit auch zum späteren jederzeitigen Aufruf erhalten. Solche Dateien können von dem Arbeitnehmer auch an Dritte weitergeleitet werden. Nach Auffassung der Rechtsprechung des BAG kann das Speichern, Erstellen, Bearbeiten und Drucken von und mit Dokumenten auf und mit Hilfe der Betriebsmittel des Arbeitgebers (Computer und Drucker) grundsätzlich geeignet sein, einen wichtigen Grund für eine außerordentliche Kündigung zu bilden.[182] Der Ausspruch einer vorherigen Abmahnung wäre dann nicht erforderlich. Das Arbeitsgericht Frankfurt macht aber eine **bedeutsame Einschränkung**.[183] Das Fehlverhalten muss von einem derartigen Gewicht sein, dass der Betriebsablauf gestört wird und der Arbeitnehmer seine arbeitsvertraglich geschuldeten Pflichten in erheblichem Umfange vernachlässigt. Kann dies nicht konkret und im Einzelnen von dem Arbeitgeber nachgewiesen werden, kommt eine fristlose Kündigung nicht in Betracht. Kann allerdings der Nachweis nicht erbracht werden, ist auch die Abmahnung, die das Fehlverhalten konkret und nicht pauschal benennen muss (siehe auch Rn 68), regelmäßig unzulässig. Die vorgenannten Grundsätze hat auch das Landesarbeitsgericht Nürnberg bestätigt.[184]

98   Das Herunterladen und Speichern von Internetdateien ist für die betrieblichen Kommunikationseinrichtungen mit nicht unerheblichen Gefahren verbunden. Durch Downloads wird die Gefahr eines **Virenbefalles** der betrieblichen Kommunikationseinrichtungen verstärkt.[185] Kommt es zu einem entsprechenden Virenbefall, kann dies erhebliche Kosten nach sich ziehen, deren Ausmaße nicht zu unterschätzen sind (Stillstand der gesamten Computeranlage, Arbeitsausfall, Verlust von Aufträgen etc.). Dennoch lässt das LAG Nürnberg die lediglich abstrakte Gefahr für das Intranet nicht für eine Kündigung ausreichen, solange nicht der Arbeitnehmer vorher abgemahnt worden ist.[186] Bei dem unbefugten Download erheblicher Mengen von Daten aus dem Internet sieht das BAG eine arbeitsvertragliche Pflichtverletzung auch darin, dass es bei solchen Daten durch Rückverfolgung zu möglichen **Rufschädigungen des Arbeitgebers** kommen kann, insbesondere wenn strafbare oder pornografische Darstellungen heruntergeladen werden.[187]

III. Ordentliche Kündigung

99   Die ordentliche Kündigung fristet in der Rechtsprechung zum Missbrauch der Internetnutzung bzw. der E-Mail-Anlagen ein Schattendasein. Urteile, in denen ein Arbeitgeber bereits ein frühe-

180 BAG 7.7.2005–2 AZR 581/04, NZA 2006, 98.
181 *Kramer*, NZA 2004, 457, 461; siehe auch LAG Schleswig-Holstein 6.8.2003–2 Sa 150/02, zitiert nach juris; LAG Schleswig-Holstein 4.11.1998–2 Sa 330/98, NZA 1999, 938.
182 ArbG Frankfurt 31.1.2001–2 Ca 2990/00, zitiert nach juris; siehe auch ArbG Hannover 1.12.2000–1 Ca 504/00 B, NZA 2001,1022; ebenso jetzt BAG 7.7.2005 – 2 AZR 581/04, NZA 2006, 98.
183 ArbG Frankfurt 31.1.2001–2 Ca 2990/00, zitiert nach juris; siehe auch ArbG Hannover 1.12.2000–1 Ca 504/00 B, NZA 2001, 1022.
184 LAG Nürnberg 26.10.2004–6 Sa 348/03, FA 2005, 191.
185 Vgl. dazu auch *Dickmann*, NZA 2003, 1009 ff.
186 LAG Nürnberg 26.10.2004–6 Sa 348/03, FA 2005, 191.
187 BAG 7.7.2005–2 AZR 581/04, NZA 2006, 98 zuletzt BAG 31.5.2007–2 AZR 200/06, NZA 2007, 922; siehe auch *Mengel*, NZA 2005, 752.

res Fehlverhalten einschlägig abgemahnt hat, um dann später eine ordentliche Kündigung aus-zusprechen, liegen kaum vor.[188] In der Praxis wird entweder unmittelbar abgemahnt oder fristlos gekündigt. Das BAG hatte sich in seinen Internetentscheidungen zwar teilweise auch mit ordent-lichen Kündigungen zu befassen.[189] Allerdings handelte es sich in diesen Fällen um hilfsweise ausgesprochene ordentliche Kündigungen, denen jeweils fristlose Kündigungen vorangingen. Dies mag auch taktische Hintergründe haben, um für etwaige Abfindungsverhandlungen eine aus-reichende Verhandlungsbasis zu haben. Daher sollte auch die (jedenfalls hilfsweise) ordentliche Kündigung, gerade **bei einschlägiger Abmahnung,** nicht vergessen werden.

1. Grundsätze

Bei dem Missbrauch betrieblicher Kommunikationseinrichtungen handelt es sich um ein steuer-bares Verhalten des Arbeitnehmers. Kündigungsschutzrechtlich handelt es sich damit um eine **verhaltensbedingte Kündigung.**[190] Diese ist sozial gerechtfertigt, wenn sie durch Gründe im Verhalten des Arbeitnehmers bedingt ist, § 1 Abs. 2 S. 1 KSchG. Die verhaltensbedingte Kündi-gung ist von der personenbedingten Kündigung abzugrenzen, bei der auf die fehlende Eignung oder Fähigkeit zur Erbringung der arbeitsvertraglich geschuldeten Leistung abgestellt wird. Bei der verhaltensbedingten Kündigung gilt grundsätzlich das **Erfordernis der vorherigen Ab-mahnung,** um dem Arbeitnehmer Gelegenheit zu geben, sein Fehlverhalten für die Zukunft zu bessern bzw. abzustellen.[191] (zu den Grundsätzen der Abmahnung ausführlich siehe Rn 65 ff.). Bei der verhaltensbedingten Kündigung handelt es sich nicht um eine Sanktion für das Fehlver-halten, sondern vielmehr ist Kündigungsgrund die negative Zukunftsprognose. Es müssen des-halb begründete Anhaltspunkte für vergleichbare Pflichtwidrigkeiten in der Zukunft vorliegen, die eine sinnvolle und vertrauensvolle Zusammenarbeit als nicht mehr gewährleistet erscheinen lassen. Liegt deshalb eine einschlägige vorherige Abmahnung nicht vor, mangelt es an einem Kündigungserfordernis und die Kündigung ist schon aus diesem Grunde unwirksam. In dem zu-vor dargestellten Abmahnungskapitel hat sich gezeigt, dass in aller Regel nur bei Ausspruch einer vorherigen Abmahnung überhaupt gekündigt werden kann. Fälle, in denen die Abmahnung we-gen erheblicher Pflichtverletzung ausnahmsweise entbehrlich ist, rechtfertigen in aller Regel un-mittelbar den Ausspruch einer fristlosen Kündigung (vgl. Rn 118 ff.).

100

Praxishinweis

Der Ausspruch einer ordentlichen verhaltensbedingten Kündigung kommt in Betracht, wenn eine erhebliche Pflichtverletzung im Raum steht. In diesen Fällen muss aber ernsthaft darüber nachgedacht werden, unmittelbar eine fristlose Kündigung auszusprechen und zusätzlich eine ordentliche hilfsweise Kündigung. Der Kündigende wird dabei abzuwägen haben, ob einer der Fälle vorliegt (vgl. Rn 118 ff.), in denen ohne vorherige Abmahnung gekündigt werden kann.

101

2. Einzelfälle

Wie bereits ausgeführt, sind die Fälle, in denen eine ordentliche Kündigung in Betracht kommt, rar. Bei folgenden Konstellationen kann eine ordentliche Kündigung in Betracht gezogen werden:

102

---

188 Vgl. aber ArbG Frankfurt 2.1.2002–2 Ca 5340/01, NZA 2002, 1093 und LAG Rheinland-Pfalz 26.2.2010–6 Sa 682/09, NZA-RR 2010, 297.
189 BAG 12.1.2006–2 AZR 179/05, NZA 2006, 980; BAG 31.5.2007–2 AZR 200/06, NZA 2007, 922.
190 Dazu umfassend Handbuch Kündigungsrecht-*Ruge* § 2 Rn 199 ff.
191 Handbuch Kündigungsrecht-*Ruge*, § 2 Rn 202; BAG 12.1.2006–2 AZR 179/05, NZA 2006, 980.

a) Einschlägige Abmahnung vorhanden

103 Hat der Arbeitgeber bereits das Fehlverhalten einschlägig (wirksam) abgemahnt, kann im Wiederholungsfall grundsätzlich ordentlich gekündigt werden.[192] Allerdings ist darauf zu achten, dass die vorherige Abmahnung nicht wegen Zeitablaufs unwirksam ist (vgl. Rn 76 ff.). Ein zeitlicher Zusammenhang ist deshalb unumgänglich.

b) Verbot der privaten Internetnutzung klar geregelt

104 In der Literatur wird teilweise vertreten, dass bei einem ausdrücklichen Verbot der privaten Internetnutzung eine **ordentliche Kündigung ohne vorherige Abmahnung** in Betracht kommt.[193] Angesichts der ausgewerteten Rechtsprechung wird man dies so nicht pauschal bestätigen können. Wurde die private Internetnutzung ausdrücklich verboten, handelt es sich bei einem Verstoß gegen dieses Verbot um ein steuerbares Verhalten. Nach der Rechtsprechung ist in solchen Fällen **stets eine Abmahnung** erforderlich. Etwas anderes gilt nur dann, wenn der Ausspruch einer vorherigen Abmahnung ausnahmsweise entbehrlich ist. Dies ist nur bei erheblichem Missbrauch der Fall.[194] Zudem besteht für den Arbeitgeber stets das **Einschätzungsrisiko**, wann ein Fall der überzogenen Nutzung vorliegt. Das Bundesarbeitsgericht hat eine Nutzung von einmal 27 Minuten und einmal 74 Minuten (abzüglich bereits der Pausen) als beträchtliche und damit kündigungsrelevante Nutzung angesehen.[195]

105 Wurde die private Nutzung ausdrücklich verboten, ist der Arbeitgeber nach Auffassung des LAG Köln verpflichtet, dieses **Verbot auch zu kontrollieren, zumindest stichprobenartig**.[196] Dem Arbeitgeber wird also abverlangt, dass er seine Verbote auch nachhält und damit zum Ausdruck bringt, dass ihm die Einhaltung des Verbotes wichtig ist.[197]

106 *Praxishinweis*

Im Regelfall kann ohne Ausspruch einer einschlägigen Abmahnung nicht unmittelbar ordentlich gekündigt werden. Nur in schweren Missbrauchsfällen ist dies anders. Dann aber sollte vorrangig der Ausspruch einer fristlosen Kündigung geprüft werden verbunden mit einer hilfsweisen ordentlichen Kündigung.

3. Verdachtskündigung

107 Die Verdachtskündigung ist ein besonderes Institut des Arbeitsrechts. Ihr liegt nicht eine bereits erwiesene strafbare Handlung oder erhebliche Vertragsverletzung des Arbeitnehmers zugrunde, sondern der bloße Verdacht, dass der Arbeitnehmer eine strafbare Handlung oder schwerwiegende Pflichtverletzung begangen haben könnte. Das **notwendige Vertrauen** des Arbeitgebers in die Redlichkeit des Arbeitnehmers und damit auch der Vertrauenstatbestand für die Fortsetzung des Arbeitsverhältnisses können auch durch einen konkretisierten Verdacht zerstört sein. Bei den Fällen der Verdachtskündigung handelt es sich um einen verhaltensbedingten Kündigungsgrund im Vertrauensbereich.[198]

108 Gerade wegen des Umstandes, dass eine Straftat oder erhebliche Pflichtverletzung nicht erwiesen ist, ist bei der Verdachtskündigung Vorsicht geboten. Der Verdacht muss **objektiv** durch be-

---

192 Siehe dazu BAG 15.3.2001–2 AZR 147/00, EzA § 626 n.F. BGB Nr. 185, dort sogar zu einer möglichen außerordentlichen Kündigung.

193 *Kramer*, NZA 2004, 457, 462; siehe auch ArbG Wesel 21.3.2001–5 Ca 4021/00, NZA 2001, 786.

194 BAG 7.7.2005 – 2 AZR 581/04, NZA 2006, 98; ArbG Frankfurt 14.7.2004–9 Ca 10256/03, MMR 2004, 829; ArbG Frankfurt 2.1.2002–2 Ca 5340/01, NZA 2002, 1093; vgl. auch *Hümmerich/Spirolke*, Das arbeitsrechtliche Mandat, § 10 Rn 313.

195 BAG 7.7.2005 – 2 AZR 581/04, NZA 2006, 98.

196 LAG Köln 11.2.2005–4 Sa 1018/04, LAGReport 2005, 229.

197 Siehe dazu auch LAG Schleswig-Holstein 27.6.2006–5 Sa 49/06, BB 2006, 2140.

198 BAG 13.9.1995–2 AZR 587/94, AP Nr. 25 zu § 626 BGB Verdacht strafbarer Handlung.

stimmte Tatsachen begründet sein, es muss also eine hohe Wahrscheinlichkeit dafür bestehen, dass der zur Kündigung anstehende Arbeitnehmer die Straftat oder erhebliche Pflichtverletzung begangen hat. Der Arbeitgeber muss vor Ausspruch der so genannten Verdachtskündigung alle zumutbaren Anstrengungen zur **Aufklärung des Sachverhalts** unternommen haben.[199] Der sodann ermittelte Verdacht darf sich nicht in einer bloßen Wertung erschöpfen, vielmehr muss eine Konkretisierung erfolgen, die es dem betroffenen Arbeitnehmer ermöglicht, sich hierzu substantiiert zu äußern. Aus diesem Grund ist der Arbeitgeber auch verpflichtet, den Arbeitnehmer zur Aufklärung anzuhören.[200] Diese **Anhörung ist Wirksamkeitsvoraussetzung der Kündigung**.

Checkliste: Verdachtskündigung   109

■ Feststellung des Verdachts von erheblichem Gewicht, der das Vertrauensverhältnis unheilbar zerstört

■ Feststellung objektiv nachweisbarer Tatsachen, die den Verdacht gerade gegen den bestimmten Arbeitnehmer begründen

■ Aufklärungsbemühen des Arbeitgebers ohne Entkräftung der Verdachtmomente, auch nach Anhörung des betroffenen Arbeitnehmers

■ Interessenabwägung

■ Entscheidung zur ordentlichen und/oder fristlosen Kündigung

In Anwendung der vorgenannten Grundsätze hat das Arbeitsgericht Braunschweig eine außerordentliche Verdachtskündigung gegenüber einem **Kindergartenleiter wegen Besitzes kinderpornografischer Bilddateien** für zulässig erklärt.[201] Das Arbeitsgericht Frankfurt hat eine außerordentliche Kündigung für wirksam erklärt, in der ein Arbeitnehmer verdächtig war, den ihm vom Arbeitgeber zur Verfügung gestellten Laptop dazu verwendet zu haben, aus dem **Internet Videodateien mit kinderpornografischem Inhalt herunter zu laden**, zu speichern und zu verbreiten und damit eine Straftat gem. § 184b StGB (früher § 184 Abs. 3 StGB) begangen zu haben.[202] In der Interessenabwägung wurde zu Lasten des Arbeitnehmers berücksichtigt, dass jede Nutzung des Internets eine Spur hinterlässt und sachkundige Dritte ohne Probleme feststellen können, von welchem Internetzugang aus auf eine bestimmte Homepage zugegriffen wurde. Gerade bei Dateien kinderpornografischen Inhalts könne deshalb das **Ansehen des Arbeitgebers** ganz erheblich in Mitleidenschaft gezogen werden.[203] Liegen solche begründeten Verdachtsmomente vor, darf der Arbeitgeber diese Verdachtsmomente zum Anlass nehmen, mit dem Arbeitnehmer eine **Aufhebungsvereinbarung** unter Hinweis auf die sonst folgende fristlose Verdachtskündigung abzuschließen. Das Arbeitsgericht Hannover hat dies für den Fall des **Datenmissbrauchs** bei Dateien pornografischen Inhalts bestätigt und die Anfechtung einer entsprechenden Aufhebungsvereinbarung abgelehnt.[204] Das Arbeitsgericht Düsseldorf hat die außerordentliche Verdachtskündigung für den Fall des schwerwiegenden Verdachts einer **exzessiven privaten Internetnutzung** in einem längeren Zeitraum bejaht.[205] Das LAG Thüringen hat die Anfechtung einer Aufhebungsvereinbarung durch den Arbeitnehmer aufgrund widerrechtlicher Drohung in einem Fall zurückgewiesen, in welchem der Arbeitnehmer regelmäßig bis zu 30 Minuten wöchentlich das Internet zu privaten Zwecken genutzt und die Betriebsmittel des Arbeitgebers dazu verwendet hat, über 40 pornografische Seiten aufzusuchen und 89 pornografische Farbausdrucke zu fertigen. Zur Ver-

110

---

199 BAG 13.9.1995–2 AZR 587/94, AP Nr. 25 zu § 626 BGB Verdacht strafbarer Handlung.
200 BAG 13.9.1995–2 AZR 587/94, AP Nr. 25 zu § 626 BGB Verdacht strafbarer Handlung.
201 ArbG Braunschweig 22.1.1999–3 Ca 370/98, NZA-RR 1999, 192; siehe zur außerordentlichen Verdachtskündigung wegen Sex-Hotline-Telefonaten vom Dienstanschluss auch LAG Köln 13.3.2002–7 Sa 380/01, NZA-RR 2002, 577.
202 ArbG Frankfurt 1.7.2002–15 Ca 2158/02, RDV 2003, 190.
203 Hierauf stellt auch das BAG ab: BAG 7.7.2005–2 AZR 581/04, NZA 2006, 98.
204 ArbG Hannover 10.1.2002–10 Ca 250/01, NZA-RR 2002, 582 m.w.N.
205 ArbG Düsseldorf 29.10.2007–3 Ca 1455/07, juris.

meidung einer fristlosen Kündigung bot der Arbeitgeber dem Arbeitnehmer, der als Führungskraft tätig war, einen Aufhebungsvertrag an.[206]

4. Internetsucht?

111 Ungeklärt ist bislang die Frage, ob eine Internetsucht als **Krankheit** anzuerkennen ist.[207] Die Rechtsprechung hat sich hiermit bislang – soweit ersichtlich – nicht intensiv befassen müssen.[208] Sofern die Voraussetzungen eines Suchtverhaltens bejaht werden, können die Grundsätze zur personenbedingten (krankheitsbedingten) Kündigung bei Alkoholabhängigkeit übertragen werden.[209] Die personenbedingte (nicht verhaltensbedingte!) Kündigung ist dann erst bei entsprechender nachgewiesener **negativer Prognose** für die Zukunft möglich. Für die Grundsätze zur Kündigung bei Alkoholabhängigkeit wird auf die weiterführende Literatur und Rechtsprechung verwiesen.[210]

IV. Außerordentliche Kündigung

112 Auf Arbeitgeberseite ist bei einer unerlaubten Nutzung der vorhandenen Kommunikationseinrichtungen das Interesse an einer sofortigen Beendigung des Arbeitsverhältnisses erfahrungsgemäß besonders groß. Wie bereits dargestellt, gilt der generelle Grundsatz, dass zunächst vorrangig eine Abmahnung auszusprechen ist. Dieser Abschnitt beschäftigt sich mit den Grundsätzen der fristlosen Kündigung. Anhand konkreter Beispielsfälle werden diejenigen Fälle, in denen eine außerordentliche Kündigung ausnahmsweise möglich ist, aufgelistet. Besondere Berücksichtigung finden dabei die Grundsatzentscheidungen des BAG.[211]

1. Grundsätze

113 Die außerordentliche Kündigung nach § 626 BGB ist das einseitige Gestaltungsrecht des Arbeitgebers, das Arbeitsverhältnis vorzeitig ohne Einhaltung der geltenden Kündigungsfrist bzw. vor Ablauf einer vereinbarten Befristung zu beenden.[212] Die Möglichkeit einer außerordentlichen Kündigung besteht insbesondere auch im unkündbar vereinbarten Arbeitsverhältnis. Das Recht zur außerordentlichen Kündigung aus wichtigem Grund kann daher auch nicht vertraglich eingeschränkt oder ausgeschlossen werden.[213] Vielmehr kann bei Vorliegen eines wichtigen Kündigungsgrundes jedes Arbeitsverhältnis fristlos gekündigt werden. Der fristlos Kündigende muss **zweifelsfrei seinen Willen zum Ausdruck bringen**, dass er das Arbeitsverhältnis sofort oder zu einem bestimmten Zeitpunkt vor Auslauf der einzuhaltenden Kündigungsfrist außerordentlich

---

206 LAG Thüringen 5.3.2009–3 Sa 41/08, BeckRS 2011, 65589.

207 Diese Frage wirft *Beckschulze* auf, BB 2007, 1526 (1532).

208 Vgl. aber LAG München 14.4.2005–4 Sa 1203/04, LAGE Nr. 5b zu § 626 BGB 2002 und OVG Berlin-Brandenburg 12.11.2009–60 PV 1/09, BeckRS 2010, 50816.

209 So auch *Beckschulze*, DB 2007, 1526 (1532).

210 Siehe *Besgen/Kade*, Kündigungsschutz in der Praxis, Rn 166 ff.; BAG 9.4.1987–2 AZR 210/86, AP Nr. 18 zu § 1 KSchG 1969 Krankheit; BAG 17.6.1999–2 AZR 639/98, NZA 1999, 1328; vgl. auch ErfK-*Oetker*, § 1 KSchG Rn 153 m.w.N.

211 BAG, 7.7.2005–2 AZR 581/04, NZA 2006, 98; BAG 12.1.2006–2 AZR 179/05, NZA 2006, 980; BAG 27.4.2006–2 AZR 386/05, NZA 2006, 977; BAG 31.5.2007–2 AZR 200/06, NZA 2007, 922; vgl. dazu auch ausführlich *Beckschulze*, DB 2007, 1526 ff.; ferner *Bloesinger*, BB 2007, 2177 ff.; *Landnicker*, BB 2007, 2184 ff.; *Küttner-Kreitner*, Personalbuch 2012, Internet–/Telefonnutzung, Rn 12 ff.

212 Zur außerordentlichen Kündigung siehe Handbuch Kündigungsrecht-*Pauly/Osnabrügge*, § 1 Rn 89 ff.

213 BAG 31.1.1996–2 AZR 158/95, NZA 1996, 581; siehe auch *Besgen/Kade*, Kündigungsschutz in der Praxis, Rn 560 m.w.N.

beenden will. Regelmäßig wird eine außerordentliche Kündigung mit einer hilfsweise erklärten ordentlichen Kündigung vorsorglich verbunden.

Eine außerordentliche Kündigung ist nur **ausnahmsweise zulässig** und begründet. Es müssen **114** Tatsachen vorliegen, aufgrund derer dem Kündigenden unter Berücksichtigung aller Umstände des Einzelfalles und unter Abwägung der Interessen beider Vertragsteile die Fortsetzung des Arbeitsverhältnisses bis zum Auslauf der Kündigungsfrist oder bis zu der vereinbarten befristeten Beendigung des Arbeitsverhältnisses nicht zugemutet werden kann.[214] In welchen konkreten Fällen diese abstrakten Voraussetzungen im Missbrauchsfall erfüllt sind, wird nachfolgend dargestellt.

Der konkrete Kündigungsgrund ist stets ein Sachverhalt, der **an sich** (erste Prüfungsstufe) geeig- **115** net ist, die Fortsetzung des Arbeitsverhältnisses als unzumutbar auszuschließen. Dies allein reicht jedoch nicht aus. § 626 Abs. 1 BGB stellt ausdrücklich auf die **Berücksichtigung aller Umstände des Einzelfalls** und die **Abwägung der Interessen beider Vertragsteile** (zweite Prüfungsstufe) ab. Um diese umfassende, einzelfallbezogene Feststellung und Bewertung zu gewährleisten, werden die Tatbestandsvoraussetzungen daher in **zwei Stufen** überprüft: Zunächst ist zu ermitteln, ob der Sachverhalt ohne die besonderen Umstände des Einzelfalles *an sich* geeignet ist, einen wichtigen Kündigungsgrund zu bilden. In der zweiten Stufe wird untersucht, ob die **konkrete Kündigung** unter Berücksichtigung der besonderen Umstände des Einzelfalls und der Interessenabwägung gerechtfertigt ist.[215] In den **Grundsatzentscheidungen des BAG** hat der zuständige 2. Senat sich stets mit der ersten Prüfungsstufe befasst.[216] In allen vier Fällen wurden aber die Rechtsstreite an die Vorinstanzen zurückverwiesen, zum einen zur weiteren Sachverhaltsaufklärung, zum anderen aber auch wegen der notwendigen Interessenabwägung im Einzelfall, die nur die Instanzgerichte leisten können.

Besondere Beachtung ist auf die Einhaltung der zweiwöchigen Ausschlussfrist des § 626 Abs. 2 **116** BGB zu legen. Diese Ausschlussfrist beginnt in dem Zeitpunkt zu laufen, in dem der Kündigungsberechtigte von den für die Kündigung maßgeblichen Tatsachen Kenntnis erlangt hat. Für eine sichere Kenntnis ist eine **angemessene Aufklärung des Kündigungssachverhaltes** zu verlangen. Dies bedeutet, dass der Kündigungsberechtigte regelmäßig den Kündigungssachverhalt aufklären und hierzu den zu Kündigenden hören soll und darf. Die Aufklärung muss allerdings unverzüglich erfolgen. Die Zwei-Wochen-Frist beginnt mit Abschluss der Ermittlungen und damit regelmäßig erst mit Beendigung der Anhörung des zu Kündigenden zu laufen. Die Frist endet mit Ablauf desselben Wochentages zwei Wochen später. Bis zu diesem Zeitpunkt muss die Kündigung zugegangen sein.

Praxishinweis **117**

Werden bei einem Mitarbeiter Verfehlungen hinsichtlich der Betriebsmittelnutzung moderner Kommunikationseinrichtungen festgestellt, muss der Arbeitgeber unmittelbar die zur Aufklärung des Kündigungssachverhalts notwendig erscheinenden Maßnahmen durchführen. Nach der Rechtsprechung des Bundesarbeitsgerichts ist der Arbeitgeber gehalten, seine Ermittlungen mit der gebotenen (nicht hektischen) Eile anzustellen.[217] Die Frist des § 626 Abs. 2 BGB wird nur dann gehemmt, wenn die Ermittlungen nicht unnötig hinausgezögert werden. Für die Tatsache, dass die gebotene Eile eingehalten wurde, ist der Arbeitgeber darlegungs- und be-

214 Siehe zu einem solchen Fall LAG Rheinland-Pfalz 13.11.2006–7 Sa 1029/05, juris.

215 BAG 14.9.1994–2 AZR 164/94, NZA 1995, 269 und vgl. zur Bestätigung einer außerordentlichen Kündigung auf der 1. und 2. Stufe bei dem Missbrauch von Zugriffsrechten durch einen EDV-Administrator: LAG Köln 14.5.2010–4 Sa 1257/09, NZA-RR 2010, 579.

216 BAG, 7.7.2005–2 AZR 581/04, NZA 2006, 98; BAG 12.1.2006–2 AZR 179/05, NZA 2006, 980; BAG 27.4.2006–2 AZR 386/05, NZA 2006, 977; BAG 31.5.2007–2 AZR 200/06, NZA 2007, 922.

217 BAG 15.11.1995–2 AZR 974/94, NZA 1996, 419.

weispflichtig. Werden die Verfehlungen von dem Arbeitnehmer zugegeben, ist eine weitere Sachaufklärung regelmäßig nicht mehr erforderlich.[218]

2. Einzelfälle

118 In der Rechtsprechung haben sich einige Fallkonstellationen[219] herausgebildet, in denen fristlose Kündigungen, auch ohne vorherige Abmahnung, rechtswirksam sind. Es handelt sich um folgende Einzelfälle:

a) Exzessive Nutzung

119 Unter einem Exzess versteht man eine das gewöhnliche Maß erheblich überschreitende Handlung. Dies kann auf die unerlaubte Nutzung moderner Kommunikationseinrichtungen übertragen werden. Nutzt ein Arbeitnehmer die ihm zur Verfügung gestellten Betriebsmittel, insbesondere den Internetzugang und/oder das E-Mail-Programm in einer Art und Weise, die das übliche Maß erheblich überschreitet, handelt er exzessiv. Unabhängig von dem Inhalt der Seiten kann der Arbeitnehmer während dieser privaten Nutzung seiner **vertraglich geschuldeten Arbeitspflicht** nicht nachkommen. Dabei wird man davon ausgehen müssen, dass bei einer exzessiven Nutzung während der Arbeitszeit dem Betroffenen die Tragweite seines Handelns bewusst ist.[220] Trotz der von der Instanz-Rechtsprechung teilweise angenommenen Sozialadäquanz der grundsätzlich erlaubten privaten Nutzung,[221] ist es keinesfalls eine sozialtypische Erscheinung, sich während des überwiegenden Teiles der Arbeitszeit mit privaten Dingen zu beschäftigen (vgl. oben Rn 86 f.). Dies gilt ausnahmslos bei verbotener privater Nutzung. Das BAG hat in seiner ständigen Rechtsprechung nunmehr ausdrücklich klargestellt, dass kein Arbeitnehmer davon ausgehen kann, dass er zur ausschweifenden Nutzung des Internets während der Arbeitszeit berechtigt ist, auch bei erlaubter privater Nutzung.[222]

120 Auch bei erlaubter privater Nutzung wird damit ein exzessiver Gebrauch regelmäßig einen wichtigen Grund darstellen. Allerdings bestehen im letzteren Fall höhere Anforderungen an die Darlegungslast des Arbeitgebers.[223] Im Rahmen der **Interessenabwägung** kann ein mehr als 30-jähriger beanstandungsfreier Bestand des Arbeitsverhältnisses zum Überwiegen der Arbeitnehmerinteressen an der Fortsetzung des Arbeitsverhältnisses führen, auch beim Aufruf pornografischer Seiten.[224] Hat der Arbeitgeber nämlich die private Nutzung während der Arbeitszeit grundsätzlich zugelassen, muss er sich dies auch bei ausschweifender Nutzung entgegenhalten lassen. Die Grenzen zur nicht mehr hinzunehmenden exzessiven Nutzung sind fließend und nur schwer zeitlich einzugrenzen. Anhaltspunkte geben die sogleich dargestellten Einzelfälle aus der Rechtsprechung.

121 Zu dem Umfang der täglichen Nutzung liegen einige Urteile vor, die allerdings überwiegend eine außerordentliche Kündigung im konkreten Fall für unwirksam erklärt haben. Dennoch sind diese Urteile geeignet, einen hinreichenden Aufschluss darüber zu geben, welche Anforderungen mindestens erfüllt sein müssen. Das Landesarbeitsgericht Köln hat eine unerlaubte Nutzung des Internets während der Arbeitszeit bei einer **durchschnittlichen Tagesnutzung von ca. zehn Minuten** noch als angemessen angesehen.[225] Selbst bei einem doppelt so hohen zeitlichen Aufwand,

---

218 Vgl. ErfK-*Müller-Glöge*, § 626 BGB Rn 210.
219 Siehe hierzu *Günther/Vietze*, ArbRAktuell 2010, 492 und zu Facebook-Aktivitäten als Kündigungsgrund *Göpfert/Wilke*, ArbRAktuell 2011, 159.
220 BAG 7.7.2005 –2 AZR 581/04, NZA 2006, 98; vgl. auch *Hanau/Hoeren*, Private Internetnutzung durch Arbeitnehmer, S. 36.
221 LAG Köln 11.2.2005–4 Sa 1018/04, LAGReport 2005, 229; ArbG Frankfurt 2.1.2002–2 Ca 5340/01, NZA 2002, 1093; ArbG Wesel 21.3.2001–5 Ca 4021/00, NZA 2001, 786.
222 Ständige Rechtsprechung seit BAG 7.7.2005–2 AZR 581/04.
223 Siehe dazu auch *Kramer*, NZA 2007, 1338.
224 Vgl. LAG Rheinland-Pfalz 9.5.2005–7 Sa 68/05, NZA-RR 2005, 634.
225 LAG Köln 11.2.2005–4 Sa 1018/04, LAGReport 2005, 229.

also **20 Minuten** am Tag, ist nach Auffassung des Arbeitsgerichts Wesel noch nicht ein Ausmaß erreicht, in dem der Arbeitnehmer zwingend damit rechnen muss, dass die Duldung durch den Arbeitgeber ausgeschlossen ist.[226] Nach Auffassung des Landesarbeitsgericht Rheinland-Pfalz sollen nicht einmal Surfzeiten von **ca. 30 bis 60 Minuten** je Arbeitstag ausreichen, um eine außerordentliche Kündigung zu rechtfertigen.[227] Eine Nutzung des Internets in einem Zeitraum von nahezu **sechs Monaten** über insgesamt **fünf Stunden** wurde nicht als „ausschweifende" bzw. „exzessive" Nutzung angesehen.[228] Dasselbe Gericht hat allerdings einen wichtigen Grund bei Surfzeiten von insgesamt 51 Stunden und 25 Minuten zutreffend bejaht.[229] Das Arbeitsgericht Frankfurt hatte in einem Fall, in dem ca. **50 % der Arbeitszeit** mit privaten Tätigkeiten im Internet verbracht wurde, nur über die Wirksamkeit einer ordentlichen Kündigung zu entscheiden, diese aber eindeutig bejaht.[230] Dies ist sicherlich ein Umfang, der auch eine fristlose Kündigung ohne weiteres gerechtfertigt hätte. Das LAG Hamm verneinte eine exzessive Privatnutzung bei dem Führen und Speichern von insgesamt 287 privaten Dateien mit einer Gesamtspeicherkapazität von 169,76 MB. Alleine die Menge der privaten Dateien und die Speicherkapazität seien wenig aussagekräftig hinsichtlich des Umfangs der privaten Nutzung.[231] Das **Bundesarbeitsgericht** ist deutlich strenger.[232] Bei verbotener privater Nutzung surfte ein Mitarbeiter unstreitig an einem Tag **27 Minuten** und an einem weiteren Tag **74 Minuten** während der Arbeitszeit privat im Internet. Das Bundesarbeitsgericht bezeichnete dies als ungewöhnlich umfangreiche private Nutzung des Internets. Von einer Sozialadäquanz könne keine Rede sein. Dies gelte selbst dann, wenn der Arbeitgeber keine klarstellende Nutzungsregelung für den Betrieb aufgestellt habe. Bei einer fehlenden ausdrücklichen Gestattung oder Duldung sei eine private Nutzung grundsätzlich nicht erlaubt.[233] In einem weiteren BAG-Urteil nutzte der Arbeitnehmer **mehr als zwei Monate** lang fast **täglich** das Internet in einem Umfang zwischen **ca. 15 Minuten und knapp drei Stunden** verbotswidrig privat; in ca. zehn Wochen betrug die Zeit der privaten Internetnutzung **insgesamt mehr als eine Woche**.[234] Selbst bei Abzug möglicher Pausenzeiten lag hier eine erhebliche Arbeitspflichtverletzung vor, die eine fristlose Kündigung *an sich* rechtfertigte. Das BAG hat in diesem Zusammenhang klargestellt, dass es nicht Aufgabe des Arbeitgebers sei, im Einzelnen vorzutragen, ob und inwiefern der Arbeitnehmer auch seine Arbeitsleistung vernachlässigt habe. In Anwendung dieser BAG-Rechtsprechung hat das LAG Hamm die ausschweifende und exzessive Nutzung in einem Fall bejaht, in dem der Mitarbeiter in der Zeit vom 15.1.2006 bis zum 4.2.2006 das Internet während der Arbeitszeit ca. **sechs** Stunden **privat** genutzt und dann ca. drei Stunden pornografische/erotische Seiten aufgerufen hat. Derselbe Mitarbeiter nutzte dann im Februar 2006 am 13.2. bis zum 17.2. ebenfalls das Internet während der Arbeitszeit an ca. sechs Stunden privat, davon 3,75 Stunden mit pornografischen/erotischen Seiten.[235] Das LAG Niedersachsen bestätigte eine außerordentliche Kündigung ohne vorhergehende Abmahnung in einem Fall, in welchem der Arbeitnehmer das Internet derart exzessiv nutzte, dass ihm kein Raum mehr für die Erledigung seiner Dienstaufgaben verblieb. Das LAG legte für das Lesen und die Beantwortung jeder Mail eine Zeit von drei Minuten zugrunde.[236] Die einmalige Weitergabe einer dienstlich erhaltenen E-Mail an das eigene private E-Mail-Fach eines Arbeitnehmers

226 ArbG Wesel 21.3.2001–5 Ca 4021/00, NZA 2001, 786.
227 LAG Rheinland-Pfalz 12.7.2004–7 Sa 1243/03, NZA-RR 2005, 303.
228 LAG Rheinland-Pfalz 13.12.2007–10 Sa 505/07, juris.
229 LAG Rheinland-Pfalz 9.5.2005 –7 Sa 68/05, NZA-RR 2005, 634.
230 ArbG Frankfurt 14.7.2004–9 Ca 10256/03, RDV 2004, 274.
231 LAG Hamm 30.9.2011–10 Sa 471/11, BeckRS 2012, 65681.
232 BAG 7.7.2005–2 AZR 581/04, NZA 2006, 98; vgl. auch *Honau/Hoeren*, Private Internetnutzung durch Arbeitnehmer, S. 36.
233 Ebenso *Beckschulze*, DB 2003, 2777; *Mengel*, NZA 2005, 752; *Kramer*, NZA 2004, 458.
234 BAG 27.4.2006–2 AZR 386/05, NZA 2006, 977.
235 LAG Hamm 3.5.2007–15 Sa 1880/06, juris.
236 LAG Niedersachsen 31.5.2010–12 Sa 875/09, BeckRS 2010, 70504.

wurde nicht als wichtiger Grund zum Ausspruch einer außerordentlichen Kündigung angesehen.[237]

b) Sexuelle Inhalte

122　Wird festgestellt, dass ein Arbeitnehmer Sex- und Pornoseiten aufgerufen hat, wird allein aus diesem Grunde die Sanktion der fristlosen Kündigung erwogen. Es wurde bereits an verschiedener Stelle darauf hingewiesen (siehe auch Rn 91), dass **unterschiedliche Moralvorstellungen** für sich genommen keinen Trennungsgrund darstellen. Ist die Privatnutzung grundsätzlich erlaubt, umfasst diese Erlaubnis auch die gelegentliche Betrachtung von (nicht strafbaren) pornografischen Internetseiten.[238] Aus Sicht der Arbeitsgerichte ist es widersprüchlich, einerseits keine Vorgaben für die Privatnutzung zu machen, sich aber andererseits im Falle der privaten Nutzung zum **Sittenwächter** aufzurufen; hierzu ist der Arbeitgeber nicht berufen.[239] Dies wird man auch dann annehmen müssen, wenn der Arbeitgeber die Internetnutzung auch zu privaten Zwecken erlaubt, pornografische Seiten aber ausdrücklich ausgenommen hat. In diesem Fall wurde zwar der Besuch solcher Seiten verboten, die Pflichtverletzung allein rechtfertigt aber noch nicht den unmittelbaren Ausspruch der schwerwiegenden Sanktion einer außerordentlichen Kündigung.[240] In diesen Fällen steht immerhin die arbeitsvertragliche Pflichtverletzung fest. Ist die Privatnutzung hingegen grundsätzlich erlaubt, ist der Besuch pornografischer Seiten für sich genommen noch nicht einmal eine solche Pflichtverletzung, was vielfach übersehen wird.[241] In diesem Zusammenhang ist allerdings einschränkend zu beachten, dass nach dem Bundesarbeitsgericht der Arbeitgeber durch das Aufrufen pornografischer strafbarer Seiten einen **erheblichen Imageverlust** erleiden kann[242] (dazu siehe auch Rn 125). Der Aufruf von Internetseiten mit pornografischen Inhalten birgt in sich die Gefahr der Rückverfolgung zum Nutzer und kann damit den Eindruck erwecken, bei diesem Arbeitgeber befasse man sich anstatt mit den Dienstaufgaben bspw. mit Pornografie.[243] Dadurch kann es nach der Rechtsprechung zu einer **Rufschädigung des Arbeitgebers** kommen.[244] Dasselbe Gericht hat einen fristlosen Kündigungsgrund *an sich* bei einer Nutzung des Internets in einem Zeitraum von zehn Monaten zu privaten Zwecken für insgesamt **sieben Stunden und 28 Minuten** bejaht.[245] Der Gesichtspunkt der Rufschädigung wird allerdings dadurch **relativiert**, dass diese Gefährdung eher als abstrakt einzustufen ist, da eine Rückverfolgung im Internet bis zum Nutzer zwar technisch möglich sein mag, aber angesichts des gigantischen Umfangs der Nutzung des Internets eher theoretischer Art erscheint.[246]

123　Mögliche divergierende Moralvorstellungen auf Arbeitgeberseite stellen nach Ansicht der Rechtsprechung für sich allein folglich noch keine Grundlage für arbeitsrechtliche Sanktionen dar. Der Besuch von pornografischen Seiten mag zwar anstößig sein, einen wichtigen Grund zum Aus-

---

237　LAG Hamm 16.1.2012–7 Sa 1201/11, BeckRS 2012, 67555.

238　LAG Rheinland-Pfalz 9.5.2005–7 Sa 68/05, NZA-RR 2005, 634; vgl. ferner LAG Düsseldorf 23.5.2004–11 Sa 79/04, zitiert nach juris; LAG Rheinland-Pfalz 18.12.2003–4 Sa 288/03, BB 2004, 1682.

239　So ausdrücklich BAG 23.6.1994–2 AZR 617/93, NZA 1994, 1080; LAG Hamm 18.1.2007–15 Sa 558/06 und ArbG Hamm 12.3.2009–5 Ca 1757/08, MedR 2009, 678 sowie ErfK-*Dieterich*, Art. 2 GG Rn 80; speziell zum privaten Surfen auf Sex- und Pornoseiten, *Mengel*, NZA 2005, 752.

240　*Mengel*, NZA 2005, 752.

241　Vgl. LAG Düsseldorf 25.3.2004–11 (6) Sa 79/04, AiB 2004, 639; LAG Hannover 28.4.2002–3 Sa 726/01 B, MMR 2002, 766; ArbG Hannover 1.12.2000–1 Ca 504/00 B, NZA 2001, 1022; LAG Rheinland-Pfalz 12.7.2004–7 Sa 1243/03, NZA-RR 2005, 303; LAG Rheinland-Pfalz 18.12.2003–4 Sa 1288/03, BB 2004, 1682; *Mengel*, NZA 2005, 752.

242　BAG 7.7.2005–2 AZR 581/04, NZA 2006, 98; ebenso LAG Rheinland-Pfalz 9.5.2005 – 7 Sa 68/05, NZA-RR 2005, 634; ArbG Düsseldorf 29.10.2007–3 Ca 1455/07, juris; LAG Rheinland-Pfalz 13.11.2006–7 Sa 618/06, juris; LAG Schleswig-Holstein 27.6.2006–5 Sa 49/06, BB 2006, 2140.

243　BAG 27.4.2006–2 AZR 386/05, NZA 2006, 977.

244　LAG Hamm 3.5.2007–15 Sa 1880/06, juris.

245　LAG Hamm 18.1.2007–15 Sa 558/06, juris; LAG Hamm 3.5.2007–15 Sa 1880/06, juris.

246　So ausdrücklich LAG Hamm 18.1.2007–15 Sa 558/06, juris; siehe auch *Besgen*, SAE 2006, 117.

spruch einer fristlosen Kündigung liefert er jedoch nicht automatisch. In solchen Fällen kann bei lediglich üblichem Surfverhalten im Internet von ca. zehn bis 20 Minuten am Tag grundsätzlich nur abgemahnt werden und dies auch nur dann, wenn die private Nutzung nicht gänzlich erlaubt wurde. Anders stellt sich hingegen die Beurteilung der Rechtslage dar, wenn sich der Arbeitnehmer bei seinem Internetverhalten nicht mehr im üblichen Maß bewegt, sondern ihm die exzessive Nutzung nachgewiesen werden kann. In diesen Fällen geht es aber nicht um die Sanktion wegen des Besuches pornografischer Seiten, sondern vielmehr wird die **unterlassene Arbeitsleistung** sanktioniert.[247] Wird an einem Arbeitstag mehr als eine Stunde für privates Internetsurfen verwendet und handelt es sich dabei nicht nur um einen einmaligen Vorfall, kann dies einen wichtigen Grund darstellen.[248] Allerdings muss man auch hier deutlich darauf hinweisen, dass allgemein gültige Aussagen nicht gemacht werden können. Maßgeblich ist das konkrete Verhalten im Einzelfall.[249]

c) Strafbare Seiten

Ist das Surfverhalten strafrechtlich relevant, rechtfertigt dies bereits beim ersten Verstoß eine fristlose Kündigung dem Grunde nach.[250] Im strafbaren Bereich ist damit eine **vorherige Abmahnung regelmäßig nicht erforderlich**. Allenfalls in der Interessenabwägung kann sich im Einzelfall eine andere Beurteilung ergeben.   **124**

Welche Straftatbestände in Betracht kommen und unter welchen Voraussetzungen eine Abmahnung entbehrlich ist, wurde bereits oben ausführlich dargestellt (vgl. Rn 92 ff.).   **125**

d) Downloads und Speichern von Daten, Websites, Sonstiges

Lädt ein Arbeitnehmer während der Arbeitszeit pornografisches Bildmaterial aus dem Internet, das er auf Datenträgern des Arbeitgebers speichert, oder nutzt er den Internetzugang zum Einrichten einer **Website sexuellen Inhalts**, rechtfertigt dies regelmäßig eine außerordentliche Kündigung ohne vorherige Abmahnung.[251] Die Rechtsprechung geht gerade bei dem Download und dem Speichern von Webseiten zusätzlich davon aus, dass ein derartiges Verhalten des Arbeitnehmers geeignet ist, das **Ansehen des Arbeitgebers** in der Öffentlichkeit zu beschädigen, da jedes Surfverhalten im Internet nachweisbare Spuren hinterlässt.[252] Das gilt insbesondere in den Fällen, in denen der Arbeitnehmer sogar eine eigene Website über den Internetzugang des Arbeitgebers betreibt.[253]   **126**

Das Speichern, Erstellen, Bearbeiten und Drucken von Dokumenten auf und mit Hilfe der **Betriebsmittel des Arbeitgebers** (Computer und Drucker) und auf dessen Kosten ist grundsätzlich geeignet, ohne vorherige Abmahnung einen wichtigen Grund für eine außerordentliche Kündigung zu bilden.[254] In Teilen fordert die Rechtsprechung hier, dass das Fehlverhalten einen erheblichen Umfang annimmt bzw. die Betriebsabläufe gestört werden, so dass der Arbeitnehmer seine arbeitsvertraglich geschuldeten Pflichten in erheblichem Umfange vernachlässigt. Erstaunlich ist in diesem Zusammenhang, dass die Instanz-Rechtsprechung die lediglich **abstrakte Gefahr**   **127**

---

247 BAG 7.7.2005–2 AZR 581/04, NZA 2006, 98.
248 *Mengel*, NZA 2005, 752; ebenso BAG 7.7.2005–2 AZR 581/04, NZA 2006, 98.
249 Vgl. zur Frage der Belästigung von Arbeitskollegen LAG Rheinland-Pfalz 17.12.2008–7 Sa 317/08, BeckRS 2009, 56437.
250 BAG, 7.7.2005–2 AZR 581/04, NZA 2006, 98; BAG 12.1.2006–2 AZR 179/05, NZA 2006, 980; BAG 27.4.2006–2 AZR 386/05, NZA 2006, 977; BAG 31.5.2007–2 AZR 200/06, NZA 2007, 922.
251 Ständige Rechtsprechung des BAG, zuletzt BAG 31.5.2007–2 AZR 200/06, NZA 2007, 922; siehe auch ArbG Hannover 1.12.2000–1 Ca 504/00 B, NZA 2001, 1022.
252 BAG 7.7.2005–2 AZR 581/04, NZA 2006, 98; ArbG Hannover 1.12.2000–1 Ca 504/00 B, NZA 2001, 1022, kritisch *Besgen*, SAE 2006, 117.
253 So der Fall in der Entscheidung des ArbG Hannover vom 1.12.2000–1 Ca 504/00 B, NZA 2001, 1022.
254 ArbG Frankfurt 31.1.2001–2 Ca 2990/00, zitiert nach juris; LAG Nürnberg 26.10.2004–6 Sa 348/03, FA 2005, 191; LAG Hessen 25.7.2011–17 Sa 1818/10, BeckRS 2011, 78091.

eines Virenbefalles des Intranets für nicht ausreichend ansieht.[255] Das BAG lässt freilich in ständiger Rechtsprechung bereits die **mögliche Vireninfizierung** bzw. andere Störungen des Betriebssystems ausreichen.[256] Liegt im Übrigen ebenfalls ein umfangreiches Downloadverhalten des Arbeitnehmers vor, wird die Kündigung auch aus diesem Grunde regelmäßig gerechtfertigt sein.[257] Hingewiesen werden soll auch auf eine Entscheidung des LAG Schleswig-Holstein, wonach der unbefugte Eingriff in den **persönlichen E-Mail-Account** des Arbeitgebers an sich geeignet ist, eine außerordentliche Kündigung zu rechtfertigen.[258] Verboten ist natürlich auch die Installation von so genannten **Anonymisierungsprogrammen**.[259]

V. Weitere Sanktionen

128   Dem Arbeitgeber stehen nicht nur die üblichen Sanktionen einer Abmahnung oder Kündigung zur Verfügung. Es können vielmehr auch alternative Sanktionen in Betracht gezogen werden. Zu nennen ist das gegenüber der Abmahnung mildere Mittel einer Ermahnung bzw. Rüge, die Versetzung des Arbeitnehmers an einen anderen Arbeitsplatz, die Sperrung des Internetzugangs und schließlich ggf. die Lohnkürzung sowie die Geltendmachung von Schadensersatzansprüchen.

1. Ermahnung/Rüge

129   Das gegenüber einer formalen Abmahnung (vgl. Rn 65 ff.) mildere Mittel ist der Ausspruch einer Ermahnung und/oder einer Rüge. Hierbei handelt es sich um die **Vorstufe zur Abmahnung**. Die Ermahnung ist kündigungsschutzrechtlich nicht relevant.[260] Es fehlt insbesondere an der konkreten Kündigungsandrohung. Vielmehr soll der Arbeitnehmer auf die Einhaltung seiner arbeitsvertraglichen Pflicht hingewiesen werden. Die Ermahnung ist vor allem bei leichteren Vertragsverstößen angebracht, insbesondere dann, wenn nicht einwandfrei ein Pflichtenverstoß festgestellt werden kann. Gebräuchlich sind die Begriffe der Ermahnung, Rüge, aber auch Verwarnung, Verweis und Missbilligung.[261]

130   Gerade in unklaren Konstellationen stellt sich die Frage, ob bei Verstößen überhaupt eine Pflichtverletzung vorliegt, die abgemahnt werden kann. In derartigen Fällen sollte deshalb zunächst das mildere Mittel der Ermahnung gewählt werden. Gleichzeitig kann allerdings der Arbeitgeber den Vorfall zum Anlass nehmen, für die **Zukunft klare Regelungen aufzustellen**. Dabei wird er zu beachten haben, dass neben einem ausdrücklich definierten Verbot auch die Sanktionen bei zukünftigen Verstößen benannt werden müssen. Außerdem fordert die Rechtsprechung mittlerweile vermehrt, dass der Arbeitgeber ausgesprochene Verbote auch **stichprobenartig kontrolliert**.[262] Kann sich der Arbeitnehmer allerdings erfolgreich auf eine gefestigte betriebliche Übung für die Privatnutzung berufen (vgl. Rn 9 ff.), müssen für eine Änderung der Nutzungsbedingungen zusätzlich die strengen Voraussetzungen einer Änderungskündigung erfüllt sein (vgl. Rn 26).

---

255 LAG Nürnberg 26.10.2004–6 Sa 348/04, FA 2005, 191; LAG Rheinland-Pfalz 14.12.2007–9 Sa 234/07, juris.

256 Zuletzt BAG 31.5.2007–2 AZR 200/06, NZA 2007, 922.

257 LAG Rheinland-Pfalz 14.12.2007–9 Sa 234/07, juris.

258 LAG Schleswig-Holstein 3.6.2008–5 Sa 22/08, juris.

259 BAG 12.1.2006–2 AZR 179/05, NZA 2006, 980.

260 Vgl. *Kammerer*, Personalakte und Abmahnung, Rn 301 ff.

261 Siehe dazu *Kammerer*, Personalakte und Abmahnung, Rn 302.

262 LAG Köln 11.2.2005–4 Sa 1018/04, LAGReport 2005, 229.

2. Sperrung Internetzugang

Das wirksamste Mittel des Arbeitgebers, die Internetnutzung des Arbeitnehmers zu unterbinden, ist sicherlich die der vollständigen Sperrung des Internetzugangs. Wird der Computer nur zur Nutzung des Intranets benötigt und zum Versand von E-Mails, ist dies technisch ohne weiteres möglich. Auf diese Weise wird jede Versuchung des Arbeitnehmers, in Leerzeiten das Internet zu Privatzwecken zu nutzen, unmöglich gemacht. Auf der anderen Seite können die sonstigen Funktionen des Intranets weiterhin genutzt werden. Solange kein arbeitsvertraglicher Anspruch auf die Nutzung des Internets auch zu privaten Zwecken entstanden ist (siehe Rn 5 ff.), ist deshalb die Sperrung ohne weiteres möglich.   **131**

Technisch möglich ist auch die Einrichtung einer **Positivliste** in dem Sinne, dass nur solche Internetseiten freigeschaltet werden, die der Arbeitnehmer zu Arbeitszwecken dringend benötigt (siehe auch § 3). Auf diese Weise besteht nur ein Zugang zu ausdrücklich von dem Arbeitgeber frei gegebenen Internetseiten. Alle anderen Seiten können nicht aufgerufen und genutzt werden. In Betracht kommt umgekehrt auch die Einrichtung einer **Negativliste**. Die Seiten, die auf keinen Fall genutzt und aufgerufen werden können, werden gesperrt; im Übrigen ist die Internetnutzung frei. Eine solche Negativliste beinhaltet aber das rein praktische Problem, dass es aufgrund der immensen Größe des Internets ausgeschlossen sein dürfte, sämtliche unerwünschten Internetseiten aufzunehmen und zu sperren. Allerdings können mit einem starken Filter jedenfalls pornographische Seiten von vornherein pauschal unterbunden werden und auch bestimmte häufig genutzte Seiten gesperrt werden (z.B. private E-Mail-Dienste, Ebay, Tageszeitungen, Sportseiten etc.).   **132**

3. Versetzung

Soll die Internetnutzung sicher unterbunden werden, kann der Arbeitnehmer an einen Arbeitsplatz ohne entsprechende Betriebsmittel versetzt werden. Ist ein Computer nicht vorhanden, erübrigt sich jede weitere Kontrolle. In modernen Unternehmen ist diese Maßnahme allerdings häufig nicht umsetzbar, denn ohne entsprechende Vernetzung kann praktisch keine Arbeitsleistung mehr erbracht werden. Als probates Mittel scheidet deshalb die Versetzung in der modernen Arbeitswelt regelmäßig aus.   **133**

4. Lohnkürzung und Schadensersatzansprüche

Die Lohnkürzung als generelle Reaktion auf eine unerlaubte Internetnutzung ist grundsätzlich **unzulässig**. Die Lohnkürzung ist keine taugliche Sanktion im Arbeitsrecht. Dem Arbeitgeber stehen nur die üblichen Sanktionsmittel der Abmahnung, Kündigung oder aber der milderen Mittel einer Ermahnung, Rüge oder Versetzung zur Verfügung. In das arbeitsvertraglich vereinbarte Verhältnis von Leistung und Gegenleistung darf nicht einseitig eingegriffen werden, auch nicht bei schweren Vertragsverstößen.   **134**

Allerdings kann der Arbeitgeber mit Schadensersatzansprüchen gegen den Arbeitnehmer aufrechnen. Hat also der Arbeitnehmer den Arbeitgeber durch die unerlaubte Internetnutzung geschädigt und ist dem Arbeitgeber hierdurch ein nachweisbarer Schaden entstanden, kann dieser Schaden grundsätzlich geltend gemacht werden. Hat z.B. der Arbeitgeber keine **Flatrate** vereinbart, sondern werden Kosten bei der Internetnutzung konkret nach der Nutzungsdauer abgerechnet, kann dieser Schaden gegenüber dem Arbeitnehmer, der arbeitsvertragswidrig das Internet genutzt hat, geltend gemacht werden. Allerdings liegt insoweit die volle **Darlegungs- und Beweislast beim Arbeitgeber**. Er muss also sowohl das ausdrückliche Verbot beweisen können als auch die Art und Dauer der Nutzung und die Höhe des Schadens. Die Praxis zeigt insoweit, dass dieser hohen Darlegungs- und Beweislast kaum Rechnung getragen werden kann. In vielen Fällen ist auch der konkrete Nachweis, welcher Arbeitnehmer tatsächlich den Computer genutzt hat, bereits schwierig, wenn ver-   **135** schiedene Mitarbeiter einer Abteilung Zugang zu einem Computer haben. Anders stellt sich hingegen die Beweislage dar, wenn jeder Arbeitnehmer ein **eigenes Kennwort** benutzt und nur mit diesem Kennwort den Computer und die zur Verfügung gestellten Dienste nutzen kann.

136 Rechtlich kommt eine Aufrechnung mit Schadensersatzansprüchen in Betracht. Bei einer solchen Aufrechnung muss der Arbeitgeber die **Pfändungsfreigrenzen** beachten. Zu beachten sind ferner die Grundsätze des innerbetrieblichen Schadensausgleichs, die eine volle Haftung des Arbeitnehmers nur bei vorsätzlichem Verhalten vorsehen (siehe auch § 6 Rn 30 ff.).

137 Auch die möglicherweise notwendigen **Recherchekosten**, die zur Aufdeckung der unerlaubten Nutzung erforderlich waren, können in einem Schadensersatzanspruch geltend gemacht werden. Gegenüber der allgemeinen Rechtsprechung hinsichtlich der **Erstattung von Detektivkosten** dürften sich keine Besonderheiten ergeben. Danach ist ein Erstattungsanspruch gerechtfertigt, wenn der Arbeitgeber anlässlich eines konkreten Tatverdachts gegen den Arbeitnehmer einem Detektiv die Überwachung überträgt und dieser dann tatsächlich einer vorsätzlichen Vertragspflichtverletzung auch überführt wird.[263]

VI. Handlungshilfen

138 Die Auswertung der Rechtsprechung hat gezeigt, dass es regelmäßig des vorherigen Ausspruchs einer Abmahnung bedarf und nur in den vom BAG benannten Ausnahmefällen unmittelbar eine außerordentliche bzw. ordentliche Kündigung ausgesprochen werden kann. Den zahlreichen Urteilen lassen sich **immer wiederkehrende Fehler** auf Arbeitgeberseite, insbesondere **nachlässiges Kontrollverhalten und unklare betriebliche Regelungen**, entnehmen. Umgekehrt machen die Urteile deutlich, welche Verteidigungsstrategie für Arbeitnehmer sinnvoll ist, um eine Kündigung zu Fall zu bringen. Die Analyse der Rechtsprechung führt zu den nachfolgenden Praxishinweisen und Handlungshilfen.

1. Verlust der Warnfunktion bei mehreren Abmahnungen

139 Die Warnfunktion einer Abmahnung kann erheblich dadurch abgeschwächt werden, dass der Arbeitgeber bei ständig neuen Pflichtverletzungen des Arbeitnehmers stets nur mit einer Kündigung droht, ohne jemals arbeitsrechtliche Konsequenzen folgen zu lassen. Die Einzelheiten wurden bereits oben ausführlich erläutert (vgl. Rn 79 ff.). Es ist deshalb dringend zu empfehlen, bei wiederholten Abmahnungen genau auf die inhaltliche Formulierung zu achten. Bei wiederholten Pflichtverletzungen darf nicht aus falsch verstandener Zurückhaltung ständig neu abgemahnt werden. Die Rechtsprechung sieht in einem solchen Verhalten eine Abschwächung der Warnfunktion bis hin zum Verlust des Kündigungsrechts.[264] Bei wiederholten Pflichtverletzungen und Abmahnungen sollte deshalb der Arbeitgeber das Ende der bisher gezeigten Nachsicht auch deutlich machen. Dies kann bspw. durch ein unter Zeugen geführtes **eindringliches Abmahnungsgespräch** dokumentiert werden, zum anderen können auch schriftliche Abmahnungen unter eindeutiger Benennung der bisherigen Abmahnungen („**Durchnummerierung**") und mit eindringlich hervorgehobenem Text als „**letztmalige Abmahnung**" bezeichnet und ausgehändigt werden. Durch ein solches Verhalten wird dem Arbeitnehmer deutlich, dass er mit weiterer Nachsicht nicht mehr zu rechnen hat.

---

263 Vgl. BAG 17.9.1998–8 AZR 5/97, AP Nr. 113 zu § 611 BGB Haftung des Arbeitnehmers; siehe auch LAG Rheinland-Pfalz 15.6.1999, NZA 2000, 260; siehe auch *Fröhlich*, NZA 1996, 464; ferner ErfK-*Preis* § 611 BGB Rn 704.
264 BAG 15.11.2001–2 AZR 609/00, DB 2002, 698; BAG 16.9.2004–2 AZR 406/03, NZA 2005, 459.

2. Beweissicherung

Die bloße Behauptung des Arbeitgebers, der Arbeitnehmer habe unerlaubt oder exzessiv das Internet genutzt, privat E-Mails versandt, unerlaubte Seiten angesurft oder umfangreiche Dateien herunter geladen, ist als Kündigungsgrund nur dann geeignet, wenn diese Vorwürfe durch den Arbeitgeber im Prozess auch tatsächlich nachgewiesen werden können.[265] Die **Beweissicherung** hat dabei so zu erfolgen, dass die Daten langfristig zur Verfügung stehen und selbst ein nachträglicher Löschungsvorgang des betroffenen Arbeitnehmers sich nicht mehr nachteilig auf die Beweislage auswirken kann. Das Fehlverhalten des Arbeitnehmers muss deshalb auf externen Speichermedien gesichert werden (CD-ROM, USB, Diskette etc.), um das dokumentierte Internetverhalten festzuhalten. Dabei können geschulte Systemtechniker auch gelöschte Dateien regelmäßig wieder herstellen und sichtbar machen. In schwerwiegenden Fällen ist deshalb zu empfehlen, den zuständigen Administrator oder aber eine externe Fachkraft hinzuziehen, die eine dauerhafte Sicherung veranlassen und durchführen kann (zur möglichen Erstattung dieser Zusatzkosten siehe Rn 137).

140

Dieses Vorgehen, das mit nicht unerheblichen Zusatzkosten und Zusatzaufwand verbunden sein kann, sollte nur in solchen Fällen in Betracht gezogen werden, in denen auch die strengen Voraussetzungen einer fristlosen Kündigung gegeben sind (siehe Rn 112 ff.).

141

3. Risiko betriebliche Übung

Die Nutzung der betrieblichen Kommunikationseinrichtungen zu privaten Zwecken kann ausdrücklich erlaubt oder ausdrücklich verboten werden. Gerade die geduldete private Nutzung ist für den Arbeitgeber gefährlich, denn sie kann zu einer betrieblichen Übung führen, mit der weiteren Folge, dass über diese betriebliche Übung ein individualrechtlicher Anspruch des Arbeitnehmers entsteht (vgl. Rn 9 ff.). Die betriebliche Übung kann nicht mehr einseitig aufgehoben werden. Das Entstehen einer betrieblichen Übung sollte daher auf jeden Fall vermieden werden. Am sichersten ist es dabei, wenn der Arbeitgeber freiwillige Leistungen, dazu gehört auch die private Nutzung betrieblicher Kommunikationseinrichtungen, stets mit einem besonderen Vorbehalt versieht. Auf keinen Fall sollte die Frage der privaten und/oder dienstlichen Nutzung ungeregelt bleiben.

142

4. Widerrufsvorbehalte und Freiwilligkeitsklauseln

Für den Arbeitgeber besteht die Möglichkeit, die freiwillige private Nutzung mit einem Widerrufsvorbehalt oder aber mit einer Freiwilligkeitsklausel zu versehen. Beide Klauseln unterscheiden sich grundlegend voneinander.[266] Wird ein Widerrufsvorbehalt vereinbart, wird eine Leistung zunächst unbefristet zugesagt. Der Arbeitgeber erhält aber die Möglichkeit, durch Ausübung des Widerrufsrechts die Weitergewährung der Leistung zu beenden. Demgegenüber dient ein Freiwilligkeitsvorbehalt dazu, die Entstehung eines Anspruchs von vornherein zu verhindern. Freiwilligkeitsvorbehalte werden regelmäßig bei Gratifikationen vereinbart, um auch dort das Entstehen einer betrieblichen Übung von vornherein zu verhindern. Beide Klauseln müssen ausdrücklich vereinbart werden. Allein aus der Tatsache, dass der Arbeitgeber eine zusätzliche Leistung (die Internetnutzung) freiwillig gewährt, folgt nicht die jederzeitige einseitige Widerruflichkeit.

143

---

265 Vgl. zur Darlegungs- und Beweislast LAG Rheinland-Pfalz 26.2.2010–6 Sa 682/09, NZA-RR 2010, 297 und *Kramer*, NZA 2007, 1338 sowie *Günther/Vietze*, ArbRAktuell 2010, 492.
266 Ausführliche Darstellung bei *N. Besgen*, B+P 2005, 667.

144

Praxishinweis

Freiwilligkeitsvorbehalte und Widerrufsklauseln unterliegen der uneingeschränkten AGB-Kontrolle. Auch hier gilt deshalb der allgemeine Grundsatz, dass solche Klauseln so klar und deutlich wie möglich formuliert werden müssen. Zu beachten ist dabei insbesondere die restriktive Rechtsprechung des Bundesarbeitsgerichts zu Widerrufsvorbehalten, insbesondere die Grundsatzentscheidung vom 12.1.2005[267] (dazu ausführlich siehe auch § 4 Rn 31). Eingriffe in das Einkommen sind grundsätzlich auf 25 bis 30 % beschränkt. Zudem sollten die Gründe für einen Widerruf in den Vertragstext aufgenommen werden, bspw. wirtschaftliche Gründe, Notlage des Unternehmens, negatives wirtschaftliches Ergebnis, aber auch Gründe in der Leistung oder im Verhalten des Arbeitnehmers. Die AGB-Kontrolle ist in der Rechtsprechung noch in Bewegung. Es ist deshalb dringend zu empfehlen, sich über die aktuellsten Entwicklungen zeitnah zu informieren und die Arbeitsverträge bei Bedarf anzupassen.

5. Verstöße als Anlass für klare Regelungen

145 Die Rechtsprechung verlangt von dem Arbeitgeber klare Regelungen über den Umfang und die Zulässigkeit der Privatnutzung. Wird ein Missbrauchsfall aufgedeckt und existierten bislang keine klaren Regelungen, sollte der Vorfall zum Anlass genommen werden, den Mitarbeiter lediglich zu ermahnen (siehe Rn 128 f.) und für die Zukunft klare Regelungen zu schaffen. In diesen Regeln sollte dann klar und deutlich der Umfang der erlaubten Nutzung festgelegt und auf Sanktionen bei Verstößen hingewiesen werden. Zudem sollte sich der Arbeitgeber vorbehalten, in regelmäßigen Abständen das Nutzungsverhalten stichprobenartig zu kontrollieren. Auf diese Weise dokumentiert er die Ernsthaftigkeit des Verbotes. Diese stichprobenartigen Kontrollen müssen daher auch tatsächlich durchgeführt werden. Wird die Privatnutzung grundsätzlich erlaubt, sollte ihr zulässiger Umfang beziffert werden, bspw. nicht mehr als 20 Minuten täglich während der Arbeitszeit oder aber private Nutzung nur innerhalb der Pausen oder außerhalb der Arbeitszeit. Zudem sollte dann der Umfang dieser Nutzung unter einen Freiwilligkeitsvorbehalt gestellt werden (siehe auch Rn 143 f.).

6. Regelmäßige Kontrolle

146 Soll die private Nutzung des Internets nicht erlaubt sein, sollte dies zunächst ausdrücklich geregelt sein. Fehlende ausdrückliche Regelungen werden von der Rechtsprechung teilweise als Duldung angesehen. Ist hingegen eine klare Regelung vorhanden, muss der Arbeitgeber die Einhaltung dieser Vorgaben auch tatsächlich kontrollieren. Das LAG Köln hat insoweit entschieden, dass die Behauptung des Arbeitgebers, die private Nutzung sei zu unterlassen, im Widerspruch zur laschen Handhabung der Kontrolle dieses angeblich ausgesprochenen Verbotes stehe.[268] Ist also dem Arbeitgeber die Einhaltung eines Verbotes wichtig, so gibt ihm die Rechtsprechung auf, dies auch stichprobenartig zu kontrollieren. Wer lediglich Verbote ausspricht, die Einhaltung aber nicht nachhält, läuft daher Gefahr, dass ein etwaiger Verstoß später nicht sanktioniert werden kann. Die Verbindlichkeit des Verbotes wird also bei fehlender Kontrolle abgeschwächt, jedenfalls nach Auffassung der Rechtsprechung.

---

267 BAG 12.1.2005–5 AZR 264/04, NZA 2005, 465.
268 LAG Köln 11.2.2005–4 Sa 1018/04, LAGReport 2005, 229 und vgl. zur fehlenden Überprüfung bei unberechtigter Privatnutzung eines Diensthandys: ArbG Frankfurt a.M. 24.9.2010–24 Ca 1697/10, BeckRS 2010, 73500.

7. Ankündigung der Sanktionen erforderlich

Wird die Nutzung der Kommunikationseinrichtungen nur teilweise erlaubt, für bestimmte Berei-   **147**
che eingeschränkt oder aber gänzlich verboten, sollte es der Arbeitgeber bei diesen Regelungen
nicht belassen. Vielmehr sollte er ausdrücklich regeln, welche Sanktionen im Falle eines Verstoßes drohen und vorgesehen sind.[269] Neben den üblichen Sanktionen (Abmahnung, ordentliche
und/oder fristlose Kündigung) sollte auch bei der Vereinbarung eines Freiwilligkeitsvorbehalts
bzw. einer Widerrufsklausel der Grund für die Ausübung dieses Rechts genannt werden (siehe
auch Rn 144). Die grundsätzlich erlaubte Nutzung könnte deshalb bspw. dann widerrufen werden,
wenn der Arbeitnehmer dieses Recht missbraucht. Das BAG hat in der Grundsatzentscheidung
vom 12.1.2005 das Verhalten des Arbeitnehmers als möglichen Widerrufsgrund genannt.[270]
Die ausdrückliche Benennung der Sanktionen und die Gründe für ihre Ausübung sind auch deshalb dringend zu empfehlen, um den strengen Maßstäben der AGB-Kontrolle hinreichend Rechnung zu tragen.

8. Betriebsratsbeteiligung und Beweisverwertung

Der Betriebsrat muss bei dem Ausspruch einer Abmahnung nicht beteiligt werden (vgl. Rn 71).   **148**
Allerdings besteht die Pflicht, den Betriebsrat gem. § 102 BetrVG bei dem Ausspruch einer ordentlichen und/oder fristlosen Kündigung anzuhören. Werden Arbeitnehmer ohne ihre Kenntnisse überwacht, um sie des Missbrauchs zu überführen, kann dies unter Umständen zu einem Beweisverwertungsverbot führen, wenn der Betriebsrat nicht ordnungsgemäß beteiligt wurde. Für
die Einzelheiten wird auf die Darstellung zu den kollektivrechtlichen Aspekten der Internet-
und E-Mail-Nutzung verwiesen (siehe § 2 Rn 52 ff.).

9. Strafanzeige

Ruft der Arbeitnehmer über die Arbeitgebersysteme im Internet strafbare Seiten auf, lädt diese   **149**
herunter oder nutzt sie auf andere Art und Weise, kann neben den möglichen arbeitsrechtlichen
Sanktionen, insbesondere dem Ausspruch einer fristlosen Kündigung (siehe hierzu Rn 124 ff.),
eine Strafanzeige erstattet werden. Liegen die Voraussetzungen für eine fristlose Kündigung
vor, kann der Arbeitnehmer auch zum Abschluss eines Aufhebungsvertrages bewegt werden. Allerdings kommt bei massivem Druck, zu dem auch die Drohung mit der Erstattung einer Strafanzeige zählt, eine Anfechtung seitens des Arbeitnehmers nach § 123 BGB in Betracht. Versetzt
der Arbeitgeber den Arbeitnehmer in eine Drucksituation, in dem er bspw. mit dem Ausspruch
einer außerordentlichen oder ordentlichen Kündigung, einer Strafanzeige bei den Ermittlungsbehörden oder einer hohen Schadensersatzforderung droht, bedeutet dies jedoch nicht automatisch eine widerrechtliche Drohung. Nach der ständigen Rechtsprechung des Bundesarbeitsgerichts[271] zur Frage der Widerrechtlichkeit, insbesondere bei der Androhung einer Kündigung
zur Erwirkung des Abschlusses eines Aufhebungsvertrages, gelten folgende Grundsätze: Die Androhung einer fristlosen Kündigung ist nicht widerrechtlich, wenn ein verständiger Arbeitgeber
eine außerordentliche Kündigung ernsthaft in Erwägung gezogen hätte.[272] Dies bedeutet nicht,
dass im Rahmen der Anfechtung ein fiktiver Kündigungsschutzprozess nachvollzogen werden
müsste. Es wird also nicht geprüft, ob die angedrohte fristlose Kündigung sich in einem sozusagen
nachgeholten Kündigungsschutzprozess als insgesamt gerechtfertigt erweisen würde. Maßgeb-

---

269 Dieses Erfordernis stellt insbesondere das LAG Köln 17.2.2004–5 Sa 1049/03 NZA-RR 2005, 136 auf.
270 BAG 12.1.2005–5 AZR 364/04, NZA 2005, 465.
271 5.12.2002–2 AZR 478/01, DB 2003, 1685.
272 Siehe z.B. BAG 16.1.1992–2 AZR 412/91, EzA § 123 BGB Nr. 36.

lich ist allerdings nicht der Kenntnisstand, den der Arbeitgeber subjektiv bei Androhung der Kündigung besaß. Vielmehr muss auch insoweit auf einen verständigen Arbeitgeber und auf dessen Ermittlungen abgestellt werden, die er zur Aufklärung des Sachverhalts angestellt hätte. Entscheidend für die Bewertung, ob ein verständiger Arbeitgeber die Kündigung angedroht hätte, ist damit der objektiv mögliche und somit hypothetische Wissensstand des Arbeitgebers. Diese nach der Rechtsprechung für die Androhung einer fristlosen Kündigung geltenden Grundsätze gelten auch im Hinblick auf die Androhung einer ordentlichen Kündigung(!) durch den Arbeitgeber zur Herbeiführung eines Aufhebungsvertrages.[273] Zur Drohung einer fristlosen Kündigung wegen des Verdachts des Datenmissbrauchs hat das Arbeitsgericht Hannover die Widerrechtlichkeit einer Drohung i.S.v. § 123 Abs. 1 BGB für den Fall abgelehnt, dass der Arbeitnehmer sich eine fremde User-ID und ein fremdes Passwort zu Eigen macht und dieses nutzt.[274] Das LAG Thüringen hat die Widerrechtlichkeit einer Drohung in einem Fall abgelehnt, in welchem der Arbeitnehmer regelmäßig bis zu 30 Minuten wöchentlich zu privaten Zwecken den Internetanschluss und die weiteren damit verbundenen Betriebsmittel missbrauchte, um über 40 pornografische Seiten aufzusuchen und 89 pornografische Farbausdrucke zu fertigen.[275]

150   *Praxishinweis*

Die Verweigerung einer Bedenkzeit oder eines Widerrufsrechts und die damit verbundene Entstehung eines Zeitdrucks führen ebenso wenig zu einer Unwirksamkeit des Aufhebungsvertrages wie die Tatsache, dass dem Arbeitnehmer nicht mitgeteilt worden ist, dass es um ein Aufhebungsgespräch gehe. Denn der Arbeitnehmer kann sich dem Abschluss durch ein einfaches „Nein" jederzeit entziehen.[276] Dennoch ist in der Praxis zu empfehlen, es nicht auf einen späteren Auslegungsstreit ankommen zu lassen, sondern bei Abschluss des Aufhebungsvertrages die notwendige Sorgfalt trotz Zeitdrucks an den Tag zu legen und für klare und eindeutige Formulierungen zu sorgen.

10. Tipps für Arbeitnehmervertreter

151   Die Wirksamkeit einer Kündigung muss bekanntlich in vollem Umfange von dem Kündigenden, also dem Arbeitgeber, bewiesen werden. Bereits die Überschriften in diesem Abschnitt machen deutlich, welche Angriffspunkte für den Arbeitnehmer bestehen, die Kündigung anzugreifen. Hat es der Arbeitgeber unterlassen, klare Handlungsanweisungen vorzugeben, führt dies allein bereits zu einer Unsicherheit, die regelmäßig den Ausspruch einer Kündigung ausschließt und allenfalls eine Abmahnung zulässt. Arbeitnehmer können sich damit verteidigen, sie hätten trotz der Internetnutzung ihre Arbeitspflicht nicht vernachlässigt. Nach Auffassung des LAG Rheinland-Pfalz sind Arbeitnehmer nicht verpflichtet, sich bei ihren Vorgesetzten zu melden und um Beschäftigung nachzusuchen.[277] Liegt ein extremer Missbrauchsfall vor, bspw. zeitaufwendiges tägliches privates Surfen, Herunterladen umfangreicher Dateien von untersagten Pornoseiten oder aber der Besuch strafbarer Seiten, wird es für den Arbeitnehmer regelmäßig eng. Erschwerend tritt die klare BAG-Rechtsprechung hinzu. Werden allgemein die Nutzungsgrenzen überschritten, kann der Arbeitnehmer allerdings immer noch bestreiten, Kenntnis von bestehenden Verboten gehabt zu haben.[278] Das LAG Köln hat sich im Jahre 2006 zu den Anforderungen an die Darlegungslast des Arbeitgebers geäußert.[279] Es muss einwandfrei nachgewiesen werden können, dass der be-

273 BAG 16.1.1992–2 AZR 412/91, EZA § 123 BGB Nr. 36.
274 ArbG Hannover 10.1.2002–10 Ca 250/01, NZA-RR 2002, 582.
275 LAG Thüringen 5.3.2009–3 Sa 41/08, BeckRS 2011, 65589.
276 So BAG 30.9.1993–2 AZR 268/93, DB 1994, 279.
277 LAG Rheinland-Pfalz 13.11.2006–7 Sa 618/06, juris.
278 Vgl. z.B. LAG Rheinland-Pfalz 12.7.2004–7 Sa 1243/03, NZA-RR 2005, 303; *Mengel*, NZA 2005, 752.
279 LAG Köln, 11.4.2006–9 Sa 1546/05, juris.

schuldigte Arbeitnehmer alleinigen Zugriff auf den Arbeitsplatz hatte und die verbotene Nutzung oder der unerlaubte Download allein von ihm veranlasst worden sein konnte. Wurden Freiwilligkeitsvorbehalte oder Widerrufsklauseln vereinbart, muss die Wirksamkeit solcher Regelungen unter Geltung der AGB-Kontrolle geprüft werden. Problemtisch sind auch Fälle, in denen zwar die private Nutzung geregelt wurde, aber keinerlei Sanktionen für Missbrauchsfälle angekündigt sind. Sind dem Arbeitnehmer die Folgen seines Handelns nicht deutlich gemacht worden, kann auch dies die Verhältnismäßigkeit einer Kündigung in Frage stellen. Schließlich muss bei einem bestehenden Betriebsrat die ordnungsgemäße Betriebsratsbeteiligung genau geprüft werden. Dabei kann sich im Einzelfall auch die Frage stellen, ob ein Beweisverwertungsverbot besteht. Zuletzt sollten auch datenschutzrechtliche Fragen einer Kontrollprüfung unterzogen werden.

11. Muster

Für weitergehende Gestaltungshinweise, Muster zu Internetnutzungsklauseln und einzelnen Klauseltypen verweisen wir auf die kommentierten Klauseln und Muster bei *Hümmerich*.[280]   **152**

VII. Beweisverwertung

Zu den Möglichkeiten der Beweisverwertung bei der Kontrolle von Internet und E-Mail und prozessualen Verwertungsverboten siehe § 2 Rn 52 ff.   **153**

---

280 *Hümmerich*, Gestaltung von Arbeitsverträgen, § 1 A. II, 40, S. 741 ff.

§ 2 Internet, Intranet und E-Mail – Kollektives Arbeitsrecht

Dr. Nicolai Besgen/Thomas Prinz

Inhalt

A.   Die Beteiligung des Betriebsrats

I.   Einleitung

1   Die Nutzung des Internets und des Intranets im Allgemeinen und speziell der Empfang bzw. die Versendung von E-Mails gehören zum betrieblichen Alltag. Da mit der Vernetzung der Arbeitsplätze auch vielfältige Überwachungsmöglichkeiten und -pflichten verbunden sind, stellt sich auf betriebsverfassungsrechtlicher Ebene die Frage nach den Beteiligungsrechten des Betriebsrats. Ist er überhaupt zu beteiligen? Wie weit reicht die Mitbestimmung? Wo liegen die Grenzen? Klarheit in diese lediglich ausgewählten Fragen soll der folgende Abschnitt bringen.

II.   Mitbestimmung des Betriebsrats nach § 87 Abs. 1 Nr. 6 BetrVG

2   Der Betriebsrat hat nach § 87 Abs. 1 Nr. 6 BetrVG ein Mitbestimmungsrecht bei der Einführung und Anwendung von technischen Einrichtungen, die dazu bestimmt sind, das Verhalten oder die Leistung der Arbeitnehmer zu überwachen.

1.   Begriff der technischen Einrichtung

3   Das Bundesarbeitsgericht legt den Begriff der *technischen Einrichtung* weit aus.[1] Es genügt, wenn es sich um ein optisches, mechanisches, akustisches oder elektronisches Gerät handelt, solange jedenfalls ein gewisses Maß an Vergegenständlichung vorhanden ist. Problematisch ist dies jedoch bei der Einführung von Internet und E-Mail schon deshalb, da es sich insoweit um eine Kombination aus Hardwarekomponenten (Computer, Bildschirm, Modem etc.) und die für die Nutzung erforderliche Software handelt, die ein solches Maß an Vergegenständlichung an sich nicht besitzt. Jedoch wird sie zu ihrer Nutzung auf ein vorhandenes (Hardware-)Computersystem installiert. Sie kann deshalb nur im Zusammenspiel mit diesem bestimmungsgemäß eingesetzt werden. Deshalb ist im Bezug auf die Beurteilung, ob es sich um eine technische Einrichtung handelt, auf das **Gesamtsystem** abzustellen, so dass es sich bei der Einführung und Anwendung der Internetnutzung insgesamt um eine technische Einrichtung i.S.v. § 87 Abs. 1 Nr. 6 BetrVG handelt.[2] Dazu gehören auch das Intranet und die E-Mail-Kommunikation.

---

1 BAG 6.12.1983–1 ABR 43/81, AP Nr. 7 zu § 87 BetrVG 1972 Überwachung; BAG 14.9.1984–1 ABR 23/82, AP Nr. 9 zu § 87 BetrVG 1972 Überwachung; BAG 23.4.1985–1 ABR 39/81, AP Nr. 11 zu § 87 BetrVG 1972 Überwachung.

2 H.M., siehe nur *Fitting u.a.,* § 87 BetrVG Rn 245; Hess u.a.-*Worzalla, § 87 BetrVG Rn 365;* DKK-*Klebe*, § 87 BetrVG Rn 164 f.; HWK-*Clemenz*, § 87 BetrVG Rn 121; Richardi-*Richardi*, § 87 BetrVG Rn 487; *Däubler*, Internet und Arbeitsrecht, Rn 245; *Däubler*, Gläserne Belegschaften, Rn 823 ff.; *N. Besgen*, B+P 2001, 360 ff.; ausführlich *Hanau/Hoeren*, Private Internetnutzung durch Arbeitnehmer, S. 88 ff.; *Andres*, Die Integration moderner Technologien in den Betrieb, S. 30 f.

2. Der Überwachungsbegriff

Im Rahmen des Überwachungsbegriffs wird herkömmlich zwischen der **Datenerhebung** und der eigentlichen **Datenverarbeitung** unterschieden.[3] Einigkeit besteht dabei darüber, dass die Datenerhebung als die Erhebung von Informationen über das Verhalten oder die Leistung von Arbeitnehmern durch eine technische Einrichtung unter den Überwachungsbegriff fällt.[4] Was die eigentliche Datenverarbeitung angeht, ist dies dagegen umstritten,[5] was jedoch bei der hier vorzunehmenden Prüfung dahingestellt bleiben kann, denn bereits der Einsatz von Standard-Internetsoftware kann eine Überwachung i.S.d. Vorschrift darstellen. **4**

Unter Standard-Internetsoftware versteht man in erster Linie die gängigen Browser wie z.B. den MS-Internet-Explorer oder Firefox. Diese Programme speichern in einem festgelegten Verzeichnis Dateien von Internetseiten, um sie bei erneutem Zugriff des Nutzers schneller laden zu können (so genanntes Caching). Zudem hinterlassen diese Programme bei Benutzung der Standardeinstellungen eine Vielzahl von weiteren Dateien auf der lokalen Festplatte des Anwenders. Mit Hilfe dieser Dateien kann dann herausgefiltert werden, welche Seiten der Nutzer zu welchem Zeitpunkt für welche Dauer aufgerufen hat. Ähnliche Protokollfunktionen erfüllen auch die herkömmlichen **E-Mail-Programme** (MS Outlook, Lotus Notes etc.), die grundsätzlich eine Kopie der verfassten Nachricht in einem anderen Ordner erstellen. Selbst wenn diese in Kopie angelegten E-Mails von dem Nutzer gelöscht werden, ist es für versierte Personen im Regelfall ohne weiteres möglich, diese gelöschten Dateien wiederherzustellen und in ihren ursprünglichen Zustand zu versetzen. **5**

Ist ein **Intranet** vorhanden, also ein unternehmensinternes Netz, kommt regelmäßig eine so genannte Firewall-Software zum Einsatz, die das Intranet vor Hackerangriffen aus dem Internet schützen soll. Auch diese spezielle Firewall-Software registriert detailliert jeden Zugriff aus dem Intranet auf das Internet. **6**

Damit bleibt zunächst festzuhalten, dass bereits mit den herkömmlich verwendeten Standardprogrammen eine Vielzahl von Überwachungsmöglichkeiten für den Arbeitgeber eröffnet werden. Daneben existieren spezielle Überwachungsprogramme, deren Zweck einzig in der Gewährleistung einer hinreichenden Überwachung von Netzwerken besteht. Im Ergebnis ist damit also auch der Überwachungsbegriff des § 87 Abs. 1 Nr. 6 BetrVG erfüllt. **7**

3. Verhalten und Leistung der Arbeitnehmer

Gegenstand der Überwachung muss das Verhalten oder die Leistung der Arbeitnehmer sein. Unter Leistung versteht man dabei herkömmlicherweise die vom Arbeitnehmer in Erfüllung seiner vertraglichen Arbeitspflicht erbrachte Arbeit.[6] Verhalten ist also jedes für das Arbeitsverhältnis relevante Tun oder Unterlassen. Damit wird bereits begrifflich die Leistung mit eingeschlossen, so dass es auf eine Differenzierung zwischen Verhalten und Leistung letztlich nicht ankommt.[7] Voraussetzung für die Anwendung des Mitbestimmungsrechts ist aber, dass die gewonnenen Daten **einzelnen Arbeitnehmern zugeordnet** werden können.[8] *Kreitner* weist in diesem Zusammenhang darauf hin, dass bei einem Zugriff mehrerer Arbeitnehmer auf einen Internetzugang ohne Individualisierung der Arbeitnehmer mit Hilfe eines Passwortes oder eines ähnlichen Zugangsschlüssels ein **8**

3 Richardi-*Richardi*, § 87 BetrVG Rn 488 ff.
4 BAG 6.12.1983–1 ABR 43/81, AP Nr. 7 zu § 87 BetrVG 1972 Überwachung; BAG 23.4.1985–1 ABR 2/82, AP Nr. 12 zu § 87 BetrVG 1972 Überwachung.
5 MüHdbArbR-*Matthes*, § 338 Rn 15 f.
6 *Fitting u.a.*, § 87 BetrVG Rn 221.
7 BAG 11.3.1986–1 ABR 12/84, AP Nr. 14 zu § 87 BetrVG 1972 Überwachung; GK-BetrVG-*Wiese*, § 87 Rn 538.
8 Richardi-*Richardi*, § 87 BetrVG Rn 499.

mitbestimmungspflichtiger Tatbestand mangels Individualisierung nicht vorliegt.[9] Entsprechendes gilt für eine echte Anonymisierung der erfassten Daten.[10] Steht allerdings dem Arbeitgeber das notwendige Wissen zur Verfügung, die anonymisierten Daten wieder kenntlich zu machen, bleibt das Mitbestimmungsrecht bestehen, denn nach der Rechtsprechung des Bundesarbeitsgerichts ist es ausreichend, wenn aufgrund vorhandener Programme **Verhaltens- und Leistungsdaten** ermittelt und aufgezeichnet werden, die bestimmten Arbeitnehmern zugeordnet werden können, unabhängig davon, zu welchem Zweck diese Daten erfasst werden.[11]

9   Die Zuordnung ist durch die in Folge der Überwachung ermittelten Daten möglich. Wenn Daten über die Dauer und die Art und Weise der Internetnutzung existieren, enthalten diese Daten auch Aussagen über das Verhalten von Arbeitnehmern in Bezug auf deren private und/oder berufliche Internetnutzung. Dabei kommt es nicht darauf an, dass der Arbeitgeber durch die Überwachung auch den Inhalt der einzelnen Nutzungsvorgänge erfährt, denn bereits die äußeren Verbindungsdaten reichen aus, um Rückschlüsse auf das Verhalten der Arbeitnehmer zuzulassen. Ist beispielsweise bekannt, zu welchen Zeiten der Arbeitnehmer im Internet gesurft hat, sind damit auch Rückschlüsse auf sein Arbeitsvolumen bzw. -verhalten möglich. Dies gilt auch dann, wenn die Internetnutzung zur Arbeitspflicht gehört.

4.   Keine Überwachungsabsicht erforderlich

10   Die Vorschrift des § 87 Abs. 1 Nr. 6 BetrVG beruht nach allgemeiner Auffassung auf dem Gedanken des **Persönlichkeitsschutzes**, der auch in § 75 BetrVG seinen Niederschlag gefunden hat. Unzulässige Eingriffe sollen danach verhindert, zulässige auf das unbedingt notwendige Maß beschränkt werden. Nach der über den Wortlaut der Vorschrift hinausgehenden Rechtsprechung des Bundesarbeitsgerichts reicht es deshalb aus, wenn die Einrichtung aufgrund ihrer Konstruktion oder technischen Ausstattung **objektiv** zur Überwachung **geeignet** ist. Auf eine konkrete Überwachungsabsicht kommt es **nicht** an. Es ist deshalb irrelevant, ob die Überwachung Ziel der technischen Einrichtung oder nur Nebeneffekt ist[12] (siehe auch § 5 Rn 15).

11   Das Mitbestimmungsrecht des Betriebsrats nach § 87 Abs. 1 Nr. 6 BetrVG besteht folglich schon dann, wenn die technische Einrichtung dem Arbeitgeber Informationen über Verhalten und Leistung der Arbeitnehmer zur Verfügung stellt und es allein vom **Willen des Arbeitgebers abhängig** ist, ob er die Informationen zu Kontrollzwecken gebraucht.

12   Die Einführung einer Computeranlage, die den Zutritt zum Internet gewährt und es den Arbeitnehmern ermöglicht, E-Mails zu versenden und zu empfangen ist damit **mitbestimmungspflichtig**. Es spielt dabei keine Rolle, ob der Arbeitgeber tatsächlich beabsichtigt, die Mitarbeiter hinsichtlich ihres Verhaltens und ihrer Leistung zu überwachen, ausreichend ist allein die objektive Möglichkeit.[13]

5.   Schranken der Mitbestimmung

13   Steht damit fest, dass die Einführung der Internet- bzw. E-Mail-Nutzung grundsätzlich mitbestimmungspflichtig ist, stellt sich die weitere Frage, welchen Schranken der Betriebsrat bei der Aus-

---

9 Küttner-*Kreitner*, Personalbuch 2012, Internet-/Telefonnutzung Rn 19.

10 Dazu ausführlich *Hanau/Hoeren*, Private Internetnutzung durch Arbeitnehmer, S. 90 ff.

11 BAG 6.12.1983–1 ABR 43/81, AP Nr. 7 zu § 87 BetrVG 1972 Überwachung.

12 *Fitting u.a.*, § 87 BetrVG Rn 226.

13 Ständige Rechtsprechung, zuletzt etwa BAG 27.1.2004–1 ABR 7/03, AP Nr. 40 zu § 87 BetrVG 1972 Überwachung; DKK-*Klebe*, § 87 BetrVG Rn 153 f.; zur Anonymisierung von Daten als Ausweg aus der Mitbestimmung siehe *Hanau/Hoeren*, Private Internetnutzung durch Arbeitnehmer, S. 90 ff.

übung des Mitbestimmungsrechtes unterliegt (in diesem Zusammenhang beachte auch die Ausführungen zur Videoüberwachung, siehe § 5 Rn 4 ff.)

a) Persönlichkeitsschutz

Für den Bereich der modernen Kommunikation ist dabei vor allem der grundgesetzlich gewährleistete **Persönlichkeitsschutz** der Arbeitnehmer zu beachten, der auch in den §§ 2 Abs. 1, 75 Abs. 2 BetrVG seinen Niederschlag gefunden hat. Arbeitgeber und Betriebsräte haben danach „die freie Entfaltung der Persönlichkeit der im Betrieb beschäftigten Arbeitnehmer zu schützen und zu fördern". Eine Vereinbarung über die Einführung von Kontrollsystemen darf also stets nur soweit gehen, wie es die in Art. 1 und 2 GG niedergelegte Garantie des allgemeinen Persönlichkeitsrechts erlaubt.[14] Dabei ist zu beachten, dass nach der Rechtsprechung des Bundesverfassungsgerichts das allgemeine Persönlichkeitsrecht auch das **Recht auf informationelle Selbstbestimmung** umfasst, das heißt das Recht des Betroffenen auf Schutz aller persönlichen Daten.[15]   **14**

b) Datenschutzrechtliche Besonderheiten

Weitere Schranken der Mitbestimmung des Betriebsrats können sich unmittelbar aus datenschutzrechtlichen Vorschriften ergeben. Dabei gilt allerdings grundsätzlich, dass die Schutzbestimmungen des BDSG von Betriebsvereinbarungen (und Tarifverträgen) überlagert werden können, in denen die Verarbeitung personenbezogener Daten der Arbeitnehmer geregelt sind. Betriebsvereinbarungen gelten als „andere Rechtsvorschrift" i.S.d. § 4 Abs. 1 BDSG, nach der die Erhebung, Verarbeitung und Nutzung personenbezogener Daten ausnahmsweise zulässig sein kann. Daraus folgt, dass solche kollektiven Vereinbarungen den Datenschutz der Arbeitnehmer auch abweichend von den Regelungen des BDSG regeln können.[16] Sie sind nicht darauf beschränkt, nur unbestimmte Rechtsbegriffe des BDSG unter Berücksichtigung der betrieblichen Besonderheiten zu konkretisieren oder den Datenschutz der Arbeitnehmer zu verstärken.[17] Das BAG hat bestätigt, dass ein Tarifvertrag das grundsätzliche Verbot mit Erlaubnisvorbehalt des § 4 Abs. 1 BDSG aufheben kann.[18]   **15**

In der Vergangenheit war teilweise umstritten,[19] ob bei **erlaubter privater Nutzung** das in § 88 TKG niedergelegte **Fernmeldegeheimnis** (besser: Telekommunikationsgeheimnis) beachtet werden muss. Es wurde vertreten, dass der Arbeitgeber geschäftsmäßig Telekommunikationsdienste erbringt, wenn er seinen Arbeitnehmern den Internetzugang und den E-Mail-Verkehr auch zur privaten Nutzung zur Verfügung stellt. Dies hat die Rechtsprechung inzwischen richtiggestellt.[20] Danach wird ein Arbeitgeber nicht allein dadurch zum Dienstanbieter i.S.d. Telekommunikationsgesetzes, dass er seinen Beschäftigten gestattet, einen dienstlichen E-Mail-Account auch privat zu nutzen. Belassen die Beschäftigten bei Nutzung des Arbeitsplatzrechners die eingehenden E-Mails im Posteingang bzw. die versendeten im Postausgang, so unterliegt der Zugriff des Arbeitgebers auf diese Daten nicht den rechtlichen Beschränkungen des Fernmeldegeheimnisses.   **16**

Ist die **private Nutzung** des Internets im Betrieb insgesamt **verboten**, findet das TKG ebenfalls keine Anwendung Die Erhebung und Verarbeitung von Daten über die Nutzung des Internets richtet sich auch dann allein nach den Vorschriften des BDSG.   **17**

---

14 BAG 26.8.2008–1 ABR 16/07, NZA 2008, 1187.

15 BVerfG 15.12.1983–1 BvR 209/83, NJW 1984, 419 (Volkszählungsurteil).

16 Orientierungshilfe BfD und LfD, RDV 2002, 155,157.

17 So auch *Beckschulze/Henkel*, DB 2001, 1491, 1501; *Hanau/Hoeren*, Private Internetnutzung durch Unternehmer, S. 59; *Mengel*, BB 2004, 1445, 1453; a.A. z.B. *Däubler*, Internet und Arbeitsrecht, Rn 301.

18 BAG 25.6.2002 – 9 AZR 405/00, RDV 2004, 269; BAG 27.5.1986–1 ABR 48/84, DB 1986, 2080 = NZA 1986, 643, vgl. auch BAG 26.8.2008 – 1 ABR 16/07, NZA 2008, 1187.

19 *Gramlich*, RDV 2001, 123, 124 ff.

20 LAG Berlin-Brandenburg 16.2.2011 – 4 Sa 2132/10, DB 2011, 1281.

6. Zuständigkeit des Betriebsrats, Gesamtbetriebsrats oder Konzernbetriebsrats

18 Die Frage nach der Zuständigkeit des jeweiligen betriebsverfassungsrechtlichen Organs stellt sich immer dann, wenn entweder in einem Unternehmen mehrere Betriebe vorhanden sind und eine unternehmenseinheitliche Regelung beabsichtigt ist oder unternehmensübergreifend eine konzernweite Regelung gefunden werden soll. Grundsätzlich gelten für die jeweiligen Zuständigkeiten auch bei der Einführung moderner Kommunikationseinrichtungen keine Besonderheiten.

19 Sind mehrere Betriebe in einem Unternehmen oder das Gesamtunternehmen betroffen und kann die Angelegenheit nicht durch die Einzelbetriebsräte geregelt werden (Intranet), ist der Gesamtbetriebsrat nach § 50 BetrVG zuständig.[21] Dies gilt entsprechend dann auch für die Zuständigkeit des Konzernbetriebsrates, § 58 Abs. 1 BetrVG. Sind die Art und Beschaffenheit der verwendeten Geräte und Programme im gesamten Unternehmen/Konzern einheitlich, erstreckt sich die jeweilige Zuständigkeit dabei auch auf die nähere Ausgestaltung der Nutzung.

20 Ist hingegen nur ein Betrieb betroffen, bleibt jeweils der Einzelbetriebsrat zuständig. Dies gilt entsprechend auch dann, wenn in den jeweiligen Betrieben unterschiedliche Kommunikationseinrichtungen/Techniken eingesetzt werden, so dass von einer einheitlichen Regelung nicht gesprochen werden kann.[22]

7. Betriebsvereinbarung und Rahmenbetriebsvereinbarung

21 Die Betriebspartner müssen für die Wahrung der Mitbestimmung nicht zwingend eine Betriebsvereinbarung abschließen. Ausreichend ist vielmehr auch eine formlose Betriebsabsprache.[23] Allerdings ist dieses Vorgehen in der Praxis eher unüblich. Regelmäßig wird insbesondere bei technischen Einrichtungen i.S.v. § 87 Abs. 1 Nr. 6 BetrVG eine Betriebsvereinbarung abgeschlossen (zu dem möglichen Inhalt einer solchen Betriebsvereinbarung siehe unten Rn 26 f.)

22 Die Betriebspartner haben darüber hinaus die Möglichkeit eine **Rahmenbetriebsvereinbarung** abzuschließen. Dieses Vorgehen bietet sich insbesondere in großen Betrieben an, bei denen eine Vielzahl von unterschiedlich technischen Einrichtungen existiert, die ständig geändert, aktualisiert und ergänzt werden. In der Rahmenbetriebsvereinbarung können dann die allgemeinen Grundsätze einmal vereinbart werden und müssen nicht bei jeder neuen Betriebsvereinbarung ausgehandelt werden. Allerdings schließt eine Rahmenbetriebsvereinbarung das Mitbestimmungsrecht nach § 87 Abs. 1 Nr. 6 BetrVG nicht aus.[24] Es werden eben gerade nur die Grundregeln festgelegt.[25] Der Abschluss einer Rahmenbetriebsvereinbarung bietet sich auch dann an, wenn der Arbeitgeber nach und nach mehrere Software-Pakte einführen und anwenden möchte.[26]

8. Rechte des Betriebsrats bei fehlender Beteiligung

23 Ohne die **Zustimmung des Betriebsrats** dürfen die technischen Einrichtungen, die zur Internet- und E-Mail-Nutzung erforderlich sind, nicht eingeführt werden. Die Zustimmung des Betriebsrats muss also **vor** der Einführung eingeholt werden. Eine Überwachung aufgrund einer ohne

---

21 *Hanau/Hoeren*, Private Internetnutzung durch Arbeitnehmer, S. 106 ff.; vgl. auch BAG 30.8.1995–1 ABR 4/95, NZA 1996, 218; BAG 11.11.1998–7 ABR 47/97, NZA 1999, 947; BAG 14.11.2006 – 1 ABR 4/06, NZA 2007, 399.

22 *Däubler*, Internet und Arbeitsrecht, Rn 303.

23 Richardi-*Richardi*, § 87 BetrVG Rn 527.

24 DKK-*Klebe*, § 87 BetrVG Rn 162 am Ende; siehe auch *Däubler*, Gläserne Belegschaften, Rn 817; vgl. auch *Hanau/ Hoeren*, Private Internetnutzung durch Arbeitnehmer, S. 105 f.

25 Siehe auch LAG Düsseldorf, 4.11.1988–17 (6) TaBV 114/88, NZA 89, 146.

26 Hierauf weisen zutreffend hin *Hanau/Hoeren*, Private Internetnutzung durch Arbeitnehmer, S. 106.

bzw. gegen die Zustimmung des Betriebsrats eingeführten Technik kann ggf. von dem Betriebsrat durch den allgemein anerkannten allgemeinen **Unterlassungsanspruch** unterbunden werden.[27]

Ist die Einrichtung bereits installiert, steht dem Betriebsrat neben dem vorgenannten allgemeinen Unterlassungsanspruch sogar ein **Beseitigungsanspruch** zu.[28] Er kann also im Extremfall verlangen, dass die Anlage deinstalliert wird. Dies gilt auch dann, wenn die technische Überwachungseinrichtung (Internetanschluss, E-Mail-System) schon zu einem Zeitpunkt in dem Betrieb eingeführt und installiert wurde, als der Betriebsrat noch gar nicht gewählt war. Sind die Tatbestandsvoraussetzungen des § 87 Abs. 1 Nr. 6 BetrVG erfüllt, steht dem Betriebsrat das Mitbestimmungsrecht auch nachträglich zu.[29] Allerdings wird die andauernde Nutzung der vor Wahl eines Betriebsrats bereits eingeführten technischen Einrichtung unmittelbar nach der Wahl des Betriebsrats nicht unzulässig. Vielmehr ist der Betriebsrat verpflichtet, von sich aus im Wege des Initiativrechts seine Mitbestimmung geltend zu machen.[30] Umgekehrt steht dem Betriebsrat aber kein Initiativrecht zu, die erstmalige Einführung der Internetnutzung zu verlangen. Dem steht die unternehmerische Entscheidungsfreiheit entgegen.[31] Daraus folgt umgekehrt, dass die vollständige Abschaffung ebenfalls nicht der Mitbestimmung unterliegt.[32] 24

Im Übrigen ist für den Fall, dass sich die Betriebspartner über die Einführung oder Anwendung der technischen Einrichtung nicht einigen können, die **Einigungsstelle** zuständig, § 87 Abs. 2 BetrVG. 25

9. Formulierungsvorschläge

Die nachfolgend wiedergegebenen Formulierungsvorschläge verstehen sich in erster Linie als Anregung. Sie können Grundlage einer **Betriebsvereinbarung** sein. Allerdings müssen dort, wo eine Betriebsvereinbarung abgeschlossen werden soll, die jeweiligen betrieblichen Besonderheiten Beachtung finden. Auch ist die Sensibilität für den Datenschutz höchst unterschiedlich ausgeprägt, so dass im Einzelfall ein weiter gehender Schutz oder eben eine weiter gehende Kontrolle vereinbart werden kann. All diese Besonderheiten können hier nicht abschließend dargestellt werden. Die hier abgedruckten Regelungen sollen in erster Linie das Problembewusstsein schärfen und Anregungen geben. Im Übrigen weisen wir darauf hin, dass sich geeignete Musterbetriebsvereinbarungen auch im Internet finden.[33] 26

■ Regelungsgegenstand 27

In dieser Betriebsvereinbarung wird die Kommunikation der Berechtigten untereinander und mit externen Stellen sowie die Nutzung der Internet-Dienste geregelt. Sie regelt weiter die Speicherung und Verarbeitung personenbezogener Kommunikationsdaten.

---

27 *Fitting u.a.*, § 87 BetrVG Rn 610.

28 Richardi-*Richardi*, § 87 BetrVG Rn 134 ff., 532.

29 *Hanau/Hoeren*, Private Internetnutzung durch Arbeitnehmer, S. 87; in diesem Sinne ist wohl auch das BAG zu verstehen, 18.2.1986–1 ABR 21/84, AP Nr. 13 zu § 87 BetrVG 1972; ferner DKK-*Klebe* § 87 BetrVG Rn 141; GK-BetrVG-*Wiese*, § 87 Rn 569.

30 Vgl. dazu *Hanau/Hoeren*, Private Internetnutzung durch Arbeitnehmer, S. 87; siehe auch die Grundsätze des BAG 22.10.1986–5 AZR 669/85, AP Nr. 2 zu § 23 BDSG; a.A. DKK-*Klebe*, § 94 BetrVG Rn 6 i.V.m. § 87 BetrVG Rn 141; siehe auch *Däubler*, Gläserne Belegschaften, Rn 814 ff.

31 Vgl. *Andres*, Die Integration moderner Technologien in den Betrieb, S. 162; siehe auch GK-BetrVG-*Wiese*, § 87 Rn 572 m.w.N.; ebenso BAG 28.11.1989–1 ABR 97/00, AP Nr. 4 zu § 87 BetrVG 1972 Initiativrecht.

32 BAG 28.11.1989–1 ABR 97/88, AP Nr. 4 zu § 87 BetrVG 1972 Initiativrecht; GK-BetrVG-*Wiese*, § 87 Rn 571; *Hanau/Hoeren*, Private Internetnutzung durch Arbeitnehmer, S. 88; differenzierend DKK-*Klebe*, § 87 BetrVG Rn 135; ebenso *Däubler*, Gläserne Belegschaften, Rn 814 ff.

33 Über alle gängigen Suchmaschinen (Stichworte z.B. Betriebsvereinbarung und Internet); siehe auch *Deiters*, ZD 2012, 109; *Haußmann/Krets*, NZA 2005, 259.

28   ■ Begriffsbestimmungen

Anmerkung: Die in der Betriebsvereinbarung enthaltenen Fachbegriffe können zur Klarstellung näher beschrieben und definiert werden. Möglich ist auch die Bezugnahme auf die im Bundesdatenschutzgesetz (BDSG) enthaltenen Begriffsbestimmungen. Da hier eine Vielzahl von Definitionen denkbar ist, soll es bei einem allgemeinen Hinweis verbleiben.

29   ■ Zugangsberechtigung

Anmerkung: Hier kann der zur E-Mail- und Internetnutzung berechtigte Personenkreis umschrieben werden. Folgende Formulierungen sind denkbar:

– Die Zugangsberechtigung erstreckt sich nur auf dienstliche Belange.
– Zugangsberechtigt sind nur solche Mitarbeiter, denen ein bestimmtes Passwort zur Nutzung der angebotenen Dienste zugewiesen worden ist.

30   ■ Nutzungsbestimmungen

31   Anmerkung: Auch bei der Frage der Nutzungsbestimmungen sind eine Vielzahl von Regelungen möglich, von denen hier nur einige angesprochen werden können. So kann eine mögliche Privatnutzung vollständig untersagt, teilweise zugelassen (z.B. nur während der Pausen) oder auch die Verwendung von Passwörtern vorgeschrieben werden. Im Übrigen sollten sich die Nutzungsbestimmungen an den Belangen des jeweiligen Unternehmens orientieren.

Es ist zu empfehlen, die Nutzung so konkret wie möglich zu formulieren.

32   *Formulierungsbeispiele*

■ Eine ausschließlich private Nutzung von E-Mail und Internet-Diensten während der Dienstzeiten ist untersagt.
■ Die Befugnis der Internetnutzung beschränkt sich allein auf die Pausenzeiten.
■ Der Benutzer darf das Inter- bzw. Intranet/E-Mail täglich nicht länger als 15/20/30 etc. Minuten nutzen und nur während der Pausenzeiten/auch während der Arbeitszeit.
■ Private E-Mails dürfen nur über die individuell vergebene E-Mail-Adresse versandt und empfangen werden.
■ Pornografische und strafbare Seiten dürfen generell nicht besucht werden.
■ Private E-Mails dürfen nur über eine E-Mail-Adresse eines freien Anbieters empfangen und versandt werden; die firmeneigenen E-Mail-Adressen dürfen hierzu nicht verwandt werden.
■ Aus dem Internet heruntergeladene Dateien dürfen nicht auf einem Festplattenlaufwerk der Firma abgespeichert werden. Dies gilt auch für alle sonstigen ausführbaren Programmdateien, die aus dem Internet geladen werden sollen. Dies gilt jedoch nicht für dienstliche Programme.
■ Interne Unternehmensdaten, die nicht für Dritte bestimmt sind, dürfen über das Internet nicht weitergegeben werden.

33   ■ Sanktionen

Anmerkung: Die Auswertung der Instanzrechtsprechung hat gezeigt, dass nicht nur der Nutzungsumfang detailliert beschrieben werden muss, sondern auch die Sanktionen selbst, die bei einem Verstoß eintreten können, müssen genau beschrieben werden (siehe auch § 1 Rn 147). Es ist deshalb zu empfehlen, in der Betriebsvereinbarung die Pflichtverletzung mit möglichen Sanktionen zu benennen.

34   – Ein Verstoß gegen die Nutzungsbestimmungen stellt eine arbeitsvertragliche Pflichtverletzung dar. Der Arbeitgeber ist berechtigt, hierauf mit den arbeitsrechtlichen Disziplinarmaßnahmen Abmahnung, ordentliche Kündigung und fristlose Kündigung – bei Vorliegen der Voraussetzungen – zu reagieren. Alternativ und/oder zusätzlich können auch andere Sanktionen in Betracht gezogen werden, z.B. Versetzung an einen anderen Arbeitsplatz, Sperrung des Internetzugangs und in schweren Fällen die Geltendmachung von Schadensersatzansprüchen.

■ Stichprobenartige Kontrollen   35

Anmerkung: Teilweise fordert die Rechtsprechung die stichprobenartige Kontrolle eines ausgesprochenen Verbotes, um der Bedeutung des Verbotes auch Nachdruck zu verleihen. Eine lasche Handhabung eines Gebotes kann Sanktionsrechte ausschließen oder jedenfalls beeinträchtigen[34] (siehe auch § 1 Rn 146). Dieses Recht zu einer stichprobenartigen Kontrolle sollte deshalb ebenfalls in einer Betriebsvereinbarung geregelt werden.

– Der Arbeitgeber ist berechtigt, stichprobenartige Kontrollen zur Einhaltung der Nutzungsbestimmungen durchzuführen. Bei diesen Kontrollen ist ein Mitglied des Betriebsrats hinzuzuziehen.

■ Benutzerqualifizierung   36

Anmerkung: Die Mitarbeiter sollten über die Betriebsvereinbarung und über die korrekte Nutzung des Internets informiert und qualifiziert werden. Dazu gehören neben dem Umfang mit eingesetzten Softwarewerkzeugen auch Fragen wie

– Sicherheit im Netz
– Schutz vor Viren
– Navigationshilfen für intelligentes Suchen
– der Umgang mit der Verschlüsselung von Informationen.

■ Schutz vor Überwachung/Datenerfassung   37

– Personenbezogene Auswertungen finden nicht statt. Alle personenbezogenen Daten (z.B. Personen, Namen) werden anonymisiert.

Anmerkung: Die Betriebsvereinbarung sollte regeln, welche Daten bei der Nutzung des Internets bzw. beim E-Mail-Verkehr zu welchen Zwecken erfasst werden. Als erfassbare Nutzerdaten kommen in Betracht:

– Benutzerkennung
– Datum, Uhrzeit, Dauer der Verbindung
– Art des in Anspruch genommenen Dienstes (Internetseiten, E-Mail, Datentransfer etc.)
– Datenvolumen
– Empfänger/Zieladresse
– Kosten.

■ Verwertungsverbot   38

Alle Daten, die der Arbeitgeber unter Zuwiderhandlung dieser Betriebsvereinbarung erwirbt, unterliegen einem Verwertungsverbot (siehe Rn 52 ff.). Sie dürfen zu Lasten des betroffenen Mitarbeiters in keinerlei Hinsicht verwertet werden. Die mit dem System erworbenen Daten werden nicht zur Leistungs- und Verhaltenskontrolle benutzt.

■ Zugriffsberechtigungen auf das Protokoll   39

Anmerkung: Sind Überwachungsdateien grundsätzlich noch vorhanden, jedoch nur durch Zugriff geschützt, sollte eine Regelung getroffen werden, wie bei konkreten Verdachtsmomenten verfahren werden soll. Hier könnte etwa vereinbart werden, dass bei einem begründeten Verdacht auf ein entsprechendes Protokoll nur im Beisein eines Betriebsratsmitglieds zurückgegriffen werden kann. Möglich ist weiterhin, dass nur bestimmte Personen autorisiert werden, überhaupt Einsicht in die Protokolle – ggf. unter Verwendung von Passwörtern – zu nehmen (z.B. der Datenschutzbeauftragte, der Administrator, etc.).

---

34 Siehe LAG Köln 11.2.2005–4 Sa 1018/04, MDR 2006, 36.

40   ■   Unterrichtungsrechte des Betriebsrates bei Änderungen und Erweiterung

Anmerkung: Für den Fall geplanter Änderungen in der Datenerfassung kann aus klarstellenden Gründen auf das Unterrichtungsrecht des Betriebsrates hingewiesen werden.

III.   Mitbestimmung des Betriebsrats nach § 87 Abs. 1 Nr. 1 BetrVG

41   Der Betriebsrat hat nach § 87 Abs. 1 Nr. 1 BetrVG bei Fragen der Ordnung des Betriebs und des Verhaltens der Arbeitnehmer im Betrieb ein Mitbestimmungsrecht.

1.   Anwendung neben § 87 Abs. 1 Nr. 6 BetrVG?

42   In der betriebsverfassungsrechtlichen Literatur ist die Frage, ob § 87 Abs. 1 Nr. 1 BetrVG anwendbar ist, wenn die Voraussetzungen des § 87 Abs. 1 Nr. 6 BetrVG gegeben sind, umstritten. Das Bundesarbeitsgericht geht hingegen – freilich ohne auf den Meinungsstreit einzugehen – von einer gleichzeitigen Anwendung beider Vorschriften aus und prüft daher beide Tatbestände nebeneinander[35] (biometrische Zugangskontrolle, siehe auch § 5 Rn 21 ff.).

2.   Ordnungsverhalten

43   Das Bundesarbeitsgericht unterscheidet im Geltungsbereich des Mitbestimmungsrechts nach Nr. 1 zwischen dem mitbestimmungspflichtigen so genannten Ordnungsverhalten und dem nicht mitbestimmten Arbeitsverhalten.[36] Einigkeit besteht darüber, dass unter das Ordnungsverhalten verbindliche Verhaltensvorschriften für die Arbeitnehmer fallen.[37] Vor Einführung des Internets wurden dementsprechend auch Regelungen über die private Nutzung des Telefons dem Ordnungsverhalten zugeordnet[38] wie auch Vorschriften über das Radiohören im Betrieb.[39] In Anwendung dieser Grundsätze wird in der betriebsverfassungsrechtlichen Literatur die Ausgestaltung der privaten Nutzung des Internets überwiegend dem mitbestimmungspflichtigen Ordnungsverhalten zugeordnet.[40]

44   *Praxishinweis*

Der Mitbestimmungstatbestand nach Nr. 1 hat in der Praxis bei der Einführung des Internets kaum Bedeutung. Maßgeblich ist die Beteiligung des Betriebsrats nach Nr. 6. Dort werden die wesentlichen Belange der Arbeitnehmer durch den Betriebsrat wahrgenommen. Eigenständige Bedeutung kommt deshalb der Nr. 1 regelmäßig nicht zu.

---

35   BAG 27.1.2004–1 ABR 7/03, NZA 2004, 556; Richardi-*Richardi*, § 87 BetrVG Rn 481; a.A. *Fitting u.a.*, § 87 BetrVG Rn 214; GK-BetrVG-*Wiese*, § 87 Rn 167, 483; Hess u.a.-*Worzalla*, § 87 BetrVG Rn 136.

36   Siehe z.B. BAG 8.11.1994–1 ABR 22/94, AP Nr. 24 zu § 87 BetrVG 1972 Ordnung des Betriebs.

37   BAG 1.12.1992–1 AZR 260/92, AP Nr. 20 zu § 87 BetrVG 1972 Ordnung des Betriebs zur Einführung einer einheitlichen Arbeitskleidung.

38   Siehe bereits LAG Nürnberg 29.1.1987–5 TaBV 4/86, NZA 1987, 572.

39   BAG 14.1.1986–1 ABR 75/83, AP Nr. 10 zu § 87 BetrVG 1972 Ordnung des Betriebs; zur Nutzung von TV-, Video- und DVD-Geräten vgl. LAG Köln 12.4.2006–7 TaBV 68/05, NZA-RR 2007, 80.

40   *Beckschulze*, DB 2007, 1526; DKK-*Klebe*, § 87 BetrVG Rn 53; ErfK-*Kania*, § 87 BetrVG Rn 19; *Fitting u.a.*, § 87 BetrVG Rn 71; *Altenburg/v. Reinersdorff/Leister*, MMR 2005, 222; a.A. Hess u.a.-*Worzalla*, § 87 BetrVG Rn 115; siehe dazu auch LAG Hamm 7.4.2006–10 TaBV 1/06, NZA-RR 2007, 20.

IV. Mitbestimmung des Betriebsrats nach §§ 90, 91 BetrVG

Die Regelungen der §§ 90, 91 BetrVG betreffen die Auswirkungen technischer und organisa- **45** torischer Maßnahmen auf die menschliche Arbeit durch Maßnahmen des autonomen Arbeitsschutzes,[41] in Abgrenzung zum gesetzlichen Arbeitsschutz (siehe § 9 Rn 76 f., 100). Der Betriebsrat wird nach diesen Vorschriften bereits in einem frühen Planungsstadium beteiligt und § 91 BetrVG gewährt dem Betriebsrat über die Einigungsstelle ein erzwingbares korrigierendes Mitbestimmungsrecht.[42] Ihrer geringen Bedeutung in der Praxis entsprechend werden deshalb nur die wesentlichen Punkte kurz angesprochen.

Der Betriebsrat ist nach § 90 Abs. 1 Nr. 2 BetrVG rechtzeitig unter Vorlage der erforderlichen **46** Unterlagen über die Planung von technischen Anlagen zu unterrichten. Unter dem Begriff von technischen Anlagen versteht man Maschinen, Geräte und Hilfsmittel, die unmittelbar oder mittelbar dem Arbeitsablauf dienen.[43] Allerdings bezieht sich die Planung von technischen Anlagen auch auf den so genannten Verwaltungsbereich im Unternehmen, zu dem auch elektronische Kommunikationssysteme gezählt werden.[44]

Neben der erforderlichen Unterrichtung muss der Arbeitgeber auch die nach § 90 Abs. 2 BetrVG **47** erforderliche Beratung mit dem Betriebsrat durchführen. Gegenstand der Beratung sind die vorgesehenen Maßnahmen und ihre Auswirkungen auf die Arbeitnehmer, insbesondere auf die Art ihrer Arbeit sowie die sich daraus ergebenden Anforderungen an die Arbeitnehmer. Dabei muss die Beratung so rechtzeitig erfolgen, dass Vorschläge und Bedenken des Betriebsrats bei der Planung auch berücksichtigt werden können.

V. Mitbestimmung nach § 99 BetrVG

Die Vorschrift des § 99 BetrVG regelt die Mitbestimmung bei personellen Einzelmaßnahmen. **48** Dazu gehört auch die Versetzung (Legaldefinition § 95 Abs. 3 BetrVG). Diese liegt u.a. bei der Zuweisung eines anderen Arbeitsbereiches vor. Diskutiert wird insoweit die Frage, ob der Anschluss des Arbeitsplatzes an das Internet als Änderung des Arbeitsbereiches angesehen werden kann.[45]

Es mag Fälle geben, in denen der Arbeitsplatz insgesamt durch die Einrichtung eines Intranet- **49** bzw. Internetanschlusses derartig gravierend umgestaltet wird, dass die Voraussetzungen einer Versetzung vorliegen. Erforderlich ist dann aber die gleichzeitige Einführung eines PC-Arbeitsplatzes, der bislang nicht vorhanden war. Wird bei einem vorhandenen PC-Arbeitsplatz lediglich zusätzlich ein Anschluss an das Internet ermöglicht, überschreitet dies die Schwelle zur mitbestimmungspflichtigen Versetzung noch nicht.[46] Bei einer weit reichenden Umgestaltung des Arbeitsplatzes werden regelmäßig aber auch die Voraussetzungen einer Betriebsänderung nach § 111 S. 3 Nr. 4 BetrVG vorliegen (siehe Rn 50 f.). Praktische Relevanz kommt dem Mitbestimmungsrecht nach § 99 BetrVG nur in seltenen Ausnahmefällen zu.

---

41 *Fitting u.a.*, § 90 BetrVG Rn 1.

42 So Richardi-*Annuß*, vor § 90 BetrVG Rn 3.

43 *Fitting u.a.*, § 90 BetrVG Rn 20.

44 *Fitting u.a.*, § 90 BetrVG Rn 21; Küttner-*Kreitner*, Personalbuch 2012, Internet-/Telefonnutzung Rn 18.

45 Bejahend *Däubler*, Internet und Arbeitsrecht, Rn 116 ff.; für den Regelfall ablehnend hingegen Küttner-*Kreitner*, Personalbuch 2012, Internet-/Telefonnutzung Rn 21.

46 In diesem Sinne auch Küttner-*Kreitner*, Personalbuch 2012, Internet-/Telefonnutzung Rn 21; ebenso *Altenburg/ v. Reinersdorff/Leister*, MMR 2005, 222.

VI.   Mitbestimmung des Betriebsrats nach § 111 BetrVG

50   Der Arbeitgeber hat den Betriebsrat nach § 111 BetrVG über geplante Betriebsänderungen rechtzeitig und umfassend zu unterrichten. Unter einer Betriebsänderung versteht man u.a. nach § 111 S. 3 Nr. 4 die grundlegende Änderung der Betriebsorganisation oder der Betriebsanlagen. Erfasst werden aber auch grundlegend neue Arbeitsmethoden (§ 111 S. 3 Nr. 5 BetrVG). Liegen die Voraussetzungen einer Betriebsänderung vor, muss mit dem Betriebsrat über einen Interessenausgleich und Sozialplan verhandelt werden.

51   Im Regelfall sind die Voraussetzungen bei der Interneteinführung nicht erfüllt. Werden übliche Büroarbeitsplätze zusätzlich an das Internet angeschlossen, ändern sich die vorhandenen Arbeitsabläufe dadurch regelmäßig nicht. Es bleibt vielmehr bei der vorhandenen betrieblichen Organisation. Etwas anderes mag dann gelten, wenn mit der Einführung des Internets auch erhebliche Änderungen der Arbeitsweise und der Arbeitsbedingungen verbunden sind.[47] Dies wird dann aber weniger mit der Einführung von Internetanschlüssen zusammenhängen als mehr mit einer grundlegenden Änderung der Betriebsabläufe und der Arbeitsweise.[48]

B.   Beweisverwertung

I.   Einleitung

52   Im Zusammenhang mit der Sanktionierung von Verstößen gegen arbeitsvertragliche Pflichten bei der Nutzung von Internet und E-Mail (vgl. § 1 Rn 60 ff.) stellt sich regelmäßig die Frage, ob vom Arbeitgeber aufgrund einer Überwachung und Kontrolle des Arbeitnehmers gewonnene Erkenntnisse beispielsweise in einem Kündigungsschutzprozess verwertbar sind. Hierbei kommt es zum einen maßgeblich darauf an, ob die private Nutzung von Internet- und E-Mail erlaubt oder verboten ist und zum anderen darauf, ob Beweismittel vom Arbeitgeber unter Einschaltung des Betriebsrates erlangt wurden.

II.   Grundsätze der Unzulässigkeit der Beweisverwertung bei verbotener Kontrolle

53   Verstößt der Arbeitgeber gegen die Grundsätze der zulässigen Kontrolle der Nutzung, so besteht hinsichtlich der dadurch erlangten Erkenntnisse nach der Rechtsprechung des Bundesarbeitsgerichts ein prozessuales Verwertungsverbot.[49] Diese Rechtsprechung bezieht sich einmal auf das **heimliche Mithören eines vertraulichen Gesprächs**, einmal auf das heimliche Mithörenlassen von Telefongesprächen zwischen Arbeitgeber und Arbeitnehmer. Wegen einer **Verletzung des allgemeinen Persönlichkeitsrechts** dürfe das auf diese Weise erlangte Beweismittel nicht verwertet werden. Wer jemanden mithören lassen wolle, habe seinen Gesprächspartner vorher darüber zu informieren.[50] Insoweit besteht eine Divergenz zur Spruchpraxis des Bundesgerichtshofs, wonach die Vernehmung eines Zeugen, der ein geschäftliches Telefonat heimlich mitgehört hat, nicht ausgeschlossen ist, wenn nicht ausdrücklich Vertraulichkeit zugesichert wurde.[51]

---

47 *Altenburg/v. Reinersdorff/Leister*, MMR 2005, 222.
48 Zu dieser Thematik ausführlich *Däubler*, Internet und Arbeitsrecht, Rn 129 ff., der eine Betriebsänderung nach
    § 111 S. 3 Nr. 4 und 5 BetrVG grundsätzlich bejaht; zurückhaltend hingegen Küttner-*Kreitner*, Personalbuch 2012,
    Telefon-/Internetnutzung Rn 22.
49 BAG 2.6.1982–2 AZR 1237/79, DB 1983, 1827; BAG 29.10.1997–5 AZR 508/96, DB 1998, 371.
50 BAG 10.12.1998–8 AZR 366/97, juris.
51 BGH 17.2.1982 – VIII ZR 29/81, DB 1982, 1215; BGH 8.10.1993–2 StR 400/93, NJW 1994, 596.

III. Beweisverwertung bei Internet- und E-Mail-Missbrauch

Bei der Beurteilung, ob ein **Beweisverwertungsverbot** von Kenntnissen besteht, die der Arbeitgeber im Zusammenhang mit der **Internet- und E-Mail-Nutzung** des Arbeitnehmers erlangt hat, kommt es wieder wesentlich darauf an, ob die private Internet- und E-Mail-Nutzung erlaubt oder verboten wurde. Ist nur die dienstliche Nutzung erlaubt, so hat der Arbeitgeber ein Kontrollrecht nach Maßgabe des § 32 BDSG.[52] (vgl. § 1 Rn 51). Zu beachten ist § 32 BDSG, wonach personenbezogene Daten eines Beschäftigten für Zwecke des Beschäftigungsverhältnisses erhoben, verarbeitet, oder genutzt werden dürfen, wenn dies für die Entscheidung über die Begründung eines Beschäftigungsverhältnisses oder nach Begründung des Beschäftigungsverhältnisses für dessen Durchführung oder Beendigung erforderlich ist. Zur Aufdeckung von Straftaten dürfen personenbezogene Daten eines Beschäftigten nur dann erhoben, verarbeitet oder genutzt werden, wenn zu dokumentierende tatsächliche Anhaltspunkte den Verdacht begründen, dass eine Straftat begangen wurde. Weiterhin muss die Datenerhebung, -verarbeitung und -nutzung zur Aufdeckung erforderlich sein und schutzwürdige Interessen des Betroffenen dürfen nicht überwiegen. Gleichzeitig ist das Prinzip möglichst sparsamer Datenerhebung gemäß § 3a BDSG zu beachten.[53] Die in diesem Sinne erlangten Kenntnisse können verwertet werden.[54] Ist auch die private Nutzung erlaubt, so verstößt eine Kontrolle, die über die Kontrolle der Einhaltung der arbeitsvertraglichen Pflichten hinausgeht – beispielsweise eine inhaltliche Kontrolle von E-Mails – gegen das allgemeine Persönlichkeitsrecht, und eine Verwertung im Prozess ist unzulässig. Auch im Falle der Erlaubnis der Privatnutzung hat der Arbeitgeber aber ein Interesse daran, strafbares Verhalten seiner Mitarbeiter durch eine Kontrolle zu vermeiden, um eine eigene Strafbarkeit auszuschließen. Der Arbeitgeber muss sich deshalb das Einverständnis seiner Mitarbeiter zur E-Mail-Kontrolle einholen. Erforderlich ist eine individuelle Einwilligungserklärung.[55]

Das Arbeitsgericht Frankfurt[56] hat in einem Fall verbotener Privatnutzung die Verwertbarkeit von vom Arbeitnehmer **auf dem Dienst-PC gespeicherten Daten** angenommen. Hinsichtlich der auf diesem Wege vom Arbeitgeber erlangten Kenntnisse bestehe kein Beweisverwertungsverbot. Zwar gewährleiste das allgemeine Persönlichkeitsrecht die engere persönliche Lebenssphäre. Im Fall ausdrücklicher untersagter privater Nutzung gehörten die vom Arbeitnehmer auf dem beruflichen PC gespeicherten Daten aber nicht zu seiner Privatsphäre. Der Arbeitgeber habe in diesen Fällen unbeschränkten Zugriff auf den PC, weil er nach ausgesprochenem Verbot davon ausgehen durfte, dass sich auf ihnen lediglich dienstliche Daten befinden. Auch das Arbeitsgericht Hannover[57] ging in einem Fall der Kenntniserlangung von auf Datenträgern des Arbeitgebers gespeicherten Daten von der Verwertbarkeit im Prozess aus. Zwar sei in der Rechtsprechung der Arbeitsgerichte anerkannt, dass aus der Nutzung von Telekommunikationseinrichtungen gewonnene Erkenntnisse einem Verwertungsverbot unterliegen können,[58] jedoch leite sich das Beweisverwertungsverbot bestimmter durch den Arbeitgeber gewonnener Erkenntnisse im Rahmen des arbeitsgerichtlichen Kündigungsschutzverfahrens daraus her, dass der Übertragungsvorgang durch den Arbeitgeber in nicht zulässiger Weise abgehört worden ist. Dies sei im behandelten Fall nicht so gewesen, weil der Arbeitgeber seine Erkenntnisse aus Daten erlangte, die der Arbeitnehmer bereits auf Datenträgern des Arbeitgebers gespeichert hatte.

54

55

---

52 Vgl. *Kazemi/Leopold*, Datenschutzrecht, § 3 Rn 681.

53 Vgl. *Maschmann*, in: FS Hromadka, S. 250.

54 Vgl. ArbG Düsseldorf 29.10.2007–3 Ca 1455/07, juris; LAG Hamm 18.1.2007–15 Sa 558/06, juris; VG Münster–5 K 1808/05, juris; *Beckschulze*, DB 2007, 1532.

55 *Maschmann*, in: FS Hromadka, S. 253.

56 ArbG Frankfurt/M. 14.7.2004–9 Ca 10256/03, RDV 2004, 274.

57 ArbG Hannover 1.12.2000–1 Ca 504/00 B, NZA 2001, 1022; LAG Niedersachsen 26.4.2002–3 Sa 726/01 B, MMR 2002, 766.

58 LAG Bremen 25.2.1994–4 Sa 13/93, RDV 1995, 38; LAG Hamm 1.9.1995–10 Sa 1909/94, EzA-SD 1995, Nr. 25, 15–16.

56 Zu beachten ist, dass E-Mails in bestimmten Fällen gar **kein taugliches Beweismittel** sein können. So kann z.B. ein Anspruchssteller i.d.R. weder eine bestrittene Unverfälschtheit der Erklärung noch deren Zurechnung zu einem bestimmten Aussteller beweisen.[59] Auch ein Anscheinsbeweis scheidet in diesen Fällen aus.[60]

IV. Unzulässigkeit der Beweisverwertung bei fehlender Betriebsratsbeteiligung

57 Weiterhin greift meist dann ein Beweisverwertungsverbot, wenn der Arbeitgeber Beweismittel mitbestimmungswidrig erlangt hat.[61]

58 Das Landesarbeitsgericht Köln[62] hat kein Beweisverwertungsverbot angenommen für den Fall von verdeckt und aus konkretem Anlass von Kassendifferenzen gefertigten Videoaufnahmen. Dasselbe Gericht ging allerdings von einem Beweisverwertungsverbot im Falle der versteckten Kameraüberwachung einer Lagerhalle mit Parfümerieartikeln aus.[63] Das heimliche Mithören eines Gesprächs zwischen Arbeitnehmer und Arbeitgeber durch eine Dritten und die daraus resultierende Zeugenaussage des Dritten über die Aussagen des anwesenden Gesprächsteilnehmers, ohne dass der Dritte hören konnte, was der Gesprächspartner am anderen Ende der Telefonleitung gesagt hat, hat das Landesarbeitsgericht Düsseldorf[64] für verwertbar erachtet. Das Landesarbeitsgericht Stuttgart[65] hat demgegenüber in der heimlichen Videoüberwachung (vgl. auch § 5) des Arbeitsplatzes einer Kaufhausangestellten einen Eingriff in ihr allgemeines Persönlichkeitsrecht gesehen. Der Grund dafür war, dass lediglich der Verdacht einer Straftat gegen die gesamte Belegschaft bestand. Das Landesarbeitsgericht Hannover[66] hat wiederum die Erkenntnisse einer Telefondatenerfassung im Rahmen eines Auflösungsantrages des Arbeitgebers gewürdigt und diesem stattgegeben, obwohl das Mitbestimmungsrecht des Betriebsrates nach § 87 Abs. 1 Nr. 6 verletzt wurde und damit an sich ein prozessuales Verwertungsverbot bestand.[67]

59 Das Bundesarbeitsgericht[68] hat ausdrücklich klargestellt, dass beispielsweise die Videoüberwachung dem Mitbestimmungsrecht des Betriebsrates nach § 87 Abs. 1 Nr. 6 unterliegt. Die fehlende Beteiligung des Betriebsrates führt zwar meist zu einem Beweisverwertungsverbot, aber nicht in jedem Fall. So hat das Bundesarbeitsgericht[69] entschieden, dass dann, wenn die Videoüberwachung ohne vorherige Zustimmung des Betriebsrates durchgeführt worden ist, sich aus diesem Verstoß jedenfalls dann kein eigenständiges Beweisverwertungsverbot ergibt, wenn der Betriebsrat der Verwendung des Beweismittels und der darauf gestützten Kündigung zustimmt und die Beweisverwertung nach den allgemeinen Grundsätzen gerechtfertigt ist (zur Videoüberwachung vgl. auch § 5 Rn 17 ff.). Zuletzt hat das Bundesarbeitsgericht klargestellt, dass das Interesse des Arbeitgebers gegenüber dem Schutz des Selbstbestimmungsrechts des Arbeitnehmers dann höheres Gewicht hat, wenn die Art der Informationsbeschaffung trotz der mit ihr verbundenen Persönlichkeitsbeeinträchtigung als schutzbedürftig zu qualifizieren ist.[70] Will der Arbeit-

---

59 *Küttner-Kreitner*, Personalbuch 2012, Internet-/Telefonnutzung Rn 31.
60 *Roßnagel/Pfitzmann*, NJW 2003, 1209.
61 BAG 29.10.1997–5 AZR 508/96, NZA 1998, 307; *Beckschulze/Henkel*, DB 2001, 1491, 1497; *Fischer*, BB 1999, 154; *Rhotert*, BB 1999, 1378; kritisch dazu *Kopke*, NZA 1999, 916, 917.
62 LAG Köln 26.2.1999–11 Sa 795/98 juris.
63 LAG Köln 30.8.1996–12 Sa 639/96, BB 1997, 476.
64 LAG Düsseldorf 24.4.1998–10 Sa 157/98, DB 1998, 1522.
65 LAG Stuttgart 6.5.1999–12 Sa 115/97, BB 1999, 1439.
66 LAG Hannover 13.1.1998–13 Sa 1235/97, BB 1998, 1112.
67 Vgl. *Beckschulze/Henkel*, DB 2001, 1491, 1498.
68 BAG 29.6.2004–1 ABR 21/03, NZA 2004, 1278; BAG 14.12.2004–1 ABR 34/03, AP Nr. 42 zu § 87 BetrVG 1972.
69 BAG 27.3.2003–2 AZR 51/02, NZA 2003, 1193; vgl. auch ArbG Düsseldorf 29.10.2007–3 Ca 1455/07, juris.
70 BAG 21.6.2012 – 2 AZR 153/11, juris.

geber aufgrund der Kontrolle von Internet- und E-Mail ein Beweismittel erlangen und dieses gerichtlich verwerten, so gelten diese Grundsätze ebenfalls.

Praxishinweis   **60**

Will der Arbeitgeber aufgrund eines konkreten Verdachts durch Videoüberwachung oder die Kontrolle von Internet- und E-Mail-Nutzung ein Beweismittel gegen den Arbeitnehmer erlangen, so sollte vor einer Betriebsratsbeteiligung genau abgewogen werden, ob diese sinnvoll ist, oder wegen der Gefahr der Weitergabe von Informationen über die geplante Kontrolle durch ein Betriebsratsmitglied an den Arbeitnehmer die Maßnahme ins Leere zu laufen droht. Ist der Verdacht konkret genug, so kann es sich trotz grundsätzlicher Mitbestimmungspflicht wegen der genannten Entscheidung des Bundesarbeitsgerichts (siehe Rn 59) empfehlen, den Betriebsrat vor der Kontrollmaßnahme nicht einzuschalten, sondern erst bei der Anhörung zu einer ggf. auszusprechenden Kündigung.

V. Beweisverwertungsverbot bei Verstoß gegen § 202a StGB

Ein generelles Beweisverwertungsverbot kommt im Übrigen immer dann in Betracht, wenn ein   **61**
Verstoß gegen § 202a StGB (**Ausspähen von Daten**)[71] vorliegt.

C. Sachmittel und Schulungsbedarf des Betriebsrates

I. Einleitung

Der Arbeitgeber hat die persönlichen und sächlichen Kosten des Betriebsrats umfassend zu über-   **62**
nehmen. Die generelle Kostentragungspflicht ist in § 40 Abs. 1 BetrVG geregelt. Für die nachfolgende Darstellung ist aber vorrangig die Naturalleistungspflicht in § 40 Abs. 2 BetrVG von Bedeutung. Danach hat der Arbeitgeber dem Betriebsrat die erforderlichen sächlichen Mittel zur Verfügung zu stellen. Im Zuge des Betriebsverfassungsreformgesetzes 2001 ist Abs. 2 dahin gehend ergänzt worden, dass dem Betriebsrat in erforderlichem Umfang Informations- und Kommunikationstechnik zur Verfügung zu stellen ist. Mit dieser Ergänzung hat der Gesetzgeber der Rechtsprechung des Bundesarbeitsgerichts Rechnung getragen, wonach ein **PC mit entsprechender Software** nicht ohne weiteres zur Verfügung zu stellen, sondern in jedem Einzelfall die Erforderlichkeit darzulegen war.[72] Begrifflich werden aber nicht nur Computer erfasst, sondern auch alle anderen denkbaren modernen Informations- und Kommunikationsformen, also bspw. die Nutzungsmöglichkeit von E-Mail und/oder Intranetsystemen. Im Zuge der ständigen Modernisierung des Arbeitsmarktes hatten sich deshalb die Arbeitsgerichte in den vergangenen Jahren seit der Betriebsverfassungsreform in einer Vielzahl von Entscheidungen mit diesem neuen Anspruch auseinander zu setzen.[73]

---

71 Vgl. *Weißgerber*, NZA 2003, 1005, 1007.
72 BT-Drucks 14/5741, 28 und 41; BAG 11.3.1998 – 7 ABR 59/96, AP Nr. 57 zu § 40 BetrVG 1972; BAG 11.11.1998 – 7 ABR 57/97, AP Nr. 64 zu § 40 BetrVG 1972; BAG 12.5.1999 – 7 ABR 36/97, AP Nr. 65 zu § 40 BetrVG 1972; LAG Düsseldorf 21.11.2002 – 5 (10) TaBV 46/02 (n.v.).
73 Zahlreiche Nachweise bei DKK-*Wedde*, § 40 BetrVG Rn 126 ff.; siehe ferner Richardi-*Thüsing*, § 40 BetrVG Rn 66 ff.; *Fitting*, § 40 BetrVG Rn 127 ff.; AnwK-ArbR/*Besgen*, § 40 BetrVG Rn 27 ff.; *Besgen*, NZA 2006, 959 ff.

II. Allgemeines

1. Grundsätze

63 Der Wortlaut des § 40 Abs. 2 BetrVG spricht davon, dass der Arbeitgeber „Räume, sachliche Mittel, Informations- und Kommunikationstechnik sowie Büropersonal **zur Verfügung zu stellen hat**". Diese Formulierung weicht damit von der allgemeinen Kostentragungspflicht des § 40 Abs. 1 BetrVG ab. Während der Betriebsrat nach der allgemeinen Kostenregelung, z.B. bei Schulungskosten, Rechtsanwaltskosten und Reisekosten einen Kostenerstattungsanspruch in Form eines Zahlungsanspruchs oder auch eines Anspruchs auf Freistellung von den Kosten gegen den Arbeitgeber erwirkt, richtet sich der Anspruch des Betriebsrats bei dem in § 40 Abs. 2 BetrVG genannten Sachaufwand darauf, dass ihm diese Gegenstände zur Verfügung gestellt werden. Es handelt sich damit um eine **Naturalleistungspflicht** des Arbeitgebers. Der Betriebsrat ist wegen dieser Bereitstellungspflicht des Arbeitgebers nicht berechtigt, sich die benötigten Sachmittel selbst zu verschaffen.[74] Sein Anspruch geht lediglich dahin, dass der Arbeitgeber die nötigen Mittel beschafft und dem Betriebsrat zur Verfügung stellt. Damit scheidet auch eine rechtsgeschäftliche Tätigkeit des Betriebsrats gegenüber Dritten zur Beschaffung der sachlichen Mittel aus.[75] Der Betriebsrat ist daher bspw. nicht berechtigt, im Fachhandel einen PC zu erwerben und vom Arbeitgeber die Erstattung der Anschaffungskosten zu verlangen. Vielmehr muss er seine Ansprüche auf Bereitstellung gegen den Arbeitgeber durchsetzen, auch wenn dies im Einzelfall mit Verzögerungen verbunden sein mag. Für **dringende Fälle** wird dies teilweise anders beurteilt,[76] was aber abzulehnen ist, denn in dringenden Fällen kann der Betriebsrat einstweiligen Rechtsschutz in Anspruch nehmen.[77] Auch während des **Restmandates** hat der Betriebsrat Anspruch auf dieselben Sachmittel – wie z.B. PC, eigenen Telefon- und Faxanschluss –, die ihm auch während des „Vollmandats" zur Verfügung standen. Der Arbeitgeber, der in der – falschen – Annahme, der Betriebsrat befinde sich in einem Übergangsmandat nach § 21a BetrVG diesem Betriebsrat nach sechs Monaten die Nutzung der Räume und der Sachmittel entzogen hat, ist verpflichtet, diese Sachmittel und Räume dem Betriebsrat mit Restmandat zur zeitlich eingeschränkten Nutzung zur Verfügung zu stellen.[78]

2. Grundsatz der Erforderlichkeit

64 Die Verpflichtung des Arbeitgebers, dem Betriebsrat Sachmittel zur Verfügung zu stellen, besteht nicht uneingeschränkt. Vielmehr kommt ein Anspruch nur „in erforderlichem Umfang" in Betracht. In der Rechtsprechung richtet sich die erforderliche Einzelfallbeurteilung im Wesentlichen nach den Aufgaben des Betriebsrats, nach der Größe und Beschaffenheit des Betriebs, nach der Größe des Betriebsrats und nach den besonderen Erfordernissen im Einzelfall.[79] Der Ausstattungsanspruch des Betriebsrats kann damit je nach Lage der Umstände im Einzelfall durchaus unterschiedlich sein. Es ist daher ohne weiteres möglich, dass der Anspruch eines Betriebsrats in einem kleineren Betrieb bspw. auf Bereitstellung eines Computers abzulehnen ist, in einem Großbetrieb hingegen wegen der betrieblichen Notwendigkeiten bejaht wird.

74 BAG 21.4.1983 – 6 ABR 70/82, AP Nr. 20 zu § 40 BetrVG 1972.
75 BAG 21.4.1983 – 6 ABR 70/82, AP Nr. 20 zu § 40 BetrVG 1972.
76 GK-BetrVG-*Weber*, § 40 Rn 112 m.w.N.; siehe auch Richardi-*Thüsing*, § 40 BetrVG Rn 61 f.
77 *Besgen*, AiB 1987, 150 ff.
78 LAG Bremen 9.12.2004 – 3 TaBV 15/04, DB 2005, 1527 (nur Leitsätze).
79 BAG 11.3.1998 – 7 ABR 59/96, AP Nr. 57 zu § 40 BetrVG 1972; BAG 11.11.1998 – 7 ABR 57/97, AP Nr. 64 zu § 40 BetrVG 1972; BAG 12.5.1999 – 7 ABR 36/97, AP Nr. 65 zu § 40 BetrVG 1972.

Die konsequente Linie der Rechtsprechung wird in der Literatur kritisiert.[80] Insbesondere wird damit argumentiert, ein Computer gehöre zur Grundausstattung. Dies ist sicherlich richtig, ändert aber nichts daran, dass trotz der Gesetzesänderung das Merkmal der Erforderlichkeit de lege lata zu prüfen ist. Im Übrigen wird der Streit ohnehin nur dort relevant, wo die Grundausstattung mit PC nicht zum betrieblichen Standard gehört, vor allem also in kleineren (z.B. Handwerks-)Betrieben. Nachfolgend stellen wir den aktuellen Stand in Rechtsprechung und Literatur zur jeweiligen Erforderlichkeit der einzelnen Sachmittel dar. Dort wo es angebracht ist, werden wir die Erforderlichkeit jeweils gesondert behandeln.

65

III. Einzelne Sachmittel der Informations- und Kommunikationstechnik

1. Telefon, Anrufbeantworter, Mobiltelefon

Zum Anspruch des Betriebsrats im Rahmen der büromäßigen Grundausstattung gehört auch der Anspruch auf Telefonbenutzung bzw. eine dem betrieblichen Standard entsprechende **Telefonanlage**.[81] Allenfalls in Kleinbetrieben kann dem Betriebsrat die ungestörte Mitbenutzung der Telefonanlage des Arbeitgebers zuzumuten sein.[82] Der Betriebsrat muss einerseits ungestört und ohne zumutbare Erschwerung Telefongespräche führen können; andererseits muss er aber auch ungestört und ohne Schwierigkeiten von außen erreichbar sein. Das Bundesarbeitsgericht hat sich am 27.9.2002 in mehreren Beschlüssen mit der **Nutzung einer Telefonanlage durch den Betriebsrat** beschäftigt.[83] Danach hat der Betriebsrat grundsätzlich einen Anspruch gegen den Arbeitgeber, eine an den Arbeitsplätzen der einzelnen Betriebsrats-Mitglieder vorhandene Telefonanlage fernsprechtechnisch so einrichten zu lassen, dass die Arbeitnehmer des Betriebes dort anrufen können. Dies gilt insbesondere in Unternehmen, in denen die **besondere Struktur der einzelnen Betriebe** derart ausgestaltet ist, dass der Kontakt zwischen Betriebsrat und Arbeitnehmer nur auf diese Weise hergestellt werden kann (Filialbetriebe). Die in einzelnen Verkaufsstellen beschäftigten Betriebsrats-Mitglieder müssen deshalb von allen Arbeitnehmern im Zuständigkeitsbereich des Betriebsrats angerufen werden können. Dies gilt auch für Verkaufsstellen, in denen keine Betriebsratsmitglieder beschäftigt sind.[84] Daher kann auch der Gesamtbetriebsrat nach § 51 Abs. 1 BetrVG i.V.m. § 40 Abs. 2 BetrVG vom Arbeitgeber verlangen, die Telefone so einzurichten, dass die Mitglieder des Gesamtbetriebsrats von ihrem Büro aus in den nicht von einem Betriebsrat repräsentierten Verkaufsstellen anrufen können und von dort aus telefonisch erreichbar sind.[85]

66

Bei der Telefonbenutzung des Betriebsrats muss sichergestellt werden, dass der Betriebsrat ungestört und ohne zumutbare zeitliche Einschränkung telefonieren kann. Das **Abhören der Gespräche** von Betriebsrats-Mitgliedern ist (selbstverständlich) unzulässig.[86] Demgegenüber wird der Anschluss des Betriebsratstelefons an einen automatischen **Gebührenzähler** zulässig sein.[87] Allerdings muss auch hier sichergestellt sein, dass lediglich die Gesamtkosten ermittelt werden können. Keinesfalls dürfen die Anrufe nach Ziel, Nummer, Gesprächsdauer etc. aufgeschlüsselt wer-

67

---

80 Vgl. *Klebe/Wedde*, DB 1999, 1954; *Fischer*, BB 1999, 1920, 1921; *Däubler*, Internet und Arbeitsrecht, Rn 462 ff.; siehe zum aktuellen Diskussionsstand auch *Fitting*, § 40 BetrVG Rn 131 f. mit vielen Nachweisen zur Literatur und Instanzrechtsprechung.

81 DKK-*Wedde*, § 40 BetrVG Rn 131.

82 Vgl. LAG Rheinland-Pfalz 9.12.1992 – 7 Ta BV 38/91, NZA 1993, 426; *Altenburg/v. Reinersdorff/Leister*, MMR 2005, 222, 225.

83 BAG 27.11.2002 – 7 ABR 36/01, 7 ABR 33/01 und 7 ABR 45/01, AP Nr. 75 und 76 zu § 40 BetrVG 1972, i.Ü. n.v.

84 BAG 9.12.2009 – 7 ABR 46/08, NZA 2010, 662.

85 BAG 9.12.2009 – 7 ABR 46/08, NZA 2010, 662; *Fitting*, § 40 BetrVG Rn 128.

86 DKK-*Wedde*, § 40 BetrVG Rn 135; siehe auch *D. Besgen*, AiB 1987, 150 = B+P 1986, 279.

87 Str., wie hier GK-BetrVG- *Weber*, § 40 Rn 161; vgl. auch Richardi-*Thüsing*, § 40 BetrVG Rn 67; a.A. DKK-*Wedde*, § 40 BetrVG Rn 136 m.w.N.

den. Eine Belastung der Betriebsrats-Mitglieder mit eventuell zu hohen Telefongebühren kommt grundsätzlich nicht in Betracht, allenfalls bei konkret nachgewiesenem Missbrauch.

68   Schließlich kann es bei Vorliegen besonderer Umstände für die sachgerechte Erledigung der Betriebsrats-Aufgaben erforderlich sein, dem Betriebsrat auch ein oder mehrere **Mobiltelefone** (Handys) zur Verfügung zu stellen. Dies kann etwa bei zahlreichen, weit auseinander liegenden Betriebsstätten, die von dem Betriebsrats-Mitglied betreut werden müssen, angenommen werden oder auch dann, wenn es andere zumutbare Kommunikationsformen zwischen einzelnen Betriebsrats-Mitgliedern und betrieblichen Stellen nicht gibt.[88]

69   Im Übrigen wird man dem Betriebsrat, um die ständige Erreichbarkeit zu ermöglichen, grundsätzlich auch einen Anspruch auf einen **Anrufbeantworter** zubilligen können.[89] Die Erforderlichkeit wird in kleineren Betrieben bei nur geringem Arbeitsanfall des Betriebsrats besonders zu begründen sein.

2. BlackBerry, Smartphone, iPhone, Navigationsgerät, iPod

70   Die rasante Entwicklung in der modernen Kommunikationstechnik hat noch nicht in allen Facetten die Rechtsprechung beschäftigt. Modernste Arbeitsmittel, wie z.B. **das iPhone**, können auch die Betriebsratsarbeit erleichtern. Die genannten Arbeitsmittel beinhalten mittlerweile regelmäßig E-Mail-Funktionen in Echtzeit. Sicherlich fallen auch diese modernen Arbeitsmittel unter den Begriff der Informations- und Kommunikationstechnik i.S.v. § 40 Abs. 2 BetrVG. Die Frage, ob ein Anspruch besteht, wird vor allem anhand des Merkmales der *Erforderlichkeit* (siehe hierzu auch Rn 64 f.) zu prüfen sein. Der Betriebsrat wird konkret darlegen müssen, weshalb ihm gerade auch diese besonderen Arbeitsmittel für die Betriebsratsarbeit zur Verfügung zu stellen sind. Bei der Einzelfallbeurteilung sind die zusätzlichen Kosten, die stets der Arbeitgeber zu tragen hat, einzubeziehen. Zu berücksichtigen ist im Übrigen auch der betriebliche Standard. Der Effizienzgewinn allein reicht für die Erforderlichkeit nicht aus. Diese Argumentation greift vielmehr nur dann, wenn ohne das besondere Arbeitsmittel der Betriebsrat seine gesetzlichen Aufgaben nicht erfüllen kann.[90] Das Bundesarbeitsgericht betont ferner, dass weder aus § 40 Abs. 2 BetrVG noch auf das Benachteiligungsverbot des § 78 BetrVG oder aus dem Grundsatz der vertrauensvollen Zusammenarbeit des § 2 BetrVG die Pflicht des Arbeitgebers folge, dem Betriebsrat dieselben Sachmittel zur Verfügung zu stellen, wie sie von ihm benutzt werden.[91] Dies folge schon daraus, dass die Geschäftsleitung eines Betriebes andere Ziele verfolge als die laufende Geschäftsführung des Betriebsrats. Dies schließt allerdings nicht aus, dass der Einsatz moderner Kommunikationsmittel auf Arbeitgeberseite den erforderlichen Umfang der dem Betriebsrat zur Verfügung zu stellenden Sachmittel beeinflusst. Dies ist insbesondere dann der Fall, wenn der Arbeitgeber bei Verhandlungen mit dem Betriebsrat moderne Sachmittel benutzt, die deshalb auch dem Betriebsrat zur Verfügung zu stellen sind,[92] um eine angemessene Kommunikation zu gewährleisten.

71   Smartphones oder BlackBerrys kommen grundsätzlich nur für Betriebsräte in Betracht, die einer **erhöhten Reisetätigkeit** ausgesetzt sind. Auf diese Weise können dann die Arbeitnehmer des Betriebs mit dem Betriebsrat ihres Vertrauens über E-Mail Kontakt aufnehmen. Dies kann im Ein-

---

88 Vgl. ArbG Frankfurt 12.8.1997 – 18 BV 103/97, AiB 1998, 223; ArbG Wesel 14.4.1999 – 4 BV 44/98, AuR 2000, 37; ArbG Karlsruhe 11.6.2008 – 4 BV 15/07, juris; LAG Hamm 14.5.2010 – 10 TaBV 97/09, NZA-RR 2010, 522; LAG Sachsen-Anhalt 23.6.2010 – 4 TaBV 4/10, juris; Hess. LAG 28.11.2011 – 16 TaBV 129/11, juris; LAG Hamm 20.5.2011 – 10 TaBV 81/10, LAGE § 40 BetrVG 2001 Nr. 16 i.Ü. DKK-*Wedde*, § 40 BetrVG Rn 137 m.w.N.; differenzierend *Fitting.*, § 40 BetrVG Rn 128; GK-BetrVG-/*Weber*, § 40 Rn 158.

89 *Löwisch*, BB 2001, 1744; siehe auch *N. Besgen*, B+P 2004, 93 ff.; vgl. auch BAG 15.11.2000 – 7 ABR 9/99 (n.v.); Vorinstanz LAG Baden-Württemberg 19.11.1998 – 19 TaBV 1/98 (n.v.).

90 Vgl. BAG 3.9.2003 – 7 ABR 8/03, NZA 2004, 280; LAG Baden-Württemberg 11.3.2009 – 2 TaBV 3/08 (n.V.).

91 BAG 3.9.2003 – 7 ABR 12/03, NZA 2004, 278.

92 BAG 3.9.2003 – 7 ABR 12/03, NZA 2004, 278.

zelfall auch die Überlassung einer **Mobil- bzw. Funkmodemkarte** rechtfertigen.[93] Ist hingegen das Betriebsratsmitglied ohnehin ständig im Betrieb anwesend, bedarf es dieser besonderen Kommunikationsform regelmäßig nicht. Eine Rund-um-die-Uhr-Erreichbarkeit des Betriebsrats verlangt das BetrVG nicht.[94] Hier kann auf die Rechtsprechung zur Nutzung einer Telefonanlage bzw. zur Überlassung eines Mobiltelefons ergänzend verwiesen werden (siehe oben Rn 66, 68). Die Überlassung eines **iPod** ist grundsätzlich abzulehnen.

Entsprechendes gilt für die **Überlassung eines Navigationsgerätes.** Allein aus der Tatsache heraus, dass ein Arbeitgeber in seinen Dienstwagen standardmäßig solche Geräte zur Verfügung stellt, folgt noch kein Anspruch des Betriebsrats aus § 40 Abs. 2 BetrVG. Hier muss vielmehr die Erforderlichkeit konkret überprüft werden. Ein Zusammenhang mit der Betriebsratsarbeit[95] wird jedoch bei diesen Geräten regelmäßig nicht ersichtlich sein, so dass ein Anspruch grundsätzlich abzulehnen ist.   **72**

3. Computer inklusive Zubehör, Laptop, iPad, Software

Die Nutzung eines **Computers** (PC) mit dem notwendigen **Zubehör** (Drucker, Bildschirm, Software) gehört mittlerweile zu einer normalen Büroausstattung. Diese Ausstattung ist deshalb dem Betriebsrat grundsätzlich auch dann zur Verfügung zu stellen, wenn dem Betriebsrat Büropersonal überlassen wird.[96] Allerdings besteht auch nach der Neufassung des § 40 Abs. 2 BetrVG die Einschränkung, dass entsprechende Sachmittel nur „in erforderlichem Umfang" bereitgestellt werden müssen. Insbesondere in kleinen Betrieben bedarf deshalb der Anspruch auf einen entsprechenden PC auch weiterhin der besonderen Darlegung des Betriebsrats.[97] In mittleren bzw. größeren Betrieben wird man hingegen von einer solchen Darlegung regelmäßig absehen können und müssen. Die neuere Rechtsprechung des BAG ist hier im Grundsatz großzügig[98] und hat sich damit der Kritik aus Literatur und Instanzrechtsprechung angeschlossen.[99] Im Grundsatz besteht Einigkeit darüber, dass ein PC zu einer normalen Büroausstattung gehört. Streit wird deshalb in solchen Betrieben ohnehin nur selten entstehen. Das Landesarbeitsgericht Köln hat aber noch im Jahre 2002 entschieden, dass auch in einem größeren Betrieb der Betriebsrat auch Überlegungen anstellen muss, wie viel Arbeitszeit erforderlich ist, um die vom Arbeitgeber in Papierform handschriftlich gegebenen Informationen erstmals in den Computer einzugeben. Spreche für einen Computer nur eine erhöhte **Bequemlichkeit bei der Erledigung der Betriebsratsarbeit**, sei die Erforderlichkeit nicht gegeben.[100] Das BAG hat insoweit seine strengere Rechtsprechung aus dem Jahre 2006[101] im Jahre 2010 aufgegeben: Bereits dann, wenn der Betriebsrat überhaupt betriebsverfassungsrechtliche Aufgaben wahrnimmt, ist nach Ansicht des zuständigen VII. Senats des BAG nunmehr davon auszugehen, dass das Internet der Erfüllung dieser Aufgaben dient.[102] Damit ist natürlich auch ein Computer zur Verfügung zu stellen, um das Internet überhaupt nutzen zu können.[103]   **73**

93 LAG Sachsen-Anhalt 23.6.2010 – 4 TaBV 4/10 (n.V.); DKK-*Wedde*, § 40 BetrVG Rn 139.

94 So zutreffend Richardi-*Thüsing*, § 40 BetrVG Rn 68.

95 Vgl. zu diesem Erfordernis BAG 3.9.2003 – 7 ABR 8/03, NZA 2004, 280.

96 BAG 20.4.2005 – 7 ABR 14/04, NZA 2005, 1010.

97 LAG Köln 29.4.2002 – 2 TaBV 31/01, NZA-RR 2003, 372; LAG Bremen 4.6.2009 – 3 TaBV 4/09, NZA-RR 2009, 485, 488; GK-BetrVG-*Wiese/Weber*, § 40 Rn 151; *Altenburg/v. Reinersdorff/Leister*, MMR 2005, 222; a.A. *Fitting* § 40 BetrVG Rn 131, jeweils m.w.N.

98 BAG 20.1.2010 – 7 ABR 79/08, NZA 2010, 1901; BAG 17.2.2010 – 7 ABR 81/09, NZA-RR 2010, 413.

99 Viele Nachweise bei *Fitting*, § 40 BetrVG Rn 131.

100 LAG Köln 29.4.2002 – 2 TaBV 31/01, NZA-RR 2003, 372; s. dazu auch *Weber*, NZA 2008, 280.

101 BAG 23.8.2006 – 7 ABR 55/05, NZA 2007, 337.

102 BAG 20.1.2010 – 7 ABR 79/08, NZA 2010, 1901.

103 Vgl. auch ErfK-*Koch*, § 40 BetrVG Rn 16.

74   Bei der Ablehnung des Anspruchs muss der Arbeitgeber allerdings bedenken, dass die Betriebsratsarbeit mit Hilfe eines Computers schneller erledigt werden kann. Damit verringert sich der Umfang der Betriebsratsarbeit und die Zeit, in der Betriebsräte nach § 37 BetrVG freistellt werden müssen.[104] Der literarische Streit (vgl. Rn 65) über die Frage, ob die Erforderlichkeit dargelegt werden muss oder nicht, ist jedenfalls bezogen auf größere Betriebe akademischer Natur. Dort gehört die Ausstattung von Arbeitsplätzen mit PC und entsprechender Peripherie zum betrieblichen Standard und die Abkoppelung des Betriebsrats von diesem Standard wäre nicht sinnvoll. Dass hingegen in kleineren Betrieben, auch wegen des damit verbundenen Kostenaufwandes, der Betriebsrat die Erforderlichkeit darlegen muss, steht in Einklang mit Sinn und Zweck der Vorschrift.[105]

75   Die **Ausstattung** des Arbeitsplatzes richtet sich ebenfalls nach dem Merkmal der Erforderlichkeit. Der Betriebsrat kann grundsätzlich nicht verlangen, sofern der Anspruch auf die Nutzung eines PC bejaht wird, dass ihm besonders hochwertige und leistungsstarke Geräte zur Verfügung gestellt werden. Entgegen der Auffassung von *Däubler*[106] richtet sich die Ausstattung im Einzelnen nicht etwa nach dem Standard des Arbeitgebers. Das Bundesarbeitsgericht hat erst im Jahre 2004 klargestellt, dass es keine Pflicht des Arbeitgebers gibt, dem Betriebsrat dieselben Sachmittel zur Verfügung zu stellen, wie sie von dem Arbeitgeber benutzt werden.[107] Im Grundsatz muss der Betriebsrat lediglich die Betriebsratsarbeit sachgerecht erfüllen können. Dies beinhaltet nicht, dass ihm eine Ausstattung zur Verfügung gestellt wird, die dazu nicht erforderlich ist. Das **Ausstattungsniveau** muss vielmehr lediglich **mittlerer Art und Güte** sein. Die gängigen Programme (Office) müssen genutzt werden können. Dies betrifft den Umfang der Festplatte, den Arbeitsspeicher und auch das notwendige weitere Zubehör (Drucker, Tastatur, Maus etc.). Wird ein Computer zugestanden, muss dieser auch grundsätzlich mit einem **CD-ROM und DVD-Laufwerk** ausgestattet sein. Im Einzelfall kann sich die Erforderlichkeit auch daraus ergeben, dass der Arbeitgeber sich bei der Kommunikation mit dem Betriebsrat moderner Informationstechnik bedient. Zur sachgerechten Wahrnehmung der Betriebsratsaufgaben ist es dann geboten, dass der Betriebsrat ebenfalls über entsprechende Sachmittel verfügt.[108] Zur erforderlichen Ausstattung gehört sicherlich auch das notwendige **Verbrauchsmaterial** (also vor allem CD- und/oder DVD-Rohlinge).[109] Gleiches gilt für tragbare Speichermedien, wie vor allem USB-Sticks, ggf. externe Festplatten etc.[110]

76   Die dem Betriebsrat zur Verfügung zu stellende Software richtet sich ebenfalls nach dem Umfang der Betriebsratsaufgaben. In großen Betrieben wird man die Nutzung eines üblichen Tabellenkalkulationsprogramms (Excel) regelmäßig als erforderlich ansehen können, schon um etwaige Aufstellungen übersichtlich aufstellen zu können (Überstunden, Urlaub etc.) Auch bei Sozialplanverhandlungen ist es zur schnellen Berechnung von Abfindungsansprüchen unumgänglich, dass ein entsprechendes Programm genutzt werden kann.[111] In Kleinbetrieben muss hingegen die Erforderlichkeit solcher Zusatzprogramme, sofern sie nicht schon in üblichen Softwarepaketen ohnehin vorhanden sind, im Einzelnen dargelegt werden. Auch hier gilt: Grundsätzlich muss dem Betriebsrat **Software mittlerer Art und Güte** zur Verfügung gestellt werden, sofern die Erforderlichkeit bejaht wird.[112] In diesem Sinne hat das LAG Köln einen Anspruch des Betriebsrats auf Überlassung einer

---

104 So auch *Däubler*, Internet und Arbeitsrecht, Rn 463;*Weber*, NZA 2008, 280.

105 Vgl. auch GK-BetrVG-*Weber*, § 40 Rn 151.

106 *Däubler*, Internet und Arbeitsrecht, Rn 470 ff.

107 BAG 3.9.2003 – 7 ABR 12/03, NZA 2004, 278.

108 BAG 12.5.1999 – 7 ABR 36/97, AP Nr. 65 zu § 4 BetrVG 1972; BAG 3.9.2003 – 7 ABR 12/03, NZA 2004, 278.

109 DKK-*Wedde*, § 40 BetrVG Rn 173.

110 Wie hier DKK-*Wedde*, § 40 BetrVG Rn 173.

111 Siehe ferner auch *Däubler*, Internet und Arbeitsrecht, Rn 471; DKK-*Wedde*, § 40 BetrVG Rn 172; *Fitting* § 40 BetrVG Rn 131.

112 Vgl. *Fitting* § 40 BetrVG Rn 131; siehe auch BAG 12.5.1999 – 7 ABR 36/97, AP Nr. 65 zu § 40 BetrVG 1972; Hessisches LAG 7.2.2008 – 9 TaBV 247/07 (n.V.).

Verschlüsselungssoftware abgelehnt.[113] Die Entscheidung über Sachmittel ist nicht allein an den subjektiven Bedürfnissen des Betriebsrats ausgerichtet. Die betrieblichen Verhältnisse und die sich dem Betriebsrat stellenden Aufgaben müssen berücksichtigt werden. Die Vertraulichkeit der Betriebsratsarbeit ist bereits mit eigenen Datenverzeichnissen in gesicherten Bereichen und der Möglichkeit, jede Datei mit einem Passwort zu versehen, bestens gewährleistet. Zudem sind unbefugte Zugriffe von Dritten hierauf ohnehin strafbar. Damit wird dem Schutz der Betriebsratsarbeit nach Auffassung des LAG Köln genüge getan. Eine weitergehende und kostenaufwändige (Verschlüsselungs)Software ist nicht mehr erforderlich nach § 40 Abs. 2 BetrVG. Diese Grundsätze des LAG Köln lassen sich auch auf alle anderen zusätzlichen Programme etc. ohne weiteres übertragen.

Installiert der Betriebsrat bzw. eines der Betriebsratsmitglieder **selbst beschaffte Software**, die **77** über das erforderliche Maß hinausgeht oder rein zu privaten Zwecken genutzt wird, richtet sich die Beurteilung nach den üblichen Maßstäben. Wird die betriebliche Software durch die privat installierte Software beschädigt oder kommt es zu einem **Virenbefall**, kann dies eine Abmahnung rechtfertigen, bei schweren Schäden kommt sogar eine **Haftung auf Schadensersatz** in Betracht.[114]

Die Nutzung eines **Laptops** (Notebook) richtet sich ebenfalls nach dem betrieblichen Standard, **78** insbesondere nach den konkreten Bedürfnissen des Betriebsrats und seiner Mitglieder. Auch hier gilt (siehe oben Rn 68, 71): Ist das Betriebsrats-Mitglied bspw. im Außendienst tätig oder obliegt ihm die Betreuung zahlreicher Filialen oder auswärtiger Betriebsteile, ist ihm die Nutzung der technischen Infrastruktur des Betriebsrats-Büros regelmäßig nur selten möglich.[115] Dies kann die Überlassung eines Laptops durchaus erforderlich machen. Ein grundsätzlicher Anspruch besteht hingegen nicht.[116] Vielmehr müssen die besonderen Bedürfnisse im Einzelfall von dem Betriebsrat dargelegt werden. Kann der Betriebsrat seine Aufgaben allerdings auch an einer stationären Einrichtung erledigen, scheidet ein Anspruch regelmäßig aus.[117] Dies gilt vor allem für Gesamtbetriebsräte mit erhöhter Reisetätigkeit, wenn in den jeweiligen Niederlassungen stationäre Computer der Einzelbetriebsräte zur Verfügung stehen.[118] Nach diesen Grundsätzen bestimmt sich auch die Überlassung moderner Lifestyle-Produkte wie z.B. **iPad** oder sonstiger **Tablet-Computer**. Auch hier gilt, dass nach der Rechtsprechung nicht die subjektiven Wünsche des Betriebsrats maßgeblich sind, sondern sich der Prüfungsmaßstab an den betrieblichen Verhältnissen und vor allem den sich dem Betriebsrat stellenden Aufgaben ausrichtet. Letztlich wird auch der Arbeitgeber für sich prüfen müssen, was sinnvoll ist und die Betriebsratsarbeit erleichtert. Wurde aber bereits ein Smartphone und ein Laptop überlassen, besteht keinesfalls ein Anspruch auf zusätzliche weitere Produkte. Im Einzelfall kann es sich aber anbieten, dem Betriebsrat hier ein **Wahlrecht** einzuräumen. In der Literatur wird auch auf den rasanten Preisverfall im Notebook-Bereich hingewiesen.[119] Dennoch bleibt es stets dabei, dass keine Automatismen bestehen, und das Merkmal der Erforderlichkeit geprüft werden muss.

4. Internet, Intranet, E-Mail: Zugang und Anschluss

Der Betriebsrat hat die Arbeitnehmer des Betriebs über seine Tätigkeit im Rahmen seines Aufgabenkreises umfassend und rechtzeitig zu informieren. Diese Pflicht gehört zur laufenden Geschäftsführung des Betriebsrats[120] und kann von dem Betriebsrat auch mit Hilfe moderner Infor- **79**

---

113 LAG Köln 9.7.2010 – 4 TaBV 25/10, NZA-RR 2011, 24.
114 Vgl. *Däubler*, Internet und Arbeitsrecht, Rn 471, Fn 32; *ders.*, CF 11/2002, 26.
115 So zutreffend *Fitting* § 40 BetrVG Rn 132.
116 Vgl. LAG Köln 17.10.1997 – 11 TaBV 15/97, NZA-RR 1998, 163; Richardi-*Thüsing*, § 40 BetrVG Rn 68.
117 HWK-*Reichold*, § 40 BetrVG Rn 35.
118 LAG Köln 17.10.1997 – 11 TaBV 15/97, NZA-RR 1998, 163; so auch *Fitting*, § 40 BetrVG Rn 132.
119 DKK-*Wedde*, § 40 BetrVG Rn 177.
120 BAG 1.12.2004 – 7 ABR 18/04, AP Nr. 82 zu § 40 BetrVG 1972.

mations- und Kommunikationstechnik i.S.v. § 40 Abs. 2 BetrVG erfüllt werden. Zu dieser Technik gehört unbestritten auch ein unternehmens- bzw. **betriebsinternes Intranet**.[121] Allerdings kann der Betriebsrat die Möglichkeit, Informationen und Beiträge im Intranet zu veröffentlichen, nicht allein aufgrund des vorhandenen technischen Ausstattungsniveaus des Arbeitgebers beanspruchen. Vielmehr muss das Merkmal der Erforderlichkeit i.S.v. § 40 Abs. 2 BetrVG stets konkret bezogen auf den Einzelfall geprüft werden.[122] Der erforderliche Umfang eines Sachmittels bestimmt sich nicht ausschließlich nach dem Ausstattungsniveau des Arbeitgebers. Dies folgt weder aus § 40 Abs. 2 BetrVG noch aus dem Benachteiligungsverbot des § 78 BetrVG oder aus dem Grundsatz der vertrauensvollen Zusammenarbeit des § 2 BetrVG. Die Geschäftsleitung eines Betriebs verfolgt regelmäßig andere Ziele als die laufende Geschäftsführung des Betriebsrats.[123] Das Bundesarbeitsgericht weist allerdings weiter darauf hin, dass der Einsatz moderner Kommunikationsmittel auf Arbeitgeberseite auch den erforderlichen Umfang der dem Betriebsrat zur Verfügung zu stellenden Sachmittel beeinflussen kann. Es kann deshalb durchaus zur sachgerechten Wahrnehmung der Betriebsratsaufgaben geboten sein, dass der Betriebsrat ebenfalls über entsprechende Sachmittel verfügt.[124]

80 In den Intranetscheidungen des Bundesarbeitsgerichts vom 1.12.2004 bzw. vom 3.9.2003 wurden die Ansprüche des Betriebsrats auf Veröffentlichung seiner Informationen im betriebsinternen Intranet bejaht.[125] Trotz des stets zu prüfenden Merkmals der Erforderlichkeit ist deshalb grundsätzlich davon auszugehen, dass dem Betriebsrat der Anschluss an das betriebsinterne Intranet zur Verfügung zu stellen ist (zu dem Sonderfall, dass der Betriebsrat in diesem Intranet eine Homepage unterhält, ausführlich siehe unten Rn 90). Zu berücksichtigen ist ferner, dass der Betriebsrat zur Weitergabe von Informationen an die Arbeitnehmerschaft weder auf eine mündliche Übermittlung in Betriebsversammlungen oder Sprechstunden noch auf eine schriftliche Unterrichtung durch Aushänge am schwarzen Brett oder Rundbriefe beschränkt ist. Auch kann der Arbeitgeber dem Betriebsrat die Art der innerbetrieblichen Kommunikation nicht vorschreiben. Es ist deshalb in erster Linie Sache des Betriebsrats, über die Erforderlichkeit des Sachmittels nach pflichtgemäßem Ermessen zu befinden.[126] Die Nutzung des Intranets setzt voraus, dass die Mitarbeiter an das Intranet angeschlossen sind. Ist dies nicht oder nur eingeschränkt der Fall, bedarf es einer genaueren Darlegung zur Erforderlichkeit. Kann nämlich über das Intranet nur ein Teil der Arbeitnehmerschaft erreicht werden, handelt es sich nicht um ein geeignetes Sachmittel zur Information der Arbeitnehmerschaft. Umgekehrt gilt: Sind alle Arbeitnehmer per Intranet, vor allem in hoch technisierten Betrieben, angeschlossen, und ist damit gewährleistet, dass eine E-Mail des Betriebsrats jeden einzelnen Mitarbeiter tatsächlich erreicht, ist die Erforderlichkeit zu bejahen. In der Literatur wird für diesen Fall allerdings ein zusätzlicher eigener Intranetauftritt des Betriebsrats mittels einer Homepage abgelehnt[127] (dazu ausführlich siehe unten Rn 86 ff.).

81 Wird die Intranetnutzung durch den Betriebsrat nach den vorstehenden Voraussetzungen bejaht, bedeutet dies zugleich, dass der Betriebsrat auch berechtigt ist, das bestehende **E-Mail-System** innerhalb dieses Intranets zu nutzen. Die E-Mail ist das geeignete und gängige Medium, um im Intranet zu kommunizieren. Alternativ besteht allenfalls die Möglichkeit, dass der Betriebsrat generell keine E-Mails versendet, sondern lediglich innerhalb des Intranets eine Homepage einrich-

---

121 Ausdrücklich BAG 1.12.2004 – 7 ABR 18/04, AP Nr. 82 zu § 40 BetrVG 1972; BAG 3.12.2003 – 7 ABR 12/03, AP Nr. 78 zu § 40 BetrVG 1972.

122 Ständige Rechtsprechung des BAG, zuletzt BAG 1.12.2004 – 7 ABR 18/04, AP Nr. 82 zu § 40 BetrVG 1972; LAG Hamm 15.7.2005 – 10 Ta BV 2/05, NZA-RR 2005, 638; Hessisches LAG 5.11.2009 – TaBV 241/08 (n.V.); a.A. *Klebe/Wedde*, DB 1999, 1954; *Fischer*, BB 1999, 1921; *Däubler*, Internet und Arbeitsrecht, Rn 462 ff.

123 BAG 3.12.2003 – 7 ABR 12/03, AP Nr. 78 zu § 40 BetrVG; *Hunold*, NZA 2004, 370.

124 BAG 3.12.2003 – 7 ABR 12/03, AP Nr. 78 zu § 40 BetrVG 1972.

125 BAG 3.12.2003 – 7 ABR 12/03, AP Nr. 78 zu § 40 BetrVG 1972.

126 BAG 9.6.1999 – 7 ABR 66/97, AP Nr. 66 zu § 40 BetrVG 1972.

127 *Beckschulze*, SAE 2005, 131, 133; a.A. DKK-*Wedde*, § 40 BetrVG Rn 150.

tet, aus der alle Mitarbeiter mögliche Informationen – wie bei einem Schwarzen Brett – abrufen können (siehe unten Rn 86 ff.). Welchen Weg der Betriebsrat hier wählt, steht grundsätzlich in seinem Ermessen. Die Art und Weise der Kommunikation mit den Mitarbeitern kann der Arbeitgeber nicht vorschreiben.[128] Die Entscheidung des Bundesarbeitsgerichts vom 3.9.2003 macht allerdings deutlich, dass es durchaus Fallkonstellationen geben kann, in denen lediglich eine der beiden Varianten (E-Mail/Intranet/Homepage) geeignet ist, um Nachrichten und Informationen des Betriebsrats der gesamten Belegschaft zur Kenntnis zu geben.[129]

Bei der Nutzung des **Internets** ist wieder von dem Grundgedanken auszugehen, dass der Betriebs-   **82** rat die Arbeitnehmer des Betriebes über seine Tätigkeit im Rahmen seines Aufgabenkreises umfassend und rechtzeitig zu informieren hat. Dazu gehört, dass sich der Betriebsrat laufend über die aktuelle arbeits- und betriebsverfassungsrechtliche Gesetzgebung und Rechtsprechung informiert. Das Bundesarbeitsgericht hat in seiner bedeutenden Internetentscheidung vom 3.9.2003 festgestellt, dass sich der Betriebsrat solche Informationen nicht allein durch Unterrichtung in den einschlägigen Gesetzen oder deren Erläuterungen in Kommentaren verschaffen kann.[130] Der Betriebsrat ist, so das Bundesarbeitsgericht, zur verantwortlichen Wahrnehmung seiner Befugnisse auch auf die Unterrichtung durch andere Veröffentlichungen angewiesen, in denen diese Themen nach neuestem Stand fachlich dargestellt werden. Das Internet ist nach Auffassung des Bundesarbeitsgerichts eine Quelle, die geeignet ist, dem Betriebsrat die zur Erfüllung seiner Aufgaben notwendigen Informationen zu vermitteln. Dort kann sich der Betriebsrat auf schnellstem Wege über die arbeits- und betriebsverfassungsrechtlichen Entwicklungen unterrichten, die von den Gesetzgebungsorganen und Gerichten im Internet dargestellt werden. Auch kann der Betriebsrat die zur Verfügung stehenden Suchmaschinen zu einzelnen Problemstellungen nutzen.

In einer weiteren **Grundsatzentscheidung** des BAG aus dem Jahre 2010 hat der zuständige VII.   **83** Senat allerdings seine Rechtsprechung aus dem Jahre 2003 teilweise aufgegeben. Es ist nun wegen der *offenkundigen Dienlichkeit des Internets zur Aufgabenerfüllung des Betriebsrats* nicht mehr erforderlich, dass der Betriebsrat aktuelle und betriebsverfassungsrechtliche Aufgaben darlegt, zu deren Erledigung er Informationen aus dem Internet benötigt. Es ist vielmehr nach Auffassung des BAG nunmehr allgemein davon auszugehen, dass das Internet der Erfüllung der betriebsverfassungsrechtlichen Aufgaben des Betriebsrats dient. Daher muss der Betriebsrat auch nicht mehr darlegen, dass und inwieweit er ohne Internetzugang die Wahrnehmung ihm obliegender Rechte und Pflichten vernachlässigen müsste.[131] Aus diesem Grund kann der Betriebsrat grundsätzlich verlangen, dass eigene E-Mail-Adressen für die einzelnen Betriebsratsmitglieder eingerichtet werden.[132] Der Arbeitgeber kann daher den Anspruch des Betriebsrats nicht dadurch beschränken, dass er bspw. nur dem Betriebsratsvorsitzenden und/oder seinem Stellvertreter den Internetzugang ermöglicht und eine eigene E-Mail-Adresse einrichtet. Internetzugang und E-Mail-Adresse sind vielmehr für alle Betriebsratsmitglieder vorzusehen.[133] In diesem Sinne wird in der Literatur auch die Einrichtung einer eigenen E-Mail-Adresse für den gesamten Betriebsrat als zulässig angesehen.[134] Im Übrigen gilt auch bei dem Zugang zum Internet: Der erforderliche Umfang eines Sachmittels bestimmt sich nicht ausschließlich nach dem Ausstattungsniveau des Arbeitgebers. Weder aus § 40 Abs. 2 BetrVG noch aus dem Benachteiligungsverbot

---

128 Vgl. BAG 3.9.2003 – 7 ABR 12/03, AP Nr. 78 zu § 40 BetrVG 1972; vgl. auch BAG 9.6.1999 – 7 ABR 66/97, AP Nr. 66 zu § 40 BetrVG 1972.
129 Zur Erforderlichkeit eines E-Mail-Verteilers für den Gesamtbetriebsrat vgl. LAG München 21.5.2008 – 3 TaBV 19/08, juris.
130 BAG 3.9.2003 – 7 ABR 8/03, BB 2004, 557 mit Anmerkung *Hunold.*
131 So nunmehr BAG 20.1.2010 – 7 ABR 79/08, NZA 2010, 709 in Abgrenzung zu BAG 16.5.2007 – 7 ABR 45/06, NZA 2007, 1117.
132 BAG 14.7.2010 – 7 ABR 80/08, DB 2010, 2731; vgl. auch LAG Niedersachsen 27.10.2010 – 2 TaBV 55/10, juris; *Lipinski/Praß,* BB 2011, 2239 f.
133 BAG 14.7.2010 – 7 ABR 80/08, DB 2010, 2731.
134 DKK-*Wedde* § 40 BetrVG Rn 155; a.A. allerdings noch LAG Köln 27.9.2001 – 10 TaBV 38/01, juris.

des § 78 BetrVG und aus dem Grundsatz der vertrauensvollen Zusammenarbeit des § 2 BetrVG folgt die Pflicht des Arbeitgebers, dem Betriebsrat dieselben Sachmittel zur Verfügung zu stellen, wie sie von ihm benutzt werden.[135] Nutzt allerdings der Arbeitgeber moderne Kommunikationsmittel und berühren sich die Aufgaben von Arbeitgeber und Betriebsrat, kann dies den erforderlichen Umfang der dem Betriebsrat zur Verfügung zu stellenden Sachmittel beeinflussen.[136]

84   Nicht entschieden ist bislang die Frage, auf welchem **Weg der Betriebsrat den Internetzugang** verlangen kann. Die modernen Zugangsmöglichkeiten werden immer schneller (DSL), sind aber auch mit erhöhten Kosten verbunden. Wird die Erforderlichkeit eines Internetzugangs (ggf. eingeschränkt) grundsätzlich bejaht, bedeutet dies noch nicht, dass der Betriebsrat auch den schnellsten Zugang beanspruchen kann. Das Bundesarbeitsgericht weist in ständiger Rechtsprechung darauf hin, dass der Betriebsrat nicht die gleiche technische Ausstattung wie der Arbeitgeber verlangen kann.[137]

5. Telefax

85   Die Pflicht des Arbeitgebers, dem Betriebsrat Sachmittel zur Verfügung zu stellen, erfasst regelmäßig auch die Nutzung eines Telefax-Gerätes. Auch hier kommt es aber regelmäßig auf den entsprechenden betrieblichen Standard und die Erforderlichkeit im Einzelfall an.[138] In größeren Betrieben wird es ausreichend sein, wenn der Betriebsrat lediglich die **vorhandene Telefaxanlage** des Arbeitgebers mitnutzt, sofern die Vertraulichkeit gewährleistet bleibt.[139] Ist allerdings die **Vertraulichkeit nicht gewährleistet**, bspw. weil sich Betriebsrat und Arbeitgeber regelmäßig in Rechtsstreitigkeiten auseinander setzen und der Betriebsrat aus diesem Grund kurzfristige Korrespondenz zur Rechtssekretärin, zu Rechtsanwälten oder Mitgliedern von Einigungsstellen führen muss, besteht ein Anspruch auf ein eigenes Telefaxgerät.[140] Dies gilt vor allem dann, wenn die Kommunikation über Telefax ohnehin im Betrieb zum Standard gehört. Im Übrigen muss der Betriebsrat für die Erforderlichkeit besondere Umstände darlegen können, aus denen deutlich wird, dass die Kommunikation ohne Telefaxgerät nicht durchführbar ist bzw. erheblich erschwert wird, bspw. wenn in den vom Betriebsrat zu betreuenden weit auseinander liegenden Betriebsstätten gesonderte Betriebsratsbüros eingerichtet sind.[141] Die Vertraulichkeit wird nicht gewährleistet, wenn Faxnummern und/oder Text gespeichert werden.[142] Zum Recht des Arbeitgebers, den Telefon- und Telefaxanschluss des Betriebsrats an einen automatischen Gebührenzähler anzubinden siehe Rn 67.

6. Eigene Homepage des Betriebsrats als Schwarzes Brett im Intranet

86   Zur Erledigung seiner Aufgaben bei der Information der Belegschaft hat der Betriebsrat Anspruch auf Bereitstellung einer Anschlagsfläche, auf das so genannte Schwarze Brett. Bei größeren Be-

---

135 BAG 17.2.1993 – 7 ABR 19/92, AP Nr. 37 zu § 40 BetrVG 1972; BAG 23.8.2006 –7 ABR 55/05, AP Nr. 88 zu § 40 BetrVG 1972.
136 BAG 11.3.1998 – 7 ABR 59/96, AP Nr. 57 zu § 40 BetrVG 1972; LAG Niedersachsen 9.3.2007 – 3 TaBV 47/06, ArbuR 2007, 222; LAG Nürnberg 19.3.2008 – 4 TaBV 35/07, juris.
137 BAG 1.12.2004 – 7 ABR 18/04, AP Nr. 82 zu § 40 BetrVG 1972.
138 Siehe statt aller *Fitting*, § 40 BetrVG Rn 130; ferner *N. Besgen*, B+P 2004, 93, 97; *Hunold*, NZA-RR 2011, 57, 62; vgl. auch LAG Schleswig-Holstein 17.7.2001 – 3 TaBV 11/01 (n.v.); siehe auch die Instanzrechtsprechung: LAG Hamm 6.6.2001 –10 TaBV 85/00 (n.v.); LAG Niedersachsen 27.5.2002 –5 TaBV 21/02, NZA-RR 2003, 250; LAG Rheinland-Pfalz 8.10.1997 – 8 TaBV 17/97, NZA-RR 1998, 403; LAG Schleswig-Holstein 17.7.2001 – 3 TaBV 11/01 (n.v.); ArbG Braunschweig 14.10.1998 – BV 69/98, NZA-RR 1999, 489.
139 HWK-*Reichold*, § 40 BetrVG Rn 34; vgl. aber LAG Niedersachsen 27.5.2002 – 5 TaBV 21/02, NZA-RR 2003, 250.
140 So LAG Niedersachsen 27.5.2002 –5 TaBV 21/02, NZA-RR 2003, 250.
141 So *Fitting*, § 40 BetrVG Rn 130 m.w.N.
142 LAG Hamm 14.5.1997 – 3 TaBV 2/97, BB 1997, 2052; ArbG Braunschweig 14.10.1998 –2 BV 69/98, NZA-RR 1999, 489; siehe ferner Richardi/*Thüsing*, § 40 BetrVG Rn 67.

trieben kommen auch mehrere Schwarze Bretter in Betracht. Vom Schwarzen Brett im vorgenannten Sinne ist im Übrigen die Anschlagsfläche für die Gewerkschaft zu unterscheiden, die hiervon nicht erfasst wird. Über die Größe des Schwarzen Brettes entscheidet der konkrete betriebliche Bedarf. Der Betriebsrat muss sich auch nicht mit einem Schwarzen Brett an einem kaum zugänglichen Ort abfinden. Bei seinen Bekanntmachungen ist der Betriebsrat an das Gebot zur vertrauensvollen Zusammenarbeit (§ 2 Abs. 1 BetrVG) und an gesetzliche Verbote gebunden. Er muss daher bspw. Anschläge mit parteipolitischem oder reinem Agitationscharakter oder mit Beleidigungen des Arbeitgebers oder seiner Führungskräfte unterlassen.[143] Gestattet ist dem Betriebsrat demgegenüber, in sachlicher Form seine von dem des Arbeitgebers abweichenden Ansichten in einer bestimmten Frage am Schwarzen Brett bekannt zu geben. Die Voraussetzungen für ein Selbstentfernungsrecht durch den Arbeitgeber sind noch nicht abschließend geklärt. Im Grundsatz wird man ein solches Recht jedenfalls dann bejahen müssen, wenn für den Arbeitgeber eine Notwehr- oder Nothilfesituation gegeben ist, also bei einem berechtigten Unterlassungs- bzw. Entfernungsverlangen.[144] Im Übrigen ist der Arbeitgeber auf den Rechtsweg verwiesen.[145] Der Betriebsrat kann neben der Möglichkeit von Bekanntmachungen am Schwarzen Brett auch zu Lasten des Arbeitgebers ein Informationsblatt für die Belegschaft beanspruchen und verteilen, sofern ein dringendes Mitteilungsbedürfnis besteht.[146]

In der modernen Arbeitswelt wird das klassische Schwarze Brett durch das Intranet ersetzt. Die Aushänge werden so elektronisch im Unternehmen verbreitet. Gerade in großen Unternehmen, die über zahlreiche Niederlassungen im In- und Ausland verfügen, werden so die Wege verkürzt und eine einheitliche gleichzeitige Information aller Arbeitnehmer ist gewährleistet. Der Betriebsrat ist nicht nur für die Ausübung von Mitbestimmungs- und Mitwirkungsrechten zuständig, sondern die Erfüllung seiner sonstigen gesetzlichen Aufgaben betrifft auch die Information der Arbeitnehmer zu individualrechtlichen und kollektivrechtlichen Angelegenheiten. Die Nutzung des Intranets ist daher insbesondere auch für den Betriebsrat interessant und dient der Erfüllung seiner Aufgaben. Sofern die Erforderlichkeit eines Internetzugangs und der E-Mail-Nutzung bejaht wird (siehe oben Rn 79 ff.) spricht daher nichts dagegen, dass der Betriebsrat die Mitarbeiter per E-Mail informiert. Dies führt in der Betriebspraxis auch selten zu Streit, wenn die Vorfrage erst einmal geklärt ist. **87**

Problematischer ist aber die Frage, ob der Betriebsrat Anspruch auf eine eigene **Homepage innerhalb des Intranets** hat, um dort seine Informationen veröffentlichen zu können. In diesem Zusammenhang stellt sich auch die Frage, ob der Anspruch eines Einzelbetriebsrats auf eine solche Homepage auch dann besteht, wenn der Arbeitgeber ein betriebsübergreifendes Intranet eingerichtet hat, so dass auch nicht vom Betriebsrat vertretene Arbeitnehmer (anderer betriebsratsfähiger Einheiten) auf Informationen zugreifen können. Wegen dieser Bedenken hat das Landesarbeitsgericht Rheinland-Pfalz die Installierung einer eigenen Homepage eines örtlichen Betriebsrats als nicht erforderlich angesehen.[147] Die Möglichkeit, alle Mitarbeiter in aktueller Form umfassend und strukturiert über alle Wesentlichen betriebsratsrelevanten Fragen informieren zu können, bestehe bereits durch die Nutzung des Intranets und die damit verbundene Möglichkeit, alle Mitarbeiter (per E-Mail) zu erreichen. Der Anspruch auf eine zusätzliche Homepage könne nur dann bejaht werden, wenn ohne diesen Einsatz die Wahrnehmung der Rechte und Pflichten des Betriebsrats vernachlässigt werde. Dies sei aber nicht der Fall. Vielmehr könne der Betriebsrat die notwendigen Informationen per E-Mail ohnehin viel effektiver und wesentlich schneller als eine Information über eine Homepage den Mitarbeitern zukommen lassen. Das Lan- **88**

143 *Fitting*, § 40 BetrVG Rn 117 m.w.N.
144 Richardi-*Thüsing*, § 40 BetrVG Rn 79.
145 *Fitting*, § 40 BetrVG Rn 117; Richardi-*Thüsing*, § 40 BetrVG Rn 79.
146 So auch BAG 21.11.1978 – 6 ABR 85/76, DB 1979, 751.
147 LAG Rheinland-Pfalz 10.5.2003 – 2 TaBV 40/04, NZA-RR 2004, 310.

desarbeitsgericht Rheinland-Pfalz hat daher die Einrichtung einer eigenen Homepage auf Kosten des Arbeitgebers abgelehnt.

89 Demgegenüber hat das Hessische Landesarbeitsgericht einen Anspruch des Betriebsrats auf eine eigene Homepage anerkannt.[148] Das **Bundesarbeitsgericht** hat sich dieser Entscheidung ausdrücklich angeschlossen.[149] Der Arbeitgeber kann nach Auffassung des Bundesarbeitsgerichts dem Betriebsrat die Art seiner innerbetrieblichen Kommunikation nicht vorschreiben. Ist das Intranet das im Unternehmen vorhandene übliche Kommunikationsmittel, kann sich der Betriebsrat zur Erfüllung seiner Aufgaben dieses Mediums bedienen. Insbesondere stehe der Erforderlichkeit nicht entgegen, dass der Arbeitgeber das Intranet nur betriebsübergreifend ausgestaltet habe und deshalb die nicht vom Betriebsrat vertretenen Arbeitnehmer anderer Einheiten auf die entsprechenden Informationen zugreifen können.[150] Ausschlaggebend sei allein, dass der Betriebsrat nicht die unternehmensbezogene Kommunikation geltend mache. Führe dies dann dennoch dazu, dass auch der betriebsübergreifende Zugriff möglich sei, sei dies die Folge der konkreten Ausgestaltung des Intranets durch den Arbeitgeber. Dem Betriebsrat könne deshalb aber nicht die Nutzung versagt werden, denn andernfalls hätte es der Arbeitgeber in der Hand, durch entsprechende technische Ausgestaltung den gesetzlichen Anspruch des Betriebsrats nach § 40 Abs. 2 BetrVG zu beseitigen (zur Gewerkschaftswerbung im betriebsratseigenen Intranet siehe Rn 115 f.).

7. Eigene Homepage des Betriebsrats im Internet

90 Von der Einrichtung einer Homepage im Intranet, die wie zuvor dargestellt (siehe Rn 87) im Wesentlichen die Funktion eines Schwarzen Brettes übernimmt, ist das Betreiben einer eigenen Homepage des Betriebsrats oder eines seiner Betriebsratsmitglieder im Internet streng zu unterscheiden. Eine Homepage im Internet ist – anders als das betriebsinterne Intranet – für eine **unbegrenzte Öffentlichkeit** zugänglich. Der Teilnehmerkreis des Internets besteht **weltweit**. Es gibt jedoch weder eine rechtliche Verpflichtung des Betriebsrats noch folgt aus den Regeln des Betriebsverfassungsgesetzes eine Befugnis, von sich aus die außerbetriebliche Öffentlichkeit über innerbetriebliche Vorgänge zu unterrichten.[151] Ein solches Recht folgt insbesondere nicht aus den allgemeinen Aufgaben des Betriebsrats in § 80 Abs. 1 BetrVG oder aus der Generalklausel über die vertrauensvolle Zusammenarbeit gem. § 2 Abs. 1 BetrVG.[152] Ausschlaggebend ist dabei bereits allein die *Möglichkeit* der Öffentlichkeit, die Betriebsinterna abfragen zu können; ob und in welchem Umfang diese Möglichkeit tatsächlich erfolgt bzw. genutzt wird, spielt letztlich keine Rolle.

91 Der Betriebsrat ist auch nicht befugt, eine Homepage im Internet einzurichten, wenn der Arbeitgeber es abgelehnt hat, eine Intranet-Homepage zur Verfügung zu stellen.[153] Ein solches **Selbsthilferecht** steht dem Betriebsrat nicht zu und findet auch keine Grundlage im Betriebsverfassungsrecht. Vielmehr ist der Betriebsrat gehalten, seine Rechte aus § 40 Abs. 2 BetrVG im Beschlussverfahren durchzusetzen. Die Bedenken der weltweiten Öffentlichkeit könnten dadurch ausgeräumt werden, dass die Homepage nur über ein Passwort, das allen Mitarbeitern mit-

---

148 Hessisches LAG 20.11.2003 – 9 TaBV 68/03, ArbR 2004, 370; siehe auch ArbG Paderborn 29.1.1998 – 1 BV 35/97, DB 1998, 678; dazu kritisch *Mühlhausen*, NZA 1999, 136; siehe ferner *Däubler*, Internet und Arbeitsrecht, Rn 487 ff.; *Hunold*, NZA-RR 2011, 57, 60.
149 BAG 1.12.2004 – 7 ABR 18/04, AP Nr. 82 zu § 40 BetrVG 1972; ebenso *Fitting*, § 40 BetrVG Rn 133.
150 BAG 1.12.2004 – 7 ABR 18/04, AP Nr. 82 zu § 40 BetrVG 1972.
151 Vgl. Hessisches LAG 15.7.2004 – 9 TaBV 190/03, NZA-RR 2005, 258; siehe auch ArbG Paderborn 29.1.1998 – 1 BV 35/97, DB 1998, 678 mit Anmerkung *Mühlhausen*, NZA 1999, 136; siehe auch *Däubler*, Internet und Arbeitsrecht, Rn 510; ferner *Demuth*, AiB 2011, 302; DKK-*Wedde*, § 40 BetrVG Rn 152; GK-BetrVG-*Weber* § 40 Rn 166; HSWG-*Glock*, § 40 BetrVG Rn 136; *Altenburg/v. Reinersdorff/Leister*, MMR 2005, 222; *Beckschulze/Henkel*, DB 2001, 1491, 1499; *Gola*, MMR 2005, 17; *Mühlhausen*, NZA 1999, 136; *Hunold*, NZA-RR 1999, 113.
152 Hessisches LAG 15.7.2004 – 9 TaBV 190/03, NZA-RR 2005, 258.
153 ArbG Paderborn 29.1.1998 – 1 BV 35/97, DB 1998, 678.

geteilt wird, benutzt und abgerufen werden kann. Auf diese Weise würde vermieden, dass die außerbetriebliche Öffentlichkeit auf innerbetriebliche Vorgänge zugreifen könnte.[154] Überträgt man jedoch die Grundsätze des Bundesarbeitsgerichts vom 1.12.2004 zur Veröffentlichung von Informationen des Betriebsrats auf einer eigenen Homepage im Intranet, spricht vieles für eine Zulässigkeit bei Absicherung über ein Passwort.[155] In dieser Entscheidung hatte sich der Arbeitgeber gegen die Veröffentlichung von Informationen auf einer eigenen Homepage mit dem Argument gewandt, das Intranet sei betriebsübergreifend eingerichtet. Es könne deshalb nicht verhindert werden, dass Mitarbeiter Arbeitszeit für die Lektüre von Informationen örtlicher Betriebsräte anderer Betriebe verwendeten, die nicht für sie bestimmt seien. Das Bundesarbeitsgericht hat diese Argumentation zurückgewiesen. Die konkrete Ausgestaltung des Intranets durch die Arbeitgeberin könne nicht den gesetzlichen Anspruch des Betriebsrats nach § 40 Abs. 2 BetrVG beseitigen. Technisch könne ohne weiteres der Zugriff zur Homepage des Betriebsrats auf die von ihm vertretenen Arbeitnehmer beschränkt werden. Diese technischen Möglichkeiten stellen sich auch für die Nutzung einer Homepage im Internet. Regelmäßig wird dieser Anspruch aber dennoch schon an dem **Verhältnismäßigkeitsgrundsatz** scheitern. Besteht nämlich ein betriebsinternes Intranet, ist die Einrichtung einer Homepage in diesem Intranet jedenfalls kostengünstiger und damit auch als milderes Mittel anzusehen als die Betreibung einer Homepage im Internet, für die kostenpflichtig ein Domainname reserviert werden muss. In Betrieben, in denen ein Intranet nicht vorhanden ist, wird demgegenüber regelmäßig das gegenständliche Schreiben für die Information der Mitarbeiter ausreichend sein. Im Ergebnis wird es daher keine praktische Konstellation geben, in denen die Einrichtung einer Homepage für den Betriebsrat erforderlich ist.

8.   Twitter, Facebook, Xing etc.

Die Rechtsprechung hatte sich bislang noch nicht mit betriebsverfassungsrechtlichen Fragen zu sozialen Netzwerken zu befassen. In der Literatur finden sich dazu ebenfalls nur vereinzelte kurze Hinweise.[156] *Wedde* bejaht kurz und knapp einen Anspruch des Betriebsrats auf Nutzung neuer Kommunikationsdienste. Diese Auffassung ist sicherlich zu allgemein. Die Teilnahme an sozialen Netzwerken steht ebenfalls unter dem gesetzlichen Vorbehalt der Erforderlichkeit, § 40 Abs. 2 BetrVG. Für die Wahrnehmung betriebsverfassungsrechtlicher Aufgaben benötigt der Betriebsrat keine sozialen Netzwerke. Diese dienen herkömmlich auch nicht arbeitsrechtlichen Zwecken, sondern sind vorrangig privater Natur. Selbst so genannte Business-Netzwerke (z.B. Xing) stehen nicht im Kontext zum Arbeitsverhältnis bzw. zu betriebsverfassungsrechtlichen Fragestellungen. Es handelt sich um Netzwerke ohne konkreten Kontext zum bestehenden Arbeitsverhältnis und damit zu den Aufgaben des Betriebsrats. Soweit daher in der Literatur pauschal eine Kostenübernahmepflicht des Arbeitgebers bejaht wird,[157] ist dies abzulehnen. Der Betriebsrat ist nicht mit Privatpersonen und deren Interessen gleichzusetzen. Auch aus datenschutzrechtlichen Gründen kann der Arbeitgeber nicht verpflichtet werden, dem Betriebsrat die Erreichbarkeit der Belegschaft über soziale Netzwerke zu ermöglichen. Die Anbieter dieser Netzwerke verfolgen kommerzielle Interessen. Selbst wenn der Arbeitgeber zu Unternehmenszwecken diese Anbieter nutzt und sich dort bekannt macht, führt dies nicht zu einem Anspruch des Betriebsrats. Freilich bleibt die weitere Entwicklung hier abzuwarten. Beispielhaft sei auf die gewandelte Rechtsprechung des BAG zur Internetnutzung hingewiesen.[158]

92

---

154 Zu weitgehend *Hilber/Frik*, RdA 2002, 89, 96 f.
155 Siehe BAG 1.12.2004 – 7 ABR 18/04, AP Nr. 82 zu § 40 BetrVG 1972.
156 Siehe z.B. DKK-*Wedde*, § 40 BetrVG Rn 157.
157 DKK-*Wedde*, § 40 BetrVG Rn 157.
158 BAG 20.1.2010 – 7 ABR 79/08, NZA 2010, 709.

IV. Eigentumsverhältnisse

93 Die Frage nach dem Eigentum an den dem Betriebsrat übergebenen sächlichen Mitteln, also ob der Arbeitgeber Eigentümer bleibt oder der Betriebsrat neuer Eigentümer wird, ist eine weitgehend akademische Frage. Fest steht, dass der Arbeitgeber an den zur Verfügung gestellten Sachen Eigentümer bleibt, die nicht verbraucht werden können oder nicht verbraucht werden.[159] Dies gilt für die zur Verfügung gestellten Möbelstücke, den Computer und die nicht verbrauchten Büromaterialien. Umgekehrt verliert der Arbeitgeber sein Eigentum allerdings an den verbrauchten Büromitteln, z.B. Büropapier, Stifte,[160] aber auch gebrannte CDs.

Die vom Betriebsrat angefertigten und geführten Akten können weder vom Arbeitgeber herausverlangt noch eingesehen werden.[161] Nach Beendigung der Amtszeit eines Betriebsrats sind die Akten bis zur Neuwahl eines Betriebsrats so zu verwahren, dass der Arbeitgeber sie nicht einsehen und sie nach Neuwahl des Betriebsrats diesem zur Verfügung gestellt werden können. Umgekehrt wird der Betriebsrat wegen der Bedeutung der Akten für nachfolgende Betriebsräte nicht berechtigt sein, die von ihm geführten Akten bei Beendigung seiner Amtszeit zu vernichten.[162] Etwas anderes mag gelten, wenn kein Betriebsrat mehr existiert und auch kein neuer Betriebsrat gewählt wird.[163] Diese allgemeinen Grundsätze kann man auf **gespeicherte Daten** entsprechend übertragen.

V. Schulungen des Betriebsrats

1. Allgemeines

94 Die erforderlichen Kenntnisse zur sachgerechten Ausführung des (freiwillig) übernommenen Betriebsratsamtes müssen in aller Regel von den Amtsträgern erst erworben werden. Ohne entsprechende Schulungen können die vielgestaltigen Aufgaben nicht ordnungsgemäß ausgefüllt werden. Bei modernen Kommunikationsmitteln bzw. moderner Informationstechnik gehört zu den erforderlichen Kenntnissen auch, dass die entsprechenden **Kenntnisse für eine Anwendung und Bedienung** vorhanden sind. Nur wenn die Software auch genutzt werden kann bzw. die Systeme verstanden werden, besteht die Möglichkeit der sachgerechten Aufgabenwahrnehmung für den Betriebsrat. Die Teilnahme an Schulungs- und Bildungsveranstaltungen wird grundsätzlich in § 37 Abs. 6 bzw. Abs. 7 BetrVG geregelt. Welche besonderen Voraussetzungen im Zusammenhang mit neuen Medien gelten und erfüllt sein müssen, wird nachfolgend dargestellt.

2. Erforderliche Kenntnisse

95 Nach der ständigen Rechtsprechung des Bundesarbeitsgerichts ist die Vermittlung von Kenntnissen für die Betriebsratsarbeit erforderlich, wenn der Betriebsrat sie im Hinblick auf die **betriebliche Situation** benötigt, um seine derzeitigen oder künftig anfallenden Aufgaben sachgerecht bewältigen zu können.[164] Damit wird die Darlegung eines aktuellen betriebs- oder betriebsratsbezogenen Anlasses verlangt, aus dem sich der jeweilige Schulungsbedarf ergibt.[165] Die Anforderungen sind umso höher, je spezieller die Wissensvermittlung auf den einzelnen Bildungsveranstaltungen ist.

---

159 *Fitting,* § 40 BetrVG Rn 107.
160 *D. Besgen*, B+P 1986, 279 = AiB 1987, 150.
161 GK-BetrVG- *Weber*, § 40 Rn 182.
162 Vgl. GK-BetrVG- *Weber*, § 40 Rn 182; Rn 88; *Fitting,* § 40 BetrVG Rn 107.
163 DKK-*Wedde*, § 40 BetrVG Rn 119.
164 So BAG 15.1.1997 – 7 ABR 14/96, AP Nr. 118 zu § 37 BetrVG 1972; siehe auch ausführlich AnwK-ArbR/*Besgen*, § 37 BetrVG Rn 39 ff.
165 BAG 15.2.1995 –7 AZR 670/94, AP Nr. 106 zu § 37 BetrVG 1972.

Der Zweck der Regelung in § 37 Abs. 6 BetrVG ist grundsätzlich die Herstellung einer **intellek-** 96
tuellen Waffengleichheit zwischen Betriebsrat und Arbeitgeber.[166] Es ist allerdings stets zu
berücksichtigen, dass der Arbeitgeber die Kosten der Bildungsveranstaltung zu tragen hat. Die
Erforderlichkeit ist daher im Einzelfall sorgfältig zu prüfen. Der Betriebsrat ist – anders als der
Arbeitgeber – nicht berechtigt, bloß nützliches zu fordern.[167] Steht dem Betriebsrat ein PC zur
Verfügung, folgt daraus nicht zwangsläufig, dass auch eine Schulung zum EDV-System erforderlich ist. Natürlich muss der Betriebsrat die ihm zur Verfügung gestellten Geräte auch bedienen
können. Allerdings gilt auch hier: Verfügt der Betriebsrat bereits **subjektiv über die erforder-**
lichen Kenntnisse, erübrigt sich eine Schulung.[168] Gerade bei Schulungen für die gängigen Text-
verarbeitungs- und/oder Tabellenkalkulationsprogramme muss deshalb im Einzelnen von dem
Betriebsrat dargelegt werden, weshalb diese Programme nicht bedient werden können. Das Landesarbeitsgericht Schleswig-Holstein hat dabei in einem Beschluss aus dem Jahre 2003 erhöhte
Anforderungen an diese Darlegung gestellt. Die PC-Oberflächen seien heutzutage überwiegend
benutzerfreundlich gehalten und anfallende Schreibarbeiten könnten bei Problemen mit den aus-
führlichen Hilfedateien bspw. der Microsoftprodukte ausgefüllt werden.[169] Ferner ist zu berücksichtigen, dass ein Lehrgang, der mehrere Themen behandelt, die für den Betriebsrat notwendigen
mindestens mit mehr als 50 % beinhalten muss.[170]

3. Weitere Voraussetzungen

Schulungsberechtigt sind grundsätzlich alle Mitglieder des Betriebsrats. Der Anspruch des ein- 97
zelnen Betriebsratsmitglieds entsteht allerdings erst durch Beschluss des Betriebsrats bzw. der
Auswahl eines Betriebsrats durch das Gremium. Dabei kommt es auf einen objektivierten Be-
standspunkt eines vernünftigen Dritten an, denn die Interessen des Betriebs einerseits und des Betriebsrats und der Belegschaft andererseits müssen gegeneinander abgewogen werden.[171] Damit
steht dem Betriebsrat ein Beurteilungsspielraum zu. Dieser erstreckt sich neben der Erforderlich-
keitsprüfung auch auf die Angemessenheitsprüfung. Allerdings hält das Bundesarbeitsgericht an
seiner Rechtsprechung, nach der es einer näheren Darlegung für die Entsendung einzelner Betriebsratsmitglieder zu Grundschulungen bedurfte, wenn die Amtsperiode kurz vor ihrem Ablauf
steht, nicht mehr fest.[172] Entscheidend soll nunmehr sein, ob der Betriebsrat bei seiner Beschluss-
fassung ausschließen konnte, dass in der verbleibenden Amtszeit Angelegenheiten anfallen, für
die das Betriebsratsmitglied die auf der Schulung vermittelten Kenntnisse benötigt.[173] Nicht angemessen ist die Entsendung aller Betriebsratsmitglieder zu einer Schulung oder aber die Teilnahme an unverhältnismäßig langen Schulungsveranstaltungen (länger als 14 Tage).[174] Ersatz-
mitgliedern steht regelmäßig ebenfalls kein Schulungsanspruch zu, solange sie nicht in den
Betriebsrat nachgerückt sind.[175] **Grundschulungen** im letzten Jahr der regulären Amtszeit
oder kurz vor Ende des Arbeitsverhältnisses sind nach dem BAG grundsätzlich erforderlich.[176]

166 Kritisch allerdings Richardi-*Thüsing*, § 37 BetrVG Rn 81.
167 So LAG Schleswig-Holstein 3.6.2003 – 4 TaBV 24/02, zitiert nach juris.
168 LAG Schleswig-Holstein 3.6.2003 – 4 TaBV 24/02, zitiert nach juris.
169 LAG Schleswig-Holstein 3.6.2003 – 4 TaBV 24/02, zitiert nach juris; LAG Sachsen 22.11.2002 – 9 TaBV 17/02,
   NZA-RR 2003, 420; GK-BetrVG-*Weber*, § 37 Rn 153.
170 Vgl. *Fitting*, § 37 BetrVG Rn 160 m.w.N.
171 BAG 15.1.1997 – 7 ABR 14/96, AP Nr. 118 zu § 37 BetrVG 1972; LAG Hamm 15.10.2010 – 10 TaBV 37/10 (n.V.).
172 BAG 7.6.1989 – 7 ABR 26/88, AP Nr. 67 zu § 37 BetrVG 1972.
173 BAG 7.5.2008 – 7 AZR 90/07, DB 2008, 2659; siehe dazu auch *Schiefer*, DB 2008, 2649.
174 HWK-*Reichold*, § 37 BetrVG Rn 33.
175 *Fitting*, § 37 BetrVG Rn 178; siehe dazu auch BAG 19.9.2001 – 7 ABR 32/00, AP Nr. 9 zu § 25 BetrVG 1972, wonach ausnahmsweise ein Schulungsbedarf für Ersatzmitglieder anzunehmen ist, wenn dies im Einzelfall zur Gewährleistung der Arbeitsfähigkeit des BR erforderlich ist.
176 BAG 17.11.2010 – 7 ABR 113/09, NZA 2011, 816.

4. Verfahren der Arbeitsbefreiung

98 Das Verfahren der Arbeitsbefreiung richtet sich nach § 37 Abs. 6 S. 3–6 BetrVG, die über den Verweis in § 37 Abs. 7 S. 3 BetrVG auch für den Bildungsurlaub gelten.

a) Festlegung des Schulungszeitpunktes

99 Der Betriebsrat hat nach § 37 Abs. 6 S. 3 BetrVG bei der Festlegung der zeitlichen Lage der Teilnahme an Schulungs- und Bildungsveranstaltungen die betrieblichen Notwendigkeiten zu berücksichtigen. An diese Notwendigkeiten werden **strenge Anforderungen** gestellt. Bedeutsam können sie daher regelmäßig nur für nicht freigestellte Betriebsratsmitglieder sein, z.B. bei besonders hohem Arbeitsanfall, der die Arbeitsleistung des konkreten Betriebsratsmitglieds zwingend erfordert. Die betrieblichen Notwendigkeiten dürfen aber nicht dazu führen, dass die Schulungsteilnahme nicht durchgeführt werden kann.[177] Allerdings kann sich im Einzelfall die Verpflichtung des Betriebsrats ergeben, die Teilnehmerzahl zu reduzieren.[178] Im Übrigen muss der Betriebsrat den Schulungszeitpunkt so wählen, dass die betrieblichen Belange möglichst gering belastet werden.

b) Festlegung der Teilnehmer

100 Die Teilnahme der Betriebsratsmitglieder wird durch **Beschluss** des Gremiums festgelegt. Bei der Auswahlentscheidung ist der Betriebsrat dabei nicht frei. Vielmehr muss er seine Entscheidung nach objektiven Kriterien treffen, insbesondere danach, welche Aufgaben und Funktion einzelne Mandatsträger im Betriebsrat wahrnehmen.[179] Zudem ist der Betriebsrat an § 75 Abs. 1 BetrVG gebunden. Schon aus diesem Grund scheidet eine unterschiedliche Behandlung der Betriebsratsmitglieder ohne sachlichen Grund aus.[180]

c) Unterrichtungspflichten

101 Nach § 37 Abs. 6 S. 4 BetrVG hat der Betriebsrat dem Arbeitgeber die Teilnahme und die zeitliche Lage der Schulungs- und Bildungsveranstaltungen rechtzeitig bekannt zu geben. Die Unterrichtungspflicht erstreckt sich auf die maßgeblichen Tatsachen. Diese umfassen die Inhalte der Veranstaltung, deren Dauer, Ort und den Veranstalter sowie ggf. die behördliche Anerkennung im Falle eines Bildungsurlaubs nach § 37 Abs. 7 BetrVG. Hintergrund der Unterrichtungspflicht ist das Recht des Arbeitgebers, nach § 37 Abs. 6 S. 5 BetrVG die Einigungsstelle anzurufen, wenn er die betrieblichen Notwendigkeiten nicht für ausreichend berücksichtigt hält. Die Unterrichtung muss deshalb so rechtzeitig erfolgen, dass die Einigungsstelle ggf. noch rechtzeitig angerufen werden kann.[181] Hieraus folgt: Wird die Unterrichtungspflicht missachtet und verletzt, lassen sich hieraus keine nachteiligen Folgen für den Entgeltfortzahlungsanspruch ableiten; es handelt sich in erster Linie um eine formale Ordnungsvorschrift.[182] Im Wiederholungsfalle besteht aber die Möglichkeit, Rechte aus § 23 Abs. 1 BetrVG herzuleiten.

d) Anrufung der Einigungsstelle

102 Der Arbeitgeber hat die Möglichkeit, nach § 37 Abs. 6 S. 5 BetrVG die Einigungsstelle anzurufen, wenn er die betrieblichen Notwendigkeiten nicht für ausreichend berücksichtigt hält. Erhebt der Arbeitgeber diesen Einspruch, muss der Betriebsrat zunächst die Klärung der Streitfrage abwarten und darf kein Betriebsratsmitglied zur Schulung entsenden.[183] Das Recht, in besonders gela-

---

177 So *Fitting,* § 37 BetrVG Rn 239 m.w.N.
178 Richardi-*Thüsing,* § 37 BetrVG Rn 116.
179 Siehe Richardi-*Thüsing,* § 37 BetrVG Rn 118.
180 *Fitting,* § 37 BetrVG Rn 235.
181 Vgl. auch BAG 18.3.1977 – 1 ABR 54/74, AP Nr. 27 zu § 37 BetrVG 1972.
182 Siehe nur *Fitting,* § 37 BetrVG Rn 242 m.w.N.; a.A. aber Richardi-*Thüsing,* § 37 BetrVG Rn 124.
183 BAG 18.3.1977 – 1 ABR 54/74, AP Nr. 27 zu § 37 BetrVG 1972.

gerten Eilfällen eine einstweilige Verfügung zu erwirken, bleibt hiervon allerdings unberührt.[184] Aber: Das Recht zur Anrufung der Einigungsstelle besteht nur in Bezug auf die zeitliche Lage der Schulungsveranstaltung. Bestreitet der Arbeitgeber die Erforderlichkeit der Schulung an sich, muss dies im arbeitsgerichtlichen Beschlussverfahren geklärt werden.[185] Das Beschlussverfahren hat jedoch keine aufschiebende Wirkung, so dass das Betriebsratsmitglied zur Teilnahme an der Schulungsveranstaltung dennoch berechtigt ist. Das Risiko einer Fehleinschätzung ist allerdings von ihm zu tragen. Bei Vorliegen der Voraussetzungen kann der Arbeitgeber dem Betriebsratsmitglied aber auch die Teilnahme an der Schulungsveranstaltung durch einstweilige Verfügung untersagen lassen.[186]

e) Freizeitausgleich und Entgeltfortzahlung

§ 37 Abs. 6 S. 1 BetrVG verweist auf die Absätze 2 und 3. Damit besteht ein Anspruch auf Freizeitausgleich, hilfsweise auf Abgeltung für die Teilnahme an den Schulungsveranstaltungen. Letztere war bis zum Betriebsverfassungsreformgesetz 2001 strittig und wurde vom Bundesarbeitsgericht abgelehnt.[187] Gerade aber wegen der teilzeitbeschäftigten Betriebsratsmitglieder, die außerhalb ihrer eigentlichen Arbeitszeit Freizeitopfer erbringen und der möglichen mittelbaren Diskriminierung weiblicher Teilzeitkräfte bei Vollzeitschulungen ist der frühere Streit nunmehr durch den ausdrücklichen Verweis auf Absatz 3 gegenstandslos. Damit darf den an der Schulung teilnehmenden Betriebsratsmitgliedern das Entgelt nach § 37 Abs. 6 S. 1 i.V.m. Abs. 2 BetrVG nicht gemindert werden. Auch hier gilt das Prinzip des vorrangigen Freizeitausgleichs. Ein Abgeltungsanspruch nach § 37 Abs. 3 BetrVG kommt nur sekundär in Frage, wenn die Schulungsveranstaltung aus betriebsbedingten Gründen außerhalb der Arbeitszeit stattfand. Betriebsbedingte Gründe liegen nach § 37 Abs. 6 S. 2 BetrVG insbesondere dann vor, wenn wegen Besonderheiten der betrieblichen Arbeitszeitgestaltung die Schulung des Betriebsratsmitglieds außerhalb seiner Arbeitszeit erfolgt. Dabei richtet sich der Umfang des Freizeitausgleichs für jeden Schulungstag nach der jeweiligen normalen Arbeitszeit eines mit dem Betriebsratsmitglied vergleichbaren Kollegen, der Vollzeit beschäftigt ist.[188]

103

Anders als nach Absatz 3 ist jedoch der Ausgleichsanspruch nach § 37 Abs. 6 S. 2 Hs. 2 BetrVG auf die Arbeitszeit eines vollzeitbeschäftigten Arbeitnehmers begrenzt. Liegen deshalb betriebsbedingte Gründe vor, die zu einer Schulungsteilnahme außerhalb der persönlichen Arbeitszeit zwingen, ist der Ausgleichsanspruch pro Schulungstag auf die Arbeitszeit eines vollbeschäftigten Arbeitnehmers beschränkt. Maßgeblich ist dabei die individuelle Arbeitszeit am jeweiligen Schulungstag.[189]

104

5. Streitigkeiten

Bei Streitigkeiten aus § 37 BetrVG muss zwischen individualrechtlichen und kollektivrechtlichen Ansprüchen unterschieden werden. Verfolgt das einzelne Betriebsratsmitglied gegenüber dem Arbeitgeber seine Entgeltfortzahlungsansprüche bzw. Freizeitausgleichsansprüche, handelt es sich um individualrechtliche Streitigkeiten aus dem Arbeitsverhältnis. Für diese gilt das Urteilsverfahren.

105

Verfolgt hingegen der Betriebsrat als Antragsteller seine Rechte, bspw. um die Erforderlichkeit einer Schulungsteilnahme nach § 37 Abs. 6 BetrVG prüfen zu lassen, sind die Regeln des Beschlussverfahrens anzuwenden. Wird die behördliche Entscheidung über die Anerkennung einer

106

---

184 So *Fitting,* § 37 BetrVG Rn 249; a.A. HSWG, § 40 BetrVG Rn 192.
185 *Fitting,* § 37 BetrVG Rn 251; Richardi-*Thüsing,* § 37 BetrVG Rn 131.
186 Siehe dazu *Fitting,* § 37 BetrVG Rn 252.
187 BAG 5.3.1997 – 7 AZR 581/92, AP Nr. 123 zu § 37 BetrVG 1972.
188 BAG 10.11.2004 – 7 AZR 131/04, NZA 2005, 704.
189 Siehe dazu *Fitting,* § 37 BetrVG Rn 193a.

Veranstaltung nach § 37 Abs. 7 BetrVG als geeignet bestritten, sind nach der ständigen Rechtsprechung des Bundesarbeitsgerichts nicht die Verwaltungsgerichte sondern die Arbeitsgerichte zuständig.[190] Der Arbeitgeber selbst soll dann aber nicht antragsberechtigt sein.[191] Dieses Recht soll nur den Trägern der Veranstaltung sowie den jeweiligen Spitzenorganisationen zustehen.[192]

107

Praxishinweis

Das Recht des Betriebsrats, Schulungsmaßnahmen nach Abs. 6 in Anspruch zu nehmen, ist unbestritten. Soweit deshalb keine exotischen Themen ausgewählt werden, sollte dem Schulungsverlangen im Grundsatz stattgegeben werden. Nur bei Vorliegen begründeter Anhaltspunkte, bspw. die Inanspruchnahme einer längeren Schulung kurz vor Ablauf der Amtsperiode, kann eine Schulungsteilnahme abgelehnt werden. Bei auswärtigen Schulungen ist der Freizeitausgleichsanspruch nach § 37 Abs. 6 S. 2 Hs. 2 BetrVG pro Schulungstag auf die Arbeitszeit eines vollzeitbeschäftigten Arbeitnehmers begrenzt.

VI. Streitigkeiten

108

Streitigkeiten über die Bereitstellung der erforderlichen Sach- und Personalmittel des Betriebsrats sind im arbeitsgerichtlichen Beschlussverfahren gem. §§ 2a, 80 ff. ArbGG auszutragen und zu entscheiden. Führen Streitigkeiten über die Kostentragung zu einer wesentlichen Erschwerung der Betriebsratsarbeit, so kann der Betriebsrat ausnahmsweise bei Vorliegen der Voraussetzungen eine einstweilige Verfügung im Beschlussverfahren nach § 85 Abs. 2 ArbGG i.V.m. § 940 ZPO beantragen. Liegt dabei im Weigerungsverhalten des Arbeitgebers eine grobe Pflichtverletzung, so kommt zusätzlich ein Verfahren nach § 23 Abs. 3 BetrVG in Betracht. Führt die Weigerung sogar zu einer Behinderung der Betriebsratsarbeit, so kann der Straftatbestand des § 119 Abs. 1 Nr. 2 BetrVG erfüllt sein.

VII. Praxishinweise

109

Der Anspruch des Betriebsrats ist nicht auf Kostenerstattung gerichtet, sondern auf Bereitstellung, also Naturalleistung durch den Arbeitgeber (siehe Rn 63). Dies muss auch in dem Antrag im arbeitsgerichtlichen Beschlussverfahren zum Ausdruck gebracht werden. Dabei ist zu beachten, dass der Arbeitgeber bei der Sachmittelausstattung des Betriebsrats ebenfalls ein Auswahlrecht hat. Dies muss der Betriebsrat bei seinem Antrag im Beschlussverfahren berücksichtigen.[193] Ein entsprechender Antrag könnte z.B. wie folgt lauten:[194]

"... den Antragsgegner (Arbeitgeber) zu verpflichten, dem Antragsteller (Betriebsrat) ein Notebook der Marke .... (ggf. noch die technischen Mindestvoraussetzungen, Speicher, Prozessor, etc. konkretisieren) zur Verfügung zu stellen. "

---

190 BAG 11.8.1993 – 7 ABR 52/92, AP Nr. 92 zu § 37 BetrVG 1972.

191 BAG 25.6.1981 – 6 ABR 92/79, AP Nr. 38 zu § 37 BetrVG 1972.

192 Krit. zum Ganzen Richardi-*Thüsing*, § 37 BetrVG Rn 199.

193 Vgl. LAG Nürnberg 10.12.2002 – 2 TaBV 20/02, NZA-RR 2003, 418.

194 Beispiel bei *N. Besgen*, B+P 2004, 93, 98; für ein Auswahlrecht des Arbeitgebers, das der Betriebsrat bei seinem Antrag zu berücksichtigen hat, LAG Nürnberg 10.12.2002 – 2 TaBV 20/02, NZA-RR 2003, 418.

D. Gewerkschaftswerbung

I. Allgemeine Grundsätze

Seitdem E-Mail, Intranet und Internet zum alltäglichen Handwerkszeug in den Betrieben gehö- **110** ren, wollen sich auch Gewerkschaften nicht mehr mit dem Verteilen von Handzetteln vor den Werkstoren begnügen, sondern z.B. Mitgliederwerbung auch über diese modernen Kommunikationswege betreiben möchten.

Zur Einschätzung der Zulässigkeit oder Unzulässigkeit einer entsprechenden Nutzung soll zu- **111** nächst ein allgemeiner Überblick über die Möglichkeiten **gewerkschaftlicher Information und Werbung im Betrieb** gegeben werden. In den Schutzbereich der Koalitionsfreiheit nach Art. 9 Abs. 3 GG fallen auch Betätigungen, die für die Erhaltung und Sicherung der Existenz von Koalitionen unerlässlich sind.[195] Zu dieser verfassungsrechtlich gewährleisteten Betätigung gehört das Recht auf Mitgliederwerbung und gewerkschaftliche Information.[196] Nach der Rechtsprechung des Bundesverfassungsgerichts und des Bundesarbeitsgerichts dürfen Gewerkschaften daher auch im Betrieb um Mitglieder werben.[197] Dies gilt entsprechend § 74 Abs. 3 BetrVG aber nur für bereits im Betrieb tätige Gewerkschaftsmitglieder.[198] Betriebsfremde Gewerkschafter haben kein Zutrittsrecht zum Betrieb zur Wahrnehmung koalitionsrechtlicher Aufgaben. Diese dürfen den Betrieb nur zur Wahrnehmung betriebsverfassungsrechtlicher Aufgaben und Befugnisse betreten, nicht aber um gewerkschaftliche Informations- und Werbetätigkeiten zu entfalten. Nach Absprache mit dem Arbeitgeber ist eine Mitgliederwerbung z.B. durch Plakate am Schwarzen Brett möglich.[199]

Das Recht zur Information und Werbung im Betrieb berechtigt die Gewerkschaften allerdings **112** nicht, auf das Eigentum, Betriebsmittel, organisatorische Einrichtungen oder personelle Mittel des Arbeitgebers zuzugreifen.[200] Es ist z.B. unzulässig, vom Arbeitgeber zur Verfügung gestellte Schutzhelme mit Emblemen einer Gewerkschaft zu bekleben.[201] Es ist ebenso unzulässig, Gewerkschaftswerbung über ein **hausinternes Postverteilungssystem** des Arbeitgebers an die Arbeitnehmer verteilen zu lassen.[202] Die Maßnahmen dürfen insgesamt den Betriebsfrieden und den Betriebsablauf nicht stören und müssen sich unter Beachtung des Verhältnismäßigkeitsgrundsatzes in einem sachgerechten Rahmen bewegen.

II. Gewerkschaftswerbung im Internet, Intranet und per E-Mail

Diese Grundsätze lassen sich unmittelbar auf die Nutzung moderner Kommunikationseinrichtun- **113** gen übertragen. Obwohl die Frage des Umfangs zulässiger Verbreitung gewerkschaftlicher Informationen und Werbung noch weitgehend höchstrichterlich ungeklärt ist, besteht Einigkeit, dass die Gewerkschaften keinen Anspruch auf die Verbreitung gewerkschaftlicher Informationen und Werbung unter Nutzung der Kommunikationsmittel des Arbeitgebers haben.[203] Die Abwägung

---

195 BVerfG 26.5.1970–2 BvR 664/65 – SAE 1972, 14 mit Anmerkung *Lieb*.

196 MüHdbArbR-*v.Hoyningen-Huene*, § 302 Rn 25; vgl. zuletzt BAG 31.5.2005–1 AZR 141/04, NZA 2005, 1182.

197 BVerfG 26.5.1970–2 BvR 664/65, SAE 1972, 14; BAG 23.2.1979–1 AZR 172/78, SAE 1980, 187 mit Anmerkung *Buchner*; BAG 26.1.1982–1 AZR 610/80, DB 1981, 1327.

198 MüHdbArbR-*v. Hoyningen-Huene*, § 302 Rn 19.

199 BAG 30.8.1983–1 AZR 121/81, DB 1984, 462.

200 MüHdbArbR-*v.Hoyningen-Huene*, § 302 Rn 27.

201 BAG 23.2.1979–1 AZR 172/78, SAE 1980, 187.

202 BAG 23.9.1986–1 AZR 597/85, NZA 1987, 164; vgl. dazu auch *Beckschulze*, DB 2003, 2777, 2786; *Lelley*, BB 2002, 252, 253, der zutreffend darauf hinweist, dass diese Entscheidung nach dem Beschluss des BVerfG 14.11.1995–1 BvR 601/92, NZA 1996, 381 in dem das BVerfG den allgemeinen Grundsatz aufstellt, dass Gewerkschaftswerbung in den Schutzbereich der Koalitionsfreiheit fällt, weiter anwendbar ist.

203 ArbG Frankfurt 12.4.2007–11 Ga 60/07, RDV 2007, 215; *Beckschulze*, DB 2007, 1535.

des **Eigentumsrechts** des Arbeitgebers aus Art. 14 GG und des Rechts auf **Vereinigungsfreiheit** der Gewerkschaften aus Art. 9 Abs. 3 GG ergibt beispielsweise kein Recht einer Gewerkschaft, auf das Netzwerk des Arbeitgebers oder z.B. das Intranet zuzugreifen und dieses für Gewerkschaftswerbung zu nutzen[204] oder um eine Homepage im betriebseigenen Intranet einzurichten.[205] Vor diesem Hintergrund ist auch die Einrichtung eines Links von der Betriebsrats-Homepage auf eine Gewerkschaftsseite unzulässig.[206] Trotz der Kenntnis des Gesetzgebers von der Rechtsprechung des Bundesarbeitsgerichts zur Unzulässigkeit der Nutzung eines Postverteilungssystems[207] wurde § 2 BetrVG im Zuge der Novellierung des Betriebsverfassungsgesetzes im Jahre 2001 nicht geändert. Damit hat der Gesetzgeber indirekt klargestellt, dass die **Nutzung betriebseigener elektronischer Kommunikationswege für Gewerkschaftswerbung** unzulässig ist. Trotzdem scheint das Bundesarbeitsgericht nunmehr eine andere Auffassung zu vertreten.[208] In dieser Entscheidung, hat das BAG geurteilt, dass sich eine tarifzuständige Gewerkschaft an die Arbeitnehmer über deren betriebliche E-Mail-Adressen mit Werbung und Informationen wenden darf. Dies gelte auch bei einem Verbot der privaten Nutzung. Das durch Art. 14 Abs. 1 GG geschützte Eigentumsrecht des Arbeitgebers und sein von Art. 2 Abs. 1 GG erfasstes Recht am eingerichteten und ausgeübten Gewerbebetrieb hätten gegenüber der gewerkschaftlichen Betätigungsfreiheit zurückzutreten, solange der E-Mail-Versand nicht zu nennenswerten Betriebsablaufstörungen oder spürbaren, der Gewerkschaft zuzurechnenden Belastungen führt.

Aus den oben genannten Gründen ist diese Entscheidung nicht ohne weiteres nachvollziehbar, ebenso wenig wie die zum Teil vertretene Auffassung, die Gewerkschaft bzw. ein betriebsangehöriges Gewerkschaftsmitglied hätte Anspruch auf die Einrichtung einer Gewerkschafts-Homepage im Intranet des Arbeitgebers.[209] Im Gegensatz zur Anbringung eines Anschlags am Schwarzen Brett entstehen bei der Aufnahme einer gewerkschaftlichen Homepage Kosten durch die Bereitstellung von Speicherkapazitäten und die Pflege der Seite. Für eine solche einseitige Belastung des Arbeitgebers ist keine Rechtsgrundlage ersichtlich.[210]

114 Das gilt grundsätzlich auch, wenn es um den Zugang zu den Kommunikationseinrichtungen durch ein betriebsangehöriges Gewerkschaftsmitglied geht. Nach der Rechtsprechung liegt zwar nicht automatisch ein Verstoß gegen arbeitsvertragliche Pflichten vor, wenn ein Arbeitnehmer von zu Hause aus E-Mails mit Gewerkschaftswerbung an die Arbeitsplätze von Mitarbeitern verschickt.[211] Diese Beurteilung beruhte aber darauf, dass der beklagte Arbeitgeber in der vom klagenden Arbeitnehmer angegriffenen Abmahnung die behauptete Verletzung arbeitsvertraglicher Pflichten nicht näher spezifiziert hat. Er hat z.B. nicht auf die unbefugte oder missbräuchliche Nutzung der E-Mail und Internet-Firmeneinrichtungen für nichtgeschäftliche Zwecke abgestellt. Eine Pflichtverletzung liegt selbstverständlich dann vor, wenn der Arbeitnehmer unbefugt Betriebsinterna, wie z.B. E-Mail-Adresslisten nutzt oder unter Verstoß gegen betriebliche E-Mail- und Internet-Richtlinien Betriebsmittel des Arbeitgebers und damit fremdes Eigentum missbräuchlich nutzt. Bei einem Verbot der privaten E-Mail-Nutzung ist auch ein Versand von E-Mails mit Gewerkschaftswerbung innerhalb des Betriebes unzulässig. Der Arbeitgeber hat in diesem Fall das Recht, Filter zu installieren, die den Empfang solcher E-Mails verhindern.[212] Außerdem kann der Arbeitgeber die entsprechende Gewerkschaft auf eine Unterlassung der Zu-

---

204 Vgl. *Beckschulze*, DB 2007, 1526; *Hopfner/Schrock*, DB 2004, 1558, teilweise a.A. *Däubler*, DB 2004, 2102.
205 *Beckschulze*, DB 2003, 2777, 2786; *Däubler*, Internet und Arbeitsrecht, Rn 535; *Rieble/Gutzeit*, ZfA 2001, 341, 366; *Lelley*, BB 2002, 252, 255.
206 *Küttner-Kreitner*, Personalbuch 2012, Internet-/Telefonnutzung Rn 28; *Beckschulze*, DB 2003, 2777, 2786; a.A. *Däubler*, Internet und Arbeitsrecht, Rn 541.
207 BAG 23.9.1986–1 AZR 597/85, NZA 1987, 164.
208 BAG 20.1.2009 – 1 AZR 515/08; NZA 2009, 615.
209 *Däubler*, Internet und Arbeitsrecht, Rn 542 ff.; *Klebe/Wedde*, AuR 2000, 401.
210 *Beckschulze/Henkel*, DB 2001, 1491, 1501.
211 LAG Schleswig-Holstein 1.12.2000–6 Sa 562/99, AuR 2001, 71.
212 *Beckschulze*, DB 2003, 2777, 2786.

sendung unerwünschter Werbe-E-Mails in Anspruch nehmen, vor allem dann, wenn an ganze Belegschaften nach Art einer Postwurfsendung E-Mails versandt werden.[213] Ist die private Nutzung von Internet und E-Mail im Betrieb untersagt, so ist auch das Aufrufen von Gewerkschaftsseiten unzulässig.[214]

III. Gewerkschaftswerbung im betriebsratseigenen Intranet

Eine besondere Problematik ergibt sich aus der Zurverfügungstellung eines eigenen **Betriebsrats-intranets** (vgl. oben Rn 86) durch den Arbeitgeber. Gerade in diesem Fall hat der Arbeitgeber ein Interesse daran, dass in diesem betriebsratseigenen – von ihm zur Verfügung gestellten – Intranet keine Gewerkschaftswerbung betrieben wird, sondern dieses Intranet für die betriebsbezogene Betriebsratsarbeit genutzt wird. Den allgemeinen Grundsätzen z.B. zu Aushängen des Betriebsrates am **Schwarzen Brett** entsprechend ist es daher dem Betriebsrat untersagt, das betriebsinterne Internet für gewerkschaftliche Information oder Werbung zu nutzen.[215] Dieses Verbot ergibt sich aus der auf § 74 Abs. 2 BetrVG beruhenden Neutralitätspflicht des Betriebsrates als Organ.[216] Es gehört nicht zu den gesetzlichen Aufgaben des Betriebsrates als Organ, Gewerkschaftswerbung zu betreiben,[217] der Betriebsrat ist zur gewerkschaftlichen Neutralität verpflichtet.[218]   **115**

Im Falle, dass der Betriebsrat gegen dieses Verbot verstößt, und trotz Aufforderung des Arbeitgebers die streitbefangenen Seiten nicht schließt, muss der Arbeitgeber hiergegen den Rechtsweg beschreiten, ggf. im Wege des einstweiligen Rechtsschutzes.[219] Der Arbeitgeber hat einen Anspruch auf Entfernung der Seiten durch den Betriebsrat. Sofern nicht durch Straftaten oder unerlaubte Handlungen für den Arbeitgeber eine Notwehr- oder Nothilfesituation gegeben ist, ist der Arbeitgeber aber nicht zur einseitigen Sperrung der Seiten befugt. Im Fall eines Betriebsrates, der trotz Aufforderung des Arbeitgebers die Seite „BR und ver.di" nicht entfernt hat, ist das Landesarbeitsgericht Hamm nicht vom Vorliegen einer solchen Nothilfesituation ausgegangen.[220] Nach der zutreffenden Auffassung des Bundesdatenschutzbeauftragten ist der Versand von E-Mail-Werbung durch Gewerkschaften an Nichtmitglieder unzulässig, wenn die Gewerkschaft die Adressdaten durch den Betriebsrat erhalten hat.[221] Hierin kann außerdem generell eine unzulässige Zusendung von unaufgeforderter E-Mail-Werbung (Spamming) gesehen werden.[222]   **116**

IV. Gewerkschaftseigenes Internet

Nach der Rechtsprechung des Bundesarbeitsgerichts ist die „Negativwerbung" über einen Arbeitgeber im Intranet einer Gewerkschaft nicht per se unzulässig.[223] Das Bundesarbeitsgericht sah die Bezeichnung eines Leitenden Angestellten durch einen Arbeitnehmer desselben Unternehmens im Intranet einer Gewerkschaft als zum „braunen Mob" zugehörig nicht als ausreichenden Kündigungsgrund an.   **117**

---

213 *Beckschulze*, DB 2007, 1526; *Beckschulze*, DB 2003, 2777, 2786; *Beckschulze/Henkel*, DB 2001, 1491, 1501.
214 *Beckschulze/Henkel*, DB 2001, 1491, 1501.
215 *Däubler*, Internet und Arbeitsrecht, Rn 540; *Beckschulze/Henkel*, DB 2001, 1491, 1501; *Beckschulze*, DB 2003, 2777, 2784; *Beckschulze*, DB 2007, 1526.
216 BVerfG 27.3.1979–2 BvR 1011/78, NJW 1979, 1875.
217 BVerfG 14.11.1995–1 BvR 601/92, NZA 1996, 381.
218 *Rieble/Gutzeit*, ZfA 2001, 341, 356.
219 BAG 3.9.2003–7 ABR 12/03, NZA 2004, 278.
220 LAG Hamm 12.3.2004–10 TaBV 161/03, RDV 2004, 223.
221 BT-Drucks 14/5555, 131.
222 Vgl. z.B. LG Berlin 16.5.2002–16 O 4/02, NJW 2002, 2569, das von einem unzulässigen Eingriff in den eingerichteten und ausgeübten Gewerbebetrieb ausgeht; vgl. auch *Gola*, MMR 2005, 18, 21.
223 BAG 24.6.2004–2 AZR 63/03, RDV 2005, 64.

118   Als Maßstab diente dem Bundesarbeitsgericht dabei die mögliche **Störung des Betriebsfriedens**, die hier zwar im Ergebnis vorlag, nicht aber vom Kündigungsschutzkläger verursacht, weil seine Diffamierung des leitenden Angestellten durch einen anonymen Dritten aus dem passwortgeschützten nicht öffentlichen Intranet der Gewerkschaft in den Betrieb getragen und dort ausgehängt wurde. Den Schutz des Klägers hat das Bundesarbeitsgericht deshalb an der zu seinen Gunsten schwerer zu wägenden Meinungsfreiheit festgemacht.

119   Es ist daher jeweils im Einzelfall zu prüfen, ob eine Aussage auf den Internet- und Intranetseiten einer Gewerkschaft dazu geeignet ist, den Betriebsfrieden in einem bestimmten Betrieb zu stören. Insbesondere dann, wenn herabsetzende Äußerungen über den Arbeitgeber öffentlich zugänglich im Internet abrufbar sind, tritt die Meinungsäußerungsfreiheit zurück.

§ 3 Praxisbeispiele Mitarbeiterportale

Dr. Jan H. Lessner-Sturm/Dr. Nicolai Besgen

Inhalt

A. Mitarbeiter-Intranet-Portal

Dr. Jan H. Lessner-Sturm

I. Einleitung

1   Der nachfolgende Beitrag beruht auf einem Praxisbeispiel, nämlich der Einführung und Weiterentwicklung eines Mitarbeiterportals mit Zugang zum Internet in einem großen deutschen Handelskonzern. Praxisbeispiele sind in der Regel nur begrenzt verwertbar, weil sehr häufig Lösungen gefunden werden, die bestimmten Besonderheiten des Einzelfalls geschuldet sind. Deshalb werden im Folgenden diese Besonderheiten ausgeblendet und die Darstellung auf allgemein verwertbare Ergebnisse konzentriert. Das gilt insbesondere für die Textbeispiele zur Gestaltung von Betriebsvereinbarungen und anderen Regelungen. Diese entsprechen nicht immer den tatsächlich gefundenen Ergebnissen. Sie sind stattdessen bewusst so umgestaltet, dass sie ein höheres Maß an „Verallgemeinerungsfähigkeit" besitzen.

2   Die Einführung des Mitarbeiterportals hat inhaltlich zwei Fragenkomplexe eröffnet:

1. Fragen rund um das Thema „private Nutzung des Internets"
2. mitbestimmungsrechtliche Fragen bei der Einführung des Mitarbeiterportals.

3   Während letzteres auf der Hand liegt, weil es sich offensichtlich um die Einführung einer technischen Einrichtung i.S.d. § 87 Abs. 1 Nr. 6 BetrVG handelt (ausführlich zum Mitbestimmungsrecht nach § 87 Abs. 1 Nr. 6 BetrVG siehe § 2 Rn 2 ff.), gibt es für ersteres keinen zwangsläufigen Zusammenhang mit der Einführung des Portals. Die Frage der privaten Nutzung des Web stellt sich nämlich schon bei der Bereitstellung des vernetzten Computerarbeitsplatzes, wenn die entsprechende Software (Webbrowser) den Zugang zum Internet eröffnet. In der Praxis ist indes zu beobachten, dass das Thema oft unbearbeitet bleibt, bis es zu einer generellen Revision der Systeme kommt oder arbeits- oder datenschutzrechtliche Probleme auftauchen. Oft wird den Beteiligten (Personalleitungen, Betriebsräte, Datenschutzbeauftragte) dann erst schlagartig bewusst, dass die Frage der privaten Nutzung des Web einer Regelung zugeführt werden muss und nicht unentschieden bleiben darf.

4   Die Einführung oder Änderung eines Mitarbeiterportals kann insbesondere dann Auslöser für den Entscheidungsprozess werden, wenn es seiner Konzeption nach bewusst Zugänge zum Web schafft und möglicherweise sogar dazu einlädt, private Angelegenheiten per Internet am Arbeitsplatz zu erledigen. Freilich setzt dies schon eine intensive personalpolitische Debatte voraus, auf die im Folgenden eingegangen wird. Fällt die Entscheidung dann zugunsten einer (begrenzten) privaten Nutzung, sind eine Reihe von insbesondere datenschutzrechtlichen Fragen zu klären. Die dann erforderlichen Lösungsansätze und Regelungen werden ebenfalls erörtert. Da dabei das Gestaltungsmittel „Betriebsvereinbarung" eine wichtige Rolle spielen kann, geht es auch um die Beachtung der Beteiligungsrechte des Betriebsrats bei der Einführung eines Mitarbeiterportals. Diese Facette und ihre Abgrenzung zu datenschutzrechtlichen Fragen und mitbestimmungsfreien (Vor-)Entscheidungen soll ebenfalls beleuchtet werden. Sorgsames Sortieren hilft hier stets, den Prozess besser zu strukturieren und wirkt sich damit positiv auf das Ergebnis aus. Den Ausführungen wird eine kurze Beschreibung des Mitarbeiterportals, dass von der Funktionalität und vom Anspruch her deutlich über ein bloßes Intranet hinaus geht, vorangestellt.

II. Mitarbeiterportal als Brücke zwischen Arbeit und Leben

1. Mitarbeiterportal – mehr als nur Intranet!

5   Das Intranet im herkömmlichen Sinne erschöpft sich in der „Schaufensterfunktion". Es dient in erster Linie der Information der Mitarbeiter. Nicht selten wird es auch ausgebaut zum Arbeitsmittel, wenn neben allgemeinen Informationen (Pressemeldungen, aktuelle Unternehmensnachrichten, Bereichsdarstellungen) Daten bereitgestellt werden, die für die tägliche Arbeit von praktischem Nutzen sein können (etwa die aktuellen Tarifverträge, Betriebsvereinbarungen und sonstigen Regelungen oder Börsenkurse, Organigramme, Geschäftsberichte etc.). Je nach dem, wie hoch der Anteil von PC-Arbeitsplätzen im Betrieb ist, kann das Intranet das „schwarze Brett" ergänzen oder gar gänzlich ablösen (zum Anspruch des Betriebsrats auf dieses elektronische „schwarze Brett" siehe § 2 Rn 86 ff.). Moderne Content Management Systeme ermöglichen es den Fachabteilungen, bei geringem Schulungsaufwand für die Mitarbeiter Informationen in das Intranet einzustellen. Das Intranet kann daher auch die „schwarzen Bretter" ersetzen. Allerdings hat auch der Betriebsrat einen Anspruch auf einen angemessenen Intranetauftritt.

Das Mitarbeiterportal geht einen gewichtigen Schritt weiter. Der erste Unterschied: Es lässt sich **6** individualisieren. Auf der persönlich konfigurierten Oberfläche erhält der Mitarbeiter nach einem einmaligen Anmeldungsvorgang alle Arbeitsmittel und Informationsquellen, die er benötigt. Ferner bietet das Portal eine Reihe von nützlichen Anwendungen. Ein Anwendungstyp trägt die englische Bezeichnung „Employee-Self-Service" (ESS). Bei dieser – wörtlich übersetzt – „Mitarbeiter-Selbstbedienung" können die Beschäftigten unmittelbar über die Portaloberfläche ihre persönlichen Daten bearbeiten. Ändert sich beispielsweise die Adresse oder Bankverbindung des Mitarbeiters, so kann er die Aktualisierung selbst vornehmen. Ist das Portal mit allen relevanten Systemen (Entgeltabrechnung, internes Adressbuch etc.) verbunden, können die Änderungen unmittelbar und vollumfänglich durchgreifen.

Ein weiterer Anwendungstyp ist das so genannte Management-Self-Service (MSS). Dieses System **7** richtet sich an Mitarbeiter mit Vorgesetztenfunktion. Sie erhalten Informationen und Steuerungsmöglichkeiten für ihr Team. Die Anwendungsmöglichkeiten erstrecken sich über Abwesenheitsübersichten, Urlaubsplanung, Dienstreiseanträge und Genehmigungen etc.

Ferner kann in das Portal jede beliebige IT-Anwendung eingebunden werden, sei es die Raummiete für Besprechungs- oder Schulungsräume, sei es die Organisation einer Videokonferenz oder die Einbindung eines elektronischen Bestellungssystems (etwa für Bürohilfsmittel) oder Hotelreservierungen etc. **8**

2. Mitarbeiterportal als Brücke zum www

Das Portal kann aber noch weiter gehen. In dem eingangs erwähnten Praxisbeispiel hatte man sich **9** dazu entschlossen, in einem Bereich des Portals, der mit der Überschrift „Arbeiten und Leben" versehen wurde, bewusst eine Brücke zwischen dienstlichen und privaten Belangen zu schlagen. So bietet das Portal beispielsweise eine Checkliste für Umzüge an. Der Mitarbeiter wird innerhalb dieser Checkliste in das Internet geleitet. Geht es beispielsweise um die Ummeldung, stehen Links auf einschlägige Behördenseiten parat. Auch bei anderen (privaten) Themen klickt sich der Mitarbeiter recht schnell ins Web.

Beispiele
- Checkliste Umzüge (Behördenseiten)
- Reisen (Reiseanbieter, Hotelreservierung, Bahn und Flugverbindungen, Routenplaner etc.)
- Schulferientermine
- Renteninformationen (Pensionskasse etc.)
- Finanzen (Online-Dienste der Finanzverwaltungen)
- Gesundheit (Betriebskrankenkasse, Ärztesuchprogramm)

Auch wenn der Mitarbeiter einen rein privaten Vorgang über das Internet abwickelt und das Mit- **10** arbeiterportal direkt durch Eingabe einer www.-Adresse wieder verlässt, steht für den Mitarbeiter die Portalseite am Anfang einer jeden Internetsession.

Ein derartiges Angebot setzt schon die Entscheidung voraus, dass in gewissen Grenzen eine private Nutzung des Systems gewollt ist. Grundsätzlich muss vorher geklärt sein, ob eine derartige Verbindung von Dienstlichem und Privatem gewollt ist. Bejaht man diese Frage, so ist man mit der Tatsache konfrontiert, dass es von Mitarbeitern privat motivierte Zugriffe auf Webseiten mit dem PC und über das Netzwerk des Arbeitgebers gibt. Das hat weit reichende Konsequenzen, und zwar arbeits- und datenschutzrechtliche sowie personalpolitische.

III. Private Nutzung eines dienstlichen Internetanschlusses

1. Personalpolitische Aspekte

11   Die erste zu beantwortende Frage ist genereller Natur. Soll die private Nutzung des dienstlichen Internetzugangs gestattet werden oder nicht? An der innerbetrieblichen Diskussion über das „Für und Wider" werden sich naturgemäß viele Parteien bzw. Unternehmensbereiche beteiligen. Deren Sichtweisen können ganz verschieden sein. Im Vordergrund steht eine personalpolitische Entscheidung, die mit allen Beteiligten beraten werden sollte.

12   Rein rechtlich betrachtet entscheidet indes die Unternehmensleitung. Ein Mitbestimmungsrecht des Betriebsrats über das „Ob" der Einführung gibt es nicht (ausführlich vgl. § 1 Rn 5 ff.) Die Mitbestimmungsfreiheit besteht auch hinsichtlich des Umfangs der privaten Nutzungserlaubnis (vgl. § 1 Rn 15). Der Arbeitgeber kann nicht über die Einigungsstelle dazu verpflichtet werden, die private Nutzung zu gestatten. Entscheidet er sich dafür, jegliche private Nutzung generell zu untersagen, bleibt es dabei. Von diesem rein rechtlichen Befund zu trennen ist jedoch die praktische Wahrnehmung der Arbeitnehmervertreter.

13   Aus welchen Bereichen sind Argumente für die Entscheidungsfindung einzuholen? In erster Linie dürfte hier der **Personalbereich** gefordert sein. Die personalpolitische Diskussion verläuft meist „klassisch". Befürchtet werden insbesondere der Arbeitszeitverlust und der Missbrauch der privaten Internetnutzung. Häufig untermauert wird dies mit dem Hinweis, dass der deutschen Wirtschaft durch den Verlust von Millionen von Arbeitsstunden, in denen der Mitarbeiter am Arbeitsplatz privat gesurft hat, Milliardenverluste entstehen. Dahinter steckt wohl der Umstand, dass das Internet aufgrund seiner vielfältigen Möglichkeiten so reizvoll ist, dass die Hemmschwelle, Arbeitszeit mit privaten Anliegen zu verbringen, besonders leicht überwunden wird. Fest steht aber auch: Das private Surfen ist nur eine denkbare Ablenkung von vielen. Es steht (personalpolitisch betrachtet) in einer Reihe mit anderen „Ablenkungen", wie etwa dem Lesen der Tageszeitung, dem privaten Schwätzchen auf dem Flur, dem Spielen auf dem Handy oder Gameboy und vielen anderen Dingen mehr. Wenn durch derartige Ablenkungen Performance verloren geht, so ist dies in erster Linie ein **personalpolitisches Führungsthema**. Wie stets in Fällen des „Performanceverlustes" muss die Führungskraft diesen zunächst feststellen und „der Sache auf den Grund" gehen. Letztlich sind entsprechende Gegenmaßnahmen einzuleiten. Damit soll das Problem aber keinesfalls klein geredet werden. Je nach Unternehmenstyp kann das private Surfen im Netz personalpolitische Probleme von solchen Ausmaßen aufwerfen, dass denen nur noch durch ein generelles Verbot begegnet werden kann.

Die personalpolitischen Aspekte der privaten Internetnutzung

Risiken und Nachteile	Chancen und Vorteile
• Arbeitszeitverlust	• Zeitgewinn
• Missbrauch	• Eigenverantwortung
• Ablenkung	• Qualifizierung

Auf der anderen Seite bietet die Gestattung des privaten Surfens innerhalb fester und überprüfbarer Spielregeln auch Chancen und Vorteile für das Unternehmen. In Zukunft werden die Bereiche Arbeiten und Leben stärker miteinander verbunden sein. Im Wettbewerb um gute Mitarbeiter werden diejenigen Unternehmen einen Vorteil haben, die diese Bereiche flexibel miteinander verbinden. Mitarbeiter, die Ämtergänge, Finanz- oder Versicherungsangelegenheiten vom Arbeitsplatz aus erledigen können, sparen Zeit und können umgekehrt auf flexible Arbeitszeitanforderungen des Unternehmens reagieren und mitziehen. Dass es einen derartigen Wettbewerb um qualifizierte Mitarbeiter in naher Zukunft geben wird, erscheint aufgrund des demographischen Befundes für die Bundesrepublik Deutschland so gut wie sicher.

14 Allerdings gibt es durchaus auch rechtliche Gründe, die gegen eine private Nutzung sprechen. Wenn kraft Gesetzes der Arbeitgeber zum Telekomdiensteanbieter gemacht wird oder aus der Gestattung der privaten Nutzung datenschutzschutzrechtliche Probleme erwachsen, dann ist es sehr gut nachvollziehbar, eine an sich präferierte Gestattung der privaten Nutzung doch besser zu unterlassen bzw. die private Nutzung zu untersagen. Rechtspolitisch wünschenswert wäre es, wenn der Gesetzgeber solche Folgewirkungen berücksichtigen würde.

2. Exkurs: Die Arbeitswelt von morgen

15 Forschungen über die Arbeitswelt von morgen greifen regelmäßig folgende Themen auf:
■ Flexible Arbeitszeit (Stichworte: Arbeit und Leben – Familie und Beruf)
■ Demographische Entwicklung
■ Qualifizierung
■ Eigenverantwortung
■ Technologisierung/Internationalisierung
■ Vernetzung.

Ist nun das private Surfen ein geeigneter Baustein einer modernen Arbeitswelt? Das kann man mindestens in der Tendenz bejahen.

16 Ein individueller Zuschnitt der Lage der Arbeitszeit und die damit verbundene Stärkung der Eigenverantwortung des Mitarbeiters werden in immer stärkerem Maße für die Arbeitszeitgestaltung prägend. Damit geht eine Änderung des Führungsstils einher. An die Stelle von Leistungs- und Verhaltenskontrolle rückt die Zielvereinbarung und Ergebniskontrolle. Die Umstellung auf einen kooperativen Führungsstil stellt Führungskräfte häufig vor Probleme. Wichtig ist in diesem Zusammenhang, das Vertrauen als Element der Unternehmenskultur möglichst schnell und nachhaltig zu etablieren. Wer eigenverantwortliche Mitarbeiter will, muss ihnen auch etwas zutrauen.

Die Signalwirkung und mithin der Vertrauensvorschuss, der von der Freigabe des privaten Surfens ausgehen kann, ist hier nicht zu unterschätzen. Man kann dies also durchaus als Baustein einer Unternehmenskultur verstehen.

17   Zudem besteht eine Verbindung zum Thema Arbeitszeit. Individuelle Arbeitszeitmodelle schaffen in der Regel eine zweiseitige Gewinnsituation. Auf der einen Seite wird den Mitarbeitern eine bessere Koordination mit dem Privatleben ermöglicht. Auf der anderen Seite profitieren die Unternehmen, und zwar nicht nur dadurch, dass gezielter auf Kunden eingegangen werden kann oder dass die Auslastung der Produktionsmittel optimiert wird. Hinzu kommt ganz entscheidend eine höhere Identifikation der Mitarbeiter mit ihrem Unternehmen, eine gesteigerte Service-Bereitschaft, eine stärkere Selbstdisziplin und Verantwortung der Belegschaft sowie ein gesteigerter Kreativitätsprozess. Mittelbar gibt dies die Chance, Arbeitsplatz- und Krankheitskosten zu senken. Ein wichtiger Baustein in diesem Konzept ist wiederum, die Koordination von beruflicher Tätigkeit und Privatleben zu verbessern. Der freie Web-Zugang am Arbeitsplatz unterstützt diesen Prozess nachhaltig.

18   Schon heute ist zu beobachten, dass die Unternehmen in einem (globalen) Wettbewerb um die besten Mitarbeiter stehen. Dies wird sich aufgrund der demographischen Entwicklung in den hoch entwickelten Gesellschaften noch dramatisch verstärken. Gewinner werden die Unternehmen sein, denen die Verknüpfung zwischen hochprofitabler Arbeitsweise und einer ausgeprägten sozialen Orientierung gelingt. Das Stichwort hierzu lautet: Unternehmenskultur als ökonomische Erfolgsstrategie. Gerade im Dienstleistungssektor ist Einsatzfreude, Motivation und Zufriedenheit der Mitarbeiter wegen des ständigen Kundenkontakts ein höchst bedeutsamer Faktor für den Erfolg des Unternehmens. In dem Maße, wie die Unternehmenskultur zum ökonomischen Selbstzweck wird, setzt sich auch ein „Selbstreinigungsprozess" in Gang. Dieser macht den Ausbau der staatlichen oder tariflichen „Zwangskultivierungen" (z.B. gesetzliche Mitbestimmung, tarifliche Arbeitszeitregelungen) weitgehend obsolet. Vielmehr muss verhindert werden, dass das „Immunsystem der Betriebe" durch eine Überdosierung staatlicher und tariflicher Schutzvorschriften leidet und aus Bequemlichkeit inaktiv wird (oder bleibt). Vor diesem Hintergrund sind auch die kollektiven Rahmenregelungen für den Einsatz neuer Technologien zu sehen. Sie müssen auf der einen Seite klare Spielregeln vorgeben und auf der anderen Seite ausreichende Spielräume für individuelle Lösungen und Bedürfnisse belassen.

19   Die Arbeitswelt von morgen wird zudem von ihren Arbeitsmitteln geprägt, die sich durch immer kürzere Bestands- und Verweildauern abzeichnen. Man denke in diesem Zusammenhang an die gesamte IT-Technik nebst ihrer Softwarelösungen. Der aktive Umgang mit derartigen Medien ist eine wichtige Zusatzkomponente. Auf das „learning by doing" kann auch bei noch so guten Schulungen nicht verzichtet werden. Und private Motive, sich mit dem „Neuen" zu beschäftigen, sind in punkto Lernerfolg nicht die schlechtesten. Der privat nutzbare Internetanschluss kann dazu beitragen, dass die Scheu vor neuen Medien abgebaut wird und dass die Mitarbeiter sich durch ständigen Umgang mit der Technologie quasi selbst qualifizieren.

20   Zudem profitieren Unternehmen in zunehmendem Maße von der Fähigkeit ihrer Mitarbeiter Netzwerke zu bilden. Internet und E-Mail spielen dabei eine große Rolle. Dienstliches und Privates sind bei der Knüpfung von Netzwerken schwer voneinander zu trennen. Das gilt insbesondere, wenn Geschäftsbeziehungen im internationalen Umfeld notwendigerweise mit kulturellem Austausch verbunden sind. Eine strenge Begrenzung der Kommunikationsmittel auf „dienstliche" Belange stößt zumindest auf „Interpretationsschwierigkeiten" und erweist sich zumeist als gänzlich hinderlich, wenn nicht gar undurchführbar. Tauscht sich beispielsweise ein Mitarbeiter aus dem HR-Bereich über www.xing.com mit Kollegen anderer Unternehmen aus, ließe sich kaum abgrenzen, welcher Teil dieses social networking rein dienstlich ist.

21   Fazit: Entscheidet sich die Unternehmensleitung für die Gestattung der privaten Internetnutzung, sind klare, faire und akzeptierte Spielregeln das „A und O", für deren Ausgestaltung die betriebliche Mitbestimmung greift.

3. Die technischen Vorgaben und Datenschutz

Neben der personalpolitischen Diskussion ist von entscheidender Bedeutung, welche Möglichkeiten und Beschränkungen sich aus der technischen Ausstattung des Unternehmens ergeben. Der häufigste (Problem-)Fall folgt aus folgender typischen und definitiven Aussage der IT-Abteilung: „Im vorhandenen System lassen sich private und dienstliche Daten nicht trennen. Um dies zu gewährleisten, müssten zwei völlig getrennte Serversysteme eingerichtet werden. Ferner wäre es erforderlich, dass beim privaten Zugriff eine neue Anmeldung im System unter einem anderen Usernamen erfolgen könnte. Dies wäre mit hohen Kosten verbunden. Daher bleibt es dabei, dass eine technische Trennung von privaten und dienstlichen Daten nicht zu leisten ist."   **22**

Diese oder zumindest ganz ähnliche Aussagen dürften in den meisten Unternehmen die Regel sein und haben generell zur Folge, dass die Unternehmensleitung von einer solchen Trennung Abstand nimmt. Diese Entscheidung hat wiederum erhebliche Auswirkungen: Die Konsequenz ist nämlich die Vorgabe, dass gleiche Standards im Umgang mit dienstlichen und privaten Daten gelten. Das erzeugt erheblichen Handlungsbedarf, wenn im Unternehmen die private Nutzung gestattet werden soll. Einfach gesagt ist zunächst der Mindeststandard für dienstliche Daten zu ermitteln, was die Protokollierung, Aufzeichnung und Löschung der Daten angeht. Im zweiten Schritt sind die Regelwerke zu schaffen, die diese Standards auf den Umgang mit den am Arbeitsplatz erzeugten privaten Daten erstrecken. Durch diese Erstreckung wird der gesetzlich vorgegebene Schutz der privaten Daten auf das dienstliche Niveau abgesenkt! Das erfordert erhebliche Sorgfalt bei der Gestaltung und Kommunikation unter Einbindung von Datenschutzbeauftragten, Betriebsrat und Revisionsabteilung.

4. Weitere Aspekte (Außenwirkung)

Weitere Aspekte, die bei der Entscheidung für oder gegen eine private Nutzung eine Rolle spielen können, haben etwas mit dem Image des Unternehmens, d.h. mit seiner Außenwirkung zu tun. Gerade große Unternehmen werden in den regelmäßig veröffentlichten Listen geführt, aus denen die Öffentlichkeit und damit auch die Kunden entnehmen können, ob das Unternehmen seinen Mitarbeitern das private Surfen gestattet. Damit liegt die Frage auf der Hand: Passt dieser „Anstrich" zum eigenen Branding? Könnte womöglich beim Kunden der Eindruck entstehen „Anstatt sich um meine Belange zu kümmern, surfen die lieber im Internet" oder „Anstatt ihr Preis-/Leistungsverhältnis zu verbessern, bieten Sie ihren Mitarbeitern ein Schlaraffenland"? Diese Fragen sind durchaus ernst zu nehmen und können im Einzelfall die personalpolitischen Aspekte aufwiegen.   **23**

IV. Gestaltung der Regelungen zum Mitarbeiterportal

1. Allgemeine Unterscheidung: Datenschutz und betriebliche Mitbestimmung

Die erste Weichenstellung für die Gestaltung der Regelungen ergibt sich aus dem etwaigen Vorhandensein eines Betriebsrats. In betriebsratslosen Einheiten entfällt die Beachtung der Mitbestimmungsrechte. Dafür steht dort auch nicht das Gestaltungsmittel der Betriebsvereinbarung zur Verfügung. In Betrieben mit Betriebsrat ist der Betriebsrat einzubeziehen. Es empfiehlt sich der Abschluss einer Betriebsvereinbarung. In der Regel dürfte der Betriebsrat dazu auch bereit sein, wird dadurch schließlich der Weg frei für die private Nutzung, die anderenfalls schlicht (mitbestimmungsfrei) untersagt werden könnte. Dennoch ist es ratsam, die Rechte des Betriebsrats einmal genau unter die Lupe zu nehmen. Denn es ist zu differenzieren zwischen dem Mitbestimmungsrecht nach § 87 BetrVG und datenschutzrechtlichen Fragen. Diese Unterscheidung gilt ganz allgemein für jede denkbare Portalnutzung, nicht nur für die Frage der (privaten) Internetnutzung.   **24**

25 Das einschlägige Mitbestimmungsrecht nach § 87 Abs. 1 Nr. 6 BetrVG (ausführlich dazu siehe § 2 Rn 2 ff.)[1] setzt voraus, dass durch die Einführung und Anwendung einer technischen Einrichtung eine Leistungs- oder Verhaltenskontrolle der Arbeitnehmer ermöglicht wird. Technische Einrichtung ist dabei stets der Einsatz von EDV-Technik nebst der dazugehörigen Software. Liegt ein Mitbestimmungsrecht vor, muss vor Einführung der technischen Einrichtung bzw. vor Durchführung der Befragung mit dem Betriebsrat Einvernehmen erzielt werden. Gelingt dies nicht, entscheidet die Einigungsstelle. Wird das Mitbestimmungsrecht nicht beachtet, steht dem Betriebsrat ein Unterlassungsanspruch zu, der auch im Wege des einstweiligen Rechtsschutzes durchgesetzt werden kann.

26 Was die datenschutzrechtliche Seite angeht, gilt Folgendes: Der Betriebsrat hat die allgemeine Aufgabe, darüber zu wachen, dass die zugunsten der Arbeitnehmer geltenden Gesetze durchgeführt werden (§ 80 Abs. 1 Nr. 1 BetrVG). Gemeinsam mit dem Arbeitgeber hat er die freie Entfaltung der Persönlichkeit der im Betrieb beschäftigten Arbeitnehmer zu schützen und zu fördern (§ 75 Abs. 2 BetrVG). Dementsprechend hat der Betriebsrat ein „Wächteramt" auch bezüglich der Einhaltung der Datenschutzgesetze. Zu diesem Zwecke muss er umfassend und rechtzeitig vom Arbeitgeber unterrichtet werden. Stellt er fest, dass aus seiner Sicht die Datenschutzgesetze nicht eingehalten sind, hat er z.B. die Möglichkeit, sich bei den Landes- oder Bundesdatenschutzbehörden zu beschweren.

27 Ihm steht allerdings – anders als bei der Mitbestimmung nach § 87 BetrVG – kein Unterlassungsanspruch zu. Deshalb ist juristisch genau zu unterscheiden, ob die Bedenken des Betriebsrats aufgrund von möglicher Leistungs-/Verhaltenskontrolle (Mitbestimmung/Unterlassungsanspruch) oder aufgrund mangelnder Beachtung des Datenschutzes („Wächteramt"/kein Unterlassungsanspruch) geltend gemacht werden. Es ist aber auch im letztgenannten Fall zu bedenken, dass der Betriebsrat mit den Mitteln der Kommunikation agieren kann, indem er seine Bedenken hinsichtlich der Einhaltung der Datenschutzgesetze betriebsöffentlich äußert. Der Erfolg der Einführung kann damit erheblich gefährdet werden. Deshalb empfiehlt es sich, die datenschutzrechtlichen Bedenken des Betriebsrats vor der Befragung auszuräumen – etwa mittels Vorlage einer Unbedenklichkeitsbescheinigung des Landes- oder Bundesdatenschutzbeauftragten.

2. Private Internetnutzung

28 Bei der privaten Internetnutzung stehen datenschutzrechtliche Fragen im Vordergrund. Die Leistungs- und Verhaltenskontrolle, die nach § 87 Abs. 1 Nr. 6 BetrVG zur echten Mitbestimmung führt, spielt sich hauptsächlich bei der Protokollierung der Daten ab. In den meisten Betrieben ist dazu schon eine Lösung gefunden worden, die sich leicht übertragen lässt, denn die Protokollierung von Daten, die Rückschlüsse auf Leistung oder Verhalten zulassen, ist in der heutigen EDV-Welt ein bekanntes Thema. Es muss mit dem Betriebsrat schon für das Betriebssystem des PC oder die Telefonanlage abgehandelt worden sein.

29 Kritischer – und deshalb im Zentrum der Betrachtung – ist die datenschutzrechtliche Ausgangslage. Ein Unternehmen, welches seinen Mitarbeitern einen privat nutzbaren Internetzugang zur Verfügung stellt, steht datenschutzrechtlich betrachtet in einer Reihe mit den gewerblichen Telekommunikationsanbietern (wie etwa T-Online, AOL usw.).

30 Das größte rechtliche Schwergewicht ist § 88 TKG. Darin wird das Fernmeldegeheimnis geschützt. Braucht der Arbeitgeber eine inhaltliche Kontrolle der Daten im dienstlichen Bereich und ist die Trennung von dienstlichen und privaten Daten nicht möglich, so benötigt er für diese Vorgänge die **schriftliche Einwilligung** des Mitarbeiters gem. § 94 TKG. Die Lage ist vergleich-

---

1 Ferner könnte noch § 87 Abs. 1 Nr. 1 BetrVG (Ordnung des Betriebs und Verhalten der Arbeitnehmer) in Betracht kommen; dazu unter § 2 Rn 41 ff. Dafür gilt das zum Mitbestimmungsverfahren Gesagte entsprechend.

bar mit dem Öffnen von Briefen oder dem Mithören eines Telefonats. Beides ist strafrechtlich relevant, wenn nicht eine rechtfertigende Einwilligungserklärung des Betroffenen vorliegt. Die Einwilligung im Sinne des TKG gilt gem. § 11 Abs. 3 TMG auch für die Einwilligungserfordernisse des TMG.

Zudem wird die Datenerhebung bei Telekommunikationsanlagen einer sehr engen Zweckbindung unterworfen. Sie ist grundsätzlich nur zum Zwecke der Entgeltermittlung und -abrechnung zulässig – ein Zweck, der bei der unentgeltlichen privaten Nutzung betrieblicher Systeme nicht passt. In jedem Falle sind dafür nicht erforderliche Daten unverzüglich zu löschen. Jede Verwendung zu anderen Zwecken kann dann nur auf eine wirksame Einwilligung der Betroffenen gestützt werden. Anders als in den Fällen der rein dienstlichen Nutzung ist ein Rückgriff auf die allgemeinen Erlaubnistatbestände des BDSG, oder auf sonstige Ermächtigungsgrundlagen nicht zulässig. Danach wäre eine bloße Regelung in einer Betriebsvereinbarung keine ausreichende Rechtsgrundlage. Erforderlich als Ermächtigungsgrundlage ist somit die Einwilligung der Mitarbeiter. **31**

Auch wenn – anders als gem. § 28 BDSG oder dem früheren TDG – eine Betriebsvereinbarung als Rechtsgrundlage nicht ausreicht, ist in Betrieben mit Betriebsrat eine Kombination von Betriebsvereinbarung und Einwilligungserklärung zu empfehlen. In betriebsratslosen Einheiten muss man sich einer umfassenden Einwilligungserklärung bedienen. **32**

Das Gütesiegel „betriebsratsgeprüft" führt in der Regel dazu, dass Diskussionen mit einzelnen Mitarbeitern vermieden werden können. Von daher sollte in der Betriebsvereinbarung auch über den rein rechtlichen Regelungsgehalt hinaus der Zweck der Einwilligung angemessen erläutert werden. Dabei ist der Eindruck zu vermeiden, die Mitarbeiter stünden unter einem Generalverdacht. Eine personalpolitisch sinnvolle Maxime lautet einmal mehr: „Soviel Kontrolle wie nötig, so viel Vertrauen wie möglich!"

3. Die Gestaltung der Betriebsvereinbarung zur privaten Internetnutzung

a) Gleichstellung von gelegentlicher privater und dienstlicher Nutzung

Das erste Element einer Betriebsvereinbarung zur Gestaltung der privaten Nutzung des Internets innerhalb eines Mitarbeiterportals ist ein schlichtes Nachvollziehen der technischen Vorgaben, nämlich die Gleichstellung des privaten und dienstlichen Datenflusses. Im nachstehenden Textbeispiel ist dieser Passus hervorgehoben. Es ist sinnvoll, diesen in einen Gesamtkontext einzubinden. Im Textbeispiel sind bereits erste Einschränkungen der Nutzung enthalten. **33**

Beispiel

Die gelegentliche private Nutzung des Internets ist zulässig, soweit dadurch die Arbeitsaufgabe bzw. Aufgabenerfüllung nicht beeinträchtigt wird sowie betriebliche Belange und Abläufe nicht gestört werden. Es gelten die Grundsätze dieser Vereinbarung. Der Arbeitgeber übernimmt keine Haftung für Inhalte oder technische Abwicklung gelegentlicher privater Nutzung. **Wie die dienstliche wird auch die gelegentliche private Nutzung nach den nachstehenden Regelungen protokolliert.** Unzulässig ist die Nutzung zu privaten gewerblichen Zwecken.

b) Erforderlichkeit einer datenschutzrechtlichen Erklärung

Da aufgrund von § 88 TKG (Fernmeldegeheimnis) ohnehin nicht auf eine schriftliche Einwilligungserklärung verzichtet werden kann, ist es sinnvoll, auf diesen Umstand bereits in der Betriebsvereinbarung hinzuweisen. **34**

Beispiel

Mitarbeiter, die diese private Nutzung beanspruchen möchten, müssen eine datenschutzrechtliche Erklärung – siehe Anlage 1 – nach dem TKG abgeben. Diese ist erforderlich, da technisch
und/oder organisatorisch die Vertraulichkeit von Dokumenten nicht immer gewährleistet ist.
Unabhängig von dieser Erklärung sind Dokumente, die global ohne deren Öffnung oder nach
Öffnung (durch Systemadministration, aufgrund technischer Probleme) erkennbar privat sind,
i.S.d. Gesetzes vertraulich zu behandeln.

IT-erfahrene Mitarbeiter könnten einwenden, eine Koppelung der Nutzung an die Einwilligung
sei gem. § 95 Abs. 5 TKG unzulässig. Dies trifft jedoch nicht zu, da die Mitarbeiter grundsätzlich
für die private Nutzung (außerhalb der Arbeitszeit) auch auf andere Anbieter zugreifen könnten.

c) Der Verhaltenscodex

35 Der eigentliche Kern der Spielregeln liegt in dem unten beispielhaft aufgeführten „Verhaltenscodex" (zu denkbaren Sanktionen bei Verletzung der Verhaltensvorschriften siehe § 1 Rn 61 ff.).

Beispiel

Das Aufrufen, Speichern, Versenden oder Weiterleiten von E-Mails bzw. Webseiten mit por-
nographischem, rassistischem, Gewalt verherrlichendem, die Menschenwürde verletzendem
oder extremistischem Inhalt sowie sonstigem strafrechtlich relevantem Inhalt in Bild, Ton
oder Text ist verboten. Dies gilt auch für den Versand und das Weiterleiten von Inhalten,
die nachweislich geeignet sind, das Ansehen der Unternehmensgruppe in der Öffentlichkeit
herabzusetzen oder zu beschädigen.

Die Mitarbeiterinnen und Mitarbeiter werden über datenschutzrechtliche Anforderungen des
Portals informiert, auf deren Einhaltung verpflichtet und auf mögliche arbeitsrechtliche und/
oder strafrechtliche Konsequenzen des Missbrauchs hingewiesen. Form und Inhalt dieser
Datenschutzerklärung werden mit dem zuständigen Betriebsratsgremium abgestimmt.

d) Funktionsweise des Web-Content-Filters

36 Der Einsatz eines Web-Content-Filters, d.h. eines Programms, das von vornherein das Aufrufen bestimmter indizierter Seiten verhindert, ist empfehlenswert. Er unterstützt das allgemeine Bemühen,
den Bildschirm „sauber" zu halten. Die Frage, ob ein Web-Content-Filter zum Einsatz kommen soll,
ist mitbestimmungsfrei. Die Frage, wie er arbeitet und dabei insbesondere, ob und wie protokolliert
wird, dass Mitarbeiter versucht haben, indizierte Seiten aufzurufen, ist mitbestimmungspflichtig
(§ 87 Abs. 1 Nr. 6 BetrVG). Die Filterkategorien (d.h. die Wirkungsweise des Filters – konkret: welche Seiten sind gesperrt) werden zwar im Grundsatz von der Betriebsvereinbarung und dem darin
enthaltenen Verhaltenscodex vorgegeben, bleiben aber mitbestimmungsfrei. Im Textbeispiel unten
wird daher nur eine „Beratungsverpflichtung" mit dem Betriebsrat festgelegt.

Allerdings sollte auf eine konsensorientierte Auswahl der gesperrten Seiten geachtet werden. Soweit nicht schon Art. 9 Abs. 3 GG und eine diesbezügliche Einwilligung dem Sperren von gewerkschaftlichen Internetauftritten und dem Abfangen gewerkschaftlicher Spam-Mails entgegensteht,[2] wäre ein solcher Filter geeignet, eine Gegenreaktion des Betriebsrats auszulösen.

Beispiel

Zur Verhinderung unerwünschter Verwendung des Internets werden geeignete Filter eingesetzt. Die verwendeten Filter sind mit dem zuständigen Betriebsratsgremium beraten und in
Anlage X benannt. Änderungen werden mit dem zuständigen Betriebsratsgremium rechtzeitig
vor Aktivierung beraten. Bezüglich der Funktionsweise der Filter (Protokollierung) werden

---

2 BAG 20.1.2009 – 1 AZR 515/08.

die Protokollierung und damit die Nachverfolgbarkeit eines aufgrund der Filterfunktion abgewiesenen Aufrufs technisch lückenlos ausgeschlossen. Über abgewiesene Aufrufe durch Filterverwendung erhalten die Anwender eine Rückmeldung am Bildschirm. Der Einsatz von Filtern soll die Arbeit nicht behindern oder der Herausbildung des eigenverantwortlichen Handelns im Portal zuwiderlaufen.

e) Regelungen zur Protokollierung von Portaldaten (Ausübung des Mitbestimmungsrechts nach § 87 Abs. 1 Nr. 6 BetrVG)

Hier wird die Mitbestimmung des § 87 Abs. 1 Nr. 6 BetrVG abgearbeitet (ausführlich zu diesem Mitbestimmungstatbestand siehe § 2 Rn 2 ff.). Die im letzten Absatz angesprochene Speicherfrist muss sich an den Anforderungen bezüglich dienstlicher Daten orientieren. Das ergibt sich aus der technischen Vorgabe der Untrennbarkeit der Datenströme. Werden für dienstliche Daten längere Vorhaltepflichten als sechs Monate benötigt, ist die Frist zu verlängern. Genügen auch für den dienstlichen Bereich kürzere Fristen, wäre die Frist zu verkürzen. **37**

Beispiel

Zur Gewährleistung der Systemsicherheit können benutzerbezogene Systemdaten aufgezeichnet werden. Der Zugriff auf die Protokolldaten bleibt auf die Personen begrenzt, die für die Betriebssicherheit des Portals verantwortlich sind.

Protokolle mit Mitarbeiterbezug im Rahmen der Portalnutzung werden in der Anlage Y (Datenkatalog) dokumentiert und mit dem zuständigen Betriebsratsgremium vereinbart.

Die Auswertung der Protokolleinträge auf Benutzerebene ist nur in sachlich begründeten Fällen und nach Zustimmung des zuständigen Betriebsrates zulässig. Ausgenommen sind Fälle der Strafverfolgung und Strafvereitelung, wobei in solchen Fällen der zuständige Betriebsrat anschließend zu informieren ist. Insgesamt ausgenommen sind rechtmäßige Auswertungen durch Wirtschaftsprüfgesellschaften.

Die gespeicherten Protokolle werden spätestens am Ende des sechsten Folgemonats gelöscht oder anonymisiert. Unabhängig hiervon ist im Falle der Anonymisierung die quantitative und qualitative Auswertung der Nutzung des Portals über diesen Zeitraum hinaus zulässig, um daraus den zukünftigen Nutzungsbedarf festzustellen oder Fehlentwicklungen zu erkennen.

f) Rechte der Systemadministratoren

Eine konkrete Regelung der Administratorenrechte ist mit Blick auf „kritische Ereignisse" für die Datensicherheit ebenfalls empfehlenswert. **38**

Beispiel

Unbeschadet der hier getroffenen Regelungen ist die Systemadministration berechtigt, unbekannte oder als für den laufenden Betrieb kritische Ereignisse zu prüfen und unmittelbar mit dem Benutzer abzustellen. Werden hieraus relevante Fehlnutzungen festgestellt, die eine Einbeziehung der Personalverantwortlichen erforderlich machen, so wird der zuständige örtliche Betriebsrat informiert und gemäß der gesetzlichen Rechte beteiligt. Auf der Systemadministrationsebene werden Daten- und Vertrauensschutz gewährleistet.

Mit den oben genannten Beispielen dürften die wesentlichen Inhalte der Betriebsvereinbarung abgedeckt sein. Nun fehlt noch der Text der Einwilligungserklärung, der im Folgenden erläutert wird.

4. Die Gestaltung der Einwilligungserklärung zur privaten Internetnutzung

Die Einwilligungserklärung ergänzt die Regelungen der Betriebsvereinbarung im Grunde nur in einem Punkt, der anders nicht abzudecken ist: Es ist die Einwilligung in den Eingriff in das Fern- **39** meldegeheimnis, wenn in private nach den Spielregeln für dienstliche Daten eingesehen werden kann. Damit könnte man die Einwilligungserklärung eher kurz fassen. Dies wird aber ausdrücklich nicht empfohlen. Um auf „Nummer sicher" zu gehen, sollten die Inhalte der Betriebsvereinbarung nochmals aufgenommen werden. Damit kann die Einwilligungserklärung wie folgt aussehen:

a)   Art und Ausmaß der Speicherung bzw. Protokollierung von Daten

40   Die Einverständniserklärung bezieht sich auf die Internetnutzung, sofern dieses auch privat genutzt werden darf. Von der Gestattung, das dienstlich verwendete E-Mail-System auch privat zu nutzen, sollte abgesehen werden.

> *Beispiel*
>
> Die Gesellschaft gestattet mir im Rahmen des Portals die interne (d.h. vom Arbeitsplatzrechner aus erfolgende) und gelegentliche Nutzung des geschäftlichen Internet-Anschlusses zu privaten und nicht-kommerziellen Zwecken, wenn ich die unten aufgeführte Einverständniserklärung abgebe. Die Verfügbarkeit des IT-Systems für dienstliche Zwecke darf in keinem Falle durch die private Nutzung beeinträchtigt werden.
>
> Eine technische Unterscheidung von privater und dienstlicher Nutzung erfolgt nicht. Daher werden die durch die Nutzung des Systems erzeugten Daten protokolliert und gespeichert. Insbesondere Daten über das „Ob" und „Wie" der Internetnutzung.
>
> Die Internetnutzung erfolgt nach den Standards, wie sie für die dienstliche Nutzung festgelegt sind.
>
> Bei der Nutzung des dienstlichen Internet-Anschlusses werden folgende Daten gespeichert:
>
> - Zugriffe auf Internet-Server nebst Adresse der angewählten Seite
> - Ausgangs-PC, von dem aus angewählt wurde
> - Datum und Uhrzeit der Aktivität.
>
> Über Art und Ausmaß der Protokollierung und Speicherung wurde ich im Rahmen einer Einweisung am … außerdem mündlich ausführlich informiert. Mit der Abgabe dieser Einverständniserklärung willige ich darin ausdrücklich ein.

b)   Hinweise auf die Regelungen der Betriebsvereinbarung hinsichtlich der Leistungs- und Verhaltenskontrolle

41   Der Hinweis auf die Regelungen zur Protokollierung (und damit auf die Leistungs- und Verhaltenskontrolle) ist zwar nur deklaratorisch. Macht aber für den Mitarbeiter „das Bild rund".

> *Beispiel*
>
> Aus diesen Vorgaben ergibt sich insbesondere, dass eine Verwendung der Daten zur Verhaltens- und Leistungskontrolle nicht stattfindet, es sei denn, es besteht der begründete Verdacht einer Straftat oder der Betriebsrat hat einer Kontrolle zugestimmt.

c)   Wiederholende Aufführung der Nutzungsbeschränkungen aus der Betriebsvereinbarung

42   Es ist zudem empfehlenswert, den gesamten, in der Betriebsvereinbarung statuierten „Verhaltenskodex" in die Einwilligungserklärung aufzunehmen. Er kann entweder abgeschrieben werden oder als Textauszug in die Erklärung gedruckt werden.

d)   Ausschluss von Rechtsansprüchen auf private Internetnutzung

43   Der nächste Passus enthält neben dem Ausschluss von Rechtsansprüchen auch noch den Hinweis darauf, dass die private Nutzung eine freiwillige Leistung des Arbeitgebers ist. Der Arbeitgeber sollte sich diese „Bewegungsfreiheit" in jedem Falle erhalten.

Beispiel

Es wird klargestellt, dass die Erlaubnis nach Ziffer xy keinen Rechtsanspruch (zeitlich wie inhaltlich) auf Nutzung des geschäftlichen IT-Systems, zusätzliche Leistungen und technische Unterstützung für private Zwecke begründet. **Die Erlaubnis zur privaten Nutzung des IT-Systems kann daher jederzeit durch die Gesellschaft eingestellt werden.**

e) Rechtsfolgen für den Fall, dass Einwilligung nicht gegeben wird

Natürlich taucht die Frage auf: Was geschieht, wenn der Mitarbeiter die Einwilligungserklärung nicht unterschreibt. Die Antwort: Ihm wird das private Surfen ausdrücklich untersagt. Eine „gespaltene" Belegschaft lässt sich aber meist verhindern, wenn man den Mitarbeitern verdeutlicht, dass man sich mit der Einwilligung ja nur die Option einhandelt, das System privat zu nutzen. Niemand wird aber gezwungen, seine privaten Belange am Rechner zu bearbeiten. Wer die Spielregeln nicht akzeptiert, kann dennoch unterschreiben. Er muss sich bloß auf die dienstliche Nutzung selbst beschränken und Privates von zu Hause regeln.

44

Beispiel

Soweit ich mich mit diesen Grundsätzen einverstanden erkläre, gelten diese mit sofortiger Wirkung. Das Einverständnis kann jederzeit schriftlich widerrufen werden. Es gilt dann mit sofortiger Wirkung Ziffer xy (nächster Absatz) dieser Grundsätze.

Sofern ich mich mit diesen Grundsätzen nicht einverstanden erkläre oder keine Erklärung abgebe, gilt, dass die Nutzung des geschäftlichen Internet- und E-Mail-Anschlusses ausschließlich zu dienstlichen Zwecken zulässig ist. Die private Nutzung ist ohne gültige Einverständniserklärung gänzlich untersagt. Ein Verstoß gegen das Verbot kann arbeitsrechtliche Folgen (Abmahnung, Kündigung) haben. Ich kann jederzeit nachträglich mein Einverständnis zu vorgenannten Grundsätzen geben, indem ich diese Erklärung unterzeichne. Mir ist bekannt, dass das Verbot der privaten Nutzung stichprobenartig seitens der Gesellschaft überwacht wird. Diese Überwachung erfolgt in Abstimmung mit dem zuständigen Betriebsrat.

Die Einwilligung als solche sollte nicht überschätzt werden. Während lange Zeit so großzügig wie selbstverständlich davon ausgegangen wurde, dass der Mitarbeiter sein Recht auf informationelle Selbstbestimmung zivilrechtlich gegenüber dem Arbeitgeber zur Disposition stellen kann, geht der Trend in Gesetzgebung, Rechtsprechung und Literatur in die andere Richtung. Es wird damit argumentiert, dass gerade aufgrund der Abhängigkeit im Arbeitsverhältnis der Mitarbeiter auch vor zu weitgehender Einwilligung geschützt werden müsse.

45

Ein weiterer Sargnagel für die Einwilligung könnte die AGB-Kontrolle darstellen. Je höher die Anforderungen werden, wie explizit ausgeführt werden muss, in was der Mitarbeiter einwilligt, desto länger und laienunverständlicher werden diese Texte. Wenn dann aus Transparenzgründen besonders wichtige Passagen drucktechnisch hervorzuheben sind, wird die Einwilligung zu einem juristischen Kunsttext.

V. Besondere Portalfunktionalitäten und betriebliche Mitbestimmung

Ein Mitarbeiterportal kann über die oben erörterte private Internetnutzung hinaus eine Reihe weiterer Funktionalitäten haben, die unter mitbestimmungsrechtlichen Gesichtspunkten relevant sein können. Dabei ist aber stets zu Fragen, ob die angebotene Portalfunktionalität selbst oder andere Umstände die Mitbestimmung auslösen. Es lassen sich drei Fallgruppen unterscheiden:

46

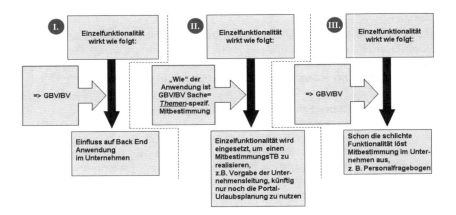

47   **Fallgruppe 1:**

Dateneingaben oder ähnliche Aktionen wirken sich unmittelbar auf eine Back-End-Anwendung aus.

Typisches Beispiel für diese Fallgruppe ist das ESS (Employee-Self-Service). Wenn es im Rahmen dieser Anwendung dem Mitarbeiter ermöglicht wird, z.B. seine Stammdaten zu pflegen und sich die Änderungen unmittelbar im Abrechnungssystem auswirken, so werden dadurch möglicherweise Fragen ausgelöst, die das dahinter liegende Abrechnungssystem angeht. Das Portal selbst ist allenfalls in seiner Interface-Funktion betroffen. Es dient lediglich als Übertragungsweg. Stellt sich zum Beispiel die Frage, ob Regelungen in der Betriebsvereinbarung zum Portal oder in der Betriebsvereinbarung zum Abrechnungssystem zu treffen sind, so dürfte in aller Regel Letzteres der Fall sein.

48   **Fallgruppe 2:**

Portalfunktionalität wird erst durch das aktualisierte Direktionsrecht mitbestimmungspflichtig.

Denkbar ist auch, dass eine Portalfunktionalität selbst kein Mitbestimmungsrecht auslöst und die Mitbestimmung erst gegeben ist, wenn der Arbeitgeber bestimmte Anweisungen bezüglich dieser Anwendung erteilen will. Beispiel: Das Portal stellt ein Tool zur Urlaubsplanung zur Verfügung. § 87 Abs. 5 BetrVG (*„Aufstellung allgemeiner Urlaubsgrundsätze und des Urlaubsplans sowie die Festsetzung der zeitlichen Lage des Urlaubs für einzelne Arbeitnehmer, wenn zwischen dem Arbeitgeber und den beteiligten Arbeitnehmern kein Einverständnis erzielt wird.“*) wird durch das bloße Zurverfügungstellen der Funktionalität nicht berührt. Denn das Portal ist ein bloßes Hilfsmittel. Ähnlich wäre es, wenn der Arbeitgeber Urlaubskalender in den Abteilungen verteilen ließe. Auch das ist solange mitbestimmungsfrei, wie damit nicht die Anweisung verbunden ist, dass nur diese Urlaubskalender zu benutzen und zu pflegen sind. Übertragen auf die Portalfunktionalität heißt das: Solange der Arbeitgeber nicht anweist, dass die Urlaubsplanung über das Portal zu erfolgen hat, wird die Mitbestimmung nicht ausgelöst. Damit steht auch einer Portaleinführung mit Urlaubsplanungstool nichts im Wege, wenn dieser Punkt noch nicht geklärt sein sollte. Erst die Anweisung zur verbindlichen Nutzung löst das Mitbestimmungsrecht aus.

Gibt es allerdings bereits betriebliche Regelungen im Rahmen der Urlaubsgrundsätze, könnte das im Portal zur Verfügung gestellte Planungstool unter Umständen damit kollidieren. Beispiel: In einer Betriebsvereinbarung ist festgelegt, dass der Urlaub schriftlich zu genehmigen ist. Die Portalanwendung ermöglicht die Urlaubsgenehmigung in elektronischer Form. In diesem Fall ist die Mitbestimmungsfrage vorab zu klären und zwar sinnvollerweise durch eine Ergänzung der Regelungen zu den Urlaubsgrundsätzen.

Fallgruppe 3: 49

Schon die schlichte Funktionalität löst ein (auf den konkreten Gegenstand bezogenes) Mitbestimmungsrecht aus.

Beispiel dafür ist die Einstellung eines Personalfragebogens i.S.v. § 94 BetrVG in das Portal. Diese Qualität ist leicht erreicht, wenn die Mitarbeiter ihr „Profil" für die Nutzer sichtbar im Netz anlegen können und dabei persönliche Kenntnisse und Fähigkeiten (etwa Sprachkenntnisse) angegeben werden. Auch hier bleibt das spezielle Mitbestimmungsrecht nach § 94 BetrVG durch die Rahmenregelung zur Einführung des Portals zunächst unberührt, weil ein Personalfragebogen als solcher mitbestimmungspflichtig ist – unabhängig davon, ob er über das Portal verteilt wird oder nicht. Dementsprechend ist eine Regelung außerhalb der Portalregelung – aber vor Einführung des Tools – zu treffen. Sie dürfte im Beispiel des Personalfragebogens auch nur dann erforderlich werden, wenn die Erstellung eines derartigen (standardisierten) Profils für die Mitarbeiter obligatorisch gemacht wird.

Weitere Beispiele sind die Arbeitszeitplanung über das Portal oder das Angebot zu betrieblichen Bildungsmaßnahmen i.S.d. §§ 97, 98 BetrVG. Hier sind an sich mitbestimmungspflichtige Angelegenheiten betroffen, die aber von der Rahmenregelung zur Einführung des Portals zu trennen sind. Das Portal ist nur der „Schaukasten". Die Mitbestimmung indes hat auf den jeweiligen Gegenstand bezogen zu erfolgen.

Das dienstlich zu nutzende Email-System, in der Regel MS-Outlook, kann als Bestandteil des Mitarbeiterportals angesehen werden. Ist dies der Fall, sollte eine Trennung von dienstlicher und privater Nutzung ausdrücklich geregelt werden. Auf die Inhalte der dienstlichen Email-Kommunikation muss der Arbeitgeber zumeist schon aus Gründen der compliance Zugriff haben können. Wird auch die private Nutzung gestattet, wäre dieser Zugriff kaum effizient zu gewährleisten. Sofern die private Nutzung des Internets zugestanden ist, entgeht dem Mitarbeiter durch die Beschränkung des MS-Outlook auch wenig, da er die internetbasierten kostenfreien Email-Provider für den privaten Mailverkehr nutzen kann.

VI. Schlussbetrachtung

Die Einführung eines Mitarbeiterportals wirft viele arbeitsrechtliche und datenschutzrechtliche 50 Fragen auf. Diese sind aber bei sorgfältiger Sortierung gut lösbar. Schwieriger erscheint die generelle Frage, ob die private Nutzung des Internets gestattet wird oder nicht. Dies hängt von vielen zu berücksichtigenden Aspekten ab. Innerhalb eines modern gestalteten Mitarbeiterportals wären gewichtige personalpolitische Effekte verschenkt, wenn das private Surfen in gewissen Grenzen nicht ermöglicht wird. Die Arbeitswelt von morgen, die Verzahnung von Arbeitswelt und „Freizeit" sowie die große Bedeutung einer Vertrauenskultur im Unternehmen werden den Trend bestimmen. Und der heißt: Gestattung der privaten Nutzung in klaren Grenzen. Die Gestaltung der Spielregeln ist zwar nicht einfach aber machbar. Der Betriebsrat ist einzubinden. Die datenschutzrechtliche Ausgangslage ist jedenfalls kein „Killerargument". Die Textbeispiele oben können bei der Umsetzung helfen, wenn Sie auf den jeweiligen speziellen Fall angepasst werden. Darüber hinaus gibt es – je nach Funktionalitäten des Portals – eine Reihe weiterer mitbestimmungsrechtlicher Themen, die aber selten wirklich „portalspezifisch" sind. Oft ist das Portal hier nur der Schaukasten oder das Interface. Die Mitbestimmungspflichtigkeit hätte sich so oder so ergeben. In der Regel dürfte es empfehlenswert sein, diese Themen gegenstandsbezogen abzuhandeln.

B. Wissensportal

Dr. Nicolai Besgen

I. Bedeutung

51   Die Ausführungen von *Lessner-Sturm* zum Mitarbeiterportal (dazu vgl. Rn 1) haben gezeigt, dass sich das Internet auch dazu eignet, nur bestimmte www-Seiten für die Mitarbeiter bereitzustellen. Damit wird dem Nutzer des Intranets die Arbeit erleichtert. Demgegenüber beschränkt sich ein so genanntes Wissensportal in erster Linie auf das interne Know-how der Mitarbeiter. Dieses soll gesammelt und strukturiert dargestellt werden. Die Vorteile liegen dabei auf der Hand. Die **Aufbereitung des gesamten unternehmensinternen Wissens aller Mitarbeiter in einer Datenbank** ermöglicht eine schnelle und gezielte Suche nach einem Kollegen, der die gestellte Frage aufgrund seines vorhandenen Spezialwissens beantworten kann. Es kann dabei sowohl nach den Mitarbeitern als auch nach fachlichen Kriterien gesucht werden. Allerdings bleibt das Wissensportal regelmäßig nicht auf das rein fachliche Wissen, das im Rahmen des Arbeitsvertrages dem Arbeitgeber zur Verfügung gestellt wird, beschränkt. Auf persönlichen Mitarbeiterseiten können die weiteren Erfahrungen und Kenntnisse der Mitarbeiter dargestellt und gesammelt werden. Dies betrifft private Erfahrungen oder auch fachübergreifende Kenntnisse. So ist es z.B. denkbar, dass ein Mitarbeiter aus dem Einkauf, der für Bücher und Zeitschriften zuständig ist, aufgrund seines rein privaten Studiums eine exotische Fremdsprache spricht und nun gerade ein Mitarbeiter aus dem Bereich Vertrieb für einen Kundendialog jemanden mit diesen speziellen Fremdsprachenkenntnissen benötigt. Über das Wissensportal kann dann unternehmensintern dieses **Spezialwissen** schnell ausfindig gemacht und externes Know-how muss nicht in Anspruch genommen werden. Dies hat für den Arbeitgeber nicht nur wirtschaftliche Vorteile, sondern das Wissensportal führt auch zu einem erheblichen **Zeitgewinn**.

II. Inhalt

52   Das Wissensportal lässt sich damit in **drei große Bereiche** untergliedern. Zunächst das vorhandene Fachwissen der Mitarbeiter im Rahmen der jeweiligen Arbeitsplatzbeschreibung (Personal, Controlling, Organisation, Einkauf, Vertrieb etc.). Daneben können die fachübergreifenden Kenntnisse gesammelt werden (Fremdsprachen, Kontakte, Ländererfahrungen, Verhandlungskenntnisse etc.). Schließlich kommen die rein privaten Erfahrungen in Betracht (Auto, Sport, Musik, Kinder, Schule, Tagesbetreuung etc.). Auf diese Art und Weise wird das vorhandene Wissen umfassend ausgewertet und kann über die modernen Möglichkeiten einer Datenbank strukturiert dargestellt und aufbereitet werden.

III. Mitbestimmung des Betriebsrats

53   In der betriebsverfassungsrechtlichen Literatur ist man sich grundsätzlich darüber einig, dass die Einführung des Intranets Mitbestimmungsrechte des Betriebsrats nach § 87 Abs. 1 Nr. 6 BetrVG auslöst (vgl. § 2 Rn 2 ff.). Wird also gleichzeitig mit dem Wissensportal erstmals ein Intranet eingeführt, besteht schon aus diesem Grunde ein Mitbestimmungsrecht. Dies gilt aber auch dann, wenn ein bereits vorhandenes (mitbestimmtes) Intranet mit einem Wissensportal ergänzt werden soll. Dann handelt es sich um die **Veränderung einer bereits vorhandenen technischen Einrichtung**, die ihrerseits wiederum den Mitbestimmungstatbestand nach § 87 Abs. 1 Nr. 6 BetrVG auslöst, wobei teilweise in der Literatur gefordert wird, dass bei einer Veränderung der technischen Einrichtungen zumindest die Möglichkeit besteht, dass durch die Veränderung eine Intensivierung der Überwachung stattfindet oder diese eine neue Qualität bekommt.[3] Als weiterer Mitbestimmungstatbestand kommt ferner § 87 Abs. 1 Nr. 1 BetrVG in Betracht, denn die Einführung eines Wissensportals regelt die Ordnung des Betriebes und beeinflusst das Verhalten der Arbeitnehmer, das durch die Nutzung des Wissensportals koordiniert wird (siehe § 2 Rn 41 ff.).

IV. Individualrecht

Die Einführung eines Wissensportals muss auch individualrechtlich zulässig und möglich sein. Es bestehen grundsätzlich keine Bedenken dagegen, dass der Arbeitgeber das vorhandene Fachwissen der Arbeitnehmer aufbereitet im Intranet zur Verfügung stellt. Problematisch ist aber die Anordnung, auch private Erfahrungen und fachübergreifende Kenntnisse zur Verfügung zu stellen. Diese Kenntnisse und dieses Wissen wurden arbeitsvertraglich nicht zur Verfügung gestellt und gerade die Auskunft über Privates greift in das **Persönlichkeitsrecht** jedes einzelnen Arbeitnehmers ein. Ohne dessen Einwilligung können deshalb die Daten nicht im Intranet veröffentlicht werden. Vielmehr steht die Entscheidung, ob solche Daten dem **Zugriff der gesamten Belegschaft** eröffnet werden, **jedem Mitarbeiter frei** und der Arbeitgeber ist nicht berechtigt, die Zurverfügungstellung dieser Informationen im Wege des Direktionsrechts anzuordnen.

54

---

3 So ErfK-*Kania*, § 87 BetrVG Rn 59; a.A. DKK-*Klebe*, § 87 BetrVG Rn 156, der allein auf die Änderung der technischen Einrichtung abstellt; siehe auch *Däubler*, Gläserne Belegschaften, Rn 772; vgl. auch GK-BetrVG-*Wiese*, § 87 Rn 570.

§ 4 Telefon-, Handy-, Palm-, BlackBerry-, iPhone- und iPad-Nutzung

Dr. Stephan Pauly/Dr. Stephan Osnabrügge

Inhalt

A. Allgemeines

Kommunikationselemente (wie Telefon, Handy, Palm und BlackBerry, iPad und iPhone) werden **1** dem Arbeitnehmer im Rahmen des Arbeitsvertrages als Eigentum des Arbeitgebers zur Nutzung überlassen. Eine Ausnahme hierzu kann das (Festnetz-)Telefon darstellen, wenn nämlich der Arbeitnehmer, z.B. im home-office, sein eigenes Telefon nutzt und ihm die Kosten für den privaten Telefonanschluss ersetzt werden. In jedem Fall liegt der Überlassung von Kommunikationsein-richtungen zugrunde, dass der Arbeitgeber ein Interesse an der jederzeitigen Erreichbarkeit des Ar-beitnehmers hat. Da dies allerdings Konsequenzen auf die Arbeitszeitgestaltung und die mögliche Vergütung von Bereitschaftszeiten hat, waren entsprechende Vereinbarungen selten in Standard-Arbeitsverträgen, sondern eher in Geschäftsführer-Dienstverträgen oder in Zusatzvereinbarungen mit Führungskräften anzutreffen. Mit zunehmender Selbstverständlichkeit der Nutzung mobiler

Endgeräte und der jederzeitigen Erreichbarkeit allerdings werden entsprechende Vereinbarungen immer mehr arbeitsrechtlicher Standard, ohne dass das Bewusstsein für die damit einhergehenden arbeitsrechtlichen Probleme mit der technischen Entwicklung Schritt hält.[1]

2   Soweit es sich um mobile Geräte (z.B. Handy, Palm, iPad und BlackBerry) handelt, verbleibt das **Eigentum** an den Geräten regelmäßig beim Arbeitgeber. Arbeitsmittel wird der Arbeitnehmer im Allgemeinen als Besitzdiener i.S.d. § 855 BGB besitzen (hierzu und zu den Konsequenzen vgl. § 6 Rn 6 ff).

3   Allerdings muss sich die Unterordnung des **Besitzdieners** unter den Besitzer nach allgemeiner Ansicht nach Außen manifestieren. Die Abhängigkeit des Besitzes muss sich sichtbar äußern, wenn auch nicht ständig erkennbar sein.[2] Dies mag für Dienstwagen, die ein Nummernschild des Arbeitgebers tragen, Uniformgegenstände, auf die corporate identity des Arbeitgebers zugeschnittene Notebooks etc. ohne weiteres zutreffen. Ob dies aber auf Kommunikationsgeräte des täglichen Arbeitsalltages übertragen werden kann, erscheint mehr als zweifelhaft. Demnach wird davon auszugehen sein, dass im Zweifel ein **echtes Besitzverhältnis** im Verhältnis zum Arbeitgeber vorliegt.

4   *Praxishinweis*

Der Arbeitgeber muss dem in der Gestaltung des Besitzverhältnisses zumindest vorsorglich Rechnung tragen und sollte deshalb Herausgabepflichten und anderes ausdrücklich regeln.

Vor diesem Hintergrund wird empfohlen, jeglichen Besitz an Kommunikationsgeräten nur aufgrund **ausdrücklicher, schriftlicher Vereinbarung** zu überlassen. Ein Muster für diese Vereinbarung befindet sich im Anhang.

5   Bei Mobiltelefonen gibt es zudem die Besonderheit, dass nicht zwingend ein Mobiltelefon überlassen werden muss, um die geführten Gespräche über den Arbeitgeber abrechnen zu können. Der Arbeitnehmer hat auch nicht immer ein eigenes Interesse daran, ein separates Mobiltelefon des Arbeitgebers zu erhalten. Dies mag aus der Gewöhnung an eigene Geräte, aus der Nutzung der Geräte auch als „Datenquelle" oder eventuell auch daraus resultieren, dass der Arbeitnehmer kein Interesse daran hat, zwei Mobiltelefone (berufliches und privates) mit sich mitzuführen. Dieser Interessenslage trägt die Praxis dadurch Rechnung, dass zunehmend Gegenstand von Überlassungen nicht mehr das Mobiltelefon als solches ist, sondern vielmehr nur die Telefonkarte (**SIM-Karte**). In diesem Falle gelten die Ausführungen sinngemäß für das Eigentum/den Besitz an der Telefonkarte. Die Überlassung der Telefonkarte hat zur Konsequenz, dass – unter der Voraussetzung der Nutzung der Karte bei den Gesprächen – die geführten Gespräche über das Konto des Arbeitgebers bei dem Mobilfunkbetreiber abgerechnet werden. Dienstliche und private Gespräche lassen sich in diesem Fall sauber trennen, da der Arbeitnehmer die Möglichkeit hat, vor Durchführung eines Gespräches die Telefonkarte auszutauschen.

6   *Praxishinweis*

Entscheidet sich der Arbeitgeber, dem Arbeitnehmer kein Mobiltelefon, sondern nur die SIM-Karte zu überlassen, so setzt dies voraus, dass diese SIM-Karte mit dem Telefon des Arbeitnehmers funktioniert. Moderne Geräte sind häufig mit einer so genannten **„SIM-Lock-Vorrichtung"** versehen, können nur mit der Karte eines konkreten Betreibers überhaupt erst zur Nutzung freigeschaltet und betrieben werden oder erfordern eine spezielle Karte (wie im Falle des iPhones die Micro-SIM). Bei der SIM-Lock-Vorrichtung handelt es sich um eine Sperre des Gerätes für die Nutzung mit anderen SIM-Karten als der ursprünglich Überlassenen. Im Hintergrund steht die Tatsache, dass die Mobilfunkbetreiber die Mobiltelefone subventionieren, um dem Endverbraucher einen Ankauf zu ermöglichen. Erwirbt der Endverbraucher ein

---

1   Zu den steuerlichen Konsequenzen vgl. § 3 Nr. 45 EStG; LStR 2011 R 3.45 und LStH 2011 H 3.45.
2   So auch Erman-*Lorenz*, § 855 BGB Rn 9; Staudinger-*Bund*, § 855 BGB Rn 15; MüKo-*Joost*, § 855 BGB Rn 10.

Gerät mit einer „Abtelefonierkarte", also ohne Vertragsbindung, so will der Betreiber sicherstellen, dass das subventionierte Mobiltelefon nicht anderweitig verwertet wird. Er koppelt deshalb durch eine elektronische Sicherung Telefon und Karte miteinander. In diesem Falle kann eine vom Arbeitgeber zur Verfügung gestellte Telefonkarte in dem Telefon des Arbeitnehmers nicht genutzt werden.

B. Individualarbeitsrecht

I. Überlassungszweck

Ob Telefone bzw. Kommunikationseinrichtungen ausschließlich zur dienstlichen oder auch zur privaten Nutzung übergeben werden, muss sich mit hinreichender Deutlichkeit aus der **Nutzungsüberlassungsvereinbarung** ergeben. Die Frage der Widmung der Geräte und damit der Bewertung, ob die private Nutzung grundsätzlich zulässig ist oder nicht, hat vielerlei Konsequenzen, z.B. im Hinblick darauf, ob und inwieweit der Arbeitgeber die Kommunikation überwachen darf (vgl. unten Rn 42 ff.).   7

1. Überlassung ausschließlich zu dienstlicher Nutzung

Ohne eine weitere Regelung stehen die Kommunikationseinrichtungen **ausschließlich zur dienstlichen Nutzung** zur Verfügung. Denn es handelt sich um ein im Zusammenhang mit dem Arbeitsvertrag überlassenes Gerät, das der Ausübung der vertragsgemäßen Dienste zu dienen bestimmt ist.   8

Dieser Grundsatz hat in erster Linie Konsequenzen für die Beweislast. Aufgrund des Grundsatzes, dass dienstliche Geräte auch nur der dienstlichen Nutzung dienen, trägt im Streitfall der Arbeitnehmer die Beweislast dafür, dass eine Privatnutzung gestattet ist. Beruft er sich auf eine Gestattung infolge eines Duldungstatbestandes, so ist er für die tatsächlichen Gegebenheiten des Duldungstatbestandes darlegungs- und beweispflichtig. Eine andere Beurteilung könnte sich allenfalls aus § 2 Abs. 1 S. 2 Nr. 6 NachwG ergeben. Dabei dürfte die Privatnutzung von vom Arbeitgeber überlassenen Arbeitsmitteln als Sachleistung und somit als Bestandteil des Arbeitsentgelts zu werten sein.[3] Dies führt aber nicht zu einer Beweislastumkehr und auch nicht zur Annahme einer generellen Beweisvereitelung.[4] Denn es handelt sich in erster Linie um Arbeitsgeräte, vergleichbar einem Computer am Arbeitsplatz. Bei solchen Arbeitsgeräten, deren Zweck prima facie die Erfüllung der Arbeitsaufgaben ist, spricht kein Anschein dafür, dass der Arbeitnehmer sie auch privat nutzen kann. Anderes kann nur dann gelten, wenn es tatsächliche Anhaltspunkte hierfür gibt, wenn z.B. der Arbeitgeber die Telefonrechnung in Kenntnis davon übernimmt, dass dort auch private Gespräche abgerechnet sind.   9

Ob die arbeitsrechtliche Rechtsprechung die sich aus der materiellen Ausgangslage ergebende klare Trennung in letzter Konsequenz nachvollziehen würde, war lange Zeit offen. Während sich ursprünglich die Ansicht durchzusetzen schien, dass ohne Bestehen einer eindeutigen Regelung zur Frage der Privatnutzung der Arbeitnehmer in der Regel berechtigterweise von der Duldung einer privaten Nutzung ausgehen kann,[5] hat sich dies mittlerweile deutlich relativiert.[6] Wäh-   10

---

3 Vgl. AnwK-AR/*Schaub*, § 2 Rn 33 NachwG.
4 Vgl. allgemein zu den Folgen der Nichterteilung eines Nachweises: AnwK-AR/*Schaub*, vor NachwG Rn 45 ff.; jedoch auch EuGH 4.12.1997 – Rs. C 253/96 bis C 258/96 – AP EWG Richtlinie Nr. 91/533 Nr. 3.
5 ArbG Frankfurt/M. 2.1.2002 – 2 Ca 5340/01, NZA 2002, 1093; ArbG Wesel 21.3.2001 – 5 Ca 4021/00, NZA 2001, 2490; LAG Köln 11.2.2005 – 4 Sa 1018/04, LAGReport 2005, 229; ArbG Wetzlar 26.8.2003 – 1 Ca 171/03, AE 2004, 186.
6 Vgl. BAG 7.7.2005 – 2 AZR 581/04, NZA 2006, 98; LAG Rheinland-Pfalz 13.11.2006 – 7 Sa 1029/05; LAG Rheinland-Pfalz 28.6.2007 – 4 Sa 91/07.

rend vordem die „Sozialadäquanz" der privaten Nutzung überlassener Arbeitsmittel (insbesondere Handy und Internet) damit begründet wurde, dass Kommunikationshandlungen häufig termingebunden seien und der Arbeitnehmer während der Dauer seines Aufenthaltes im Betrieb private Kommunikationsmittel nicht oder nur eingeschränkt einsetzen könne,[7] stellt sich diese Lage nicht zuletzt angesichts der technischen Weiterentwicklung und der breiten Verfügbarkeit von Internet und Mobiltelefon nun anders dar. Bei einer fehlenden ausdrücklichen Gestattung oder Duldung des Arbeitgebers ist eine private Nutzung des Internets grundsätzlich nicht erlaubt.[8] Dasselbe gilt für die Nutzung des arbeitgeberseits überlassenen Mobiltelefons.[9] Allerdings ergibt sich aus den Urteilsgründen, dass die Rechtsprechung den vormaligen Gedanken der Sozialadäquanz nach wie vor noch im Rahmen der Interessensabwägung berücksichtigt.

11   *Praxishinweis*

Wie zweifelhaft die Annahme der Sozialadäquanz der privaten Nutzung des Arbeitgebereigentums ist, wird offenkundig, wenn man sich verdeutlicht, was genau Inhalt der Vereinbarung sein muss: Der Arbeitgeber muss ausdrücklich regeln, dass sein Eigentum durch die Besitzdiener während der Arbeitszeit nur zu Zwecken des Arbeitgebers benutzt werden darf, andernfalls soll der Besitzdiener von einem Nutzungsrecht auch zu eigenen Zwecken ausgehen können, wodurch er selbstverständlich auch den Status des Besitzdieners verlöre und zum Eigenbesitzer würde. Das Eigentum des Arbeitgebers wird damit „kollektiviert", lediglich ein „Rückholrecht" wird ihm vorbehalten, für dessen Ausübung er aber darlegungs- und beweisbelastet ist.

Auch die tatsächlichen Grundlagen der entgegenstehenden Rechtsprechung waren nicht stimmig. Heute bedarf kein Arbeitnehmer mehr der Kommunikationseinrichtungen des Arbeitgebers, um private Angelegenheiten in den Pausen zu regeln. Es stehen sowohl öffentliche Fernsprecher als auch private Mobiltelefone in ausreichendem Umfang und für jedermann bezahlbar zur Verfügung.

Die frühere Rechtsprechung verkehrte die zivilrechtlichen Grundlagen des Eigentums zugunsten eines zweifelhaften Schutzes der Arbeitnehmer. Diese Rechtsprechung war daher abzulehnen. Die aktuellere und wesentlich konsequentere Haltung der Gerichte ist demgegenüber zu begrüßen. Allerdings darf der Gedanke der „Sozialadäquanz der Begründung von Eigenbesitz durch den Besitzdiener" auch nicht über den Umweg der Interessensabwägung wieder Einzug halten.

12   Für die konkrete Gestaltung innerhalb des Arbeitsverhältnisses hat dieser Schlingerkurs der Rechtsprechung prozessuale und materiell-rechtliche Konsequenzen (vgl. unten Rn 67 ff.). Materiell-rechtlich kann dem Arbeitgeber nur dringend geraten werden ausdrückliche Nutzungsvereinbarungen abzuschließen, um Rechtssicherheit zu schaffen. Denn ob die Instanzen den strikteren Kurs des BAG zulasten der Arbeitnehmer tatsächlich nachvollziehen, ist nicht absehbar. Prozessual ist der Arbeitgeber gut beraten, sich nicht darauf zu beschränken, die mangelnde Erlaubnis der privaten Nutzung und sein Eigentum an der Kommunikationseinrichtung vorzutragen. Er sollte vielmehr auch darlegen und im Zweifel beweisen, dass die Privatnutzung ausdrücklich untersagt war, zumindest aber, dass sich das Maß der Privatnutzung jedenfalls nicht mehr in einem Rahmen hielt, der eine Kündigung im Rahmen der Interessensabwägung als überzogen erscheinen lässt.

13   In strafrechtlicher Hinsicht ist die Privatnutzung eines ausschließlich zur dienstlichen Nutzung überlassenen Telefons eine Untreue zu Lasten des Arbeitgebers (§ 266 StGB), da das rechtliche Können des Arbeitnehmers (Produzieren von Abrechnungseinheiten zu Lasten des Arbeitgebers) im Innenverhältnis nicht dem rechtlichen Dürfen (erlaubt nur zu dienstlichen Zwecken) entspricht.

---

7 ArbG Frankfurt/M. 2.1.2002 –2 Ca 5340/01, NZA 2002, 1093; LAG Köln 11.2.2005 –4 Sa 1018/04, LAGReport 2005, 229.

8 BAG 7.7.2005 – 2 AZR 581/04, NZA 2006, 98; BAG 27.4.2006 – 2 AZR 386/05, NZA 2006, 977.

9 LAG Rheinland-Pfalz 28.6.2007 – 4 Sa 91/07.

Praxishinweis   **14**

Auch Arbeitnehmer haben daher im Grunde ein eigenes Interesse daran, dass die Rechtsbeziehungen in Bezug auf die Kommunikationseinrichtungen ausdrücklich geregelt werden.

Im Falle der **Übernahme der Kosten des Festnetzes** des Arbeitnehmers durch den Arbeitgeber **15** muss – sofern nur die Erstattung der dienstlichen Gespräche gewünscht ist – eine Vorrichtung geschaltet werden, die es dem Arbeitnehmer ermöglicht, dienstliche Gespräche separat zuzuordnen. Dies kann z.B. durch die Nutzung einer separaten Vorwahlnummer geschehen (Call-By-Call), die der Arbeitgeber vorgibt, oder – häufiger – im Rahmen einer Telefonanlage durch die Nutzung von Abrechnungsnummern („Projektnummern"). In diesem Falle muss der Arbeitnehmer vor jeder dienstlichen Nutzung des Telefons eine spezielle, meist achtstellige PIN vorwählen, die eine Zuordnung zu einem konkreten Kunden oder zu den Allgemeinkosten ermöglicht.

Praxishinweis   **16**

Möchte der Arbeitgeber eine entsprechende Vorrichtung nutzen, so sollte er sich darüber klar sein, dass Verstöße gegen die entsprechenden Auflagen rein faktisch kaum arbeitsrechtlich verfolgt werden können. Der Arbeitgeber muss nämlich in diesem Falle nicht nur nachweisen, dass der Arbeitnehmer auf das dienstliche Konto private Gespräche geführt hat (also z.B. ohne Nutzung der entsprechenden Vorwahlnummer), sondern auch, dass es sich hierbei nicht lediglich um ein Versehen handelt, sondern um ein vorsätzliches Verhalten. Dies dürfte im Einzelfall schwer gelingen.

Bei der **Überlassung von Mobiltelefonen mit Mobilkarte** sowie der Überlassung von **Mobil- 17 karten** (SIM-Karten) lässt sich die dienstliche Nutzung leicht nachhalten, da letztlich alle über den entsprechenden Account geführten Gespräche der dienstlichen Nutzung zuzuordnen sind.

Dem praktischen Bedürfnis an einer Auseinanderhaltung von privater und dienstlicher Nutzung **18** Rechnung tragend, haben einige Mobilfunkanbieter ein System entwickelt, wonach über ein- und dieselbe SIM-Karte sowohl dienstliche als auch private Gespräche auf zwei verschiedenen Abrechnungskonten geführt werden können (je nach Anbieter: „**TwinBill**", „DuoBill"; ähnlich: „**Alternate Line Service – ALS**")). In diesem Falle muss der Arbeitnehmer vor jedem Gespräch in einer Menüführung angeben, auf welches Abrechnungskonto das Gespräch geführt werden soll. Dieses System ist letztlich nicht anders zu behandeln als der Wechsel einer Mobilkarte. Auch hier stellt sich aber das Problem, dass eine Fehlbedienung in aller Regel nur aufgrund leichter Fahrlässigkeit erfolgen wird, so dass die Führung von privaten Gesprächen auf das dienstliche Konto jedenfalls dann, wenn sich aus der Anzahl nicht ein planmäßiges Vorgehen ergibt, kaum erfolgversprechende Ansatzpunkte für arbeitsrechtlichen Sanktionen jenseits der Abmahnung bieten kann.

Praxishinweis   **19**

Das TwinBill-System sowie die andersnamigen technisch vergleichbaren Lösungen bieten gleichwohl eine gute Möglichkeit, private und dienstliche Nutzung sauber zu trennen. Es sollte in der Nutzungsvereinbarung geregelt werden, dass der Arbeitnehmer zur entsprechenden Gebührentrennung verpflichtet ist. Möglich ist weiterhin die Regelung eines Anscheinsbeweises dafür, dass unter der Privatnummer auftauchende Verbindungen auch der Privatnutzung zuzurechnen sind. Allerdings sollte dem Arbeitnehmer der Gegenbeweis vorbehalten werden. Ein entsprechendes Muster findet sich im Anhang.

2. Überlassung auch zur privaten Nutzung

Eine unbeschränkte **private Nutzung** der überlassenen Kommunikationsgeräte bedarf zwingend **20** einer vorherigen Einwilligung des Arbeitgebers, die sowohl arbeitsvertraglich als auch durch eine entsprechende Betriebsvereinbarung erfolgen kann.

21   Der Arbeitgeber ist zu einer solchen Einwilligung grundsätzlich nicht verpflichtet. Insofern erwogen wird, ob der Arbeitgeber grundsätzlich verpflichtet ist, das Führen bestimmter privater Gespräche auch ohne ausdrückliche Einwilligung zu dulden,[10] ist dem eine Absage zu erteilen. Ausgangspunkt dieses Ansatzes war ursprünglich, dass der Arbeitnehmer aufgrund seiner Anwesenheitspflicht während der üblichen Geschäftszeiten faktisch verhindert ist, private Erledigungen wie z.B. die Vereinbarung von Arztterminen zu verrichten. Deshalb sollte ihm ausnahmsweise gestattet sein, die Telefone seines Arbeitgebers hierzu zu nutzen. Angesichts der Verbreitung von Mobilfunkgeräten und der gleichzeitig gegebenen Möglichkeit zur Nutzung öffentlicher Fernsprecher hat heute aber jeder Arbeitnehmer die Möglichkeit, auch dringende und unaufschiebbare Gespräche über eine private Abrechnungsstelle zu führen. Es bedarf nicht mehr der Nutzung arbeitgeberseitiger Ressourcen zur Vermeidung von Schäden, so dass sich auch aus der arbeitgeberseitigen Fürsorgepflicht keine Pflicht zur Duldung der privaten Nutzung von Diensttelefonen (mehr) ergibt.

22   Die Einwilligung in eine private Nutzung bezieht sich angesichts der zunehmenden Tendenz mobiler Geräte zu multiplen Funktionen nicht mehr bloß auf das private Telefonieren. Sie kann sich auch auf die Nutzung des Geräts für private Daten (z.B. Musik), Programme (Apps), die Einrichtung und Nutzung privater Mailkonten und privater Kalender erstrecken. Die Einwilligung in eine solche Privatnutzung kann sowohl **unbeschränkt** als auch **beschränkt** erfolgen. Eine Beschränkung erfolgt in der Praxis häufig unter Verwendung von **unbestimmten Rechtsbegriffen** wie „angemessen" o.ä. Die Verwendung eines solchen Begriffs hat letztlich beiderseitige Unsicherheit zur Folge: der Arbeitgeber kann das Kostenrisiko nicht abschließend einschätzen. Er hat weiterhin das Risiko eventueller arbeitsrechtlicher Sanktionen zu tragen, von denen ex ante nicht einzuschätzen ist, ob sie angesichts der verbleibenden Unsicherheit des erlaubten Nutzungsrahmens Aussicht auf Erfolg haben.[11] (zu den Aspekten der Ahndung von Arbeitsvertragsverstößen vgl. unten Rn 67 ff.). Der Arbeitnehmer muss demgegenüber mit der ständigen Unsicherheit leben, ob er sich noch arbeitsvertragskonform oder schon arbeitsvertragswidrig verhält. Diese Unsicherheit ergibt sich nicht nur daraus, dass eine klare Grenze des Erlaubten nicht definiert ist; der Arbeitnehmer kann zudem während eines Abrechnungszeitraumes auch nicht überprüfen, in welchem Umfang er bereits von der privaten Nutzung Gebrauch gemacht hat und ob dieser Umfang noch „angemessen" ist oder nicht. Schließlich ist „angemessen" ein inhaltsleerer Begriff, der nur durch eine Bezugsgröße überhaupt erst einen Sinn erhält. In Bezug worauf die Nutzung angemessen sein soll, ergibt sich aus entsprechenden Klauseln aber regelmäßig nicht. Vergleicht man die Kosten mit dem Gehalt, ist wohl jede Nutzung angemessen. Vergleicht man sie mit dem Maß der dienstlichen Nutzung, würde sich der Maßstab je nach Geschäftsanfall monatlich verschieben.

23   Verbreitet sind weiterhin **sachlich beschränkte Regelungen**, in denen die erlaubten Gesprächsgegenstände oder gar Gesprächspartner einzeln aufgezählt werden, z.B. Telefonate mit Ärzten, Telefonate mit der Familie während Montageaufenthalten o.ä. Hierbei handelt es sich dann, die Terminologie einer der Grundsatzentscheidung des Bundesarbeitsgerichts zugrunde liegenden Betriebsvereinbarung aufgreifend, um **Privatgespräche aus dienstlichem Anlass**. Der dienstliche Anlass beschreibt dabei nicht den Anlass des Telefonats oder der Privatnutzung, sondern die Situation, in der sich der Arbeitnehmer dienstlich veranlasst befindet, z.B. einen Montageaufenthalt. Solche Regelungen stoßen schnell an ihre Grenzen, da zu ihrer Kontrolle die Auswertung sämtlicher Verbindungsdaten, die situative zeitliche Zuordnung und schließlich die Bewertung des Adressaten notwendig ist, wohl wissend, dass diese Daten privater Natur sind und ggf. sogar tief in die persönliche Sphäre eingreifen. Dies ist sowohl hinsichtlich des Persönlichkeitsrechts des Arbeitnehmers kritisch als auch datenschutzrechtlich. Die Nutzungsüberlassungsverein-

---

10 Vgl. hierzu oben Rn 10 und BAG 16.1.2002 – 5 AZR 715/00, AP Nr. 56 zu § 242 BGB Betriebliche Übung.
11 Vgl. z.B. Hessisches LAG 7.4.2009 – 13 Sa 1166/08; LAG Hamm 28.11.2008 – 10 Sa 1921/07, NZA-RR 2009, 476.

barung muss in einem solchen Fall die Berechtigung zur vollständigen Auswertung der Daten beinhalten.

Eine Verpflichtung des Arbeitgebers, Privatgespräche aus dienstlichem Anlass zuzulassen, gibt es nicht, auch nicht aus der Fürsorgepflicht heraus, (vgl. oben Rn 10).

Praxishinweis   24

Vor dem dargestellten Hintergrund ist jedenfalls von der Verwendung unbestimmter Rechtsbegriffe im Zusammenhang mit der Gestattung der Privatnutzung abzuraten. Wenn der Arbeitgeber eine beschränkte private Nutzung erlauben möchte, sollte vielmehr ein bestimmter Kosten- oder Zeitrahmen festgelegt werden, in dessen Rahmen die Privatnutzung auf Kosten des Arbeitgebers gestattet ist (**summenmäßige oder zeitmäßige Beschränkung**). Darüber hinaus bedarf es eines sachlichen Rahmens, welche Funktionen konkret genutzt werden dürfen.

Die Einwilligung in eine Privatnutzung kann für den Arbeitgeber erhebliche **Kosten- und Rechts-**   25
risiken mit sich bringen, da das Kostenpotential beispielsweise von Mobiltelefonen oder mobilen Geräten mit Internet-Zugang wie iPad oder iPhone enorm ist. Unter „Privatnutzung" fällt grundsätzlich auch die Möglichkeit, tagsüber längere Auslandsgespräche zu führen. Daneben muss beachtet werden, dass bei der Nutzung von Mobiltelefonen im Ausland auch dann Gebühren anfallen, wenn die Geräte angerufen werden. Bei datenfähigen Geräten wie BlackBerry oder iPhone fallen bei einer Auslandsnutzung Daten-Roaming-Gebühren an, die schnell erhebliche Höhe erreichen können. Vor diesem Hintergrund muss der Arbeitgeber sich gut überlegen, ob er die Privatnutzung gegebenenfalls nur partiell zulässt, also z.B. für Inlandsgespräche. Zwar ist das Kostenpotential auch in diesem Falle noch groß, es lässt sich jedoch eine gewisse Schadensbegrenzung erreichen. Schließlich liegen Risiken in der Möglichkeit der Nutzung des Internets, z.B. dem illegalen herunterladen von Musik oder Filmen. Als Anschlussinhaber treffen auch diese Risiken zunächst den Arbeitgeber.

Praxishinweis   26

Arbeitgeber sind daher gut beraten, ausdrückliche Nutzungsüberlassungen zu vereinbaren, aus denen sich ergibt, ob nur die dienstliche oder auch die private Nutzung erlaubt ist.

Für **Arbeitnehmer** gilt dieser Rat insbesondere, da diese im Zweifel die arbeitsrechtlichen Konsequenzen eines Fehlverhaltens zu tragen haben. Arbeitnehmer sollten deshalb darauf bestehen, dass schriftlich fixiert wird, ob die Privatnutzung der überlassenen Kommunikationsgeräte erlaubt ist oder nicht.

Im Hinblick auf das kaum wirksam zu kontrollierende Kostenpotential sollte die Nutzungsvereinbarung unbedingt mit einem Widerrufsvorbehalt verknüpft werden (vgl. unten Rn 31 ff.).

II. Nutzungsvereinbarung zwischen den Arbeitsvertragsparteien und deren Grenzen

Die Vereinbarung über die Überlassung des Kommunikationsgerätes sowie zu den Details der   27
Nutzung des Kommunikationsgerätes kann sowohl schriftlich als auch konkludent, durch Individualvereinbarung oder durch Betriebsvereinbarung erfolgen.

In einer **individuellen Vereinbarung** muss hinreichend deutlich geregelt sein, ob und in welchem   28
Maß dem Arbeitnehmer die private Nutzung der Kommunikationseinrichtungen erlaubt ist. Die Nutzungsvereinbarung ist Grundlage sowohl der Beurteilung der Überwachungs- und Kontrollmöglichkeiten des Arbeitgebers (siehe unten Rn 42 ff.) als auch der Beurteilung von Sanktionsmöglichkeiten (siehe unten Rn 67 ff.). **Hinreichend deutlich** sind in der Praxis nur die unbeschränkte Einwilligung in die Nutzung und das unbeschränkte Verbot. Als in erheblicher Weise problematisch erweisen sich hingegen jegliche Beschränkungen bzw. partielle Freigaben. So ist zwar ein grundsätzliches Verbot bei gleichzeitiger Einwilligung in Privatgespräche entwe-

der für bestimmte Situationen („Notfall", „Montageaufenthalt", „unaufschiebbare Situation") oder bis zu bestimmten Kostengrenzen regelungstechnisch ohne weiteres umsetzbar. Die Benennung bestimmter Situationen erfordert jedoch stets ein bestimmtes Maß an Abstraktheit, das dann dazu führt, dass sich der Arbeitgeber hinsichtlich der Überwachung in Rechtsunsicherheit begibt und gleichzeitig eine Ahndung von Verstößen erheblich erschwert wird. Eine Beschränkung auf einen bestimmten Kostenrahmen führt zwar zu Erstattungsansprüchen des Arbeitgebers, ändert aber nichts an der Auswertungsproblematik, da für eine klare Zuordnung der Gespräche zu den Kategorien „privat" und „dienstlich" eine vollständige Auswertung stattfinden muss.

29   *Praxishinweis*

Für die Praxis muss deshalb von Regelungen abgeraten werden, in denen nicht entweder ein ausnahmsloses Verbot oder eine ausnahmslose Einwilligung enthalten sind. Der einzige Vorteil von tatbestandlich umrissenen Verbotsausnahmen ist die **psychologische Bindungswirkung**. Kommt der Arbeitnehmer bei einem ausdrücklichen Verbot der Privatnutzung tatsächlich in eine Notsituation, kann dem ohne weiteres im Einzelfall Rechnung getragen werden. Vor arbeitsrechtlichen Sanktionen ist der Arbeitnehmer hinreichend durch die Notwendigkeit der Interessensabwägung im Einzelfall geschützt.

30   Erfolgt die Vereinbarung wie meistens durch einen mit dem Arbeitnehmer abgeschlossenen **Vertrag**, unabhängig davon, ob es sich um eine Zusatzvereinbarung zum Arbeitsvertrag oder eine Regelung im Arbeitsvertrag handelt und wird auch die private Nutzung zugestanden, so sind die Grenzen der Kontrolle **allgemeiner Geschäftsbedingungen** zu beachten. Regelmäßig wird es sich bei der Nutzungsvereinbarung nämlich um ein Schriftstück handeln, das grundsätzlich dazu bestimmt ist, in mehr als einem Falle verwendet zu werden und dessen Inhalt durch den Arbeitgeber vorgegeben ist. Es handelt sich dann um allgemeine Geschäftsbedingungen im Sinne der §§ 305 ff. BGB. Wegen der notwendigen Kostenkontrolle, aber auch, um insgesamt wirtschaftlich flexibel zu bleiben, empfiehlt sich in aller Regel die Aufnahme eines **Widerrufvorbehalts**. Während ein solcher unproblematisch ist, wenn das Arbeitsmittel ausschließlich zur dienstlichen Nutzung überlassen worden ist und somit keinen Gehaltsbestandteil darstellt, gilt bei einem auch die Privatnutzung betreffenden Widerrufsvorbehalt das Folgende:

31   In **allgemeinen Geschäftsbedingungen** ist insbesondere unwirksam die Vereinbarung eines Rechts des Verwenders, die versprochene Leistung zu ändern oder von ihr abzuweichen, wenn nicht die Vereinbarung der Änderung oder Abweichung unter Berücksichtigung der Interessen des Verwenders für den anderen Vertragsteil zumutbar ist (§ 308 Nr. 4 BGB). Das Bundesarbeitsgericht hat zur Zulässigkeit von Widerrufsvorbehalten mittlerweile die folgenden den Begriff der „Zumutbarkeit" in § 308 Nr. 4 BGB konkretisierenden Grundsätze entwickelt.[12] Hiernach ist die Vereinbarung eines Widerrufsvorbehaltes unter den folgenden Voraussetzungen zulässig: Die vorbehaltene Änderung muss möglichst konkretisiert werden. Die widerrufliche Leistung muss nach Art und Höhe eindeutig sein, damit der Arbeitgeber erkennen kann, was gegebenenfalls auf ihn zukommt; bei den Voraussetzungen der Änderungen, also den Widerrufsgründen, lässt sich zumindest die Richtung angeben, aus der der Widerruf möglich sein soll (wirtschaftliche Gründe, Leistung oder Verhalten des Arbeitnehmers); der Grad der Störung (wirtschaftliche Notlage des Unternehmens, negatives wirtschaftliches Ergebnis der Betriebsabteilung, nicht ausreichender Gewinn, Rückgang der bzw. Nichterreichen der wirtschaftlichen Entwicklung, unterdurchschnittliche Leistungen des Arbeitnehmers, schwerwiegende Pflichtverletzungen) muss konkretisiert werden, wenn der Verwender hierauf abstellen will und nicht schon ganz allgemein auf die wirtschaftliche Entwicklung, die Leistung oder das Verhalten des Arbeitnehmers gestützte Gründe nach dem Umfang des Änderungsvorbehaltes ausreichen und nach der Vertragsregelung

---

12 BAG 12.1.2005 – 5 AZR 364/04, DB 2005, 669 = NZA 2005, 465.

auch ausreichen sollen.[13] Daneben darf das wirtschaftliche Risiko des Unternehmens nicht auf den Arbeitnehmer verlagert werden, so dass nicht der Kündigungsschutz der §§ 1, 2 KSchG umgangen wird. Das Bundesarbeitsgericht lässt danach die Vereinbarung eines Widerrufvorbehaltes im Hinblick auf eine Umgehung des Kündigungsschutzes nur dann zu, soweit der widerrufliche Anteil am Gesamtverdienst unter 25–30 % liegt und der Tariflohn nicht unterschritten wird.

Die Einhaltung dieser Voraussetzungen des BAG für eine zulässige Widerrufsklausel stellen sich im Hinblick auf die Überlassung von Kommunikationseinrichtungen als schwierig dar. Der Anteil der Privatnutzung eines Mobiltelefons am Gesamtentgelt lässt sich im Voraus kaum konkretisieren, zumal das Interesse des Arbeitgebers an einer Widerrufbarkeit sich typischerweise gerade aus dem Kostenrisiko ergibt. Zwar wird der Anteil am Gesamtgehalt in der Regel die maßgebliche prozentuale Grenze überschreiten; da aber die widerrufliche Leistung nach Art und Höhe genau konkretisiert werden muss, ist jedenfalls eine pauschal auf die Privatnutzung bezogene Widerrufsklausel nicht ausreichend.

Praxishinweis

Nutzungsvereinbarungen, die eine Privatnutzung gestatten, sollten aus diesem Grunde eine ausdrückliche Festlegung enthalten, welcher Privatanteil konkret in Summe erwartet bzw. vom Arbeitgeber getragen wird. Ob solche Regelungen dann letztlich der gerichtlichen Kontrolle standhalten, ist noch nicht abschließend geregelt; einen besseren Schutz des Arbeitgebers gibt es aber derzeit nicht.

Im Rahmen der Nutzungsvereinbarung haben die Parteien **sonstige gesetzliche Verbote und Gebote** zu beachten. So kann insbesondere eine Regelung, die den Arbeitnehmer verpflichtet, eingehende bzw. verpasste Anrufe unverzüglich zu beantworten und zu bearbeiten, gegen § 134 BGB verstoßen und nichtig sein. Dies gilt beispielsweise im Falle einer Regelung, die einen Fernfahrer verpflichtet, während der Fahrt eingehende Telefonate entweder bereits während der Fahrt oder zumindest aber während der gesetzlich vorgeschriebenen Lenkzeitunterbrechungen in schriftliche Telefonberichte einzutragen.[14] Denn § 1 StVO verbietet das Schreiben während der Fahrt, und § 6 Abs. 1 Nr. 2 FPersG verbietet es, während der gesetzlichen Lenkzeitunterbrechungen Arbeiten zu verrichten. Zu beachten ist weiterhin auch die Regelung des § 23a StVO (vgl. unten Rn 61).

Darüber hinaus ist angesichts der zunehmenden Tendenz, Mobilgeräte zu echten Computern auszubauen, eine Regelung zur **Datenspeicherung** auf dem Mobilgerät, ggf. auch zur Nutzung nicht firmeneigener **Mailkonten** und **Kalendern** sinnvoll und geboten. Geregelt werden sollte, ob und wenn ja welche zusätzlichen Programme/Apps geladen werden dürfen und ob generell ein Internet-Download zulässig ist.

Die Privatnutzung vom Arbeitgeber überlassener Kommunikationsmittel und Computer (somit also auch bspw. des iPad) ist lohnsteuerfrei (§ 3 Nr. 45 EStG). Dies gilt unabhängig vom Verhältnis der privaten zur beruflichen Nutzung und umfasst auch Software und Zubehör.[15]

Zu regeln sind weiter **haftungsrechtliche Fragen.** Eine Haftung kann bei Verlust des Gerätes ebenso auftreten wie bei einer Beschädigung. Die Haftungsabwicklung vollzieht sich allerdings nach den Grundsätzen der Arbeitnehmerhaftung.[16] Dies führt dazu, dass der Arbeitnehmer nur dann haftet, wenn er den Schaden vorsätzlich oder grob fahrlässig verursacht. Bei mittlerer Fahrlässigkeit findet eine Quotelung statt.[17] Eine grobe Fahrlässigkeit beim Umgang mit dem Handy liegt zweifelsohne bereits dann vor, wenn das Handy offen im Fahrzeug zurückgelassen und dann

32

33

34

35

36

---

13 BAG 12.1.2005 – 5 AZR 364/04, DB 2005, 669 = NZA 2005, 465.

14 Vgl. LAG Hamm 5.7.2001 – 17 Sa 455/01, NZA-RR 2003, 436.

15 Vgl. LStR 2011 R 3.45 LStH 2011 H 3.45.

16 Vgl. grundsätzlich BAG GS 12.6.1992 – GS 1/89, AP Nr. 101 zu § 611 BGB Haftung des Arbeitnehmers; BGH 21.9.1993 – GmS-OBG 1/93, NZA 1994, 270; BAG 5.2.2004 – 8 AZR 91/03, NZA 2004, 649.

17 Vgl. BAG 24.11.1987 – 8 AZR 524/82, AP Nr. 93 zu § 611 BGB Haftung des Arbeitnehmers.

gestohlen wird, es z.B. in einem Zug auf dem Tisch liegen bleibt, während der Arbeitnehmer den Speisewagen besucht o.ä.

37 Im Zusammenhang mit der Benutzung liegt eine grob fahrlässige Schadensverursachung dann vor, wenn der Arbeitnehmer das Telefon unüberwacht einem Dritten überlässt, der dann hohe Verbindungskosten verursacht.

38 Zur Haftung ist die **Beweislastverteilung** zu beachten. Die Beweislast dafür, dass grobe Fahrlässigkeit oder Vorsatz vorlag, trägt der Arbeitgeber.

39 Im Zusammenhang mit der Haftung treffen den Arbeitnehmer Obliegenheiten, die im Überlassungsvertrag geregelt werden sollten. So hat der Arbeitnehmer sicherzustellen, dass das gelieferte Mobiltelefon durch eine PIN/einen Passcode gesichert ist, um unbefugten Gebrauch nach einem Abhandenkommen möglichst zu vermeiden. Nach einem Verlust hat der Arbeitnehmer den Verlust des Telefons unverzüglich anzuzeigen, damit die Telefonnummer bei dem Mobilfunkanbieter gesperrt werden kann.

40 *Praxishinweis*

Diese Obliegenheiten treffen den Arbeitnehmer bereits aus der Treupflicht und somit aus dem Arbeitsvertrag. Gleichwohl muss empfohlen werden, auf diese Obliegenheiten in der Nutzungsvereinbarung ausdrücklich hinzuweisen.

41 Die Einwilligung in eine private Nutzung kann auch durch eine **betriebliche Übung** entstehen. Hierunter ist die regelmäßige Wiederholung bestimmter Verhaltensweisen des Arbeitgebers zu verstehen, aus denen die Arbeitnehmer schließen können, ihnen solle eine Leistung oder eine Vergünstigung auf Dauer eingeräumt werden. Aus diesem als Vertragsangebot zu wertenden Verhalten des Arbeitgebers, das von dem Arbeitnehmer in der Regel stillschweigend angenommen wird (§ 151 BGB), erwachsen vertragliche Ansprüche auf die üblich gewordene Leistung.[18] Entscheidend für die Entstehung eines Anspruchs ist nicht der Verpflichtungswille, sondern wie der Erklärungsempfänger die Erklärung oder das Verhalten des Arbeitgebers nach Treu und Glauben unter Berücksichtigung aller Begleitumstände verstehen musste und durfte.[19] Die Einwilligung in eine private Nutzung durch betriebliche Übung setzt also voraus, dass der Arbeitnehmer über einen längeren Zeitraum hinweg Kommunikationseinrichtungen privat nutzt, der Arbeitgeber dies weiß und der Arbeitnehmer die Duldung nur so verstehen kann, dass der Arbeitgeber mit einer Privatnutzung einverstanden ist. Diese Voraussetzungen sind im Falle der Privatnutzung von Kommunikationseinrichtungen problematisch, da der Arbeitgeber in aller Regel nicht jede Monatsrechnung jedes Mobilfunkanschlusses dezidiert daraufhin überprüfen wird, ob und welche Gespräche dienstlich veranlasst worden sind. Hinzu kommt, dass diese Überprüfung, sofern nicht technische Vorrichtungen dazu geschaffen worden sind, im Einzelfalle kaum möglich ist, da einer Telefonnummer schlechterdings nicht anzusehen ist, welchen Inhalt das über sie geführte Gespräch hatte.

III. Überwachung durch den Arbeitgeber

42 Die Überwachung der Nutzung von **ausschließlich zu dienstlichen Zwecken** bereitgestellten Kommunikationseinrichtungen durch den Arbeitgeber ist **grundsätzlich zulässig**, soweit es die Verbindungsdaten, -zeiten und -umstände angeht.[20] Der Arbeitgeber hat das Recht, die Telefon- und Internetnutzung seiner Arbeitnehmer daraufhin zu überprüfen, ob diese alleine dienst-

---

18 Ständige Rechtsprechung, vgl. nur BAG 16.1.2002 – 5 AZR 715/00, AP Nr. 56 zu § 242 BGB Betriebliche Übung; BAG 3.11.2004 – 5 AZR 73/04 (n.v.); BAG 9.2.2005 – 5 AZR 284/04 (n.v.).
19 Ständige Rechtsprechung des BAG, vgl. z.B. BAG 16.1.2002 – 5 AZR 715/00, AP Nr. 56 zu § 242 BGB Betriebliche Übung.
20 Vgl. z.B. BAG 27.5.1986 – 1 ABR 48/84, AP Nr. 15 zu § 87 BetrVG 1972 Überwachung.

lichen Zwecken dienen. Zu diesem Zwecke kann er die Verbindungsdaten einschließlich der Empfänger- und Adressatendaten speichern, prüfen und auswerten.[21] Die Erfassung der Telefondaten betrifft zwar die freie Entfaltung der Persönlichkeit des Arbeitnehmers, sie verletzt aber keine Rechte. Den Schutzvorschriften der §§ 91 ff. **TKG** unterliegt der Arbeitgeber nicht, da er nicht „Diensteanbieter" ist. Datenschutzrechtlich ergibt sich die Zulässigkeit aus § 28 Abs. 1 BDSG, da die Verbindungsdaten der Zweckbestimmung des Arbeitsverhältnisses dienen. Gleichwohl ist es ratsam, in der Nutzungsvereinbarung die zulässigen Maßnahmen nach Art und Umfang ausdrücklich zu benennen und die Einwilligung des Arbeitnehmers festzuhalten.

Der Zweck des Arbeitsverhältnisses ist der Austausch von Arbeitsleistung gegen Zahlung von Entgelt. Art und Weise der Arbeitsleistung bestimmt der Arbeitgeber aufgrund seines Direktionsrechts, § 106 GewO. Er ist berechtigt, die Arbeitsleistung des Arbeitnehmers zu überwachen und davon Kenntnis zu nehmen, in welcher Weise der Arbeitnehmer seine Arbeitsleistung erbringt. Dass die Überwachung der Arbeitsleistung durch technische Einrichtungen zusätzlich der Mitbestimmung des Betriebsrats bedarf, ist insoweit ohne Bedeutung. Die vollständige Telefondatenerfassung gibt dem Arbeitgeber die Möglichkeit zu erkennen, ob und wie der Arbeitnehmer das Arbeitsmittel Telefon nutzt und ob er diesbezüglich Anweisungen beachtet und Verpflichtungen einhält. Auf der anderen Seite sind die vom Arbeitnehmer geführten Dienstgespräche Ausfluss seiner Arbeitspflicht, nicht aber Geschehnisse in seiner Privatsphäre. Mit der Kenntnis von Dienstgesprächen gibt der Arbeitnehmer dem Arbeitgeber nicht Kenntnis von privaten Vorgängen, sondern davon, ob und wie er seine Arbeitspflicht erfüllt hat. Dazu ist er aufgrund des Arbeitsvertrages verpflichtet. Mit Eingehung des Arbeitsverhältnisses hat er diese Pflicht auf sich genommen. Soweit die Erfüllung dieser Pflicht mit der freien Entfaltung seiner Persönlichkeit in Widerspruch gerät und diese beschränkt, beruht dies auf der eingegangenen Bindung und nicht auf einer Beschränkung durch den Arbeitgeber. Dienstgespräche stellen daneben Fernsprechverkehr des Arbeitgebers dar. Die Kenntnis des Arbeitgebers von solchen Gesprächen behindert daher nicht den freien Fernsprechverkehr des Arbeitnehmers. Gegen eine Betriebsvereinbarung, die die Erfassung der vollen Zielnummer bei Dienstgesprächen und Privatgesprächen aus dienstlichem Anlass erlaubt, bestehen jedenfalls dann keine Bedenken, wenn daneben Privatgespräche geführt werden dürfen, bei denen die Zielnummer nicht erfasst wird.[22] Von den dargestellten Grundsätzen zu trennende Fragen sind die Fragen nach der Methode der Auswertung im Hinblick auf mögliche Beweisverwertungsverbote (vgl. unten Rn 47) sowie die Frage nach dem weiteren Vorgehen, wenn bei der Auswertung private (arbeitsvertragswidrige) Telefonate gefunden werden (siehe unten Rn 46 ff.).

Die Kontrolle der **Gesprächsinhalte** stellt demgegenüber auch bei rein dienstlichen Gesprächen grundsätzlich einen unzulässigen Eingriff in das Recht am eigenen Wort und das Fernmeldegeheimnis dar. Hierdurch wird das Persönlichkeitsrecht des Arbeitnehmers verletzt.[23] Auch bei Gesprächen, die dienstlich veranlasst sind, muss der Einzelne bestimmen dürfen, wem seine Worte zugänglich sein sollen.[24] Nach der Auffassung des Bundesverfassungsgerichtes verbieten es die möglichen verschiedenen Inhalte und Vertraulichkeitsgrade auch dienstlicher Äußerungen, jeden Schutz des dienstlich vom Arbeitnehmer gesprochenen Wortes gegenüber dem Arbeitgeber abzulehnen. Allerdings sind durchaus Zusammenhänge denkbar, in denen eine Aufschaltung des Arbeitgebers auf das Gespräch und somit auch eine Überwachung des gesprochenen Wortes zulässig ist. Dies ist z.B. dann der Fall, wenn in Callcentern die Qualität der Bearbeitung überprüft werden soll. Allerdings muss der Arbeitnehmer zuvor hierüber informiert sein, und auch der Gesprächspartner muss zuvor eingewilligt haben.

43

---

21 Küttner-*Kreitner*, Personalbuch 2012, Internet-/Telefonnutzung, Rn 8; *Balke/Müller*, DB 1997, 326.
22 BAG 27.5.1986 – 1 ABR 48/84, AP Nr. 15 zu § 87 BetrVG 1972 Überwachung.
23 Vgl. BAG 29.10.1997 – 5 AZR 508/96, EzA § 611 BGB Persönlichkeitsrecht Nr. 12 = NZA 1998, 307.
24 BVerfG 19.12.1991 – 1 BvR 382/85, NZA 1992, 307.

44   Die dargestellten Grundsätze gelten auch dann, wenn der Arbeitgeber das Führen von bestimmten privaten Gesprächen ausdrücklich zulässt, z.B. Telefonate mit Ärzten o.ä. Hierbei handelt es sich dann, die Terminologie einer der Grundsatzentscheidung des Bundesarbeitsgerichts zugrunde liegenden Betriebsvereinbarung aufgreifend, um **Privatgespräche aus dienstlichem Anlass**. Die Notwendigkeit solcher Telefongespräche resultiert aus Umständen, die in der Sphäre des Arbeitgebers liegen oder zu deren Gestattung der Arbeitgeber aufgrund seiner Fürsorgepflicht verpflichtet sein soll. Sie erfolgen regelmäßig während der Arbeitszeit und berühren daher auch die Erbringung der geschuldeten Arbeitsleistung. Vom Zweck des Arbeitsverhältnisses ist es daher gerechtfertigt, wenn Feststellungen darüber getroffen werden, nicht nur, ob solche Privatgespräche aus dienstlichem Anlass überhaupt, sondern ob sie auch im Rahmen der eingeräumten Duldung geführt worden sind. Das gilt erst recht unter Beachtung der Tatsache, dass der Arbeitgeber die Kosten dieser Privatgespräche aus dienstlichem Anlass trägt. Der Arbeitgeber hat daher ein berechtigtes Interesse daran, zu erfahren, ob und in welchem Umfang solche Privatgespräche zu Recht geführt worden sind. Das Kontrollinteresse des Arbeitgebers bei diesen Telefongesprächen überwiegt das Interesse des Arbeitnehmers an der Geheimhaltung dieser Gespräche.[25]

45   Das Recht des Arbeitgebers zur Überwachung erstreckt sich in diesem Fall auf das **Erfassen der Kommunikationsdaten** wie Zeit und Dauer der Verbindung. Darüber hinaus ist zwingende Konsequenz des sachlichen Bezugs im Rahmen der Duldung auch, dass die Zielnummer gespeichert und vom Arbeitgeber daraufhin überprüft werden kann, ob die Notwendigkeit des sofortigen Gespräches vorlag.[26]

46   Schon bei der nur äußerst begrenzten Zulassung privater Gespräche aus dienstlichem Anlass ergeben sich aus dem allgemeinen Persönlichkeitsrecht des Arbeitnehmers und dem Recht auf **informationelle Selbstbestimmung** erhebliche **Ausübungsgrenzen** in der Umsetzung der Kontrollbefugnis des Arbeitgebers. Diese müssen in einem angemessenen Ausgleich mit den aus der Nutzungsvereinbarung hergeleiteten Interessen des Arbeitgebers gebracht werden. Es dürfen nur die zur Einhaltung der Grenzen notwendigen Maßnahmen getroffen werden. Zugleich darf der Arbeitgeber die insoweit bekannt gewordenen Daten auch nur ausschließlich zu diesen Zwecken des Arbeitsverhältnisses speichern und nutzen (§ 28 Abs. 1 BDSG), unterliegt also als Ausfluss des Persönlichkeitsrechtes sowie des Datenschutzes einer besonderen Pflichtenbindung. Auch insoweit erweist sich die Zulassung privater Gespräche als für den Arbeitgeber problematisch.

47   Sowohl für das vollständige private Nutzungsverbot als auch für die beschränkte Zulassung privater Nutzung gilt: Existiert zur Frage der Speicherung und Auswertung der Verbindungsdaten eine **Betriebsvereinbarung**, so muss er sich allerdings an das darin beschriebene Procedere halten, will er die daraus gewonnenen Daten dann auch verwerten. Umgeht er das vereinbarte Procedere, so droht, nach allerdings nicht höchstrichterlich bestätigter Ansicht, ein **Beweisverwertungsverbot** (vgl. unten Rn 53, § 5 Rn 17).[27] Stellt er fest, dass private Gespräche geführt worden sind, dürfen die entsprechenden Daten lediglich zum Zwecke der Rechtsausübung weiter archiviert werden. Problematisch stellt sich in diesem Zusammenhang die Archivierung der Zielnummer dar, da der Gesprächspartner des Arbeitnehmers ein berechtigtes Interesse an der Geheimhaltung haben kann und der Arbeitnehmer selber auch zur Geheimhaltung dem Gesprächsteilnehmer gegenüber verpflichtet sein kann.[28] Gleichwohl ist der Arbeitgeber berechtigt, die Daten zu archivieren, wenn es ihm hierbei nicht um eine Auswertung der Daten geht, sondern ausschließlich darum, Arbeitsvertragsverstöße des Arbeitnehmers zu sanktionieren. Dies ergibt sich aus dem Rechtsgedanken des § 193 StGB. Ob der Archivierung eindeutig als privat identifizierter Daten eine zeitliche Grenze gegenübersteht, z.B. die Zwei-Wochen-Frist gem. § 626 Abs. 2 BGB oder

---

25 BAG 27.5.1986 – 1 ABR 48/84, AP Nr. 15 zu § 87 BetrVG 1972 Überwachung.
26 BAG 27.5.1986 – 1 ABR 48/84, AP Nr. 15 zu § 87 BetrVG 1972 Überwachung.
27 So LAG Hamm 25.1.2008 – 10 Sa 169/07; a.A. ArbG Düsseldorf 29.10.2007 – 3 Ca 1455/07.
28 Vgl. BAG 13.1.1987 – 1 AZR 267/85, EzA § 87 BetrVG Kontrolleinrichtung Nr. 17 = NZA 1987, 515.

eine Frist analog der üblichen Aufbewahrungszeit von Abmahnungen in Personalakten, ist von der Rechtsprechung noch nicht entschieden.

Praxishinweis 48

Die vorstehenden Grundsätze zur Überwachung sind nicht gegenstandslos, wenn der Arbeitgeber rein kostenmäßig ein so genanntes „TwinBill"-Verfahren oder vergleichbar nutzt. Zwar ist dann sichergestellt, dass eine Kostenbelastung des Arbeitgebers durch private Gespräche nicht auftritt; offen bleibt aber nach wie vor der mögliche Verbrauch von Arbeitszeit zum Führen dieser privaten Gespräche. In der Praxis allerdings stellt sich bei der Nutzung solcher Systeme nicht die Frage der Kontrollmöglichkeiten durch Aufzeichnung von Verbindungsdaten. Denn bei Nutzung entsprechender Systeme gehen die privaten Rechnungen unmittelbar an den Arbeitnehmer, sodass der Arbeitgeber gar nicht in den Besitz entsprechender Daten kommt. Die Arbeitszeitkontrolle muss in solchen Fällen also auf anderem Wege durchgeführt werden.

Komplexer stellt sich die Rechtslage dar, wenn die **private Nutzung ohne Beschränkung zulässig** 49 ist. Verbindungsdaten von Telefongesprächen, die ausschließlich zur **privaten Sphäre** des Arbeitnehmers gehören, unterfallen grundsätzlich dem Persönlichkeitsrecht des Arbeitnehmers. Die Erfassung solcher Daten ist schon datenschutzrechtlich (§ 28 Abs. 1 BDSG) unzulässig, soweit nicht auch ein arbeitstechnischer Zweck damit verfolgt wird. Dasselbe folgt aus dem Persönlichkeitsrecht des Arbeitnehmers. Zulässig sind Speicherung und Auswertung nur zu **Abrechnungszwecken** und zur **Kontrolle des Missbrauchs.** Ist somit (auch) die Privatnutzung der Kommunikationseinrichtung zugelassen, so dürfen lediglich die Daten der abgehenden reinen Privatgespräche nach Zahl, Zeit und Dauer erfasst werden. Die Zielnummer darf dagegen nur erfasst werden, wenn der Arbeitnehmer dies (z.B. zur Überprüfung der Kosten) ausdrücklich wünscht.[29]

Der weitgehende Schutz der Daten und der Persönlichkeitssphäre des Arbeitnehmers dann, wenn 50 Privatgespräche ohne Begrenzung zulässig sind, täuscht allerdings darüber hinweg, dass der Arbeitgeber selbstverständlich gleichwohl ein **berechtigtes Interesse** auch an der Kontrolle der diesbezüglichen Verbindungsdaten sowie der Häufigkeit der Verbindungen hat. Auch dann nämlich, wenn grundsätzlich auch die private Nutzung zugelassen ist, bedeutet dies nicht, dass der Arbeitgeber auch bedingungslos mit dem **Verbrauch von Arbeitszeit** für die private Nutzung einverstanden ist. Ohne weitere Maßgabe ist auch die Zulassung der Privatnutzung nur so zu verstehen, dass die Privatnutzung außerhalb der individuellen Arbeitszeit bzw. in den individuellen Pausen erfolgen darf. Deshalb muss es dem Arbeitgeber erlaubt sein, die grundsätzlichen Daten zu den Verbindungen wie Zeit und Dauer zu erfassen, soweit die Verbindungen während der Arbeitszeit erfolgten. Korrespondierend lässt die Rechtsprechung es zu Recht zu, dass auch bei der Duldung privater Gespräche Einzelverbindungsnachweise zur Darlegung des Kündigungsgrundes bei extensiver privater Nutzung während der Arbeitszeiten verwendet werden.[30]

Auch dann, wenn die private Nutzung ohne Begrenzung zulässig ist, gilt selbstverständlich, dass 51 **Gesprächsinhalte** in keinem Falle mitgehört oder archiviert werden dürfen.

Ungeachtet aller vorstehenden individualrechtlichen Grenzen der Kontrolle unterliegt die Überwachung der einzelnen Arbeitnehmer durch den Arbeitgeber der **Mitbestimmung des Betriebs-** 52 **rates** gem. § 87 Abs. 1 Nr. 6 BetrVG (siehe hierzu auch Rn 91 ff.).

Weitere Grenzen der Kontrolle ergeben sich typischerweise aus **Betriebsvereinbarungen**, die 53 sich in aller Regel ausführlich dazu verhalten, welche konkreten Daten im Zusammenhang mit den Gesprächen archiviert werden dürfen, wie lange die Archivierungsfrist ist, wer zu welchen Zwecken die Daten sichten bzw. auswerten darf und wer unter welchen Umständen über die gewonnenen Erkenntnisse zu informieren ist. Ob ein Verstoß gegen die Betriebsvereinbarung im

---

29 Vgl. BAG 27.5.1986 – 1 ABR 48/84, EzA § 87 BetrVG Kontrolleinrichtung Nr. 16 = NZA 1986, 643.
30 LAG Hamm 28.11.2008 – 10 Sa 1921/07, NZA-RR 2009, 476.

Verhältnis zum Arbeitnehmer zu einem **Beweisverwertungsverbot** führt, ist streitig. Die Verletzung von Mitbestimmungsrechten des Betriebsrats kann im Verhältnis zwischen Arbeitgeber und Arbeitnehmer grundsätzlich zur Unwirksamkeit von Maßnahmen oder Rechtsgeschäften führen, die den Arbeitnehmer belasten. Die Rechtsunwirksamkeit ist eine Sanktion dafür, dass der Arbeitgeber das Mitbestimmungsrecht verletzt hat. Daher kommt es darauf an, ob die Rechtsfolge der Rechtsunwirksamkeit dem Schutzzweck des Mitbestimmungsrechts entspricht.[31] § 87 Abs. 1 Nr. 6 BetrVG enthält keine entsprechende Rechtsfolge. Während teilweise vertreten wird, dass ein entsprechendes Beweisverwertungsverbot zugunsten des Arbeitnehmers eingreife,[32] wird es an anderer Stelle abgelehnt.[33] Jedenfalls dann aber, wenn der Betriebsrat der Verwendung des Beweismittels und der darauf gestützten Kündigung nachträglich z.B. durch Zustimmung zur Kündigung zustimmt, liegt kein Beweisverwertungsverbot vor. Der Betriebsrat gibt damit nämlich zu erkennen, dass er seine Rechte nicht für berührt hält und trotz der Kompetenzüberschreitung jedenfalls für den konkreten Fall die Beweisverwertung billigt.[34] Etwas anderes ergibt sich aber, wenn die Überwachung zugleich einen Eingriff in das allgemeine Persönlichkeitsrecht darstellt, z.B. wenn nicht nur die Telefonverbindungsdaten, sondern auch Gesprächsinhalte aufgezeichnet wurden. Die unterbliebene Mitbestimmung führt für sich genommen nicht zu einem Verstoß gegen das allgemeine Persönlichkeitsrecht.

54   Beim Einsatz von **Mobiltelefonen** ist der Versand von **Einzelverbindungsnachweisen** eine regelmäßig standardmäßig vorhandene Dienstleistung der Betreiber. Handelt es sich um dienstlich genutzte Anschlüsse, die vom Arbeitgeber beauftragt werden und dann einzelnen Mitarbeiter zur Verfügung gestellt werden, so muss der einzelne Mitarbeiter in aller Regel in die Erstellung eines Einzelverbindungsnachweises einwilligen, damit ein solcher erstellt werden kann. Dies ist unbillig, beachtet man, dass bei ausschließlich dienstlicher Nutzung dem Arbeitgeber das umfassende Recht zusteht, Rufnummern und sonstige Daten der Telefongespräche zu kontrollieren. Der Arbeitnehmer ist daher in diesem Falle arbeitsvertraglich verpflichtet, seine Einwilligung in die Erstellung eines Einzelverbindungsnachweises zu geben, sofern diese Einwilligung durch den Netzbetreiber verlangt wird. Für die Verwendung der Daten aus den Einzelverbindungsnachweisen gilt das oben Gesagte.

55   *Praxishinweis*
In der Nutzungsvereinbarung sollte die Einwilligung des Arbeitnehmers in die Erstellung eines Einzelverbindungsnachweises aufgenommen werden.

56   Zu beachten ist, dass auf Mobiltelefonen – anders als innerhalb einer Telefonanlage – die Verwendung von Vorwahl-PIN nicht möglich ist. Dem Arbeitgeber, der nicht die Kosten aller Privatgespräche seines Arbeitnehmers tragen möchte, bleibt also nur das generelle Verbot. Allerdings bieten einige Mobilfunkbetreiber mit der sog. **TwinBill** oder vergleichbaren Systemen die Möglichkeit, über eine SIM-Karte Telefonate zwei verschiedenen Rechnungsstellen zuzuordnen. Der Arbeitnehmer kann durch Eingabe der PIN-Nummer beim Einschalten wählen, auf welche Rechnung er telefonieren möchte. Das Handy ist gleichzeitig über zwei verschiedene Nummern (eine geschäftliche, eine private) erreichbar, so dass eine Kostenbelastung des Arbeitgebers durch eingehende Anrufe ebenfalls ausgeschlossen ist. Der Mobilfunkbetreiber erstellt dann zwei Rechnungen, wovon eine der Arbeitgeber erhält, die andere der Arbeitnehmer. Auf diese Weise besteht die Möglichkeit, allen Grundsätzen der Rechtsprechung auch auf Mobiltelefone übertragen Rechnung zu tragen.

---

31 BAG 13.4.1994 – 7 AZR 651/93 – juris.
32 So LAG Hamm 25.1.2008 – 10 Sa 169/07.
33 ArbG Düsseldorf 29.10.2007 – 3 Ca 1455/07.
34 BAG v. 27.3.2003 – 2 AZR 51/02.

Praxishinweis 57

Die Verwendung eines TwinBill-Systems ist unbedingt zu empfehlen. Der Arbeitgeber kann auf diese Weise sauber dienstliche und private Telefonate voneinander trennen und schafft die technischen Voraussetzungen für rechtliche Regelungsklarheit. Das Problem des Verbrauchs von Arbeitszeit bei ausschweifender privater Telefonie allerdings wird auch hierdurch nicht gelöst.

Ist die Verwendung eines entsprechenden Systems nicht möglich, so empfiehlt sich unbedingt, in der Überlassungsvereinbarung ausdrücklich festzulegen, welche Daten archiviert werden und das ausdrückliche Einverständnis des Arbeitnehmers hierzu einzuholen.

IV. Mobilfunk und Arbeitsschutz

Seit der erheblichen Ausbreitung von Mobilfunkgeräten ist die Frage umstritten, ob durch den Gebrauch von Mobilfunkgeräten eine **Strahlenbelastung** auftritt. Glaubt man entsprechenden Studien, so konnte bislang weder experimentell noch epidemiologisch nachgewiesen werden, dass durch elektromagnetische Felder des Mobilfunks Gesundheitsschäden drohen.[35] 58

Trotz der wissenschaftlichen Unsicherheit gibt es in Deutschland gesetzliche Regelungen, die Arbeitgeber ggf. zu wahren haben. So existiert die Unfallverhütungsvorschrift BGV B11 „Elektromagnetische Felder", die seit dem 1.4.2002 in Kraft ist. Die **Unfallverhütungsvorschrift BGV B11** richtet sich an Unternehmen und in der Unfallversicherung Versicherte und gilt, soweit Versicherte elektrischen, magnetischen oder elektromagnetischen Feldern im Frequenzbereich von 0 Hz bis 300 GHz unmittelbar ausgesetzt oder durch mittelbare Wirkungen betroffen sind. Damit betrifft die Unfallverhütungsvorschrift vor allem Betriebe mit Quellen starker elektrischer, magnetischer und elektromagnetischer Felder, z.B. Induktions- und Lichtöfen, starke Elektromagneten und Elektromotoren, Generatoren, Sendeanlagen für Funk, Fernsehen und Telekommunikation oder Radar. Die normale Mobilfunknutzung unterfällt nicht den Regelungen der Unfallverhütungsvorschrift. 59

Unmittelbar für den Arbeitgeber bindend ist aber das **Gerätesicherheitsgesetz.**[36] Nach § 3 Abs. 1 dürfen technische Arbeitsmittel hiernach nur in den Verkehr gebracht werden, wenn sie den in den Rechtsverordnungen nach diesem Gesetz enthaltenen sicherheitstechnischen Anforderungen und sonstigen Voraussetzungen für ihr In-Verkehr-Bringen entsprechen und Leben oder Gesundheit oder sonstige in den Rechtsverordnungen aufgeführten Rechtsgüter der Benutzer oder Dritter bei bestimmungsgemäßer Verwendung nicht gefährdet werden. Der Arbeitgeber hat also insbesondere sicher zu stellen, dass die verwandten Mobilfunkgeräte den technischen Anforderungen entsprechen. Damit ist vom Import nicht nach deutschem Recht geprüfter Geräte ohne CE-Kennzeichen unbedingt abzuraten. Bezieht der Arbeitgeber aber die Geräte über den deutschen Handel bzw. die Mobilfunkbetreiber, so kann davon ausgegangen werden, dass diese Geräte den technischen Anforderungen entsprechen. 60

Sollen die **Mobilfunkgeräte im Straßenverkehr** eingesetzt werden, so hat der Arbeitgeber zumindest nach § 106 GewO die Regelung des § 23 Abs. 1a StVO zu beachten. Nach Neuregelung des § 23 Abs. 1a StVO ist dem Fahrzeugführer während der Fahrt die Benutzung eines Mobiltelefons untersagt, wenn er hierfür das Mobiltelefon oder den Hörer des Autotelefons aufnehmen oder halten muss. Bei dem Verbot handelt es sich um ein so genanntes hand-held-Verbot. Es gilt nur, wenn das Mobiltelefon oder der Hörer des Autotelefons ganz oder zum Teil in die Hand genommen wer- 61

---

35 Vgl. z.B. Bericht der Bundesregierung über die Forschungsergebnisse in Bezug auf Emissionsminderungsmöglichkeiten der gesamten Mobilfunktechnologie und in Bezug auf gesundheitliche Auswirkungen, BT-Drucks 15/4604; Informationen des Bundesamtes für Strahlenschutz unter http://www.bfs.de/elektro.

36 Gesetz über technische Arbeitsmittel vom 24.6.1968.

den muss. Die Benutzung der Mobiltelefone über eine **Freisprecheinrichtung** ist somit erlaubt. Der Arbeitgeber hat also einem Arbeitnehmer, dem ein dienstliches Mobiltelefon zumindest auch mit der Bestimmung übergeben wird, es während der Autofahrten zu nutzen, auch eine entsprechende Freisprecheinrichtung zur Verfügung zu stellen. Ist dies nicht gewährleistet, hat der Arbeitgeber den Arbeitnehmer in geeigneter Weise darüber zu belehren, unter welchen Umständen die Benutzung des Mobiltelefons verboten ist und in der individualvertraglichen Überlassungsvereinbarung ein entsprechendes ausdrückliches Verbot auszusprechen.

62   *Praxishinweis*

Entsprechende Hinweise bzw. Verbote sollten unmittelbar in die Nutzungsüberlassungsvereinbarung aufgenommen werden.

Eine unmittelbare Schnittstelle zum Arbeitsschutz stellt die Arbeitszeitproblematik dar (vgl. Rn 63 ff.).

V. Nutzungszwang/Arbeitszeitproblematik

63   Mit der Überlassung von Mobilfunkgeräten wächst die Versuchung, den Arbeitnehmer dauerhaft erreichen zu können und dies auch zu tun. Problematisch kann dies dann sein, wenn die Erreichbarkeit in die Freizeit des Arbeitnehmers hineingreift. Verrichtet der Arbeitnehmer durch Nutzung seines Mobiltelefons Arbeit im Rahmen seines Arbeitsvertrages, so handelt es sich auch arbeitszeitrechtlich um Arbeitszeit. Da das arbeitgeberseitige Direktionsrecht nur die Aufgaben im Rahmen der Arbeitszeit festlegen kann, ist es unabdingbar, zur Gewährleistung der Verpflichtung des Arbeitnehmers zu bestimmten Zeiten außerhalb der regelmäßigen Arbeitszeit die Erreichbarkeit sicherzustellen. Nur dann, wenn eine solche Vereinbarung existiert, besteht auch eine entsprechende Verpflichtung.

64   Sowohl die vertragliche Regelung als auch die Anordnung im Einzelfall im Rahmen des Direktionsrechtes stehen unter dem Vorbehalt der allgemeinen Gesetze, so dass auch das Arbeitszeitgesetz gilt. Dies ergibt sich nicht zuletzt aus § 106 GewO. Die grundsätzliche Anordnung der Erreichbarkeit unterliegt damit den gesetzlichen Grenzen zur Rufbereitschaft bzw. zum Bereitschaftsdienst.[37]

65   Besteht eine entsprechende Verpflichtung des Arbeitnehmers, so handelt es sich bei den „Erreichbarkeits-Zeiten" um **Rufbereitschaft**. Die Rufbereitschaft zählt nicht als Arbeitszeit, ist aber als gesonderte Leistung des Arbeitnehmers zu vergüten. In der Vereinbarung hierzu kann vorgesehen werden, dass beispielsweise eine pauschale Vergütung gezahlt wird, die z.B. auch in einem pauschalierten Freizeitguthaben bestehen kann. Nimmt der Arbeitnehmer im Rahmen der Rufbereitschaft tatsächlich einen Anruf entgegen oder beantwortet eine E-Mail, so ist die reine **Bearbeitungszeit Arbeitszeit** und auch entsprechend zu vergüten. Arbeitszeitrechtlich schließt sich an jede Unterbrechung der Ruhezeit wieder eine neue Ruhezeit von mindestens elf Stunden an. Existiert keine entsprechende Verpflichtung des Arbeitnehmers und kontaktiert der Arbeitgeber den Arbeitnehmer lediglich im Einzelfall während der Freizeit über das dienstliche Mobiltelefon, so handelt es sich hierbei ebenfalls um Arbeitszeit, die auch entsprechend zu vergüten ist. Dasselbe gilt dann, wenn der Arbeitnehmer nicht durch den Arbeitgeber, sondern durch einen Kunden kontaktiert wird.

66   *Praxishinweis*

Der Arbeitgeber hat daher im Rahmen der Überlassungsvereinbarung oder des Arbeitsvertrages sicherzustellen, wann der Arbeitnehmer Kundenanrufe entgegennehmen darf und wann nicht. Ansonsten gibt er die Kontrolle über die Arbeitszeit seines Arbeitnehmers aus der Hand.

---

37 Vgl. hierzu z.B. Schaub-*Schaub*, ArbRHdb, § 156 Rn 19 ff.; MüHdBArbR-*Blomeyer*, § 48 Rn 107.

Gleichfalls ist sicherzustellen, wie der Arbeitnehmer zu verfahren hat, wenn das Mobiltelefon nicht empfangsbereit ist.

VI. Sanktionsmöglichkeiten

Verstöße des Arbeitnehmers gegen die Grenzen der Nutzung von Arbeitsmitteln stellen grundsätzlich eine Arbeitsvertragsverletzung dar, die mit arbeitsrechtlichen Sanktionen bedacht werden kann. Dies führt von der Ermahnung bis hin zur außerordentlichen Kündigung. In welcher Intensität Sanktionen in Betracht kommen, ist jeweils eine Frage der Umstände des Einzelfalls, insbesondere der Konkretisierung des Verbots und der Intensität der Nutzung.

67

In der Praxis stellt sich bei der Frage der Beurteilung, ob ein Arbeitnehmer den vom Arbeitgeber gewährten Nutzungsrahmen in arbeitsvertragswidriger Weise überschreitet, regelmäßig die Problematik gar nicht oder nicht hinreichend konturierter Verbote und damit die Frage, ob überhaupt eine Sanktion in Betracht kommt. Ob die Benutzung betrieblicher Kommunikationseinrichtungen auch **ohne ausdrückliches Verbot** arbeitsvertragswidrig ist, ist problematisch. Nach der bisherigen Instanzrechtsprechung konnte der Arbeitnehmer bei Fehlen einer ausdrücklichen Regelung in aller Regel berechtigterweise von der **Duldung durch den Arbeitgeber** ausgehen.[38] Denn die Nutzung vorhandener technischer Einrichtungen in angemessenem Umfang stelle eine im Privat- und Arbeitsleben sozialtypische Erscheinung dar. Kommunikationshandlungen seien häufig termingebunden, und während der Arbeitszeit könne der Arbeitnehmer private Kommunikationsmittel nicht oder nur eingeschränkt einsetzen.[39] Zudem sei, so insbesondere das Landesarbeitsgericht Köln,[40] das Telefonverhalten der Arbeitnehmer durch die dem Arbeitgeber regelmäßig zur Verfügung stehenden Verbindungsnachweise kontrollierbar. Die Grenzen der Duldungspflicht sind nach dieser Rechtsprechung erst dann erreicht, wenn selbst ein verständiger Arbeitnehmer nicht mehr davon ausgehen darf, sein Verhalten könne geduldet werden. Selbst bei Unklarheiten über die Grenzen zwischen erlaubter und nicht erlaubter Internetnutzung muss der Arbeitnehmer nämlich davon ausgehen, dass eine **exzessive Privatnutzung** des Internets während der Arbeitszeit nicht vom Arbeitgeber hingenommen wird, so dass dann eben doch ein wichtiger Grund zur außerordentlichen verhaltensbedingten Arbeitgeberkündigung gegeben sein kann, ohne dass es einer vorherigen Abmahnung bedurft hätte.[41]

68

Das **BAG**[42] **verwirft den Ansatz der Sozialadäquanz.** Zum einen sei nicht ersichtlich, woraus sich eine solche Sozialadäquanz ergeben solle. Zum anderen sei allenfalls eine ganz kurzfristige private Nutzung (hier des Internets) während der Arbeitszeit allgemein gerade noch als hinnehmbar anzusehen, wenn kein ausdrückliches betriebliches Verbot zur privaten Nutzung existiere.[43] Während die Instanzgerichte bislang nur dann eine stillschweigende Duldung durch den Arbeitgeber ablehnten, wenn das Maß der Nutzung einen Umfang erreichte, angesichts dessen der Arbeitnehmer schlechthin nicht mehr von einer Duldung ausgehen konnte (vgl. unten Rn 75), kehrt das BAG dieses Regel-Ausnahmeverhältnis um: Allenfalls bei ganz geringfügiger Nutzung könne überhaupt von einer Duldung durch den Arbeitgeber ausgegangen werden, sofern kein ausdrückliches Verbot existiere. Die nach dieser Rechtsprechung des BAG für die private Nutzung des Internets entwickelten Kriterien gelten grundsätzlich auch bei der privaten Nutzung eines

69

---

38 ArbG Frankfurt/M. 2.1.2002 – 2 Ca 5340/01, NZA 2002, 1093; ArbG Wesel 21.3.2001 – 5 Ca 4021/00, NZA 2001, 786; LAG Köln 11.2.2005 – 4 Sa 1018/04, LAGReport 2005, 229; ArbG Wetzlar 26.8.2003 – 1 Ca 171/03, AE 2004, 186.

39 ArbG Frankfurt/M. 2.1.2002 – 2 Ca 5340/01, NZA 2002, 1093; LAG Köln 11.2.2005 – 4 Sa 1018/04, LAGReport 2005, 229.

40 LAG Köln 11.2.2005 – 4 Sa 1018/04, LAGReport 2005, 229.

41 LAG Rheinland-Pfalz 13.11.2006 – 7 Sa 1029/05.

42 BAG 7.7.2005 – 2 AZR 581/04, NZA 2006, 98; BAG 27.4.2006 – 2 AZR 386/05, NZA 2006, 977.

43 BAG 7.7.2005 – 2 AZR 581/04, NZA 2006, 98, 100.

dienstlichen Telefons oder anderer Kommunikationsmittel.[44] Offen bleibt aber dann weiterhin die Frage der Interessensabwägung: In der dem zitierten Urteil des BAG nachfolgenden LAG-Entscheidung erkannte das LAG Rheinland-Pfalz, dass dann, wenn erhebliche Unklarheit bzw. Unsicherheit darüber besteht, inwieweit eine Privatnutzung des Internets erlaubt bzw. nicht erlaubt ist, dies bei der Interessenabwägung im Rahmen des § 626 Abs. 1 BGB zugunsten des Arbeitnehmers gewertet werden kann, so dass dem Arbeitgeber die Fortsetzung des Arbeitsverhältnisses mit dem Arbeitnehmer zumindest bis zum Ablauf der ordentlichen Kündigungsfrist zumutbar ist.[45]

70   *Praxishinweis*

Man mag zu der Argumentation der Instanzgerichte, in der von der Kontrollierbarkeit in nicht verständlicher Weise auf Vertragskonformität geschlossen wird, stehen wie man will: In der Praxis können arbeitsvertragliche Sanktionen, jedenfalls noch solange bis sich die neue Rechtsprechung des BAG durchgesetzt hat, nur dann mit Aussicht auf Erfolg ergriffen werden, wenn eine ausdrückliche Regelung vorhanden ist. Ausnahmen hierzu sind nur Fälle, in denen der Arbeitnehmer schlechthin nicht davon ausgehen kann, dass sein Verhalten vertragskonform ist (vgl. unten Rn 75).

Zu beachten ist diese Rechtsprechung vor allem für die Fälle, in denen nach Ausspruch einer Kündigung und einer Freistellung des Arbeitnehmers der Rechner oder Auswertungen über das Telefonverhalten des Arbeitnehmers durchgesehen und zum Anlass für eine in der Regel außerordentliche (Gleichwohl-)Kündigung genommen wird. Existiert keine eindeutige Regelung, werden solche Kündigungen häufig nicht zu halten sein.

1. Abmahnung

71   Im Falle einer verbotswidrigen Nutzung von dienstlichen Kommunikationsmitteln für private Zwecke hat der Arbeitgeber zunächst die Möglichkeit, eine unzulässige Privatnutzung **abzumahnen**.[46]

72   Das Landesarbeitsgericht Köln hat allerdings erst kürzlich wieder deutlich gemacht, dass die Duldung eines bestimmten Verhaltens einen Vertrauenstatbestand bei dem Arbeitnehmer begründen kann, der eine spätere Sanktion ausschließt.[47] Duldet der Arbeitgeber beispielsweise die private Telefonnutzung über einen längeren Zeitraum, so darf der Arbeitnehmer darauf vertrauen, dass unabhängig von einer vorherigen Regelung sein Verhalten als vertragskonform geduldet wird. In einem solchen Fall stellt sich nicht nur die Frage, ob das einmal entstandene Vertrauen durch eine (neue) klare Regelung für die Zukunft zerstört werden kann; vielmehr hängt es von den Umständen des Einzelfalles ab, ob die Möglichkeit der privaten Nutzung nicht sogar Vertragsbestandteil geworden ist. In derselben Weise stellt das ArbG Düsseldorf klar, dass es insbesondere bei einem nur geringen Umfang der privaten Internetnutzung und zuvor bereits geduldeten Verstößen gegen ein betriebliches Verbot in aller Regel einer Klarstellung der Bedeutung des Pflichtverstoßes und nachdrücklichen Warnung des Klägers im Wege einer Abmahnung notwendig ist.[48]

73   *Praxishinweis*

Neben dem Rat zu unmissverständlichen Regelungen zur Privattelefonie muss der Arbeitgeber darauf achten, dass kein Vertrauenstatbestand entsteht, der ggf. nicht nur arbeitsrecht-

---

44 LAG Rheinland-Pfalz 28.6.2007 – 4 Sa 91/07.

45 LAG Rheinland-Pfalz 13.11.2006 – 7 Sa 1029/05.

46 LAG Niedersachsen 13.1.1998 – 13 Sa 1235/97, NZA-RR 1998, 259; LAG Köln 2.7.1998 – 6 Sa 42/98, NZA-RR 1999, 192; LAG Rheinland-Pfalz 18.12.2003 – 4 Sa 1288/03, BB 2004, 1682.

47 LAG Köln 11.2.2005 – 4 Sa 1018/04, LAGReport 2005, 229.

48 ArbG Düsseldorf 29.10.2007 – 3 Ca 1455/07.

liche Sanktionen hindert, sondern ggf. sogar Ansprüche des Arbeitnehmers für die Zukunft begründet. Erkannte Verstöße gegen betriebliche oder individualvertragliche Regelungen sollten daher unverzüglich gerügt oder abgemahnt werden.

2. Verhaltensbedingte Kündigung

Je nach Intensität und Dauer der Verstöße kann auch eine verhaltensbedingte Kündigung auf eine unerlaubte Privatnutzung gestützt werden.[49] Voraussetzung hierfür ist eine **arbeitsvertragliche Pflichtverletzung**. Anders als beispielsweise die Nutzung von Sex-Seiten im Internet ist aber das Telefonieren als solches nicht verwerflich. Eine Arbeitsvertragsverletzung kann daher nur dann vorliegen, wenn entweder die private Nutzung des mobilen Kommunikationsgerätes schlechthin verboten ist (siehe Rn 77) oder eine klare betriebliche Regelung oder individualvertragliche Regelungen über das erlaubte Maß einer grundsätzlich zugelassenen Privatnutzung existieren (siehe Rn 81).

74

Ob **ohne ein ausdrückliches Verbot** oder eine vorausgegangene einschlägige Abmahnung das Führen privater Telefonate auch „an sich" geeignet ist, ein Kündigungsgrund darzustellen, ist fraglich. Die bisherige Instanzrechtsprechung[50] vertritt die Auffassung, dass das Führen privater Telefonate grundsätzlich an sich nicht geeignet ist, einen Kündigungsgrund darzustellen. Denn das Führen von privaten Telefonaten während der Arbeitszeit und auf Kosten des Arbeitgebers sei sozialadäquat (vgl. oben Rn 68 f.). Ein Arbeitnehmer könne ohne ein ausdrückliches Verbot nicht davon ausgehen, dass der Arbeitgeber ein solches Verhalten auf keinen Fall hinnehmen werde.[51] Erst dann, wenn das Maß der Privatnutzung oder des privaten Verbrauchs von Arbeitszeit ein so erhebliches Maß annehme, dass jeder vernünftige Arbeitnehmer erkennen müsse, dass der Arbeitgeber das Verhalten in keinster Weise zu dulden bereit sein könne,[52] komme eine (außerordentliche) Kündigung ohne vorherige Abmahnung in Betracht. Die Verursachung von Kosten i.H.v. monatlich 382 EUR durch Privattelefonate soll das übliche Maß so deutlich überschreiten, dass eine außerordentliche Kündigung auch ohne vorherige Abmahnung gerechtfertigt ist,[53] ebenso die Verursachung von mehreren tausend EUR monatlich für die Inanspruchnahme von sog. „Mehrwertdienste" (0190-Nummern).[54] Demgemäß hat die Rechtsprechung bislang am Erfordernis einer Abmahnung vor Ausspruch einer Kündigung festgehalten.

75

Durch die neuere Rechtsprechung des BAG[55] ist diese Instanzrechtsprechung jedenfalls auf Dauer nicht zu halten sein.[56] Das BAG hat (allerdings zur privaten Internetnutzung) festgestellt, dass grundsätzlich nicht von einer Sozialadäquanz ausgegangen werden könne. Allenfalls eine kurzfristige private Nutzung während der Arbeitszeit könne allgemein gerade noch als hinnehmbar angesehen werden, wenn kein ausdrückliches betriebliches Verbot existiere. Berücksichtigt werden müsse aber neben dem Kostenaspekt für den Arbeitgeber auch, dass während der privaten Nutzung des Internets (bzw. des privaten Telefonierens) der Arbeitnehmer seiner vertraglichen Arbeitspflicht nicht nachkomme.[57] Im Ergebnis wird man – auch bei vorsichtiger Auslegung

76

49 Hess LAG 13.12.2001 – 5 Sa 987/2001, DB 2002, 901; ArbG Wesel 21.3.2001 – 5 Ca 4021/00, NZA 2001, 786.
50 LAG Niedersachsen 13.1.1998 – 13 Sa 1235/97, NZA-RR 1998, 259; LAG Köln 2.7.1998 – 6 Sa 42/98, NZA-RR 1999, 192; LAG Hamm v. 13.1.2012 – 13 TaBV 30/11.
51 LAG Rheinland-Pfalz 12.7.2004 – 7 Sa 1243/03, NZA-RR 2005, 303; aufgehoben durch BAG 7.7.2005 – 2 AZR 581/04, NZA 2006, 98.
52 Vgl. zu diesem Gedanken LAG Baden-Württemberg 20.10.2004 – 12 Sa 107/04, juris; LAG Köln 15.12.2003 – 2 Sa 816/03, NZA-RR 2004, 527.
53 Hess LAG 25.11.2004 – 5 Sa 1299/04, CZ 2005, 435.
54 BVerwG 19.5.2004 – 1 D 17/03, IÖD 2004, 269.
55 BAG 7.7.2005 – 2 AZR 581/04, NZA 2006, 98; BAG 27.4.2006 – 2 AZR 386/05, NZA 2006, 977; so nun auch LAG Rheinland-Pfalz 28.6.2007 – 4 Sa 91/07, juris.
56 Siehe aber: LAG Hamm v. 13.1.2012 – 13 TaBV 30/11.
57 BAG 7.7.2005 – 2 AZR 581/04, NZA 2006, 98, 99.

dieser Kehrtwende in der Rechtsprechung – die private Nutzung von betrieblichen Telekommunikationseinrichtungen ohne ausdrückliche Zustimmung des Arbeitgebers mit Ausnahme von Bagatellfällen genauso zu behandeln haben, wie die Privatnutzung entgegen einem ausdrücklichen Verbot. (zur Privatnutzung von BlackBerrys ergänzend vgl. unten Rn 104 ff.).

a) Privatnutzung entgegen einem ausdrücklichen Verbot/ohne ausdrückliche Zustimmung

77 Nutzt der Arbeitnehmer ein **ausdrücklich nur zu dienstlichen Zwecken überlassenes (Mobil-)Telefon entgegen einem ausdrücklichen Verbot** während der Dienstzeit zu privaten Zwecken, so liegen per se zwei Arbeitsvertragsverstöße vor: Der Verstoß gegen das ausdrückliche Verbot und der private Verbrauch der Arbeitszeit. Dies kann – in aller Regel nach erfolgter Abmahnung – eine Kündigung rechtfertigen.[58] Erst im Rahmen der Interessensabwägung ist nach Art und Umfang der Nutzung zu differenzieren und insbesondere danach, ob die Nutzung Kosten verursacht hat. Dabei darf allerdings angesichts der weiten Verbreitung von flat-rates der Arbeitgeber nicht schutzlos gestellt werden, indem ausschließlich auf die Kosten abgestellt wird.

78 Dieselben Grundsätze gelten, wenn die Nutzung außerhalb der Arbeitszeiten erfolgt. Ein Arbeitsvertragsverstoß kann in solchen Fällen aber nur dann vorliegen, wenn die Telefonate für den Arbeitgeber Kosten verursachen, im Falle einer flat-rate also gar nicht. Wird der Arbeitnehmer hingegen und befindet sich nicht im Ausland, ist das Gespräch für den Arbeitgeber kostenneutral. In diesem Falle wird man das arbeitsvertragliche Verbot teleologisch reduziert auszulegen haben mit der Konsequenz, dass bereits kein arbeitsvertragswidriges Verhalten vorliegt.

79 *Praxishinweis*

Das Landesarbeitsgericht Köln[59] nimmt offensichtlich eine Art „Verwirkung" des Rechts des Arbeitgebers an, sich auf vertragswidriges Verhalten zu berufen, wenn vorhandene Kontrolleinrichtungen nicht genutzt werden. Der Arbeitgeber ist also gut beraten, Einzelverbindungsnachweise zu bestellen und diese dann auch (wenn auch nur stichprobenweise) auszuwerten. Der den Arbeitgeber beratende Rechtsanwalt sollte die Tatsache dieser Kontrollen auch in den Prozess einführen.

80 In der privaten Nutzung des Telefons gegen eine ausdrückliche Weisung kann auch ein **Straftatbestand** liegen. Nach Ansicht des BVerwG liegt in einem solchen Fall auch ein Betrug nach § 263 StGB zu Lasten des Arbeitgebers vor.[60] Dies dürfte strafrechtlich unzutreffend sein, denn der Arbeitnehmer täuscht den Arbeitgeber nicht über eine Tatsache. Erfüllt ist jedoch der **Untreuetatbestand nach § 266 StGB.** Denn dem Arbeitnehmer ist die rechtliche Möglichkeit eingeräumt, den Arbeitgeber gegenüber dem Mobilfunkbetreiber zu verpflichten. Er überschreitet die Grenzen des durch ausdrückliches Verbot festgelegten Dürfens, wenn er durch privates Telefonieren Kosten verursacht.

b) Vertragsverstoß trotz Einwilligung in die Privatnutzung

81 Auch bei grundsätzlicher **Einwilligung des Arbeitgebers in die Privatnutzung** kann ein Arbeitsvertragsverstoß vorliegen, wenn nämlich der Arbeitnehmer entweder einen ausdrücklich vereinbarten Umfang der Privatnutzung überschreitet (z.B. verboten im Ausland telefoniert[61]), das Maß der (nicht vorab vereinbarten) Nutzung schlechthin nicht mehr hinnehmbar sein kann oder die Privatnutzung in erheblichem Maße während der Dienstzeit erfolgt.

---

58 Vgl. BAG 5.12.2002 – 2 AZR 478/01, DB 2003, 1685; BAG 4.3.2004 – 2 AZR 147/03, NZA 2004, 717; Hess LAG 25.11.2004 – 5 Sa 1299/04, CR 2005, 435; vgl. BAG 7.7.2005 – 2 AZR 581/04, NZA 2006, 98; Hessisches LAG 19.12.2011 – 17 Sa 89/11.

59 LAG Köln 11.2.2005 – 4 Sa 1018/04, LAGReport 2005, 229, unter B 1 a) der Gründe.

60 BVerwG 19.5.2004 – 1 D 17/03, IÖD 2004, 269.

61 Vgl. Hessisches LAG 19.12.2011 – 17 Sa 89/11.

Als problematisch stellt sich in der Praxis häufig der Fall heraus, in dem die Erlaubnis zum Führen privater Telefonate auf ein **„angemessenes Maß"** beschränkt wird, jedoch keine klare Regelung zum konkreten Umfang des Erlaubten existiert. Der Maßstab lässt sich nicht in geeigneter Weise der zugrundeliegenden Vereinbarung entnehmen. Insofern kann die vorhandene Rechtsprechung lediglich als Anhaltspunkt dienen. Die Verursachung von monatlich 382 EUR durch Privattelefonate soll das übliche Maß so deutlich überschreiten, dass eine außerordentliche Kündigung sogar ohne vorherige Abmahnung gerechtfertigt ist.[62] 174,72 EUR Telefonkosten verteilt auf 20 Monate sind hingegen selbst ohne ausdrückliche Erlaubnis als vernachlässigbar da sozialadäquat einzustufen.[63] Die Rechtsprechung hat sich zu Festnetzgeräten herausgebildet. Da Mobilfunkanschlüsse weitaus kostenintensiver und die Verbindungen teurer sind, werden im Falle von Telefonaten mit Handys die Grenzen der Rechtsprechung schnell erreicht. Gleichwohl ist kein anderer Maßstab geboten als für Festnetzanschlüsse; denn entscheidend ist das Maß der Zumutbarkeit der Belastung des Arbeitgebers, nicht die konkret verwandte Technologie.

82

Keine andere Bewertung erfährt ein Verbot mit dem Erlaubnisvorbehalt für sog. **Privatgespräche aus dienstlichem Anlass**. Ein hinreichend konkretes Verbot liegt nur dann vor, wenn der Arbeitnehmer deutlich erkennen kann, welche Gespräche erlaubt sind und welche nicht. Eine Subsumtion unter nicht hinreichend konturierte Begriffe wie „angemessen" oder „dienstlicher Anlass" ist dem Arbeitnehmer nicht zuzumuten.

83

Praxishinweis

84

Von einer beschränkten Einwilligung in privates Telefonieren muss deshalb abgeraten werden, es sei denn, dem Arbeitgeber ist dabei bewusst, dass er sich durch die Erlaubnis der Möglichkeit arbeitsrechtlicher Sanktionen begibt, und er nimmt dies um des psychologischen Bindungseffektes willen in Kauf.

Bei erheblicher privater Nutzung **während der Arbeitszeit** ist Anknüpfungspunkt sowohl die Kostenverursachung als auch der vertragswidrige Verbrauch von Arbeitszeit.[64] In der Rechtsprechung wird häufig nicht hinreichend zwischen den Aspekten „Verursachung von Telefonkosten zu Lasten des Arbeitgebers" und „Verbrauch von Arbeitszeit für private Telefonate" unterschieden. Selbst die Erlaubnis zur Privatnutzung umfasst aber nicht ohne weiteres auch die Erlaubnis zur Nutzung während der Arbeitszeit.[65] Existiert gar keine Erlaubnis zur privaten Nutzung eines überlassenen Geräts, so darf der Arbeitnehmer erst recht nicht annehmen, während der Arbeitszeit seinen privaten Belangen nachgehen zu können. Die Argumentation der Rechtsprechung, dass Kommunikationshandlungen häufig termingebunden seien und sogar die Nutzung der Kommunikationseinrichtungen des Arbeitgebers während der Arbeitszeit sozialadäquat sei,[66] überzeugt nicht. Mag man mit dieser Argumentation noch über die nicht ausdrücklich erlaubte Privatnutzung auf Kosten des Arbeitgebers hinwegkommen, so gilt dies nicht für den Verbrauch von Arbeitszeit zu privaten Zwecken. Denn der Arbeitnehmer kann ohne weiteres die Pausen für solche Telefonate nutzen. Legt man die Grundsätze der Rechtsprechung zugrunde, so ist die **Dauer der verbrauchten Arbeitszeit** entscheidend. Ein die Kündigung begründender Vertragsverstoß sollen beispielsweise Zeiten von 20–30 Minuten je Arbeitstag sein,[67] 100 Stunden innerhalb eines

85

---

62 Hess LAG 25.11.2004 – 5 Sa 1299/04, CR 2005, 435.
63 LAG Köln 11.2.2005 – 4 Sa 1018/04, LAGReport 2005, 229.
64 Vgl. *Mengel*, NZA 2005, 752, 753; so nun auch BAG 7.7.2005 – 2 AZR 581/04, NZA 2006, 98.
65 *Hanau/Hoeren*, Private Internetnutzung durch Arbeitnehmer, S. 24; *Mengel*, NZA 2005, 752, 753.
66 ArbG Frankfurt/M. 2.1.2002 – 2 Ca 5340/01, NZA 2002, 1093; LAG Köln 11.2.2005 – 4 Sa 1018/04, LAGReport 2005, 229.
67 ArbG Frankfurt/M. 14.7.2004 – 9 Ca 10256/03, CR 2005, 308.

Jahres, was ebenfalls ca. 30 Minuten/Arbeitstag entspricht, aber nicht.[68] Lediglich zehn bis 20 Minuten täglich (2 % der Arbeitszeit) sollen hingegen sozialadäquat und nicht zu beanstanden sein.[69]

86

Praxishinweis

In der Regelung zur privaten Nutzung von Kommunikationseinrichtungen sollte deshalb nicht nur die Frage der Zulässigkeit bzw. des Verbots behandelt sein. Ist die private Nutzung erlaubt, sollte der Hinweis darauf nicht fehlen, dass eine private Nutzung gleichwohl nur während der Pausenzeiten zulässig ist.

87   Auch wenn ein Arbeitsvertragsverstoß trotz der grundsätzlichen erteilten Einwilligung nach allem gegeben ist, wird jedenfalls nach bisheriger Instanzrechtsprechung in aller Regel eine **vorherige Abmahnung** geboten sein.[70] Dies gilt erst recht dann, wenn Sinn und Ausmaß des Verbots im konkreten Fall unklar sind, weil es an entsprechenden eindeutigen Regelungen fehlt.[71] Ob sich die Ansicht, dass dem Arbeitnehmer auch ohne Abmahnung bekannt sein muss, dass der Arbeitgeber solche Arbeitsvertragsverstöße nicht duldet,[72] in dieser Pauschalität durchsetzt, ist fraglich. Jedenfalls aber dann, wenn das Maß der Privatnutzung oder des privaten Verbrauchs von Arbeitszeit ein so erhebliches Maß annimmt, dass jeder vernünftige Arbeitnehmer erkennen muss, dass der Arbeitgeber das Verhalten in keinster Weise zu dulden bereit sein kann,[73] kommt eine (außerordentliche) Kündigung ohne vorherige Abmahnung in Betracht.

88

Praxishinweis

In diesem Zusammenhang ist allerdings zu beachten, dass der Arbeitgeber die vorsätzliche Handlung nachweisen muss. Dies kann, vgl. oben, ggf. problematisch sein. Aus diesem Grunde empfiehlt sich in aller Regel, vor Ausspruch einer außerordentlichen Kündigung eine Abmahnung auszusprechen. Diese Abmahnung sollte dazu genutzt werden, das Maß des Erlaubten eindeutig und unmissverständlich festzulegen.

89   Des Weiteren setzt jede Kündigung eine Abwägung der Interessen des Arbeitnehmers mit dem Lösungsinteresse des Arbeitgebers voraus. In diese Abwägung sind insbesondere die folgenden Aspekte einzustellen: Umfang der durch die private Nutzung der Kommunikationseinrichtungen verbrauchten Arbeitszeit; Höhe des entstandenen finanziellen Schadens; evtl. Imageverlust des Arbeitgebers; Dauer der Betriebszugehörigkeit; Vorverhalten des Arbeitnehmers; Maß der Konkretisierung und der Eindringlichkeit des ausgesprochenen Verbots.

3.   Schadensersatzansprüche

90   Der Arbeitgeber kann selbstverständlich **Schadensersatzansprüche** geltend machen, insoweit ihm durch unerlaubte Privatnutzung ein vermögenswerter Nachteil entstanden ist. Dies gilt insbesondere für die Nutzung von „Mehrwertdiensten" (z.B. Telefonsex). Insoweit gelten die allgemeinen **Grundsätze der Arbeitnehmerhaftung**, wobei sich allerdings in den dargestellten

---

68 ArbG Wesel 21.3.2001 – 5 Ca 4021/00, NZA 2001, 786.
69 LAG Köln 11.2.2005 – 4 Sa 1018/04, LAGReport 2005, 229.
70 Vgl. für die vergleichbare Internetnutzung z.B. LAG Köln 17.2.2004 – 5 Sa 1049/03, NZA-RR 2005, 136; LAG Rheinland-Pfalz 12.7.2004 – 7 Sa 1243/03, NZA-RR 2005, 303; aufgehoben durch BAG 7.7.2005 – 2 AZR 581/04, NZA 2006, 98.
71 LAG Rheinland-Pfalz 12.7.2004 – 7 Sa 1243/03, NZA-RR 2005, 303; aufgehoben durch BAG 7.7.2005 – 2 AZR 581/04, NZA 2006, 98.
72 BAG 7.7.2005 – 2 AZR 581/04, NZA 2006, 98, 101; BAG 27.4.2006 –2 AZR 386/05, NZA 2006, 977; *Mengel*, NZA 2005, 752, 753.
73 Vgl. zu diesem Gedanken LAG Baden-Württemberg 20.10.2004 – 12 Sa 107/04, juris; LAG Köln 15.12.2003 – 2 Sa 816/03, NZA-RR 2004, 527; BAG 7.7.2005 – 2 AZR 581/04 „intensive zeitliche Nutzung".

Beispielen in aller Regel aufgrund des arbeitnehmerseitigen Vorsatzes eine volle Haftung des Arbeitnehmers ergeben wird.

C. Betriebsverfassungsrechtliche Komponente

I. Mitbestimmungsrechte des Betriebsrats

1. § 90 BetrVG

Der Betriebsrat ist zunächst gem. **§ 90 BetrVG** über eine Planung von technischen Anlagen rechtzeitig unter Vorlage der erforderlichen Unterlagen zu unterrichten. Hierzu gehören insbesondere auch elektronische Kommunikationssysteme. Ob die **Absicht, Arbeitnehmer mit Mobiltelefonen** auszustatten, ebenfalls dem Informationsrecht unterfällt, entscheidet sich danach, ob ein kollektiver Tatbestand vorliegt. Überlässt der Arbeitgeber einem einzelnen Arbeitnehmer ein Mobiltelefon, weil dies im individuellen Arbeitsvertrag zum Entgeltbestandteil gemacht wird oder lediglich bei diesem Arbeitnehmer ein Bedürfnis nach einer mobilen Erreichbarkeit gegeben ist, so liegt kein kollektiver Tatbestand vor, so dass auch kein Mitbestimmungsrecht des Betriebsrates besteht. Anders ist dies aber dann, wenn bestimmte Arbeitnehmergruppen mit Mobiltelefonen ausgestattet werden, z.B. Außendienstmitarbeiter.

91

2. § 87 BetrVG

a) Einführung von Mobiltelefonen/Gestattung der Privatnutzung

Die **Überlassung von Telefonen** kann unter mehreren Gesichtspunkten Mitbestimmungstatbeständen unterfallen, sofern es sich um einen kollektiven Tatbestand handelt. Die Überlassung im Einzelfall ist dagegen mitbestimmungsfrei. Mitbestimmungsfrei ist auch die Entscheidung des Arbeitgebers, die Privatnutzung des überlassenen Geräts zu erlauben oder nicht. Die Duldung der Privatnutzung ist eine freiwillige arbeitgeberseitige Leistung. Nach allgemeinen Grundsätzen steht dem Betriebsrat bei der Entscheidung über das „ob" dieser Leistung kein Mitbestimmungsrecht zu.

92

Nach **§ 87 Abs. 1 Nr. 6 BetrVG** hat der Betriebsrat ein umfassendes und erzwingbares Mitbestimmungsrecht bei der Einführung und Anwendung von technischen Einrichtungen, die dazu bestimmt sind, das Verhalten oder die Leistung der Arbeitnehmer zu überwachen. Dies trifft auf Mobiltelefone allgemein zu, da sie Kommunikationsdaten protokollieren. Zudem sind sie ortbar. Erst recht gilt dies für iPhone und iPad, bei denen mit der Funktion „iPhone/iPad finden" bereits werksseitig eine Möglichkeit der Ortung besteht. Hieraus ergeben sich die folgenden Anknüpfungspunkte für Mitbestimmungsrechte des Betriebsrats:

93

Problematisch stellt sich die Überlassung von Mobiltelefonen dann dar, wenn hiermit **Einzelverbindungsnachweise** einhergehen. Denn anders als Telefonanlagen, deren Einrichtung ohne weiteres dem Mitbestimmungstatbestand unterfällt, dienen Mobiltelefone als solche nicht ihrer Bestimmung nach der Überwachung der Arbeitnehmer. Die Überwachungsmöglichkeit ergibt sich lediglich mittelbar aus der Möglichkeit der Telefone. Ein Mitbestimmungsrecht wird zwar nicht alleine dadurch begründet, dass ein Gerät entsprechende Möglichkeiten aufweist.[74] Allerdings ist der Einzelverbindungsnachweis bei Mobiltelefonen mittlerweile Marktstandard, so dass viel dafür spricht, die Einführung von Mobiltelefonen als Arbeitsmittel für die Arbeitnehmer generell dem Mitbestimmungstatbestand des § 87 Abs. 1 Nr. 6 BetrVG zu unterwerfen.[75]

94

---

[74] Vgl. Richardi-*Richardi*, § 87 BetrVG Rn 502.

[75] So auch *Fitting u.a.*, § 87 BetrVG Rn 245; DKK-*Klebe*, § 87 Rn 164; *Balke/Müller*, DB 1997, 326; Küttner-*Kreitner*, Personalbuch 2012, Internet-/Telefonnutzung, Rn 19; ErfK-*Kania*, § 87 BetrVG Rn 62.

95   Zweiter Ansatzpunkt für ein Mitbestimmungsrecht ist die mittlerweile technisch gegebene Möglichkeit, den Standort des Nutzers zu lokalisieren. Die Ermittlung des Aufenthaltsorts gelingt deshalb, weil ein Handy nicht nur Funksignale empfängt, sondern auch sendet. Die Lokalisierung eines Handys erfolgt über die so genannte gesprächsführende Mobilfunkzelle. Die Mobilfunkanbieter bieten über die Standortlokalisierung sog. **Location Based Services** an. Die Anbieter stehen mit den entsprechenden Dienstleistungen noch am Anfang der Entwicklung. Derzeit werden die Systeme vor allem in den WAP-Einsatz eingebunden, was z.B. ermöglicht, sich auf dem Handy über den Aufruf eines Routenplaners über WAP den Weg zum nächsten Restaurant anzeigen zu lassen, ohne dass der eigene Standort durch den Nutzer ermittelt oder eingegeben werden muss. Überwachungsfunktionen werden derzeit nur in sog. Kinderhandys angeboten (z.B. ein Produkt unter der Produktbezeichnung „Trackyourkid" von Armex). Der deutsche Anbieter von M2M (Machine-to-Machine)-Kommunikations-Lösungen T-Decoder bindet ein vergleichbares System in eine Ortungsanlage für Fahrzeuge ein, z.B. für den Fall des Diebstahls. In Finnland werden Häftlinge beim Freigang neuerdings per Handy unter Einsatz von Location Based Services überwacht. All dieses macht deutlich, dass die Technologie grundsätzlich vorhanden ist, auch den Aufenthaltsort von Arbeitnehmern per Handy zu überwachen. Insbesondere auch im Hinblick hierauf ist ein Mitbestimmungsrecht des Betriebsrates bei der Einführung zu bejahen. Bei iPhone und iPad besteht mit der an den jeweiligen Apple-Account gebundenen Funktion „iPhone/iPad finden" bereits werksseitig eine Möglichkeit der Ortung.

Ein Rahmen für eine entsprechende Betriebsvereinbarung findet sich im Anhang.

b)   Weisungen zu Art und Weise der Nutzung

96   Nicht zuletzt aus Gründen der Kostenkontrolle, der Überwachung der Arbeitszeiten und der Unfallverhütung kann ein Arbeitgeber ein Interesse daran haben, die **Nutzung von Mobiltelefonen zeitlich oder sachlich einzugrenzen**. Beispielsweise kann die Nutzung auf bestimmte Tageszeiten beschränkt werden, auf das Inland oder auch darauf, das Mobiltelefon nicht während der Autofahrt zu nutzen. Selbst wenn eine solche Eingrenzung auf kollektivem Wege erfolgt, also z.B. durch Aushang, besteht hierfür kein Mitbestimmungsrecht des Betriebsrates. Solche arbeitgeberseitigen Weisungen sind weder unter dem Gesichtspunkt der Ordnung des Betriebes und des Verhaltens der Arbeitnehmer im Betrieb nach § 87 Abs. 1 Nr. 1 BetrVG noch unter dem Gesichtspunkt der Verhütung von Arbeitsunfällen nach § 87 Abs. 1 Nr. 7 BetrVG mitbestimmungspflichtig.

97   Nach **§ 87 Abs. 1 Nr. 1 BetrVG** besteht ein Mitbestimmungsrecht nur in Fragen der Ordnung des Betriebes und des Verhaltens der Arbeitnehmer im Betrieb. Hiervon abzugrenzen sind Weisungen des Arbeitgebers, die lediglich das Arbeitsverhalten der Arbeitnehmer regeln. Das mitbestimmungsfreie Arbeitsverhalten betrifft dabei alle Regeln und Weisungen des Arbeitgebers, die bei der Erbringung der Arbeitsleistung selbst zu beachten sind. Weisungen hinsichtlich der Nutzung von Mobiltelefonen betreffen, so zutreffend das Arbeitsgericht Celle,[76] alleine und ausschließlich das mitbestimmungsfreie Arbeitsverhalten. Dies gilt auch dann, wenn Unfallverhütungsziele den Arbeitgeber bewegen, z.B. bei der Weisung, Mobiltelefone nicht während der Fahrt zu benutzen. Nach § 87 Abs. 1 Nr. 7 BetrVG besteht eine Mitbestimmungsbefugnis bei Regelungen über die Verhütung von Arbeitsunfällen „im Rahmen der gesetzlichen Vorschriften oder der Unfallverhütungsvorschriften". Nach § 23 Abs. 1a StVO ist dem Fahrzeugführer die Benutzung eines Mobil- oder Autotelefons untersagt, wenn er hierfür das Mobiltelefon oder den Hörer des Autotelefons aufnimmt oder hält. Danach besteht ein gesetzliches Verbot – ohne Regelungsspielraum und damit ohne Mitbestimmung – der Nutzung von Mobil- oder Autotelefonen, wenn das Telefon oder der Hörer aufgenommen oder gehalten werden muss. Mangels Regelungsspielraums des Arbeitgebers entfällt insoweit ein Mitbestimmungsrecht. Dies soll nach dem ArbG Celle auch dann gelten, wenn im Fahrzeug eine Freisprecheinrichtung eingebaut ist. Denn es fehle insofern

---

76 ArbG Celle 11.12.2002 – 2 BV 4/02, LAGE § 87 BetrVG 2001 Nr. 1.

an einer Vorschrift, die einen „Rahmen" i.S.v. § 87 Abs. 1 Nr. 7 BetrVG hinsichtlich vom Arbeitgeber zu treffender Maßnahmen vorschreibe. In Ermangelung einer solchen ausfüllungsbedürftigen Rahmenvorschrift fehle es mithin auch an den Mitbestimmungsvoraussetzungen nach § 87 Abs. 1 Nr. 7 BetrVG.[77]

Mitbestimmungspflichtig sind hingegen nach **§ 87 Abs. 1 Nr. 1 BetrVG** kollektive Regelungen, die die Art und Weise der Privatnutzung betreffen, also z.B. allgemeine Regelungen zur Nutzung von PIN.

Möglich sind in jedem Falle freiwillige Betriebsvereinbarungen, die je nach Umfang der überlassenen Mobiltelefone auch zu empfehlen sind. Solche Betriebsvereinbarung wirken im Falle ihrer Kündigung gem. § 77 Abs. 6 BetrVG grundsätzlich nicht nach. Anderes gilt nur dann, wenn in der Betriebsvereinbarung auch Regelungen zu den Modalitäten der Privatnutzung getroffen sind (also über das „wie" der Nutzung). Insoweit liegt eine erzwingbare Mitbestimmung vor, so dass die Betriebsvereinbarung nachwirkt. Entscheidet sich der Arbeitgeber aber, die Privatnutzung im Rahmen der individualvertraglich gegebenen Möglichkeiten vollständig zu entziehen, so läuft die Nachwirkung faktisch leer. **98**

II. Betriebsmittel des Betriebsrates

Hinsichtlich des Anspruchs des Betriebsrates auf Nutzung von Kommunikationseinrichtungen als Betriebsmittel ist nach dem Telefon als Festnetz sowie als Mobiltelefon zu differenzieren. **99**

1. Festnetz-Telefon

Der Betriebsrat hat in aller Regel einen Anspruch auf Zurverfügungstellung eines Telefons zur Nutzung im Betrieb. Hierbei ist dem Betriebsrat in aller Regel ein Nebenanschluss einzurichten, der einen ungestörten Fernsprechverkehr auch nach außen ermöglicht. In aller Regel kann kein eigener Amtsanschluss verlangt werden.[78] Im Mittelpunkt des Anspruchs des Betriebsrates aus § 40 BetrVG steht die ordnungsgemäße Kommunikation und Erreichbarkeit mit den von ihm vertretenen Arbeitnehmern. Die Nutzung einer Telefonanlage zum Informationsaustausch mit den von ihm vertretenen Mitarbeitern betrifft die Erfüllung gesetzlicher Aufgaben des Betriebsrates.[79] Ergibt sich aus den Besonderheiten des Betriebes, dass diese Kommunikation nicht ohne Zurverfügungstellung eines eigenen Amtsanschlusses möglich ist, so kann der Betriebsrat nach § 40 Abs. 2 BetrVG auch einen Anspruch auf eine solche Amtsleitung haben. Insbesondere gilt dies dann, wenn die vom Betriebsrat zu betreuenden Betriebsstätten räumlich weit voneinander entfernt sind und aus technischen Gründen eine Erreichbarkeit über die Nebenstellenanlagen nicht möglich ist.[80] **100**

Der Arbeitgeber ist grundsätzlich berechtigt, den Telefonanschluss des Betriebsrates an eine Computeranlage anzubinden, um die Fernsprecheinheiten zu zählen. Ein Abhören zur Kontrolle ist aber unter keinem Gesichtspunkt zulässig. Auch die Unterbrechung des Anschlusses mittels einer Aufschaltanlage hat nicht nur das Persönlichkeitsrecht des Gesprächspartners zu respektieren, sondern ist auch wegen des Behinderungsverbots des BetrVG in aller Regel unzulässig.[81] **101**

---

77 ArbG Celle 11.12.2002 – 2 BV 4/02, LAGE § 87 BetrVG 2001 Nr. 1.

78 Vgl. BAG 1.8.1990 – 7 ABR 99/88, AP Nr. 20 zu Art. 56 ZA-NATO-Truppenstatut; Hess LAG 18.3.1986 – 5 Ta BV 108/85, NZA 1986, 650; Richardi-*Thüsing*, § 40 BetrVG Rn 67.

79 Vgl. BAG 27.11.2002 – 7 ABR 45/01, BAGE 104, 32; BAG 19.1.2005 – 7 ABR 24/04, ZBVR 2005, 110.

80 Vgl. BAG 27.11.2002 – 7 ABR 45/01, BAGE 104, 32; BAG 19.1.2005 – 7 ABR 24/04, ZBVR 2005, 110.

81 Vgl. BAG 1.3.1973 – 5 AZR 453/72, AP Nr. 1 zu § 611 BGB Persönlichkeitsrecht; Richardi-*Thüsing*, § 40 BetrVG Rn 67.

2. Überlassung von Mobiltelefonen/Palm o.ä.

102 Ein Anspruch des Betriebsrates auf Überlassung von Mobiltelefonen, Palm oder BlackBerrys besteht in aller Regel nicht. Zwar haben einzelne Instanzgerichte den Betriebsratanspruch auf Überlassung eines Mobiltelefons zuerkannt.[82] Jedoch ist nicht ersichtlich, aus welchem Grunde ein solcher Anspruch jenseits von Einzelfällen, in denen die individuelle Betriebsorganisation zur Aufrechterhaltung der Betriebsratsaufgaben die Überlassung (auch) eines Mobiltelefons erfordert, gegeben sein sollte. Nur bei Vorliegen besonderer Umstände kann es für die sachgerechte Erledigung von Betriebsratsaufgaben erforderlich sein, dem Betriebsrat oder seinem Vorsitzenden neben dem Festnetzanschluss ein Mobiltelefon zur Verfügung zu stellen.[83] Der Anspruch aus § 40 Abs. 2 BetrVG besteht ausschließlich auf Überlassung derjenigen Kommunikationstechnik, die zur Erfüllung der Betriebsratsaufgaben notwendig ist. Dem Betriebsrat steht in aller Regel ein Raum zur Verrichtung der Betriebsratstätigkeit zur Verfügung, der durch Festgeräte an das Telefonnetz angebunden werden kann. Nur dann, wenn Betriebsräte sich aufgrund ihrer Arbeitsaufgaben in aller Regel nicht im Bereich des Betriebsratsbüros aufhalten und auch eine regelmäßige Erreichbarkeit nicht auf andere Weise sicherstellen können, wird man einen Anspruch auf Überlassung eines Mobiltelefons begründen können. Des Weiteren kann sich ein solcher Anspruch ggf. aus dem Verbot der Diskriminierung von Betriebsratsmitgliedern ergeben. Dies setzt allerdings voraus, dass alle anderen Arbeitnehmer über entsprechende Geräte verfügen.

D. Besonderheiten bei PDA-, Palm-/HTC-, BlackBerry- sowie iPhone- und iPad-Nutzung

I. Palm/PDA

103 „Palm", „PDA" (Personal Digital Assistant") sowie entsprechende Smartphones von HTC oder anderen Anbietern sind mobile PCs, die kleiner sind als ein Notebook und in aller Regel auf eine Handfläche passen bzw. in einer Jackentasche Platz finden. Der Speicherraum der Geräte ist in aller Regel beschränkt, so dass diese ausschließlich als Terminkalender, Nachschlagewerk sowie für die Erfassung kleinerer Datenmengen dienen. Auch das Versenden und Empfangen von Faxen oder das Herstellen einer Internetverbindung ist in aller Regel (nur) zusammen mit einem Funktelefon möglich. Es kann deshalb in diesem Zusammenhang auf die Ausführungen zur Überlassung von Notebooks (siehe § 6 Rn 128 ff.) verwiesen werden. Arbeitsrechtliche Besonderheiten ergeben sich gegenüber dem Notebook nicht.

II. BlackBerry und iPhone

104 Der BlackBerry verkörpert den ersten Vertreter der Technologie einer tragbaren Kommunikationszentrale, der eine quasi zeitgleiche Anbindung an das Computernetz des Arbeitgebers ermöglicht. Der Nutzer erhält ohne Verzögerung und ohne eigene Einwahl E-Mails und andere Daten mittels der so genannten „Push-Technologie" auf sein Endgerät übertragen. Die Daten müssen nicht abgerufen werden, sondern werden automatisch auf das BlackBerry übertragen. Mittels des integrierten Telefons, der SMS-Funktion und der Organizer-Anwendungen lässt sich der gesamte Daten- und Informationsaustausch auf einem einzigen Gerät abwickeln. Der BlackBerry verspricht nach seinem eigenen Anspruch somit vor allem jederzeitige Erreichbarkeit und Information des Besitzers. Neuere Geräte nähern sich dem Funktionsumfang von iPhone & Co an.

---

82 Vgl. ArbG Wesel 14.4.1999 – 4 BV 44/98, AuR 2000, 37; ArbG Frankfurt/M. 12.8.1997 – 18 BV 193/97, AiB 1998, 225.
83 LAG Hamm 14.5.2010 – 10 TaBV 97/09, NZA-RR 2010, 522.

Das iPhone ist das dem BlackBerry entsprechende Produkt von Apple. Es vereint neben den Kommunikationseinrichtungen Telefon und E-Mail auch weitere Dienstprogramme in sich, wie einen integrierten iPod (Musik) und einen leistungsfähigen Internet-Browser. Daneben ist das iPhone WLAN-fähig. E-Mails können entweder über einen beliebigen POP-3 oder IMAP-Account abgerufen/gelesen werden oder gleich unter Nutzung des Apple eigenen Webdienstes bzw. iCloud. Dieser Webdienst funktioniert wie ein virtuelles Büro und stellt über eine Weboberfläche Kontaktdaten, Kalender und E-Mails zur Verfügung. Zugleich sorgt „iCloud" für einen laufenden Abgleich mit dem iPhone und einer beliebigen Anzahl von Computern.

105

Da eine Komponente von BlackBerrys und iPhone das Mobiltelefon ist, kann insoweit vollumfänglich auf die hierzu vorhandenen Ausführungen verwiesen werden. So stellen sich in **betriebsverfassungsrechtlicher Hinsicht** dieselben Fragen wie bezüglich eines „einfachen" Handys, zumal die Überwachungsfunktionalität bei Apple mit der Funktion „iPhone finden" gleich implementiert ist (bezüglich des Herunterladens von Apps siehe unten Rn 117 ff.).

106

Mit BlackBerry und iPhone erhält der Arbeitnehmer ein Instrument, mit dem nicht nur Telefonate geführt, sondern auch sonstige elektronische Kommunikation betrieben werden kann. Somit besteht sowohl die Möglichkeit der privaten Telefonie als auch diejenige der **privaten E-Mail-Kommunikation**. Auf solche Fälle sind die obigen Grundsätze zur privaten Telefonie anzuwenden. Während regelmäßig der Versand privater E-Mails vom PC aus kein tauglicher Anknüpfungspunkt für arbeitsrechtliche Sanktionen ist, da die Kostenbelastung des Arbeitgebers wegen der kurzen Übermittlungszeiten und der Verbreitung von „flatrates" vernachlässigbar ist, gilt dies nicht zwangsläufig in demselben Maße für die Kommunikation mittels BlackBerry und iPhone. Denn der Versand von E-Mails erfolgt über ein grundsätzlich kostenpflichtiges Mobilfunknetz und belastet den Arbeitgeber daher vergleichbar der Handy-Nutzung zu Sprachtelefonaten.

107

Insbesondere durch die Nutzung des Blackberrys kann für den Arbeitgeber eine erhebliche **Kostenbelastung** entstehen, da der Arbeitnehmer das Internet über ein Mobilfunkgerät benutzt, anders als beim iPhone die BlackBerry-Tarife in der Regel aber mit einem Datenvolumen-Paket angeboten werden. Wird dieses Datenvolumen überstiegen, entstehen weitere Kosten, die erheblich ins Gewicht fallen können. Hinzu kommt, dass der Arbeitgeber ein echtes Kontrollinstrument nicht einmal für dienstliche E-Mails in der Hand hat, da die auf den Account des Arbeitnehmers eingehenden E-Mails ohne Zeitverzug auf das BlackBerry weitergeleitet werden. Selbst wenn Spam durch einen entsprechenden Filter beseitigt wird, kann der Arbeitgeber die eingehende Datenmenge nicht wirklich beeinflussen. Dasselbe gilt erst recht für den privaten E-Mail-Verkehr, so dieser zugelassen ist. Die iPhone-Tarife sehen dagegen in aller Regel eine echte, d.h. unbegrenzte Datenflat vor, begrenzen jedoch Telefonate auf ein bestimmtes Minutenkontingent. Allerdings wechseln die Tarifgestaltungen aller Geräte schneller als die Neuauflagen der Fachbücher erscheinen, so dass in jedem Einzelfall sorgfältig überprüft werden sollte, wie die jeweilige Vertragsgestaltung ist.

108

Im **Ausland** werden die Verbindungen zwischen dem Server und dem BlackBerry bzw. dem iPhone in aller Regel nach Datenpaketen abgerechnet, zu denen aber die Besonderheit der sog. **Blockrundung** tritt. Meldet sich das BlackBerry ab, z.B. weil es ausgeschaltet wird, wird ein Datenblock in vorher vereinbarter Größe abgerechnet, unabhängig davon, welche Datenmenge tatsächlich in Anspruch genommen wurde. Da derselbe Effekt bereits dann eintritt, wenn das BlackBerry den Empfang verliert und sich danach wieder einbucht, kann die (selbst die nur dienstliche) Nutzung des BlackBerrys im Ausland schnell hohe Summen kosten. Da sich die Push-Funktion am BlackBerry modellabhängig nicht ausschalten lässt, hilft nur, das Gerät ganz ausgeschaltet zu lassen.

109

Praxishinweis

Der Arbeitgeber sollte sich ausführlich über die Kostenlast informieren und diese mit den Vorteilen von BlackBerry, iPhone und Co abwägen. Ggf. sollte er bei einem Aufenthalt im Ausland die Nutzung untersagen.

110

111   Die eigentliche Innovation des BlackBerrys liegt in der **Push-Technologie**, die Daten ohne Zeitverzögerung auf das BlackBerry überträgt und nun auch durch das iPhone und „iCloud" nachvollzogen wird. Diese zeitgleiche Übertragung kann, wenn der Arbeitnehmer das BlackBerry 24 Stunden um die Uhr angeschaltet hat, dazu führen, dass dem Arbeitnehmer die Arbeitsdaten jederzeit zur Verfügung stehen und dieser sich genötigt fühlen kann, eingehende Anfragen sofort zu bearbeiten. Es droht ein **Kontrollverlust** des Arbeitgebers über die **Arbeitszeiten** des Arbeitnehmers. Aus diesem Grunde ist dringend zu empfehlen, entsprechende individuelle Vereinbarungen über die Frage zu treffen, zu welchen Zeiten von dem Arbeitnehmer eine Reaktion auf eingehende Informationen verlangt wird und wann nicht. Letztlich kann der Arbeitnehmer den Eingang der Informationen durch ein Ausschalten des BlackBerrys verhindern. Es muss jedoch sichergestellt sein, dass das zwischen Arbeitgeber und Arbeitnehmer bestehende arbeitsrechtliche Korsett die grundsätzlichen technisch gegebenen Möglichkeiten des BlackBerrys auf das arbeitsrechtlich zulässige Maß beschränkt. Der Arbeitgeber ist hier insbesondere an das arbeitsvertraglich vereinbarte Arbeitsdeputat sowie an die Grenzen des Arbeitszeitgesetzes gebunden.

112   *Praxishinweis*
Zur Förderung der gegenseitigen Rechtssicherheit empfiehlt sich unbedingt, in die Nutzungsvereinbarung zur BlackBerry- oder iPhone Überlassung und -Nutzung ausdrückliche Regelungen dazu aufzunehmen, in welchen Rahmenzeiten eine grundsätzliche Erreichbarkeit des Arbeitnehmers gewünscht ist. Sollten diese auch außerhalb der üblichen Arbeitszeiten liegen, z.B. im Falle von Bereitschaftsdiensten, so ist auch eine Regelung darüber zu treffen, wie diese Bereitschaftsdienste vergütet bzw. abgegolten werden.

113   Für den Arbeitgeber steht weiterhin zu beachten, dass der Arbeitnehmer sowohl durch das BlackBerry wie auch durch das iPhone ein umfassendes Informationsinstrument erhält, das räumlich nicht an die Betriebsgrenzen gebunden ist. Folglich stellen sich möglicherweise **Sicherheitsbedenken** hinsichtlich des Transportes und der Aufbewahrung der Daten.

114   *Praxishinweis*
Es empfiehlt sich aus diesem Grunde unbedingt, in die Überlassungs- und Nutzungsvereinbarung ausdrückliche Sorgfaltspflichten des Arbeitnehmers zur Aufbewahrung aufzunehmen. Des Weiteren empfiehlt es sich, die Geräte durch die Verwendung von Passworten zu sichern, um einem eventuellen Entwender die Benutzung zu verwehren oder zumindest zu erschweren.

III. iPad

115   Das iPad ist ein moderner Tablet-PC, also ein grundsätzlich vollwertiger PC, der aber in tragbarer Form den Rechner, die Tastatur sowie den Monitor in einem Gerät vereinigt.

116   Wie auch beim iPhone ist zur Nutzung ein so genannter **Apple-Account** notwendig, bei dem entweder eine Kreditkartenverbindung hinterlegt oder eine „iTunes-Card", eine Art Guthabenkarte angegeben werden muss. Sollten Arbeitnehmer also ein iPad erhalten, muss der Arbeitgeber grundsätzlich entscheiden, Firmen-Accounts bei Apple anzulegen oder nicht.

117   Grundsätzlich sind über das iPad sowohl die Nutzung von Kommunikationsmitteln wie E-Mail, Skype etc. möglich, als auch die Internetnutzung und schließlich die Nutzung zusätzlicher Programme, die als so genannte „Apps" aus dem „App-Store" heruntergeladen werden können. Der Betrieb des iPads erfolgt entweder nur über W-LAN oder über eine zusätzliche SIM-Karte. Erfolgt der Betrieb über eine SIM-Karte, entstehen durch die Verbindung als solche dieselben Kostenrisiken wie bei der Nutzung des iPhone. Erfolgt die Nutzung lediglich über W-LAN, bestehen insoweit keine Kostenrisiken durch den Verbindungsaufbau, solange sich der Arbeitneh-

mer nicht kostenpflichtig in W-LAN-Netze einwählt, was allerdings die Benutzung einer Kredit-
karte voraussetzen würde.

Praxishinweis   **118**

Stellt die mobile Nutzung außerhalb von W-LAN-Netzen keinen Fokus des arbeitgeberseitigen Ziels dar, so sollte auf iPads zurückgegriffen werden, die nur in W-LAN-Netzten nutzbar
sind.

Selbst dann, wenn das iPad nur mit W-LAN betrieben wird, gibt es aber **verbindungskosten-** **119**
unabhängige Kostenrisiken zulasten des Arbeitgebers. Der Arbeitnehmer kann nämlich über
den Apple-Store und zulasten des Apple-Accounts des Arbeitgebers kostenpflichtige Apps ein-
kaufen, die dann beispielsweise das Spielen, Video schauen etc. auf dem iPad ermöglichen.
Auch der Ankauf von Filmen oder Musik ist möglich. Notwendig ist also eine grundlegende Vereinbarung zwischen dem Arbeitnehmer und dem Arbeitgeber darüber, ob und wenn ja in welchem
Umfange die Nutzung des App-Stores zulässig ist.

Praxishinweis   **120**

Auf modernen Geräten können einzelne Funktionen arbeitgeberseits gesperrt werden, und die
Aufhebung der Sperre ist ohne separates Passwort nicht möglich. So ist beispielsweise ab der
Software-Version 5.0 bei iPads und iPhones die Sperre des Downloads von Apps möglich. Ar-
beitgeber sollten diese Möglichkeit nutzen, um zusätzliche Kostenrisiken zu vermeiden.

Das iPad bietet – wie das iPhone – die Möglichkeit der **Fernortung** über die Funktion „iPad finden" **121**
im Rahmen des Apple-Accounts. Diese Möglichkeit stellt eine grundsätzliche Überwachungsmöglichkeit dar, was zur Mitbestimmungspflichtigkeit der Übergabe von iPads nach § 87 Abs. 1 Nr. 1
BetrVG führt.

Die **Datensicherung** indes ist beim iPad deutlich einfacher zu realisieren, als über andere tragbare **122**
PCs: Richtig eingestellt synchronisiert sich das iPad mitsamt allen Inhalten automatisch mit dem
Apple-Account. Selbst wenn das iPad dem Arbeitnehmer gestohlen werden sollte, lässt sich ein
neues iPad ohne Weiteres aus dem Account herstellen. Und: Durch Nutzung der Funktion „iPad
finden" lässt sich eine Fernlöschung des gestohlenen iPads und eine Rücksetzung auf den ursprünglichen Betriebszustand realisieren, sodass Firmengeheimnisse geschützt sind. Voraussetzung ist allerdings, dass dem Arbeitnehmer auferlegt wird, sich nach einem Verlust unverzüglich
zu melden, damit alles Weitere veranlasst werden kann.

Durch die Nutzung entsprechender Apps (z.B. Dropbox) lässt sich ein schneller Austausch von **123**
Dokumenten zwischen Firmenrechnern und dem iPad realisieren. Dabei sollte allerdings bedacht
werden, dass entsprechende Apps auf eigene Datenbanken zugreifen, und eine Gewährleistung
dafür, wie hoch der Sicherheitsstandard dieser Datenbank ist, nicht besteht. Darüber hinaus besteht seitens der App-Betreiber selbstverständlich ebenfalls die Möglichkeit, Datenbankinhalte
zu überprüfen. Ob dies angesichts der verbreiteten Nutzung der Apps und der daraus resultieren-
den hohen Datenmengen eine realistische Gefahr ist, sei dahingestellt; jedenfalls für Betriebs-
geheimnisse ist zur Vorsicht bei der Nutzung entsprechender Apps geraten.

E. Muster

I. Grundmuster einer Überlassungsvereinbarung und deren Varianten

124 ▼

Muster 4.1: Überlassungsvereinbarung nur zu dienstlichen Zwecken

Vereinbarung

zwischen

▬▬▬ – im Weiteren: Arbeitgeber – und

▬▬▬ – im Weiteren: Arbeitnehmer –

Präambel

Zwischen den Parteien besteht seit dem ▬▬▬ ein Arbeitsvertrag. Im Zusammenhang mit diesem Arbeitsvertrag sollen dem Arbeitnehmer Kommunikationsgeräte überlassen werden. Zwischen den Parteien wird deshalb die folgende ▬▬▬ Überlassungsvereinbarung geschlossen:

§ 1 Geräteüberlassung

(1) Der Arbeitgeber überlässt dem Arbeitnehmer die nachfolgend einzeln aufgezählten Geräte:

▬▬▬

[Aufzählung der Geräte mit Namen, Seriennummer etc.]

(2) Des Weiteren wird mit den vorstehend aufgezählten Geräten eine SIM-Karte mit der Seriennummer ▬▬▬ vergeben. Die SIM-Karte lässt sich durch die PIN ▬▬▬ freischalten. Im Falle der mehrmaligen Fehleingabe der PIN lässt sich die SIM-Karte durch die nachfolgend angegebene PUK freischalten: ▬▬▬ Nach Freischaltung ist dann die PIN 2 ▬▬▬ zu verwenden.

(3) Die Geräte sowie die SIM-Karte befinden sich bei der Übergabe in technisch einwandfreiem und funktionsfähigem Zustand.

§ 2 Nutzungsüberlassung

(1) Das Mobiltelefon und die SIM-Karte werden zur ausschließlichen dienstlichen Nutzung überlassen. Privatgespräche, auch solche aus dienstlichem Anlass, sind untersagt. Insoweit der Arbeitnehmer sich aufgrund besonderer Umstände gezwungen sieht, das überlassene Kommunikationsgerät privat zu nutzen, ist diese Privatnutzung unverzüglich dem Arbeitgeber unter Darstellung der besonderen Notwendigkeit anzuzeigen. Der Arbeitnehmer trägt in diesem Falle die Kosten der Privatnutzung sowie eine Gebührenpauschale in Höhe von 10,00 EUR für die Auswertung des Einzelverbindungsnachweises. Die Gebührenpauschale fällt bei mehrmaliger privater Nutzung aus besonderen Anlässen während eines Gebührenabrechnungszeitraumes nur einmalig an.

(2) Die Nutzung des überlassenen Gerätes mit einer eigenen SIM-Karte des Arbeitnehmers, infolge derer die durch die Telefonie entstandenen Gebühren dem Arbeitnehmer unmittelbar berechnet werden, ist außerhalb der Arbeitszeiten und während der Pausen gestattet.

(3) Der Arbeitnehmer verpflichtet sich, das Mobiltelefon ausschließlich während der Dienstzeiten zu benutzen. Eine Nutzung außerhalb der Arbeitszeiten begründet keine Ansprüche auf Über- und Mehrarbeitsvergütung.

(4) Der Arbeitnehmer ist verpflichtet, außerhalb der Empfangszeiten eingehende Anrufe auf eine Mobilbox umzuleiten, auf der Kunden eine Nachricht hinterlassen können und einen in allgemeiner Form gehaltenen Hinweis darauf erhalten, wann unter der entsprechenden Mobilnummer ein Mitarbeiter erreichbar ist. Des Weiteren hat die Ansage einen Hinweis auf eine zentrale Nummer des Betriebssitzes (Vermittlung) zu enthalten.

(5) Es ist dem Arbeitnehmer untersagt, das Kommunikationsgerät Dritten, auch Familienangehörigen, zur Nutzung zu überlassen. Gleichermaßen ist es dem Arbeitnehmer untersagt, Dritten, auch Familienangehörigen, die PIN oder andere Zugangsdaten zu dem Gerät zu überlassen oder mitzuteilen.

(6) Es ist dem Arbeitnehmer untersagt, die Grundeinstellungen des Gerätes und der SIM-Karte zu verändern, insbesondere, die SIM-Karte oder das Gerät mit neuer PIN zu codieren.

§ 3 Haftung/Verlust

(1) Der Arbeitnehmer ist im Umgang mit dem Gerät zu größtmöglicher Sorgfalt verpflichtet. Er wird für Schäden an dem Gerät im Rahmen der von der Rechtsprechung entwickelten Maßgaben zur Arbeitnehmerhaftung eintreten.

(2) Im Falle des Verlustes des Gerätes ist der Arbeitnehmer verpflichtet, diesen Verlust unverzüglich bei dem Arbeitgeber anzuzeigen, damit dieser die Sperre des Anschlusses veranlassen kann. Im Falle der verspäteten Anzeige eines Verlustes haftet der Arbeitnehmer für den hieraus entstehenden Schaden.

(3) Der Arbeitnehmer ist verpflichtet, die Zugangsdaten (PIN; PUK) zu dem Gerät verschlossen und von dem Gerät getrennt aufzubewahren. Im Falle der missbräuchlichen Nutzung des Gerätes durch Dritte unter Verwendung der PIN/PUK trägt der Arbeitnehmer die Beweislast für die Einhaltung der Sorgfaltspflichten im Zusammenhang mit der Verwahrung der PIN/PUK.

§ 4 Datenschutz und Datensicherheit

(1) Der Arbeitnehmer willigt – soweit notwendig – in die Erstellung eines vollständigen Einzelverbindungsnachweises für die mit dem Gerät geführten Gespräche sowie in die jederzeitige Auswertung dieses Einzelverbindungsnachweises durch den Arbeitgeber ein. Er willigt weiterhin in die elektronische Speicherung der Daten des Einzelverbindungsnachweises ein, soweit es dieser Einwilligung nach dem Bundesdatenschutzgesetz bedarf.

(2) Dem Arbeitnehmer ist untersagt, vertrauliche Daten des Arbeitgebers oder sonstige sicherheitsrelevanten Daten auf dem Gerät abzuspeichern.

(3) Dem Arbeitnehmer ist die Installation von zusätzlicher Software auf dem gerät (z.B. sog. „Apps") untersagt.

§ 5 Arbeitssicherheit

(1) Der Arbeitnehmer nimmt zur Kenntnis, dass es nach § 23 Abs. 1a StVO dem Fahrzeugführer während der Fahrt untersagt ist, ein Mobiltelefon zu benutzen, wenn er hierfür das Mobiltelefon oder den Hörer eines Autotelefons aufnehmen oder halten muss. Er nimmt weiterhin zur Kenntnis, dass dieses Verbot auch dann gilt, wenn das Kraftfahrzeug steht, der Motor jedoch in Betrieb ist. Der Arbeitnehmer verpflichtet sich, das überlassene Gerät nur im Rahmen dieser

Bestimmung zu nutzen. Für den Fall, dass aufgrund eines Verstoßes gegen diese Bestimmung ein Schaden des Arbeitgebers resultiert, besteht Einigkeit darüber, dass diese Schadensverursachung grob fahrlässig ist, so dass der Arbeitnehmer für alle hieraus entstehenden Schäden ohne Haftungserleichterung einzustehen hat.

(2) Dem Arbeitgeber liegen zum derzeitigen Zeitpunkt keine wissenschaftlichen Nachweise darüber vor, dass der Gebrauch eines Mobilfunkgerätes gesundheitliche Schäden verursachen könnte. Insbesondere unterfällt die Nutzung von Mobilfunkgeräten nicht der Unfallverhütungsvorschrift BGV BF.

§ 6 Herausgabepflicht

Der Arbeitnehmer ist jederzeit auf einfaches Anfordern und im Falle der Kündigung des Arbeitsverhältnisses mit Beendigung des Arbeitsverhältnisses ohne weitere Aufforderung verpflichtet, das überlassene Gerät sowie das Zubehör und die SIM-Karte an den Arbeitgeber in einwandfreiem Zustand herauszugeben. Finanzielle Ausgleichsansprüche hierfür bestehen nicht.

Ort, Datum

(Arbeitgeber)

Ort, Datum

(Arbeitnehmer)

Variante 1: Überlassungsvereinbarung bei Gestattung von Privatgesprächen aus dienstlichem Anlass

…

§ 2 Nutzungsüberlassung

(1) Das Gerät wird dem Arbeitnehmer ausschließlich zur dienstlichen Nutzung überlassen. Neben den ausschließlich dienstlichen Gesprächen sind auch „Gespräche aus dienstlichem Anlass" gestattet. Dienstgespräche sind alle Gespräche, die der Arbeitnehmer in Erfüllung seines Arbeitsvertrages für den Arbeitgeber führt. Gespräche aus dienstlichem Anlass sind Privatgespräche, die der Mitarbeiter aus dienstlichem Anlass führen muss sowie notwendige Anrufe bei Ärzten, Krankenhäusern oder Krankenkassen. Die private Nutzung in diesem Rahmen darf nur außerhalb der Arbeitszeiten erfolgen (z.B. Pausen).

…

Variante 2: Überlassungsvereinbarung bei Gestattung von Privatgesprächen „in angemessenem Umfang" mit Widerrufsvorbehalt

…

§ 2 Nutzungsüberlassung

(1) Das Mobiltelefon wird dem Arbeitnehmer zu dienstlichen Zwecken überlassen. Privatgespräche sind in angemessenem Umfang außerhalb der Arbeitszeit bzw. während der Pausen gestattet. Die Kosten dieser Privatnutzung trägt innerhalb eines angemessenen Rahmens von maximal ▮▮▮▮ EUR/Monat der Arbeitgeber. Eine private Nutzung darf nur außerhalb der Arbeitszeiten erfolgen (z.B. Pausen).

(2) Die Gestattung der Privatnutzung auf Kosten des Arbeitgebers ist als selbstständiger Bestandteil dieser Vereinbarung durch den Arbeitgeber jederzeit für die Zukunft widerrufbar, wenn wirtschaftliche Gründe, die Leistung oder das Verhalten des Arbeitnehmers dies erfordern oder der Rahmen für zugelassene Privatnutzung zum wiederholten Male überschritten wird.

...

§ 4 Datenschutz und Datensicherheit

(1) Der Arbeitnehmer willigt – soweit notwendig – in die Erstellung eines vollständigen Einzelverbindungsnachweises für die mit dem Gerät geführten Gespräche sowie in die jederzeitige Auswertung dieses Einzelverbindungsnachweises durch den Arbeitgeber ein. Er willigt weiterhin in die elektronische Speicherung der Daten des Einzelverbindungsnachweises ein, soweit es dieser Einwilligung nach dem Bundesdatenschutzgesetz bedarf.

(2) Dem Arbeitnehmer ist untersagt, vertrauliche Daten des Arbeitgebers oder sonstige sicherheitsrelevanten Daten auf dem Gerät abzuspeichern.

(3) Dem Arbeitnehmer ist die Installation von zusätzlicher Software auf dem Gerät (z.B. sog. „Apps") untersagt. Des Weiteren ist das Abspeichern von privaten Daten einschließlich Musik, Filme etc. untersagt.

Variante 3: Überlassungsvereinbarung bei unbeschränkter Gestattung von Privatgesprächen mit Widerrufsvorbehalt

Präambel

Zwischen den Parteien besteht seit dem _____ ein Arbeitsvertrag. Im Zusammenhang mit diesem Arbeitsvertrag sollen dem Arbeitnehmer Kommunikationsgeräte überlassen werden, die dem Arbeitnehmer auch zur privaten Nutzung zur Verfügung stehen sollen. Hierbei gehen beide Parteien davon aus, dass diese Privatnutzung ein Entgeltbestandteil ist, der im Schnitt mit monatlich _____ EUR [Anmerkung: Zur Gültigkeit des Widerrufsvorbehaltes maximal 20–30 % des Bruttoentgelts] zu bemessen ist. Zwischen den Parteien wird deshalb die folgende Überlassungsvereinbarung geschlossen:

...

§ 2 Nutzungsüberlassung

(1) Das Gerät wird sowohl zur dienstlichen als auch zur privaten Nutzung überlassen. Die Kosten der privaten Nutzung trägt der Arbeitgeber. Eine private Nutzung darf nur außerhalb der Arbeitszeiten erfolgen (z.B. Pausen).

(2) Die Gestattung der privaten Nutzung ist für den Arbeitgeber jederzeit widerrufbar, wenn für die Ausführung des Widerrufsrechts wirtschaftliche Gründe, Gründe in der Leistung oder im Verhalten des Arbeitnehmers vorliegen. Wirtschaftliche Gründe können insbesondere sein: geschäftliche Notlage des Unternehmens; ein negatives wirtschaftliches Ergebnis der Betriebsabteilung; nicht ausreichender Gewinn; Rückgang der bzw. Nichterreichen der erwarteten wirtschaftlichen Entwicklung. Gründe in der Person oder im Verhalten des Arbeitnehmers können insbesondere unterdurchschnittliche Leistungen des Arbeitnehmers oder schwerwiegende Pflichtverletzungen sein.

...

§ 4 Datenschutz und Datensicherheit

(1) Der Arbeitnehmer willigt – soweit notwendig – in die Erstellung eines vollständigen Einzelverbindungsnachweises für die mit dem Gerät geführten Gespräche sowie in die jederzeitige Auswertung dieses Einzelverbindungsnachweises durch den Arbeitgeber ein. Er willigt weiterhin in die elektronische Speicherung der Daten des Einzelverbindungsnachweises ein, soweit es dieser Einwilligung nach dem Bundesdatenschutzgesetz bedarf.

(2) Dem Arbeitnehmer ist untersagt, vertrauliche Daten des Arbeitgebers oder sonstige sicherheitsrelevanten Daten auf dem Gerät abzuspeichern.

(3) Dem Arbeitnehmer ist die Installation von zusätzlicher Software auf dem Gerät (z.B. sog. „Apps") untersagt. Des Weiteren ist das Abspeichern von privaten Daten einschließlich Musik, Filme etc. untersagt.

Variante 4: Nutzungsgewährung bei TwinBill- oder vergleichbaren Systemen

...

§ 2 Nutzungsüberlassung

(1) Das Gerät wird sowohl zur privaten als auch zur dienstlichen Nutzung überlassen. Das Gerät verfügt über ein „TwinBill"-System, das es dem Arbeitnehmer gestattet, Privatgespräche auf eigene Rechnungsstelle zu führen. Die PIN für Privatnutzung lautet: ... Der Arbeitnehmer verpflichtet sich, eine Privatnutzung ausschließlich unter vorheriger Abmeldung des dienstlichen Zuganges und Einbuchung mit der Privat-PIN durchzuführen. Die für die Privatnutzung anfallenden Gebühren werden von dem Betreiber mit separater Rechnung aufgelistet und dem Arbeitgeber belastet. Hiernach erfolgt eine Weiterbelastung an den Arbeitnehmer. Soweit Gebühren auf der zur Erfassung der Privatgespräche entfallenden Rechnung (Telefon-Nummer: ...; PIN: ...) gelistet werden, gelten diese als Privatgespräche. Der Arbeitnehmer verpflichtet sich, die gelisteten Kosten dem Arbeitgeber zu erstatten. Dem Arbeitnehmer ist der Gegenbeweis gestattet, dass es sich bei den gelisteten Gesprächen um dienstliche Gespräche handelte. Eine private Nutzung darf nur außerhalb der Arbeitszeiten erfolgen (z.B. Pausen).

...

§ 4 Datenschutz und Datensicherheit

(1) Der Arbeitnehmer willigt – soweit notwendig – in die Erstellung eines vollständigen Einzelverbindungsnachweises für die mit dem Gerät geführten Gespräche sowie in die jederzeitige Auswertung dieses Einzelverbindungsnachweises durch den Arbeitgeber ein. Er willigt weiterhin in die elektronische Speicherung der Daten des Einzelverbindungsnachweises ein, soweit es dieser Einwilligung nach dem Bundesdatenschutzgesetz bedarf.

(2) Dem Arbeitnehmer ist untersagt, vertrauliche Daten des Arbeitgebers oder sonstige sicherheitsrelevanten Daten auf dem Gerät abzuspeichern.

(3) Dem Arbeitnehmer ist die Installation von zusätzlicher Software auf dem Gerät (z.B. sog. „Apps") untersagt. Des Weiteren ist das Abspeichern von privaten Daten einschließlich Musik, Filme etc. untersagt.

Variante 5: Ergänzung bei BlackBerry (PDA)-, iPhone oder iPad-Überlassung

...

§ 2 Nutzungsüberlassung

...

(3) Der Arbeitnehmer verpflichtet sich, das Gerät ausschließlich während der Dienstzeiten zu benutzen. Eine Nutzung außerhalb der Arbeitszeiten begründet keine Ansprüche auf Über- und Mehrarbeitsvergütung. Auf dem Gerät vorhandene Mails dürfen nur während der regelmäßigen Arbeitszeit bearbeitet werden, es sei denn, die Überschreitung der Arbeitszeit ist in jedem Einzelfall vorher angeordnet.

...

§ 3 Haftung/Verlust

(1) Der Arbeitnehmer ist im Umgang mit dem Gerät zu größtmöglicher Sorgfalt verpflichtet. Er wird für Schäden an dem Gerät im Rahmen der von der Rechtsprechung entwickelten Maßgaben zur Arbeitnehmerhaftung eintreten. Der Arbeitnehmer nimmt zur Kenntnis, dass sich auf dem Gerät selber sensible Daten des Arbeitgebers befinden. Er verpflichtet sich deshalb zu erhöter Sorgfalt im Umgang mit dem Gerät. Er verpflichtet sich, Daten, die nicht notwendigerweise auf dem Gerät benötigt werden, regelmäßig, mindestens einmal pro Woche, zu löschen und ebenso regelmäßig eine Datensicherung aller Daten durchzuführen. Der Arbeitnehmer verpflichtet sich, nur solche Internet-Seiten anzusteuern, deren Inhalt ihm bekannt oder deren Inhalt vertrauenswürdig ist. Der Arbeitnehmer ist verpflichtet, den auf dem Gerät vorhandenen Virenschutz aktuell zu halten.

...

§ 4 Datenschutz und Datensicherheit

(1) Der Arbeitnehmer willigt – soweit notwendig – in die Erstellung eines vollständigen Einzelverbindungsnachweises für die mit dem Gerät geführten Gespräche sowie in die jederzeitige Auswertung dieses Einzelverbindungsnachweises durch den Arbeitgeber ein. Er willigt weiterhin in die elektronische Speicherung der Daten des Einzelverbindungsnachweises ein, soweit es dieser Einwilligung nach dem Bundesdatenschutzgesetz bedarf.

(2) Dem Arbeitnehmer ist untersagt, vertrauliche Daten des Arbeitgebers oder sonstige sicherheitsrelevanten Daten auf dem Gerät abzuspeichern.

(3) Dem Arbeitnehmer ist die Installation von zusätzlicher Software auf dem Gerät (z.B. sog. „Apps") untersagt. Des Weiteren ist das Abspeichern von privaten Daten einschließlich Musik, Filme etc. untersagt.

(4) Der Arbeitnehmer willigt in die laufende Sicherung der Geräteinhalte im Rahmen der technisch gegebenen Möglichkeiten (z.B. iCloud) ein und in die Sichtung und anderweitige Sicherung dieser Daten durch den Arbeitgeber. Der Arbeitgeber verpflichtet sich, sämtliche Daten, die privaten Charakter haben oder haben können, absolut vertraulich zu halten und an keinen Dritten weiter zu geben. Der Arbeitgeber wird die Zugriffsberechtigung im Rahmen des Datenschutzkonzepts regeln.

II. Betriebsvereinbarung

125 ▼

Muster 4.2: BV zur Überlassung von Mobiltelefonen u.a.

...

Betriebsvereinbarung

zur Nutzungsüberlassung von Mobiltelefonen, Palm-Computern, BlackBerrys, iPhone oder iPad

zwischen

▓▓▓▓▓ – Unternehmer – und

▓▓▓▓▓ **– Betriebsrat –**

wird Folgendes vereinbart:

1. Gegenstand

Diese Betriebsvereinbarung regelt die Überlassung von Mobiltelefonen, Palm, BlackBerry, iPhone, iPad und vergleichbaren Geräten (im Weiteren: Geräte) an die Arbeitnehmer des Betriebes.

2. ▓▓▓▓▓

Hinweis:

Es folgen inhaltliche Regeln zur Überlassung der Geräte entsprechend der individuellen Nutzungsvereinbarung (vgl. oben), zum Anspruch auf Überlassung (Konkretisierung des Gleichbehandlungsgrundsatzes), zum Datenschutz, zu den Sicherungs- und Zugriffsrechten sowie ggf. zu den Modalitäten der Nutzung.

3. Inkrafttreten, Kündigung

Diese Betriebsvereinbarung tritt am ▓▓▓▓▓ in Kraft. Sie ist auf unbestimmte Zeit geschlossen und mit einer Frist von drei Monaten beiderseits kündbar. Eine Weitergeltung der Betriebsvereinbarung gem. § 77 Abs. 6 BetrVG wird ausgeschlossen.

▓▓▓▓▓   ▓▓▓▓▓

Ort, Datum   Ort, Datum

▓▓▓▓▓   ▓▓▓▓▓

(Unternehmer)   (Betriebsrat)

▲

§ 5 Überwachungseinrichtungen

Sebastian Witt

Inhalt

A. Einleitung

EDV lässt sich aus dem Arbeitsalltag kaum mehr wegdenken. Spätestens ihr Ausfall zeigt uns, in welchem Umfang wir auf Computer und Ähnliches angewiesen sind. Denn die Geräte werden als nützlich empfunden; ihre Vorteile stehen im Mittelpunkt der Betrachtung. Die gleichzeitig bestehenden Gefahren dringen hingegen selten in das Bewusstsein. Das gilt für einen etwaigen **Missbrauch** der technischen Einrichtungen und Möglichkeiten ebenso wie für die Gefahr des „**gläsernen Mitarbeiters**". Sie wird allerdings nicht nur durch standardisierte Softwareprogramme begründet, sondern auch eine digitale oder analoge Videoüberwachung, elektronische oder biometrische Zugangskontrollen sowie die Ortung eines Arbeitnehmers via GPS.

1

Der Einsatz dieser technischen Überwachungseinrichtungen wirft eine Vielzahl rechtlicher Probleme auf. Regelmäßig kollidieren zwei Interessen. Auf der einen Seite stehen die Belange des Arbeitgebers, namentlich sein Interesse an einer ordnungsgemäßen und ungestörten Betriebsführung (Art. 12 GG) sowie der Schutz seines Eigentums (Art. 14 GG). Auf der anderen Seite steht das Persönlichkeitsrecht des einzelnen Arbeitnehmers (Art. 2 Abs. 1, 1 Abs. 1 GG). Es soll die engere persönliche Lebenssphäre schützen und die Erhaltung ihrer Grundbedingungen gewährleisten.

2

Beide Interessen sind grundrechtlich geschützt und haben einen entsprechend hohen Rang. Indes binden Grundrechte nur die Gesetzgebung, die vollziehende Gewalt und die Rechtsprechung unmittelbar (Art. 20 Abs. 3 GG) und wirken nicht zwischen Personen. Nach der Lehre der mittelbaren Drittwirkung der Grundrechte ist jedoch der Staat verpflichtet, jeden Bürger vor einer Gefährdung seines Persönlichkeitsrechts durch Dritte zu schützen. Privatrechtliche Vorschriften müssen daher in vollem Umfang dem allgemeinen Persönlichkeitsrecht gerecht werden.[1]

Unter diesem Gesichtspunkt ist bei Überwachungseinrichtungen zunächst das **Bundesdatenschutzgesetz** relevant. Es enthält Rahmenbedingungen zur Datenerhebung, -verarbeitung und -nutzung. Sie beeinflussen u.a. das Verhalten von Arbeitgeber und Arbeitnehmer und sorgen für einen angemessenen Ausgleich der bereits erwähnten Interessen beider Vertragsteile. Der Gesetzgeber plant, diese Bestimmungen zu überarbeiten. Im Koalitionsvertrag haben sich CDU/CSU und FDP deshalb auf eine Reform des Bundesdatenschutzgesetzes und eine nähere Konkretisierung der Pflichten und Rechte von Arbeitgeber und Arbeitnehmer verständigt. Aktuell liegt ein Gesetzesentwurf der Regierung (BDSG-E) vor. Wann das BDSG-E in das Gesetzgebungsverfahren letztlich eingebracht wird, ist derzeit noch offen. Klar ist indes, dass es insbesondere bei dem hier interessierenden Einsatz von Überwachungseinrichtungen zu einer Verschärfung führen wird. Vor dem Hintergrund wundert es nicht, dass der Einsatz von Videoüberwachung, elektronischen und biometrischen Zugangskontrollen sowie der GPS-Ortung nicht zuletzt am Schutzmaßstab des BDSG zu messen ist.

3   Unabhängig von diesen datenschutzrechtlichen Aspekten sind die **Beteiligungsrechte der Arbeitnehmervertretungen** zu beachten. Hierzu gehört insbesondere § 87 Abs. 1 Nr. 6 BetrVG, der die Einführung und Anwendung von technischen Einrichtungen der betrieblichen Mitbestimmung unterwirft, sofern die Anlagen dazu bestimmt sind, das Verhalten oder die Leistung von Arbeitnehmern zu überwachen. § 87 Abs. 1 Nr. 6 BetrVG bezweckt nicht den Schutz der Arbeitnehmer vor jeglicher Überwachung, wohl aber vor den besonderen Gefahren solcher Überwachungsmethoden. Dadurch konkretisiert § 87 Abs. 1 Nr. 6 BetrVG die Pflicht des Arbeitgebers und des Betriebsrats, die freie Entfaltung der Persönlichkeit der im Betrieb beschäftigten Arbeitnehmer zu schützen und zu fördern, § 75 Abs. 2 S. 1 BetrVG (zur Betriebsratsbeteiligung vgl. § 2 Rn 2 ff.).

Auch wenn die Schutzmaßstäbe des BDSG und BetrVG in der Praxis mitunter wenig Beachtung finden, darf ihre Bedeutung nicht unterschätzt werden. Denn Verstöße gegen das BDSG oder § 87 Abs. 1 Nr. 6 BetrVG können **Unterlassungsansprüche** zur Folge haben oder den Arbeitgeber in der Verwertung der Erkenntnisse erheblich beschränken. Beispielsweise können Verletzungen des BDSG im Prozess zur Nichtberücksichtigung von Tatsachen führen oder **Beweisverwertungsverbote** auslösen. Zuletzt kann der Betroffene in bestimmten Fällen sogar eine **Entschädigung** verlangen.

B.   Die Videoüberwachung

I.   Begriff der Videoüberwachung

4   Der Begriff der Videoüberwachung wird in § 6b Abs. 1 BDSG wie folgt definiert: Als Videoüberwachung gilt die Beobachtung mit optisch-elektronischen Einrichtungen.

5   Naheliegend erfasst der Begriff vor allem **Videokameras**, die Vorgänge entweder auf einem Speicher oder einer Kassette aufzeichnen. Aber auch solche Einrichtungen, die digital oder analog Bilder auf einen Fernsehmonitor übermitteln, ohne dass Bilder auf einer Festplatte oder einer Kassette gespeichert werden, sind optisch-elektronische Einrichtungen. Gleiches gilt für **Webcams**, durch die Bilder einer Digitalkamera via Internet an einen anderen Ort übermittelt werden.

---

1 *Jarass/Pieroth*, Art. 2 GG Rn 43.

Bei Spiegeln oder Einwegscheiben handelt es sich demgegenüber freilich nicht um optisch-elektronische Einrichtungen, denn sie funktionieren lediglich optisch, nicht jedoch elektronisch.

Schwierig ist mitunter die Abgrenzung von **Fotoapparaten**. Denn sie dienen regelmäßig nicht in   6
einer Beobachtung im Sinne von § 6b BDSG. Die Beobachtung im Sinne dieser Bestimmung liegt nur bei einer Datenerhebung, d.h. dem Erfassen von Bildern für eine gewisse Dauer, vor; eine einmalige Aufnahme des Bildes – und damit das Festhalten eines singulären Momentes – erfüllt demgegenüber nicht die Anforderungen von § 6b BDSG.[2] Insoweit könnte man annehmen, Fotoapparate seien nie zur Videoüberwachung nach § 6b BDSG geeignet. Indes ermöglichen moderne Fotoapparate mehrere Aufnahmen in der Sekunde. Die Verwendung solcher Mehrfachfotografien kann letztlich einer Überwachung mittels Video gleich stehen und in diesem Fall denselben Anforderungen unterliegen. Entscheidend kommt es letztlich darauf an, ob ganze Vorgänge beobachtet und mittels einer Reihe von Bildern schlüssig dokumentiert werden.

II. Datenschutzrechtliche Vorgaben zur Videoüberwachung

Das aktuelle Bundesdatenschutzgesetz regelt die Möglichkeiten einer Videoüberwachung nur ru-   7
dimentär. Der bereits erwähnte § 6b BDSG enthält eine Legaldefinition des Begriffes und darüber hinaus Bestimmungen zur Beobachtung öffentlich zugänglicher Räume. § 32 BDSG behandelt demgegenüber die Videoüberwachung nicht ausdrücklich. Allerdings gestattet die Vorschrift es Arbeitgebern, personenbezogene Daten eines Beschäftigten zur Aufdeckung von Straftaten zu erheben, zu verarbeiten oder zu nutzen, sofern zu dokumentierende tatsächliche Anhaltspunkte den Verdacht begründen, dass der Betroffenen im Beschäftigungsverhältnis eine Straftat begangen hat und weitere Voraussetzungen erfüllt sind.

Das Verhältnis der beiden Vorschriften zueinander ist nicht vollkommen unproblematisch; überwiegend wird jedoch angenommen, dass sie aufgrund ihrer unterschiedlichen Anwendungsbereiche nebeneinander wirken. § 32 Abs. 1 S. 2 BDSG wirkt danach vor allem repressiv. Er legt fest, unter welchen Voraussetzungen eine Videoüberwachung zur Aufklärung von Straftaten erfolgen soll. § 6b BDSG werden demgegenüber präventive Überlegungen zugesprochen. Die Vorschrift regelt die Beobachtung öffentlich zugänglicher Räume und schreibt vor, dass in diesem Fall die Videoüberwachung öffentlich bekannt zu geben ist. Dieser Hinweis soll der Abschreckung dienen.

1. Überwachung öffentlich zugänglicher Räume

Die Videoüberwachung in öffentlich zugänglichen Räumen wird in § 6b BDSG erwähnt. Danach   8
ist die offene Beobachtung zulässig, soweit dies zur Aufgabenerfüllung, zur Wahrnehmung des **Hausrechts** oder zur **Wahrnehmung berechtigter Interessen** erforderlich ist und keine Anhaltspunkte dafür bestehen, dass schutzwürdige Belange der Betroffenen überwiegen.

Der Begriff des **öffentlich zugänglichen Raums** ist eng zu verstehen. Er erfasst nur solche Bereiche, die ohne Überwindung der geschlossenen Begrenzung von einer unbestimmten Vielzahl von Personen betreten werden können und nach ihrer Zweckbestimmung der Allgemeinheit zugänglich sind. Bei Flughäfen und Bahnhöfen versteht sich dies von selbst; schwieriger ist die Abgrenzung bspw. bei Parkplätzen auf dem Gelände eines Krankenhauses. Hier ist vor allem auf die Zweckbestimmung der Parkplatznutzung abzuheben. Die Überwachung von Büro- und Arbeitsräumen lässt sich im Ergebnis kaum unter § 6b BDSG subsumieren.

---

2 *Erbs/Kohlhaas*, Strafrechtliche Nebengesetze, 188. Ergänzungslieferung 2012, § 6b BDSG Rn 1; *Gola/Schomerus*, BDSG, 10. Aufl. 2010, § 6b BDSG Rn 12.

a) Zulässigkeit einer offenen Überwachung öffentlicher Räume

9 Wie bereits erwähnt, regelt § 6b BDSG nur die offene Überwachung. Sie ist in öffentlich zugänglichen Räumen nicht allgemein zulässig. Vielmehr muss die Videoüberwachung den in § 6b Abs. 1 Nr. 1 bis 3 BDSG genannten Zwecken dienen und vor allem „erforderlich" sein. Hierdurch hat der Gesetzgeber auf das Verhältnismäßigkeitsprinzip abgestellt.

Deshalb ist insbesondere zu prüfen, ob die Videoüberwachung nicht allein deshalb entbehrlich ist, weil der Zweck auf anderem Wege erreicht werden kann. Außerdem ist zu überlegen, ob schutzwürdige Interessen der Betroffenen überwiegen.

Diese Abwägung ist anhand der konkret zu schützenden Interessen und der **Eingriffsintensität** vorzunehmen. Es ist auf die Umstände des Einzelfalls abzustellen. Eine zeitlich und/oder räumlich begrenzte Überwachung gefährdeter Bereiche wird dabei häufig ohne Weiteres gerechtfertigt sein; eine zeitlich und/oder räumlich umfassende Überwachung dürfte demgegenüber mindestens überdenkenswert sein. Eine Beobachtung von Räumen, die die **Intimsphäre** der beobachteten Person berühren (Umkleideräume, Saunen, ärztliche Behandlungsräume oder auch Toilettenanlagen) ist demgegenüber generell unzulässig.[3]

Die Videoüberwachung in öffentlich zugänglichen Räumen ist nach § 6b Abs. 2 BDSG offen zu legen. Der Umstand der Beobachtung und die verantwortliche Stelle (also der Verwender der Anlage) sind durch geeignete Maßnahmen erkennbar zu machen. Nur so wird dem Charakter der „offenen" Überwachung Rechnung getragen.

b) Zulässigkeit einer verdeckten Überwachung öffentlicher Räume

10 Diese Notwendigkeit der Offenlegung i.S.v. § 6b Abs. 2 BDSG führt zu der Frage, ob in öffentlich zugänglichen Räumen auch eine **verdeckte Videoüberwachung** stattfinden darf.

Vor der Einführung von § 6b BDSG ging das Bundesarbeitsgericht in ständiger Rechtsprechung davon aus, dass auch in öffentlich zugänglichen Räumen eine verdeckte Videoüberwachung erfolgen dürfe, soweit der konkrete Verdacht einer strafbaren Handlung oder einer anderen schwerwiegenden Pflichtverletzung zu Lasten des Arbeitgebers bestand, weniger einschneidende Mittel zur Aufklärung des Verdachtes ausgeschöpft waren und die verdeckte Überwachung insgesamt nicht unverhältnismäßig erschien.[4] In der Literatur wird verschiedentlich die Ansicht vertreten, die Rechtsprechung des Bundesarbeitsgerichts sei mit dem Inkrafttreten von § 6b BDSG überholt. Die Bestimmung regele die Videoüberwachung in öffentlich zugänglichen Räumen abschließend.[5] Zutreffend dürfte demgegenüber sein, dass unter den strengen Voraussetzungen, die das Bundesarbeitsgericht für die Zulässigkeit heimlicher Videoüberwachung aufgestellt hat, künftig auch öffentliche Räume heimlich überwacht werden dürfen.[6] Eine höchstrichterliche Rechtsprechung hierzu steht noch aus.

Legt man die aktuell noch h.M. zugrunde und greift man auf die Rechtsprechung des Bundesarbeitsgerichts zur früheren Rechtslage zurück, ist eine heimliche Videoüberwachung nicht generell ausgeschlossen. Allerdings unterliegt sie strengen Anforderungen und ist nur in eng umgrenzten Ausnahmefällen, namentlich aufgrund des konkreten **Verdachts einer Straftat** oder einer anderen **schwerwiegenden Verfehlung zu Lasten des Arbeitgebers** erlaubt. Voraussetzung war auch hier, dass weniger einschneidende Mittel nicht verfügbar waren.

---

3 *Kazemi/Leopold*, Datenschutzrecht, § 3 Rn 736.
4 BAG 27.3.2003 – 2 AZR 51/02, NZA 2003, 1193.
5 *Bayreuther*, NZA 2005, 1038; *Däubler*, NZA 2001, 874.
6 *Grosjean*, DB 2003, 2650; *Kazemi/Leopold*, Datenschutzrecht, § 3 Rn 744.

2. Überwachung nicht-öffentlich zugänglicher Räume

Während § 6b BDSG den Einsatz von Videoüberwachung in öffentlich zugänglichen Räumen regelt, enthält das BDSG keinerlei Vorschriften dazu, wie in nicht-öffentlich zugänglichen Räumen zu verfahren ist. Mangels spezialgesetzlicher Vorschriften ist deshalb auf § 32 BDSG zurückzugreifen. Hiernach ist die Datenerhebung im Beschäftigungsverhältnis zur Aufdeckung von Straftaten gestattet, soweit die Erhebung, Verarbeitung oder Nutzung zu diesem Zweck erforderlich ist und schutzwürdige Interessen des Beschäftigten an einem Ausschluss der Erhebung, Verarbeitung oder Nutzung nicht überwiegen.

11

Mit Blick auf diese Vorgabe hat das Bundesarbeitsgericht hohe Maßstäbe für die Zulässigkeit einer Videoüberwachung in nicht-öffentlichen Räumen aufgestellt. Seine Unterschiede zwischen einer offenen und verdeckten Videoüberwachung waren vor allem graduell und setzen erst bei der Eingriffsintensität an.

Denn in jedem Fall ist die Videoüberwachung in nicht-öffentlich zugänglichen Räumen nur dann zulässig, sofern sie zur **Aufdeckung von Straftaten** erforderlich ist. Ordnungswidrigkeiten, Pflichtverletzungen oder sonstige Verstöße legitimieren mit anderen Worten nach § 32 Abs. 1 S. 2 BDSG nicht zur Videoüberwachung. Es müssen vielmehr durch eine Verletzung von Strafvorschriften gewichtige Interessen des Arbeitgebers verletzt sein.[7]

Indes genügen weder eine Straftat noch der Verdacht eines strafbaren Verhaltens für sich genommen, um eine Videoüberwachung im nicht-öffentlichen Raum zu legitimieren. Denn das Bundesarbeitsgericht erwartet darüber hinaus eine **Verhältnismäßigkeitsprüfung** mit hohen Maßstäben. Der Kameraeinsatz soll nur dann erlaubt sein, sofern keine anderen Aufklärungsmöglichkeiten vorhanden sind. Der überwachte Bereich ist auf das notwendige Mindestmaß zu beschränken. Die Interessen der Betroffenen dürfen letztlich nicht überwiegen. Auch hier gilt deshalb, dass eine Überwachung im Intimbereich der Privatsphäre generell unzulässig ist.

3. Ausblick auf das BDSG

Das BDSG sieht gegenüber der aktuellen Rechtslage einige grundlegende Änderungen vor. Betroffen ist vor allem die heimliche Videoüberwachung. Denn sie wird mit Inkrafttreten des BDSG generell unzulässig sein. Erlaubt wird allein die heimliche Überwachung mittels Fotoapparaten oder Fernglas.

12

Eine offene Überwachung wird in nicht öffentlich zugänglichen Betriebsgeländen, Gebäuden oder Räumen zur Zutrittskontrolle, zur Wahrnehmung des Hausrechts, zum Schutz des Eigentums, zur Sicherung des Beschäftigten, zur Sicherung von Anlagen, zur Abwehr von Gefahren für die Sicherheit des Betriebes oder zur Qualitätskontrolle gestattet sein, sofern die schutzwürdigen Interessen der Betroffenen nicht überwiegen. Eine Überwachung von Teilen der Betriebsstätten, die überwiegend der privaten Lebensgestaltung dienen, ist wie bisher von der Rechtsprechung entwickelt, als unzulässig vorgesehen. Die gewonnenen Erkenntnisse müssen unverzüglich gelöscht werden, sofern sie zur Erreichung des Speicherzwecks nicht mehr erforderlich sind. In öffentlich zugänglichen Räumen verbleibt es im Übrigen bei den Vorgaben aus § 6b BDSG.

III. Betriebsverfassungsrechtliche Grenzen – § 87 Abs. 1 Nr. 6 BetrVG

Neben den datenschutzrechtlichen Vorgaben sind auch die mitbestimmungsrechtlichen Vorschriften, allen voran § 87 Abs. 1 Nr. 6 BetrVG zu beachten.

13

---

7 *Kazemi/Leopold*, Datenschutzrecht, § 3 Rn 748.

Dieses Mitbestimmungsrecht erfasst **technische Einrichtungen**, die dazu bestimmt sind, das Verhalten oder die Leistungen der Arbeitnehmer zu überwachen. Die Überwachung vollzieht sich durch die Ermittlung der Daten, Überarbeitung und schließlich die Beurteilung der Daten. Das Mitbestimmungsrecht wird bereits dann ausgelöst, wenn lediglich ein Teil des Überwachungsvorgangs mittels einer technischen Einrichtung erfolgt.[8] Eine Videoüberwachung kann diese Voraussetzungen in unterschiedlichen Stadien erfüllen. Die Videoanlage, die auf den Arbeitnehmer ausgerichtet ist, erhebt zunächst Daten, indem sie Bilder auf einen Bildschirm oder ein Speichermedium transportiert und damit wahrnehmbar macht. Werden die übertragenen oder gespeicherten Bilder gesichert, geordnet oder zueinander in Beziehung gesetzt, liegt eine Datenverarbeitung vor. Werden die ermittelten Daten letztlich an bestimmten Vorgaben gemessen, dient die Videoüberwachung der Beurteilung und Bewertung. Durch die Einrichtung einer Videoüberwachung können Mitbestimmungsrechte des Betriebsrats daher auf verschiedenen Ebenen ausgelöst werden.

14 Die Überwachung muss sich nach § 87 Abs. 1 Nr. 6 BetrVG auf die **Leistung oder das Verhalten der Arbeitnehmer** beziehen. Das Bundesarbeitsgericht versteht unter dem Begriff der „Leistung" die vom Arbeitnehmer in Erfüllung seiner vertraglichen Pflichten erbrachten Tätigkeiten.[9] Als „Verhalten" ist demgegenüber jedes Tun oder Unterlassen im betrieblichen oder auch außerbetrieblichen Bereich anzusehen, das für das Arbeitsverhältnis erheblich sein kann.[10] Da das „Verhalten" die „Leistung" begrifflich mit einschließt, kommt es auf eine genaue Abgrenzung der Begriffe nicht an.[11] Denkbare Formen der Verhaltens- oder Leistungskontrolle mittels Videoüberwachung sind die Datenerhebung zu Beginn und Ende der täglichen Arbeitszeit, Einzelheiten der Vertragserfüllung, Fehlzeiten, Alkohol am Arbeitsplatz, Verhalten auf Firmenparkplätzen, Kommunikation unter Kollegen, Erfüllen von Arbeitsvorgaben, Begehen von Straftaten am Arbeitsplatz, Wahrung von Sicherheitsvorkehrungen sowie das Verhalten gegenüber Kunden.

15 Die Videoanlage muss – um den Anwendungsbereich von § 87 Abs. 1 Nr. 6 BetrVG zu eröffnen – zur Überwachung eingesetzt sein. Es ist also erforderlich, dass die im Wege der Videoüberwachung ermittelten Daten der menschlichen Wahrnehmung zugänglich gemacht werden können. Dies erfolgt bei der Videoüberwachung durch eine Übermittlung der empfangenen Daten auf einem Bildschirm oder das Speichern der Bilder, unabhängig von der Dauer, auf einem Datenträger oder einer Kassette. Es genügt bereits, wenn die Videoanlage einen einzelnen Arbeitnehmer erfasst. Indes ist nicht erforderlich, dass sie zielgerichtet dazu verwandt wird, die Beschäftigten zu überwachen. § 87 Abs. 1 Nr. 6 BetrVG greift vielmehr schon dann, wenn die Videoanlage zur Überwachung der Arbeitnehmer **geeignet** ist. Ist die Überwachung nur ein Nebeneffekt der technischen Einrichtung, löst dies ebenfalls die Mitbestimmungsrechte aus. Das Beteiligungsrecht aus § 87 Abs. 1 Nr. 6 BetrVG wird deshalb auch bei Videoanlagen ausgelöst, die nur dazu dienen, das Firmengelände vor Eigentumsverletzungen durch Dritte zu schützen und dabei auch Arbeitnehmer erfassen. Das Bundesarbeitsgericht stellt daher in ständiger Rechtsprechung fest, dass Videoüberwachungsanlagen in aller Regel technische Einrichtungen sind, die dazu bestimmt sind, das Verhalten und die Leistungen der Arbeitnehmer zu überwachen.[12]

Erfüllt eine Videoüberwachung die Voraussetzung von § 87 Abs. 1 Nr. 6 BetrVG, bezieht sich das Mitbestimmungsrecht des Betriebsrates nicht nur auf die Einführung der Videoüberwachung als solche, sondern auch die Verarbeitung sowie die Beurteilung der gewonnen Daten. Unerheblich ist, ob die Daten gespeichert werden. Es genügt, wenn sie mittels eines Monitors der menschlichen Wahrnehmung zugänglich gemacht werden.

---

8 BAG 6.12.1983 – 1 ABR 43/81, AP Nr. 7 zu § 87 BetrVG 1972 Überwachung; *Fitting u.a.*, § 87 BetrVG Rn 218.

9 BAG 18.2.1986 – 1 ABR 21/84, AP Nr. 12 zu § 87 BetrVG 1972 Überwachung.

10 BAG 11.3.1986 – 1 ABR 12/84, AP Nr. 14 zu § 87 BetrVG 1972 Überwachung.

11 *Fitting u.a.*, § 87 BetrVG Rn 221.

12 BAG 29.6.2004 – 1 ABR 21/03, NZA 2004, 1278; BAG 14.12.2004 – 1 ABR 43/03, AP Nr. 42 zu § 87 BetrVG 1972 Überwachung; BAG 26.8.2008 – 1 ABR 16/07, NZA 2008, 1187.

IV. Kostenerstattung für Überwachungseinrichtungen

Wird eine Videoanlage präventiv eingesetzt, trägt der Arbeitgeber die damit verbundenen Kosten selbst. **16**

Setzt der Arbeitgeber die Videoanlage hingegen i.S.v. § 32 Abs. 1 S. 2 BDSG repressiv ein und kann er den Arbeitnehmer aufgrund eines konkreten Verdachts einer vorsätzlichen Vertragspflichtverletzung überführen, hat er einen Anspruch auf Ersatz seiner notwendigen Auslagen.[13] Es genügt indes nicht, dass der Arbeitgeber zwar die Vermutung einer Straftat hegt, gleichzeitig jedoch niemanden speziell verdächtigt und insoweit zunächst einmal einen Verdächtigen ermitteln will. Denn das Arbeitsgericht Düsseldorf verlangt in seiner Entscheidung vom 5.11.2003 für den Ersatz von Videoüberwachungskosten, dass sich der konkrete Verdacht auch gegen den dann später überführten Arbeitnehmer richtet. Es sei erforderlich, dass nach außen tretende Verdachtsmomente eine Täterschaft des überführten Arbeitnehmers nahelegten. Ansonsten handelte es sich bei den Kosten für die Einrichtung der Videoüberwachung um bloße Vorsorgekosten, die schadensrechtlich nicht relevant seien.[14] Die Rechtsprechung des Bundesarbeitsgerichts vom 27.3.2003[15] sei auf die Frage der Kosten der Videoüberwachung nicht übertragbar. Denn sie betreffe nur die Frage der grundsätzlichen Zulässigkeit von Überwachung und nicht die Frage der Kostenerstattungspflicht. Weiterhin schied nach der Auffassung des Arbeitsgerichts Düsseldorf eine Erstattungspflicht aus, da der Arbeitgeber mildere Mittel zwecks Überprüfung zur Überführung des Arbeitnehmers nicht angewandt hatte und die Überwachung deshalb unverhältnismäßig war.

V. Beweisverwertung

Die prozessuale Verwertung der durch die Videoüberwachung gewonnenen Beweise hat in aller Regel für den Arbeitgeber große Bedeutung. Im Kündigungsschutzprozess trifft ihn die Beweislast. Deshalb ist er bspw. darauf angewiesen, den bestrittenen Kündigungsgrund für eine fristlose Kündigung (auch wegen etwaiger strafrechtlicher Delikte zu Lasten des Arbeitgebers) durch die Erkenntnisse aus der Videoüberwachung zu beweisen. Dies gelingt ihm bei einer Videoüberwachung etwa durch die Bezeichnung eines Zeugen, der das Videoband gesehen hat, oder vorrangig und wegen des Grundsatzes der Unmittelbarkeit der Beweisaufnahme durch die Vorführung des Videobandes selber. Von großer Bedeutung dürfte daher die Inaugenscheinnahme der Videoaufnahmen durch das Arbeitsgericht sein. **17**

Die Verwertung der Videoaufnahmen muss hierfür prozessual zulässig sein. Nicht jede Erkenntnis aus der Beweisaufnahme darf auch prozessual verwertet werden.[16] Neben den geschriebenen Beweisverwertungsverboten ist die Existenz **ungeschriebener Beweisverwertungsverbote** anerkannt. Sie bestehen, wenn durch die Beweiserhebung in ein verfassungsrechtlich geschütztes Individualrecht eingegriffen wird und die Verwertung nicht ausnahmsweise nach einer Güterabwägung gerechtfertigt wird.[17]

Nach der Rechtsprechung des Bundesarbeitsgerichts dürfen Erkenntnisse einer Videoüberwachung nur verwertet werden, wenn der Eingriff in das Persönlichkeitsrecht des Arbeitnehmers gerechtfertigt ist.[18] Hierbei soll auf der Seite des Eingreifenden zu berücksichtigen sein, dass das Erfordernis einer wirksamen Rechtspflege auch im Zivilprozess die Berücksichtigung angebotener Beweismittel erforderlich macht, wenn und soweit eine Tatsachenbehauptung erheblich und **18**

---

13 ArbG Düsseldorf 5.11.2003 – 10 Ca 8003/03, NZA-RR 2004, 345.
14 ArbG Düsseldorf 5.11.2003 – 10 Ca 8003/03, NZA-RR 2004, 345.
15 BAG 27.3.2003 – 2 AZR 51/02, NZA 2003, 1193.
16 *Zöller-Greger*, § 286 ZPO Rn 15a.
17 *Zöller-Greger*, § 286 ZPO Rn 15a.
18 BAG 27.3.2003 – 2 AZR 51/02, NZA 2003, 1193.

beweisbedürftig ist.[19] Neben diesem Interesse können aber weitere Aspekte hinzutreten, die ein überwiegendes Interesse an der Beweiserhebung trotz der Persönlichkeitsbeeinträchtigungen rechtfertigen. Aus dieser **Beweisnotsituation** kann sich eine Notwehr oder eine notwehrähnliche Lage des Beweisführenden, damit in aller Regel des Arbeitgebers, ergeben. Die heimliche Videoüberwachung soll nach der Rechtsprechung des Bundesarbeitsgericht zulässig und damit als Beweis verwertbar sein, wenn der konkrete Verdacht einer strafbaren Handlung oder einer anderen schweren Verfehlung zu Lasten des Arbeitgebers besteht, weniger einschneidende Mittel zur Aufklärung des Verdachts ausgeschöpft sind und die verdeckte Videoüberwachung praktisch das einzige verbleibende Mittel darstellt und insgesamt nicht unverhältnismäßig ist. Eine Verwertung ist damit also erst dann möglich, wenn eine Überwachung allgemein gemessen am Persönlichkeitsrecht des Arbeitnehmers zulässig ist.

19   Die Nichtbeteiligung des Betriebsrats nach § 87 Abs. 1 Nr. 6 BetrVG soll jedenfalls dann nicht zur Unverwertbarkeit des Beweismittels führen, wenn der Betriebsrat der **Kündigung zugestimmt** hat oder wenn der Sachverhalt unstreitig ist. Da das Persönlichkeitsrecht bereits in die Abwägung einfließt, ob das Beweismittel überhaupt verwertbar ist und § 87 Abs. 1 Nr. 6 BetrVG den gleichen Schutzweck verfolgt, führt die unterbliebene Mitbestimmung nicht allein zu einem Verstoß der Beweisverwertung gegen das allgemeine Persönlichkeitsrecht. Ist also die Beweisverwertung nach allgemeinen Grundsätzen zulässig, begründet die Missachtung des § 87 Abs. 1 Nr. 6 BetrVG nur dann ein Beweisverwertungsverbot, wenn die damit verbundene kollektivrechtliche Kompetenzüberschreitung für sich genommenen eine solche Sanktion fordert. Das Bundesarbeitsgericht scheint diese Frage jetzt zu verneinen.[20] Ein Verwertungsverbot soll solange nicht bestehen, wie das Persönlichkeitsrecht nicht verletzt ist.[21]

20   Problematisch ist die Frage so genannter **Zufallsfunde**. Erlangt der Arbeitgeber bspw. bei einer Videoüberwachung von Flächen, auf denen die Arbeitnehmer keine Arbeitsleistung erbringen, zufällig Erkenntnisse, nach denen ein Arbeitnehmer eine Straftat oder sonstige schwere Verfehlungen zu Lasten des Arbeitgebers begeht, wird die Möglichkeit zur Beweisverwertung kontrovers diskutiert. Maßgeblich dürfte die Zielsetzung der Videoüberwachung sein. Überwacht der Arbeitgeber sein Betriebsgrundstück mit Videoüberwachungseinrichtungen zur Vermeidung von Straftaten, etwa um Diebstähle von Kunden und sonstigen Dritten abzuwehren, besteht das erkennbare Bedürfnis des Arbeitgebers, diese gewonnenen Beweise zu verwerten. Auch hier gilt jedoch im Grundsatz, dass eine Verwertung nur dann zulässig ist, wenn das allgemeine Persönlichkeitsrecht des Arbeitnehmers angemessen beachtet und durch die Überwachungseinrichtung nicht übermäßig beschränkt wird. Präventive Videoaufnahmen in Umkleideräumen dürfen daher unabhängig von der Gefährdungslage nicht gemacht werden.

Besteht etwa auf einem Betriebsgelände die nicht ganz unwahrscheinliche Möglichkeit, dass sich ein Arbeitnehmer in den Blickwinkel einer Videoüberwachungseinrichtung begeben kann, tritt unmittelbar eine Beeinträchtigung seines allgemeinen Persönlichkeitsrechts ein. Erfolgt die Videoüberwachung dann auch noch verdachtsunabhängig und ohne zeitliche Begrenzung oder heimlich, also ohne Kenntnis des Arbeitnehmers, liegt eine erhebliche und massive Beeinträchtigung des allgemeinen Persönlichkeitsrechts nahe. Die Interessen des Arbeitgebers können diese Belange nur schwerlich überwiegen.

C. Elektronische und biometrische Zugangskontrollen

21   Elektronische Zugangskontrollen erlauben es dem Arbeitgeber, den Zutritt von Arbeitnehmern auf das Betriebsgelände oder zu sonstigen Einrichtungen davon abhängig zu machen, dass sich

---

19 BAG 13.12.2007 – 2 AZR 537/06, NZA 2008, 1008.
20 BAG 13.12.2007 – 2 AZR 537/06, NZA 2008, 1008.
21 BAG 13.12.2007 – 2 AZR 537/06, NZA 2008, 1008; BAG 27.3.2003 – 2 AZR 51/02, NZA 2003, 1193.

die Mitarbeiter mit einem bestimmten elektronischen oder biometrischen Schlüssel ausweisen. Der elektronische Schlüssel kann etwa in einer **Chipkarte**, in einem **Magnetstreifen** oder in sonstigen technischen Vorrichtungen enthalten sein, die elektronische Signale übermitteln können. Eine andere elektronische Zugangseinrichtung ist die Beschränkung des Zutritts zu einer Einrichtung mittels **PIN-Codes**. Verfeinert werden elektronische Zugangskontrollen durch biometrische Zugangskontrollen, die anhand persönlicher Merkmale des Arbeitnehmers, die elektronisch erkannt werden, den Zutritt kontrollieren. Persönliche Merkmale des Arbeitnehmers können etwa sein **Fingerabdruck**, seine **Gesichtsform**, die **Farbgestaltung der Augeniris**, sein **Gewicht**, seine **Körperform** oder **sonstige biologische Merkmale** sein. Will der Arbeitgeber seine solche Einrichtung einführen, sind erneut die Vorgaben des BDSG zu beachten. Gegebenenfalls sind – sofern es sich um einen Betrieb mit Betriebsrat handelt – auch die Grenzen des § 87 Abs. 1 BetrVG zu beachten.

I. Datenschutzrechtliche Grenzen

Auch biometrische und elektronische Zugangskontrollen können das allgemeine Persönlichkeitsrecht des Arbeitnehmers beeinträchtigen. Denn es schützt den Einzelnen vor der Preisgabe und der Verwendung persönlicher Daten.[22] Persönliche Daten werden aber auch durch biometrische Zugangskontrollen erhoben. Für die Kontrolle eines Fingerabdrucks ist es erforderlich, dass der Arbeitnehmer das Datum seines Fingerabdrucks über ein Lesegerät übermittelt und damit ein persönliches Datum preisgibt. Weiterhin kann das allgemeine Persönlichkeitsrecht durch die Fotografie der Iris oder Fotografie der Gesichtsform betroffen sein. Bei elektronischen Zugangskontrollen stellen sich datenschutzrechtliche Bedenken eher selten. Denn dort werden keine persönlichen Daten abgefragt, sondern elektronische. Freilich ist es bei der elektronischen Zugangskontrolle möglich, etwa über das Einscannen der Unterschrift oder die elektronische Erfassung persönlicher Daten, bspw. eigener Fotos eines Ausweises, auch persönliche Daten abzufragen.

Werden persönliche Daten erhoben, stellt sich die Frage der datenschutzrechtlichen Legitimation. Sie kann durch eine **Einwilligung** durch § 4a BDSG erteilt sein. Dazu bedarf es jedoch der schriftlichen Einwilligung. Sie muss freiwillig, spezifisch und informiert erteilt werden. Der Arbeitnehmer muss also wissen, wann und zu welchem Zweck er persönliche Daten preisgibt. Seine Einwilligung muss sich genau darauf beziehen.

Eine wesentlich häufigere Variante zur Rechtfertigung des datenschutzrechtlichen Eingriffes bei elektronischen und biometrischen Zugangskontrollen sind Betriebsvereinbarungen. Auch hier sind der Betriebsrat und der Arbeitgeber jedoch gehalten, die freie Entfaltung des allgemeinen Persönlichkeitsrechts der im Betrieb beschäftigten Arbeitnehmer zu schützen und zu berücksichtigen (§ 75 Abs. 2 S. 1 BetrVG). Die Kollision der Interessen des Arbeitgebers und seiner Arbeitnehmer ist durch eine Güterabwägung zu lösen.

Der **Eingriffsintensität** der Zugangskontrolle kommt hierbei eine erhebliche Bedeutung zu. Sie hängt von verschiedenen Faktoren ab. Erfordert die Zugangskontrolle lediglich die Eingabe eines persönlichen PIN-Codes, fragt das Zugangskontrollsystem ein sehr unwichtiges persönliches Datum ab. Wird der Arbeitnehmer jedoch bei der elektronischen Zugangskontrolle auch einer etwa durch Röntgenstrahlen durchgeführten Kontrolle seiner mitgebrachten Gegenstände, wie Taschen oder Rucksäcke unterworfen oder muss er gar einen **Ganzkörperscanner** durchlaufen, ist sein allgemeines Persönlichkeitsrecht wesentlich intensiver beeinträchtigt.

Auch bei biometrischen Zugangskontrollsystemen kann das Persönlichkeitsrecht erheblich betroffen sein, wenn etwa intime oder sehr persönliche biometrische Daten bei der Zugangskontrolle ab-

22

23

---

22 *Jarass/Pieroth*, Art. 2 GG Rn 33.

gefragt werden.[23] Zu den weniger schwerwiegenden Eingriffen in das Persönlichkeitsrecht dürften die Abfrage des Fingerabdrucks oder der Augeniris zählen. Intensiver wird der Eingriff aber, wenn die Gesichtsform eingescannt wird oder etwa die gesamte Körperform erkannt und mit einem besonderen vorab gespeicherten persönlichen Datum verglichen wird. Denn dann werden Daten des Arbeitnehmers abgefragt, die ihn in seiner Persönlichkeit erheblich betreffen können.

1. Eingriffsintensität der Zugangskontrolle

24 Für die **Eingriffsintensität** ist es ebenfalls maßgeblich, ob die Zugangskontrollsysteme verdachtsunabhängig auf alle Arbeitnehmer oder nur **stichprobenartig** oder bei entsprechendem Verdacht angewandt werden.[24] Weiterhin ist die Eingriffsintensität davon abhängig, ob die im Rahmen der elektronischen oder biometrischen Zugangskontrolle erhobenen Daten fortwährend gespeichert oder sofort nach der Nutzung gelöscht werden. Auch ist der Eingriff in das Persönlichkeitsrecht weniger intensiv, wenn lediglich die Iris oder ein Fingerabdruck eingescannt werden, da diese Merkmale einer Beeinflussung des Arbeitnehmers nicht unterliegen. Umgekehrt nimmt die Schwere des Eingriffs zu, wenn der Mitarbeiter bspw. gehalten ist, sein Aussehen den Fotos anzupassen.

2. Berechtigte Interessen des Arbeitgebers

25 Der Eingriff in das Persönlichkeitsrecht der Arbeitnehmer muss durch beachtenswerte Interessen des Arbeitgebers gerechtfertigt sein. So kann ein besonderes Sicherheitsinteresse oder die Eigenart des Betriebes elektronische oder biometrische Zugangskontrollen erfordern. Dabei ist zu überlegen, dass der Arbeitgeber zwar das Hausrecht an den betrieblichen Einrichtungen hat, dieses aber auch durch einfache technische Mittel schützen kann, etwa durch die Vergabe von (elektronischen) Schlüsseln. Ein berechtigtes Interesse des Arbeitgebers kann darin liegen, sein Eigentum vor unbefugten Zugriffen zu schützen. Soll also das Zugangskontrollsystem sicherstellen, dass unbefugte Dritte das Betriebsgelände nicht betreten können, begründet dies sicherlich ein berechtigtes Kontrollinteresse des Arbeitgebers. Ein weiteres gewichtiges Interesse kann sich daraus ergeben, dass der Arbeitgeber mit besonders gefährlichen Materialien arbeitet und den Zugang zu diesen Materialien nur einem bestimmten Kreis von Arbeitnehmern oder überhaupt nur seinen eigenen Arbeitnehmern eröffnen möchte. Ein weiteres legitimes Anliegen kann darin bestehen, dass der Arbeitgeber mit der Zugangskontrolle die Arbeitszeiten der einzelnen Arbeitnehmer erfassen möchte, um vereinfacht die Arbeit der Arbeitnehmer abzurechnen. Hierzu wird er aber in aller Regel keine biometrischen Daten benötigen, da ein individualisierter elektronischer Schlüssel ausreichen dürfte.

3. Interessenabwägung

26 Je größer das Interesse des Arbeitgebers ist, den Zutritt zum Betrieb unbefugten Dritten zu verwehren, umso intensiver darf der Eingriff in das Persönlichkeitsrecht der den Betrieb betretenden Arbeitnehmer ausfallen. Will der Arbeitgeber mit dem Zutrittsrecht nur sein Eigentum schützen, muss er sich auf den Eingriff in das Persönlichkeitsrecht der Arbeitnehmer beschränken, der diese am wenigsten trifft. Es kann unter Umständen erforderlich sein, dass der Arbeitgeber ganz auf die Erhebung persönlicher Daten verzichtet, etwa indem er sich auf einen einheitlichen elektronischen Zugangscode beschränkt. Bewegen sich die Arbeitnehmer in sehr **sicherheitsrelevanten**

---

23 *Oberwetter*, NZA 2008, 609.
24 Vgl. zu diesem Rechtsgedanken bei der Videoüberwachung BAG 29.6.2004 – 1 ABR 21/03, NZA 2004, 1278.

Bereichen, etwa am Flughafen oder in der Verarbeitung gefährlicher Materialien (Atomenergie oder chemische Industrie), kann es erforderlich sein, dass die Arbeitnehmer vor dem Betreten des Betriebes auch ihre mitgeführten Taschen einer elektronischen Durchsuchung unterziehen müssen, sowie dass ihre Iris eingescannt oder ihre Gesichtsform durch biometrische Zugangskontrollen eingescannt und kontrolliert wird.

In die Abwägung fließt auch ein, ob der Arbeitgeber nach der Erhebung die biometrischen Daten **sofort wieder löscht**. Zweck eines Zugangskontrollsystems ist es in der Regel, die Zugangskontrolle zu gewährleisten. Hierfür müssen die Abbildungen der biometrischen Daten häufig nicht aufbewahrt werden. Es dürfte zumeist genügen, wenn der Name des Mitarbeiters verknüpft mit dem Zeitpunkt des Betretens des Betriebs gespeichert wird – etwa zur Zeiterfassung. Sollte eine Speicherung biometrischer Daten jedoch auch zur nachfolgenden Sicherung des Zugangs erforderlich sein, etwa um auch noch nach erfolgtem Zutritt kontrollieren zu können, ob die elektronisch oder biometrisch kontrollierten persönlichen Daten mit dem Betroffenen übereinstimmen, kann der Arbeitgeber im Rahmen einer Betriebsvereinbarung regeln, dass auch die persönlichen Daten für einen bestimmten Zeitraum gespeichert werden, aber lediglich zu späteren Kontrollen der Übereinstimmung der persönlichen Daten verwandt werden. Dies dürfte auch dann gelten, wenn der konkrete Verdacht von Arbeitszeitmanipulationen besteht. Die elektronischen und biometrischen Daten müssen außerdem in einer Art und Weise verwahrt werden, dass der Zutritt Dritter ausgeschlossen ist.

II. Betriebsverfassungsrechtliche Grenzen

Wie im Bereich der Videoüberwachung ist auch bei der elektronischen oder biometrischen Zugangskontrolle einer etwaigen Mitbestimmung nach § 87 Abs. 1 BetrVG zu beachten.   **27**

1. § 87 Abs. 1 Nr. 6 BetrVG

Elektronische oder biometrische Zugangskontrollen können die Einführung und die Anwendung   **28**
technischer Einrichtungen im Sinne des § 87 Abs. 1 Nr. 6 BetrVG darstellen. Dies setzt voraus, dass die Zugangskontrollen dazu bestimmt sind, das Verhalten und die Leistungen der Arbeitnehmer zu überwachen. Die Überwachung mittels elektronischer oder biometrischer Zugangskontrolle kann sich allein aus der Ermittlung der Daten des Arbeitnehmers, also etwa seines Fingerabdrucks, der Verarbeitung der Daten, der Zugangszeitpunkt sowie der späteren Beurteilung der Daten ergeben. Da diese Ermittlung, Verarbeitung und Nutzung der Daten bei der elektronischen und biometrischen Zugangskontrolle auch mittels einer technischen Einrichtung erfolgt, handelt es sich bei diesen Kontrollen um technische Einrichtungen im Sinne des § 87 Abs. 1 Nr. 6 BetrVG. Denn die Überwachung ist ein Vorgang, durch den Informationen über das Verhalten oder die Leistung des Arbeitnehmers erhoben und jedenfalls in der Regel irgendwie aufgezeichnet werden, um sie auch späterer Wahrnehmung zugänglich zu machen.[25] Zur Überwachung bestimmt sind technische Einrichtungen dann, wenn sie objektiv geeignet sind, Verhaltens- oder Leistungsinformationen über den Arbeitnehmer zu erheben und aufzuzeichnen. Auf die subjektive Überwachungsabsicht des Arbeitgebers kommt es nicht an.[26] Mitbestimmungspflichtig sind hierbei sowohl die Einführung als auch die Anwendung der technischen Einrichtung. Die Mitbestimmung umfasst das „Ob" der Anschaffung einschließlich der hierzu erforderlichen näheren Modalitäten.

Elektronische und biometrische Zugangskontrollsysteme stellen eine solche Überwachung des   **29**
Verhaltens der Arbeitnehmer dar. Die Anwendung des Zugangskontrollsystems erfolgt, indem

---

25 BAG 6.12.1983 – 1 ABR 43/81, AP Nr. 7 zu § 87 BetrVG 1972 Überwachung.
26 BAG 6.12.1983 – 1 ABR 43/87, AP Nr. 7 zu § 87 BetrVG 1972 Überwachung.

der Arbeitgeber den Arbeitnehmer anweist, sich der biometrischen Zugangskontrolle zu unterziehen.[27] Muss sich der Arbeitnehmer einer Zugangskontrolle durch elektronische oder biometrische Zugangssysteme unterwerfen, wird sein Verhalten kontrolliert. Da seine persönlichen oder biometrischen Daten elektronisch aufgezeichnet werden, handelt es sich auch nicht um ein **anonymes Zugangssicherungssystem**. Das wäre allenfalls dann der Fall, wenn alle Arbeitnehmer mit identischen elektronischen Zugangsschlüsseln ausgestattet würden, die lediglich dazu dienten, eine allgemeine Zugangskontrolle sicherzustellen. Verwenden alle Arbeitnehmer identische Magnet- oder Zahlencodes, um das Betriebsgelände zu betreten, scheidet eine Überwachung aus. Wird der Zugang zum Betrieb durch individuelle Merkmale eines einzelnen Arbeitnehmers überprüft, handelt es sich nicht mehr um ein anonymes Zugangssicherungssystem.[28]

Für die Anwendung eines solchen Zugangskontrollsystems soll es nach der aktuellen Rechtsprechung des Bundesarbeitsgerichts genügen, wenn Arbeitnehmer, etwa im Wege der Arbeitnehmerüberlassung, dazu angewiesen werden, sich bei einem Drittunternehmen der Überwachung durch dessen technische Einrichtung zu unterwerfen.[29] Auch wenn diese Überwachung in erster Linie oder gar ausschließlich im Interesse des Dritten erfolgt, genügt es für die Auslösung des Mitbestimmungsrechts des Betriebsrats, wenn der Arbeitgeber die Entscheidung trifft, Informationen über das Verhalten der seiner Direktionsbefugnis unterliegenden Arbeitnehmer durch eine zur Überwachung bestimmte technische Einrichtung erfassen zu lassen.[30] Auch wenn der Arbeitgeber nicht selbst die Sachherrschaft über die technische Einrichtung ausübt, genügt eine entsprechende Anweisung für die Begründung des Mitbestimmungsrechts. Das gilt sogar dann, wenn der Arbeitgeber die erhobenen Daten nicht zur Verfügung erhält. Die Anwendung des Überwachungssystems genügt. Voraussetzung ist lediglich, dass es sich um einen kollektiven Tatbestand handelt und nicht nur einzelne Arbeitnehmer bei Drittunternehmen von der Verpflichtung der Zugangskontrolle betroffen sind.[31]

2. § 87 Abs. 1 Nr. 1 BetrVG

30 Bei der Einführung oder Anwendung elektronischer und biometrischer Zugangskontrollen muss der Arbeitgeber auch das Mitbestimmungsrecht des Betriebsrats nach § 87 Abs. 1 Nr. 1 BetrVG berücksichtigen. Ob § 87 Abs. 1 Nr. 1 BetrVG hinter § 87 Abs. 1 Nr. 6 BetrVG zurücksteht oder daneben Anwendung findet, ist in der Rechtsprechung des Bundesarbeitsgerichts unklar; im Schrifttum wird überwiegend ein verdrängender Vorrang der Nr. 6 für richtig gehalten.[32] Jedenfalls in der Entscheidung vom 27.1.2004 wendet das Bundesarbeitsgericht beide Ziffern an.[33] Es dürfte sich daher aus Gründen anwaltlicher Sorgfalt anbieten, beide Mitbestimmungsrechte bei der Einführung von Zugangskontrollen zu beachten.

31 Nach § 87 Abs. 1 Nr. 1 BetrVG hat der Betriebsrat bei Fragen der Ordnung des Betriebs und des Verhaltens der Arbeitnehmer im Betrieb ein Mitbestimmungsrecht. Gegenstand des Mitbestimmungsrechtes ist das Verhalten der Arbeitnehmer im Betrieb, also das betriebliche Zusammenleben und Zusammenwirken der Arbeitnehmer.[34] Dieses Zusammenleben und Zusammenwirken kann der Arbeitgeber kraft seiner Leitungsmacht durch Verhaltensregeln oder sonstige Maßnah-

---

27 BAG 27.1.2004 – 1 ABR 7/03, AP Nr. 40 zu § 87 BetrVG 1972 Überwachung.

28 Vgl. BAG 27.1.2004 – 1 ABR 7/03, AP Nr. 40 zu § 87 BetrVG 1972 Überwachung.

29 BAG 27.1.2004 – 1 ABR 7/03, AP Nr. 40 zu § 87 BetrVG 1972 Überwachung; ablehnend *Besgen/Langner*, SAE 2006, 233.

30 BAG, 27.1.2004 – 1 ABR 7/03, AP Nr. 40 zu § 87 BetrVG 1972 Überwachung.

31 Richardi-*Richardi*, § 87 BetrVG Rn 15–31 zum Streitstand.

32 Zum Streitstand *Wiese*, Anm. AP Nr. 40 zu § 87 BetrVG 1972 Überwachung; *Besgen/Langner*, SAE 2006, 233; sowie statt vieler ErfK-*Kania*, § 87 BetrVG Rn 20.

33 Vgl. BAG 27.1.2004 – 1 ABR 7/03, AP Nr. 40 zu § 87 BetrVG 1972 Überwachung.

34 BAG 8.6.1999 – 1 ABR 97/98, AP Nr. 31 zu § 87 BetrVG 1972 Ordnung des Betriebs.

men beeinflussen und koordinieren.[35] Freilich hat der Betriebsrat nur bei solchen Maßnahmen mitzubestimmen, die das Ordnungsverhalten der Arbeitnehmer im Betrieb betreffen.[36] Mitbestimmungsfrei sind hingegen Maßnahmen, die das Arbeitsverhalten regeln sollen, da solche Maßnahmen lediglich die Arbeitspflicht der Arbeitnehmer unmittelbar konkretisieren und abfordern.[37] Nach ständiger Rechtsprechung des Bundesarbeitsgerichts betreffen Regelungen über das Betreten und das Verlassen des Betriebs regelmäßig das mitbestimmungspflichtige Ordnungsverhalten der Arbeitnehmer,[38] es sei denn, das System legt nur fest, auf welche Weise der Betrieb betreten werden soll.[39]

Daher ist es in der Rechtsprechung anerkannt, dass die Einführung von **Stechuhren**, die Regelung des Ausgangsrechts sowie die Einführung und die Veränderung von **Anwesenheitslisten** mitbestimmungspflichtig sind.[40] Wie auch bei § 87 Abs. 1 Nr. 6 BetrVG unterliegt die Installation eines bloßen Zugangssicherungssystems, das bei der Präsentation von kodierten Ausweiskarten, die für alle Arbeitnehmer gleich sind, den Ein- oder Ausgang zum Betriebsgebäude freigibt, nicht der Mitbestimmung, wenn durch das System nicht kontrolliert wird, wer wann in welche Richtung den Zugang benutzt.[41] Ist die elektronische oder biometrische Zugangskontrolle jedoch von individuellen Merkmalen der Arbeitnehmer abhängig, etwa einem individuellen Code oder von ihren persönlichen biometrischen Merkmalen, handelt es sich um das mitbestimmungspflichtige Ordnungsverhalten der Arbeitnehmer. Denn diese Regelungen sind Maßnahmen, die geeignet sind, das Verhalten der Arbeitnehmer zu beeinflussen und zu koordinieren.   **32**

Das Mitbestimmungsrecht des § 87 Abs. 1 Nr. 1 BetrVG wird auch ausgelöst, wenn der Arbeitgeber seine Arbeitnehmer anweist, sich bei einem anderen Unternehmen einer biometrischen oder elektronischen Zugangskontrollsysteme zu unterziehen.[42] Zwar ist das außerbetriebliche Verhalten der Arbeitnehmer der Regelungskompetenz der Betriebsparteien nach § 87 BetrVG entzogen. Der Begriff des Betriebs im Sinne des § 87 Abs. 1 Nr. 1 BetrVG ist allerdings nicht auf die Betriebsstätte selbst beschränkt. Der Begriff des Betriebs ist nicht räumlich, sondern funktional zu verstehen, was aus dem Sinn und Zweck des Mitbestimmungsrechts folgt.[43] Geht es um das Verhalten der Arbeitnehmer außerhalb der Betriebsstätte, ist ebenfalls betriebliches Verhalten betroffen, wenn die Arbeitnehmer z.B. als Außendienstmitarbeiter, Kraftfahrer oder Kundendienstmonteure ihre arbeitsvertragliche Tätigkeit nicht in den Räumlichkeiten des Betriebs des Arbeitgebers verrichten, sondern in einem anderen Betrieb tätig sind und dort biometrischen oder elektronischen Zugangskontrollen unterworfen sind. Denn das mitbestimmungspflichtige Ordnungsverhalten ist auch dann betroffen, wenn der Vertragsarbeitgeber seine Arbeitnehmer anweist, sich nach den in einem Kundenbetrieb bestehenden Regeln zu verhalten.[44] Der Arbeitgeber übernimmt in einem solchen Fall die Verhaltensregeln des Dritten und gibt sie seinen Arbeitnehmern vor. Selbst wenn der Vertragspartner des Arbeitgebers den Arbeitgeber dazu verpflichtet, seine Arbeitnehmer der biometrischen oder elektronischen Zugangskontrolle zu unterwerfen, löst dies das Mitbestimmungsrecht aus. Der Arbeitgeber muss durch eine entsprechende Vertrags-   **33**

35 BAG 11.6.2002 – 1 ABR 46/01, AP Nr. 38 zu § 87 BetrVG 1972 Ordnung des Betriebs.
36 BAG 28.5.2001 – 1 ABR 32/01, AP Nr. 39 zu § 87 BetrVG 1972 Ordnung des Betriebs.
37 BAG 11.6.2002 – 1 ABR 46/01, AP Nr. 38 zu § 87 BetrVG 1972 Ordnung des Betriebs.
38 BAG 16.12.1986 – 1 ABR 35/85, AP Nr. 13 zu § 87 BetrVG 1972 Ordnung des Betriebs; sowie zu biometrischen Zugangskontrollen ausdrücklich BAG 27.1.2004 – 1 ABR 7/03, AP Nr. 40 zu § 87 BetrVG 1972 Überwachung.
39 BAG 10.4.1984 – 1 ABR 69/82, AP Nr. 7 zu § 87 BetrVG 1972 Ordnung des Betriebs.
40 Vgl. zu diesen Beispielen Richardi-*Richardi*, § 87 BetrVG Rn 184.
41 BAG 10.4.1984 – 1 ABR 69/82, AP Nr. 7 zu § 87 BetrVG 1972 Ordnung des Betriebs.
42 BAG 27.1.2004 – 1 ABR 7/03, AP Nr. 40 zu § 87 BetrVG 1972 Überwachung; kritisch *Besgen/Langner*, SAE 2006, 233.
43 BAG 27.1.2004 – 1 ABR 7/03, AP Nr. 40 zu § 87 BetrVG 1972 Überwachung.
44 BAG 27.1.2004 – 1 ABR 7/03, AP Nr. 40 zu § 87 BetrVG 1972 Überwachung.

gestaltung sicherstellen, dass die ordnungsgemäße Wahrnehmung der Mitbestimmungsrechte des Betriebsrats gewährleistet ist.[45]

Ist das Mitbestimmungsrecht nach § 87 Abs. 1 Nr. 1 BetrVG ausgelöst, muss der Arbeitgeber den Betriebsrat an der Entscheidung beteiligen, ob überhaupt, wenn ja nach welchen Grundsätzen und für welche Dauer sich Arbeitnehmer der Zugangskontrolle unterziehen müssen.

D. GPS (Global Positioning System)

34   Wie sich aus dem Begriff „Global Positioning System" bereits ergibt, erlaubt GPS dem Verwender durch das Anbringen eines GPS-Empfängers zu bestimmen, wo sich der Träger des Empfängers befindet.[46] Das GPS ist ein vom amerikanischen Verteidigungsministerium betriebenes System, das aus mehreren Satelliten besteht, welche die Erde umkreisen. GPS-Satelliten senden Signale aus, welche die genaue Ortsbestimmung eines GPS-Empfängers ermöglichen. Die Empfänger können ihre Position ermitteln, wenn sie feststehend sind, sich auf der Erdoberfläche in der Erdatmosphäre oder in niederen Umlaufbahnen bewegen. GPS wird sowohl in der Luft-, Land- und Seefahrtnavigation als auch bei der Landvermessung und anderen Anwendungen eingesetzt, bei denen es auf genaue Positionsbestimmung ankommt. Die räumliche Position des Empfängers kann bis auf 10 m genau bestimmt werden. Die Bestimmung der Position kann so programmiert werden, dass beim Empfänger jeweils in kurzen Abständen das Datum, die Uhrzeit, die geographischen Breiten- und Längenkoordinaten sowie die jeweilige Geschwindigkeit der Fortbewegung, etwa eines Personenkraftwagens, aufgezeichnet werden.[47]

35   Die Nutzung von GPS ist heute für viele Menschen eine Selbstverständlichkeit. So arbeiten Navigationssystem und **Smartphones** mit diesem System. Im Arbeitsverhältnis wird sich der Einsatz eines GPS-Empfängers insbesondere anbieten, um die Position des Arbeitnehmers anhand eines Mobiltelefons, eines Dienstwagens, auch wenn er zur privaten Nutzung überlassen ist, des Firmen-Lkw oder sonstiger Fortbewegungsmittel, die der Arbeitnehmer nutzt, zu bestimmen.[48] GPS wird auch von den Ermittlungsbehörden eingesetzt, um Straftäter zu verfolgen.

Neben der Möglichkeit der genauen Bestimmung eines Ortes erlaubt GPS dem Nutzer auch, als satellitengestütztes, funkgesteuertes Navigationssystem den richtigen Weg zu finden. GPS funktioniert damit in zwei Richtungen.

Besondere Bedeutung hat die Überwachung des Arbeitnehmers bei der Verwendung von dienstlichen Fortbewegungsmitteln, insbesondere **Dienstfahrzeugen** (auch zur privaten Nutzung). Das GPS kann vom Arbeitgeber auch dazu genutzt werden zu kontrollieren, ob der Arbeitnehmer die Grenzen der Nutzungsmöglichkeiten eines überlassenen Dienstwagens wahrt oder den Dienstwagen etwa für private Zwecke missbraucht. Weiterhin kann der Arbeitgeber kontrollieren, ob sich der Arbeitnehmer an vorgegebene Dienstrouten sowie an gesetzlich vorgeschriebene Fahrpausen, etwa in einem Lastkraftwagen, hält.[49] Zuletzt dient das GPS auch dazu, verschwundene Gegenstände mittels der satellitengestützten Ortsbestimmung wieder aufzufinden.

---

45 BAG 27.1.2004 – 1 ABR 7/03, AP Nr. 40 zu § 87 BetrVG 1972 Überwachung.

46 Der allgemeine Begriff lautet *location based service* und kann auch mittels Mobiltelefonortung betrieben werden (IMSI), vgl. *Gola*, NZA 2007, 1139.

47 Zu diesen technischen Möglichkeiten vgl. BVerfG 12.4.2005 – 2 BvR 581/01, NJW 2005, 1338.

48 *Gola*, NZA 2007, 1139.

49 Der digitale Tachograph schreibt dies jetzt vor; vgl. *Gola*, NZA 2007, 1139.

I. GPS als technische Überwachungseinrichtung im Sinne des § 87 Abs. 1 Nr. 6 BetrVG

Technische Einrichtungen im Sinne des § 87 Abs. 1 Nr. 6 BetrVG liegen vor, wenn eine Einrichtung dazu bestimmt ist, das Verhalten oder die Leistung des Arbeitnehmers zu überwachen. Die Überwachung vollzieht sich durch die Ermittlung der Daten, die Verarbeitung und schließlich die Beurteilung der Daten. Das Mitbestimmungsrecht wird bereits dann ausgelöst, wenn lediglich ein Teil des Überwachungsvorgangs mittels einer technischen Einrichtung erfolgt. Überprüft der Arbeitgeber mittels GPS den Standort des Arbeitnehmers mit einem Dienstwagen oder Dienstfahrzeug und speichert er diese Daten, kann er genaue **Bewegungsmuster** des Arbeitnehmers festhalten, speichern und kontrollieren. Damit ist das GPS dazu geeignet und bestimmt, das Verhalten und die Leistung eines Arbeitnehmers zu überwachen. Mitbestimmungspflichtig sind daher die Einführung eines solchen Überwachungssystems, die Erfassung der Daten sowie die Speicherung und spätere Verwendung der Daten.

Die Bewegungsdaten, die mittels GPS erhoben werden, sind verhaltens- oder leistungserhebliche Daten. Sie erlauben es dem Arbeitgeber festzustellen, wann der Arbeitnehmer seine Arbeitszeit aufgenommen hat, wo er sich aufhält und in welchem Umfang er sie mit seinem Dienstfahrzeug aufgenommen hat. Insoweit funktioniert das GPS ähnlich wie auch ein Fahrtenschreiber, jedoch mit weitergehenden Möglichkeiten, für die das Bundesarbeitsgericht bereits mit seiner Entscheidung vom 10.7.1979[50] anerkannt hat, dass die nicht gesetzlich vorgeschriebenen Fahrtenschreiber ein Mitbestimmungsrecht auslösen. Da für die Anwendung des GPS keine gesetzliche Verpflichtung besteht, führt dies regelmäßig zur Begründung des Mitbestimmungsrechts des Betriebsrats nach § 87 Abs. 1 Nr. 6.

Das Mitbestimmungsrecht scheidet daher auch nicht aus, wenn der Arbeitgeber ein lediglich privates, außerbetriebliches Verhalten des Arbeitnehmers kontrolliert, ohne dass es unmittelbar für die Erfüllung im Arbeitsverhältnis erheblich ist.[51] Das kann der Fall sein, wenn der Arbeitgeber dem Arbeitnehmer den Dienstwagen zur rein privaten Nutzung überlässt und der Arbeitnehmer den Dienstwagen nicht für betriebliche Zwecke, sondern privat und für die Anfahrt zum Arbeitsplatz nutzt. Eine Überwachung mittels GPS kann sich aber stets auch auf das Arbeitsverhältnis und damit auf betriebliches Verhalten auswirken. Die vertragswidrige Verwendung des Wagens oder sonstiges durch GPS nachgewiesenes Fehlverhalten kann sich durch eine Kündigung auswirken, außerdem ist die Gewährung eines Dienstwagens stets Arbeitsvergütung und damit geeignet, das Verhalten im Arbeitsverhältnis zu beeinflussen. Verwendet der Arbeitgeber dann das GPS, um den **Standort des Kfz** zu bestimmen oder um es im Fall eines Verlustes wieder aufzufinden, löst dies das Mitbestimmungsrecht des Betriebsrats aus, da das Verhalten des Arbeitnehmers mit Auswirkungen auf das Arbeitsverhältnis kontrolliert werden kann.

Eine Ausnahme vom Mitbestimmungsrecht besteht lediglich dann, wenn der Arbeitgeber die GPS-Daten anonymisiert. Verwendet er die durch das GPS vermittelten Daten ohne Bezugnahme auf den Arbeitnehmer, um den Standort eines Gegenstandes zu bestimmen, und lassen sich hieraus keine Rückschlüsse auf den betroffenen Arbeitnehmer ziehen, lässt sich das Verhalten und die Leistung des einzelnen Arbeitnehmers nicht mehr überwachen. Dies dürfte technisch jedoch nur sehr schwer möglich sein, da mit dem GPS in aller Regel auch die Fahrzeugdaten übermittelt werden, so dass nachvollzogen werden kann, welcher Arbeitnehmer den Dienstwagen bewegt hat.

36

37

38

---

50 BAG 10.7.1979 – 1 ABR 50/78, AP Nr. 3 zu § 87 BetrVG 1972 Überwachung; BAG 12.1.1988 – 1 AZR 352/86, AP Nr. 23 zu § 75 BPersVG.
51 BAG 11.3.1986 – 1 ABR 12/84, AP Nr. 14 zu § 87 BetrVG 1972 Überwachung; *Fitting* u.a., § 87 BetrVG Rn 221.

II. Die Grenzen der Verwendung des GPS durch die Betriebspartner

39 Zwar wird das allgemeine Persönlichkeitsrecht der Arbeitnehmer bereits durch das Mitbestimmungsrecht nach § 87 Abs. 1 Nr. 6 BetrVG geschützt; die Vorschrift regelt den Schutz des Arbeitnehmers jedoch nicht erschöpfend. Vielmehr ist stets zu fragen, ob die konkrete Überwachungseinrichtung auch mit dem allgemeinen Persönlichkeitsrecht, das § 75 Abs. 2 BetrVG schützt, in Einklang steht (vgl. oben Rn 24 ff.). Bei der Bestimmung des Standortes und der Bewegung einer Person handelt es sich um ein persönliches Datum, das dem Recht auf informationelle Selbstbestimmung entspringt. Das Bundesverfassungsgericht hat in seiner Entscheidung vom 12.4.2005[52] anerkannt, dass die Überwachung mittels GPS einen Eingriff in das allgemeine Persönlichkeitsrecht darstellt. Bei dem Standort und bei der Bewegung, die durch das GPS überwacht werden können, werden persönliche Daten, die das allgemeine Persönlichkeitsrecht vor Überwachung schützt, erhoben und verwendet. Die Betriebsparteien müssen daher bei der Ausgestaltung des Mitbestimmungsrechts des § 87 Abs. 1 Nr. 6 BetrVG das allgemeine Persönlichkeitsrecht des Arbeitnehmers berücksichtigen. Die Grenzen der Verwendung sind durch eine Abwägung der betroffenen Interessen zu bestimmen.

1. Eingriffsintensität des GPS

40 Die Intensität der Verwendung des GPS hängt von der Ausgestaltung und der konkreten Anwendung ab. Der Bundesgerichtshof und das Bundesverfassungsgericht haben die Überwachung mittels GPS nicht als besonders intensiven Eingriff in das allgemeine Persönlichkeitsrecht bewertet.[53] Die Verwendung der technischen Observation erreicht in Ausmaß und Intensität typischerweise nicht den unantastbaren Kernbereich privater Lebensgestaltung.[54] Dabei berücksichtigt das Bundesverfassungsgericht auch, dass sich die technisch gestützte Überwachung auch zugunsten des Überwachten auswirken kann, um tiefer gehende Eingriffe, etwa durch Abhören und Aufzeichnen des nicht öffentlich gesprochenen Wortes, zu vermeiden.[55] Das Bundesverfassungsgericht geht also davon aus, dass die Überwachung mittels GPS einen weniger intensiven Eingriff in das Persönlichkeitsrecht darstellt als die Aufzeichnung des nicht öffentlich gesprochenen Wortes oder eine Videoüberwachung ohne Kenntnis des Betroffenen. Daraus folgt, dass auch die Überwachung durch GPS weniger strengen Anforderungen unterliegt als etwa eine Videoüberwachung.

41 Mit Ausnahme der Rechtsprechung des Bundesverfassungsgerichts und des Bundesgerichtshofs zu strafrechtlichen Ermittlungsmethoden mittels GPS gibt es bislang keine Äußerung der arbeitsrechtlichen Rechtsprechung zu den Elementen einer Abwägung.[56] Das Bundesverfassungsgericht und der Bundesgerichtshof haben aber vorgezeichnet, dass die Eingriffsintensität mittels GPS nicht besonders intensiv ist, insbesondere, wenn die Überwachung nicht in den Intimbereich des Betroffenen führt. Da das GPS in aller Regel **an Gegenständen verhaftet** ist und lediglich Auskunft über den Standort und die Bewegungszeit gibt und dies auch nur in einem Rahmen von 50 m, hat der Arbeitgeber die Möglichkeit, insbesondere wegen der bloß mittelbaren Drittwirkung der Grundrechte mit dem Betriebsrat Kontrolleinrichtungen einzuführen und bei Bestehen bestimmter berechtigter Interessen auch eine ständige Überwachung der Arbeitnehmer bei der Verwendung von Dienstfahrzeugen einzuführen. Unzulässig ist der GPS-Gebrauch ohne besonderen Informationsbedarf und im privaten Bereich.[57]

---

52 BVerfG 12.4.2005 – 2 BvR 581/01, NJW 2005, 1338.
53 BGH 24.1.2001 – 3 StR 324/00, NJW 2001, 1658; BVerfG 12.4.2005 – 2 BvR 581/01, NJW 2005, 1338.
54 BVerfG 12.4.2005 – 2 BvR 581/01, NJW 2005, 1338.
55 BVerfG 12.4.2005 – 2 BvR 581/01, NJW 2005, 1338.
56 *Gola*, NZA 2007, 1139.
57 *Gola*, NZA 2007, 1139.

Bei der Intensität der Beeinträchtigung der Arbeitnehmerinteressen ist zu berücksichtigen, ob die Überwachung mittels GPS mit oder ohne Vorliegen eines Verdachts, etwa wegen Arbeitszeitmissbrauchs oder sonstigen Missbrauchs, eingeführt wird. Überwacht der Arbeitgeber den Arbeitnehmer ständig, ohne Verdacht, etwa auch bei der privaten Nutzung des Dienstfahrzeuges, entsteht ein nicht unerheblicher Druck auf die Art der Nutzung des Dienstfahrzeuges und die Gestaltung der Arbeitszeit.[58] Der Arbeitnehmer weiß genau, dass der Arbeitgeber zu jeder Zeit und an jedem Ort feststellen kann, wo sich der Arbeitnehmer gerade befindet. Dies gilt auch dann, wenn der Arbeitnehmer den Dienstwagen zulässig privat nutzt und sich während seiner Freizeit an bestimmte Orte begibt, von deren Aufsuchen er seinen Arbeitgeber nicht in Kenntnis setzen möchte. Beschränkt sich die GPS-Überwachung aber lediglich auf die dienstliche Nutzung eines Fahrzeuges, sinkt die Eingriffsintensität. Denn der Arbeitnehmer wird sich bei der dienstlichen Nutzung des Fahrzeuges ohne größere Schwierigkeiten an die vorgegebenen Routen und Bewegungsmuster halten. Außerhalb der Dienstzeit unterliegt er dann keiner Überwachung mehr. Darf der Dienstwagen nur dienstlich genutzt werden, hat der Arbeitnehmer auch kein Interesse an der Geheimhaltung einer privaten Nutzung des Fahrzeugs, da diese dann unzulässig erfolgt.

2. Berechtigte Interessen des Arbeitgebers

Der Arbeitgeber kann ein erhebliches betriebliches Interesse haben, bei der dienstlichen Nutzung von Dienstfahrzeugen den Standort und die Bewegung des Fahrzeuges kontrollieren zu können. Dies gilt insbesondere dann, wenn der Arbeitnehmer im Dienstfahrzeug **wertvolle Ware** transportiert, so dass der Arbeitgeber bereits aus Art. 14 GG erhebliche Interessen für die ständige Bestimmung des Standortes seines Eigentums zur Rechtfertigung anführen kann. Es ist daher zulässig, wenn er während der dienstlichen Nutzung eines Fahrzeuges aufzeichnet, wann, wo und wie das Fahrzeug bewegt worden ist, und zwar mittels GPS. Weiterhin kann ein erhebliches berechtigtes Interesse des Arbeitgebers entstehen, wenn er den Verdacht hat, der Arbeitnehmer missbrauche das lediglich dienstlich zu nutzende Fahrzeug für private Zwecke. Hierfür ist aber ähnlich wie bei der Videoüberwachung ein zumindest konkretisierter Verdacht erforderlich.

42

Für eine ständige Überwachung der privaten Nutzung eines Dienstwagens, die der Arbeitgeber dem Arbeitnehmer erlaubt hat, besteht in aller Regel kein berechtigtes Arbeitgeberinteresse. Zwar hat er ein Interesse, das in seinem Eigentum stehende Dienstfahrzeug lokalisieren zu können, dieses Recht folgt bereits aus dem Eigentumsrecht, Art. 14 GG. Hierfür ist es in aller Regel aber nicht erforderlich, die Bewegung und die Bewegungszeiten des Kfz ständig aufzuzeichnen und zu speichern. Es muss genügen, dass der Arbeitgeber im Bedarfsfalle den Standort des Fahrzeuges auf entsprechende Anfrage bestimmen kann. Außerdem hat er die Möglichkeit, bei konkreten, bestimmten Verdachtsmomenten auch die Privatnutzung des Fahrzeuges durch den Arbeitnehmer mittels GPS auch im Bewegungsstatus zu überwachen.

43

3. Abwägung der Interessen

Der Arbeitgeber ist auch unter Berücksichtigung seiner berechtigten Interessen stets verpflichtet, den Arbeitnehmer auf die Verwendung des GPS hinzuweisen, es sei denn, er will den Arbeitnehmer eines Missbrauchs überführen, und es besteht hierfür ein konkreter Verdacht. Wie auch bei der Videoüberwachung, darf eine heimliche Bestimmung des Standorts mittels GPS nur unter besonderen Voraussetzungen stattfinden.[59] Das kann etwa der Fall sein, wenn erhebliche Verdachtsmomente für ein dienstwidriges Verhalten in Bezug auf das geführte Dienstfahrzeug entstehen. Verdachtsunabhängige dauerhafte GPS-Überwachungen dürften aber auch in Anleh-

44

---

58 *Gola*, NZA 2007, 1139.
59 *Gola*, NZA 2007, 1139.

nung an die Rechtsprechung des Bundesarbeitsgerichts zur Videoüberwachung unzulässig sein (vgl. oben Rn 11). Nutzt der Arbeitgeber jedoch das Überwachungssystem, um jederzeit bestimmen zu können, wo sich das Dienstfahrzeug und die geführte Dienstware befinden, ohne diese Daten aufzuzeichnen und den Arbeitnehmer zu überwachen, dürften die Rechtfertigungsanforderungen nicht derart hoch liegen. Er kontrolliert dann nicht das Verhalten des Arbeitnehmers, sondern kann nur in bestimmten Fällen mit besonderem Interesse den Aufenthaltsort des Wagens bestimmen.

§ 6 Überlassung und Nutzung von Arbeitsmitteln

Dr. Stephan Pauly/Dr. Stephan Osnabrügge

Inhalt

A. Arbeitsmittel

I. Allgemeines

1 **Arbeitsmittel**[1] werden dem Arbeitnehmer regelmäßig vom Arbeitgeber zur Verfügung gestellt und ihm im Zuge des Arbeitsverhältnisses zur Erfüllung seiner vertraglich geschuldeten Tätigkeit überlassen. Übliche Arbeitsmittel sind **Dienstwagen, Werkzeuge, Taschenrechner, Laptop, Drucker, Fax** oder **Handy**.[2] Arbeitsmittel bleiben auch nach der Übergabe an den Arbeitnehmer Eigentum des Arbeitgebers.

2 Bei Beendigung des Arbeitsverhältnisses sind Arbeitsmittel an den Arbeitgeber herauszugeben.[3] Der Arbeitnehmer ist grundsätzlich auf Verlangen des Arbeitgebers verpflichtet, ihm zur Verfügung gestellte Arbeitsmittel zurückzugeben. Auf jeden Fall hat er nach Beendigung des Arbeitsverhältnisses die ihm überlassenen Arbeitsmittel herauszugeben. Ein Zurückbehaltungsrecht nach § 273 BGB wegen anderer Ansprüche aus dem Arbeitsverhältnis besteht regelmäßig nicht.[4] Der Arbeitnehmer muss auf seine Kosten die Arbeitsmittel an dem für diese Pflicht maßgeblichen Erfüllungsort, welcher regelmäßig der Betriebssitz des Arbeitgebers ist, abliefern.[5]

3 Der Arbeitgeber hat ein Interesse daran, die dem Arbeitnehmer ausgehändigten Gegenstände zurück zu erhalten. Dies folgt aus dem wirtschaftlichen Bedarf und der Eigentümerstellung des Arbeitgebers. Bei Übergabe an den Arbeitnehmer sind die Arbeitsmittel aufzulisten. Der Empfang sollte vom Arbeitnehmer quittiert werden.[6]

4 *Praxishinweis*

Die dem Arbeitnehmer übergebenen Arbeitsmittel sind in einer Bestandsliste genau zu bezeichnen und zu erfassen. So sind z.B. Typ und Gerätenummer anzugeben. Der Empfang der übergebenen Arbeitsmittel ist vom Arbeitnehmer zu quittieren. Bei einer Herausgabeklage muss der Arbeitgeber die von ihm begehrten Gegenstände im Einzelnen genau bezeichnen können. Der Arbeitgeber hat die Darlegungs- und Beweislast für die Übergabe an den Arbeitnehmer.

5 **Checkliste: Auflistung von Arbeitsmitteln bei Übergabe**

- Schriftliche Bestandsliste
- Genaue Bezeichnung und vollständige Erfassung der übergebenen Arbeitsmittel
- Typ, Gerätenummer, Ausstattung angeben
- Empfang der übergebenen Arbeitsmittel schriftlich quittieren lassen

---

1 Küttner-*Thomas*, Personalbuch 2012, Arbeitsmittel, Rn 1.
2 ErfK-*Preis*, § 611 BGB Rn 754.
3 ErfK-*Preis*, § 611 BGB Rn 754.
4 LAG Rheinland-Pfalz 27.10.2011 – 10 Sa 77/11 – juris; LAG Köln 21.7.2011 – 7 Sa 312/11, juris; MüKo-BGB-*Müller-Glöge*, § 611 Rn 1216; ErfK-*Preis*, § 611 BGB, Rn 754.
5 LAG Rheinland-Pfalz 8.5.1996 – 2 Sa 759/95, NZA-RR 1997, 163.
6 Küttner-*Thomas*, Personalbuch 2012, Arbeitsmittel, Rn 1.

II. Rechtsstellung der Arbeitnehmer/Arbeitgeber

Das **Eigentum** an den Arbeitsmitteln verbleibt regelmäßig beim Arbeitgeber. **6**

Fraglich ist, ob die Arbeitsmittel dem Arbeitnehmer als **Besitzdiener** zur Verfügung gestellt wer- **7**
den oder ob ein **echtes Besitzverhältnis** zum Arbeitgeber vorliegt.

Werden Arbeitsmittel wie Handys, Laptops oder Dienstwagen ausschließlich zur dienstlichen **8**
Nutzung überlassen, ist der Arbeitnehmer insoweit Besitzdiener i.S.d. § 855 BGB, gegenüber
dem der Arbeitgeber einen **Herausgabeanspruch** hat.[7] Besitzdiener ist, wer in einem nach außen
erkennbaren sozialen Abhängigkeitsverhältnis[8] für einen anderen die tatsächliche Gewalt über
eine Sache in der Weise ausübt, dass er dessen Weisungen schlechthin Folge zu leisten hat.[9] Diese
Auffassung trägt der Tatsache Rechnung, dass der Arbeitgeber als Eigentümer kein Interesse daran hat, dem Arbeitnehmer ein rechtliches Mehr gegenüber einem einfachen Nutzungsrecht zu
übertragen. Wäre der Arbeitnehmer hingegen **Besitzer**, so würden ihm die Rechte eines Besitzers
zustehen; insbesondere wäre er als Besitzer passiv- und aktivlegitimiert, für ihn würde die Vermutung aus § 1006 BGB sprechen, und er hätte ein Selbsthilferecht nach § 860 BGB. Der Besitzdiener genießt keinen Besitzschutz gegenüber dem Besitzherrn,[10] der alleiniger Besitzer ist.[11] Die
Begründung eigenen Besitzes des Besitzdieners ist gegebenenfalls verbotene Eigenmacht mit der
Folge, dass § 935 BGB eingreift. Ein gutgläubiger Erwerb Dritter ist danach nicht mehr möglich.

Allerdings muss sich die Unterordnung des Besitzdieners unter den Besitzer nach allgemeiner An- **9**
sicht nach außen manifestieren. Die Abhängigkeit des Besitzes muss sich sichtbar äußern, wenn
auch nicht ständig erkennbar sein.[12] Dies mag für Dienstwagen, die Werbung des Arbeitgebers
tragen, Uniformgegenstände, auf die corporate identity des Arbeitgebers zugeschnittene Notebooks
etc. ohne weiteres zutreffen. Ob dies aber auf Kommunikationsgeräte des täglichen Arbeitsalltages
übertragen werden kann, erscheint zweifelhaft. Die Rechtsprechung hat den angestellten Bildredak-
teur eines Zeitungsunternehmens im Hinblick auf die ihm überlassene Kamera als Besitzdiener angesehen.[13] Dagegen wurde ein Arbeitnehmer, dem vom Arbeitgeber ein Pkw zu geschäftlichen und
privaten Fahrten überlassen war, nicht als Besitzdiener angesehen.[14]

Darf der Arbeitnehmer das Fahrzeug ausschließlich zur dienstlichen Nutzung verwenden, ist er **10**
während der Dauer des Arbeitsverhältnisses Besitzdiener nach § 855 BGB.[15] Gibt der Arbeitnehmer nach Beendigung des Arbeitsverhältnisses den Dienstwagen nicht heraus, wandelt er die tatsächliche Gewalt des Besitzdieners in Eigenbesitz um, ohne sich auf ein Besitzrecht berufen zu
können.[16]

Wird der Dienstwagen zur Privatnutzung überlassen, begründet das im Arbeitsvertrag eingeräumte **11**
Recht zur Privatnutzung des Dienstwagens ein Besitzmittlungsverhältnis i.S.d. § 868 BGB.[17]

Regelmäßig ist der Arbeitnehmer jedoch – bezogen auf die ihm gestellten Arbeitsmittel – **Besitz-** **12**
diener.[18] Der Besitzdiener übt nur die tatsächliche Sachherrschaft aus, nicht die rechtliche. Er ist
kein Besitzherr. Nur der Besitzherr hat Besitz an der Sache. Der Arbeitnehmer hat an Arbeitsmitteln des Arbeitgebers nur **Fremdbesitz**.[19]

---

7 Hümmerich/Spirolke-*Natzel*, § 5 Rn 201; *v. Bürck/Nussbaum*, BB 2002, 2278.
8 BGH 30.5.1958 – V ZR 295/56, BGHZ 27, 360, 363 = NJW 1958, 1286.
9 Schaub-*Koch*, ArbRHdb, § 113 Rn 5.
10 Erman-*Lorenz*, § 855 BGB Rn 10.
11 MüKo-*Joost*, § 855 BGB Rn 16.
12 Erman-*Lorenz*, § 855 BGB Rn 9.
13 LAG Hamm 31.10.1958 – 5 Sa 568/58, WA 1959, 37.
14 LAG Düsseldorf 4.7.1975 – 11 Sa 689/75, DB 1975, 1849.
15 OLG Düsseldorf 12.2.1986 – 11 U 76/85, NJW 1986, 2513.
16 *Hümmerich*, Arbeitsrecht § 2 Rn 109; *Becker-Schaffner*, DB 1993, 2078.
17 *Hümmerich*, Arbeitsrecht § 2 Rn 109; *Schniedel*, BB 2002, 992.
18 Schaub-*Koch*, ArbRHdb, § 113 Rn 5; *Korinth*, S. 319.
19 MüHdbArbR-*Wank*, § 129 Rn 11.

Das Aufspielen eines Programms, z.B. Outlook durch den Arbeitnehmer auf ein im Eigentum des Arbeitgebers stehendes Notebook stellt einen Verarbeitungsvorgang i.S. der Regelung des § 950 BGB dar, was seitens des Arbeitgebers aufgrund seiner Arbeitgeberstellung dem Arbeitnehmer gegenüber als „Hersteller" i.S. des § 950 Abs. 1 Satz 1 BGB zum gesetzlichen Eigentumserwerb führt. Auf ein entsprechendes Herausgabeverlangen als Eigentümer muss der Arbeitnehmer das Notebook samt Programm herausgeben (§ 985 BGB). Einwendungen als Besitzer hat der Arbeitnehmer nach § 986 Abs. 1 Satz 1 BGB demgegenüber nicht. Denn als Arbeitnehmer des Eigentümers ist er lediglich dessen Besitzdiener (§ 955 BGB). Bei fehlender verbotener Eigenmacht (§ 858 BGB) des Eigentümers ihm gegenüber besteht auch kein Selbsthilferecht nach § 860 BGB.[20]

Unabhängig von dem Vorstehenden hat der Arbeitgeber gegen den Arbeitnehmer in einem solchen Fall hinsichtlich des Notebooks einschließlich des Outlook-Programms auch einen Herausgabeanspruch nach § 667 BGB, wonach ein Arbeitnehmer im Ergebnis verpflichtet ist, nach Beendigung des Arbeitsverhältnisses die ihm überlassenen Arbeitsmittel (z.B. Werkzeuge, Geschäftsunterlagen, Schriftstücke und Zeichnungen, Computer, Arbeitskleidung, Werksausweis, Schlüssel, dienstlich genutzte Pkw, Arbeitsergebnisse, Kundenkarteien) herauszugeben.[21]

III. Herausgabeanspruch des Arbeitgebers

13 Der Arbeitgeber kann jederzeit vom Arbeitnehmer die Herausgabe der in seinem Eigentum stehenden und ausschließlich zur dienstlichen Nutzung überlassenen Arbeitsmittel verlangen.[22] Der Arbeitnehmer ist daher verpflichtet, nach Beendigung des Arbeitsverhältnisses Arbeitsmittel, die ihm der Arbeitgeber zur Verfügung gestellt hat, an diesen **herauszugeben**. Anspruchsgrundlagen sind §§ 666 analog, 861, 985 BGB.[23]

14 Nach der Rechtsprechung des Bundesarbeitsgerichts ist bei einem Streit über die Wirksamkeit einer Arbeitgeberkündigung der Arbeitnehmer, der selbst die Wirksamkeit der Kündigung bestreitet, nicht von allen Pflichten aus dem streitigen Arbeitsverhältnis befreit. So ist er etwa an ein bestehendes Wettbewerbsverbot auch dann noch gebunden, wenn der Arbeitgeber eine außerordentliche Kündigung ausspricht, deren Wirksamkeit der Arbeitnehmer bestreitet. Vergleichbare Pflichten des Arbeitnehmers können insbesondere vorliegen, wenn es um die Rückgabe des Eigentums des Arbeitgebers (Dienstwagen, Musterkoffer) geht. Auf berechtigte Wünsche des Arbeitgebers, der Arbeitnehmer möge ihm sein Eigentum zurückgeben, darf der Arbeitnehmer nicht einfach dadurch reagieren, dass er etwa die mit der Abholung der betreffenden Gegenstände beauftragten Mitarbeiter des Arbeitgebers stundenlang vor seiner Haustür warten lässt, obwohl er zu Hause ist.[24]

15 Der Arbeitnehmer ist Besitzer und nicht bloßer Besitzdiener, wenn ihm Arbeitsmittel zur eigenverantwortlichen Nutzung überlassen werden. Dies kann beispielsweise bei einem leitenden Angestellten der Fall sein, dem ein Dienstwagen oder leistungsstarker Laptop laut Arbeitsvertrag auch zur privaten Nutzung überlassen wird.[25]

16 Kommt der Arbeitnehmer der Herausgabepflicht verspätet nach, weil er sich in den Eigenbesitz der Sachen gesetzt hat, so bestehen aufgrund verbotener Eigenmacht Ansprüche des Arbeitgebers aus dem **Eigentümer-Besitzer-Verhältnis** nach §§ 992, 823 BGB auf **Schadensersatz** und nach §§ 990, 989, 987 BGB auf **Nutzungsentschädigung**.[26]

---

20 Sächsisches LAG 17.1.2007 – 2 Sa 808/05 – juris.
21 Sächsisches LAG 17.1.2007 – 2 Sa 808/05 – juris; ErfK/*Preis*, § 611 BGB Rn 916.
22 LAG Köln 21.7.2011 – 7 Sa 312/11 – juris.
23 ErfK-*Preis*, § 611 BGB Rn 754.
24 BAG – 2 AZR 196/06, AE 2008, 31 f.
25 OLG Düsseldorf 12.2.1986 – 11 U 76/85, NJW 1986, 2513.
26 ErfK-*Preis*, § 611 BGB Rn 756.

Der Arbeitgeber hat aus dem Eigentümer-/Besitzerverhältnis gemäß §§ 987 ff. BGB keinen An **17**
spruch auf **Nutzungsentschädigung** oder **Schadenersatz**, wenn der Arbeitnehmer kein bösgläubiger Besitzer gewesen ist. Nach § 990 Abs. 1 S. 1 BGB haftet der Besitzer dem Eigentümer von
der Zeit des Besitzerwerbes an nach den Vorschriften der §§ 987, 989 BGB, wenn er beim Erwerb
des Besitzes nicht in gutem Glauben war. Der Besitzer ist nicht in gutem Glauben (vgl. § 932
Abs. 2 BGB), wenn ihm der Mangel des Besitzrechtes bekannt oder infolge grober Fahrlässigkeit
unbekannt ist.[27] Erfährt der Besitzer später, d.h. nach Besitzerwerb, dass er zum Besitz nicht berechtigt ist, so haftet er in gleicher Weise von der Erlangung der Kenntnis an (§ 990 Abs. 1 S. 2
BGB). Grob fahrlässiges Nichterkennen des mangelnden Besitzrechtes nach Besitzerwerb genügt
nicht.[28] Kenntnis vom mangelnden Besitzrecht hat, wem bei Rechtskenntnis liquide Beweise für
die den Mangel ergebenen Tatsachen vorliegen oder bei zutreffender Tatsachenkenntnis über seinen Rechtsirrtum so aufgeklärt ist, dass ein redlicher und vom eigenen Vorteil nicht beeinflusst
Denkender sich der Erkenntnis seiner Nichtberechtigung nicht verschließen würde. Unterlassene
Nachforschungen bei aufkommenden Zweifeln über die Besitzberechtigung und billigende Inkaufnahme genügen nicht für die Begründung von Bösgläubigkeit.[29] Bei Anwendung dieser
Rechtsgrundsätze ist festzustellen, dass der Arbeitnehmer gemäß § 990 Abs. 1 BGB nach den
Vorschriften der §§ 987, 989 BGB nur bei positiver Kenntnis und nicht bei grob fahrlässiger Unkenntnis des mangelnden Besitzrechtes haften würde, wenn er allenfalls nach Erlangung des Besitzes am Arbeitsmittel vom Mangel des Besitzrechtes Kenntnis erlangt hat.[30]

Ein **Herausgabeanspruch** am Dienstwagen nach § 861 BGB besteht bei Überlassung zur aus **18**
schließlich dienstlichen Nutzung, weil der Arbeitgeber während des Arbeitsverhältnisses unmittelbarer Besitzer bleibt. Bei eingeräumter Privatnutzung bestehen keine Ansprüche nach §§ 861,
862 BGB, weil der Arbeitgeber dann nur mittelbarer Besitzer ist.

Ein **Herausgabeanspruch** kann sich aus § 823 Abs. 1 BGB ergeben, unabhängig davon, ob das **19**
Fahrzeug ausschließlich zur dienstlichen oder auch zur privaten Nutzung überlassen wurde.[31]

Streitig ist, ob der Arbeitgeber bei einem geleasten Fahrzeug einen Herausgabeanspruch hat.[32]

Ein **bereicherungsrechtlicher Herausgabeanspruch** kommt in Betracht, wenn der Geschäfts **20**
wagen zur privaten Nutzung überlassen wurde.[33]

Ohne verbotene Eigenmacht bestehen Ansprüche aus § 286 Abs. 1 BGB auf **Schadensersatz** und **21**
aus §§ 687 Abs. 1, 667 BGB auf **Nutzungsherausgabe**.[34]

Ist dem Arbeitnehmer der Anspruch auf Herausgabe schuldhaft unmöglich, muss er dem Arbeit **22**
geber nach § 280 BGB **Schadensersatz** leisten.[35]

IV. Zurückbehaltungsrecht des Arbeitnehmers

Der Arbeitnehmer hat **kein Zurückbehaltungsrecht** nach § 273 BGB,[36] wenn er nicht Besitzer **23**
der Arbeitsmittel (§ 854 BGB), sondern nur Besitzdiener an ihnen ist (§ 855 BGB).[37]

---

27 MüKo-*Medicus*, § 990 BGB Rn 3 f.
28 Palandt-*Bassenge*, § 990 BGB Rn 4.
29 Palandt-*Bassenge*, § 990 BGB Rn 5.
30 LAG Baden-Württemberg 10.10.2001 – 2 Sa 29/01 – juris.
31 *Hümmerich*, Arbeitsrecht § 2 Rn 111.
32 Verneinend *Hümmerich*, Arbeitsrecht § 2 Rn 112; für analoge Anwendung der §§ 666, 667 BGB; *Schniedel*, BB
2002, 992, 994.
33 Vgl. dazu *Hümmerich*, Arbeitsrecht, § 2 Rn 110.
34 MüHdbArbR-*Wank*, § 129 Rn 14.
35 MüHdbArbR-*Wank*, § 129 Rn 15.
36 LAG Rheinland-Pfalz 27.10.2011 – 10 Sa 77/11 – juris; LAG Köln 21.7.2011 – 7 Sa 312/11 – juris; MüKo-BGB-
Müller-Glöge, § 611 Rn 1216; ErfK-*Preis*, § 611 BGB Rn 754.
37 LAG München 21.9.2007 – 7 Sa 1255/06 – juris.

V. Kündigung

24 Grundsätzlich ist die Verweigerung der Herausgabe von Arbeitsmitteln nach fristloser Kündigung oder nach Ablauf der Kündigungsfrist auch im Falle eines Rechtsstreits über die Kündigung als wichtiger Grund für eine Kündigung geeignet. Der Arbeitgeber kann etwa dringend auf die Geräte angewiesen sein, um sie an einen Nachfolger des gekündigten Arbeitnehmers zu übergeben, der für die Arbeitsaufnahme diese Gegenstände benötigt.[38]

25 Vom Arbeitnehmer gegenüber dem Arbeitgeber begangene Straftaten, insbesondere Diebstähle oder sonstige Vermögensdelikte zum Nachteil des Arbeitgebers, rechtfertigen in der Regel eine außerordentliche Kündigung auch ohne vorherige Abmahnung.[39] Dies gilt auch bei einem bloßen Versuch.[40]

Verweigert der Arbeitnehmer hartnäckig die Herausgabe, kann dies je nach den Umständen des Einzelfalles auch ohne vorangegangene Abmahnung geeignet sein, eine außerordentliche Kündigung zu rechtfertigen. Dies gilt insbesondere dann, wenn der Arbeitgeber zwar keine Abmahnung ausgesprochen, aber eine Strafanzeige angedroht hat.[41]

26 Allein die Weigerung, einen etwaigen nicht bestehenden Herausgabeanspruch zu erfüllen, führt nicht dazu, dass eine Arbeitnehmerin eine grobe Vertragspflichtverletzung begangen hat, die zur sofortigen Beendigung des Arbeitsverhältnisses berechtigt.[42]

27 **Checklisten**

Herausgabeanspruch des Arbeitgebers
- Anspruchsgrundlagen: §§ 666 analog, 861, 985 BGB
- Kein Zurückbehaltungsrecht des Arbeitnehmers nach § 273 BGB
- Besitzer oder Besitzdiener?
- Vorbereitender Auskunftsanspruch: § 259 BGB

Ansprüche des Arbeitgebers bei verbotener Eigenmacht
- Schadensersatz: §§ 992, 823 BGB
- Nutzungsentschädigung: §§ 990, 989, 987 BGB

Ansprüche des Arbeitgebers bei Nichtvorliegen verbotener Eigenmacht
- Schadensersatz: § 286 Abs. 1 BGB
- Nutzungsherausgabe: §§ 687 Abs. 1, 667 BGB

Anspruch bei schuldhafter Unmöglichkeit der Herausgabe
- Schadensersatz: § 280 BGB

Anspruch des Arbeitgebers bei Beschädigung und Verlust
- Schadensersatz: §§ 280, 823 BGB
- Grundsätze des innerbetrieblichen Schadensausgleiches beachten

VI. Beschädigung und Verlust von Arbeitsmitteln

28 Bei der Beschädigung und dem Verlust von Arbeitsmitteln haftet der Arbeitnehmer bei Vorliegen eines schuldhaften Verhaltens gem. § 280 BGB sowie aus unerlaubter Handlung gem. § 823 BGB. Dabei sind die **Grundsätze des innerbetrieblichen Schadensausgleichs** zu beachten. Nach der

---

38 LAG München 21.9.2007 – 7 Sa 1255/06 – juris.
39 LAG Rheinland-Pfalz 11.1.2008 – 9 Sa 489/07 – juris.
40 BAG 11.12.2003 – 2 AZR 36/03, NZA 2004, 486 ff.
41 LAG Köln 21.7.2011 – 7 Sa 312/11 – juris.
42 LAG Rheinland-Pfalz 28.10.2010 – 2 Sa 313/10 – juris.

Rechtsprechung des Bundesarbeitsgerichts[43] gilt das **dreistufige Haftungsmodell**. Dies bedeutet keine Haftung bei leichtester Fahrlässigkeit des Arbeitnehmers; anteilige Haftung bei mittlerer Fahrlässigkeit und in der Regel volle Haftung bei grober Fahrlässigkeit und Vorsatz.[44] Daneben ist die Beweislastregelung des § 619a BGB zu beachten, die § 280 Abs. 1 S. 2 BGB verdrängt.[45]

Der Umfang der dem Arbeitnehmer obliegenden Pflichten ist durch Auslegung des Arbeitsvertrages zu ermitteln. Regelmäßig obliegen dem Arbeitnehmer Obhuts- und Bewahrungspflichten wegen der ihm überlassenen Arbeitsmittel. Bei der Durchführung der Arbeit sind die für die Berufsgruppe üblichen Fertigkeiten und Kenntnisse einzusetzen und erteilte Weisungen zu beachten.[46]   **29**

Die Schadensersatzpflicht setzt einen **Kausalzusammenhang** voraus.[47] Der Kausalzusammenhang besteht zwischen dem Haftungsgrund (Vertragsverletzung) und dem Verletzungserfolg (**haftungsbegründende Kausalität**) und den geltend gemachten Schäden (**haftungsausfüllende Kausalität**). Im Prozess muss die haftungsbegründende Kausalität nach § 286 ZPO, die haftungsausfüllende Kausalität nach § 287 ZPO nachgewiesen werden.[48]   **30**

Schaden ist jeder Nachteil, den der Arbeitgeber infolge eines bestimmten Vorganges oder Ereignisses an seinen Rechtsgütern (hier: Eigentum an den Arbeitsmitteln) erleidet. Bei der Beschädigung von Arbeitsmitteln wird regelmäßig nur ein **Vermögensschaden**[49] in Betracht kommen.   **31**

Ein Schadensersatzanspruch des Arbeitgebers setzt Verschulden des Arbeitnehmers voraus. Verschulden liegt vor bei **Vorsatz** oder **Fahrlässigkeit**. Vorsätzlich handelt, wer den rechtswidrigen Erfolg vorausgesehen und gewollt hat oder ihn vorausgesehen und billigend in Kauf genommen hat. Nach der Rechtsprechung des Bundesarbeitsgerichts muss sich das Verschulden nicht nur auf die Pflichtverletzung, sondern auch auf den Eintritt des Schadens beziehen. Ein vorsätzliches Handeln liegt nur dann vor, wenn der Arbeitnehmer den Schaden in seiner konkreten Höhe zumindest als möglich voraussieht und ihn für den Fall des Eintritts billigend in Kauf nimmt. Über die Erkenntnis der Möglichkeit des Eintritts eines schadenstiftenden Erfolges hinaus ist erforderlich, dass der Schädiger den als möglich vorgestellten Erfolg auch in seinen Willen aufnimmt und mit ihm für den Fall seines Eintritts einverstanden ist.[50] Nicht ausreichend ist der vorsätzliche Verstoß gegen Weisungen, solange nicht zusätzlich Vorsatz hinsichtlich des Schädigungserfolges gegeben ist.[51]   **32**

Leichteste Fahrlässigkeit liegt vor bei einem typischen Abirren der Arbeitsleistung, einem „sich vergreifen" oder „sich vertun".[52]   **33**

Mittlere Fahrlässigkeit liegt vor, wenn der Arbeitnehmer die im Verkehr erforderliche Sorgfalt außer Acht lässt und der missbilligte Erfolg bei Anwendung der gebotenen Sorgfalt vorhersehbar und vermeidbar gewesen wäre (§ 276 Abs. 2 BGB).[53]   **34**

Grob fahrlässig handelt, wer die im Verkehr erforderliche Sorgfalt nach den gesamten Umständen in ungewöhnlich hohem Maße verletzt und unbeachtet lässt, was im gegebenen Fall jedem hätte einleuchten müssen. Grobe Fahrlässigkeit liegt etwa vor bei Unfallverursachung durch Handytelefonat während der Fahrt.[54] Dabei stellt das Bundesarbeitsgericht zu Recht darauf ab,   **35**

---

43 BAG 25.9.1997 – 8 AZR 288/96, NZA 1998, 310.
44 Küttner-*Griese*, Personalbuch 2012, Arbeitnehmerhaftung, Rn 12 ff.
45 ErfK-*Preis*, § 619a BGB Rn 2; Schaub-*Linck*, ArbRHdb, § 59 Rn 31.
46 Schaub-*Linck*, ArbRHdb, § 53 Rn 3.
47 BAG 24.7.1969 – 1 AZR 376/68, AP Nr. 48 zu § 611 BGB Haftung des Arbeitnehmers.
48 BGH 27.2.1973 – VI ZR 27/72, AP Nr. 20 zu § 287 ZPO = NJW 1973, 1413.
49 Vgl. dazu Schaub-*Linck*, ArbRHdb, § 53 Rn 12 ff.
50 BAG 18.4.2002 – 8 AZR 348/01, NZA 2003, 37.
51 BAG 18.4.2002 – 8 AZR 348/01, NZA 2003, 37.
52 Schaub-*Linck*, ArbRHdb, § 53 Rn 26; MüHdbArbR-*Blomeyer*, § 59 Rn 45.
53 Schaub-*Linck*, ArbRHdb, § 53 Rn 27.
54 BAG 12.11.1998 – 8 AZR 221/97, NZA 1999, 263.

dass mit zunehmender Technisierung und dem damit verbundenen Umgang mit wertvollen Maschinen das Missverhältnis zwischen Verdienst und Schadensrisiko steigt.[55]

36 Der Arbeitgeber trägt die **Darlegungs- und Beweislast** für das Verschulden des Arbeitnehmers.[56] Der Arbeitgeber muss die objektive Pflichtwidrigkeit, Rechtsgutsverletzung, haftungsbegründende und haftungsausfüllende Kausalität, den Schaden und das zur Haftung führende Verschulden des Arbeitnehmers nachweisen.[57]

37 Bei der Realisierung des Schadensersatzanspruches sind tarifvertragliche und einzelvertragliche **Ausschlussfristen** zu beachten. Eine Aufrechnung ist nur unter Beachtung der Pfändungsfreigrenzen zulässig.[58]

38 Der Arbeitgeber ist nicht berechtigt, wegen schadenverursachender Schlechtleistung eine **Lohnminderung** vorzunehmen.[59] Die Grundsätze der Rechtsprechung zur Arbeitnehmerhaftung sind als zwingendes Arbeitnehmerschutzrecht[60] nicht abdingbar. Auch kollektivvertraglich kann nicht zu Lasten des Arbeitnehmers abgewichen werden. Es ist daher unzulässig, dem Arbeitnehmer bis zu einem Selbstbehalt auch für leichteste Fahrlässigkeit bei der Beschädigung eines Dienstwagens die Haftung aufbürden zu wollen.[61]

39 Die **Haftung** kann **entfallen**, wenn der Arbeitgeber es versäumt hat, den Arbeitnehmer auf die Gefahr eines besonders hohen Schadens, mit dem der Arbeitnehmer nicht rechnen konnte, hinzuweisen.[62]

40 Die **Versicherbarkeit** des eingetretenen Schadens hat große Bedeutung für die Bestimmung des **Haftungsumfanges**.[63] Der Arbeitgeber muss sich regelmäßig so behandeln lassen, als habe er zumutbare und übliche Versicherungen abgeschlossen. Der Abschluss einer Vollkasko-Versicherung wird regelmäßig als dem Arbeitgeber zumutbar angesehen, so dass sich die anteilige Haftung des Arbeitnehmers auf die übliche Selbstbeteiligung reduziert.[64] Bei der Berechnung des Schadens muss sich der Arbeitgeber erzielte Steuervorteile anrechnen lassen.[65] Soweit der Arbeitgeber vorsteuerabzugsberechtigt ist, darf er die gesetzliche Umsatzsteuer nicht als Schadensersatzposition berechnen.[66] Bei geleasten Produktionsmitteln ist zu prüfen, ob nicht im Wege der ergänzenden Auslegung des Vertrages zwischen Leasinggeber und Leasingnehmer (= Arbeitgeber) eine unmittelbare Haftungsbegrenzung zugunsten der Arbeitnehmer des Leasingnehmers anzunehmen ist.[67]

In entsprechender Anwendung des § 670 BGB muss der Arbeitgeber dem Arbeitnehmer an dessen Fahrzeug entstandene Unfallschäden ersetzen, wenn das Fahrzeug mit Billigung des Arbeitgebers in dessen Betätigungsbereich eingesetzt wurde. Um einen Einsatz im Betätigungsbereich des Arbeitgebers handelt es sich, wenn ohne den Einsatz des Arbeitnehmerfahrzeugs der Arbeitgeber ein eigenes Fahrzeug einsetzen und damit dessen Unfallgefahr tragen müsste. Ein Ersatzanspruch des Arbeitnehmers ist bei grob fahrlässiger Schadensverursachung ausgeschlossen. Bei mittlerer Fahrlässigkeit ist der Schaden grundsätzlich anteilig unter Berücksichtigung der Gesamtumstände

---

55 BAG 23.1.1997 – 8 AZR 893/93, NZA 1998, 140.
56 BAG 17.9.1998 – 8 AZR 175/97, NZA 1998, 141.
57 BAG 22.5.1997 – 8 AZR 562/95, NZA 1997, 1279.
58 Vgl. im Einzelnen: Küttner-*Seidel*, Personalbuch 2012, Arbeitnehmerhaftung, Rn 23.
59 BGH 24.2.1982 – IV ZR 296/80, NJW 1982, 1532.
60 BAG 17.9.1998 – 8 AZR 175/97, NZA 1999, 141.
61 BAG 5.2.2004 – 8 AZR 91/03, NZA 2004, 649.
62 Vgl. Hess LAG 15.1.1998 – 14 Sa 156/97, AuR 1998, 459.
63 Vgl. BAG 24.11.1987 – 8 AZR 524/82, DB 1988, 1606 für die Kfz-Kasko-Versicherung; LAG Köln 7.5.1992 – 5 Sa 448/91, DB 1992, 2093 für die Betriebshaftpflichtversicherung.
64 Küttner-*Griese*, Personalbuch 2012, Arbeitnehmerhaftung Rn 17.
65 BGH 15.1.1981 – VII ZR 44/80, NJW 1981, 920.
66 Küttner-*Griese*, Personalbuch 2012, Arbeitnehmerhaftung Rn 18.
67 BGH 19.9.1989 – VI ZR 349/88, NZA 1990, 100.

des Einzelfalls nach Billigkeitsgrundsätzen und Zumutbarkeitsgesichtspunkten zu verteilen. Ein Arbeitnehmer, der vollen Aufwendungsersatz entsprechend § 670 BGB für einen erlittenen Unfallschaden verlangt, muss darlegen und gegebenenfalls beweisen, dass er den Schaden nicht schuldhaft, d.h. vorsätzlich oder normal fahrlässig, sondern allenfalls leicht fahrlässig verursacht hat.[68]

VII. Auskunft

Ist der Arbeitgeber über den Anspruch auf Herausgabe im Ungewissen, kann er zunächst gegen den Arbeitnehmer gem. § 259 Abs. 1 BGB auf **Auskunft** klagen. Erfüllt der Arbeitnehmer den titulierten Anspruch nicht oder ist die Aufstellung des Arbeitnehmers ersichtlich unvollständig oder nicht schlüssig, kann der Arbeitgeber die **Abgabe einer eidesstattlichen Versicherung** nach § 259 Abs. 2 BGB verlangen.[69]   **41**

VIII. Prozessuale Durchsetzung der Herausgabeansprüche

Erfüllt der Arbeitnehmer seine Herausgabepflichten nicht, kann der Arbeitgeber auf Herausgabe **klagen**. Der Arbeitgeber muss die von ihm herausverlangten Gegenstände im Einzelnen genau bezeichnen und die Übergabe an den Arbeitnehmer darlegen und beweisen. Der Herausgabeanspruch kann bei entsprechender Eilbedürftigkeit im Wege der **Einstweiligen Verfügung** beim Arbeitsgericht gerichtlich durchgesetzt werden.[70]   **42**

Gegenüber dem Besitzeinräumungsrecht des Arbeitnehmers wegen verbotener Eigenmacht des Arbeitgebers stehen jedenfalls im **einstweiligen Verfügungsverfahren** dem Arbeitgeber keine Herausgabeansprüche zu, die mit einem Widerantrag geltend gemacht werden könnten.[71] Denn gegenüber dem Herausgabeanspruch des Antragstellers wegen verbotener Eigenmacht nach § 861 Abs. 1 BGB sind jedenfalls im einstweiligen Verfahren[72] Wideranträge, die auf Einräumung des Besitzes für den fehlerhaften Besitzer gerichtet sind, nur unter den Voraussetzungen des § 861 Abs. 2 BGB möglich, da ansonsten der possessorische Besitzschutz des § 863 BGB unterlaufen würde. Ob dem Arbeitnehmer vertragliche Herausgabeansprüche zustehen, ist nach der Ausübung verbotener Eigenmacht durch den Arbeitgeber daher ebenso irrelevant wie die Ausführungen des Arbeitgebers zu sonstigen möglichen Herausgabeanspruchsgrundlagen.[73]   **43**

In einem Herausgabeantrag müssen die Gegenstände, die herausverlangt werden, so genau wie möglich bezeichnet werden. Die gattungsmäßige Bezeichnung der Gegenstände ohne Angabe individualisierender Merkmale genügt regelmäßig nicht. Das gilt auch, wenn der Arbeitgeber vom Arbeitnehmer gerichtlich die Herausgabe überlassener Arbeitsmittel verlangt.[74]

Nach § 253 Abs. 2 Nr. 2 ZPO muss die Klageschrift neben der bestimmten Angabe des Gegenstandes und des Grundes des erhobenen Anspruchs auch einen bestimmten Antrag enthalten, damit der Streitgegenstand abgrenzbar und die Entscheidung einer möglicherweise erforderlich werdenden Zwangsvollstreckung zugänglich ist. Gemessen daran ist ein Klageantrag grundsätzlich hinreichend bestimmt, wenn er den erhobenen Anspruch konkret bezeichnet, dadurch den Rahmen der gerichtlichen Entscheidungsbefugnis (§ 308 ZPO) absteckt, Inhalt und Umfang

---

68 BAG 28.10.2010 – 8 AZR 647/09 – juris.
69 MüHdbArbR-*Wank*, § 129 Rn 12.
70 Vgl. hierzu die Muster „Einstweilige Verfügung wegen Herausgabe eines Dienstfahrzeugs" bei *Hümmerich*, Arbeitsrecht, § 6 Rn 515, „Einstweilige Verfügung auf Herausgabe von Arbeitsmitteln" bei *Korinth*, S. 323 ff. und „Einstweilige Verfügung auf Herausgabe eines Fahrzeuges" bei *Korinth*, S. 325 f.
71 LAG Berlin-Brandenburg 31.3.2008 – 3 Ta 519/08, EzA-SD 2008, Nr. 11, 5 (Leitsatz).
72 Zum Hauptsacheverfahren vgl. den Streitstand bei *Staudinger/Bund*, § 863 Rn 8.
73 LAG Berlin-Brandenburg 31.3.2008 – 3 Ta 519/08, EzA-SD 2008, Nr. 11, 5 (Leitsatz).
74 LAG Berlin-Brandenburg 17.12.2009 – 25 Sa 1571/09 – juris.

der materiellen Rechtskraft der begehrten Entscheidung (§ 322 ZPO) erkennen lässt, das Risiko eines Unterliegens des Klägers nicht durch vermeidbare Ungenauigkeit auf den Beklagten abwälzt und schließlich eine Zwangsvollstreckung aus dem Urteil ohne eine Fortsetzung des Streits im Vollstreckungsverfahren erwarten lässt. Danach müssen in einem Herausgabeantrag die Gegenstände, deren Herausgabe verlangt wird, so genau wie möglich bezeichnet werden, damit sie im Falle der Zwangsvollstreckung identifizierbar sind. Soweit sich Unsicherheiten hinsichtlich der Identifizierbarkeit der Gegenstände nicht vermeiden lassen, sind diese im Sinne eines wirksamen Rechtsschutzes hinzunehmen.[75]

Diesen Anforderungen genügt ein Klageantrag, wenn die herausverlangten Gegenstände – wenn auch nicht vollkommen eindeutig – jedoch zumindest so genau beschrieben sind, dass eine Verwechslungsgefahr weitgehend ausgeschlossen ist. Sind die Gegenstände hingegen nur der Gattung und teilweise der Größe nach bezeichnet, so dass sie im Fall eine Zwangsvollstreckung nicht oder kaum identifizierbar sind, fehlt es an der Bestimmtheit. Ist nicht ersichtlich, dass dies unvermeidlich ist bzw. es nicht möglich oder unzumutbar war, nähere Angaben zum Hersteller, der Form, der Größe, dem Material, der Farbe oder sonstigen Besonderheiten zu machen, durch diese sich die jeweiligen Gegenstände von anderen Gegenständen der gleichen Art unterscheiden lassen, reicht dies nicht aus.[76]

44 **Checkliste: Herausgabeklage**

- ■ Gegenstände vollstreckungsfähig bezeichnen
- ■ Darlegungs- und Beweislast beim Arbeitgeber
- ■ Eventuell einstweiliger Rechtsschutz

IX. Herausgabeklausel

45 Aufgrund der Gesetzeslage und im Hinblick darauf, dass der Arbeitnehmer lediglich Besitzdiener ist, bedarf es keiner gesonderten vertraglichen Regelung betreffend die Herausgabe von Arbeitsmitteln. Verweigert der Arbeitnehmer die Herausgabe ihm überlassener Arbeitsmittel, liegt ein **Besitzentzug durch verbotene Eigenmacht** vor. Der Arbeitgeber hat einen **Herausgabeanspruch** gegen den Arbeitnehmer gem. §§ 861, 862, 985 BGB.

46 *Praxishinweis*

Die in der Praxis häufig anzutreffende Klausel „Der Arbeitnehmer ist verpflichtet, nach Beendigung des Arbeitsverhältnisses alle ihm überlassenen Arbeitsmaterialien an den Arbeitgeber zurückzugeben" wiederholt zwar lediglich die Gesetzeslage, hat aber eine „Warnfunktion".

47 Dagegen bedarf es einer **Herausgabeklausel** dann, wenn es sich um Gegenstände handelt, bei denen später die Eigentumsrechte unklar sein können bzw. wenn der Arbeitnehmer Besitzer ist und nicht bloßer Besitzdiener.

48 In solchen Fällen sollte ein jederzeitiges Herausgabeverlangen des Arbeitgebers arbeitsvertraglich vereinbart werden.

49 *Formulierungsbeispiel*

Alle dem Arbeitnehmer überlassenen Arbeitsmittel wie z.B. Dienstwagen, Werkzeuge, Taschenrechner, Laptop, Drucker, Fax, Handy, Notizen, Materialien, Aufzeichnungen sind Eigentum des Arbeitgebers. Der Arbeitnehmer ist verpflichtet, diese Arbeitsmittel jederzeit

---

75 BGH 28.11.2002 – I ZR 168/00 – juris m.w.N.; vgl. auch BAG 15.4.2009 – 3 AZB 93/08 – juris – zu den Anforderungen an die Bestimmtheit eines Weiterbeschäftigungsantrages.
76 LAG Berlin-Brandenburg 17.12.2009 – 25 Sa 1571/09 – juris.

nach erfolgter Aufforderung bzw. nach Beendigung des Arbeitsverhältnisses unverzüglich an den Arbeitgeber herauszugeben.

Praxishinweis   **50**

Die Freistellung unter Gehaltsfortzahlung beendet das Arbeitsverhältnis nicht, sondern hat das Ruhen des Arbeitsverhältnisses zur Folge. Aus Arbeitgebersicht ist es vorteilhaft, die Herausgabeklausel auch auf den Fall der bezahlten Freistellung zu erstrecken. Dies ist dann problematisch, wenn die Privatnutzung Vergütungsbestandteil ist wie z.B. bei der Überlassung eines Dienstwagens.[77]

X. Arbeitsschutz

Technische Arbeitsmittel dürfen nur in den Verkehr gebracht werden, wenn sie den vorgegebenen   **51**
sicherheitstechnischen Anforderungen und weiteren formellen Voraussetzungen entsprechen.[78] Dadurch wird erreicht, dass grundsätzlich nur sicherheitsgerecht geschaffene Arbeitsmittel in den Betrieben zum Einsatz kommen. Auf der Ebene des **betrieblichen Arbeitsschutzes** (näher hierzu siehe § 9 Rn 6 ff.) hat der Arbeitgeber bei Auswahl, Erwerb und Einsatz der Arbeitsmittel auch die spezifischen betrieblichen Verhältnisse zu berücksichtigen,[79] d.h. die Gestaltung der Arbeitsstätte, Art der Arbeit und Gefährdungspotential, Fähigkeiten und Kenntnisse der mit den Arbeitsmitteln umgehenden Beschäftigten. Die Vorschriften über die sichere Benutzung der Arbeitsmittel durch die Beschäftigten bei der Arbeit verpflichten sowohl den Arbeitgeber als auch die Beschäftigten (§ 15 Abs. 2 ArbSchG). Allgemeines Schutzziel des ArbSchG ist die Sicherung und Verbesserung der Sicherheit und des Gesundheitsschutzes der Beschäftigten bei der Arbeit durch Maßnahmen des Arbeitsschutzes.[80] Nach § 2 Abs. 2 ArbSchG sind „Beschäftigte" Arbeitnehmerinnen und Arbeitnehmer einschließlich der im Betrieb tätigen Leiharbeitnehmer, zur Berufsbildung Beschäftigte, arbeitnehmerähnliche Personen wie z.B. freie Mitarbeiter, Lehrbeauftragte, Beschäftigte in Werkstätten für Behinderte sowie Beamtinnen und Beamte des Bundes, der Länder, Gemeinden, sowie der sonstigen Körperschaften, Anstalten und Stiftungen des öffentlichen Rechts, Richterinnen und Richter, Soldatinnen und Soldaten. Normadressat der Schutzpflichten des ArbSchG ist der Arbeitgeber.

Die ArbeitsmittelbenutzungsVO (AMBV) setzt EU-Recht über die Benutzung von Arbeitsmitteln   **52**
durch die Beschäftigten bei der Arbeit inhaltsgleich in deutsches Recht um.[81]

XI. Ausbildungsmittel

Nach § 6 Abs. 1 Nr. 3 BBiG sind dem Auszubildenden **Ausbildungsmittel**, die er für die Ausbil-   **53**
dung und zum Ablegen von Zwischen- und Abschlussprüfung benötigt, kostenlos zur Verfügung zu stellen.[82] Der Arbeitgeber ist nur verpflichtet, die für seinen Teil der Ausbildung, d.h. die betriebliche Ausbildung, notwendigen Ausbildungsmittel zur Verfügung zu stellen.[83]

---

77 Vgl. BAG 23.6.1994 – 8 AZR 537/92, AP Nr. 34 zu § 249 BGB; BAG 16.11.1995 – 8 AZR 240/95, AP Nr. 4 zu § 611
    BGB Sachbezüge; BAG 27.5.1999 – 8 AZR 415/98, AP Nr. 12 zu § 611 BGB Sachbezüge.
78 MüHdbArbR-*Wlotzke*, § 213 Rn 23.
79 Küttner-*Reinecke*, Personalbuch 2012, Arbeitssicherheit/Arbeitsschutz, Rn 9.
80 Küttner-*Reinecke*, Personalbuch 2012, Arbeitssicherheit/Arbeitsschutz, Rn 1.
81 Vgl. dazu MünchHdbArbR-*Wlotzke*, § 211 Rn 1 ff. und § 213 Rn 3.
82 Schaub-*Schaub*, ArbRHdb, § 174 Rn 43.
83 Küttner-*Kania*, Personalbuch 2012, Ausbildungsverhältnis, Rn 23.

XII. Vereinbarte Privatnutzung

54 Der Arbeitgeber kann frei darüber entscheiden, ob und in welchem Umfang er die Privatnutzung von Telekommunikationsanlagen am Arbeitsplatz gestattet.[84] Ob ausschließlich eine dienstliche Nutzung der Arbeitsmittel oder auch deren private Nutzung gestattet ist, hängt von den zwischen den Arbeitsvertragsparteien getroffenen Vereinbarungen ab. Die Vereinbarung einer ausschließlich dienstlichen Nutzung ist bei im Eigentum des Arbeitgebers stehenden Arbeitsmitteln der Regelfall, wenn nicht die Arbeitsvertragsparteien eine Vereinbarung getroffen haben, dass dem Arbeitnehmer auch eine Benutzung der Arbeitsmittel des Arbeitgebers zu privaten Zwecken erlaubt sein soll.[85] Eine solche Vereinbarung können die Arbeitsvertragsparteien z.B. nur für einen dem Arbeitnehmer überlassenen Dienstwagen, nicht aber für das Laptop, das iPhone oder sonstige Arbeitsmittel vereinbaren. Ist eine **Privatnutzung** von Arbeitsmitteln vereinbart worden, kann der Arbeitnehmer diese bis zum Beendigungszeitpunkt nutzen. Da die Privatnutzung ein Vergütungsbestandteil ist, hat der Arbeitnehmer hierauf bis zur Beendigung des Vertragsverhältnisses Anspruch.

55 Praktisch bedeutsam wird die Frage, wenn der Arbeitgeber eine fristgerechte Kündigung ausspricht und den Arbeitnehmer in der Kündigungsfrist von der Arbeitsverpflichtung freistellt. Werden Laptop und iPhone dem Arbeitnehmer ausschließlich zur dienstlichen Nutzung überlassen, entfällt bei Freistellung jegliches berechtigtes Interesse des Arbeitnehmers, die dienstlichen Arbeitsmittel Laptop und iPhone weiterhin in seinem Besitz zu behalten. Dies gilt umso mehr, wenn der Arbeitnehmer ohnehin am nächsten Arbeitstag einen von ihm beantragten und vom Arbeitgeber genehmigten Erholungsurlaub antreten wollte. Dabei kommt es auch nicht darauf an, ob der Arbeitgeber berechtigt war, den Arbeitnehmer von der Verpflichtung zur Arbeitsleistung mit sofortiger Wirkung freizustellen; denn auch unabhängig von einer bevorstehenden Beendigung des Arbeitsverhältnisses und unabhängig von einer Freistellung des Arbeitnehmers von der Arbeitsverpflichtung ist der Arbeitgeber schon aus seinem an den Gegenständen bestehenden Eigentum heraus jederzeit berechtigt, deren Herausgabe durch den Arbeitnehmer zu verlangen.[86]

56 Da die Privatnutzung der Arbeitsmittel ein **Vergütungsbestandteil** ist, muss der Arbeitgeber dem Arbeitnehmer im Freistellungszeitraum die Arbeitsmittel weiterhin zur Privatnutzung zur Verfügung stellen und die **Unterhaltungs- und Reparaturkosten** tragen. Während man bei der Überlassung des Dienstwagens dem Arbeitgeber ein **Wahlrecht**[87] dahin gehend einräumen kann, statt der Überlassung des Dienstwagens diese Verpflichtung durch die Zahlung des Privatnutzungswertes in Geld zu erfüllen, kommt dies z.B. bei einem Handy oder einem elektronischen Diktiergerät oder einem Laptop kaum in Betracht.

57 Zulässig ist, dass sich der Arbeitgeber vertraglich ein jederzeitiges **Widerrufsrecht** der Privatnutzung hinsichtlich der Arbeitsmittel vorbehält. Macht der Arbeitgeber dann hiervon Gebrauch, muss der Arbeitnehmer die Arbeitsmittel sofort zurückgeben. Eine Aufhebung der Privatnutzung durch Änderungskündigung ist denkbar.[88]

58 Hat sich der Arbeitgeber im Arbeits- bzw. Überlassungsvertrag wirksam einen Widerruf vorbehalten, darf die **Ausübung des Widerrufsvorbehalts** nicht zu einer Umgehung des zwingenden Änderungskündigungsschutzes gemäß § 2 KSchG führen. Andernfalls ist der Widerrufsvorbehalt nach § 134 BGB unwirksam. Der Widerruf einer Nebenleistung stellt dann keine Umgehung des Änderungskündigungsschutzes dar, wenn sich der Widerruf wirtschaftlich auf nicht mehr als 25 % bis

---

84 *Altenburg/v. Reinersdorff/Leister*, MMR 2005, 135; *Dickmann*, NZA 2003, 1009; *Krämer*, NZA 2004, 457; *Ernst*, NZA 2002, 585; *Beckschulze*, DB 2003, 2777.
85 LAG Köln 21.7.2011 – 7 Sa 312/11 – juris.
86 LAG Köln 21.7.2011 – 7 Sa 312/11 – juris.
87 Küttner-*Griese*, Personalbuch 2012, Dienstwagen, Rn 10.
88 *Beckschulze*, DB 2003, 2777, 2779.

30 % der Gesamtvergütung des Arbeitnehmers auswirkt.[89] Widerrufsklauseln unterliegen der Überprüfung nach §§ 307 ff. BGB.

Für die **Höhe der Nutzungsentschädigung** nimmt die Rechtsprechung bei Dienstwagen an, dass auf die lohnsteuerrechtliche Vorteilsermittlung abzustellen sei.[90] Bei sonstigen Gegenständen, z.B. einem Laptop, muss ermittelt werden, wie viel auf dem freien Markt für die Anschaffung und Nutzung eines vergleichbaren Laptops aufzuwenden wäre. Es ist zu berücksichtigen, dass bei der Kombination dienstlicher und privater Nutzung ein Nutzungswert nicht in gleicher Höhe unterstellt werden kann, da die (Ab-)Nutzung zu einem erheblichen Teil aus der dienstlichen Nutzung resultiert.   **59**

XIII. Steuern

Aufwendungen für Arbeitsmittel sind nach § 9 Abs. 1 Nr. 6 EStG **Werbungskosten** (vgl. § 12 Rn 25 ff.).   **60**

Die **Gestellung von Arbeitsmitteln für betriebliche Zwecke** liegt im überwiegenden Interesse des Arbeitgebers und ist beim Arbeitnehmer nicht als Arbeitslohn steuerbar (vgl. § 12 Rn 1 ff.). **Auslagenersatz**, den der Arbeitgeber an den Arbeitnehmer für diese Zwecke zahlt, ist in der Regel nach § 3 Nr. 50 EStG steuerfrei.   **61**

Erfolgt die **Gestellung von Arbeitsmitteln für betriebliche und private Zwecke**, ist grundsätzlich der private Nutzungsanteil zu versteuern, teilweise pauschaliert, z.B. bei Kfz-Nutzung (vgl. § 8 Abs. 2 EStG). Geringfügige Vorteile bis 40 EUR monatlich sind nach § 8 Abs. 2 S. 9 EStG steuerfrei, wenn die sich nach Anrechnung der vom Steuerpflichtigen gezahlten Entgelte ergebenden Vorteile insgesamt 44 EUR im Kalendermonat nicht übersteigen.   **62**

Für **Personalcomputer** und **Telekommunikationsgeräte** gilt § 3 Nr. 45 EStG.[91] Danach ist die Privatnutzungsmöglichkeit von Personalcomputern und Telekommunikationsgeräten des Arbeitgebers, die – auch – zur betrieblichen Nutzung überlassen sind, unabhängig vom Verhältnis privater und betrieblicher Nutzung steuerfrei. Die Geräte müssen im Eigentum des Arbeitgebers stehen.   **63**

Für **Barzuschüsse zur Nutzung von** (auch vom Arbeitgeber geschenkten oder verbilligt überlassenen) **eigenen Geräten des Arbeitnehmers** gilt § 3 Nr. 45 EStG nicht.[92] Bei ihnen sind die Privatnutzungsanteile zu schätzen. Der Arbeitgeber kann jedoch den Lohnvorteil pauschal mit 25 % versteuern.   **64**

Personalcomputer sind Standgeräte und Laptops einschließlich aller anschließbaren Hardware – Standardkomponenten (Prozessor, Speicher, Laufwerke), Zubehörgeräte (Monitor, Drucker, Scanner, Modem/ISDN-Karte) und Software. Telekommunikationsgeräte sind darüber hinaus vor allem (auch fest installierte) Telefon- und Faxgeräte sowie Handys zur Internetnutzung einschließlich Modem für ISDN-Anschluss.   **65**

---

89 BAG 12.1.2005 – 5 AZR 364/04, NZA 2005, 465.
90 BAG 27.5.1999 – 8 AZR 415/98, NJW 1999, 3507.
91 Schmidt-*Heinicke*, § 3 EStG, ABC – Arbeitsmittelgestaltung durch ArbG.
92 Küttner-*Thomas*, Personalbuch 2012, Arbeitsmittel, Rn 6.

B. Sonstige Arbeitsmittel rund um den Dienstwagen

I. Autotelefon/Handy

1. Haftung

66　Bei beruflicher und erlaubter privater Nutzung des **Autotelefons** gilt die Haftungsprivilegierung nach den Grundsätzen der betrieblich veranlassten Tätigkeit.[93] Auch insoweit gilt das dreistufige Haftungsmodell (vgl. oben Rn 28). Da eine grobe Fahrlässigkeit nur anzunehmen ist, wenn eine besonders schwerwiegende und auch subjektiv unentschuldbare Pflichtverletzung vorliegt, weil der Arbeitnehmer diejenige Sorgfalt außer Acht gelassen hat, die jedem eingeleuchtet hätte, ist es notwendig, dem Arbeitnehmer die Risiken deutlich zu machen. Aus Beweisgründen bietet es sich an, vor der Überlassung eines Dienstwagens mit Freisprecheinrichtung dem Arbeitnehmer schriftliche Sicherheitshinweise gegen Empfangsbekenntnis auszuhändigen. Verursacht der Arbeitnehmer bei einer unzuverlässigen Privatnutzung des Autotelefons einen Arbeitgeberschaden, haftet er in vollem Umfang.[94]

67　Die Benutzung eines Mobiltelefons ist dem Fahrzeugführer untersagt, wenn er „hierfür das Mobiltelefon aufnimmt oder hält". Nicht erforderlich ist, dass tatsächlich eine Telefonverbindung hergestellt wird. Unter das Verbot des § 23 Abs. 1a StVO fallen im Übrigen auch die Tätigkeiten, die (nur) die Vorbereitung der Nutzung gewährleisten sollen, da es sich auch dabei um bestimmungsgemäße Verwendung bzw. deren Vorbereitung handelt.[95] Da ein Kraftfahrzeug bereits bei einer Geschwindigkeit von 50 km/h in jeder Sekunde 14 m zurücklegt, stellt das Telefonieren während der Fahrt ein hohes Sicherheitsrisiko dar. Der Fahrer ist verpflichtet, seine Aufmerksamkeit vorrangig dem Verkehrsgeschehen zu widmen. Deswegen darf das Telefon nur benutzt werden, wenn es die Verkehrssituation zulässt.

68　Bei **Unfallverursachung durch** ein **Handy-Telefonat** während der Fahrt liegt grobe Fahrlässigkeit vor. Auch in diesem Fall ist eine Haftungserleichterung nicht generell ausgeschlossen. Sie kommt bei deutlichem Missverhältnis zwischen Verdienst und Höhe des Schadens in Betracht, wenn die Existenz des Arbeitnehmers bei voller Inanspruchnahme bedroht ist. Liegt der Gesamtschaden nur wenig über dem Monatsgehalt, besteht bei grob fahrlässiger Schadensverursachung für eine Haftungsbegrenzung keine Veranlassung.[96]

69　Je nach Ausstattung des Dienstwagens kann der Arbeitnehmer die Telefonfunktion entweder mit der Handyaufnahme und einem Handy oder mit dem fest eingebauten Telefon nutzen. Der Betrieb von Telefonen, deren Antenne im Fahrzeug-Innenraum ist, kann zu Funktionsstörungen der Fahrzeugelektronik führen. Dadurch wird die Betriebssicherheit des Fahrzeuges gefährdet. Telefone dürfen deshalb im Fahrzeuginnenraum nur dann benutzt werden, wenn sie an einer separaten Außenantenne angeschlossen sind, die vom Fahrzeughersteller freigegeben ist. Der Fahrer muss halten oder parken, wenn er nicht die Freisprecheinrichtung benutzen will. Er darf selbstverständlich nicht im Halte- oder Parkverbot halten oder parken. Im Ausland hat der Fahrer beim Telefonieren während des Fahrens die gesetzlichen Bestimmungen des jeweiligen Landes, in dem er sich gerade aufhält, zu beachten. Aus Sicherheitsgründen sollte der Fahrer während der Fahrt nur die Freisprecheinrichtung zum Telefonieren benutzen.

70　Bei **geleasten Fahrzeugen** ist zu prüfen, ob im Wege der ergänzenden Auslegung des Vertrages zwischen Leasinggeber und Leasingnehmer (= Arbeitgeber) eine unmittelbare Haftungsbegrenzung zugunsten der Arbeitnehmer des Leasingnehmers anzunehmen ist.[97]

93　*Altenburg/v. Reinersdorff/Leister*, MMR 2005, 135, 139; *Beckschulze/Henkel*, DB 2001, 1491, 1498.
94　*Dickmann*, NZA 2003, 1009, 1013; *Altenburg/v. Reinersdorff/Leister*, MMR 2005, 135, 139.
95　OLG Hamm 20.4.2007 – 2 Ss OWi 228/07 – juris.
96　BAG 12.11.1998 – 8 AZR 221/97, BAGE 90, 148 ff. = NZA 1999, 263.
97　BGH 19.9.1989 – VI ZR 349/88, BGHZ 108, 305.

Die **Beweislast** für die Voraussetzung eines Schadensersatzanspruches trägt der Arbeitgeber. Er muss daher objektive Pflichtwidrigkeit, Rechtsgutsverletzung, haftungsbegründende und haftungsausfüllende Kausalität, den Schaden und das zur Haftung führende Verschulden nachweisen.[98] Nach § 619a BGB ist das Vertretenmüssen der Pflichtverletzung ein anspruchsbegründendes und damit vom Arbeitgeber zu beweisendes Tatbestandsmerkmal.

71

2. Privatnutzung

Für die Zulässigkeit der **Privatnutzung** des **Autotelefons** gelten keine Besonderheiten. Ob und in welchem Umfang die Benutzung des Autotelefons zu privaten Zwecken arbeitsvertragswidrig ist, richtet sich in erster Linie nach den arbeitsvertraglichen Regelungen bzw. den geltenden Betriebsvereinbarungen.[99] Fehlt eine solche Regelung, kann der Arbeitnehmer in der Regel berechtigterweise von der Duldung der Privatnutzung des Autotelefons in angemessenem Umfang ausgehen.[100] Will der Arbeitgeber die Privatnutzung des Autotelefons untersagen, muss dies ausdrücklich, z.B. arbeitsvertraglich oder durch Betriebsvereinbarung, erfolgen. Die stillschweigende Duldung der Privatnutzung des Autotelefons durch den Arbeitgeber kann dazu führen, dass eine dahin gehende betriebliche Übung entsteht. Letztere muss allerdings unmittelbar auf das jeweilige Kommunikationsmittel bezogen sein.[101] Eine Vielzahl von Privattelefonaten während der Arbeitszeit kann nach der Rechtsprechung des LAG Niedersachsen[102] eine verhaltensbedingte Kündigung rechtfertigen. Ob dies allerdings für die Nutzung des Autotelefons gilt, hängt davon ab, ob die Autofahrt als „Arbeitszeit" gilt oder nicht, bzw. ob der Arbeitnehmer im Auto erreichbar sein muss. Trotz Störung im Vertrauensbereich ist eine Abmahnung in jedem Fall erforderlich.

72

Ist die **Privatnutzung des zur Verfügung gestellten Diensthandys**, um damit im Internet zu surfen, vom Arbeitgeber nicht gestattet, bleibt es bei dem Grundsatz, dass private Internetnutzung des zu Dienstzwecken zur Verfügung gestellten Arbeitsmittels nicht gestattet ist.[103]

3. Überwachung

Arbeitgeber und Betriebsrat sind grundsätzlich befugt, eine Überwachung der Autotelefonnutzung im Betrieb einzuführen. Die Zulässigkeit des damit verbundenen Eingriffs in die Persönlichkeitsrechte der Arbeitnehmer richtet sich nach dem Grundsatz der Verhältnismäßigkeit. Die Einführung einer Überwachung der Autotelefonnutzung fällt unter die umfassende Kompetenz der Betriebsparteien zur Regelung materieller und formeller Arbeitsbedingungen sowie von Fragen der Ordnung des Betriebes. Die Regelungen der Betriebsparteien müssen mit höherrangigem Recht vereinbar sein.[104]

73

Der Arbeitgeber hat das Recht, die Autotelefonnutzung seiner Arbeitnehmer daraufhin zu überprüfen, ob diese allein dienstlichen Zwecken dient. Hierzu kann er die Verbindungsdaten einschließlich der Empfänger und Adressatendaten prüfen und auswerten.[105] Aus Arbeitgebersicht ist es empfehlenswert, zulässige Überwachungsmaßnahmen generell nach Art und Umfang festzulegen und die individuelle Einwilligung (§§ 97 ff. TKG) von jedem Arbeitnehmer einzuholen.[106] Das

74

---

98 BAG 22.5.1997 – 8 AZR 562/95, NZA 1997, 1279.
99 Küttner-*Kreitner*, Personalbuch 2012, Internet-/Telefonnutzung Rn 4.
100 Vgl. LAG Köln 11.2.2005–4 Sa 1018/04, LAGReport 2005, 229.
101 Küttner-*Kreitner*, Personalbuch 2012, Internet-/Telefonnutzung Rn 4.
102 LAG Niedersachsen 13.1.1998 – 13 Sa 1235/97, BB 1998, 1112 f.
103 Hessisches LAG 25.7.2011 – 17 Sa 1818/10 – juris.
104 Vgl. dazu die Grundsätze zur Videoüberwachung im Betrieb, BAG 26.8.2008, 1 ABR 16/07, juris.
105 Vgl. *Balke/Müller*, DB 1997, 326.
106 Vgl. *Mengel*, DB 2004, 1445.

Überwachungsrecht des Arbeitgebers geht nicht soweit, das Mithören von Telefonaten zu erlauben. Etwas anderes gilt in begründeten Ausnahmefällen, z.b. bei Vorliegen entsprechender dringender Verdachtsmomente.[107] Neben diesen individuellen Überwachungsgrenzen muss der Arbeitgeber die datenschutzrechtlichen Vorschriften beachten. Hierdurch werden die Kontrollmöglichkeiten deutlich eingeschränkt. Schließlich unterliegt die Überwachung der einzelnen Arbeitnehmer durch den Arbeitgeber dem Mitbestimmungsrecht des Betriebsrats gem. § 87 Abs. 1 Nr. 6 BetrVG.[108] Demgemäß darf der Arbeitgeber die Daten für die vom Autotelefon aus geführten Telefongespräche (z.B. Uhrzeit und Dauer des Gesprächs, Rufnummer des angerufenen Teilnehmers) nur erfassen lassen, wenn der Betriebsrat zustimmt.[109]

75 Missachtet der Arbeitgeber die oben dargestellten Grenzen der zulässigen Kontrollen der Datenübermittlung greift ein allgemeines Verwertungsverbot ein.[110]

4. Kündigung

76 Ob die **Verwendung des Autotelefons zu privaten Zwecken** vertragswidrig und damit kündigungsrelevant ist, hängt von den konkreten betrieblichen Umständen ab. In der Rechtsprechung ist allgemein anerkannt, dass private Telefonate, die unerlaubt über die betriebliche Fernsprechanlage auf Kosten des Arbeitgebers geführt werden, grundsätzlich sogar den Ausspruch einer fristlosen Kündigung rechtfertigen können.[111] Verstöße der Arbeitnehmer gegen das Verbot der Privatnutzung des Autotelefons berechtigen den Arbeitgeber zur Abmahnung.[112] Im Wiederholungsfall kommt eine verhaltensbedingte Kündigung in Betracht. Eine vorherige Abmahnung ist regelmäßig notwendig, wenn keine klare betriebliche Regelung für die Privatnutzung vorhanden ist.[113] Der Arbeitgeber kann einen Arbeitnehmer außerordentlich kündigen, wenn dieser eine kostenpflichtige Privatnutzung seines Diensthandys nicht korrekt abrechnet und die von ihm zu tragenden Kosten zum Nachteil des Arbeitgebers verschleiert.[114]

77 Die **unzulässige Privatnutzung des Autotelefons während der Arbeitszeit** stellt eine Verletzung der arbeitsvertraglichen Hauptpflicht zur Erbringung der Arbeitsleistung dar. Derartige Pflichtverletzungen kann der Arbeitgeber abmahnen[115] und je nach Schwere und Dauer auch zum Anlass für eine verhaltensbedingte Kündigung nehmen.[116]

78 Verstößt der Arbeitnehmer trotz einschlägiger **Abmahnung**[117] gegen das – zulässige – Verbot, private Telefongespräche zu führen, so kann dies eine verhaltensbedingte Kündigung – ggf. auch eine außerordentliche Kündigung – rechtfertigen.[118] In Ausnahmefällen kann sogar eine

---

107 Vgl. Küttner-*Kreitner*, Personalbuch 2012, Internet-/Telefonnutzung Rn 9 m.w.N.
108 Vgl. GK-BetrVG-*Wiese*, § 87 Rn 555 ff.
109 Vgl. BAG 27.5.1986 – 1 ABR 48/84, NZA 1986, 643; BAG 30.8.1995 – 1 ABR 4/95, NZA 1996, 218; BAG 11.11.1998 – 7 ABR 47/97, NZA 1999, 947.
110 BAG 29.10.1997 – 5 AZR 508/96, NZA 1998, 307; BAG 27.3.2003 – 2 AZR 51/02, NZA 2003, 1193.
111 Z.B. BAG 4.3.2004 – 2 AZR 147/03 – juris; LAG Hamm 26.6.2009 – 13 Sa 120/09 – juris.
112 LAG Nürnberg 6.8.2002 – 6 (5) Sa 472/01, NZA-RR 2003, 191.
113 LAG Köln 15.12.2003 – 2 Sa 816/03, NZA-RR 2004, 527.
114 LAG Berlin-Brandenburg 18.11.2009 – 15 Sa 1588/09 – juris.
115 LAG Nürnberg 6.8.2002 – 6 (5) Sa 472/01, NZA-RR 2003, 191; LAG Niedersachsen 13.1.1998 – 13 Sa 1235/97, NZA-RR 1998, 259; LAG Köln 2.7.1998 – 6 Sa 42/98, NZA-RR 1999, 192; LAG Köln 10.2.2004 – 5 Sa 1049/03 (n.v.); LAG Düsseldorf 25.3.2004 – 11 (6) Sa 79/04, AiB 2004, 629; LAG Rheinland-Pfalz 18.12.2003 – 4 Sa 1288/03, DB 2004, 1682; ArbG Frankfurt/M. 14.7.1999 – 2 Ca 8824/98, NZA-RR 2000, 135.
116 Hess LAG 13.12.2001 – 5 Sa 987/2001, DB 2002, 901; ArbG Frankfurt 2.1.2002 – 2 Ca 5340/01, NZA 2002, 1093; ArbG Wesel 21.3.2001 – 5 Ca 4021/00, NZA 2001, 786.
117 LAG Niedersachsen 13.1.1998 – 13 Sa 1235/97, DB 1998, 1112; a.A. ArbG Würzburg 16.12.1997 – 1 Ca 1326/97, DB 1998, 1318: Abmahnung auch für außerordentliche Kündigung erforderlich.
118 ArbG Würzburg 2.12.1997 – 1 Ca 1326/97, NZA-RR 1998, 444; ArbG Würzburg 16.12.1997 – 1 Ca 1326/97, DB 1998, 1318; MüHdbArbR-*Berkowsky*, § 137 Rn 291.

außerordentliche Kündigung in Betracht kommen.[119] Privatgespräche vom Autotelefon sind ein wichtiger Grund i.S.d. § 626 BGB, wenn dem Arbeitnehmer solche Telefongespräche auf Kosten des Arbeitgebers untersagt sind.[120] Bei nur geringem Umfang bedarf es aber einer vorherigen Abmahnung.[121] Auch wenn die Privatnutzung des Autotelefons grundsätzlich erlaubt ist, muss der Arbeitnehmer – soweit dies vorgesehen ist – private Gespräche durch eine entsprechende Vorwahl **kennzeichnen.** Geschieht dies nicht, ist bei einer großen Anzahl von Telefonaten eine Kündigung auch ohne vorherige Abmahnung möglich.[122] Darüber hinaus darf der Arbeitnehmer von der Privatnutzung des Autotelefons nur insoweit Gebrauch machen, als dies anzunehmender Weise noch von der Zustimmung des Arbeitgebers gedeckt ist, sonst kann ihm nach Abmahnung gekündigt werden.[123] Dienstlich veranlasste Privatgespräche sind kündigungsirrelevant.[124]

> *Beispiel* 79
>
> Der Arbeitnehmer unterrichtet seine Ehefrau davon, dass er im Stau steht und sich deshalb die Heimkehr von der Dienstreise um drei Stunden verzögert; der Arbeitnehmer unterrichtet seine Ehefrau davon, dass für die Abendstunden überraschend ein Meeting einberufen wurde.

Deklariert der Arbeitnehmer private Telefongespräche mit dem Autotelefon entgegen betrieblicher Regelung fälschlich durch Vorwahl bestimmter Ziffern als vom Arbeitgeber zu zahlende Dienstgespräche, so liegt darin eine Vertragspflichtverletzung, die den Vertrauensbereich berührt. Dieses Verhalten ist geeignet, eine – auch außerordentliche – Kündigung zu begründen. Im Rahmen der Interessenabwägung kommt es entscheidend auf das Ausmaß der Verfehlung sowie auf die Dauer der Betriebszugehörigkeit an.[125] Eine Abmahnung ist erforderlich, wenn es sich um gelegentliche Falschdeklarierungen handelt und zwar auch dann, wenn sie auf Versehen beruhen.[126] Dies gilt auch dann, wenn Privatgespräche über das Autotelefon grundsätzlich gestattet sind, jedoch eine übermäßige Nutzung stattfindet.[127] 80

5. Abhören von Autotelefongesprächen

Der Arbeitgeber ist nicht berechtigt, Telefongespräche von Arbeitnehmern **abzuhören.** Dies widerspricht dem grundrechtlichen Persönlichkeitsschutz des Arbeitnehmers.[128] Dies gilt auch dann, wenn der Arbeitnehmer weiß, dass eine solche Mithörmöglichkeit technisch besteht. 81

---

119 ArbG Düsseldorf 1.8.2001 – 4 Ca 3437/01, NZA 2001, 1386.
120 LAG Sachsen-Anhalt 23.11.1999 – 8 TaBV 6/99, NZA-RR 2000, 476.
121 HWK-*Sandmann*, § 626 BGB Rn 258.
122 ArbG Würzburg 16.12.1997 – 1 Ca 1326/97, DB 1998, 1318.
123 LAG Nürnberg 6.8.2001 – 6 (5) Sa 472/01, NZA-RR 2003, 191.
124 MüHdbArbR-*Berkowsky*, § 137 Rn 292; *Ernst*, NZA 2002, 585, 588.
125 Vgl. LAG Sachsen-Anhalt 23.11.1999 – 8 TaBV 6/99, LAGE § 103 BetrVG Nr. 15; LAG Köln 4.11.1999 – 6 Sa 493/99 (n.v.).
126 LAG Niedersachsen 13.1.1998 – 13 Sa 1235/97, DB 1998, 1112.
127 HWK-*Quecke*, § 1 KSchG Rn 247.
128 BAG 2.6.1982 – 2 AZR 1237/79, AP Nr. 3 zu § 284 ZPO; MüHdbArbR-*Berkowsky*, § 137 Rn 295; DLW-*Dörner*, C Rn 2313.

6. Mithören von Telefongesprächen über eine Freisprechanlage

82 Das **Mithören** oder **Mithörenlassen** eines Telefongespräches über die Freisprechanlage ist unzulässig.[129] Lässt der Arbeitnehmer ein Telefongespräch mit seinem Arbeitgeber von einem Dritten mithören, kann dies eine kündigungsrelevante Arbeitspflichtverletzung darstellen.[130] Auch die Telefongespräche, die der Arbeitnehmer von seinem Autotelefon aus führt, unterliegen dem Schutz durch das allgemeine Persönlichkeitsrecht. Der Schutz des gesprochenen Wortes wird auch nicht durch die Kenntnis einer Mithörmöglichkeit beseitigt. Deshalb kann nicht von einer Einwilligung in ein keinem der Gesprächspartner bekanntes Mithören ausgegangen werden.[131]

83 Zusammenfassend hat das Bundesarbeitsgericht[132] folgende Grundsätze aufgestellt: Das heimliche Mithörenlassen von Telefongesprächen zwischen Arbeitnehmer und Arbeitgeber ist im Allgemeinen unzulässig.[133] Es verletzt das Persönlichkeitsrecht des Gesprächspartners. Wer jemanden mithören lassen will, hat seinen Gesprächspartner vorher darüber zu informieren. Dieser ist nicht gehalten, sich seinerseits vorsorglich zu vergewissern, dass niemand mithört.

7. Beweisverwertung

84 Art. 6 Abs. 1 EMRK – Gebot der Waffengleichheit in einem gerichtlichen Verfahren – gebietet nicht die Vernehmung von Zeugen, die heimlich mitgehört haben. Dies gilt jedenfalls dann, wenn die Partei, die die Zeugen hat mithören lassen, keinen wichtigen Grund dafür hatte, dies zu tun. In diesem Fall hat sie ihre Beweisnot durch das Unterlassen des Hinweises auf das Zuschalten der Mithöranlage selbst verursacht.[134] Lässt der Arbeitgeber einen Dritten über eine Freisprechanlage eine Unterredung mit einem Arbeitnehmer, dem er kündigen will, ohne dessen Wissen mithören, so darf der Dritte über den gesamten Inhalt der Unterredung nicht als Zeuge vernommen werden, wenn der Arbeitgeber dem Arbeitnehmer zu verstehen gegeben hat, dass er die Unterredung als vertraulich behandeln wolle.[135]

Nach der Rechtsprechung des BAG[136] führt der Umstand, dass eine Partei die Kenntnis der von ihr behaupteten Tatsachen auf rechtswidrige Weise erlangt hat, nicht notwendig zu einem Verbot von deren prozessualer Verwertung. Falls die betreffenden Tatsachen von der Gegenseite nicht bestritten werden, also unstreitig geworden sind, besteht ein solches Verbot nur, wenn der Schutzzweck der bei der Informationsgewinnung verletzten Norm einer gerichtlichen Verwertung der Information zwecks Vermeidung eines Eingriffs in höherrangige Rechtspositionen dieser Partei zwingend entgegensteht. Hat eine Partei den Tatsachenvortrag der Gegenseite nicht bestritten, ist ihr die Möglichkeit, sich auf die Rechtswidrigkeit der ihm zugrundeliegenden Informationsbeschaffung zu berufen, nur dann genommen, wenn in ihrem Nichtbestreiten zugleich die Einwilligung in eine prozessuale Verwertung der fraglichen Tatsachen liegt. Dann wiederum stellt sich die Frage nach einem Verwertungsverbot nicht. Der Schutz des Arbeitnehmers vor einer **rechtswidrigen Videoüberwachung** verlangt nicht, auch solche unstreitigen Tatsachen außer Acht zu lassen, die dem Arbeitgeber nicht nur durch die Videoaufzeichnung, sondern ohne Rechtsverstoß auch aus einer anderen Informationsquelle bekannt geworden sind.

---

129 Vgl. BAG 29.10.1997 – 5 AZR 508/96, AP Nr. 27 zu § 611 BGB Persönlichkeitsrecht = NZA 1998, 307.
130 BAG 29.10.1997 – 5 AZR 508/96, AP Nr. 27 zu § 611 BGB Persönlichkeitsrecht = NZW 1998, 307; MüHdbArbR-*Berkowsky*, § 137 Rn 296.
131 Vgl. BVerfG 19.12.1991 – 1 BvR 382/85, AP Nr. 24 zu § 611 BGB Persönlichkeitsrecht.
132 BAG 29.10.1997 – 5 AZR 508/96, EzA § 611 BGB Persönlichkeitsrecht Nr. 12.
133 BAG 10.12.1998 – 8 AZR 366/97, juris.
134 BAG 29.10.1997 – 5 AZR 508/96, EzA § 611 BGB Persönlichkeitsrecht Nr. 12.
135 Vgl. BAG 2.6.1982 – 2 AZR 1237/79, EzA Art. 2 GG Nr. 2.
136 BAG 16.12.2010 – 2 AZR 485/08 – juris.

Die **gerichtliche Verwertung von Kenntnissen**,[137] die der Arbeitgeber aus dem verbotswidrigen **85**
Mithören eines Telefongespräches des Arbeitnehmers gewonnen hat, verletzt das Recht des Arbeitnehmers am eigenen Wort.[138] Gegenüber der Vernehmung eines Zeugen, der ohne Wissen und
Genehmigung eines der Telefonierenden ein Telefonat über eine Freisprechanlage mithörte, besteht ein Beweisverwertungsverbot.[139]

Der Vernehmung einer Zeugin, die ein Telefongespräch ohne Wissen eines der Gesprächspartner **86**
mitgehört hat, steht grundsätzlich ein aus Art. 1 und 2 GG abgeleitetes Beweisverwertungsverbot
entgegen. Eine – angenommene oder tatsächlich bestehende – „Beweisnot" oder das Interesse,
sich ein Beweismittel für zivilrechtliche Ansprüche zu sichern, reichen grundsätzlich nicht aus,
um die Verletzung des Persönlichkeitsrechts des Gesprächspartners zu rechtfertigen. Vielmehr
ist hierfür erforderlich, dass sich die Beweisnot zu einer notwehrartigen Lage steigert. Für eine
Parteivernehmung von Amts wegen gem. § 448 ZPO genügt die bei einer Partei infolge des Beweisverwertungsverbots bestehende Beweisnot allein nicht. Vielmehr ist hierfür Voraussetzung,
dass bereits ein sog. Anfangs- oder Anbeweis erbracht ist. Dem Anspruch auf rechtliches Gehör
gem. Art. 103 GG und dem Anspruch auf ein faires Verfahren nach Art. 6 Abs. 1 EMRK ist Genüge getan, wenn die sich in Beweisnot befindende Partei in der mündlichen Verhandlung anwesend ist, sich zum Beweisthema und ggf. zum Ergebnis einer durchgeführten Beweisaufnahme
äußern kann und dies auch tut.[140]

8. Erfassung und Aufzeichnung von Telefondaten

Bei Dienstgesprächen ist die **Erfassung** der Telefondaten (Zahl, Zeit, Gebühreneinheiten usw.) **87**
grundsätzlich zulässig, wenn nur das Verhalten des Arbeitnehmers, nicht aber seine Persönlichkeit unmittelbar betroffen ist.[141] Für die Zielnummer gilt das nicht, wenn der Gesprächspartner des
Arbeitnehmers ein berechtigtes Interesse an deren Geheimhaltung hat und der Arbeitnehmer
selbst sogar zur Geheimhaltung seinem Gesprächsteilnehmer gegenüber verpflichtet ist, z.B.
gem. § 203 Abs. 1 StGB.[142] Dem Dienstgespräch gleichzustellen sind insoweit auch Privatgespräche aus dienstlichem Anlass. Hier kann die Angabe der Zielnummer verlangt werden, weil das
Interesse des Arbeitgebers an der Verhinderung von Missbrauch überwiegt.[143] Zulässig ist ferner
die Erfassung der Daten der abgehenden reinen Privatgespräche nach Zahl, Zeit, Dauer usw. Die
Zielnummer darf nur erfasst werden, wenn der Arbeitnehmer die Liste z.B. zur Überprüfung der
Kosten wünscht.[144]

Wer die arbeitsvertragliche Aufgabe hat, geschäftlich Telefongespräche mit Kunden zu führen, **88**
ist nicht verpflichtet, auf Anweisung des Arbeitgebers diese Telefonate **aufzuzeichnen.** Dies
gilt jedenfalls dann, wenn dem Gesprächsteilnehmer nicht mitgeteilt wird oder werden soll,
dass das Gespräch aufgezeichnet wird. Die Weigerung, das Gespräch aufzuzeichnen, stellt keine
vertragswidrige Arbeitsverweigerung dar. Eine verhaltensbedingte Kündigung kann hierauf nicht
gestützt werden. Eine Abmahnung ist unzulässig.[145]

---

137 Vgl. allgemein hierzu auch *Beckschulze*, DB 2003, 2777, 2781; *Beckschulze/Henkel*, DB 2001, 1491, 1497.
138 Vgl. BVerfG 19.12.1991 – 1 BvR 382/85, EzA § 611 BGB Persönlichkeitsrecht Nr. 10.
139 Vgl. BAG 29.10.1997 – 5 AZR 508/96, EzA § 611 BGB Persönlichkeitsrecht Nr. 12.; LAG Hamm 1.9.1995 –
    10 Sa 1909/94, LAGE § 611 Persönlichkeitsrecht Nr. 7.
140 LAG München, Urt. v. 24.1.2008 – 3 Sa 800/07– juris.
141 DLW-*Dörner*, C Rn 2318.
142 Vgl. BAG 13.1.1987 – 1 AZR 267/85, BAGE 54, 67 = NZA 1987, 121.
143 BAG 27.5.1986 – 1 ABR 48/84, AP Nr. 15 zu § 87 BetrVG 1972 Überwachung = NZA 1986, 643.
144 BAG 27.5.1986 – 1 ABR 48/84, AP Nr. 15 zu § 87 BetrVG 1972 Überwachung = NZA 1986, 643.
145 MüHdbArbR-*Berkowsky*, § 137 Rn 294.

9. Steuern

89 Nach Abschnitt R 31 (9) Nr. 1 S. 6 LStR bleibt der Wert eines Autotelefons einschließlich Freisprecheinrichtung bei der Ermittlung des Listenpreises, der für die Besteuerung des privaten Nutzungswertes anzusetzen ist, außer Betracht.

90 Die lohnsteuerliche Behandlung der Aufwendungen im Zusammenhang mit der Benutzung eines Autotelefons richtet sich danach, ob sich das Telefon im Fahrzeug des Arbeitgebers oder im arbeitnehmereigenen Fahrzeug befindet.[146] Handelt es sich um ein Telefon in einem Fahrzeug des Arbeitgebers, bleibt das Autotelefon bei der Ermittlung des Nutzungswertes des Dienstwagens außer Ansatz. Privatgespräche, die der Arbeitnehmer führt, sind lohnsteuerfrei. Handelt es sich um ein Telefon in einem Fahrzeug des Arbeitnehmers, ist eine Kostenübernahme des Arbeitgebers für die Aufwendungen (Anschaffung, Einbau, Anschluss sowie laufende Telefonkosten) nur dann lohnsteuerfrei, wenn der Arbeitnehmer das Telefon so gut wie ausschließlich für betrieblich veranlasste Gespräche nutzt. Die betrieblich veranlasste Nutzung muss nachgewiesen werden. Andernfalls ist nur der Erstattungsbetrag lohnsteuerfrei, der auf die beruflich geführten Gespräche entfällt. Die auf die berufliche Nutzung entfallenden Kosten sind grundsätzlich monatlich zu ermitteln.

91 Es kann eine Vereinfachungsregelung ausgenutzt werden. Bei regelmäßig wiederkehrenden Aufwendungen kann ein pauschaler Auslagenersatz auf der Basis des für drei Monate geführten Einzelnachweises berechnet werden. Treten wesentliche Veränderungen der Verhältnisse ein, ist eine Neuberechnung vorzunehmen. Entstehen dem Arbeitnehmer erfahrungsgemäß beruflich veranlasste Telefonkosten, kann der Arbeitgeber 20 % der vom Arbeitnehmer vorgelegten Telefonrechnung, höchstens jedoch 20 EUR monatlich, als Auslagenersatz steuerfrei ersetzen, wenn der Arbeitnehmer die beruflich veranlassten Telefonkosten nicht nachweist.

10. Mitbestimmungsrechte

92 Die Einführung und Anwendung eines Telefondatenerfassungssystems ist mitbestimmungspflichtig, wenn damit programmgemäß Verhaltens- oder Leistungsdaten der telefonierenden Arbeitnehmer erfasst und derart verarbeitet werden, dass Aussagen über deren Verhalten oder Leistung abrufbar sind.[147] Eine betriebliche Regelung der Telefondatenerfassung verstößt nicht gegen das Fernmeldegeheimnis i.S.d. Art. 10 Abs. 1 GG und das Fernsprechgeheimnis i.S.d. § 10 FernMG.[148] Eine Betriebsvereinbarung bzw. ein entsprechender Spruch der Einigungsstelle über die Telefondatenerfassung und Verarbeitung ist eine Rechtsvorschrift i.S.d. § 4 Abs. 1 BDSG, so dass der Zulässigkeit Vorschriften des BDSG nicht entgegenstehen.[149]

II. Navigationssystem

1. Haftung

93 Aus Sicherheitsgründen sollte das Fahrtziel nur bei stehendem Fahrzeug eingegeben werden. Die am Markt erhältlichen Navigationssysteme berechnen die Route zum Ziel ohne Berücksichtigung

---

146 Vgl. OFD Frankfurt am Main, 4.3.2003, AZ: S 2354 A-39 St Ii 30.
147 Vgl. BAG 27.5.1986 – 1 ABR 48/84, AP Nr. 15 zu § 87 BetrVG 1972 Überwachung = NZA 1986, 643; LAG Düsseldorf 30.4.1984 – 10 (12) TaBV 10/84, DB 1984, 2624, 2625.
148 Vgl. BAG 27.5.1986 – 1 ABR 48/84, AP Nr. 15 zu § 87 BetrVG 1972 Überwachung = NZA 1986, 643; LAG Düsseldorf 30.4.1984 – 10 (12) TaBV 10/84, DB 1984, 2624; LAG Köln 11.3.1982–8/25 Sa 691/81, EzA § 611 BGB Persönlichkeitsrecht Nr. 1.
149 Vgl. BAG 27.5.1986 – 1 ABR 48/84, AP Nr. 15 zu § 87 BetrVG 1972 Überwachung = NZA 1986, 643; LAG Hamburg – 1 TaBV 1/88, DB 1989, 1295.

von Verkehrsampeln, Stopp- und Vorfahrtsschildern, Park- oder Halteverboten, Fahrbahnverengungen oder sonstigen Verkehrsregelungen. Der Arbeitnehmer muss deshalb während der Fahrt auf die jeweiligen Verkehrsregelungen achten. Diese besitzen immer Vorrang vor den Fahrempfehlungen des Navigationssystems.

Praxishinweis   94
In die Sicherheitshinweise aufnehmen.

Missachtet der Arbeitnehmer einen entsprechenden Sicherheitshinweis, gilt für die Arbeitneh- 95
merhaftung das unter Rn 30 ff. Gesagte entsprechend.

2. Überwachung des Verhaltens oder der Leistung der Arbeitnehmer

Regelmäßig enthalten Navigationssysteme **Zielspeicher**. Im Zielspeicher kann der Benutzer 96
Ziele unter einem frei wählbaren Namen speichern. Das System speichert die Daten gleichzeitig
auch im Adressbuch. Sie können dann später im Adressbuch die Adresse dem Navigationssystem
übergeben und die Zielführung starten.

Hierin liegt die Möglichkeit einer **Überwachung des Verhaltens oder der Leistung** der Arbeit- 97
nehmer. Die Einführung und Anwendung von technischen Einrichtungen, die Rückschlüsse auf
das Verhalten oder die Leistung der betroffenen Arbeitnehmer zulassen, unterliegen dem Mitbestimmungsrecht des Betriebsrates gem. **§ 87 Abs. 1 Nr. 6 BetrVG**.[150] Schlüsselbegriff des Mit-
bestimmungstatbestandes ist die Überwachung durch die technischen Einrichtungen. Die Mitbestimmung soll verhindern, dass der Arbeitnehmer zum Objekt einer Überwachungstechnik
gemacht wird.[151] Nach diesem Zweck richtet sich, was als **technische Einrichtung** i.S.d. Mit-
bestimmungstatbestandes anzusehen ist. Die technischen Einrichtungen müssen dazu bestimmt
sein, das Verhalten oder die Leistung des Arbeitnehmers zu überwachen. Nicht unter den Mitbestimmungstatbestand fallen technische Einrichtungen zur Erbringung der Arbeitsleistung.[152]

Ein Routenplaner ist kein Navigationsgerät. Ein Routenplaner geht von einer störungsfreien Ver- 98
kehrssituation aus, während ein modernes Navigationsgerät die aktuelle Verkehrslage, insbesondere auch Staus, einberechnet. Achtet ein Arbeitnehmer bei der Planung seiner Fahrten weder auf
die Vermeidung unnötiger Kilometer noch darauf, die Reihenfolge seiner Besuche geschickt und
kilometervermeidend zu planen, berechtigt ein solches Verhalten nicht zur außerordentlichen
Kündigung. Der Arbeitgeber muss zunächst versuchen, ein solches Verhalten anderweitig abzustellen.[153]

Das Navigationsgerät zeichnet eingegebene Ziele in einem Zielspeicher auf. Die Überwachung be- 99
ginnt mit der Erhebung von Informationen über einen Gegenstand der Wahrnehmung. Wird dieser
Vorgang einer technischen Einrichtung übertragen, so liegt der Mitbestimmungstatbestand vor,
wenn durch die technische Einrichtung Verhaltens- oder Leistungsdaten der Arbeitnehmer gesammelt werden. Notwendig ist, dass die Daten technisch erhoben werden, einer Auswertung der so ermittelten Informationen durch technische Einrichtungen bedarf es nicht.[154] Das Navigationssystem
verarbeitet Daten, die einen Rückschluss auf ein bestimmtes, vom Willen des Arbeitnehmers ge-
steuertes Tun oder Unterlassen ermöglichen. Letztendlich verarbeitet das Navigationssystem Ver-
haltensdaten der Arbeitnehmer. Diese sind geeignet, Aussagen über das Verhalten oder die Leistung

---

150 *Nägele*, ArbRB 2002, 113 ff.
151 BAG 6.12.1983 – 1 AZR 43/81, BAGE 44, 285, 311 f. = AP Nr. 7 zu § 87 BetrVG 1972 Überwachung; BAG
    14.9.1984 – 1 ABR 23/82, BAGE 46, 367, 375 = AP Nr. 9 zu § 87 BetrVG 1972 Überwachung; BAG 18.2.1986
    – 1 ABR 21/84, BAGE 51, 143, 149 = AP Nr. 13 zu § 87 BetrVG 1972 Überwachung.
152 Richardi-*Richardi*, § 87 BetrVG Rn 493.
153 LAG München 12.12.2007 – 5 TaBV 47/06 – juris.
154 BAG 6.12.1983 – 1 AZR 43/81, BAGE 44, 285, 312 = AP Nr. 7 zu § 87 BetrVG 1972 Überwachung.

einzelner Arbeitnehmer zu machen. Diese Aussagen sind regelmäßig auch Einzelarbeitnehmern zuzuordnen, da die Benutzer des Dienstwagens bekannt sind. Entscheidend ist, dass der einzelne Arbeitnehmer identifizierbar ist.[155]

100 Von daher ist das Mitbestimmungsrecht des Betriebsrats nach § 87 Abs. 1 Nr. 6 BetrVG im Hinblick auf die Ausstattung von Dienstwagen mit Navigationsgeräten zu bejahen.

3. Steuern

101 Nach der Rechtsprechung des BFH[156] ist der Listenpreis nicht um eingebaute Navigations- und Kombigeräte zu kürzen. Entsprechendes gilt für Diebstahlsicherungssysteme.[157]

III. Post/SMS

1. Haftung

102 Zahlreiche marktgängige Systeme enthalten so genannte Postfunktionen zum Verwalten von Nachrichten (Posteingang, Postausgang, Postentwurf). Bei fahrendem Fahrzeug besteht Unfallgefahr durch Ablenkung vom Verkehrsgeschehen, wenn der Fahrer eine neue **SMS** schreibt. Deshalb dürfen SMS nur bei stehendem Fahrzeug geschrieben werden.

103 *Praxishinweis*
In die Sicherheitshinweise aufnehmen.

104 Im Hinblick auf die damit verbundenen Haftungsrisiken des Arbeitnehmers verweisen wir auf die obigen Ausführungen (siehe Rn 28 ff.).

2. Privatnutzung

105 Ob die Versendung privater **SMS** zulässig ist, richtet sich nach den Bestimmungen des Arbeitgebers, die sich meist an betrieblichen Belangen orientieren werden. In Bezug auf das Versenden privater SMS kann dabei durchaus eine differenzierte Betrachtung angebracht sein. Wegen der äußerst kurzen Übersendungsdauer ist anders als bei privaten Telefongesprächen die hierdurch entstehende Kostenbelastung für den Arbeitgeber praktisch zu vernachlässigen. Arbeitsrechtliche Sanktionen können jedoch aufgrund der Beeinträchtigung des Arbeitsablaufs und der Arbeitsleistung, die durch den Zeitaufwand beim Verfassen der SMS entstehen, veranlasst sein. Hinzu kommt die Belastung des Netzes, die zur Behinderung der dienstlichen Kontakte führen kann.[158]

Bei einer bestehenden Praxis, die Privatnutzung eines Diensthandys in gewissem Umfang zu „dulden", kann eine abmahnungsfreie Kündigung nicht allein mit der Intensität und Anzahl der Privatnutzung begründet werden kann. Vielmehr ist entweder eine klare Grenze aufzuzeigen oder durch Abmahnung auf das generelle Verbot der Privatnutzung auch zum Versand privater SMS hinzuweisen.[159] Der Begriff des „Duldens" ist hierbei nicht am objektiven Kenntnisstand zu messen, sondern an der Erwartungshaltung und dem Verständnis des Arbeitnehmers, wie er das Verhalten des Arbeitgebers verstehen konnte und verstanden hat. Auch gehört zu dem objektiven Maßstab, anhand dessen zu beurteilen ist, ob enttäuschtes Vertrauen unwiederbringlich zer-

---

155 Richardi-*Richardi*, § 87 BetrVG Rn 499 m.w.N.
156 BFH 16.2.2005 – VI R 37/04, BStBl II 2005, 563 = DStR 2005, 1135.
157 OFD Berlin 11.4.2003, DStR 2003, 1297.
158 Vgl. Küttner-*Kreitner*, Personalbuch 2012, Internet-/Telefonnutzung, Rn 5.
159 Vgl. BAG 27.11.2003 – 2 AZR 692/02 – juris.

stört oder noch in hinreichendem Ausmaß vorhanden ist, nicht nur der objektive Pflichtverstoß, sondern der Grad des Verschuldens. Dieses ist geringer, wenn der Arbeitnehmer mit noch vertretbaren Gründen angenommen hat, sein Verhalten werde toleriert oder zumindest noch nicht als erhebliches und zur Beendigung des Arbeitsverhältnisses führen Fehlverhalten angesehen.[160]

Der Arbeitgeber hat die Möglichkeit, den Umfang der Genehmigung zu bestimmen, der sich meist an betrieblichen Belangen orientieren wird. So darf der Arbeitgeber nicht nur die Nutzungszeiten nach Lage und Dauer begrenzen, sondern auch festlegen, dass z.B. private Telefongespräche mit dem Autotelefon erlaubt bleiben, die Versendung von SMS aber verboten wird. Gestattet der Arbeitgeber die Benutzung des Autotelefons zu privaten Zwecken ohne Einschränkung, ist auch die Versendung von SMS erlaubt, solange die Betriebstätigkeit nicht gestört wird, keine erheblichen unzumutbaren Kosten verursacht werden und das Betriebssystem nicht gefährdet wird.[161] Ein Arbeitnehmer verstößt mit seinem Verhalten gegen seine dienstlichen Pflichten, wenn er die private Handynummer einer Kundin aus den beim Arbeitgeber gespeicherten Daten dazu verwendet, um ihr eine private SMS zu senden.[162]   **106**

Zu den in § 1 Rn 5 ff. dargestellten arbeitsrechtlichen Problemen findet sich keine Besonderheit.

a) Adressbuch

Das Adressbuch enthält die Telefoneinträge des Telefons und die im Adressbuch selbst gespeicherten Einträge. Insoweit bestehen keine Besonderheiten gegenüber der in Kapitel 1 dargestellten Rechtslage (vgl. § 1 Rn 33 ff.).   **107**

b) WAP

Mit WAP kann man aktuelle Informationen aus dem Internet abrufen. Der Benutzer sieht die Informationen in einem Format, das auf die Anzeigemöglichkeiten des Systems abgestimmt ist. Der Internetzugang erfordert unter Umständen eine Registrierung beim Telefonprovider.   **108**

Während der Nutzung entstehen zusätzliche, vom Provider abhängige Verbindungskosten.

Regelmäßig wird das Bild während der Fahrt ausgeblendet, um den Fahrer nicht vom Verkehrsgeschehen abzulenken.

Auch insoweit ergeben sich keine Besonderheiten gegenüber der in § 1 behandelten Internetbenutzung.

c) Bluetooth

Bluetooth ist eine Technik zur drahtlosen Datenübertragung im Kurzstreckenbereich bis ca. 10 m. Mit Bluetooth lassen sich selbst kleinste Geräte per Funk steuern oder überwachen. Immer mehr Hersteller verwenden diese Funktechnologie, um z.B. Notebook und Handyzubehör drahtlos zu verbinden.   **109**

Eine **Manipulation des Datenstroms** soll nur aus unmittelbarer Nähe möglich sein, da die Reichweite auf 10 m begrenzt ist. Einem österreichischen Forscher ist jedoch schon ein Eingriff aus 1,7 km gelungen. Im Alltag sind Angriffe aus einigen hundert Metern möglich, obwohl Bluetooth für diese Reichweite gar nicht konzipiert war.   **110**

Die größte Gefahr bei Bluetooth sind **Fehler in der Software** der Bluetooth-Geräte. Diese ermöglichen es unter Umständen Hackern, Sicherheitsabfragen zu umgehen und Bluetooth-Geräte „fernzusteuern". So konnten Hacker bei bestimmten Handys Telefonbücher auslesen, Daten manipulieren und Telefonverbindungen, etwa zu teuren Mehrwertnummern, aufbauen.   **111**

Sobald die Nutzer dieser Bluetooth-Geräte die Bluetooth-Schnittstelle aktivieren, können Hacker via Laptop oder PDA heimlich über die Handys Telefonate einleiten. Sie können zudem aktuelle   **112**

---

160 Hessisches LAG 25.7.2011–– 17 Sa 1738/10 – juris.
161 Vgl. *Kramer*, NZA 2004, 457.
162 LAG Rheinland-Pfalz 10.11.2011 – 10 Sa 329/11 – juris.

Gespräche des Nutzers unterbrechen. Die betroffenen Mobiltelefone gestatten es Hackern zudem, SMS des Handy-Besitzers zu lesen und in seinem Namen zu verschicken.

113 Die Bluetooth-Funktion sollte nur in sicheren Umgebungen aktiviert und möglichst nicht an öffentlichen Plätzen wie z.B. Bahnhöfen, Flughäfen oder Messen benutzt werden. Zudem sollte der Sichtbarkeitsmodus immer ausgeschaltet sein, was allerdings keinen Schutz vor Angriffen garantiert. Unsichtbare Telefone lassen sich mit ein wenig Zeit aufgrund ihrer Adresse auffinden und ebenfalls angreifen.

114 *Praxishinweis*

In die Sicherheitshinweise aufnehmen.

115 Inzwischen sind zahlreiche Bluetooth-Schwachstellen bei Mobiltelefonen dokumentiert. Am bekanntesten ist die so genannte **Blue-Back-Attacke**. Der Angreifer kann damit Anrufe in einem anfälligen Bluetooth-Handy lancieren, SMS über das Gerät verschicken, Adressbucheinträge lesen und verändern, eine Internetverbindung starten sowie zahlreiche andere, möglicherweise kostspielige und die Privatsphäre des Mobiltelefonnutzers verletzende Eingriffe auslösen.

116 Neben dem Blue-Back ist **Blue-Snarf** mit am bekanntesten. Mit dieser Angriffsmethode lassen sich Daten wie Adressverzeichnisse, Kalender, Uhrzeit oder auch Visitenkarten manipulieren, ohne dass das Handy die Aktionen anzeigt.

117 Dass derlei Attacken nicht nur die Privatsphäre der Handybenutzer verletzen, sondern auch ein hohes Risiko für den Arbeitgeber darstellen, dass Dritte unbefugt seine Geschäftsgeheimnisse ausspähen, bedarf keiner näheren Darlegung.

118 Erstmals ist jetzt auch ein **Virus** in einem Handy entdeckt worden – wenn auch noch in einer harmlosen Variante. Die größte Auswirkung des Symbian-OS-Handy-Virus Cabir sei allerdings, dass er den Handy-Akku wegen der Bluetooth-Verbindungen minimal über dem Normalverbrauch beansprucht. Damit eine Infektion überhaupt zu Stande kommt, muss ein Symbian-Handy-Nutzer die Bluetooth-Funktion auf „erkennbar" gestellt haben und mindestens dreimal auf dem Handy bestätigen, dass der Virus wirklich installiert werden soll. Anders als Computerviren, die sich schnell weltweit über das Internet verteilen, kann Cabir dies nur langsam, da er nur über kurze Distanzen mit Hilfe von **Bluetooth** reist.

119 Auf dienstlich genutzten Handys gespeicherte Daten können sensible **personenbezogene Daten** sein. Dies bedeutet, dass der betriebliche Datenschutzbeauftragte in der Verantwortung steht. Der betriebliche Datenschutzbeauftragte muss überprüfen, ob in seinem Unternehmen Bluetooth-Handys für den dienstlichen Einsatz genutzt werden. Ist dies der Fall, muss der Datenschutzbeauftragte die Mitarbeiter anweisen zu überprüfen, ob sie entsprechende Sicherheits-Updates für die im Einsatz befindlichen Geräte durchgeführt haben. Gibt es solche Updates für die eingesetzten Handys noch nicht, dann können sich die Mitarbeiter gegen unbefugte Eingriffe Dritter nur durch das Abschalten der Bluetooth-Sichtbarkeit oder durch das Abschalten der Bluetooth-Funktion insgesamt schützen.

120 Nimmt der Arbeitgeber die mit der Bluetooth-Technologie verbundenen Sicherheitsrisiken in Kauf, kann er den Arbeitnehmer bei einem Angriff durch Dritte nur dann arbeitsrechtlich belangen, wenn der Arbeitnehmer konkret vorgegebene Sicherheitsmaßnahmen unterlassen hat.

121 Regelmäßig wird zunächst eine Abmahnung erforderlich sein.

Die Verwendung eines Mobiltelefons, das in einer Handy-Vorrichtung des Kraftfahrzeugs abgelegt worden ist, unter Benutzung eines Headsets/Earsets, welches über eine Bluetooth-Verbindung mit dem Mobiltelefon verbunden ist, erfüllt nicht den Tatbestand des § 23 Abs. 1a StVO. Dies gilt auch dann, wenn zur Verbesserung der Hörqualität das über eine Spange am Ohr gehaltene Headset mit der Hand gegen das Ohr gedrückt wird.[163]

---

163 OLG Stuttgart 16.6.2008 – 1 Ss 187/08 – juris.

d) Teleaid

Manche Systeme enthalten **Teleaid-Funktionen**. Mit dem „Teleaid-System" kann im Notfall Hilfe gerufen und bei einem Diebstahl über Satellit der Standort des Fahrzeugs ermittelt werden. Nach einem schweren Unfall löst das System automatisch einen Notruf aus. Der Notruf kann auch manuell ausgelöst werden. Manche Pkw-Hersteller bieten für die Teleaid-Funktion einen Pannenservice an, der bei technischen Problemen am Fahrzeug hilft. **122**

Durch die Teleaid-Funktion werden Informationen über die Art des Unfalls sowie die exakte Unfallposition (ermittelt durch GPS-Signal und Koppelnavigation) an die Servicezentrale übermittelt. Dadurch kann auf diesem Wege präzise und praktisch ohne Zeitverlust geholfen werden. **123**

Die Ortung der exakten Unfallposition ermöglicht eine **Überwachung** des Arbeitnehmers.

Da bei Verkehrsunfällen mit Schwerverletzten oft Sekunden über Leben und Tod entscheiden, dürfte eine Interessenabwägung in aller Regel dazu führen, Teleaid-Systeme in Dienstwagen zuzulassen.

Vor Übergabe des Dienstwagens sollte der Arbeitnehmer über die Teleaid-Funktion schriftlich aufgeklärt werden und die schriftliche Zustimmung zur Aktivierung der Teleaid-Funktion geben. **124**

IV. Digitales Handdiktiergerät

Digitale Handdiktiergeräte können mit der mitgelieferten Software als **Einzelplatzdiktiersystem** verwendet werden. Zudem ist mit bestimmten Softwarekomponenten eine Einbindung in eine **Netzwerklösung** möglich, so dass ein lokales Netzwerk mit mehreren Autoren und Schreibkräften errichtet werden kann. **125**

Die Arbeit mit dem digitalen Handdiktiergerät als solche kann kaum zu arbeitsrechtlichen Konsequenzen führen, da Handdiktiergeräte als solche im Arbeitsleben weit verbreitet sind und die von Markenherstellern in den Verkehr gebrachten digitalen Geräte den deutschen Arbeitsschutzstandards entsprechen. **126**

Die Einbindung in ein lokales Netzwerk kann dazu führen, dass **Verstöße gegen das Arbeitszeitgesetz** dokumentiert werden. Der Arbeitgeber kann im Rahmen der Datenübermittlung Informationen wie **Dauer der Anwesenheit** des Arbeitnehmers **am Arbeitsplatz** erhalten. Auch sind **Rückschlüsse auf die Leistungsfähigkeit** (Diktatstärke) des Arbeitnehmers möglich, aber auch auf die Leistungsstärke der eingesetzten Schreibkräfte. **127**

V. Personalcomputer/Laptop

1. Individualrechtliche Grundlage für die Nutzung

Die Arbeit mit dem **PC/Laptop** gehört heute zum Standard. Regelmäßig sehen Arbeitsverträge keine besonderen Bestimmungen für die Nutzung von PC/Laptop vor. Die Arbeitsverträge enthalten vielmehr eine pauschale Tätigkeitsbeschreibung. In Einzelfällen wird auf Arbeitsplatz- oder Stellenbeschreibungen Bezug genommen. Dementsprechend kommt als individualarbeitsrechtliche Grundlage für die Benutzung von PC/Laptops allein das Direktions- bzw. Weisungsrecht des Arbeitgebers in Betracht. Rechtlicher Maßstab ist die Billigkeit i.S.d. § 315 BGB. Hiervon ausgehend ist die Einrichtung von PC-/Laptop-Arbeitsplätzen im Regelfall nicht zu beanstanden. Dies hat zur Folge, dass die Arbeitnehmer in aller Regel verpflichtet sind, den eingerichteten PC-/Laptop-Arbeitsplatz zu dienstlichen Zwecken zu nutzen. Lediglich in besonderen Ausnahmefällen kann der Arbeitgeber gem. § 315 BGB gehalten sein, von der Einrichtung eines PC-/Laptop-Arbeitsplatzes bei einzelnen Arbeitnehmern abzusehen, z.B. bei älteren Arbeitnehmer mit extremen „Berührungsängsten". Es gilt der Grundsatz, dass sich bestimmte Arbeitsbedingungen auch bei einem längeren Zeitraum nicht derart verfestigen, dass sie zum einseitig unabänderbaren **128**

Vertragsbestandteil werden.[164] Der Arbeitgeber ist aus dem Gesichtspunkt der Gleichbehandlung verpflichtet, alle vergleichbaren Arbeitplätze mit PC/Laptops auszustatten. Insoweit gelten die allgemeinen Voraussetzungen des Gleichbehandlungsgrundsatzes.[165] Der Arbeitgeber darf einzelne Arbeitnehmer oder Arbeitnehmergruppen nicht aus sachfremden Gründen ungünstiger behandeln als andere Arbeitnehmer in vergleichbarer Lage.[166]

2. Überlassung

129   Soweit der Arbeitgeber dem Arbeitnehmer einen PC/Laptop überlässt, muss die Rückgabeverpflichtung im Fall der Kündigung bzw. Freistellung arbeitsvertraglich geregelt werden. Bei Fehlen der Regelung wird man danach differenzieren müssen, ob eine Überlassung auch zur Privatnutzung erfolgt ist.

3. Privatnutzung

130   Die **Privatnutzung** des PC/Laptops bedarf – insbesondere auch im Hinblick auf die Internet- und Intranetnutzung – der vorherigen Genehmigung des Arbeitgebers, die arbeitsvertraglich oder durch Betriebsvereinbarung erfolgen kann.[167] Auf die **private Internetnutzung** sind die zu Privattelefonaten entwickelten Grundsätze unter Beachtung einiger Besonderheiten nach verbreiteter Ansicht weitgehend übertragbar.[168] Die Privatnutzung betrieblicher Kommunikationseinrichtungen ist daher nicht grundsätzlich arbeitsvertragswidrig. Ob und in welchem Umfang sie eine Pflichtverletzung darstellt, richtet sich in erster Linie nach den arbeitsvertraglichen Regelungen bzw. vorliegenden Betriebsvereinbarungen, insbesondere nach dem Bestehen eines Verbotes durch den Arbeitgeber.

131   Bei einer privaten Nutzung des Internets oder des Dienst-PCs ist nach Auffassung des BAG[169] kündigungsrelevant

- das Herunterladen einer erheblichen Menge von Daten aus dem Internet auf betriebliche Datensysteme („unbefugter download"), insbesondere wenn damit einerseits die Gefahr möglicher Vireninfizierungen oder anderer Störungen des – betrieblichen – Betriebssystems verbunden sein können oder andererseits von solchen Daten, bei deren Rückverfolgung es zu möglichen Rufschädigungen des Arbeitgebers kommen kann, beispielsweise weil strafbare oder pornografische Darstellungen heruntergeladen werden;[170]
- **die private Nutzung** des vom Arbeitgeber zur Verfügung gestellten Internetanschlusses als solche, weil durch sie dem Arbeitgeber – zusätzliche – Kosten entstehen und der Arbeitnehmer die Betriebsmittel – unberechtigterweise – in Anspruch genommen hat;
- die private Nutzung des vom Arbeitgeber zur Verfügung gestellten Internets **während** der Arbeitszeit, weil der Arbeitnehmer während des Surfens im Internet zu privaten Zwecken seine arbeitsvertraglich geschuldete Arbeitsleistung nicht erbringt und dadurch seine Arbeitspflicht verletzt.[171] Derartige Pflichtverletzungen sind durch das Gericht in hinreichender

---

164 Vgl. BAG 23.6.1992 – 1 AZR 57/92, NZA 1993, 89.
165 Vgl. dazu Küttner-*Kania*, Personalbuch 2012, Gleichbehandlung Rn 9 ff.
166 BAG 14.2.1984 – 1 AZR 574/82, DB 1984, 1527.
167 Vgl. dazu *Altenburg/v. Reinersdorff/Leister*, MMR 2005, 135 f.; *Dickmann*, NZA 2003, 1009 f.; *Ernst*, NZA 2002, 585 f.; *Weißnicht*, MMR 2003, 448 f.; *Kramer*, NZA 2004, 457, 458 f.
168 LAG Köln 11.2.2005 – 4 Sa 1018/04, LAGReport 2005, 229; ArbG Wesel 21.3.2001 – 5 Ca 4021/00 (n.v.); ArbG Düsseldorf 1.8.2001 – 4 Ca 3437/01 (n.v.); *Ernst*, NZA 2002, 585 ff. m.w.N.
169 BAG 31.5.2007 – 2 AZR 200/06, NZA 2007, 922 ff. = NJW 2007, 2653 ff.; BAG 7.7.2005 – 2 AZR 581/04, NZA 2006, 98 ff. = NJW 2006, 530 ff.
170 *Hanau/Hoeren*, Private Internetnutzung durch Arbeitnehmer, S. 31; *Mengel*, NZA 2005, 752, 753.
171 *Kramer*, NZA 2004, 457,459; *Mengel*, NZA 2005, 752, 753.

Weise festzustellen. Nur im Falle exzessiver Privatnutzung des Internets ist eine Abmahnung entbehrlich. Bestreitet der Arbeitnehmer an den vom Arbeitgeber genannten Tagen die Privatnutzung des Dienst-PC, ist dieses Bestreiten nicht unerheblich, wenn der Arbeitnehmer nicht allein auf den Dienst-PC Zugriff hatte. Dies gilt umso mehr, wenn er für einige der betreffenden Tage substanziiert dargelegt hat, dass er wegen seiner Abwesenheit den Dienst-PC nicht privat nutzen konnte.[172]

■ Der Kündigende ist im Einzelnen darlegungs- und beweispflichtig für alle Umstände, die als wichtige Gründe geeignet sind und er muss in vollem Umfang auch die Voraussetzungen für die Unzumutbarkeit der Weiterbeschäftigung zum Ablauf der Kündigungsfrist nachweisen.[173] Den kündigenden Arbeitgeber trifft damit auch die Darlegungs- und Beweislast dafür, dass solche Tatsachen nicht vorgelegen haben, die die Handlung des Arbeitnehmers als gerechtfertigt erscheinen lassen.[174]

Bei einer privaten Internetnutzung während der Arbeitszeit verletzt der Arbeitnehmer grundsätzlich seine (Hauptleistungs-)Pflicht zur Arbeit.[175] Die private Nutzung des Internets darf die Erbringung der arbeitsvertraglich geschuldeten Arbeitsleistung nicht erheblich beeinträchtigen.[176] Die Pflichtverletzung wiegt dabei umso schwerer, je mehr der Arbeitnehmer bei der privaten Nutzung des Internets seine Arbeitspflicht in zeitlicher und inhaltlicher Hinsicht vernachlässigt. Im Falle des fast täglichen umfangreichen Aufrufs verschiedener pornografischer Internetseiten besteht die Gefahr einer Rufschädigung des Arbeitgebers.[177]   **132**

Ein wichtiger Grund zur außerordentlichen Kündigung „an sich" kann vorliegen, wenn der Arbeitnehmer das Internet während der Arbeitszeit zu privaten Zwecken in erheblichem zeitlichen Umfang („ausschweifend") nutzt und damit seine arbeitsvertraglichen Pflichten verletzt.[178]   **133**

Fehlt eine solche ausdrückliche Regelung, so soll der Arbeitnehmer in der Regel berechtigterweise von der **Duldung** derartiger Handlungen ausgehen können.[179] Die **Gestattung** des Arbeitgebers zur Privatnutzung von im Betrieb vorhandenen technischen Einrichtungen im angemessenen Umfang durch die bei ihm beschäftigten Arbeitnehmer stellte eine im Privat- und Arbeitsleben sozialtypische Erscheinung dar, da Kommunikationshandlungen häufig termingebunden sind und der Arbeitnehmer während der Dauer seines Aufenthaltes im Betrieb private Kommunikationsmittel nicht oder nur eingeschränkt einsetzen kann.[180]   **134**

Die Rechtsprechung ist abzulehnen. Zwar entstehen dem Arbeitgeber in der Regel keine oder nur sehr geringe Telekommunikationskosten. Entscheidend ist jedoch der Verlust an Arbeitszeit, wodurch dem Arbeitgeber ein nicht unerheblicher **Schaden** entsteht.[181] Praktisch führt die Zulassung der Privatnutzung von Internet während der Arbeitszeit zu einer Arbeitszeitverkürzung zu Lasten des Arbeitgebers, die nicht hinzunehmen ist. Etwas anderes gilt nur dann, wenn regelmäßig Überstunden geleistet und diese nicht vergütet werden. Nutzt der Arbeitnehmer während seiner Ar-   **135**

172 BAG 31.5.2007 – 2 AZR 200/06, NZA 2007, 922 ff. = NJW 2007, 2653 ff.
173 BAG 6.9.2007 – 2 AZR 264/06 – juris.
174 BAG 28.8.2008 – 2 AZR 15/07 – juris.
175 BAG 27.4.2006 – 2 AZR 386/05, NZA 2006, 977 ff. = NJW 2006, 2939 ff.; BAG 7.7.2005 – 2 AZR 581/04, NZA 2006, 98 ff. = NJW 2006, 530 ff.; *Balke/Müller*, DB 1997, 326; *Beckschulze*, DB 2003, 2777, 2781; *Kramer*, NZA 2004, 457, 461; *Mengel*, NZA 2005, 752, 753; BAG 7.7.2005 – 2 AZR 581/04, NZA 2006, 98 ff. = NJW 2006, 530 ff.
176 BAG 27.4.2006 – 2 AZR 386/05, NZA 2006, 977 ff. = NJW 2006, 2939 ff.; BAG 7.7.2005 – 2 AZR 581/04, NZA 2006, 98 ff. = NJW 2006, 530 ff.; *Däubler*, Internet und Arbeitsrecht 3. Aufl. Rn 189; *Hanau/Hoeren*, Private Internetnutzung durch Arbeitnehmer S. 29; *Kramer*, NZA 2004, 457, 460.
177 BAG 27.4.2006 – 2 AZR 386/05, NZA 2006, 977 ff. = NJW 2006, 2939 ff.
178 BAG 7.7.2005 – 2 AZR 581/04, NZA 2006, 98 ff. = NJW 2006, 530 ff.
179 ArbG Frankfurt/M. 2.1.2002 – 2 Ca 5340/01 (n.v.); ArbG Wesel 21.3.2001 – 5 Ca 4021/00 (n.v.).
180 ArbG Frankfurt/M. 2.1.2002 – 2 Ca 5340/01 (n.v.).
181 Vgl. *Dickmann*, NZA 2003, 1009, Fn 4, wonach der Schaden wegen unerlaubten Surfens für Firmen in Deutschland 50 Milliarden EUR im Jahr beträgt.

beitszeit das Internet in erheblichem zeitlichen Umfang („ausschweifend")[182] privat, so kann er grundsätzlich nicht darauf vertrauen, der Arbeitgeber werde dies tolerieren. Bei einer fehlenden ausdrücklichen Gestattung oder Duldung des Arbeitgebers ist daher eine private Nutzung des Internets grundsätzlich nicht erlaubt.[183]

136 Der Arbeitgeber ist daher gut beraten, die Dauer der Privatnutzung des Internets nach Lage und Dauer zu begrenzen bzw. die Nutzung zu privaten Zwecken zu verbieten.[184]

137 **Arbeitsrechtliche Konsequenzen** (Ermahnung, Abmahnung, Kündigung) kommen nur in Betracht, wenn die Privatnutzung verboten ist und der Arbeitsablauf bzw. die Arbeitsleistung durch die Privatnutzung des Internets bzw. Intranets beeinträchtigt werden oder die Belastung des Netzes zur Behinderung der dienstlichen Nutzung führt.[185]

138 Entsprechendes gilt in Bezug auf das **Versenden privater E-Mails**. Wegen der äußerst kurzen Übertragungsdauer ist anders als bei privaten Telefonaten die hierdurch entstehende Kostenbelastung für den Arbeitgeber praktisch zu vernachlässigen. Arbeitsrechtliche Sanktionen können jedoch aufgrund der Beeinträchtigung des Arbeitsablaufs und der Arbeitsleistung, die durch den Zeitaufwand beim Verfassen der E-Mail entsteht, veranlasst sein. Auch insoweit kommt die Belastung des Netzes, die zur Behinderung der dienstlichen Kontakte führen kann, hinzu.[186] Fehlt eine Regelung zur Privatnutzung des Internets, kann der Arbeitnehmer in der Regel berechtigterweise davon ausgehen, dass seine Handlungen im angemessenen Umfang geduldet werden. Dies führt regelmäßig dazu, dass eine Kündigung ohne vorhergehende Abmahnung unwirksam ist.[187] Dagegen rechtfertigt eine ausdrücklich verbotene private Internetnutzung in erheblichem Umfang eine fristlose Kündigung auch ohne vorherige Abmahnung.[188] Sind dagegen Art und Ausmaß des Verbotenseins privater Internetnutzung am Arbeitsplatz unklar, sollte vor Klarstellung der Verhältnisse bzw. einer Abmahnung eine außerordentliche Kündigung nicht in Betracht kommen.[189] Unter Berücksichtigung der Auffassung des BAG[190] wird man jedoch einen wichtigen Grund zur außerordentlichen Kündigung bejahen, wenn der Arbeitnehmer in erheblichem zeitlichen Umfang während der Arbeitszeit E-Mails zu privaten Zwecken verwendet. Nutzt der Arbeitnehmer das Internet entgegen einer einschlägigen Abmahnung oder eines ausdrücklichen Verbotes des Arbeitgebers für private Zwecke, so stellt dies eine arbeitsvertragliche Pflichtverletzung dar, die eine Kündigung des Arbeitsverhältnisses rechtfertigen kann. Hat der Arbeitgeber dagegen die private Nutzung genehmigt bzw. über einen längeren Zeitraum hinweg widerspruchslos geduldet, kommt eine Kündigung in Ausnahmefällen in Betracht, nämlich dann, wenn die Nutzung in einem Ausmaß erfolgt, von dem der Arbeitnehmer nicht mehr annehmen durfte, sie sei auch von dem Einverständnis des Arbeitgebers gedeckt.[191] Auch wenn der Arbeitgeber die Privatnutzung nicht ausdrücklich verboten hat, verletzt der Arbeitnehmer mit einer intensiven zeitlichen Nutzung des Internets während der Arbeitszeit zu privaten Zwecken seine arbeitsvertraglichen Pflichten. Das gilt insbesondere dann, wenn der Arbeitnehmer auf Internetseiten mit pornographischen Inhalten zugreift. Diese Pflichtver-

---

182 *Däubler*, Internet und Arbeitsrecht, Rn 189.
183 BAG 7.7.2005 – 2 AZR 581/04, NZA 2006, 98 ff.; *Beckschulze*, DB 2003, 2777; *Ernst*, NZA 2002, 585, 586; *Dickmann*, NZA 2003, 1009; *Kramer*, NZA 2004, 458, 461; *Mengel*, NZA 2005, 752, 753.
184 Vgl. zu den rechtlichen Problemen des Aussortierens von Werbe-E-Mails am Arbeitsplatz bei zugelassener Privatnutzung von E-Mail und Internet *Schmidl*, MMR 2005, 343 ff.
185 Vgl. *Kramer*, NZA 2004, 457, 461 ff.
186 Küttner-*Kreitner*, Personalbuch 2012, Internet-/Telefonnutzung Rn 5.
187 LAG Köln 11.2.2005 – 4 Sa 1018/04, LAGReport 2005, 229; ArbG Wesel 21.3.2001–5 Ca 4021/00 (n.v.); ArbG Düsseldorf 1.8.2001 – 4 Ca 3437/01 (n.v.); *Ernst*, NZA 2002, 585 ff. m.w.N.; *Weißnicht*, MMR 2003, 448.
188 BAG 7.7.2005 – 2 AZR 581/04, NZA 2006, 98 ff.; LAG Rheinland-Pfalz 9.5.2005 – 7 Sa 68/05 (n.v.), Revision eingelegt unter 2 AZR 386/05.
189 LAG Rheinland-Pfalz 12.7.2004 – 7 Sa 1243/03, NZA-RR 2005, 303 ff.
190 Vgl. BAG 7.7.2005 – 2 AZR 581/04, NZA 2006, 98 ff.
191 LAG Rheinland-Pfalz 12.7.2004 – 7 Sa 1243/03, NZA-RR 2005, 303 ff.

letzung kann ein wichtiger Grund zu fristlosen Kündigung des Arbeitsverhältnisses sein.[192] Ob die Kündigung in einem solchen Fall im Ergebnis wirksam ist, ist aufgrund einer Gesamtabwägung der Umstände des Einzelfalles festzustellen. Hierzu ist aufzuklären, in welchem zeitlichen Umfang der Arbeitnehmer seine Arbeitsleistung durch das Surfen im Internet zu privaten Zwecken nicht erbracht und ob er dabei etwaige arbeitsvertragliche Pflichten verletzt hat, welche Kosten dem Arbeitgeber durch die private Internetnutzung entstanden sind und ob durch das Aufrufen der pornographischen Seiten der Arbeitgeber einen Imageverlust erlitten haben könnte. Sodann ist je nach dem Gewicht der näher zu konkretisierenden Pflichtverletzungen ggf. zu prüfen, ob es vor Ausspruch der Kündigung einer Abmahnung bedurft hätte und ob unter Berücksichtigung der jeweiligen Beschäftigungsdauer und des unter Umständen nicht klaren Verbots der Internetnutzung zu privaten Zwecken eine Beendigung des Arbeitsverhältnisses unverhältnismäßig ist.[193]

4. Haftung

Die Privatnutzung des Internets während der Arbeitszeit kann zu erheblichen **Störungen der Betriebsabläufe** führen. Wer z.B. aus Neugierde auf ein Erotikangebot-Fenster klickt, riskiert, dass sich unter seine Favoriten beim Microsoft Internet Browser neue Einträge hinzufügen, die sich auch dann wieder neu installieren, nachdem sie gelöscht wurden. Außerdem erhöht sich das Risiko eines so genannten Trojanerangriffs, der schlimmstenfalls dazu führen kann, dass ein einzelner Computerarbeitsplatz oder ein gesamtes Netzwerk gestört werden. Die Beseitigung dieser Störung kostet viel Geld. | **139**

Auch insoweit stellt sich die Frage nach der **Arbeitnehmerhaftung**. Im dreistufigen Haftungsmodell wird man auch bei uneingeschränkter Privatnutzung des Internets eine Haftung nicht ausschließen, da der Arbeitgeber in ein derartiges Risiko nicht konkludent eingewilligt hat. Ist die Privatnutzung des Internets verboten, liegt zumindest mittlere Fahrlässigkeit vor, weil der Arbeitnehmer die erforderliche Sorgfalt außer Acht gelassen hat und der missbilligte Erfolg unter Anwendung der gebotenen Sorgfalt vorhersehbar und vermeidbar gewesen wäre (§ 276 Abs. 2 BGB). Im Einzelfall wird sogar grobe Fahrlässigkeit vorliegen, insbesondere beim Besuch so genannter Pornoseiten. In diesem Zusammenhang wird aber auch zu prüfen sein, ob der Arbeitgeber alle ihm zumutbaren Maßnahmen getroffen hat, um eine Schädigung zu verhindern, z.B. durch Installation eines wirksamen Antivirenprogramms. Fraglich ist, ob die Arbeitnehmerhaftung eingeschränkt wird, wenn der Arbeitgeber es versäumt hat, den Arbeitnehmer auf die Gefahr eines besonders hohen Schadens hinzuweisen. Da diese Risiken heute allgemein bekannt sind, dürfte grobe Fahrlässigkeit auch dann anzunehmen sein, wenn der Arbeitgeber einen Hinweis unterlassen hat. | **140**

5. Betriebsverfassungsrecht

a) Allgemeines

Personalcomputer und Laptops sind grundsätzlich geeignet, Daten aus den Produktions- und Verwaltungsprozessen zu erfassen, zu verarbeiten und auszuwerten bzw. zu nutzen. Häufig werden gleichzeitig personenbezogene Daten der Beschäftigten mitverarbeitet. | **141**

Die Anschaffung von Personalcomputern und Laptops kann Auswirkungen auf Arbeitsinhalte, Arbeitsumfang, Arbeitsverfahren und Arbeitsmethoden haben und zu kurz-, mittel- und langfristigen Qualifikationsveränderungen führen. | **142**

---

192 BAG 7.7.2005 – 2 AZR 581/04, NZA 2006, 98 ff. = NJW 2006, 530 ff.
193 BAG 7.7.2005 – 2 AZR 581/04, NZA 2006, 98 ff. = NJW 2006, 530 ff.

b) § 87 Abs. 1 Nr. 6 BetrVG

143 In Betracht kommt zunächst ein Mitbestimmungsrecht nach **§ 87 Abs. 1 Nr. 6 BetrVG**,[194] wenn die konkret in dem System vorhandenen und verwendeten Betriebs- oder Anwendungsprogramme (Software) Verhaltens- oder Leistungsdaten der Arbeitnehmer ermitteln und aufzeichnen.[195] Gemäß § 87 Abs. 1 Nr. 6 BetrVG hat der Betriebsrat mitzubestimmen, bei der Einführung und Anwendung von technischen Einrichtungen, die dazu bestimmt sind, das Verhalten und die Leistung des Arbeitnehmers zu überwachen. Ein Daten verarbeitendes System ist zur Überwachung von Verhalten oder Leistung der Arbeitnehmer bestimmt, wenn es individualisierte oder individualisierbare Verhaltens- oder Leistungsdaten selbst erstellt und aufzeichnet, unabhängig davon, ob der Arbeitgeber die erfassten und festgehaltenen Verhaltens- und Leistungsdaten auch auswertet oder zur Reaktion auf festgestellte Verhaltens- oder Leistungsweisen verwenden will. Überwachung in diesem Sinne ist sowohl das Sammeln von Informationen, als auch das Auswerten bereits vorliegender Informationen.[196] Mit der fortschreitenden Computerisierung vieler einzelner Arbeitsplätze und zusätzlich deren unternehmensinterner (Intranet) und teilweise weltweiter Vernetzung (Internet) haben sich auch die Überwachungsmöglichkeiten deutlich erhöht. Praktisch besonders interessant ist es für den Arbeitgeber, die Nutzung von E-Mails oder Surfen im Internet zu überwachen. Hier ergeben sich ähnliche Probleme wie bei der Nutzung einer Telefonanlage. Allerdings kann aus technischen Gründen die Überwachung noch erheblich detaillierter erfolgen, z.B. bei Verwendung so genannter Firewalls oder Proxy-Server, die aus Gründen der Systemsicherheit bzw. -effizienz häufig eingesetzt werden. Diese Möglichkeiten bieten die gängigen Programme fast durchgängig in ihrer Standardkonfiguration. Zudem gibt es Programme, die es erlauben, das gesamte Verhalten der Arbeitnehmer am Computer heimlich zu beobachten und zu dokumentieren. Entsprechende Funktionen sind teilweise in der Standardkonfiguration einiger Netzwerkbetriebssysteme enthalten. Die Programme stellen technische Einrichtungen i.S.d. § 87 Abs. 1 Nr. 6 BetrVG dar. Ihre Einführung und Anwendung sind mitbestimmungspflichtig.[197] Mitbestimmungspflichtig sind auch E-Mail-Überwachungssysteme,[198] die Datenerfassung bei Nutzung des Internets,[199] Intranet,[200] rechnergesteuerte Textsysteme,[201] Telefonüberwachung,[202] nicht jedoch eine normale Telefonanlage.[203]

c) § 81 Abs. 4 BetrVG

144 Nach § 81 Abs. 4 BetrVG hat der Arbeitgeber den Arbeitnehmer über die aufgrund einer Planung von technischen Anlagen, von Arbeitsverfahren und Arbeitsabläufen oder der Arbeitsplätze vorgesehenen Maßnahmen und ihre Auswirkungen auf seinen Arbeitsplatz, die Arbeitsumgebung sowie auf Inhalt und Art seiner Tätigkeit zu unterrichten. Sobald feststeht, dass sich die Tätigkeit des Arbeitnehmers ändern wird und seine beruflichen Kenntnisse und Fähigkeiten zur Erfüllung seiner Aufgaben nicht ausreichen, hat der Arbeitgeber mit dem Arbeitnehmer zu erörtern, wie dessen berufliche Kenntnisse und Fähigkeiten im Rahmen der betrieblichen Möglichkeiten den künftigen Anforderungen angepasst werden können. Die betroffenen Arbeitnehmer sind rechtzeitig vor Systemeinführung sowie bei Änderungen während der Einführungsphase unter Hinzuziehung

---

194 Vgl. dazu § 2 Rn 2 ff.
195 Vgl. BAG 6.12.1983 – 1 AZR 43/81, BAGE 44, 285, 311 f. = AP Nr. 7 zu § 87 BetrVG 1972 Überwachung; LAG Frankfurt/M. 15.6.1984 – 14/5 TaBV 8/84, NZA 1985, 33 ff.
196 BAG 14.11.2006 – 1 ABR 4/06 – juris.
197 Richardi-*Richardi*, § 87 BetrVG Rn 487.
198 Vgl. *Balke/Müller*, DB 1997, 326 ff.; *Beckschulze/Henkel*, DB 2001, 1491, 1500; *Lindemann/Simon*, BB 2001, 1950, 1953 f.
199 Vgl. *Beckschulze/Henkel*, DB 2001, 1491, 1500; *Lindemann/Simon*, BB 2001, 1950, 1953 f.
200 *Lindemann/Simon*, BB 2001, 1950, 1953 f.
201 Vgl. BAG 23.4.1985 – 1 ABR 2/82, AP Nr. 12 zu § 87 BetrVG 1972 Überwachung.
202 Vgl. GK-BetrVG-*Wiese*, § 87 Rn 555 ff.
203 GK-BetrVG-*Wiese*, § 87 Rn 512.

des Betriebsrates über die künftigen Tätigkeiten und Arbeitsabläufe zu **unterrichten**.[204] Die Arbeitnehmer sind berechtigt, zur Einführung und Ausgestaltung des jeweiligen Systems sowie zu den betreffenden Maßnahmen Stellung zu nehmen, sowie Vorschläge für die Gestaltung des Arbeitsplatzes und des Arbeitsablaufes zu machen. Werden Personalcomputer/Laptops neu angeschafft, müssen diese dem Stand arbeitsphysiologischer, arbeitsmedizinischer und ergonomischer Erkenntnisse entsprechen, die sich aus den Sicherheitsregeln für Büroarbeitsplätze und Bildschirmarbeitsplätze, der Arbeitsstättenverordnung, sowie allen anderen gesetzlichen und tariflichen Vorschriften und Betriebsvereinbarungen zum **Schutz der Beschäftigten** ergeben.

Die Verpflichtung zur Unterrichtung und Erörterung bei der Planung und Einführung neuer Techniken setzt voraus, dass die Planung soweit fortgeschritten ist, dass sich daraus konkrete, den Arbeitnehmer in den genannten Bereichen betreffende Maßnahmen abzeichnen. Sie setzt also zeitlich später ein als die Unterrichtung des Betriebsrates nach § 90 BetrVG.[205] Die Verpflichtung zur Erörterung und Begründung besteht, sobald feststeht, dass sich die Tätigkeit des Arbeitnehmers derart ändert, dass seine beruflichen Kenntnisse und Fähigkeiten zur Erfüllung seiner Aufgaben nicht mehr ausreichen.   **145**

d)   § 90 Abs. 1 BetrVG

Nach **§ 90 Abs. 1 BetrVG** (vgl. § 2 Rn 45 ff.) hat der Arbeitgeber den Betriebsrat über die Planung von technischen Anlagen, von Arbeitsverfahren und Arbeitsabläufen oder von Arbeitsplätzen rechtzeitig und unter Vorlage der erforderlichen Unterlagen zu unterrichten. Technische Anlagen, die unter den Beteiligungstatbestand fallen, sind insbesondere Bildschirmgeräte.[206] § 90 BetrVG gewährt dem Betriebsrat nicht das Recht, vom Arbeitgeber zu verlangen, dass geplante Arbeitsplätze, Arbeitsverfahren und Arbeitsabläufe weiteren Anforderungen als denen genügen, die in anderen Rechtsvorschriften festgelegt sind. Das gilt auch dann, wenn sich solche Anforderungen aus gesicherten arbeitswissenschaftlichen Erkenntnissen über die menschengerechte Gestaltung der Arbeit ergeben, deren Beachtung dem Arbeitgeber durch Rechtsvorschriften aber noch nicht zur Pflicht gemacht worden ist.   **146**

Diese Regelung hindert jedoch nicht, dass Arbeitgeber und Betriebsrat freiwillig vereinbaren können, dass Arbeitsplätze, Arbeitsverfahren und Arbeitsabläufe weiteren Anforderungen entsprechen sollen, die eine menschengerechte oder noch menschengerechtere Gestaltung der Arbeit ermöglichen, § 88 BetrVG. Ein Recht, entsprechende Regelungen zu erzwingen, räumt das Gesetz dem Betriebsrat in § 90 BetrVG nicht ein. Der Betriebsrat wird durch diese Vorschrift des Betriebsverfassungsgesetzes nicht in die Lage versetzt, dem Arbeitgeber die Beachtung von noch nicht zu Rechtsnormen erhobenen gesicherten arbeitswissenschaftlichen Erkenntnissen über die menschengerechte Gestaltung der Arbeit allgemein zur Pflicht zu machen.[207]

In der Praxis verhindern die Betriebsräte regelmäßig, dass die Systeme zum Zwecke der **Leistungs- und Verhaltenskontrolle** angewandt werden dürfen. Betriebsvereinbarungen enthalten häufig das Verbot der Rückverfolgung anonymer Auswertungen auf Einzelpersonen oder Gruppen.   **147**

e)   § 91 BetrVG

§ 91 BetrVG gibt dem Betriebsrat die Möglichkeit tätig zu werden, wenn Arbeitsplätze, Arbeitsabläufe oder die Arbeitsumgebung gesicherten arbeitswissenschaftlichen Erkenntnissen nicht entsprechen. Davon, dass dies auch erlaubtermaßen der Fall sein kann, geht § 91 BetrVG aus. Voraussetzung für ein Tätigwerden ist, dass der Widerspruch zu diesen gesicherten arbeitswissenschaftlichen Erkenntnissen offensichtlich ist und dass dadurch Arbeitnehmer in besonderer Weise belastet werden. Ist das der Fall, so kann der Betriebsrat angemessene Maßnahmen zur Abwen-   **148**

---

204 Richardi-*Thüsing*, § 81 BetrVG Rn 19 ff.; GK-BetrVG-*Wiese*, § 81 Rn 19 ff.
205 GK-BetrVG-*Wiese*, § 81 Rn 20 m.w.N.
206 Richardi-*Annuß*, § 90 BetrVG Rn 11; GK-BetrVG-*Wiese*, § 90 Rn 14.
207 BAG 6.12.1983 – 1 ABR 43/81 – juris.

dung, Milderung oder zum Ausgleich der Belastung verlangen. Solche Maßnahmen kann er über einen Spruch der Einigungsstelle erzwingen.[208]

f) § 98 Abs. 1 BetrVG

149   Nach § 98 Abs. 1 BetrVG hat der Betriebsrat bei der Durchführung von Maßnahmen der betrieblichen Berufsbildung mitzubestimmen; der Betriebsrat erhält aber kein Mitbestimmungsrecht über die Einführung betrieblicher Bildungsmaßnahmen.[209] Maßnahmen der betrieblichen Berufsbildung, bei deren Durchführung der Betriebsrat mitzubestimmen hat, sind alle Maßnahmen, die über eine bloße arbeitsplatzbezogene Unterrichtung des Arbeitnehmers hinaus gezielt Kenntnisse und Erfahrungen vermitteln, die zur Ausübung einer bestimmten Tätigkeit befähigen oder es ermöglichen, die beruflichen Kenntnisse und Fähigkeiten zu erhalten.[210] Berufsbildungsmaßnahmen unterscheiden sich von sonstigen Bildungsmaßnahmen dadurch, dass die Kenntnisse und Erfahrungen, die vermittelt werden, dem beruflichen Fortkommen des Arbeitnehmers dienen.[211] Zur systematischen Vorbereitung der Arbeitnehmer für die neuen Tätigkeiten, die sich bei der Einführung und Anwendung neuer Personalcomputer/Laptops ergeben, werden regelmäßig zwischen Arbeitgeber und Betriebsrat Maßnahmen nach Art, Dauer, Inhalt, Methoden und den betroffenen Personen in einem so genannten **Bildungsmaßnahmenplan** vereinbart. Die Kosten für diese **Qualifizierungs- und Bildungsmaßnahmen** trägt das Unternehmen. Die Zeit, in der Bildungsmaßnahmen erfolgen, wird wie Arbeitszeit bezahlt.

VI. Spracherkennungssysteme

150   Spracherkennungssysteme sind zur **Leistungs- und Verhaltenskontrolle** geeignet. Dadurch können die **Persönlichkeitsrechte** der Arbeitnehmer betroffen werden.

151   Checkliste: Spracherkennungssysteme

a) Sicherheitshinweise
- Schriftlich gegen Empfangsbekenntnis aushändigen
- Versicherbarkeit des eingetretenen Schadens prüfen
- Haftungsumfang bestimmen
- Haftungsbegrenzung bei Leasingfahrzeugen
b) Beteiligung des Betriebsrates
c) Beteiligung des betrieblichen Datenschutzbeauftragten
d) Einhaltung der Arbeitsschutzgesetze

C. Beteiligung des Betriebsrates

I. Einrichtung von neuen elektronischen Kommunikationssystemen

1. § 90 BetrVG

152   Nach § 90 BetrVG (vgl. § 2 Rn 45 ff.) muss der Arbeitgeber den Betriebsrat über die Planung von technischen Anlagen rechtzeitig und unter Vorlage der erforderlichen Unterlagen **unterrichten**.[212] Planung ist die gedankliche Vorwegnahme eines bestimmten Ziels und seiner Verwirk-

---

208 BAG 6.12.1983 – 1 ABR 43/81 – juris.
209 Richardi-*Thüsing*, § 98 BetrVG Rn 8.
210 BAG 28.1.1992 – 1 ABR 41/91, AP Nr. 1 zu § 96 BetrVG 1972.
211 BAG 31.1.1969 – 1 ABR 18/68, BB 1969, 758; BAG 4.12.1990 – 1 ABR 10/90, NZA 1991, 388.
212 Küttner-*Kreitner*, Personalbuch 2012, Internet-/Telefonnutzung Rn 18; *Altenburg/v. Reinersdorff/Leister*, MMR 2005, 222.

lichung (Einsatz von Mitteln, Zeitaufwand usw.), um den gewünschten Erfolg möglichst nach Maßgabe der vorher festgelegten Kriterien zu erreichen. Die Planung ist also ein Prozess, der von bestimmten Ideen und Vorstellungen ausgehend bis zur Entscheidung führt, durch die bestimmte Handlungen im Voraus festgelegt werden.[213] Der Inhalt der Unterrichtung wird durch den Begriff der Planung festgelegt und durch den Bereich konkretisiert, auf den sich nach § 90 Abs. 2 BetrVG die Beratung mit dem Betriebsrat zu erstrecken hat.

Technische Anlagen sind auch Bildschirmgeräte[214] und andere Computersysteme.[215]   **153**

Der Betriebsrat ist **rechtzeitig** und **umfassend** in verständlicher Form mündlich oder anhand von schriftlichen Unterlagen über alle Planungsphasen zu unterrichten. Die Unterrichtung erfolgt insbesondere in folgenden Phasen: Planungsphase, Systemauswahl, Systemeinführung, Systemänderung, Erweiterung des Systems.   **154**

Der Betriebsrat ist insbesondere zu unterrichten über **Ziel, Art, Umfang** und **Einsatzzeiträume des Vorhabens;**[216] die sich aus dem Vorhaben ergebenden Maßnahmen mit ihren personellen Auswirkungen; Auswirkungen auf Arbeitsinhalte, Arbeitsumfang, Arbeitsverfahren und Arbeitsmethoden; Auswirkungen auf technische Anlagen und Arbeitsplätze; kurz-, mittel- und langfristige Qualifikationsveränderungen; vorgesehene Einsatzfelder sowie technische und organisatorische Rationalisierungsmaßnahmen.   **155**

Die **Unterrichtung** über die Vor- und Nachteile verschiedener in Frage kommender Systeme – insbesondere technische, wirtschaftliche, personelle und qualifikationsbezogene Fragen, muss so rechtzeitig vor Abschluss des Kaufvertrages vorgenommen werden, dass der Betriebsrat noch Stellung nehmen kann.   **156**

Die **Planung** von technischen Anlagen bezieht sich beispielsweise auf die Einführung von EDV-Anlagen und Telekommunikationssystemen.   **157**

2. § 91 BetrVG

Unter den Voraussetzungen des **§ 91 BetrVG** besteht ein **Mitbestimmungsrecht** des Betriebsrates.   **158**

3. § 87 Abs. 1 Nr. 6 BetrVG

Nach **§ 87 Abs. 1 Nr. 6 BetrVG**[217] hat der Betriebsrat ein ggf. mit Hilfe der Einigungsstelle erzwingbares **Mitbestimmungsrecht** bei der Einführung und Anwendung von technischen Einrichtungen, die dazu bestimmt sind, das Verhalten oder die Leistung der Arbeitnehmer zu überwachen.[218]   **159**

Nach der Rechtsprechung des Bundesarbeitsgerichts[219] kann der Arbeitgeber eine **Telefonanlage,** mit der Daten über die geführten Telefongespräche erfasst werden können (z.B. Uhrzeit und Dauer des Gespräches, Rufnummer des angerufenen Teilnehmers) nur mit Zustimmung des Betriebsrates installieren. Die Einführung und Anwendung eines **Telefondatenerfassungssystems** ist mitbestim-   **160**

---

213 LAG Frankfurt/M. 3.11.1992 – 5 TaBV 27/92, LAGE § 23 BetrVG 1972 Nr. 32; vgl. auch LAG Hamm 3.12.1976 – 4 TaBV 68/76, EzA § 90 BetrVG 1972 Nr. 1.
214 GK-BetrVG-*Wiese*, § 90 Rn 14 m.w.N.
215 GK-BetrVG-*Wiese*, § 90 Rn 14 m.w.N.
216 Vgl. dazu Richardi-*Annuß*, § 90 BetrVG Rn 20.
217 Vgl. dazu § 2 Rn 2 ff.
218 Küttner-*Kreitner*, Personalbuch 2012, Internet-/Telefonnutzung Rn 19; Richardi-*Richardi*, § 87 BetrVG Rn 478 ff.; GK-BetrVG-*Wiese*, § 87 Rn 482 ff.; *Altenburg/v. Reinersdorff/Leister*, MMR 2005, 222; *Haußmann/Krets*, NZA 2005, 259, 262 f.
219 BAG 27.5.1986 – 1 ABR 48/84, AP Nr. 15 zu § 87 BetrVG 1972 Überwachung, NZA 1986, 643; BAG 30.8.1995 – 1 ABR 4/95, NZA 1996, 218; BAG 11.11.1998 – 7 ABR 47/97, NZA 1999, 947.

mungspflichtig, wenn damit programmgemäß Verhaltens- oder Leistungsdaten der telefonierenden Arbeitnehmer erfasst und derart verarbeitet werden, dass Aussagen über deren Verhalten oder Leistung abrufbar sind.[220]

161   Vielfältige neue Kontrollmöglichkeiten eröffnet das **Telekommunikationssystem ISDN**. So kann z.B. bei vergeblichen Anrufen gespeichert werden, ob und wie lange ein Arbeitnehmer nicht an seinem Arbeitsplatz anwesend war. Auch kann auf dem Display des Telefons eines Vorgesetzten sichtbar gemacht werden, von welchem Nebenstellenapparat ein Arbeitnehmer anruft. Soweit dies und andere Kontrollmöglichkeiten bestehen, ist die Mitbestimmung nach § 87 Abs. 1 Nr. 6 BetrVG gegeben.[221]

162   Bei **Dienstgesprächen** ist grundsätzlich die vollständige Erfassung von Zahl, Zeitpunkt und Dauer der Gespräche, der vom Arbeitnehmer genutzte Apparat, Gebühreneinheit und Gebühren, die Zielnummer sowie Art des Gespräches (dienstlich oder privat) gerechtfertigt, weil der Arbeitgeber zur Überwachung des vertraglich geschuldeten Verhaltens der Arbeitnehmer berechtigt ist und entgegenstehende vorrangige Interessen der Arbeitnehmer nicht gegeben sind.[222] Bei Privatgesprächen, die aus dienstlichem Anlass geführt werden und für die der Arbeitgeber die Kosten übernimmt, ist die erfassende Zielnummer zur Vermeidung von Missbräuchen jedenfalls dann unbedenklich, wenn der Arbeitnehmer Privatgespräche auf seine Kosten aus dem Betrieb führen kann, ohne dass die Zielnummer erfasst wird.[223] Bei reinen Privatgesprächen, die der Arbeitnehmer selbst bezahlt, können Zahl, Zeit, Zeitpunkt und Dauer der Gespräche, der von ihm benutzte Apparat, Gebühreneinheiten und Gebühren registriert werden.[224]

163   Wird beispielsweise eine Gruppe von Außendienstmitarbeitern mit Handys und Autotelefonen ausgestattet, ist dies nur mit Zustimmung des Betriebsrates möglich.

164   **Standardinternetprogramme** (z.B. Microsoft Internet Explorer, Microsoft Outlook, Netscape Navigator) enthalten ebenfalls Überwachungskomponenten, die den Anwendungsverlauf aufzeichnen.[225] Das Softwareprogramm selbst ist keine technische Einrichtung i.S.d. § 87 Abs. 1 Nr. 6 BetrVG. Vielmehr werden Bildschirmgerät und Rechner erst durch das Programm zu einer Überwachungseinrichtung.[226]

165   Für § 87 Abs. 1 Nr. 6 BetrVG kommt es allein auf die **objektive Überwachungseignung** der technischen Einrichtung an. Navigationssysteme ermöglichen die punktgenaue Ortung des Fahrzeuges, dessen Route sich aus dem Navigationssystem heraus nachvollziehen lässt. Ein Teleaid-System ermöglicht die exakte Ortung des Fahrzeuges. Deswegen wird das Mitbestimmungsrecht in aller Regel eingreifen, weil eine Individualisierung der Arbeitnehmer möglich ist.[227]

166   Es genügt, wenn die Einrichtung aufgrund ihrer technischen Gegebenheiten und ihres konkreten Einsatzes objektiv zur Überwachung der Arbeitnehmer geeignet ist. Unerheblich ist, ob dies nur ein Nebeneffekt der technischen Einrichtung ist oder ob die erfassten Arbeitnehmerdaten vom Arbeitgeber ausgewertet werden.[228]

220   Vgl. BAG 27.5.1986 – 1 ABR 48/84, AP Nr. 15 zu § 87 BetrVG 1972 Überwachung = NZA 1986, 643; GK-BetrVG-*Wiese*, § 87 Rn 558.

221   Vgl. im Einzelnen GK-BetrVG-*Wiese*, § 87 Rn 559 m.w.N.

222   Vgl. BAG 27.5.1986 – 1 ABR 48/84, AP Nr. 15 zu § 87 BetrVG 1972 Überwachung = NZA 1986, 643; LAG Düsseldorf 30.4.1984 – 10 (12) TaBV 10/84, DB 1984, 2624; LAG Frankfurt/M. 27.8.1981 – 9 Sa Ga 360/81, BB 1982, 2049; LAG Hamburg 1.9.1988 – 2 Sa 94/86, BB 1989, 1053 f.; LAG Köln 11.3.1982 – 8/25 Sa 691/81, EzA § 611 BGB Persönlichkeitsrecht Nr. 1; GK-BetrVG-*Wiese*, § 87 Rn 562.

223   Vgl. BAG 27.5.1986 – 1 ABR 48/84, AP Nr. 15 zu § 87 BetrVG 1972 Überwachung = NZA 1986, 643.

224   Vgl. BAG 27.5.1986 – 1 ABR 48/84, AP Nr. 15 zu § 87 BetrVG 1972 Überwachung = NZA 1986, 643; LAG Frankfurt/M. 27.8.1981 – 9 Sa Ga 360/81, BB 1982, 2049; LAG Köln 11.3.1992 – 8/25 Sa 691/81, EzA § 611 BGB Persönlichkeitsrecht Nr. 1; GK-BetrVG-*Wiese*, § 87 Rn 563 m.w.N.

225   Küttner-*Kreitner*, Personalbuch 2012, Internet-/Telefonnutzung Rn 19.

226   GK-BetrVG-*Wiese*, § 87 Rn 554 m.w.N.

227   Küttner-*Kreitner*, Personalbuch 2012, Internet-/Telefonnutzung Rn 19.

228   *Fitting u.a.*, § 87 BetrVG Rn 226 m.w.N.

Regelungsbedürftig ist die **Arbeitsplatzgestaltung**, insbesondere in arbeitsphysiologischer, arbeitsmedizinischer und ergonomischer Sicht und im Hinblick auf die Einhaltung der Vorschriften zur Arbeitssicherheit. Des Weiteren ist auf den Schutz der Persönlichkeitsrechte der betroffenen Arbeitnehmer zu achten. Betriebsräte werden stets versuchen, in Betriebsvereinbarungen Regelungen hineinzuverhandeln, dass die Systeme nicht zum Zwecke der Leistungs- und Verhaltenskontrolle angewandt werden dürfen und das Rückverfolgen anonymer Auswertungen auf Einzelpersonen oder Gruppen eingeschränkt oder verboten wird.

167

Auch bei der Nutzung von elektronischen Kommunikationssystemen ist § 87 Abs. 1 Nr. 6 BetrVG zu beachten.

168

II. Dienstfahrzeug/Mobiltelefon – Mitbestimmung

Die arbeitgeberseitige Weisung, die in Dienstkraftfahrzeuge eingebauten Mobiltelefone trotz vorhandener Freisprecheinrichtungen während der Fahrt nicht zu benutzen, ist weder unter dem Gesichtspunkt der Ordnung des Betriebes und des Verhaltens der Arbeitnehmer im Betrieb nach § 87 Abs. 1 Nr. 1 BetrVG noch unter dem Gesichtspunkt der Verhütung von Arbeitsunfällen nach § 87 Abs. 1 Nr. 7 BetrVG mitbestimmungspflichtig. Dies gilt auch dann, wenn die Dienstkraftfahrzeuge auch privat genutzt werden dürfen.[229]

169

Die Tatbestandsvoraussetzungen eines Mitbestimmungsrechts nach § 87 Abs. 1 Nr. 1 BetrVG sind nicht gegeben. Danach besteht ein Mitbestimmungsrecht nur in Fragen der Ordnung des Betriebes und des Verhaltens der Arbeitnehmer im Betrieb. Hiervon abzugrenzen sind Weisungen des Arbeitgebers, die lediglich das Arbeitsverhalten der Arbeitnehmer regeln. Das mitbestimmungsfreie Arbeitsverhalten betrifft dabei alle Regeln und Weisungen des Arbeitgebers, die bei der Erbringung der Arbeitsleistung selbst zu beachten sind. Das Arbeitsverhalten ist berührt, wenn der Arbeitgeber kraft seiner Organisations- und Leitungsmacht näher bestimmt, welche Arbeiten auszuführen sind und in welcher Weise das geschehen soll. Mitbestimmungsfrei sind deshalb solche Anordnungen, mit denen die Arbeitspflicht unmittelbar konkretisiert und damit abgefordert wird.[230] Etwas anderes ergibt sich im Ergebnis auch nicht dadurch, dass der Betriebsrat auf die auch private Nutzungsmöglichkeit der Dienstfahrzeuge verweist. Insofern, wie die Fahrzeuge privat genutzt werden, liegt schon keine Frage der Ordnung „des Betriebs" bzw. des Verhaltens der Arbeitnehmer „im Betrieb" i.S.v. § 87 Abs. 1 Nr. 1 BetrVG vor, sondern eine Frage des Freizeitverhaltens der Arbeitnehmer. Dieses Freizeitverhalten ist nicht mitbestimmt.

170

Ein Mitbestimmungsrecht besteht auch nicht nach § 87 Abs. 1 Nr. 7 BetrVG. Danach besteht eine Mitbestimmungsbefugnis bei Regelungen über die Verhütung von Arbeitsunfällen „im Rahmen der gesetzlichen Vorschriften oder der Unfallverhütungsvorschriften". Das bedeutet, dass nicht jede vom Arbeitgeber getroffene Regelung mit dem Ziel des Verhütens von Arbeitsunfällen mitbestimmungspflichtig ist, sondern nur eine solche Regelung, die eine mit einem gewissen Handlungsspielraum des Arbeitgebers vorgesehene Rechtspflicht ausfüllt. Das Mitbestimmungsrecht besteht im Rahmen der geltenden Arbeits- und Gesundheitsschutzvorschriften, die den Arbeitgeber vielfach zur Erfüllung eines bestimmten Schutzziels verpflichten, ihm jedoch einen Handlungsspielraum überlassen, auf welche Art und Weise er dieser Pflicht nachkommt; das Mitbestimmungsrecht bezieht sich dabei auf die Ausfüllung vorgegebener Normen. Voraussetzung für eine Mitbestimmung nach § 87 Abs. 1 Nr. 7 BetrVG ist damit eine rechtliche Handlungspflicht des Arbeitgebers, die aus Vorschriften des Arbeits- und Gesundheitsschutzes folgt und die wegen Fehlens einer zwingenden Vorgabe einer konkreten betrieblichen Regelung bedarf. Kein Mitbestimmungsrecht besteht danach, wenn eine Rechtsvorschrift eine ganz bestimmte Maßnahme

171

229 ArbG Celle 11.12.2002 – 2 BV 4/02 – juris.
230 BAG 11.6.2002 – 1 ABR 46/01 – juris.

vorschreibt und keinerlei Regelungsspielraum mehr verbleibt; in diesem Fall hat weder der Arbeitgeber noch der Betriebsrat etwas zu „bestimmen". Danach ist kein Mitbestimmungsrecht des Betriebsrats feststellbar. Nach § 23 Abs. 1a StVO ist dem Fahrzeugführer die Benutzung eines Mobil- oder Autotelefons untersagt, wenn er hierfür das Mobiltelefon oder den Hörer des Autotelefons aufnimmt oder hält. Danach besteht ein gesetzliches Verbot – ohne Regelungsspielraum und damit ohne Mitbestimmung – der Nutzung von Mobil- oder Autotelefonen, wenn das Telefon oder der Hörer aufgenommen oder gehalten werden muss. Mangels Regelungsspielraums des Arbeitgebers entfällt insoweit ein Mitbestimmungsrecht. Kein gesetzliches Verbot besteht hinsichtlich der Nutzung von Mobiltelefonen mittels einer Freisprechanlage, da hier kein Hörer aufgenommen oder gehalten werden muss. Das Gesetz sieht jedoch hinsichtlich der Nutzung von Mobiltelefonen mit Freisprechanlage auch keinerlei Vorschrift vor, wonach der Fahrzeugführer oder Arbeitgeber innerhalb eines bestimmten Handlungsrahmens für die Gewährleistung der Verkehrssicherheit bei der Nutzung von Mobiltelefonen mit Hilfe von Freisprechanlagen sorgen muss. Es fehlt insofern an einer Vorschrift, die insofern einen „Rahmen" i.S.v. § 87 Abs. 1 Nr. 7 BetrVG hinsichtlich vom Arbeitgeber zu treffender Maßnahmen vorschreibt. In Ermangelung einer solchen ausfüllungsbedürftigen Rahmenvorschrift fehlt es mithin auch an den Mitbestimmungsvoraussetzungen nach § 87 Abs. 1 Nr. 7 BetrVG.[231]

III. Durchführung der Mitbestimmung

172 Die Ausübung der Mitbestimmung erfolgt im Regelfall im Wege der **Betriebsvereinbarung**.[232] Möglich sind auch formlose Regelungsabreden.

173 **Checkliste: Unterrichtung des Betriebsrates**
- Rechtzeitig
- Umfassend
- Mündlich/schriftliche Unterlagen
- Ziel, Art, Umfang und Einsatzzeitraum der Maßnahme
- Personelle Auswirkungen der Maßnahme
- Arbeitsplatzgestaltung
- Persönlichkeitsrechte
- Eventuell Betriebsvereinbarung

D. Nutzung von Arbeitsmitteln durch den Betriebsrat

I. Allgemeines

174 Nach § 40 Abs. 2 BetrVG steht dem Betriebsrat Informations- und Kommunikationstechnik gleichrangig neben Räumen, sachlichen Mitteln und Büropersonal zur Verfügung. Die Beschränkung des Sachmittelanspruch des Betriebsrats auf den erforderlichen Umfang dient dazu, eine übermäßige finanzielle Belastung des Arbeitgebers zu verhindern. Nach ständiger Rechtsprechung des Bundesarbeitsgerichts obliegt dem Betriebsrat die Prüfung, ob ein von ihm verlangtes Sachmittel zur Erledigung von Betriebsratsaufgaben erforderlich und vom Arbeitgeber zur Verfügung zu stellen ist. Die Entscheidung hierüber darf er nicht allein an seinen subjektiven Bedürfnissen ausrichten. Von ihm wird vielmehr verlangt, dass er die betrieblichen Verhältnisse und die sich ihm stellenden Aufgaben berücksichtigt. Dabei hat er die Interessen der Belegschaft an einer sachgerechten Ausübung des Betriebsratsamts einerseits und berechtigte Interessen des Arbeit-

---

231 ArbG Celle 11.12.2002 – 2 BV 4/02 – juris.
232 Küttner-*Kreitner*, Personalbuch 2012, Internet-/Telefonnutzung Rn 23; GK-BetrVG-*Wiese*, § 87 Rn 578 m.w.N.

gebers, auch soweit sie auf eine Begrenzung der Kostentragungspflicht gerichtet sind, gegeneinander abzuwägen. Diese Grundsätze gelten auch für das Verlangen des Betriebsrats auf Überlassung von Informations- und Kommunikationstechnik. Die Entscheidung des Betriebsrats über die Erforderlichkeit des verlangten Sachmittels unterliegt der arbeitsgerichtlichen Kontrolle. Diese ist auf die Prüfung beschränkt, ob das verlangte Sachmittel aufgrund der konkreten betrieblichen Situation der Erledigung der gesetzlichen Aufgaben des Betriebsrats dient und der Betriebsrat bei seiner Entscheidung nicht nur die Interessen der Belegschaft berücksichtigt, sondern auch berechtigten Belangen des Arbeitgebers Rechnung getragen hat. Dient das jeweilige Sachmittel der Erledigung betriebsverfassungsrechtlicher Aufgaben und hält sich die Interessenabwägung des Betriebsrats im Rahmen seines Beurteilungsspielraums, kann das Gericht die Entscheidung des Betriebsrats nicht durch seine eigene ersetzen.[233]

Nach § 40 Abs. 1 BetrVG trägt der Arbeitgeber die durch die Tätigkeit des Betriebsrates entstehenden Kosten. Nach § 40 Abs. 2 BetrVG hat der Arbeitgeber für die Sitzungen, die Sprechstunden und die laufenden Geschäftsbeziehungen in erforderlichem Umfang,[234] auch Räume, sachliche Mittel, **Informations- und Kommunikationstechnik** sowie Büropersonal zur Verfügung zu stellen.[235] Durch § 40 Abs. 2 BetrVG wird dem Betriebsrat kein Anspruch auf Kommunikations- und Informationstechnik ohne besondere Prüfung der **Erforderlichkeit** eingeräumt.[236] Soweit im Betrieb Personalcomputer vorhanden sind, darf der Betriebsrat sie mitbenutzen. Der Arbeitgeber kann ihm dies nur verwehren, wenn er ihm einen geeigneten Personalcomputer zur Verfügung stellt.[237] Ist ein hinreichender Bedarf vorhanden, sind dem Betriebsrat eigene Computer zur Verfügung zu stellen. Der Bedarf ist konkret darzulegen.[238] Die bloße Erleichterung der Betriebsratsarbeit reicht nicht aus. Vielmehr besteht ein Anspruch erst, wenn der Betriebsrat andernfalls seine gesetzlichen Pflichten nicht erfüllen könnte.[239]

175

Der Betriebsrat ist gemäß § 34 Abs. 3 BetrVG verpflichtet, allen Betriebsratsmitgliedern die Möglichkeit einzuräumen, jederzeit auf elektronischem Weg Einsicht in die elektronisch gespeicherten Daten und in die eingehenden und ausgehenden E-Mails des Betriebsrats zu nehmen. Auch auf Datenträgern gespeicherte elektronische Dateien sind Unterlagen i.S.d. § 34 Abs. 3 BetrVG Die Mitglieder des Betriebsrats haben deshalb das Recht, jederzeit die Unterlagen einzusehen. Das Einsichtsrecht umfasst die Möglichkeit zur Einsichtnahme auf elektronischem Weg. Es kann nicht – auch nicht durch Beschluss des Betriebsrats – unter Berufung auf die Notwendigkeit des Datenschutzes ganz oder teilweise ausgeschlossen oder beschränkt werden.[240]

176

II. Telefon, Telefax

Der Betriebsrat hat Anspruch auf Telefonbenutzung bzw. eine dem betrieblichen Standard entsprechende Telefonanlage.[241] Bei entsprechendem betrieblichen Standard und wenn es im Einzelfall erforderlich ist, hat der Betriebsrat auch Anspruch auf die Nutzung eines Telefaxgerätes.[242]

177

---

233 BAG 14.7.2010 – 7 ABR 80/08 – juris; Hessisches LAG 28.11.2011 – 16 TaBV 129/11 – juris.
234 Vgl. zur Erforderlichkeit von Computer und Internet für die Betriebsratsarbeit *Weber*, NZA 2008, 280 ff.
235 Vgl. im Einzelnen Richardi-*Thüsing*, § 40 BetrVG Rn 68.
236 BAG 3.9.2003 – 7 ABR 12/03, NZA 2004, 278; *Altenburg/v. Reinersdorff/Leister*, MMR 2005, 222, 224 f.; *Hunold*, NZA 2004, 370 ff.; *Gola*, MMR 2005, 17 ff.
237 LAG Düsseldorf 6.1.1995 – 10 TaBV 103/94, LAGE § 40 BetrVG 1972 Nr. 45 = BB 1995, 879; GK-BetrVG-*Wiese/Weber*, § 40 Rn 127, 153 f.
238 BAG 11.3.1998 – 7 ABR 59/96, AP Nr. 57 zu § 40 BetrVG 1972 = NZA 1998, 953; BAG 11.11.1998 – 7 ABR 57/97, AP Nr. 64 zu § 40 BetrVG 1972 = NZA 1999, 945.
239 BAG 12.5.1999 – 7 ABR 36/97, AP Nr. 65 zu § 40 BetrVG = NZA 1999, 1290.
240 BAG 12.8.2009 – 7 ABR 15/08 – juris.
241 BAG 27.11.2002 – 7 ABR 36/01, NZA 2003, 803.
242 Vgl. *Besgen*, NZA 2006, 959, 960.

III. Personalcomputer mit Peripherie

178   Zu den **Sachmitteln**, die der Arbeitgeber dem Betriebsrat zur Verfügung stellen muss, gehören zunächst die für eine büromäßige Erledigung dieser Aufgaben erforderlichen Utensilien.

179   Der Betriebsrat kann im Rahmen seines Beurteilungsspielraums die Nutzung eines Personalcomputers nebst Zubehör und eines Internetzugangs für erforderlich halten.[243] Da **Personalcomputer** mit der dazu gehörenden **Peripherie (Bildschirm, Drucker)** und **Software** heute zu einer normalen Büroausstattung gehören, ist dieser nach § 40 Abs. 2 BetrVG grundsätzlich auch dem Betriebsrat zur Verfügung zu stellen.[244] Der Personalcomputer muss mit einer den Bedürfnissen des Betriebsrates entsprechenden Hardware ausgestattet sein. Hierzu gehören auch ein **Disketten-** und ein **CD-ROM-Laufwerk**, letzteres schon deshalb, weil in zunehmendem Maße auch für die Betriebsratsarbeit erforderliches Wissen, z.B. arbeitsrechtliche Gesetze, Gerichtsentscheidungen und Fachliteratur auf CD-ROM zur Verfügung gestellt werden. Auch hier ist Maßstab der betriebsübliche Standard in den Tätigkeitsbereichen, die mit der Betriebsratsarbeit vergleichbar sind.

180   Für einen siebenköpfigen Betriebsrat, der für ca. 33 Verkaufsstellen einer bundesweit tätigen Drogeriemarktkette zuständig ist, ist die Anschaffung eines PC nebst Zubehör nach § 40 Abs. 2 BetrVG erforderlich, ohne dass im Einzelnen überprüft werden muss, ob ohne den Einsatz eines PC die Wahrnehmung anderer Rechte und Pflichten des Betriebsrats vernachlässigt werden müsste.[245]

181   Die Prüfung, ob und in welchem Umfang Sachmittel zur Verfügung zu stellen sind, obliegt dem Betriebsrat. Ihm steht bei der Bewertung der Frage der Erforderlichkeit ein Beurteilungsspielraum zu. Im Rahmen seines Beurteilungsspielraums darf sich der Betriebsrat zwar nicht allein an subjektiven Erwägungen ausrichten. Von ihm wird vielmehr verlangt, dass er bei seiner Entscheidungsfindung die betrieblichen Verhältnisse und die sich ihm stellenden Aufgaben berücksichtigt. Er hat die Interessen der Belegschaft an einer sachgerechten Ausübung des Betriebsratsamtes gegen die berechtigten Interessen des Arbeitgebers an einer Begrenzung der Kosten abzuwägen. Diese Grundsätze gelten auch für das Verlangen auf Überlassung von Mitteln der IuK.[246] Ausgerichtet an diesem Maßstab kann der Betriebsrat den Anspruch auf Bereitstellung eines Internetzugangs im Regelfall allein auf die fortschreitende technische Entwicklung und den allgemeinen Verbreitungsgrad des Internets stützen.[247] Ein Internetanschluss für den Betriebsrat ist weder Luxus noch Annehmlichkeit, sondern schlicht selbstverständlich. Der erforderliche Umfang eines Sachmittels bestimmt sich auch nicht nach dem Ausstattungsniveau des Arbeitgebers.[248]

182   Auch zu Organisationsfragen innerhalb des Betriebsrates gibt es zahlreiche Informationen im Internet. Dieses betrifft etwa Hinweise zum Wissensmanagement im Betriebsrat wie z.B. hinsichtlich der Verwaltung von Dateien und der Archivierung von Vereinbarungen im Betriebsrat. Die Bewältigung dieser Organisationsfragen bereitet gerade kleineren Betriebsräten ohne freigestellte Betriebsratsmitglieder regelmäßig große Probleme, wie der Betriebsrat hier auch im Zusammenhang mit den Dateiverlusten im Zusammenhang mit der Notwendigkeit der Nutzung des

---

243 Vgl. BAG 20.1.2010 – 7 ABR 79/08 – juris; LAG Schleswig-Holstein 8.7.2010 – 1 TaBV 40 a/09 – juris.

244 *Fitting u.a.*, § 40 BetrVG Rn 131; *Gola*, MMR 2005, 17; *Besgen*, NZA 2006, 959, 961; auf die Erforderlichkeit im Einzelfall stellen *Altenburg/v. Reinersdorff/Leister*, MMR 2005, 222, 224 f ab.

245 LAG Hamm 26.2.2010 – 10 TaBV 13/09 – juris im Anschluss an LAG Bremen 4.6.2009 – 3 TaBV 4/09 – juris; LAG Schleswig-Holstein 27.1.2010 – 3 TaBV 31/09 – juris; LAG Hamm 5.2.2010 – 13 TaBV 40/09 – juris; gegen BAG 16.5.2007 – 7 ABR 45/06 – juris.

246 BAG 23.8 2006 – 7 ABR 55/05 – juris.

247 LAG Berlin-Brandenburg 17.8.2009 – 10 TaBV 725/09, 10 TaBV 1096/09, 10 TaBV 725/09, 10 TaBV 1096/09 – juris; LAG Berlin-Brandenburg, 9.7.2008 – 17 TaBV 607/08 und 12.6.2009 – 9 TaBV 440/09 – juris; LAG Baden-Württemberg 30.10. 2008 – 16 TaBV 2/08 und 18.2.2009 – 12 TaBV 17/08 – juris; a.A. BAG 23.8.2006 – 7 ABR 55/05 – juris.

248 LAG Berlin-Brandenburg 17.8.2009 –10 TaBV 725/09, 10 TaBV 1096/09, 10 TaBV 725/09, 10 TaBV 1096/09 – juris; LAG Niedersachsen 9.3.2007 – 3 TaBV 47/06 – juris.

USB-Sticks dargelegt hat. Allein aus diesen zuvor geschilderten Gründen ist der Internetzugang unabhängig von einem konkreten Regelungsverlangen geeignet, dem Betriebsrat diese Aufgabenerledigung zu erleichtern. Deshalb darf der Betriebsrat ihn in aller Regel ohne nähere Darlegung von konkreten Aktivitäten für erforderlich halten.[249]

Da der Betriebsrat seine Geschäfte grundsätzlich eigenständig und eigenverantwortlich führt, **183** kann von ihm auch nicht verlangt werden, Mitglieder des Gesamtbetriebsratsausschusses, die einen Internetzugang haben, um Erledigung einer Internetrecherche zu bitten.[250]

Die Konfiguration des Betriebsrats-PC einschließlich der Anmeldeprozedur bestimmt der Be- **184** triebsrat grundsätzlich allein. Da der Zugang zum PC im Raum des Betriebsrates, der nur von den Betriebsratsmitgliedern genutzt werden darf, durch die Arbeitgeberin rechtlich nicht einschränkbar ist, und der Betriebsrat nach pflichtgemäßem Ermessen entscheidet, wie er den Anforderungen des Datenschutzes gerecht wird, kann der Betriebsrat die nicht personalisierte Anmeldung verlangen. Damit ist gewährleistet, dass unbefugte Nicht-Betriebsratsmitglieder keinen Zugang zum PC erhalten. Damit ist auch dem Schutzbedürfnis der betroffenen Arbeitnehmer und dem Schutzinteresse der Arbeitgeberin hinreichend entsprochen.[251]

Stets zur Verfügung zu stellen sind Programme für Textverarbeitung und Tabellenkalkulation. **185** Der Arbeitgeber darf dem Betriebsrat nicht veraltete Hardware und Software zur Verfügung stellen; sie muss vielmehr mittlerer Art und Güte sein.

Der Betriebsrat hat Anspruch auf Zugang zum **Intra- und Internet**. **186**

IV. Laptop

Ob dem Betriebsrat auch ein tragbarer Personalcomputer (**Laptop**) zu überlassen ist, richtet sich **187** ebenfalls nach den betrieblichen Standards bzw. nach den konkreten Bedürfnissen des Betriebsrates und seiner Mitglieder.[252] Die Überlassung eines Laptops wird in der Regel nicht erforderlich sein.[253] Ist ein Betriebsratsmitglied im Außendienst tätig oder obliegt ihm die Betreuung zahlreicher Filialen und auswärtiger Betriebsteile, so dass ihm die Nutzung der technischen Infrastruktur des Betriebsratsbüros nicht möglich ist, kann die Überlassung eines tragbaren Personalcomputers erforderlich sein. Ein Laptop braucht demgegenüber nicht zur Verfügung gestellt zu werden, wenn betriebliche Situationen, in denen gerade die Transportfähigkeit des Computers zur sachgerechten Durchführung der Betriebsratsaufgaben nicht erforderlich ist, selten oder nicht gegeben sind.[254]

Die Bereitstellung eines Laptops ist auch für Mitglieder des Gesamt- oder Konzernbetriebsrates **188** nicht zwingend geboten, weil diese die technische Infrastruktur der Betriebsräte in den einzelnen Betrieben bzw. Unternehmen nutzen können.[255]

---

[249] LAG Berlin-Brandenburg 17.8.2009 – 10 TaBV 725/09, 10 TaBV 1096/09, 10 TaBV 725/09, 10 TaBV 1096/09 – juris.

[250] LAG Berlin-Brandenburg 17.8.2009 – 10 TaBV 725/09, 10 TaBV 1096/09, 10 TaBV 725/09, 10 TaBV 1096/09 – juris; LAG Baden-Württemberg 8.6.2009 – 15 TaBV 1/09 und 18.2.2009 – 12 TaBV 17/08 – juris.

[251] LAG Berlin-Brandenburg 4.3.2011 – 10 TaBV 1984/10 – juris.

[252] *Fitting u.a.*, § 40 BetrVG Rn 132.

[253] Vgl. LAG Köln 17.10.1997 – 11 TaBV 15/97, NZA-RR 1998, 163; *Altenburg/v. Reinersdorff/Leister*, MMR 2005, 222, 225.

[254] LAG Köln 17.10.1997 – 11 TaBV 15/97, NZA-RR 1998, 163; Richardi-*Thüsing*, § 40 BetrVG Rn 68.

[255] Vgl. dazu *Fitting u.a.*, § 40 BetrVG Rn 132 f.

V. Mobiltelefone

189 Mit dem Hessischen LAG[256] ist davon auszugehen, dass das zur Verfügungstellen von Mobiltelefonen für alle Betriebsratsmitglieder für ihre gesetzlichen Aufgaben geeignet, nützlich und sinnvoll ist. Hierdurch wird die Erreichbarkeit der Betriebsratsmitglieder für die Beschäftigten und die Kommunikation unter den Betriebsratsmitgliedern verbessert. Mit dem Mobiltelefon sind diese nämlich auch zu Zeiten, an denen sie sich nicht an ihrem Arbeitsplatz oder im Betriebsratsbüro aufhalten und deshalb nicht über Festnetz angerufen werden können, erreichbar.

Der Betriebsrat muss allerdings bei seiner Entscheidung auch die betrieblichen Verhältnisse hinreichend berücksichtigen. Er hat bei seiner Abwägung der Interessen der Belegschaft an einer sachgerechten Ausübung des Betriebsratsamts das berechtigte Interesse des Arbeitgebers an einer Begrenzung der Kostentragungspflicht gegenüberzustellen.

> *Beispiel*
> Ergibt sich, dass einerseits im Konzern des Arbeitgebers monatlich bei vorhandenen 32.000 Handys von einer Kostenbelastung in Höhe von 704.000 EUR auszugehen ist und sind für die Anschaffung von weiteren 16 Mobiltelefonen, um sämtliche Betriebsratsmitglieder mit dieser Technik auszustatten, monatlich zusätzlich jeweils 22 EUR, also insgesamt 352 EUR, aufzubringen, ist diese Kostenbelastung für den Arbeitgeber zumutbar.

190 Die noch in der Vorauflage vertretene Auffassung, dass der Betriebsrat ein **Mobiltelefon** nur in Ausnahmesituationen verlangen kann, z.B. wenn die vom Betriebsrat zu betreuenden Betriebsstätten weit auseinander liegen, keine besonderen Betriebsratsbüros eingerichtet sind und eine anderweitige Kommunikation zwischen den Betriebsstätten in einem zeitlich vertretbaren Rahmen sonst nicht durchführbar ist oder wenn zur ordnungsgemäßen Erledigung von Betriebsratsaufgaben in erheblichem Umfang eine schnelle Verbindung zwischen Betriebsratsmitgliedern und Betriebsstätte erforderlich ist,"[257] wird damit aufgegeben.

VI. Internet/Intranet/E-Mail

191 Nach § 40 Abs. 2 BetrVG hat der Arbeitgeber dem Betriebsrat für die Sitzungen, die Sprechstunden und die laufende Geschäftsführung in erforderlichem Umfang Räume, sachliche Mittel, Büropersonal sowie Informations- und Kommunikationstechnik zur Verfügung zu stellen. Zur Informationstechnik i.S.v. § 40 Abs. 2 BetrVG gehört das Internet.[258] Auch die Einrichtung oder Zuweisung von E-Mail-Adressen mit bestimmten Konfigurationen zur über das unternehmensbezogen eingerichtete Intranet hinausgehenden „externen" Kommunikation mittels elektronischen Postwegs fällt unter den Begriff der Informations- und Kommunikationstechnik.[259]

192 Der Betriebsrat kann für jedes seiner Mitglieder einen arbeitsplatzbezogenen Internetzugang und die Teilhabe am „externen" elektronischen Postverkehr allerdings nur verlangen, wenn dies zur ordnungsgemäßen Wahrnehmung der ihm nach dem Gesetz obliegenden Aufgaben erforderlich ist. Der Arbeitgeber muss dem Betriebsrat Informations- und Kommunikationstechnik **in erforderlichem Umfang** zur Verfügung stellen; deshalb kann bei der Nutzung dieser Technik von der Prüfung der Erforderlichkeit nicht abgesehen werden. Dies ergibt sich bereits aus dem Wortlaut des § 40 Abs. 2 BetrVG. Danach stehen Informations- und Kommunikationstechnik gleichrangig neben Räumen, sachlichen Mitteln und Büropersonal. Die Beschränkung des Sachmittelanspruchs des Betriebsrats auf den erforderlichen Umfang dient dazu, eine übermäßige finan-

---

256 Hessisches LAG 28.11.2011 – 16 TaBV 129/11 – juris.
257 *Altenburg/v. Reinersdorff/Leister*, MMR 2005, 222, 225.
258 BAG 23.8.2006 – 7 ABR 55/05 – juris.
259 Vgl. *Fitting* u.a., § 40 BetrVG Rn 134 m.w.N.

zielle Belastung des Arbeitgebers zu verhindern. Damit ließe sich nicht in Einklang bringen, gerade in dem kostenintensiven Bereich moderner Bürotechnik, anders als bei den übrigen Sachmitteln, auf die Prüfung der Erforderlichkeit zu verzichten.[260]

Nach der Rechtsprechung des BAG[261] obliegt dem Betriebsrat die Prüfung, ob ein von ihm verlangtes Sachmittel zur Erledigung von Betriebsratsaufgaben erforderlich und vom Arbeitgeber zur Verfügung zu stellen ist. Die Entscheidung hierüber darf er nicht allein an seinen subjektiven Bedürfnissen ausrichten. Von ihm wird vielmehr verlangt, dass er die betrieblichen Verhältnisse und die sich ihm stellenden Aufgaben berücksichtigt. Dabei hat er die Interessen der Belegschaft an einer sachgerechten Ausübung des Betriebsratsamts einerseits und berechtigte Interessen des Arbeitgebers, auch soweit sie auf eine Begrenzung der Kostentragungspflicht gerichtet sind, gegeneinander abzuwägen. Diese Grundsätze gelten auch für das Verlangen des Betriebsrats auf Überlassung von Informations- und Kommunikationstechnik.[262]
193

Die Entscheidung des Betriebsrats über die Erforderlichkeit des verlangten Sachmittels unterliegt der arbeitsgerichtlichen Kontrolle. Diese ist auf die Prüfung beschränkt, ob das verlangte Sachmittel aufgrund der konkreten betrieblichen Situation der Erledigung der gesetzlichen Aufgaben des Betriebsrats dient und der Betriebsrat bei seiner Entscheidung nicht nur die Interessen der Belegschaft berücksichtigt, sondern auch berechtigten Belangen des Arbeitgebers Rechnung getragen hat. Dient das jeweilige Sachmittel der Erledigung betriebsverfassungsrechtlicher Aufgaben und hält sich die Interessenabwägung des Betriebsrats im Rahmen seines Beurteilungsspielraums, kann das Gericht die Entscheidung des Betriebsrats nicht durch seine eigene ersetzen.[263]
194

VII. Digitales Diktiergerät

Zu den Sachmitteln, die der Arbeitgeber dem Betriebsrat zur Verfügung stellen muss, gehören zunächst alle für eine büromäßige Erledigung dieser Aufgabe erforderlichen Utensilien, also auch Diktiergeräte.[264] Ist ein **digitales Handdiktiergerät** betriebsüblich, hat der Betriebsrat Anspruch darauf, dass ihm ein solches zur Verfügung gestellt wird, da die erforderlichen Sachmittel dem betriebsüblichen Standard entsprechen müssen.
195

VIII. Spracherkennungssysteme

Dies gilt auch für ein **Spracherkennungssystem**, mit dem der Einsatz von Büropersonal reduziert wird. Nach § 40 Abs. 2 BetrVG hat der Arbeitgeber dem Betriebsrat das zur Durchführung der Aufgaben erforderliche Büropersonal zur Verfügung zu stellen. Hierbei wird es sich in erster Linie um Schreibkräfte handeln, die die anfallende Schreibarbeit des Betriebsrates erledigen.
196

Da der Betriebsrat einen Anspruch auf Überlassung des erforderlichen Büropersonals hat, ist ihm ein Spracherkennungssystem zur Verfügung zu stellen, wenn dies betriebsüblicher Standard ist.
197

IX. Homepage des Betriebsrates im Intranet/Internet

Das LAG Hessen[265] bejaht einen Anspruch des Betriebsrats auf eine eigene Homepage. Das BAG hat sich dieser Entscheidung ausdrücklich angeschlossen.[266] Ist das Intranet das im Unternehmen
198

---

260 BAG 17.2. 2010 – 7 ABR 81/09 – juris.
261 Vgl. nur BAG 14.7.2010 – 7 ABR 80/08 – juris.
262 BAG 14.7.2010 – 7 ABR 80/08 – juris; BAG 20.1.2010 – 7 ABR 79/08 – juris.
263 BAG 14.7.2010 – 7 ABR 80/08 – juris; BAG 17.2. 2010 – 7 ABR 81/09 – juris.
264 BAG 7.8.1986 – 6 ABR 77/83 – juris.
265 LAG Hessen 20.11.2003 – 9 TaBV 68/03, AuR 2004, 370.
266 BAG 1.12.2004 – 7 ABR 18/04, NZA 2005, 1016.

vorhandene übliche Kommunikationsmittel, kann sich der Betriebsrat zur Erfüllung seiner Aufgaben dieses Mediums bedienen.[267]

199 Ein Betriebsrat hat keinen Anspruch auf einen selbst verwalteten Zugang zum **Intranet**. Der Betriebsrat kann gemäß § 40 Abs. 2 BetrVG jedoch beanspruchen, dass im Rahmen seines Aufgabengebietes liegende Veröffentlichungen vom Arbeitgeber in das betriebsinterne Intranet gestellt werden. Das umfasst auch eine Veröffentlichung im „Newsticker" des Intranets. Der Arbeitgeber kann Veröffentlichungen des Betriebsrats, die keinen strafbaren Inhalt haben und die auch keine grobe Störung des Betriebsfriedens enthalten, nicht verweigern. Er ist zur Vorzensur nicht berechtigt.[268]

Ein Anspruch des Betriebsrates auf eine Homepage im **Internet** besteht dagegen nicht.[269]

X. BlackBerry/Navigationsgerät

200 Die Frage, ob ein Anspruch besteht, ist anhand des Merkmals der Erforderlichkeit zu prüfen. Eine Notwendigkeit kommt grundsätzlich nur für Betriebsräte in Betracht, die einer erhöhten Reisetätigkeit ausgesetzt sind.[270] Entsprechendes gilt für die Überlassung eines Navigationsgerätes.[271]

XI. Telefonische Erreichbarkeit des Betriebsrats

201 Der Gesamtbetriebsrat kann nach § 51 Abs. 1 BetrVG i.V.m. § 40 Abs. 2 BetrVG vom Arbeitgeber verlangen, die Telefone so einzurichten, dass die Mitglieder des Gesamtbetriebsrats von ihrem Büro aus in den nicht von einem Betriebsrat repräsentierten Verkaufsstellen anrufen können und von dort aus telefonisch erreichbar sind.[272]

Zum erforderlichen Umfang der nach § 40 Abs. 2 BetrVG dem Betriebsrat zustehenden Kommunikationstechnik gehört bei einer Telefonanlage auch deren Nutzbarkeit in einer Art und Weise, die dem Betriebsrat die Erfüllung seiner gesetzlichen Aufgaben ermöglicht. Deshalb kann der Betriebsrat die technischen Veränderungen an der Anlage verlangen, die zu deren Nutzbarkeit erforderlich sind. Ebenso entspricht es der ständigen Rechtsprechung des BAG, dass die Nutzung einer Telefonanlage zum Informationsaustausch mit den von ihm vertretenen Arbeitnehmern die Erfüllung gesetzlicher Aufgaben des Betriebsrats betrifft und dieser nach pflichtgemäßem Ermessen zu entscheiden hat, welche Informations- und Kommunikationswege er für erforderlich hält.[273] Insbesondere in einem Unternehmen, dessen vom Betriebsrat zu betreuende Betriebsstätten räumlich voneinander entfernt sind, kann es der Betriebsrat zur Ermöglichung des innerbetrieblichen Dialogs mit den von ihm repräsentierten Arbeitnehmern als erforderlich ansehen, dass seine Mitglieder jederzeit telefonieren können und telefonisch erreichbar sind.[274]

202 Der Gesamtbetriebsrat kann auch die Freischaltung von Telefonen verlangen, die nicht in seiner Verfügungsgewalt stehen, deren Freischaltung aber für die Kommunikation von und mit ihm erforderlich ist. Der Anspruch aus § 40 Abs. 2 BetrVG, die im Betrieb vorhandene Kommunikationstechnik für Aufgaben des Betriebsrats nutzen zu können, hängt nicht davon ab, ob sich das der Kommunikation dienende Sachmittel im Besitz des Betriebsrats befindet. Maßgeblich ist vielmehr, ob der Betriebsrat die Nutzung der im Betrieb vorhandenen Kommunikationstechnik unter Berücksichtigung auch der Interessen des Arbeitgebers für erforderlich halten darf. Ins-

---

267 *Besgen*, NZA 2006, 959, 962.
268 LAG Hessen 5.11.2009 – 9 TaBV 241/08 – juris.
269 LAG Hessen 15.7.2004 – 9 TaBV 190/03, NZA-RR 2005, 258; *Besgen*, NZA 2006,959, 962.
270 Vgl. *Novara*, ArbRB 2011, 21 ff.; *Lück*, AiB 2011, 298 ff.
271 *Besgen*, NZA 2006, 959, 960.
272 BAG 9.12.2009 – 7 ABR 46/08 – juris.
273 BAG 27.11.2002 – 7 ABR 33/01 – juris.
274 BAG 19.1.2005 – 7 ABR 24/04 – juris.

besondere können die Beschäftigten in den Verkaufsstellen nicht darauf verwiesen werden, zur Kontaktaufnahme mit dem Betriebsrat oder Gesamtbetriebsrat ihren Privatanschluss, ein Mobiltelefon oder einen öffentlichen Fernsprecher zu benutzen.[275]

XII. E-Mail-Verteiler

Die Zurverfügungstellung und Pflege eines E-Mail-Verteilers durch den Arbeitgeber mit den Mail-Adressen sämtlicher Arbeitnehmer ohne die leitenden Angestellten für den Gesamtbetriebsrat, der im Intranet des Arbeitgebers über eine eigene Seite verfügt, ist ohne besondere Begründung nicht generell für die laufende Geschäftsführung des Gesamtbetriebsrats erforderlich i.S.v. §§ 51 Abs. 1, 40 Abs. 2 BetrVG. Dies gilt auch, wenn sich der Arbeitgeber in einer mitbestimmungspflichtigen Angelegenheit per Rundmail an die Belegschaft gewandt hat. Die Erforderlichkeit einer Kommunikation zwischen Gesamtbetriebsrat und Belegschaft per E-Mail folgt auch nicht aus den vom Gesamtbetriebsrat behaupteten technischen Problemen des Intranets („Lücken", „unbefriedigende Stichwortsuche").[276]   **203**

Checkliste: Bereitstellung von Arbeitsmitteln   **204**

- Erforderlichkeit
- Betriebsüblichkeit
- Konkrete Bedürfnisse des Betriebsrates und seiner Mitglieder

E. Muster

▼   **205**

Muster 6.1: Vereinbarung über die Überlassung von Arbeitsmitteln

zwischen

der XY-GmbH (Bezeichnung des Arbeitgeber, Name und Vorname der Vertretungsberechtigten, Adresse)

– Firma – und

Herrn/Frau (Vorname, Name, Adresse)

– Arbeitnehmer/Arbeitnehmerin – wird nachfolgende Vereinbarung geschlossen:

1. Die Firma überlässt das

   (Arbeitsmittel genau bezeichnen z.B. digitales Handdiktiergerät (Name des Herstellers   , Typbezeichnung   , Gerätenummer   , Farbe   , Handy (Name des Herstellers   , Typbezeichnung   , Gerätenummer   , Farbe   , Laptop (Name des Herstellers   , Typbezeichnung   , Gerätenummer   , Farbe   ).

   Der Arbeitnehmer/die Arbeitnehmerin bestätigt den Empfang der vorstehend aufgelisteten Arbeitsmittel.

2. Die Überlassung der Arbeitsmittel ist jederzeit ohne Angaben von Gründen widerruflich. Die Freistellung des Arbeitnehmers/der Arbeitnehmerin gilt als Widerruf der Vereinbarung. Bei Widerruf oder Freistellung hat der Arbeitnehmer/die Arbeitnehmerin die

---

275 BAG 9.12.2009 – 7 ABR 46/08 – juris.
276 LAG 21.5.2008 – TaBV 19/08 – juris.

Arbeitsmittel unverzüglich, spätestens an dem auf den Tag des Zugangs der Mitteilung über den Widerruf bzw. die Freistellung folgenden Werktag, an den Geschäftsführer der Firma oder an eine von diesem bevollmächtigte Person am Sitz der Firma herauszugeben. Über den Zustand der Arbeitsmittel bei der Übergabe ist ein Protokoll auszufertigen, das von beiden Parteien zu unterschreiben ist.

3. Die Arbeitsmittel dürfen privat – jederzeit widerruflich – genutzt werden. Der Arbeitnehmer/die Arbeitnehmerin erkennt an, dass es sich insoweit um eine freiwillige Leistung der Firma handelt, auf die kein Rechtsanspruch – auch in der Zukunft – besteht oder begründet wird. Diese Gestattung kann von der Firma jederzeit ohne Angabe von Gründen widerrufen werden. Ein Anspruch des Arbeitnehmers/der Arbeitnehmerin auf Ersatz des Nutzungsausfalls besteht in diesem Fall nicht.

Alternativ: Jede private Nutzung der Arbeitsmittel ist untersagt.

4. Überlässt die Firma dem Arbeitnehmer/der Arbeitnehmerin andere Arbeitsmittel, so gilt dieser Vertrag entsprechend.

5. Die Arbeitsmittel dürfen grundsätzlich nur für betriebliche oder geschäftliche Zwecke im Zusammenhang mit dem Arbeitsverhältnis benutzt werden.

6. Die Privatnutzung ist vom Arbeitnehmer/von der Arbeitnehmerin nach den jeweils geltenden steuerlichen Vorschriften zu versteuern. Ein Lohn- oder Gehaltsanspruch des Arbeitnehmers/der Arbeitnehmerin gegen die Firma wird durch diese steuerliche Behandlung nicht begründet.

7. Die Firma trägt die Kosten des Betriebes sowie für Reparaturen und Wartung der Arbeitsmittel.

8. Der Arbeitnehmer/die Arbeitnehmerin wird die Arbeitsmittel stets sorgfältig behandeln. Verluste und Beschädigungen der Arbeitsmittel hat der Arbeitnehmer/die Arbeitnehmerin unverzüglich der Firma zu melden.

9. Der Arbeitnehmer/die Arbeitnehmerin haftet für alle vorsätzlich oder grob fahrlässig verursachten Beschädigungen der Arbeitsmittel, auch für den Schadensersatz. Bei anderen fahrlässigen verursachten Schäden ist der Arbeitnehmer/die Arbeitnehmerin verpflichtet, sich nach dem Grad seines/ihres Verschuldens gemessen am Schaden zu beteiligen.

10. Bei Schäden, die bei Privatnutzung der Arbeitsmittel entstanden sind, haftet der Arbeitnehmer/die Arbeitnehmerin in jedem Fall allein und in vollem Umfang. Dies gilt auch für den Fall, dass der Schaden unverschuldet und aufgrund leichtester Fahrlässigkeit entstanden ist.

11. Der Arbeitnehmer/die Arbeitnehmerin haftet nicht, soweit der Schaden durch eine Versicherung abgedeckt wird.

12. Eine Überlassung der Arbeitsmittel an Dritte ist unzulässig. Dies gilt auch für Familienangehörige bei erlaubter Privatnutzung. Der Arbeitnehmer/die Arbeitnehmerin haftet für jeden Schaden, der im Zusammenhang mit der Benutzung der Arbeitsmittel durch Dritte entsteht.

Dies gilt auch dann, wenn der Schaden nicht verschuldet ist. Der Firma steht offen, im Falle einer Überlassung des Arbeitsmittels an Dritte, von dem Arbeitnehmer/der Arbeitnehmerin Schadensersatz zu verlangen bzw. diese Vereinbarung mit sofortiger Wirkung zu widerrufen.

13. Die Firma kann jederzeit ohne Angabe von Gründen mündlich die Rückgabe des Arbeitsmittels verlangen. Ein Zurückbehaltungsrecht ist ausgeschlossen.

14. Änderungen oder Ergänzungen dieses Vertrages bedürfen der Schriftform.

15. Sind einzelne Bestimmungen des Vertrages unwirksam, so wird hiervon die Wirksamkeit der übrigen Bestimmungen nicht berührt.

Ort, Datum ▒▒▒▒▒   Ort, Datum ▒▒▒▒▒

Firma ▒▒▒▒▒   Arbeitnehmer/Arbeitnehmerin ▒▒▒▒▒

▲
▼

206

Muster 6.2: Bestandsliste mit Empfangsbekenntnis

Herr/Frau

Vorname ▒▒▒▒▒ Name ▒▒▒▒▒

Straße ▒▒▒▒▒

PLZ ▒▒▒▒▒ Ort ▒▒▒▒▒

– nachfolgend: Arbeitnehmer – erklärt gegenüber

XY-GmbH ▒▒▒▒▒

Straße ▒▒▒▒▒

PLZ ▒▒▒▒▒ Ort ▒▒▒▒▒

– nachfolgend: Arbeitgeber –

Folgendes:

1. Der Arbeitgeber hat mir am ▒▒▒▒▒ folgende Arbeitsmittel übergeben:

   a) digitales Handdiktiergerät (Name des Herstellers ▒▒▒▒▒, Typbezeichnung ▒▒▒▒▒, Gerätenummer ▒▒▒▒▒, Farbe ▒▒▒▒▒)

   b) Handy (Name des Herstellers ▒▒▒▒▒, Typbezeichnung ▒▒▒▒▒, Gerätenummer ▒▒▒▒▒, Farbe ▒▒▒▒▒)

   c) Laptop (Name des Herstellers ▒▒▒▒▒, Typbezeichnung ▒▒▒▒▒, Gerätenummer ▒▒▒▒▒, Farbe ▒▒▒▒▒)

2. Hiermit bestätige ich den Empfang der in Ziffer 1. aufgelisteten Arbeitsmittel.

Ort ▒▒▒▒▒, Datum ▒▒▒▒▒

▒▒▒▒▒

(Arbeitnehmer)

▲

207 ▼

Muster 6.3: Merkblatt Warnhinweis bei Überlassung eines Dienstwagens mit Freisprecheinrichtung

1. Der Betrieb von Telefongeräten, deren Antenne im Fahrzeuginnenraum ist, kann zu Funktionsstörungen der Fahrzeugelektronik führen. Dadurch ist die Betriebssicherheit des Fahrzeuges gefährdet. Sie dürfen deshalb im Fahrzeuginnenraum ausschließlich Telefone benutzen, die an eine separate Außenantenne angeschlossen sind, die vom Hersteller des Fahrzeuges freigegeben ist.

2. Während der Fahrt ist dem Fahrer das Telefonieren nur mit der Freisprecheinrichtung gestattet. Halten oder parken Sie, wenn Sie als Fahrer nicht die Freisprecheinrichtung benutzen wollen.

3. Bitte beachten Sie, dass Ihr Fahrzeug schon bei 50 km/h in jeder Sekunde 14 Meter zurücklegt. Benutzen Sie das Telefon deshalb nur, wenn es die Verkehrssituation zulässt.

4. Benutzen Sie als Fahrer während der Fahrt aus Sicherheitsgründen nur die Freisprecheinrichtung zum Telefonieren.

5. Das Navigationssystem darf nur bei stehendem Fahrzeug bedient werden.

6. Die konkreten Verkehrsregelungen sind zu beachten. Sie besitzen immer Vorrang vor den Fahrempfehlungen des Navigationssystems.

7. SMS dürfen nur bei stehendem Fahrzeug geschrieben werden.

Die vorstehenden Sicherheitshinweise habe ich gelesen und verstanden.

Ort, Datum

(Arbeitnehmer)

▲

208 ▼

Muster 6.4: BV über den Gebrauch von Handys

zwischen dem Betriebsrat der XY-GmbH, Straße, PLZ Ort

– nachfolgend: Betriebsrat – und

der XY-GmbH, vertreten durch den Geschäftsführer

Vorname Name

Straße

PLZ Ort

– nachfolgend: Arbeitgeber –

Vorbemerkung

Zur Unterstützung der Arbeitsfähigkeit des Außendienstes wird ein modernes Kommunikationsmittel (Handy) eingeführt, um die Koordination zwischen dem einzelnen Außendienstmitarbeiter und der Abteilung Vertrieb zu verbessern. Das Handy darf nur betrieblich genutzt werden. Dies vorausgeschickt vereinbaren die Betriebsparteien Folgendes:

1. Personenkreis

Alle Mitarbeiterinnen und Mitarbeiter des Außendienstes sowie der Vertriebsleiter und sein Vertreter erhalten ein Handy mit einer eigenen Nummer ausgehändigt.

2. Privatnutzung nur in Notfällen

Das Handy wird ausschließlich zum betrieblichen Gebrauch zur Verfügung gestellt. Das Handy darf daher nur in Notfällen für private Zwecke eingesetzt werden.

3. Benutzung des Handys in Kraftfahrzeugen

Fahrer von Kraftfahrzeugen dürfen das Handy wegen der Unfallgefahr nicht benutzen. Will der Fahrer das Handy benutzen, muss er halten oder parken. Halte- oder Parkverbote sind zu beachten.

4. SMS

SMS dürfen nur zu betrieblichen Zwecken verschickt werden.

5. Keine Rufbereitschaft

Das Handy ist während der Mittagspause und nach Arbeitsende abzuschalten und verschlusssicher auf eine Ladestation zu legen.

6. Einzelverbindungsnachweise

Für die Nummern der Handys werden Einzelverbindungsnachweise geführt. Eine regelmäßige Überprüfung der Gesprächseinheiten findet statt.

7. Inkrafttreten

Die Betriebsvereinbarung über die Benutzung von Handys im Außendienst tritt mit Unterzeichnung dieser Betriebsvereinbarung in Kraft.

§ 7 Telearbeit

Prof. Dr. Oliver Ricken

Inhalt

A. Grundlagen der Telearbeit

Die Nutzung von Telekommunikationseinrichtungen und Internet ist für viele Menschen heutzutage eine Selbstverständlichkeit. Die Vorstellung allerdings, allein auf diese Medien angewiesen zu sein, um hiermit seinen Lebensunterhalt zu verdienen, löst dagegen noch bei Vielen Vorbehalte aus. Der technische Fortschritt macht jedoch heute vieles möglich, was noch vor mehreren Jahren undenkbar war. E-Mail, Videokonferenz, Cloud-Computing, digitales Diktieren oder die Fernwartung von EDV-Anlagen sind heute Selbstverständlichkeiten geworden. Insofern ist es längst nicht mehr zwingend, dass sich Arbeitnehmer, um ihre Arbeitspflicht zu erfüllen, an den Ort begeben müssen, an denen die Arbeitsmittel vorgehalten werden. Vielmehr erlauben die heutigen Kommunikationsmittel für viele Berufe von der technischen Seite her einen unbeschränkten Zugang auf die Arbeitsmittel, auch von fernen Orten aus. Voraussetzung ist vielfach lediglich das Vorhandensein eines Computers sowie eines Internetanschlusses. **1**

Insofern ist es nicht erstaunlich, dass parallel zu dieser technischen Entwicklung auch eine verstärkte Änderung der Arbeitsformen einsetzt, was sich nicht zuletzt an der ständig wachsenden Zahl von Personen zeigt, die Telearbeit ausüben.[1] So gingen etwa einzelne Studien davon aus, dass im Jahre 2005 ca. 13 % aller Beschäftigten in Telearbeit tätig sind.[2] Nach bisherigen Erkennt- **2**

---

[1] Vgl. zur Entwicklung: *Brandl*, AiB 2004, 349; *Haupt*, Der virtuelle Arbeitsplatz, Diss. 2004, S. 21 ff.

[2] *Benchmarking Telework in Europe 1999*, Auswertung des „General Population Survey (GPS)" von: empirica, Gesellschaft für Kommunikations- und Technologieforschung mbH, Stand 31.1.2000; vgl. auch die Zahlenangaben bei: *Harabi/Schoch/Hespeler*, Diffusion of Telework: What is Switzerland's position in an international comparison? Results of an empirical study, August 2001, http://mpra.ub.uni-muenchen.de/4443/, S. 126.

nissen konnte diese Steigerung aber nicht erreicht werden.[3] So sind in Deutschland 6,7 % der Beschäftigten mindestens mit einem Viertel ihrer Arbeitszeit in Telearbeit tätig. Während lediglich 1,2 % ausschließlich an einem Telearbeitsplatz beschäftigt sind.[4] Indes ist zuzugeben, dass die statistische Erfassung der Telearbeit stets mit der Schwierigkeit konfrontiert ist, dass es für den Begriff der Telearbeit keine einheitliche Definition gibt.

3   Schon der Wortbestandteil „Tele" weist in die Richtung, um die es bei der Telearbeit geht. „Tele" bedeutet im Allgemeinen „fern, weit".[5] Und damit weist dieser Wortbestandteil auf den Umstand hin, dass sich die betreffende Person, die Telearbeit ausführt, in räumlicher Entfernung zur Produktions-/Betriebsstätte ihres Arbeitgebers befindet.

4   Was aber im Einzelnen unter Telearbeit zu verstehen ist, wird im rechtswissenschaftlichen Schrifttum durchaus unterschiedlich beantwortet. Ausdruck hiervon ist nicht zuletzt die Unübersehbarkeit der verschiedenen Definitionsversuche.[6]

5   Diese Definitionsvielfalt beruht letztlich darauf, dass der Gesetzgeber sich bisher einer Definition des Phänomens „Telearbeit" enthalten hat und den Begriff „Telearbeit" verschiedentlich erwähnt, ohne diesen aber zu definieren.[7] Allerdings haben sich die europäischen Sozialpartner im Juli 2002 im Rahmen des sozialen Dialogs auf eine Definition der Telearbeit verständigen können. Diese freiwillige europäische Rahmenvereinbarung soll im Hinblick auf Art. 155 AEUV (ex-Art. 139 EGV) von den jeweiligen nationalen Sozialpartnern entsprechend den in den Mitgliedsstaaten spezifizierten Verfahren und Gepflogenheiten umgesetzt werden.[8] Telearbeit umschreiben danach die europäischen Sozialpartner wie folgt:

6   „Telearbeit ist eine Form der Organisation und/oder Ausführung von Arbeit unter Verwendung von Informationstechnologie im Rahmen eines Arbeitsvertrages/eines Beschäftigungsverhältnisses, bei der die Arbeit, die auch in den Einrichtungen des Arbeitgebers ausgeführt werden könnte, regelmäßig außerhalb dieser Einrichtungen verrichtet wird."

7   Die europäischen Sozialpartner beschränken damit die Telearbeit auf den Bereich der abhängigen Beschäftigungen. Dass dies nicht zwingend ist, stellen sämtliche rechtswissenschaftlichen Untersuchungen zur Telearbeit heraus.[9] Abstrahiert man zunächst den Begriff der Telearbeit vom Vorliegen eines arbeitsrechtlichen Beschäftigungsverhältnisses, so wird man, um möglichst alle Formen der in Betracht kommenden Tätigkeitsverhältnisse erfassen zu können, Telearbeit etwa wie folgt fassen können:

8   „Telearbeit ist jede auf Informations- und Kommunikationstechnik gestützte Tätigkeit, die ausschließlich oder zeitweise an einem außerhalb der zentralen Betriebsstätte liegenden Arbeitsplatz

---

3 Bis Ende 2005 stieg der Anteil derjenigen, die in den eigenen vier Wänden arbeiten, lediglich auf 8,5 % – so: *Löhr*, Abtauchen in den eigenen vier Wänden, FAZ Beruf und Chance 10./11.11.2007, Nr. 262, S. C 1.

4 Fourth European Working Conditions Survey (EWCS) Studie der Europäischen Stiftung zur Verbesserung der Lebens- und Arbeitsbedingungen (EUROFOUND) aus dem Jahre 2005, danach betrug die Anzahl der Telearbeiter in den 27 EU-Mitgliedsstaaten 1,7 % (ausschließliche Beschäftigung in Telearbeit) bzw. 5 % (Beschäftigte, welche mit einem Viertel ihrer Arbeitszeit Telearbeit verrichten).

5 *Kluge*, Etymologisches Wörterbuch der deutschen Sprache, Stichwort: „Tele-".

6 Vgl. *Wedde*, Rn 1; *Wank*, Telearbeit, Rn 5 ff.; teilweise wird mittlerweile bei Telearbeit auch noch zwischen „großer" und „kleiner" Telearbeit differenziert (*Engelhardt*, AiB 2006, 696 ff.).

7 Vgl. z.B. § 2 des Gesetzes über die Mitbestimmung der Arbeitnehmer bei einer grenzüberschreitenden Verschmelzung vom 21.12.2006, BGBl I 2006, 3332; § 2 des Gesetzes über die Beteiligung der Arbeitnehmer und Arbeitnehmerinnen in einer Europäischen Genossenschaft – SCE-Beteiligungsgesetz vom 14.8.2006, BGBl I 2006, 1911; Gesetz zur Gleichstellung von Frauen und Männern in der Bundesverwaltung und in den Gerichten des Bundes – Bundesgleichstellungsgesetz (§§ 13, 15 BGleiG); § 2 Abs. 1 des Gesetzes über die Beteiligung der Arbeitnehmer in einer Europäischen Gesellschaft, (SE-Beteiligungsgesetz – SEBG) vom 22.12.2004, BGBl I 2004, 3675; § 5 Abs. 1 BetrVG.

8 Vgl. zur europäischen Rahmenvereinbarung über Telearbeit (abgedr. Rn 83 ff.) *Prinz*, NZA 2002, 1268 ff.

9 Vgl. *Wedde*, Rn 92 ff.; *Wank*, Telearbeit, Rn 283 ff.; Telearbeit-Leitfaden des Bundesarbeitgeberverband Chemie e.V., S. 15 ff.

verrichtet wird. Dieser Arbeitsplatz ist mit der zentralen Betriebsstätte durch elektronische Kommunikationsmittel verbunden."[10]

Soweit allerdings der Gesetzgeber in arbeitsrechtlichen Vorschriften auf den Begriff der Telearbeit zurückgreift, setzt er inzident voraus, dass das betreffende Rechtsverhältnis des Telearbeiters ein solches ist, welches nach allgemeinen Grundsätzen als Arbeitsverhältnis zu werten ist. Insofern ist zu betonen, dass die Definitionsversuche der Telearbeit letztlich nur einer Systematisierung dienen, ohne dass ihnen unbedingt eine bestimmte Rechtsfolge nachfolgt. Da es in Bezug auf die Telearbeit an besonderen Regelungen fehlt, richten sich vielmehr die jeweiligen Rechtsverhältnisse der Telearbeiter nach den allgemeinen Regeln. Handelt es sich also um ein Arbeitsverhältnis, finden auch selbstverständlich die arbeitsrechtlichen Vorschriften unmittelbar Anwendung. Dies gilt ebenso selbstverständlich nicht, wenn es sich bei dem konkreten Rechtsverhältnis des Telearbeiters um ein freies Dienstverhältnis handelt.   **9**

Es lassen sich höchst unterschiedliche Formen von Telearbeit finden. Zunächst ist hierbei die klassische Form zu nennen, bei der die Telearbeit ausschließlich zu Hause durchgeführt wird. Der Telearbeiter hat bei dieser Ausgestaltungsform keinen Arbeitsplatz beim Arbeitgeber, sondern die Arbeitsverrichtung erfolgt ausschließlich in der Wohnung des Arbeitnehmers. Für diese Form der Telearbeit benötigt der Arbeitnehmer in der Regel einen PC einschließlich eines Zugangs zum Internet. Auf diese Weise ist es dem Arbeitgeber möglich, dem Telearbeitnehmer entsprechende Aufgaben zuzuweisen, während der Telearbeitnehmer so in der Lage ist, die Arbeitsergebnisse unmittelbar seinem Arbeitgeber zur Verfügung zu stellen. Allerdings erweist sich diese Art von Telearbeit insofern als problematisch, als so der Mitarbeiter keinen direkten persönlichen Kontakt zu seinen Kollegen und Vorgesetzten hat.[11] Auf der anderen Seite bietet diese Form der Telearbeit die Möglichkeit, etwa Erwerbstätige, die nur eingeschränkt mobil sind (z.B. Behinderte), in den Arbeitsprozess zu integrieren. Auch kann diese Form der Telearbeit für einen beschränkten Zeitraum geeignet sein, auf besondere Probleme eines Arbeitnehmers (z.B. Pflege eines Angehörigen) adäquat zu reagieren.   **10**

In der Praxis findet man dagegen häufiger die Form alternierender Telearbeit. Hier arbeitet der Arbeitnehmer sowohl an einem Arbeitsplatz beim Arbeitgeber als auch in seiner Wohnung, wobei er zwischen diesen Arbeitsplätzen hin- und herwechselt. Der große Vorteil dieser Form ist, dass der Arbeitnehmer hierbei nicht den Kontakt zum Vorgesetzten und zu den Arbeitskollegen verliert.[12] Alternierende Tätigkeiten bieten darüber hinaus den Vorzug, dass sie auch für komplexere und hoch qualifizierte Aufgaben, die der persönlichen Abstimmung mit den Kollegen bedürfen, geeignet sind. Hierbei kommt es auf den jeweiligen Einzelfall an, wie man die Aufteilung zwischen betrieblicher und außerbetrieblicher Arbeit vornehmen will. Denkbar ist, dass diese Aufteilung einmal starr festgelegt wird, z.B. dass sich jemand jeweils drei Tage in den Räumlichkeiten des Arbeitgebers aufhält, während er an zwei Arbeitstagen von zu Hause aus seinen Tätigkeitspflichten nachkommt. Effektiver dürfte es jedoch sein, hier eine größtmögliche Flexibilität walten zu lassen. Für Arbeitsphasen, die einen hohen Konzentrations- und Ruhebedarf erfordern, wird im Allgemeinen die ungestörte Arbeitsatmosphäre außerhalb der Betriebsräume des Arbeitgebers besser sein, während, wenn die konkrete Arbeitsaufgabe die Kommunikation mit Vorgesetzten und Kollegen erfordert, dies regelmäßig besser in den Räumlichkeiten des Arbeitgebers durchführbar ist. Für die Unternehmen bietet das Modell der alternierenden Telearbeit den Vorteil, dass hier durch geschickte Organisation der Arbeitsprozesse deutliche Einsparungseffekte erzielt werden können, etwa, dass der Arbeitnehmer seinen Arbeitsplatz im Betrieb des Arbeitgebers mit   **11**

---

10 Telearbeit-Leitfaden des BMAS, S. 10.

11 So auch *Wiese*, RdA 2009, 344 (347), der von „sozialer Isolation" spricht.

12 Zu diesem Ergebnis kommt auch eine Studie, welche im Großraum Hamburg durchgeführt wurde. Danach ist das Verhältnis der untersuchten Arbeitnehmer in alternierender Telarbeit zu Kollegen und Vorgesetzten gut – so: *Wegner/Schröder/Poschadel/Baur*, Zbl Arbeitsmed 61 (2011), S. 14, 19.

anderen Arbeitnehmern teilt (Desk-Sharing) oder der Arbeitgeber die Arbeitsorganisation so ein-richtet, dass es in einer Abteilung keine festen Arbeitsplätze mehr gibt, sondern ein Arbeitnehmer, der an dem betreffenden Arbeitstag in den Räumlichkeiten des Arbeitgebers tätig werden will, sich einen freien Schreibtisch sucht und ihm für die Aufbewahrung dienstlicher und persönlicher Dinge ein Rollcontainer zur Verfügung gestellt wird.

12   Eine andere Form der Telearbeit ist die so genannte mobile Telearbeit. Damit meint man das orts-unabhängige Arbeiten mit mobiler Kommunikationstechnik. Hier erlaubt es die Entwicklung der Informations- und Kommunikationstechnik, sich unterwegs in den Zentralrechner eines Unter-nehmens einzuwählen, dort die benötigten Daten abzurufen oder ermittelte Daten zu hinterlegen. Insofern beschränkt sich der Aufenthalt in den Räumen des Arbeitgebers nur auf wenige Male im Monat. Diese Form der Telearbeit trifft man häufig im Bereich des Vertriebs oder bei Servicetech-nikern an. Die Ausgestaltung dieser Arbeitsform kann zusätzlich noch dadurch ergänzt werden, dass der betreffende Arbeitnehmer ein entsprechendes so genanntes Satellitenbüro aufsucht. Hierbei handelt es sich um Büros des Unternehmens, dem die Telearbeiter angehören. Diese befinden sich regelmäßig nicht auf dem Betriebsgelände des Arbeitgebers, sondern sind in erster Linie kundennah positioniert.

13   Bei allen Systematisierungsversuchen im Hinblick auf die Erscheinungsformen der Telearbeit muss man sich vergegenwärtigen, dass hierfür eine Vorgabe seitens der Rechtsordnung fehlt. Wie im Einzelnen Telearbeitsverhältnisse ausgestaltet werden, hängt vom Willen der Parteien ab. Insofern bietet die Telearbeit ein erhebliches Flexibilisierungspotenzial und ihre Ausgestal-tung kann entsprechend den betrieblichen Anforderungen wie auch den Bedürfnissen des betref-fenden Telearbeiters angepasst werden.

14   Auch wenn die Ausgestaltung der Telearbeit vielfach flexibel ist, gibt es doch im Hinblick auf die technischen Voraussetzungen für einen Telearbeitsplatz durchaus einige Anforderungen, die be-achtet werden sollten. Regelmäßig wird heutzutage die Telearbeit nicht durchführbar sein, wenn dem Telearbeiter nicht ein PC sowie entsprechende Kommunikationstechniken zur Verfügung stehen. Für die sachgerechte Einrichtung eines Telearbeitsplatzes empfiehlt sich dabei eine auf-gabenbezogene Sichtweise. Insofern sollte die jeweilige Aufgabe bestimmen, welche Hilfsmittel am Telearbeitsplatz vorhanden sein sollten. Entsprechend dieser aufgabenbezogenen Sichtweise ist daher zunächst die Frage zu klären, welche Software die vorgesehene Aufgabenbearbeitung am besten unterstützt. Erst dann sollte geklärt werden, welche technischen Anforderungen die eingesetzte Software im Einzelnen stellt.[13] Aber nicht nur die jeweils eingesetzten Arbeitsmittel bedürfen einer Abstimmung im Hinblick auf die Aufgabenstellung des Telearbeiters. Dies betrifft auch die Einrichtung des Telearbeitsplatzes als solche im Rahmen der häuslichen Umgebung. In-sofern sollte der Telearbeitsplatz so zugeschnitten sein, dass der Telearbeiter über genügend Bewegungsfläche verfügt und darüber hinaus eine gerade für PC-Anwendungen notwendige aus-reichende Beleuchtung vorhanden ist.

15   Befindet sich der Telearbeitsplatz etwa in der Wohnung des Telearbeiters, verlangt dies sowohl von dem Telearbeiter als auch von dessen Familienangehörigen und Mitbewohnern entsprechende Rücksichtnahme auf die Bedürfnisse der Telearbeit. Hierbei müssen sich sowohl der Telearbeiter als auch seine Angehörigen vor Augen führen, dass Telearbeit eine mit dem Normalbeschäftigungs-verhältnis gleichwertige Arbeit ist. Insofern ist sicherzustellen, dass der Telearbeiter ungestört sei-nen Aufgaben nachgehen kann. Eine ständige Unterbrechung dienstlicher Tätigkeiten am Tele-arbeitsplatz führt letztlich nur dazu, dass ein Gefühl der Unzufriedenheit mit dem Dasein als Telearbeiter entsteht. Bereits bei Beginn des Telearbeitstages sollte der Zeitpunkt des Arbeitsendes bestimmt werden. Dieser Endpunkt sollte nur in Ausnahmefällen überschritten werden. Auch diese zeitliche Vorgabe trägt dazu bei, Privatleben und Telearbeit zu trennen. Deshalb wird empfohlen, dass konsequent ein Telearbeiter am Ende der festgelegten Arbeitszeit den PC abschaltet und den

13 Vgl. Telearbeit-Leitfaden des BMAS, S. 81.

Telearbeitsplatz verlässt.[14] Sollte dies aufgrund der räumlichen Situation nicht möglich sein, so empfiehlt es sich zumindest, die Arbeitsunterlagen und Arbeitsmittel aus dem Blickfeld zu nehmen. Auch dieses trägt dazu bei, dass sich der Telearbeiter innerlich nunmehr seinem Privatleben zuwenden kann. Ansonsten besteht die Gefahr, dass der Telearbeiter Privatleben und Telearbeitsverhältnis vermischt, was nur zu einer Selbstausbeutung des Telearbeiters führt, die dann durch das Gefühl der Unzufriedenheit letztlich nur zu unzureichenden Arbeitsergebnissen führt. Dies alles verlangt nicht nur sehr viel Selbstdisziplin auf Seiten des Telearbeiters, auch die Familie, Freunde und Nachbarn sollten darauf aufmerksam gemacht werden, dass die Arbeitszeiten des Telearbeiters zu respektieren sind. Es gilt in jedem Fall zu vermeiden, dass die Grenzen zwischen der Telearbeit und dem Privatbereich, etwa der Freizeit oder der Arbeit im Haushalt, konturenlos verschwimmen.

B. Status der in Telearbeit Beschäftigten

I. Allgemeine Grundlagen

Betrachtet man die Umstände, unter denen Telearbeit geleistet wird, liegt es auf der Hand, die Frage nach der rechtlichen Einordnung dieser Tätigkeit zu stellen. Umgangssprachlich wird üblicherweise jeder, der Telearbeit verrichtet, auch als Telearbeitnehmer bezeichnet. Ob es sich jedoch bei den betreffenden Personen tatsächlich um Arbeitnehmer handelt oder ob in einem sonstigen Rechtsverhältnis Telearbeit erbracht wird, muss anhand jedes Einzelfalles geprüft werden.   **16**

Ob jemand als Arbeitnehmer einzuordnen ist, bestimmt sich nach der ständigen Rechtsprechung des Bundesarbeitsgerichts danach, ob er aufgrund eines privatrechtlichen Vertrages im Dienste eines anderen zur Leistung weisungsgebundener, fremdbestimmter Arbeit in persönlicher Abhängigkeit verpflichtet ist.[15] Das Arbeitsverhältnis ist ein auf den Austausch von Arbeitsleistungen und Arbeitsentgelten gerichtetes Dauerschuldverhältnis. Die vertraglich geschuldete Leistung ist dabei im Rahmen einer von Dritten bestimmten Arbeitsorganisation zu erbringen. Da es an einer gesetzlichen Definition des Arbeitnehmerbegriffs fehlt, können insofern in Umkehrung zu § 84 Abs. 1 S. 1 HGB solche Personen als Arbeitnehmer angesehen werden, die nicht im Wesentlichen frei ihre Tätigkeit gestalten und ihre Arbeitszeit bestimmen können.[16] Trotz des Rückgriffs auf § 84 Abs. 1 S. 2 HGB erweist es sich jedoch in der Praxis als vielfach schwierig, festzustellen, ob jemand in persönlicher Abhängigkeit seine Dienste leistet. Denn nur, wenn dieses zu bejahen ist, geht die herrschende Auffassung davon aus, dass es sich bei dem Betroffenen um einen Arbeitnehmer handelt, auf den dann die Vorschriften des Arbeitsrechts Anwendung finden sollen. Dabei ist darauf hinzuweisen, dass hier ein Alles-oder-Nichts-Prinzip gilt. Unabhängig von der konkreten Schutzbedürftigkeit einer Person folgt aus der Einordnung eines Betroffenen als Arbeitnehmer, dass dieser sich dann auf sämtliche Arbeitnehmerschutzrechte berufen kann. Abgesehen von der Sondergruppe der so genannten leitenden Angestellten, für die die Rechtsordnung bisweilen Ausnahmen vorsieht, folgt also aus der Einordnung einer Person als Arbeitnehmer, dass dieser einem für alle Arbeitnehmer geltenden einheitlichen Schutzniveau unterstellt wird.   **17**

Ob der Betreffende in eine fremde Arbeitsorganisation eingegliedert ist, zeigt sich nach der herrschenden Auffassung insbesondere darin, dass der Betreffende dem Weisungsrecht des Vertragspartners unterliegt, welches sich – wie gesagt – sowohl auf den Inhalt als auch auf Durchführung, Zeit, Dauer und Ort der Tätigkeit beziehen kann. Hierbei ist es aber nicht ein einzelnes Kriterium,   **18**

---

14 Telearbeit-Leitfaden des BMAS, S. 31.
15 BAG 20.8.2003 – 5 AZR 610/02, NZA 2004, 39; BAG 16.2.2000 – 5 AZB 71/99, BAGE 93, 310 ff.; BAG 9.3.2005 – 5 AZR 493/04, NZA-RR 2005, 260.
16 *Wank*, Arbeitnehmer und Selbstständige, S. 7.

welches den Ausschlag gibt, sondern das Bundesarbeitsgericht nimmt regelmäßig eine wertende Gesamtbetrachtung vor, um eine Person dem Typus des Arbeitnehmers oder des Selbstständigen zuzuordnen.[17]

19   Bei einem in Telearbeit Beschäftigten ist insbesondere die örtliche Weisungsgebundenheit nicht unproblematisch.[18] Zwar liegt in der Regel ein Arbeitsverhältnis vor, wenn der Leistende verpflichtet ist, die Arbeit an einem bestimmten Ort zu erbringen. Selbst Tätigkeiten von Außendienstmitarbeitern können in diesem Sinne einer örtlichen Weisungsgebundenheit unterliegen, wenn sich aus der Art der Tätigkeit ergibt, dass diese nur an bestimmten Orten zu erbringen ist.[19] Allerdings ist nicht zu verkennen, dass bei einigen Tätigkeiten die örtliche Weisungsbindung entfällt. Dies bedeutet aber im Umkehrschluss nicht unbedingt, dass es sich bei solchen Tätigkeiten nicht um Arbeitsverhältnisse handelt. Vielmehr wird in diesen Fällen die örtliche Weisungsbindung durch eine zeitliche oder fachliche Weisungsgebundenheit ersetzt, die dazu führt, dass bei wertender Betrachtungsweise das jeweilige Rechtsverhältnis als ein solches einzuordnen ist, in welchem in persönlicher Abhängigkeit Dienste geleistet werden.[20]

20   Eine zeitliche Weisungsgebundenheit liegt vor, wenn der Dienstberechtigte Dauer und zeitliche Lage der zu erbringenden Leistung bestimmen kann. Dabei kommt es nicht darauf an, dass das diesbezügliche Weisungsrecht auch im Einzelfall ausgeübt wird. Es genügt vielmehr, dass die zeitliche Weisungsgebundenheit arbeitsvertraglich eingeräumt ist. Aber auch dann, wenn der Dienstberechtigte Vorgaben über die Inhalte der zu erledigenden Aufgaben macht, kann sich hieraus eine zeitliche Gebundenheit des Dienstverpflichteten ergeben, wenn dieser zwar formal selbst entscheiden kann, wann er die jeweiligen Dienste erbringt, jedoch durch die inhaltlichen Vorgaben des Dienstberechtigten die Entscheidungsspielräume des Dienstverpflichteten so beschränkt werden, dass dieser keine echte Wahlmöglichkeit mehr besitzt.[21] Gerade die Vorgaben eines bestimmten Arbeitsvolumens können dazu führen, dass der Beschäftigte eine ihm vertraglich zugebilligte Entscheidungsfreiheit über die jeweilige Arbeitszeit tatsächlich nicht besitzt.[22] Indizien für eine zeitliche Weisungsgebundenheit sind etwa vom Dienstberechtigten verlangte Aufzeichnungen über die jeweilige Tätigkeit. So soll etwa die Pflicht zur Anfertigung von Berichten, aus denen sich im Einzelnen Zeit und Ort der Tätigkeit entnehmen lassen, ein gewichtiges Indiz für eine zeitliche Gebundenheit des Beschäftigten darstellen.[23]

21   Traditionell wird auch in der fachlichen Weisungsbindung ein Kriterium gesehen, welches für die Arbeitnehmereigenschaft spricht. Jedoch zeigt sich an diesem Kriterium geradezu schlaglichtartig, dass eine generalisierende Betrachtungsweise vielfach fehl am Platze ist. Während sicherlich bei niedrig qualifizierten Arbeiten die fachliche Weisungsgebundenheit Indizwirkung für die Arbeitnehmereigenschaft hat, kennt doch der heutige Arbeitsmarkt eine Vielzahl von Tätigkeiten, die, insbesondere im hoch qualifizierten Bereich, weitgehend fachlich selbstständig ausgeübt werden. In diesen Fällen greift die Rechtsprechung zu einer Art „Kunstgriff", indem sie das Erfordernis einer fachlichen Weisungsgebundenheit durch den Umstand ersetzt, dass die betreffende Person in die Betriebsabläufe eingegliedert ist. Die Eingliederung in eine fremde Arbeitsorganisation ist dabei nicht räumlich zu verstehen, sondern vielmehr im Sinne einer Integration in die Arbeitsprozesse. Besonders bei Diensten höherer Art tritt hier das Direktionsrecht des Arbeitgebers in Bezug auf fachliche Weisungen immer mehr zurück, je stärker der Betreffende bei der

---

17 BAG 12.12.2001 – 5 AZR 253/00, NZA 2002, 787; BAG 20.9.2000 – 5 AZR 61/99, AP Nr. 37 zu § 611 BGB Rundfunk.

18 Hierzu: *Bieler*, in: Organisation von Telearbeit, S. 108 f.

19 BAG 6.5.1998 – 5 AZR 247/97, AP Nr. 102 zu § 611 BGB Abhängigkeit.

20 BAG Hamm 30.5.2001 – 4 (19) Sa 1773/00 (n.v.); LAG Köln 3.7.1998 – 11 Ta 94/98 (n.v.); LAG Köln 26.6.1998 – 11 Sa 1665/97, LAGE § 611 BGB Arbeitnehmerbegriff Nr. 37.

21 Vgl. BAG 9.7.2003 – 5 AZR 595/02, AP Nr. 158 zu § 611 BGB Lehrer, Dozenten.

22 *Wedde*, Telearbeit, Rn 148.

23 *Wedde*, Telearbeit, Rn 149.

Tätigkeit auf sich gestellt ist. Dies führt allerdings nicht zu einer Verselbstständigung des Rechtsverhältnisses, sondern vielmehr wandelt sich in diesen Fällen die Weisungsgebundenheit zu einer funktionsgerecht dienenden Teilhabe am Arbeitsprozess.[24]

Bei einer Gesamtbetrachtung der von der Rechtsprechung entwickelten Abgrenzungskriterien ist nicht zu verkennen, dass diese für die betriebliche Praxis nicht unproblematisch sind. Schließlich ist der Rückzug der Rechtsprechung auf eine Gesamtbetrachtung nichts anderes, als eine ex ante Betrachtungsweise, die ein Rechtsverhältnis vielleicht erst nach mehreren Jahren als ein Arbeitsverhältnis einordnet, obwohl beide Partner, der Dienstberechtigte und der Dienstnehmer, davon ausgegangen sind, dass es sich hierbei lediglich um eine freie Mitarbeit handelt. Zumindest aus sozialversicherungsrechtlicher Hinsicht besteht hier die Möglichkeit, durch Einleitung eines Anfrageverfahrens gem. § 7a SGB IV sich zumindest in diesem Punkt Klarheit zu verschaffen. In arbeitsrechtlicher Hinsicht fehlt es allerdings an einem tauglichen Verfahren, um bereits in einem frühzeitigen Zeitpunkt zu klären, ob das ins Auge gefasste Rechtsverhältnis als Arbeitsverhältnis oder als freie Mitarbeit zu werten ist. **22**

Auch alternative Definitionsversuche des Arbeitnehmerbegriffes haben sich bisher nicht durchsetzen können. So ist etwa versucht worden, anhand des Unternehmerrisikos eine Abgrenzung zwischen Arbeitnehmer und Selbstständigen vorzunehmen: Während der Arbeitnehmer von seinem Arbeitgeber auch dann Lohn erhält, wenn der Arbeitgeber für ihn keine Arbeit hat, trägt ein Selbstständiger typischerweise selbst das Risiko, keine Aufträge zu erhalten und damit in einem solchen Fall auch kein Einkommen zu erzielen. Jedoch steht diesem Risiko regelmäßig die Chance gegenüber, frei über die eigene Arbeitskraft zu verfügen und durch ihren Einsatz am Markt einen maximalen eigenen Gewinn zu erwirtschaften. Nur diejenigen, die nach der tatsächlichen Ausgestaltung ihres Dienstverhältnisses diese Chance tatsächlich nutzen können, bedürfen nach dieser Auffassung nicht des Schutzes durch die Qualifizierung als Arbeitnehmer. Hingegen ist derjenige, dem keine unternehmerischen Gestaltungs- und Gewinnmöglichkeiten offen stehen, als Arbeitnehmer einzuordnen, selbst wenn er mit unternehmerischen Risiken belastet wird.[25] **23**

II. Die rechtliche Einordnung der Telearbeit

Da gesetzliche Grundlagen für die Telearbeit nicht vorhanden sind, muss auf die allgemeinen Grundsätze zurückgegriffen werden. Telearbeit kann dabei im Rahmen eines Arbeitsverhältnisses, eines Heimarbeitsverhältnisses oder aber auch als sonstige selbstständige Tätigkeit erbracht werden.[26] Welche dieser Beschäftigungsformen im konkreten Fall vorliegt, hängt aber nicht davon ab, wie die Vertragsparteien ein solches Rechtsverhältnis bezeichnen, sondern – wie auch sonst – wie das konkrete Rechtsverhältnis tatsächlich ausgestaltet ist. Wendet man die oben dargestellten Kriterien zum Arbeitsverhältnis an, wie sie von der herrschenden Meinung vertreten werden, so erweisen sich viele Telebeschäftigungsverhältnisse als normale Arbeitsverhältnisse. Bereits die Ausübung von Telearbeit in so genannten Satelliten- oder Nachbarschaftsbüros spricht dafür, dass sich der betreffende Telearbeiter dem örtlichen Weisungsrecht des Auftraggebers unterworfen hat. Regelmäßig wird man in diesen Fällen auch von einer arbeitsorganisatorischen Eingliederung des Beschäftigten sprechen können, so dass es für die Einordnung der Telearbeit regelmäßig keinen Unterschied macht, ob der Beschäftigte in einem Satelliten-/Nachbarschaftsbüro tätig ist oder direkt im Betrieb des Auftraggebers.[27] **24**

Problematisch erweisen sich aber die Fälle, bei denen die Telearbeit in der Wohnung des Beschäftigten ausgeübt wird. Hier scheint es auf den ersten Blick am ehesten möglich, dass der Telearbei- **25**

---

24 *Wank*, Telearbeit, Rn 305.
25 *Wank*, Arbeitnehmer und Selbstständige, S. 122 ff.
26 *Schmidt u.a.*, Heimarbeitsgesetz, § 2 Rn 86.
27 *Blanke/Schüren/Wank/Wedde*, S. 274 f.

ter eine selbstbestimmte Tätigkeit ausübt. Jedoch muss auch hier differenziert werden, wie die Tätigkeit des Telearbeiters konkret ausgestaltet ist. Dabei wird herkömmlicherweise darauf abgestellt, ob der Telearbeiter im so genannten Online-Verkehr oder aber im Offline-Verkehr tätig ist.

26   Besteht zwischen dem Telearbeiter und seinem Arbeitgeber eine permanente Online-Verbindung, etwa wenn der in der Wohnung des Arbeitgebers befindliche PC permanent mit dem Netzwerk des Auftraggebers verbunden ist, und kann nur auf diese Weise die konkrete Aufgabenstellung durch den in Telearbeit Beschäftigten bewältigt werden, so führt dies regelmäßig zu der Annahme, dass es sich bei dem Beschäftigten um einen Arbeitnehmer handelt.[28] Schließlich ist für die Eingliederung in eine fremde Arbeitsorganisation eben nicht erforderlich, dass ein Beschäftigter sich physisch im Einflussbereich des Auftraggebers befindet. Vielmehr kann auch die virtuelle Verknüpfung durch eine Online-Verbindung geeignet sein, den Betreffenden als einen Teil der Betriebsorganisation des Auftraggebers anzusehen. Jedoch ist zu beachten, dass es sich hierbei lediglich um ein Indiz handelt.[29] Gerade bei Diensten höherer Art wird zu fragen sein, ob die virtuelle Verknüpfung durch die Online-Verbindung allein schon ausreicht, um eine Einordnung des Rechtsverhältnisses als Arbeitsverhältnis zu begründen.[30] So sind etwa Fälle denkbar, in denen ein Rechtsanwalt, der vorwiegend zu Hause tätig ist, per Online-Verbindung mit seiner Kanzlei verbunden ist. Es versteht sich von selbst, dass in diesen Fällen die Online-Verbindung nicht einen selbstständigen Rechtsanwalt zu einem Arbeitnehmer werden lässt. Solange der Rechtsanwalt für sich selbstbestimmt tätig werden kann und die Online-Verbindung lediglich dazu nutzt, auf die seitens der Kanzlei vorgehaltenen Informationssysteme zurückzugreifen, führt dies gerade nicht zu einer Eingliederung in die Arbeitsorganisation. Erst wenn die Online-Verbindung dazu dient, den Beschäftigten in seinen konkreten Arbeitsaufgaben einer Fremdbestimmung zu unterwerfen, indem ihm etwa bestimmte Aufgaben zugewiesen werden, erweist sich die Online-Verbindung als Instrument der Ausübung des Weisungsrechts als ein starkes Kriterium für die Annahme einer Arbeitnehmertätigkeit.

27   Auch wenn sich das Arbeiten bei Online-Verbindungen zum Unternehmen häufig als Arbeitnehmertätigkeit darstellt, ist es aber nicht die Art der Verbindungen, die das Rechtsverhältnis zum Arbeitsverhältnis werden lässt, sondern vielmehr nach der Rechtsprechung des Bundesarbeitsgerichts die Gesamtbetrachtung aller Umstände, unter denen die jeweilige Tätigkeit verrichtet wird. Nimmt man diesen Aspekt der Gesamtbetrachtung ernst, so verbietet sich von daher jede weitere Kategorisierung, wie sie zum Teil in der Literatur vertreten wird. Allein dadurch, dass der Auftraggeber leistungs- und/oder verhaltensbezogene Daten der Arbeit in Online-Verbindungen erfasst, wird diese Tätigkeit nicht zu einer Arbeitnehmertätigkeit, auch wenn hierdurch in die Persönlichkeitssphäre des Beschäftigten eingegriffen wird.[31] Denn nicht jedes Schutzbedürfnis rechtfertigt die Einordnung des Rechtsverhältnisses in ein Arbeitsverhältnis, sondern das Arbeitsrecht will schließlich nur die abhängige Arbeit unter seinen besonderen Schutz stellen. Dies bedeutet aber nicht, dass jede Persönlichkeitsrechtsverletzung, die mit einer Tätigkeit verbunden ist, genau dieses Schutzbedürfnis auch auslöst.

28   Ist der Telearbeiter nicht dauerhaft mit dem Betrieb seines Auftraggebers verbunden, handelt es sich um eine Offline-Tätigkeit. In diesen Fällen besteht nur ein schwaches Indiz dafür, dass es sich bei der Tätigkeit um eine selbstständige Tätigkeit handelt. Ausschlaggebend ist aber auch hierbei, wie die konkreten Aufgaben des Telearbeiters ausgestaltet sind. Für eine Tätigkeit in persönlicher Abhängigkeit spricht etwa, wenn der Telearbeiter zu vorgegebenen Zeiten seine Arbeitsleistung zu erbringen hat, oder wenn für die Erledigung der Aufgaben nur ein knapp bemessener Zeitrahmen bestimmt ist. Gleiches gilt für eine dauernde Dienstbereitschaft des Telearbeiters.

---

28 *Bieler*, in: Organisation von Telearbeit, S. 112 f.

29 A.A. Kilian/Heussen-*Kilian*, 1. Abschn., Teil 7, Koll. ArbR, Kollektivarbeitsrechtl. Probleme, Rn 150.

30 *Blanke/Schüren/Wank/Wedde*, S. 272.

31 *Schmidt u.a.*, Heimarbeitsgesetz, § 2 Rn 91.

Eine Einbindung in die Arbeitsorganisation eines anderen kann darüber hinaus auch dann gegeben sein, wenn sich die zu verrichtende Telearbeit als ein unselbstständiger Teil einer Gesamtaufgabe darstellt und das Arbeitsergebnis, welches häufig fristgebunden ist, für andere oder weiterführende Arbeitsabläufe notwendig ist.[32]

29

Zusammenfassend ist festzustellen, dass es im Gegensatz zu der bisweilen in der rechtswissenschaftlichen Literatur vertretenen Auffassung nicht allein die Art der Verbindung ist, die den Telearbeiter zu einem Telearbeitnehmer macht, sondern dass auch hier die konkrete Ausgestaltung des Rechtsverhältnisses in seiner Gesamtheit zu betrachten ist. Maßgeblich ist dabei, wenn man der herrschenden Auffassung zum Arbeitnehmerbegriff folgt, die Intensität der Weisungsgebundenheit des Telearbeiters. Dieser kann ebenso weisungsgebunden in seinen eigenen vier Wänden tätig werden, wie derjenige, der in den Betriebsräumen des Auftraggebers beschäftigt wird. Insofern lässt sich festhalten, dass der Umstand, dass Telearbeit von zu Hause aus verrichtet wird, nicht dafür signifikant ist, ob von einem Arbeitsverhältnis auszugehen ist oder von einer selbstständigen Tätigkeit. Ausschlaggebend ist vielmehr die konkrete Ausgestaltung.

30

Deutlich wird es etwa bei so genannter alternierender Telearbeit, also, wenn der Telearbeiter einen Teil seiner Arbeitszeit zu Hause verbringt, während er die restliche Arbeitszeit im Betrieb des Auftraggebers ableistet. Auch in diesen Fällen kommt es auf die jeweilige Ausgestaltung an. Kann der Telearbeiter auch im Betrieb des Auftraggebers weisungsfrei arbeiten, so ist das Rechtsverhältnis zwischen dem Telearbeiter und dem Auftraggeber unabhängig von der technischen Ausstattung des Telearbeitsplatzes als selbstständiges Rechtsverhältnis zu qualifizieren. Muss sich dagegen der Telearbeiter in die Betriebsorganisation des Auftraggebers integrieren, weil etwa ein fester Arbeitsplatz im Betrieb des Arbeitgebers nicht zur Verfügung steht, sondern die Telearbeiter an wechselnden Arbeitsplätzen im Betrieb des Auftraggebers arbeiten müssen (so genanntes Desk-Sharing), so spricht diese Integration in die fremde Organisation für die Einordnung des Rechtsverhältnisses als Arbeitsverhältnis.

31

Für Telearbeiter, die mobile Telearbeit verrichten, bestehen im Verhältnis zu sonstigen Außendienstmitarbeitern keine Besonderheiten. Wenn ihnen etwa die Arbeitszeit, die Reihenfolge der Arbeit und die Art, wie diese Tätigkeiten zu verrichten sind, im Einzelnen vorgegeben werden, besteht kein Zweifel daran, dass es sich bei derartigen Personen um Arbeitnehmer handelt. Insofern kann der Umstand, dass dieser Personenkreis durch elektronische Kommunikationsmittel mit dem jeweiligen Auftraggeber verbunden ist, lediglich die Indizien, die für ein Arbeitsverhältnis sprechen, verstärken. Wer schon bisher im Außendienst als Arbeitnehmer tätig war, wird sicher nicht durch die telekommunikative Anbindung an seinen Auftraggeber zum Selbstständigen.

32

Insofern lässt sich das Fazit ziehen, dass ein Telearbeiter nicht deshalb zu einem Selbstständigen wird, weil er Telearbeit ausübt. Vielmehr kommt es auf die jeweilige Ausgestaltung der Tätigkeit an. Würde die Tätigkeit, die in Frage steht, als Arbeitnehmertätigkeit gewertet, wenn diese in den Betriebsräumen des Auftraggebers verrichtet wird, so führt jedenfalls die Telearbeit nicht dazu, dass, wenn die identischen Tätigkeiten nunmehr zu Hause verrichtet werden, sich das Rechtsverhältnis zu einem freien Dienstverhältnis wandelt.

33

III. Telearbeit in selbstständiger Tätigkeit

Zwar werden eine Vielzahl von Telearbeitsverhältnissen als Arbeitsverhältnisse zu qualifizieren sein.[33] Fehlt jedoch einmal die persönliche Abhängigkeit des Telearbeiters vom Auftraggeber und ist etwa der Telearbeiter in der Lage, selbstbestimmt seine Telearbeit zu erbringen, so kann es sich um eine selbstständige Tätigkeit handeln. Voraussetzung ist allerdings, dass der Telearbeiter

34

---

32 *Schmidt u.a.*, Heimarbeitsgesetz, § 2 Rn 91.
33 *Wank*, AR-Blattei-SD, 1565 Telearbeit, Rn 21.

selbstbestimmt und persönlich unabhängig arbeitet und sich dabei keiner fremden Arbeitsorganisation unterstellt. Diesem Personenkreis muss es möglich sein, die Arbeitskraft nach selbstgestellten Zielen und Bedürfnissen des Marktes in eigener Verantwortung zu verwerten. Dies ist etwa bei hochspezialisierten EDV-Experten, die ihre Dienste verschiedenen Unternehmen zur Lösung von Problemen im Hardware- oder Software-Bereich anbieten, denkbar. Kennzeichnend für eine solche Selbstbestimmtheit der Tätigkeit ist, dass der Telearbeiter das Unternehmerrisiko trägt. Auf der einen Seite besitzt er zwar die Möglichkeit, seine Arbeitskraft Gewinn bringend zu verwenden, auf der anderen Seite besteht indes für ihn die Gefahr, dass sich aufgrund der Marktgegebenheiten seine Chancen nicht verwirklichen lassen.

35   Da Selbstständigkeit und Arbeitnehmerstatus sich vom Grundsatz her ausschließen, folgt hieraus, dass auf die selbstständig tätigen Telearbeiter das Arbeitsrecht regelmäßig keine Anwendung findet. Allerdings macht die Rechtsordnung hierfür im Fall der so genannten Heimarbeiter, wie auch der arbeitnehmerähnlichen Personen Ausnahmen.

36   Gemäß § 2 Abs. 1 HAG ist Heimarbeiter i.S.d. HAG, wer in selbstgewählter Arbeitsstätte allein oder mit seinen Familienangehörigen im Auftrag von Gewerbetreibenden oder Zwischenmeistern erwerbsmäßig arbeitet, jedoch die Verwertung der Arbeitsergebnisse dem unmittelbar oder mittelbar auftraggebenden Gewerbetreibenden überlässt. Der Heimarbeiter unterscheidet sich vom Arbeitnehmer dadurch, dass der Heimarbeiter sich seine Arbeitsstätte selbst wählt und nicht in Betrieben eines Arbeitgebers tätig wird. Hieraus leitet man für den Heimarbeiter eine persönliche Selbstständigkeit in der Art und Weise ab, dass dieser die Arbeitserledigung, die Arbeitsleistung und die Nutzung der Arbeitszeit selbst bestimmen kann. Es ist also nicht die persönliche Abhängigkeit, die den Heimarbeiter kennzeichnet, sondern kennzeichnend ist eine wirtschaftliche Abhängigkeit. Da der Heimarbeiter aufgrund der gesetzlichen Definition im Auftrag von Gewerbetreibenden oder Zwischenmeistern arbeitet, trifft ihn auch kein unternehmerisches Risiko, da er nicht selbst nach außen am Markt in Erscheinung tritt. Auf der anderen Seite führt dies allerdings dazu, dass er sich in Bezug auf seinen Auftraggeber in eine wirtschaftliche Abhängigkeit begibt. Diese wirtschaftliche Abhängigkeit ist es, die den Gesetzgeber motiviert hat, eine hierdurch definierte Gruppe von Selbstständigen einem besonderen Schutz zu unterstellen. Insofern ist darauf hinzuweisen, dass der Heimarbeiter nicht etwa eine Sonderkategorie eines Beschäftigungsverhältnisses bildet, welches zwischen dem Arbeitsverhältnis und dem freien Dienstverhältnis angesiedelt ist. Vielmehr ist zu betonen, dass Heimarbeiter eine Unterkategorie des Selbstständigen sind. Folglich wird die Frage, ob eine Person Heimarbeiter ist, erst dann virulent, wenn man nach allgemeinen Kriterien die Arbeitnehmereigenschaft verneint hat. Ist aber schon nach allgemeinen Kriterien eine Person Arbeitnehmer, so ist damit ausgeschlossen, sie als Heimarbeiter im Sinne des HAG einzuordnen.[34] Aus der Stellung des Heimarbeiters als Selbstständiger kann aber nicht geschlossen werden, dass der Auftraggeber dem Heimarbeiter überhaupt keine Weisungen geben darf. Generelle Anweisungen zur Arbeitsdurchführung sowie die Festlegung eines Abgabetermins für die zu erledigenden Arbeiten sind auch im Rahmen der Heimarbeit möglich und führen nicht zum Verlust des Status eines Heimarbeiters.[35] Allerdings ist zu beachten, dass die bloße Überwachungsmöglichkeit eines Beschäftigten nicht dazu führt, dass aus der Tätigkeit allein schon wegen der bestehenden Überwachungsmöglichkeit durch den Auftraggeber ein Beschäftigungsverhältnis wird.[36]

37   Gegen die Einordnung von Telearbeit als Heimarbeit im Sinne des HAG wird teilweise vorgebracht, dass nicht jede einer Angestelltentätigkeit vergleichbare Tätigkeit der Gesetzesdefinition des § 2 Abs. 1 HAG unterfalle. Zusätzlich zum Vorliegen aller sonstigen Voraussetzungen sei zu berücksichtigen, dass sich eine Verkehrsanschauung herausgebildet habe, welche

---

34 *Wank*, Telearbeit, Rn 387.
35 *Schmidt u.a.*, Heimarbeitsgesetz, § 2 Rn 93.
36 A.A. *Schmidt u.a.*, Heimarbeitsgesetz, § 2 Rn 93.

Tätigkeiten als Heimarbeit anzusehen seien. Dies könne etwa für einfache Angestelltentätigkeiten gelten. Qualifizierte Angestelltentätigkeiten hingegen unterfielen nicht der Begriffsdefinition der Heimarbeit, da es insofern an einer entsprechenden Verkehrsauffassung fehle.[37] Diese Einschränkung ist jedoch dem Wortlaut des § 2 Abs. 1 HAG nicht zu entnehmen.[38] Insofern erfasst diese Vorschrift sämtliche Tätigkeiten unabhängig vom Grad der Qualifizierung.[39] Für die Anwendbarkeit des HAG auf Telearbeiter ist aber auch die Person des Auftraggebers entscheidend.[40] Gemäß § 2 Abs. 1 HAG muss der Auftraggeber Gewerbetreibender oder Zwischenmeister sein. Zwischenmeister ist gem. § 2 Abs. 3 HAG derjenige, der, ohne Arbeitnehmer zu sein, die ihm vom Gewerbetreibenden übertragene Arbeit an Heimarbeiter oder Hausgewerbetreibende weitergibt. Mithin handelt es sich hierbei um eine Alternative, die in der Regel für die Telearbeit keine Bedeutung erlangt. Bedeutung für die Telearbeit als Form der Heimarbeit hat allerdings die Frage, ob der Auftraggeber Gewerbetreibender ist. Zwar macht das Gesetz hiervon in § 2 Abs. 4 HAG eine Ausnahme. Danach ist die Eigenschaft als Heimarbeiter auch dann gegeben, wenn Personen, Personenvereinigungen oder Körperschaften des privaten oder öffentlichen Rechts, welche die Herstellung, Bearbeitung oder Verpackung von Waren nicht zum Zwecke der Gewinnerzielung betreiben, die Auftraggeber sind. Hieraus folgt aber, dass z.B. Rechtsanwälte, Ärzte und sonstige Angehörige der so genannten freien Berufe, die eben keine gewerbliche Tätigkeit ausüben, nicht Auftraggeber von Heimarbeit sein können.[41] Hier besteht gem. § 1 Abs. 2 HAG indes die Möglichkeit, weitere Personen dem HAG zu unterstellen. In diesem Sinne gleichstellungsfähig sind Heimarbeitern ähnliche Personen und andere im Lohnauftrag arbeitende Gewerbetreibende. Für die Gleichstellung kommt es dabei auf die Schutzbedürftigkeit des genannten Personenkreises an. Gleichstellungsfähig wären aber auch etwa Personen, wenn sie für nichtgewerbliche Auftraggeber tätig werden und insofern nicht der Gesetzesdefinition der Heimarbeit unterfallen.

Unterfällt indes die Tätigkeit einmal dem HAG, so folgen hieraus eine Reihe von Besonderheiten, die für die Telearbeit zu beachten sind. So hat etwa gem. § 10 HAG derjenige, der Heimarbeit ausgibt oder abnimmt, dafür zu sorgen, dass unnötige Zeitversäumnis bei der Ausgabe oder Abnahme vermieden wird. Im Übrigen ist ein Diskriminierungsverbot bei der Verteilung von Heimarbeit zu beachten (§ 11 HAG). Auch hat derjenige, der Heimarbeit ausgibt, für die zur Durchführung des Gefahrenschutzes besondere Vorschriften gelten, dem Gewerbeaufsichtsamt und der Polizeibehörde Name und Arbeitsstätte der von ihm mit Heimarbeit Beschäftigten anzuzeigen (§ 15 HAG). Weiter sieht das HAG in seinen §§ 17 ff. besondere Vorschriften für die Festlegung von Mindestentgelten vor. Schließlich enthält das HAG besondere Vorgaben für den Kündigungsschutz (§§ 29 f. HAG). **38**

Allerdings ist zu betonen, dass es sich bei der Telearbeit in Form von Heimarbeit im Sinne des HAG entgegen weitläufiger Vorstellungen um Ausnahmefälle handelt. In der Praxis werden vielmehr in der Regel Telearbeiter als Arbeitnehmer beschäftigt. Fehlt es einmal an der persönlichen Abhängigkeit, so ist der Telearbeiter selbstständig. Erst wenn zusätzliche Anforderungen erfüllt sind, wird ein solcher selbstständiger Telearbeiter zum Heimarbeiter i.S.d. HAG. **39**

Aber auch ein Selbstständiger kann, ohne dass er Heimarbeiter ist, als arbeitnehmerähnliche Person eingeordnet werden, wenn eine Abhängigkeit in wirtschaftlicher Hinsicht vorliegt und er deshalb insofern einem Arbeitnehmer vergleichbar schutzbedürftig ist (vgl. § 12a TVG).[42] Dies hat allerdings nicht zur Folge, dass grundsätzlich das Arbeitsrecht auf ihn Anwendung findet. Jedoch unterfallen arbeitnehmerähnliche Personen gem. § 5 Abs. 1 S. 2 ArbGG der Zuständigkeit der Ar- **40**

37 *Brecht*, § 2 HAG Rn 9; *Fenski*, Rn 22.
38 *Blanke/Schüren/Wank/Wedde*, S. 280.
39 *Wedde*, Telearbeit, Rn 199 ff. m.w.N.; *Lammeyer*, Telearbeit, S. 58.
40 *Lammeyer*, Telearbeit, S. 61.
41 *Schmidt u.a.*, Heimarbeitsgesetz, § 2 Rn 96.
42 Vgl. für eine Callcenter-Agentin: LAG Berlin 6.5.2003 – 13 Ta 726/03, LAGE § 2 ArbGG 1979 Nr. 42.

beitsgerichte. Außerdem werden teilweise bestimmte arbeitsrechtliche Schutzgesetze ausdrücklich auf arbeitnehmerähnliche Personen für anwendbar erklärt (§ 2 S. 2 BUrlG).

41 Das sind allerdings eher Ausnahmefälle. Der Regelfall besteht darin, dass der Telearbeiter wie ein sonstiger Arbeitnehmer beschäftigt wird, jedoch seinen Arbeitsplatz nicht oder nicht immer in den Betriebsräumen des Arbeitgebers hat. Es bleibt aber dann dabei, dass es sich um einen Arbeitnehmer handelt, auf den das Arbeitsrecht Anwendung findet.

C. Individualrechtliche Aspekte der Telearbeit

42 Ist der Telearbeiter, wie in den meisten Fällen, Arbeitnehmer, so gelten für ihn selbstverständlich sämtliche arbeitsrechtlichen Vorgaben, wie sie auch für sonstige Arbeitnehmer gelten würden. Auf Grund der Tätigkeit des Telearbeiters in seiner Wohnung ergeben sich jedoch aus diesem Umstand einige Sonderaspekte, die bei der Vereinbarung von Telearbeitsverhältnissen zu beachten sind.

I. Begründung von Telearbeitsverhältnissen

43 Soll die Begründung eines Telearbeitsverhältnisses im Wege der Neueinstellung erfolgen, ist dies individualarbeitsrechtlich vergleichsweise unproblematisch.[43] Die Arbeitsvertragsparteien müssen lediglich vereinbaren, dass der Arbeitnehmer seine Arbeitszeit in Form von Telearbeit, etwa von seiner Wohnung aus zu erbringen hat. In gleicher Weise eher unproblematisch erweist sich auch die einvernehmliche Abänderung eines bereits bestehenden Arbeitsverhältnisses in ein Telearbeitsverhältnis.[44] Dies kann etwa dann der Fall sein, wenn Arbeitnehmer den Wunsch haben, in Zukunft ihre Arbeit von zu Hause aus zu erbringen, weil z.B. die Kinderbetreuung eine flexiblere Gestaltung der Arbeitszeit verlangt und dies am ehesten im Wege der Telearbeit möglich erscheint. Schwierig wird hingegen die Situation dann, wenn lediglich von einer der Vertragsparteien Telearbeit gewollt ist, während sich die andere Vertragspartei hiergegen zur Wehr setzt.

44 Dabei ist zunächst darauf hinzuweisen, dass dem Arbeitnehmer grundsätzlich kein Anspruch auf Einrichtung eines Telearbeitsplatzes zusteht. Dies kann nur ausnahmsweise anders sein, wenn sich die Vorenthaltung eines Telearbeitsplatzes als Verstoß gegen den Gleichbehandlungsgrundsatz darstellt oder aber gegen das Maßregelverbot verstoßen wird.[45] Hierbei handelt es sich aber um ganz besondere Ausnahmefälle, die eigentlich nur dann vorliegen können, wenn der Arbeitgeber üblicherweise dem Wunsch eines Arbeitnehmers, in Zukunft Telearbeit leisten zu wollen, in der Vergangenheit in seinem Betrieb stets nachgekommen ist. Ein solcher Einzelfall, bei dem ein Anspruch eines schwerbehinderten Arbeitnehmers auf Fortführung eines Telearbeitsplatzes besteht, kann darüber hinaus gegeben sein, wenn die Arbeit von zu Hause aus, im Hinblick auf den Gesundheitszustand des Arbeitnehmers, zwingend notwendig ist. Nur für einen derartigen Ausnahmefall ergibt sich aus § 611 Abs. 1 BGB i.V.m. § 81 Abs. 4 SGB IX ein solcher Anspruch.[46] Ein solcher Fall ist nicht schon dann immer anzunehmen, wenn ein schwerbehinderter Arbeitnehmer den Anspruch auf einen Telearbeitsplatz geltend macht. Stattdessen muss eine ganze Reihe von Faktoren (z.B.: lange Betriebszugehörigkeit, Erkrankung oder Behinderung, die eine zumindest teilweise Verlegung des Arbeitsortes in den häuslichen Bereich zwingend erforderlich macht, zumutbare Kostenbelastung des Arbeitgebers etc.) zusammenkommen, um für den Arbeitgeber die Verpflichtung zu begründen, mit dem schwerbehinderten Arbeitnehmer ein Telearbeitsverhältnis abzuschließen.

---

43 *Blanke/Schüren/Wank/Wedde*, S. 286.

44 Hierzu: *Lammeyer*, Telearbeit, S. 106 ff.

45 *Blanke/Schüren/Wank/Wedde*, S. 288.

46 So LAG Niedersachsen 6.12.2010 – 12 Sa 860/10, BeckRS 2011, 68917.

Ist es aber so, dass der Arbeitgeber Telearbeit einführen will, sich der Arbeitnehmer indes hiergegen zur Wehr setzt, so ist fraglich, ob der Arbeitgeber durch eine einseitige Maßnahme seinen Wunsch auf Einführung von Telearbeit durchsetzen kann. Hier ist zunächst problematisch, ob der Arbeitgeber allein schon Kraft seines arbeitsvertraglichen Weisungsrechts Telearbeit anordnen kann. Gemäß § 106 S. 1 GewO kann der Arbeitgeber sowohl den Inhalt und die Zeit der Arbeitsleistung, aber auch den Ort der Arbeitsleistung nach billigem Ermessen näher bestimmen, soweit diese Arbeitsbedingungen nicht durch den Arbeitsvertrag, Bestimmungen einer Betriebsvereinbarung, eines anwendbaren Tarifvertrages oder gesetzliche Vorschriften festgelegt sind. Der Arbeitgeber kann also auch aufgrund des Weisungsrechts festlegen, ob ein Teil der Arbeitszeit außerhalb des Dienstgebäudes oder die gesamte Arbeitszeit innerhalb des Dienstgebäudes zu absolvieren ist.[47] Die Grenze des Weisungsrechts ist aber der Arbeitsvertrag. Ist dort ein bestimmter Tätigkeitsort vorgegeben, kann der Arbeitgeber nicht durch einseitige Erklärung von diesem vertraglich vereinbarten Tätigkeitsort abweichen. Befindet sich keine ausdrückliche Vereinbarung eines Tätigkeitsortes im Arbeitsvertrag, so muss der Arbeitsvertrag nach Treu und Glauben ausgelegt werden. Hierbei wird grundsätzlich zu berücksichtigen sein, dass der übliche Leistungsort für die Arbeit regelmäßig die Betriebsräume des Arbeitgebers sind.[48] Insofern wird, wenn keine entgegenstehenden Regelungen im Arbeitsvertrag enthalten sind, ein Arbeitgeber aufgrund des Weisungsrechts zumindest die Telearbeit in betriebseigenen Nachbarschafts- und Satellitenbüros anweisen können.[49] Insofern besteht in diesen Fällen kein Unterschied zur Situation, wenn der Arbeitnehmer aufgrund einseitiger Weisung des Arbeitgebers vom Hauptbetrieb des Arbeitnehmers in eine Filiale des Arbeitgebers wechseln muss. Voraussetzung für dieses Weisungsrecht ist aber stets, dass keine entgegenstehende Vereinbarung im Arbeitsvertrag getroffen wurde, was dann der Fall wäre, wenn ein konkreter Tätigkeitsort vereinbart wurde.

Soll die Telearbeit allerdings in den Räumlichkeiten des Arbeitnehmers erbracht werden, so wird man regelmäßig nicht annehmen können, dass das im Wege des Direktionsrechts angeordnet werden kann. Selbst wenn der Arbeitsvertrag keinen Tätigkeitsort vorgibt, kann diesem nicht entnommen werden, dass allein durch den Abschluss eines Arbeitsverhältnisses der Arbeitgeber eine Zugriffsmöglichkeit auf die Privaträumlichkeiten des Arbeitnehmers erlangt. Hierbei ist nicht zuletzt der Rechtsgedanke des Art. 13 GG zu berücksichtigen.[50] Im Übrigen gewährt § 106 GewO bereits nach seinem Wortlaut nur ein Bestimmungsrecht des Arbeitgebers in Bezug auf die Arbeitsleistung. Mit anderen Worten kann der Arbeitgeber nur die aus dem Arbeitsverhältnis herrührende Hauptleistungspflicht des Arbeitnehmers bestimmen. Der Arbeitgeber erhält aber aufgrund des Arbeitsverhältnisses keinen Zugriff auf Eigentum und Besitz des Arbeitnehmers. Insofern geht eine Anordnung, in Zukunft Telearbeit in den eigenen Räumen leisten zu sollen, über den Inhalt des Arbeitsvertrages hinaus, so dass sich die entsprechende Weisung als rechtswidrig erweisen würde. Jedoch können die Arbeitsvertragsparteien ein derartiges Weisungsrecht des Arbeitgebers ausdrücklich vereinbaren. Hierbei muss aber hinreichend deutlich werden, dass der Arbeitnehmer in diesen Fällen auch verpflichtet ist, die eigenen Räumlichkeiten für einen Telearbeitsplatz zur Verfügung zu stellen. Eine allgemeine Versetzungsklausel, wie sie in vielen Arbeitsverträgen vorgesehen ist, wonach der Arbeitgeber den Ort der Arbeitsleistung nach billigem Ermessen bestimmen kann, genügt hierfür nicht, da sich eine solche Klausel lediglich auf die eigentliche Arbeitsleistung bezieht und nicht die Zugriffsmöglichkeit auf Eigentum und Besitz des Arbeitnehmers einräumt. Neben der erforderlichen Transparenz müsste die entspre-

45

46

---

47 BAG 11.10.1995 – 5 AZR 802/94, AP Nr. 9 zu § 611 BGB Arbeitszeit.
48 Wird ein Telearbeitsplatz nachträglich eingerichtet und treffen die Parteien keine besondere Vereinbarung hierüber, so kann aus den Umständen und der Natur des Arbeitsverhältnisses nicht entnommen werden, dass die Parteien mit der Einrichtung des Telearbeitsplatzes den Leistungsort vom Sitz des Betriebes verändern wollten (ArbG Elmshorn 26.4.2007 – 5 Ca 582 d/07, NZA-RR 2007, 493).
49 *Wedde*, Telearbeit, Rn 294; *Lammeyer*, Telearbeit, S. 117.
50 *Lammeyer*, Telearbeit, S. 118 ff.

chende Klausel darüber hinaus angemessen sein. Hierfür ist als Mindestmaß zu verlangen, dass dann auch mit der Versetzungsklausel eine korrespondierende Regelung zum Kostenersatz für die Indienstnahme privater Güter des Arbeitnehmers getroffen wird.

47 Wenn der Arbeitgeber mangels Weisungsrecht nicht die Telearbeit in den eigenen vier Wänden des Arbeitnehmers anordnen kann, so stellt sich die Frage, ob der Arbeitgeber nicht im Wege einer Änderungskündigung Telearbeit in den Räumen des Arbeitnehmers durchsetzen kann. Hierbei ist allerdings zu berücksichtigen, dass dies letztlich einen Eingriff in die Privatsphäre des Arbeitnehmers darstellt und dies angesichts des grundgesetzlichen Schutzes, den die Privatwohnung genießt, bei der Prüfung der sozialen Rechtfertigung der Änderung besonders zu berücksichtigen ist.[51] Indes scheint es überzogen, generell von der Sozialwidrigkeit einer Kündigung auszugehen, wenn mit ihr die Telearbeit in den Räumen des Arbeitnehmers durchgesetzt werden soll.[52] Schließlich lassen sich Gründe in der Person des Arbeitnehmers denken, die zur Abwendung einer Beendigungskündigung eine Änderungskündigung mit dem Ziel der Durchsetzung von Telearbeit in den Räumen des Arbeitnehmers als sozial gerechtfertigt erscheinen lassen. Aber auch betriebsbedingte Gründe sind durchaus vorstellbar, die es einem Arbeitgeber erlauben, gegenüber dem Arbeitnehmer im Wege der Änderungskündigung die Telearbeit am häuslichen Arbeitsplatz durchzusetzen. Jedoch ist auch hier ein strenger Maßstab anzulegen. Insofern wird man eine Änderungskündigung nur dann als sozial gerechtfertigt ansehen können, wenn anderenfalls aufgrund von betriebsbedingten Umständen eine Beendigungskündigung ausgesprochen werden müsste.

II. Arbeitszeit

48 Ein besonderes Problem im Zusammenhang mit der Telearbeit, insbesondere wenn sie in den Räumen des Arbeitnehmers geleistet wird, ist die Dauer und Lage der Arbeitszeit. Hier empfiehlt es sich, dass die Parteien hierüber genaue Vereinbarungen treffen. Dabei sind die beiderseitigen Interessen entsprechend zu berücksichtigen. Insofern ist anzuraten, zwischen betriebsbestimmten Arbeitszeiten und selbstbestimmten Arbeitszeiten zu differenzieren.[53] So könnte sich folgende Formulierung anbieten:

49 Für die Tätigkeit des Arbeitnehmers in den Betriebsräumen des Arbeitgebers gelten die betriebsüblichen Arbeitszeiten. Während der Tätigkeit in der häuslichen Arbeitsstätte hat der Arbeitnehmer von ... bis ... telefonisch/per E-Mail erreichbar zu sein. Im Übrigen ist der Arbeitnehmer in der Einteilung der Lage der Arbeitszeit frei.

50 Fahrtzeiten zwischen dem häuslichen Arbeitsplatz und den Betriebsräumen des Arbeitgebers gelten nicht als Arbeitszeit.

51 Bei alternierender Telearbeit sollten sich die Arbeitsvertragsparteien auch vorher darüber verständigen, im welchem Umfang und zu welchen Zeiten die Arbeitsleistung in den Betriebsräumen des Arbeitgebers erfolgen soll. Hier gilt es insbesondere organisatorischen Schwierigkeiten beim so genannten desk-sharing, also wenn sich mehrere Telearbeiter einen Schreibtisch in den Betriebsräumen des Arbeitgebers teilen, vorzubeugen.

52 Trotz aller Gestaltungsfreiheit der Vertragsparteien sind diese durch die zwingenden Vorgaben des Arbeitszeitschutzes, wie er insbesondere im Arbeitszeitgesetz zum Ausdruck kommt, begrenzt.[54]

---

51 *Kilian/Borsum/Hoffmeister*, NZA 1987, 401, 406.

52 So aber *Wedde*, Telearbeit, Rn 300; ähnlich *dbb*, Beamtenbund und Tarifunion, S. 22.

53 Preis-*Genenger*, Innovative Arbeitsformen, S. 1085.

54 Es bleibt abzuwarten, inwieweit es zu Änderungen der Arbeitszeitrichtlinie kommt. Die Europäische Kommission plant eine umfassende Überarbeitung der Richtlinie. Laut Ankündigung vom 15.11.2011 wollen die Sozialpartner nach dem Scheitern der zweiten Phase am 21.12.2010 erneut in Verhandlungen miteinander treten. Die Konsultation der Sozialpartner hinsichtlich der inhaltlichen Ausgestaltung der Überarbeitung läuft noch bis zum Herbst 2012.

Wie auch bei jedem anderen Arbeitnehmer obliegt es dem Arbeitgeber, die Einhaltung der zwingenden Regelungen des Arbeitszeitgesetzes sicherzustellen. So gelten für Telearbeitnehmer die täglichen Höchstarbeitszeiten sowie die Vorschriften über Ruhepausen, Ruhezeit und die Regelung zur Nacht- und Schichtarbeit. Darüber hinaus gelten für den Telearbeiter, ebenso wie für jeden anderen Arbeitnehmer, die Vorgaben in den §§ 9 ff. ArbZG zur Sonn- und Feiertagsruhe. Für die Einhaltung der im Arbeitszeitgesetz enthaltenen Vorgaben ist der Arbeitgeber verantwortlich. Daher ist der Arbeitgeber verpflichtet, im Rahmen seines Direktionsrechts auf die Einhaltung der Bestimmungen hinzuwirken. So kann beispielsweise die Arbeitszeit an einem Heimarbeitstag verkürzt werden und der Arbeitsbeginn in den Räumen des Arbeitgebers am Folgetag auf einen späteren Beginn gelegt werden, um so der Regelung des § 5 Abs. 1 ArbZG gerecht zu werden.[55] Verstöße gegen die Vorgaben des Arbeitszeitgesetzes stellen gem. § 22 ArbZG für den Arbeitgeber eine Ordnungswidrigkeit dar, wobei hier auch schon fahrlässige Verstöße geahndet werden können. Der Arbeitgeber ist deshalb gehalten, die Einhaltung der gesetzlichen Vorgaben sicherzustellen. Hierbei ist zuzugeben, dass es sich als häufig schwierig erweist, dies zu gewährleisten, wenn die Telearbeit in den Räumlichkeiten des Arbeitnehmers ausgeübt wird. In der Praxis geht man dazu über, die Arbeitnehmer zu verpflichten, die Arbeitszeiten zu dokumentieren (so genannte Arbeitszeittagebücher) und diese Dokumentationen regelmäßig dem Arbeitgeber vorzulegen. Ob dieses allein genügt, dürfte indes fraglich sein, da bei diesem Vorgehen die Missbrauchsmöglichkeiten offen zutage liegen.[56] Zwar genügt damit regelmäßig der Arbeitgeber seiner Verpflichtung aus § 16 Abs. 2 ArbZG. Danach ist der Arbeitgeber verpflichtet, die über die werktätige Arbeitszeit hinausgehende Arbeitszeit der Arbeitnehmer aufzuzeichnen und ein Verzeichnis der Arbeitnehmer zu führen, die in eine Verlängerung der Arbeitszeit eingewilligt haben, wobei diese Nachweise mindestens zwei Jahre aufzubewahren sind. Jedoch ist hierdurch nicht sichergestellt, dass die Telearbeiter, insbesondere wenn sie in einer außerbetrieblichen Arbeitsstätte tätig sind, sich tatsächlich an die Vorgaben des Arbeitszeitgesetzes halten. Soweit zumindest der Telearbeiter im Online-Betrieb arbeitet, wäre es technisch möglich, die Login-Daten zu erfassen und auszuwerten.[57] Hier ist aber dann darauf zu achten, dass sich derartige Auswertungen an die Vorgaben des BDSG halten und sich nur auf angekündigte stichprobenhafte Überprüfungen beschränken dürfen, wenn man nicht eine Verletzung der Persönlichkeitsrechte der Beschäftigten in Kauf nehmen will. Denn die permanente Erfassung von personenbezogenen Daten stellt nun einmal, wie auch in jedem sonstigen Arbeitsverhältnis, eine Verletzung der Persönlichkeitsrechte des Arbeitnehmers dar.

III. Arbeitsschutz

Die Einrichtung eines Telearbeitsplatzes verlangt nicht nur die Beachtung des Arbeitszeitschutzes, sondern in diesem Zusammenhang sind etwa auch die Vorschriften der Arbeitsstättenverordnung einschlägig. Gemäß § 2 ArbStättV sind Arbeitsstätten unter anderem Arbeitsräume in Gebäuden einschließlich Ausbildungsstätten. Die Arbeitsstättenverordnung differenziert also nicht danach, in wessen Eigentum die Räume stehen oder wem das Nutzungsrecht an den Räumen zusteht. Insofern ist der Arbeitgeber verpflichtet, gem. § 3a ArbStättV die Arbeitsstätte und letztlich damit den häuslichen Arbeitsplatz nach den Vorgaben der Arbeitsstättenverordnung, den sonst geltenden Arbeitsschutz- und Unfallverhütungsvorschriften und nach den allgemein anerkannten sicherheitstechnischen, arbeitsmedizinischen und hygienischen Regeln sowie den sonstigen gesicherten arbeitswissenschaftlichen Erkenntnissen einzurichten und zu betreiben.[58] Hierzu zählt auch, dass der Arbeitgeber gem. § 5 ArbStättV die erforderlichen Maßnahmen zu treffen hat, da-

53

---

55 So jedenfalls LAG Niedersachsen 6.12.2010 – 12 Sa 860/10, BeckRS 2011, 68917.
56 Skeptisch auch: *Bieler*, in: Organisation von Telearbeit, S. 152 f.
57 *Wank*, AR-Blattei-SD, 1565 Telearbeit, Rn 35 a; *Lammeyer*, Telearbeit, S. 155.
58 Landmann/Rohmer-*Kollmer*, Gewerbeordnung, § 2 ArbStättV, Rn 1.

mit nichtrauchende Beschäftigte in Arbeitsstätten wirksam vor den Gesundheitsgefahren durch Tabakrauch geschützt sind.[59] Darüber hinaus sieht die Arbeitsstättenverordnung und ihr Anhang bestimmte bauliche Voraussetzungen für Arbeitsräume vor (§ 3a ArbStättV).

54   In arbeitsschutzrechtlicher Hinsicht ist darüber hinaus die Verordnung über Sicherheit und Gesundheitsschutz bei der Arbeit an Bildschirmgeräten zu beachten.[60] Schließlich sind die gesundheitlichen Risiken eines Telearbeiters vergleichbar mit denen eines an einem betrieblichen Bildschirmarbeitsplatz Tätigen (siehe umfassend hierzu § 9 Rn 83 ff.). Auch die Bildschirmarbeitsverordnung ist bei der Einrichtung eines Telearbeitsplatzes zu berücksichtigen, zumindest wenn es sich um den stationären Betrieb eines Telearbeitsplatzes handelt.[61] Die Bildschirmarbeitsverordnung stellt eine Vielzahl von Anforderungen an die Bildschirmarbeitsplätze. Was im Einzelnen verlangt wird, ergibt sich aus dem Anhang der Bildschirmarbeitsverordnung. Ebenfalls zu beachten ist die Verordnung zur arbeitsmedizinischen Vorsorge (ArbMedVV). Sie verpflichtet den Arbeitgeber, für Beschäftigte, welche an Bildschirmarbeitsgeräten tätig sind, eine angemessene Untersuchung der Augen und Sehvermögens anzubieten. Gemäß § 5 Abs. 1 Satz 2 ArbMedVV muss diese Untersuchung vor Aufnahme der Tätigkeit an einem Bildschirmarbeitsplatz und anschließend in regelmäßigen Abständen wiederkehrend angeboten werden. Gemäß § 6 BildscharbV, § 5 Abs. 1 Satz 1 i.V.m. Anhang Teil 4 (2) Nr. 1 ArbMedVV sind den Beschäftigten im erforderlichen Umfang spezielle Sehhilfen für ihre Arbeit an Bildschirmgeräten zur Verfügung zu stellen, wenn die Ergebnisse einer solchen Untersuchung ergeben, dass spezielle Sehhilfen notwendig und normale Sehhilfen nicht geeignet sind.

55   Insgesamt wird man feststellen müssen, dass Telearbeit im häuslichen Bereich, wenn sie wie üblich im Rahmen eines Arbeitsverhältnisses erbracht wird, genau denselben arbeitsschutzrechtlichen Anforderungen genügen muss, wie der Arbeitsplatz eines Arbeitnehmers in den Betriebsräumen des Arbeitgebers.[62] Wie auch sonst trifft den Arbeitgeber folgerichtig auch für den Bereich der häuslichen Telearbeit eine umfassende Zuständigkeit für die Gewährleistung des Arbeitsschutzes. Um dies sicherstellen zu können, muss von Seiten des Arbeitgebers Sorge dafür getragen werden, dass er seinen arbeitsschutzrechtlichen Pflichten nachkommen kann. Deshalb ist es zwingend erforderlich, dass im Rahmen eines Telearbeitsverhältnisses die Zugangsrechte zum Telearbeitsplatz besonders vereinbart werden.[63] Vielfach wird in den Zugangsrechten auch der „Stolperstein bei der Einführung der Telearbeit" gesehen.[64] Zwar wird teilweise vertreten, dass der Telearbeiter, wenn er sich bereit erklärt, den Telearbeitsplatz in seiner Wohnung einzurichten, damit konkludent ein Zugangsrecht zum Telearbeitsplatz einräumt.[65] Jedoch ist m.E. die Annahme einer derartigen konkludenten Zustimmung abzulehnen. Schließlich müsste ansonsten in dem Abschluss eines Telearbeitsvertrages ein Verhalten erblickt werden, das in Bezug auf die Einräumung von Zugangsrechten einen bestimmten Rechtsbindungswillen zum Ausdruck bringt. Vielfach werden aber weder dem Arbeitgeber noch dem potenziellen Telearbeiter die doch ganz erheblichen Anforderungen an den Arbeitsplatzschutz bewusst sein. Üblicherweise werden

---

59   Dies führt letztlich zu der abstrusen Situation, dass der Arbeitgeber mit einem Telearbeitnehmer, der Nichtraucher ist, die Vereinbarung treffen muss, dass es der Telearbeitnehmer ist, der dafür sorgen muss, dass an seinem häuslichen Arbeitsplatz, etwa von Familienmitgliedern, nicht geraucht wird.

60   Hierzu Hoeren/Sieber-*Preis*, Teil 22.2 Rn 97 ff.; *Däubler*, Internet und Arbeitsrecht, S. 84 f.; *Lammeyer*, Telearbeit, S. 162 ff.

61   Vgl. *Wank*, Telearbeit, Rn 428.

62   Dies wird häufig nicht ausreichend beachtet. Bei lediglich 60 %, der im Rahmen der durchgeführten Studie aufgesuchten Heimarbeitsplätzen, ist es zu keinen Beanstandungen aus arbeitsmedizinischer Sicht gekommen (*Wegner/Schröder/Poschadel/Baur*, Zbl Arbeitsmed 61 (2011), S. 14, 19.

63   *Wank*, AR-Blattei-SD, 1565 Telearbeit, Rn 33b; HzA – *Linck*, Gruppe 17 Teil B Rn 403; Teilweise wird für etwaige Zutrittsrechte des Arbeitgebers zum häuslichen Arbeitsplatz die Zustimmung aller in der Wohnung lebenden Personen für erforderlich gehalten. – so: *Wiese*, RdA 2009, 344, 349.

64   *Godehardt/Worch*, 1996, 9, 12.

65   *Wedde*, Rn 506.

sich nämlich die Parteien über den Arbeitsplatzschutz kaum Gedanken machen, da beide regelmäßig davon ausgehen, dass die Arbeit schließlich in der Sphäre des Arbeitnehmers erbracht werden soll und daher nach laienhaftem Verständnis dies dem Verantwortungs- und Risikobereich des Arbeitnehmers zugeordnet wird. Insofern scheint es mir zu weitgehend, wenn von einer stillschweigend erklärten Zustimmung des Telearbeiters bezüglich eines im Rahmen der Arbeitszeit vorgenommenen Zugangs des Arbeitgebers oder von ihm beauftragter Personen zur Kontrolle der Arbeitsschutzvorschriften zu einem häuslichen Arbeitsplatz auszugehen ist.[66] Auch Konstruktionen unter Hinweis auf § 242 BGB, ein Zutrittsrecht zu bejahen, vermögen nicht recht zu überzeugen.[67] Schließlich kann aus dem Umstand, dass ohne Zutrittsberechtigung der Arbeitgeber seinen arbeitsschutzrechtlichen Pflichten nicht nachkommen kann, nicht gefolgert werden, dass es deshalb individualarbeitsrechtlich zulässig sein soll, die Wohnräume des Arbeitnehmers zu betreten. Wenn es arbeitsschutzrechtliche Aspekte sind, die das Zutrittsrecht fordern, so ist, solange nicht individualarbeitsrechtlich ein solches Zutrittsrecht vereinbart wurde, vielmehr von einer rechtlichen Unmöglichkeit der Arbeitsleistung auszugehen. Insofern ist dringend anzuraten, dass die Frage des Zugangs zur Wohnung des Telearbeiters gesondert geregelt werden sollte. Dabei wird zu beachten sein, dass selbst wenn der Arbeitnehmer ausdrücklich einem generellen Zutrittsrecht zustimmt, damit nicht verbunden ist, dass der Arbeitgeber oder dessen Beauftragter zu jeder Zeit auch gegen den Willen des Arbeitnehmers dessen Wohnung betreten kann.[68] Hier bietet sich etwa folgende Formulierung an:

Dem Arbeitgeber, von ihm beauftragten Personen sowie Personen, die aufgrund gesetzlicher und auf Gesetz beruhender Vorschriften Zugang zur häuslichen Arbeitsstätte haben müssen, gewährt der Telearbeitnehmer Zugang zu seinem häuslichen Arbeitsplatz, soweit dies aus sachlichen Gründen erforderlich ist, insbesondere zur Überprüfung, ob die arbeitsschutzrechtlichen Anforderungen an den Telearbeitsplatz eingehalten werden. Hierzu wird sich der Arbeitgeber um eine Terminabsprache mit dem Arbeitnehmer bemühen. Der Arbeitnehmer sichert zu, dass alle mit ihm in häuslicher Gemeinschaft lebenden Personen hierüber informiert wurden und mit dieser Regelung einverstanden sind.[69]

56

IV. Datenschutz und Telearbeit

Der Telearbeiter ist auf die Einhaltung einschlägiger Datenschutzvorschriften zu verpflichten sowie auf die notwendigen Maßnahmen bei der Bearbeitung von personenbezogenen Daten am häuslichen Arbeitsplatz hinzuweisen. Jede Bearbeitung personenbezogener Daten zwingt zur Beachtung der einschlägigen datenschutzrechtlichen Vorschriften. Insofern muss der Arbeitgeber geeignete Maßnahmen treffen, dass personenbezogene Daten gerade bei häuslicher Telearbeit vor unberechtigten Dritten geschützt werden. Hier bietet es sich etwa an, die vom Telearbeiter zu bearbeitenden Daten durch Passwörter oder Benutzerkennungen besonders vor dem Zugriff Unberechtigter zu sichern.[70] Eine Verpflichtung zum Datenschutz folgt aus § 9 BDSG.[71] Danach haben öffentliche und nicht-öffentliche Stellen, die selbst oder im Auftrag personenbezogene Daten erheben, verarbeiten oder nutzen, die technischen und organisatorischen Maßnahmen zu treffen, die erforderlich sind, um die Ausführung der Vorschriften dieses Gesetzes, insbesondere die in der Anlage zu diesem Gesetz genannten Anforderungen zu gewährleisten. Auf Grund dieser umfassenden Pflicht wird vielfach bezweifelt, ob die Einrichtung eines häuslichen Telearbeits-

57

---

66 Preis-*Genenger*, Innovative Arbeitsformen, S. 1097 f.
67 So aber *Lammeyer*, Telearbeit, S. 144 f.
68 *Wank*, AR-Blattei-SD, 1565 Telearbeit, Rn 38b; MüHdbArbR-*Heenen*, § 316 Rn 20 (zur Bedeutung des Art. 13 GG für das Telearbeitsverhältnis).
69 Vgl. *Preis*, Der Arbeitsvertrag, T 20, Rn 62.
70 *Peter*, DB 1998, 573, 576.
71 *Haupt*, Der virtuelle Arbeitsplatz, Diss. 2004, S. 27.

platzes datenschutzrechtlich noch zulässig ist, wenn dort personenbezogene Daten verarbeitet werden.[72] Insofern wäre anzuraten, dass bereits im Telearbeitsvertrag niedergelegt wird, dass die häusliche Telearbeit nur in einem verschließbaren Raum ausgeübt wird und dieser Raum dann nach Beendigung der Telearbeit vom Telearbeitnehmer abzuschließen ist. Darüber hinaus sollte festgelegt werden, dass die vom Telearbeiter verwendeten EDV-Komponenten ausschließlich zu dienstlichen Zwecken und nur durch den Telearbeitnehmer genutzt werden dürfen. Zu den sicherheitstechnischen Maßnahmen ist im Einzelnen auf die instruktive Darstellung in den IT-Grundschutz-Katalogen des Bundesamtes für Sicherheit in der Informationstechnik zu verweisen.[73] Unabhängig davon kann aber der Umstand, dass ein Arbeitgeber Telearbeit einführt, in keinem Fall dazu führen, dass das datenschutzrechtliche Schutzniveau, welches der Gesetzgeber zum Schutz der Persönlichkeitsrechte Dritter vorgegeben hat, abgesenkt wird.[74] Der Arbeitgeber kann also nicht mit entlastender Wirkung die datenschutzrechtlichen Pflichten auf den Arbeitnehmer übertragen, allerdings ist der Arbeitnehmer von Seiten des Arbeitgebers anzuhalten, die datenschutzrechtlichen Vorgaben strikt zu befolgen.

V. Arbeitsmittel

58 Regelmäßig werden einem Telearbeiter die für die Telearbeit erforderlichen Arbeitsmittel (Computer, sonstige Hardware, Software, etc.) überlassen. Überlässt der Arbeitgeber in dieser Weise die Arbeitsmittel, so bleiben sie weiterhin im Eigentum des Arbeitgebers.[75] Folgerichtig kann auch der Arbeitgeber allein bestimmen, wie der Arbeitnehmer diese Arbeitsmittel einzusetzen hat. Insbesondere kann der Arbeitgeber dem Arbeitnehmer untersagen, dass Arbeitsmittel zu anderen als zu betrieblichen Zwecken einzusetzen sind. Auf der anderen Seite ist der Arbeitnehmer verpflichtet, mit den Arbeitsmitteln sorgfältig und umsichtig umzugehen. Eine Verletzung dieser Pflicht stellt einen Arbeitsvertragsverstoß dar.

59 Gleichwohl ist es zu empfehlen, dass die Arbeitsvertragsparteien sich über die Art und Weise der Nutzung der Arbeitsmittel im Arbeitsvertrag verständigen. Hierbei ist es angezeigt, zunächst einmal festzuhalten, welche arbeitgebereigenen Arbeitsmittel dem Arbeitnehmer überlassen werden. Des Weiteren sollte geregelt werden, wie die Pflege und Wartung der Arbeitsmittel erfolgen soll. Außerdem sollte eine ausdrückliche Regelung darüber in dem Arbeitsvertrag aufgenommen werden, ob und – wenn es sich nicht vermeiden lässt – in welchem Umfang ein Telearbeitnehmer die zur Verfügung gestellten Arbeitsmittel auch zu privaten Zwecken nutzen oder etwa gar an Dritte überlassen darf. Soweit hiervon EDV-Anlagen und EDV-Zubehör betroffen sind, ist hierbei insbesondere auf datenschutzrechtliche Aspekte zu achten. Deshalb empfiehlt es sich grundsätzlich, eine private Nutzung bzw. eine Nutzung durch Dritte ausdrücklich auszuschließen.

60 Ebenfalls zu regeln empfiehlt sich, inwieweit dem Arbeitnehmer ein Kostenerstattungsanspruch gegen seinen Arbeitgeber für die Zurverfügungstellung arbeitnehmereigener Arbeitsmittel zusteht. Ein Arbeitnehmer kann grundsätzlich Aufwendungsersatz gegen den Arbeitgeber geltend machen, wenn er eigenes Vermögen im Interesse des Arbeitgebers eingesetzt hat und die erbrachten Aufwendungen nicht durch das Arbeitsentgelt abgegolten sind. Ein solcher Anspruch

---

72 Vgl. *Wank*, Telearbeit, Rn 491 m.w.N.

73 Siehe: M 2 bis M 6 in: *BSI*, IT-Grundschutz-Kataloge, Bonn, Stand 12. EL 2011 (https://www.bsi.bund.de/DE/Themen/ITGrundschutz/itgrundschutz_node.html).

74 *Wank*, AR-Blattei-SD, 1565 Telearbeit, Rn 53; Mit fortschreitenden technischen Möglichkeiten hinsichtlich der Ausgestaltung der Telearbeit, insbesondere durch Cloud Computing, nehmen datenschutzrechtliche Problemstellung zu. Insbesondere durch den weiten Anwendungsbereich des § 32 BDSG, welcher nicht nur Daten Dritter, sondern auch die Daten des (Tele)Arbeitnehmers über Dauer und Ort der Arbeitsleistung unter Nutzung der Cloud erfassen. Hierzu *Gaul/Koeler*, BB 2011, S. 2229, 2230 f.

75 *Flüter-Hoffmann/Kowitz*, S. 111 f.

wird regelmäßig aus einer analogen Anwendung der §§ 675, 670 BGB hergeleitet.[76] Ein Aufwendungsersatzanspruch setzt im Allgemeinen voraus, dass der Arbeitnehmer die Aufwendungen im Bezug auf die Arbeitsausführung gemacht hat, er diese Aufwendungen zumindest nach verständigem Ermessen subjektiv für notwendig halten durfte und er keine besondere Abgeltung für die Aufwendung vom Arbeitgeber erhält. Im Rahmen eines Telearbeitsverhältnisses kommen als Aufwendungen in diesem Sinne etwa die Anschaffung und Nutzung von Büroeinrichtungen, die Anschaffung von Büromaterial, etwaige Telekommunikationskosten, die laufenden Raumkosten (Miete, Nebenkosten) sowie Stromkosten für die Benutzung der Arbeitsgeräte in Betracht. Diese Kosten sind unabhängig davon erstattungsfähig, ob durch die Telearbeit dem Arbeitnehmer eine Ersparnis zufließt, etwa weil für ihn keine Fahrtkosten zum Ort seiner Tätigkeit anfallen.[77]

Den Parteien eines Telearbeitsverhältnisses ist aber dringend zu empfehlen, sich über die mit der Telearbeit anfallenden Kosten zu verständigen. Insbesondere sollte hier auch von der Arbeitgeberseite in Erwägung gezogen werden, ob die Räumlichkeiten, in denen die Telearbeit in der Wohnung des Arbeitnehmers verrichtet werden soll, nicht durch den Arbeitgeber vom Arbeitnehmer angemietet werden kann. Dies hätte den Vorteil, dass damit dem Arbeitgeber gleichzeitig das Recht eingeräumt wäre, über die Nutzung dieser Räumlichkeiten zu bestimmen. Wo dieses nicht möglich ist, weil etwa der Wohnungsmietvertrag des Arbeitnehmers ein solches Vorgehen ausschließt, hat es sich in der Praxis als sinnvoll erwiesen, dass eine Kostenerstattungspauschale zwischen den Parteien vereinbart wird.[78] In der Rechtsprechung wird es einhellig für zulässig erachtet, mögliche Aufwendungsersatzansprüche zu pauschalieren.[79] Bei der Vereinbarung über die Kostenerstattung sollte auch bedacht werden, dass es Situationen geben kann, in denen der Telearbeiter die Betriebsräume des Arbeitgebers aufsuchen muss. Hierbei ist darauf hinzuweisen, dass es grundsätzlich Sache des Beschäftigten ist, wie und zu welchen Kosten er die Betriebsräume seines Arbeitgebers aufsuchen kann. Doch wird teilweise vertreten, dass einem Telearbeiter dann ein Erstattungsanspruch zusteht, wenn er an einem Tag, an dem er eigentlich zu Hause arbeiten sollte, eine Fahrt in den Betrieb etwa zwecks Teilnahme an einer Besprechung erforderlich ist.[80] Um hier von vornherein Streitigkeiten auszuschließen, sollten die Parteien über die Frage der Kostenerstattung für Fahrten in den Betrieb eine Vereinbarung treffen. Dabei zählt es zu den arbeitsvertraglichen Pflichten eines Telearbeiters, gelegentlich auf Weisung eines Vorgesetzten in den Betriebsräumen des Arbeitgebers zu erscheinen. Wenn es sich aber um eine arbeitsvertragliche Pflicht handelt, so besteht kein Unterschied zu einem sonst in den Betriebsräumen des Arbeitgebers beschäftigten Arbeitnehmer. Auch dieser Arbeitnehmer erhält schließlich keinen Aufwendungsersatz für das Erreichen seines Arbeitsplatzes, um dort seinen arbeitsvertraglichen Pflichten nachzukommen.

VI. Betriebsrisiko

Aber auch einen anderen Problembereich sollten die Parteien eines Telearbeitsverhältnisses bedenken. So kann es durchaus vorkommen, dass einem Telearbeiter die Erbringung der Telearbeit nicht möglich ist, weil die technische Ausstattung des Telearbeitsplatzes Mängel aufweist oder sonstige Störungen die Erbringung der Telearbeit unmöglich machen. Problematisch hierbei sind insbesondere die Fälle, in denen der Arbeitgeber den Arbeitsausfall nicht zu vertreten hat. Hier ist allerdings zu berücksichtigen, dass es grundsätzlich der Arbeitgeber ist, der das Betriebs-

61

62

---

76 BAG 1.2.1963 – 5 AZR 74/62, AP Nr. 10 zu § 670 BGB; BAG 14.2.1996 – 5 AZR 978/94, AP Nr. 5 zu § 611 BGB Aufwandsentschädigung.
77 *Wedde*, Rn 370 f.
78 *Nägele*, ArbRB 2002, 313, 314.
79 BAG 15.7.1992 – 7 AZR 491/91, AP Nr. 19 zu § 46 BPersVG; BAG 14.2.1996 – 5 AZR 978/94, AP Nr. 5 zu § 611 BGB Aufwandsentschädigung; *Blanke/Schüren/Wank/Wedde*, S. 294.
80 *Wedde*, Rn 372.

risiko trägt. Insofern ordnet § 615 S. 3 BGB an, dass in den Fällen, in denen der Arbeitgeber das Risiko des Arbeitsausfalls trägt, der Arbeitnehmer für die nicht geleisteten Dienste die vereinbarte Vergütung verlangen kann. Fraglich ist allerdings, ob dies auch in den Fällen gilt, in denen die Störung aus der Sphäre des Beschäftigten herrührt, etwa wenn in den Wohnräumen des Arbeitnehmers der Strom oder die Telefonanlage ausfällt und deshalb der Arbeitnehmer dort nicht seine Telearbeit erbringen kann. In diesem Zusammenhang wird aber zu Recht darauf hingewiesen, dass, auch wenn sich der Arbeitsplatz des Telearbeiters in seinen eigenen vier Wänden befindet, es sich hierbei doch um einen dem Arbeitgeber zuzuordnenden Arbeitsplatz handelt. Schließlich kann der Vereinbarung von Telearbeit nicht entnommen werden, dass hierdurch das allgemeine Betriebsrisiko für die Funktionsfähigkeit der Arbeitsmittel auf den Arbeitnehmer übertragen werden soll. Zwar kann die Verteilung des Betriebsrisikos auch durch Einzelvertrag abbedungen werden, jedoch muss dies mit hinreichender Deutlichkeit aus dem Inhalt der Vereinbarung ersichtlich sein.[81] Aber selbst wenn man eine ausdrückliche Übertragung des Betriebsrisikos vereinbaren würde, könnte sich diese nur auf eng zugeschnitten Sachverhalte beziehen, da m.E. eine generelle Übertragung des Betriebsrisikos unangemessen erscheint. Schließlich ist es dem Arbeitgeber unbenommen, durch organisatorische Maßnahmen sicherzustellen, dass Arbeitsausfälle vermieden werden können. Dies kann etwa in der Weise erfolgen, dass der Arbeitgeber für derartige Notfälle dem Arbeitnehmer einen Arbeitsplatz in den Betriebsräumen des Arbeitgebers anbieten kann.[82] Insofern ist festzuhalten, dass im Hinblick auf die Verteilung des Betriebsrisikos keine Besonderheiten bei einem Telearbeitsverhältnis bestehen. Es handelt sich bei dem Telearbeitsverhältnis um ein gewöhnliches Arbeitsverhältnis, das sich lediglich darin unterscheidet, dass die Telearbeit nicht in den Betriebsräumen des Arbeitgebers verrichtet wird.

VII. Haftung

63   Die Frage nach der Haftung des Arbeitnehmers für Schäden, die an den Rechtsgütern des Arbeitgebers entstehen, stellt sich bei Telearbeitnehmern in besonderem Maße. Dies betrifft zunächst einmal den gesamten Hardwarebereich. Vielfach handelt es sich hier um arbeitgebereigene Geräte, wie PC, Drucker, Monitore, aber auch Notebooks. Die telearbeitsspezifische Erhöhung des Haftungsrisikos folgt häufig aus dem Umstand, dass die Telearbeit in einem Umfeld erfolgt, welches nicht so gegen schädigende Eingriffe auf das Arbeitgebereigentum geschützt werden kann, wie dies in Betriebsräumen möglich ist.[83] Auch der mit der Telearbeit bisweilen verbundene notwendige Transport der Arbeitsmittel führt ebenfalls zu einer Risikoerhöhung. Allerdings ist das Schadenspotenzial, welches hier eintreten kann, aufgrund der ständig sinkenden Hardware-Preise beschränkt. Dies ist aber völlig anders, wenn man den Software- und den Datenbereich näher betrachtet. Wird etwa aufgrund verbotener privater Nutzung eines für die Telearbeit zu Hause vorgesehenen Rechners das Firmennetzwerk des Arbeitgebers durch einen Computervirus „infiziert", kann man sich vorstellen, dass dies zu besonderen Schäden führen kann. Aber auch, wenn von Seiten des Telearbeiters leichtfertig mit wichtigen Daten umgegangen wird, etwa wenn einem Dritten die Möglichkeit des Zugriffs auf die Kundendatei eröffnet wird, sind die Schäden enorm. Dieses Schadenspotenzial steigert sich zudem dadurch, dass der Telearbeiter nicht unmittelbar der Kontrolle durch den Arbeitgeber untersteht, sondern allein aufgrund der räumlichen Distanz sich schneller eine gewisse Leichtfertigkeit einschleichen kann. Darüber hinaus fehlt es vielfach an einem entsprechenden Bewusstsein für Datensicherheit bei den betreffenden Personenkreisen. Schnell erliegt der Telearbeiter der Vorstellung, dass die elektronischen Datenverarbeitungssysteme stets fehlerfrei arbeiten und wird dann vergessen, regelmäßige Sicherungs-

---

81 MüHdbArbR-*Boewer*, § 69 Rn 6.
82 *Lammeyer*, Telearbeit, S. 203.
83 *Lammeyer*, Telearbeit, S. 182 ff.

kopien der zu bearbeitenden Datensätze zu erstellen. Bereits ein erster Blick zeigt also, dass der Haftungsfrage bei der Telearbeit eine ganz enorme Bedeutung zukommt.

Wie aber bei jedem Arbeitsverhältnis sonst auch, gelten für das Telearbeitsverhältnis die für das Arbeitsrecht geltenden Besonderheiten der Arbeitnehmerhaftung. Zwar ist ein Arbeitnehmer, der seinem Arbeitgeber schuldhaft einen Vermögensnachteil zufügt, grundsätzlich verpflichtet, diesem nach allgemeinen Grundsätzen Schadensersatz zu leisten. Jedoch gilt dieses, wenn es sich um eine betrieblich veranlasste Tätigkeit handelt, nicht unbeschränkt. Gestützt auf eine entsprechende Anwendung des § 254 BGB vollzieht hier die Rechtsprechung eine Begrenzung der Arbeitnehmerhaftung. Diese basiert auf der Überlegung, dass das Prinzip der Totalreparation, wonach selbst bei leichtester Fahrlässigkeit der Schädiger auf den vollen Schaden haftet, für das Arbeitsrecht als unbillig empfunden wird. Die höchstrichterliche Rechtsprechung des Bundesarbeitsgerichts hatte dies zum Anlass genommen, um zunächst für besonders schadensgeneigte Tätigkeiten eine Haftungsbeschränkung vorzusehen. Später hat sowohl der Bundesgerichtshof als auch das Bundesarbeitsgericht diese Einschränkung auf gefahr- oder schadensgeneigte Arbeit aufgegeben und hat Haftungserleichterungen in allen Fällen betrieblich veranlasster Tätigkeiten zugunsten des Arbeitnehmers wirken lassen. Letztlich geht es hierbei um eine Verteilung des Schadens zwischen Arbeitnehmer und Arbeitgeber unter Rückgriff auf den Verschuldensgrad. Dabei vertritt die höchstrichterliche Rechtsprechung seit jeher folgende Aufteilung: Bei Vorsatz hat der Arbeitnehmer den Schaden stets, bei grober Fahrlässigkeit in der Regel allein zu tragen. Bei leichter Fahrlässigkeit trägt den Schaden in voller Höhe der Arbeitgeber. Bei mittlerer Fahrlässigkeit ist der Schaden unter Berücksichtigung aller Umstände quotal zu verteilen.[84] Die Rechtsgrundlage für diese Haftungserleichterung entnahm man regelmäßig einer analogen Anwendung des § 254 BGB, mit dem Argument, dass der Arbeitgeber die Betriebsgefahr seines Unternehmens zu tragen habe. Trotz der Neufassung des § 276 Abs. 1 S. 1 BGB gilt dieser Anknüpfungspunkt auch heute noch.[85] Aber selbst bei grober Fahrlässigkeit des Arbeitnehmers kann nicht immer angenommen werden, dass dieser auf den vollen Schaden haftet. So wird auch in diesen Fällen eine Haftungserleichterung angenommen, wenn der Verdienst des Arbeitnehmers in einem deutlichen Missverhältnis zum verwirklichten Schadensrisiko der Tätigkeit steht.[86]

64

Die Grundsätze der Arbeitnehmerhaftung finden aber nur für solche Handlungen Anwendung, die der Arbeitnehmer in Vollzug des Arbeitsverhältnisses vornimmt, also für solche Handlungen, die sich als betrieblich veranlasste Tätigkeiten darstellen.[87] Nach allgemeiner Auffassung erfasst die Haftungsprivilegierung dagegen nicht solche Pflichtverletzungen, die etwa auf der Nicht-Erbringung der Arbeitsleistung beruhen. Dies meint etwa den Nichtantritt, die pflichtwidrige Unterbrechung oder die vorzeitige Beendigung der Arbeit. Immer dann, wenn sich der Arbeitnehmer außerhalb der durch das Weisungsrecht gekennzeichneten Organisationsgewalt des Arbeitgebers stellt, verlässt er den Bereich, für den eine Haftungsprivilegierung angezeigt ist. Faustregel ist also, dass alle Tätigkeiten, die der Arbeitnehmer zur Erfüllung der geschuldeten Arbeitsleistung vornehmen muss, betrieblich veranlasst sind und insofern der Haftungsprivilegierung unterfallen. Der betriebliche Charakter der Tätigkeit geht aber nicht dadurch verloren, dass der Arbeitnehmer bei Durchführung der Tätigkeit grob fahrlässig oder gar vorsätzlich seine Verhaltenspflichten verletzt. Zwar werden derartige Pflichtverstöße gerade nicht im Interesse des Arbeitgebers liegen, jedoch ist es für die Betrieblichkeit der Verhaltensweise ausreichend, dass die jeweilige Tätigkeit als solche dem vertraglich Geschuldeten entspricht, auch wenn die konkrete Durchführung sich als Vertragsverletzung darstellt. Ist für einen Arbeitnehmer aber von vornherein erkennbar, dass die Durchführung der geschuldeten Tätigkeit nicht dem Interesse des Arbeitgebers ent-

65

---

84 BAG 15.11.2001 – 8 AZR 95/01, AP Nr. 121 zu § 611 BGB Haftung des Arbeitnehmers.
85 *Waltermann*, RdA 2005, 98, 99.
86 BAG 12.11.1998, AP Nr. 117 zu § 611 BGB Haftung des Arbeitnehmers.
87 BAG 5.2.2004 – 8 AZR 91/03, AP Nr. 126 zu § 611 BGB Haftung des Arbeitnehmers.

spricht, so entfällt der betriebliche Zusammenhang. Hieran fehlt es insbesondere, wenn der Arbeitnehmer während der Erfüllung seiner Arbeitspflicht zeitweilig eigenwirtschaftliche Interessen verfolgt. Verlässt also der Arbeitnehmer erkennbar den Organisationsbereich des Arbeitgebers, in dem er eine andere als die von ihm geschuldete Tätigkeit erbringt, so kommt ihm die Haftungsprivilegierung nicht zugute. Benutzt etwa ein Baggerführer den ihm zu betrieblichen Zwecken überlassenen Bagger außerhalb der Arbeitszeit, um damit die Baugrube für sein Privathaus auszuschachten, so handelt es sich hierbei nicht um eine betrieblich veranlasste Tätigkeit, auch wenn der Arbeitnehmer hierbei das ihm sonst üblicherweise überlassene Arbeitsmittel einsetzt. In Bezug auf Telearbeiter gilt Entsprechendes. Nutzt der Telearbeiter den ihm zu dienstlichen Zwecken überlassenen PC einschließlich des Internetanschlusses dazu, eigenwirtschaftliche Interessen zu verfolgen (Beteiligung an Ebay-Verkäufen etc.), verlässt er damit die betriebliche Sphäre.[88] Gelangt aufgrund derartiger eigenwirtschaftlicher Tätigkeiten ein aggressives Computervirus in das Netzwerk des Arbeitgebers, kann sich hierbei der Arbeitnehmer schlechterdings nicht auf die Haftungsprivilegierung im Arbeitsrecht berufen, da er letztlich die schädigende Handlung bei Erledigung eigenwirtschaftlicher Tätigkeiten vorgenommen hat und er deshalb so zu behandeln ist, als ob ein x-beliebiger Dritter das Computervirus auf den Rechner des Arbeitgebers geladen hat.[89]

66 Werden die Schäden durch Dritte, etwa Familienangehörige, verursacht, so kommt für diese Dritten eine Haftungsprivilegierung nicht in Betracht.[90] Denn die Haftungsprivilegierung rechtfertigt sich aus dem Weisungsrecht des Arbeitgebers, weil der Arbeitnehmer sich aufgrund des Weisungsrechts in die Organisationshoheit des Arbeitgebers begibt, trägt der Arbeitgeber für schädigendes Verhalten des Arbeitnehmers bei betrieblich veranlassten Tätigkeiten zumindest eine Teil-Mitverantwortung. Dieses ist anders bei Dritten. Auch wenn diese räumlich in die Nähe der Organisationssphäre des Arbeitgebers kommen, unterliegen sie doch nicht der Organisationshoheit des Arbeitgebers, weil sie nicht dessen Weisungsrecht unterworfen sind. Soweit allerdings der Arbeitgeber den Arbeitnehmer in Anspruch nehmen will, weil dieser es versäumt hat, den Zugriff Dritter auf arbeitgebereigene Rechner und Daten auszuschließen, so sind auf dieses Verhältnis, wie auch sonst im Arbeitsrecht, die Grundsätze der Arbeitnehmerhaftung anwendbar.[91] Es steht aber den Parteien des Arbeitsvertrages frei, im Wege eines Vertrages zugunsten Dritter die für das Arbeitsrecht geltenden Haftungsprivilegierungen auch auf Familienangehörige auszuweiten.[92] Wenn aber bereits jede Nutzung der arbeitgebereigenen Rechner untersagt wurde, ist allerdings für die Vertragspraxis zu beachten, dass durch eine Ausdehnung der Haftungsprivilegierung auf Dritte eine widersprüchliche Vertragssituation entstehen könnte. Insofern scheint m.E. eine Ausdehnung der Haftungsprivilegierung nur dann angezeigt zu sein, wenn sich aufgrund zwingender Umstände der Ausschluss der Nutzung von arbeitgebereigenen Rechnern durch Dritte nicht realisieren lässt.

67 Unabhängig von der Haftungsverursachung sollte aber in jedem Fall in einem Telearbeitsvertrag eine unverzügliche Anzeigepflicht des Telearbeiters enthalten sein, wenn dieser feststellt, dass ein schadensrelevanter Umstand eingetreten ist. Auch wenn sich dies bereits aus den allgemeinen Nebenpflichten eines Arbeitnehmers ergibt, sollte dieses bei dem schadensrelevanten Bereich der Telearbeit besonders hervorgehoben werden.

---

88 *Bieler*, in: Organisation von Telearbeit, S. 158.
89 Zur betrieblich veranlassten Tätigkeit vgl. *Otto/Schwarze*, Rn 137 ff.
90 *Blanke/Schüren/Wank/Wedde*, S. 292; a.A. Hoeren/Sieber-*Preis*, Teil 22.2 Rn 132.
91 A.A. aus dem Gesichtspunkt des gestörten Gesamtschuldverhältnisses: Preis-*Genenger*, Innovative Arbeitsformen, S. 1110; *Blanke/Schüren/Wank/Wedde*, S. 292.
92 *Wank*, AR-Blattei-SD, 1565 Telearbeit, Rn 45a; *Kramer*, DB 2000, 1329, 1331.

VIII. Beendigung der Telearbeit

Für die Beendigung des Telearbeitsverhältnisses gelten keine Besonderheiten. Endet das gesamte Arbeitsverhältnis, so ist der Telearbeiter verpflichtet, die arbeitgebereigene Hardware und Software herauszugeben. Darüber hinaus verpflichtet ihn der Arbeitsvertrag, alle sonstigen Unterlagen und Daten an seinen Arbeitgeber herauszugeben. Auch hier unterscheidet sich das Telearbeitsverhältnis in keiner Weise von dem normalen Arbeitsverhältnis.

68

Soll dagegen nicht das Arbeitsverhältnis als solches beendet werden, sondern geht es lediglich um die Beendigung der Telearbeit mit der Folge, dass in Zukunft der Arbeitnehmer in den Betriebsräumen des Arbeitgebers tätig werden soll, so ist damit, sofern sich die Parteien des Arbeitsverhältnisses nicht verständigt haben, die Reichweite des Direktionsrechts angesprochen. Nun wird es aber in der Regel so sein, dass sich die Arbeitsvertragsparteien bei der Begründung des Telearbeitsverhältnisses zunächst darüber einig waren, dass die zu erbringende Arbeitsleistung des Arbeitnehmers in Form von Telearbeit erbracht werden soll. Insofern ist die Telearbeit Bestandteil des Arbeitsvertrages geworden, mit der Folge, dass hier regelmäßig die Telearbeitsvereinbarung das Direktionsrecht des Arbeitgebers begrenzt. Eine einseitige Anordnung, in Zukunft die Arbeit in den Betriebsräumen des Arbeitgebers zu erbringen, wird sich, wenn die Parteien ausdrücklich die Telearbeit vereinbart haben, nicht durchsetzen lassen. Dies ist anders, wenn ausnahmsweise der Arbeitgeber die Telearbeit selbst im Wege des Direktionsrechts angeordnet hatte. Für diesen Fall wird man ausnahmsweise annehmen können, dass der Arbeitgeber berechtigt ist, durch einseitige Weisung, die im Wege des Direktionsrechts begründete Telearbeit wieder rückgängig zu machen. Allein, dass der Telearbeiter über eine gewisse Zeit in Telearbeit gearbeitet hat, begründet nach allgemeinen Grundsätzen gerade nicht eine Konkretisierung des Arbeitsverhältnisses auf Telearbeit. Dies wäre nur dann anzunehmen, wenn der Arbeitgeber sein ausnahmsweise bestehendes Direktionsrecht verwirkt hätte. Ein Recht ist aber nur verwirkt, wenn der Berechtigte mit der Geltendmachung seines Rechts längere Zeit zugewartet hat (Zeitmoment) und der Schuldner deswegen annehmen durfte, nicht mehr in Anspruch genommen zu werden, er sich darauf eingerichtet hat und ihm die gegenseitige Erfüllung des Rechts oder Anspruchs unter Berücksichtigung aller Umstände des Einzelfalls nach Treu und Glauben nicht mehr zuzumuten ist (Umstandsmoment).[93]

69

Etwas anderes gilt dann, wenn die Arbeitsvertragsparteien in ihrem Arbeitsvertrag ausdrücklich eine Vereinbarung über die Beendigung von Telearbeit und die Rückkehr auf einen Arbeitsplatz in den Betriebsräumen des Arbeitgebers getroffen haben. Jedoch sind Klauseln, wonach der Telearbeiter auf Anordnung des Arbeitgebers seine Arbeitsleistung dauerhaft in den Betriebsräumen des Arbeitgebers zu erbringen hat, nicht unproblematisch, wenn diese Bestandteil von Formulararbeitsverträgen sind, die der Vertragskontrolle gem. §§ 305 ff. BGB unterfallen. Denn letztlich handelt es sich hierbei um den Widerruf einer Vertragsbedingung. Gerade im Bezug auf einen derartigen Widerruf stellt das Bundesarbeitsgericht erhebliche Anforderungen an eine solche Vereinbarung.[94] Insbesondere ist hierbei § 307 Abs. 1 S. 2 BGB zu berücksichtigen. Danach kann sich eine unangemessene Benachteiligung, die zur Unwirksamkeit einer Vertragsklausel führt, auch daraus ergeben, dass die Bestimmung in der Vertragsklausel nicht klar und verständlich ist. Darüber hinaus darf eine solche Vertragsklausel, die einen Widerruf von Arbeitsbedingungen beinhaltet, nicht den Arbeitnehmer unangemessen benachteiligen. Hieraus leitet das Bundesarbeitsgericht dann ab, dass bereits die Formulierung der Widerrufsklausel die Angemessenheit und Zumutbarkeit erkennen lassen muss. Der Arbeitnehmer müsse erkennen können, was gegebenenfalls „auf ihn zukommt",[95]

70

---

93 BAG 14.1.2004 – 7 AZR 213/03, AP Nr. 10 zu § 14 TzBfG; BAG 25.4.2001 – 5 AZR 497/99, AP Nr. 46 zu § 242 BGB Verwirkung.

94 BAG 12.1.2005 – 5 AZR 364/04, AP Nr. 1 zu § 308 BGB; BAG 19.12.2006 – 9 AZR 294/06, AP Nr. 21 zu § 611 BGB Sachbezüge; BAG 21.3.2012 – 5 AZR 651/10, NJW 2012, 616 ff.

95 BAG 12.1.2005 – 5 AZR 364/04, AP Nr. 1 zu § 308 BGB.

bzw. der Arbeitgeber muss die Richtung angeben, aus der der Widerruf möglich sein soll (z. B. wirtschaftliche Gründe, Leistung oder Verhalten des Arbeitnehmers).[96] Will man deshalb (was anzuraten ist) eine entsprechende Klausel, die dem Arbeitgeber ein Widerrufsrecht eröffnet, in den Vertrag aufnehmen, so wird man bereits bei Vertragsschluss festlegen müssen, unter welchen Bedingungen der Widerruf der Telearbeit erfolgen soll, und wie dann die anschließende Tätigkeit des Arbeitnehmers in den Betriebsräumen des Arbeitgebers aussehen soll, sofern es sich um einen der Vertragskontrolle unterliegenden Formulararbeitsvertrag handelt.[97]

71 Ebenso wenig wie es grundsätzlich dem Arbeitgeber gestattet ist, einseitig die Telearbeit zu beenden, ist auch der Telearbeiter selbst befugt, von sich aus die Rückkehr auf einen betrieblichen Arbeitsplatz zu verlangen. Ohne eine entsprechende vertragliche Vereinbarung kann der Arbeitnehmer nicht beanspruchen, in Zukunft wieder in den Betriebsräumen des Arbeitgebers seine Arbeitsleistung zu erbringen.

D. Telearbeit und Sozialversicherung

72 Wie jeder andere versicherungspflichtige Arbeitnehmer steht auch der in Telearbeit beschäftigte Arbeitnehmer unter dem Schutz der Sozialversicherung. Er ist, wenn die sozialversicherungsrechtlichen Voraussetzungen eines Beschäftigungsverhältnisses vorliegen,[98] gesetzlich in der Krankenversicherung (§ 5 SGB V), der Pflegeversicherung (§ 20 SGB XI) und der Renten- und Arbeitslosenversicherung (§ 1 Abs. 1 Nr. 1 SGB VI; §§ 24, 25 SGB III) versichert. Ebenso unterliegt er dem Schutz der gesetzlichen Unfallversicherung (§ 2 Abs. 1 Nr. 1 SGB VII).[99] Für die Beurteilung der Versicherungspflicht ist der Ort der Beschäftigung entscheidend (§§ 3 Nr. 1, 9 SGB IV). Gemäß § 9 SGB IV ist Beschäftigungsort der Ort, an dem die Beschäftigung tatsächlich ausgeübt wird. Bei der versicherungsrechtlichen und beitragsrechtlichen Beurteilung von Telearbeitnehmern ist nach Auffassung der Praxis auf diesen Beschäftigungsort abzustellen. Mit anderen Worten: Es kommt also auf den Wohnort des Telearbeitnehmers an. Insofern unterliegt ein Telearbeitnehmer den Rechtsvorschriften über die soziale Sicherheit des Staates, in dem er seinen Telearbeitsplatz unterhält. Bei Telearbeitnehmern, die in der Bundesrepublik Deutschland arbeiten, ist dies folglich nicht der Betriebssitz des Arbeitgebers, sondern der jeweilige Beschäftigungsort des Telearbeiters.[100] Liegt aber der Telearbeitsplatz im Ausland, so unterliegt die Telearbeit den dort maßgeblichen sozialversicherungsrechtlichen Bestimmungen, selbst wenn sich das beschäftigende Unternehmen im Inland befindet.

E. Telearbeit und Mitbestimmung

I. Allgemeines

73 Vom Grundsatz her haben die Telearbeitnehmer betriebsverfassungsrechtlich die gleichen Rechte wie die sonstigen Arbeitnehmer im Betrieb.[101] Hierbei folgt die persönliche Anwendbarkeit des Betriebsverfassungsgesetzes unmittelbar aus der Feststellung der Arbeitnehmereigen-

---

96 BAG 21.3.2012 – 5 AZR 651/10, NJW 2012, 616, 617.

97 Hierzu rechnet das BAG auch Arbeitsverträge, die unter den Bedingungen des § 310 Abs. 3 Nr. 2 BGB zustande gekommen sind (BAG 25.5.2005–5 AZR 572/04, NZA 2005, 1111).

98 Hierzu: Rundschreiben der Spitzenorganisationen der Sozialversicherungsträger vom 26. März 2003 zum Gesetz zur Förderung der Selbstständigkeit – Versicherungs-, Beitrags- und Melderecht unter Berücksichtigung der Änderungen aufgrund des Zweiten Gesetzes für moderne Dienstleistungen am Arbeitsmarkt, S. 16.

99 *Lammeyer*, Telearbeit, S. 224 f.; Küttner-*Voelzke*, Personalbuch, Telearbeit, Rn 19.

100 Besprechung der Spitzenverbände der Krankenkassen, des VDR und der Bundesanstalt für Arbeit über Fragen des gemeinsamen Beitragseinzugs vom 22./23.11.2000.

101 *Boemke/Ankersen*, BB 2000, 2254.

schaft (§ 5 Abs. 1 BetrVG). Aber auch in Heimarbeit Beschäftigte, damit also Selbstständige, die in der Hauptsache für den Betrieb arbeiten, gelten gem. § 5 Abs. 1 S. 2 BetrVG als Arbeitnehmer des Betriebes. Trotz der Regelung in § 5 Abs. 1 S. 2 BetrVG, die erst recht für Arbeitnehmer entsprechend gelten muss, ist es jedoch nicht unumstritten, ob etwa häusliche Telearbeitsplätze betriebsverfassungsrechtlich noch dem Hauptbetrieb zugeordnet werden können.[102] Das Bundesarbeitsgericht versteht in ständiger Rechtsprechung den Betrieb im Sinne des BetrVG als organisatorische Einheit, innerhalb derer ein Arbeitgeber allein oder mit seinen Arbeitnehmern mit Hilfe von technischen und immateriellen Mitteln bestimmte arbeitstechnische Zwecke verfolgt, die sich nicht in der Befriedigung von Eigenbedarf erschöpfen.[103] In Bezug auf Telearbeitnehmer ist aber zu beachten, dass der betriebsverfassungsrechtliche Betriebsbegriff nicht allein räumlich zu verstehen ist.[104] Der Betrieb endet mit den Worten des Bundesarbeitsgerichts gerade nicht mit der Grenze des Betriebsgrundstückes oder der Betriebsräume.[105] Vielmehr kommt es auf ein funktionales Verständnis an. Maßgeblich ist also bei Telearbeitern gerade, wie stark sie in die Organisation des eigentlichen Betriebes eingegliedert sind. Hierbei ist nicht so sehr die gewählte Telekommunikationsverbindung maßgeblich. Schließlich kann es nicht darauf ankommen, auf welchen Server der Telearbeiter zugreift, wenn er die für die Arbeit benötigten Daten übermittelt.[106] Ausschlaggebend ist m.E., inwieweit der häusliche Telearbeitsplatz mit den betrieblichen Arbeitsabläufen verknüpft ist. Die entscheidende Frage ist also, ob der häusliche Telearbeitsplatz mit dem Betrieb eine organisatorische Einheit darstellt. Für so genannte Nachbarschafts- und Satellitenbüros könnte dagegen die Regelung in § 4 BetrVG einschlägig sein. Danach gelten Betriebsteile als selbstständige Betriebe, wenn sie über die Voraussetzungen des § 1 Abs. 1 S. 1 BetrVG hinaus räumlich weit vom Hauptbetrieb entfernt sind oder durch Aufgabenbereich und Organisation eigenständig sind. Jedoch wird man in der Regel nicht annehmen können, dass derartige Nachbarschafts- und Satellitenbüros durch Aufgabenbereich und Organisation eigenständig sind. Vielmehr handelt es sich um Organisationsformen, die in der Regel in den Organisationsablauf des Hauptbetriebes eingebunden sind. Dies gilt insbesondere dann, wenn in den Nachbarschafts- und Satellitenbüros an Online-Telearbeitsplätzen gearbeitet wird. In diesem Fall führt gerade die Online-Verbindung dazu, dass hier eine Einbindung in den Hauptbetrieb erfolgt.[107] Aber auch in Bezug auf die räumliche Entfernung wird man feststellen müssen, dass es hierbei nicht auf die Entfernung im geografischen Sinne ankommt. Stattdessen ist bei der Beurteilung dieser Frage die moderne Kommunikationstechnik zu berücksichtigen. Bei Telearbeitnehmern, die über eine Online-Verbindung arbeiten und die aufgrund der vorhandenen Informations- und Kommunikationstechnik über elektronische Kommunikationsmöglichkeiten mit dem Betrieb, aber auch mit dem Betriebsrat verfügen, kann man in der Regel keine räumlich weite Entfernung i.S.d. § 4 Abs. 1 BetrVG annehmen.[108]

74

Wenn aber das BetrVG in der Regel auch auf Telearbeiter, zumindest wenn sie im häuslichen Bereich tätig sind, Anwendung findet, so bedeutet dies, dass in Bezug auf diese Arbeitsplätze der Betriebsrat alle Rechte wahrnehmen kann, die er auch in Bezug auf Arbeitsplätze im Betrieb wahrzunehmen berechtigt ist. Dies betrifft nicht nur die Informationsrechte des Betriebsrates nach § 90 BetrVG.[109] Danach hat der Arbeitgeber den Betriebsrat rechtzeitig unter Vorlage der erforderlichen Unterlagen über die geplante Ausgestaltung von Telearbeit zu unterrichten. Darüber hinaus trifft ihn die Pflicht, die im Zusammenhang mit der Telearbeit geplanten Maßnahmen so rechtzeitig

---

102 *Wank*, AR-Blattei-SD, 1565 Telearbeit, Rn 30 a.
103 BAG 9.6.1999 – 1 AZR 831/98, AP Nr. 47 zu § 111 BetrVG 1972; *Fitting u.a.*, § 1 BetrVG Rn 63.
104 *Däubler*, Internet und Arbeitsrecht, S. 165; HzA–*Linck*, Gruppe 17 Teil B Rn 469.
105 BAG 29.1.1992 – 7 ABR 27/91, AP Nr. 1 zu § 7 BetrVG 1972.
106 *Wank*, Telearbeit, Rn 564.
107 BeckOK-*Besgen*, § 5 BetrVG, Rn 20.
108 *Wedde*, Rn 787; *Wank*, Telearbeit, Rn 574.
109 Vgl. hierzu *Schmechel*, NZA 2004, 237, 238.

mit dem Betriebsrat zu beraten, dass dessen Vorschläge ohne Bedenken hinsichtlich dieser Maßnahmen Berücksichtigung finden können.[110] Des Weiteren hat der Arbeitgeber die Mitwirkungsrechte des Betriebsrates im Rahmen der Personalplanung (§ 92 BetrVG) zu beachten.

II. Mitbestimmung in sozialen Angelegenheiten

75   Auch wenn die Telearbeit im häuslichen Bereich erfolgt, unterliegt diese Tätigkeit der Mitbestimmung des Betriebsrates in sozialen Angelegenheiten. Dabei ist allerdings zu betonen, dass sich der Regelungsbereich des § 87 BetrVG auf kollektive Tatbestände beschränkt. Dort, wo die Arbeitsvertragsparteien einzelvertraglich individuelle Regelungen schaffen, kann ein Mitbestimmungsrecht des Betriebsrates gem. § 87 BetrVG grundsätzlich nicht zum Zuge kommen. So hat der Betriebsrat gem. § 87 Abs. 1 Nr. 2 BetrVG Mitbestimmungsrechte in Bezug auf den Beginn und das Ende der täglichen Arbeitszeit einschließlich der Pausen sowie der Verteilung der Arbeitszeit auf die einzelnen Wochentage. Hier besteht allerdings im Bereich der Telearbeit das Problem, dass diese Mitbestimmungsrechte letztlich ins Leere gehen können, wenn der einzelne Telearbeitnehmer, der im häuslichen Bereich tätig ist, sich entgegen der mit dem Betriebsrat vereinbarten Vorgaben verhält. Deshalb kann den Betriebspartnern nur angeraten werden, nicht einfach die betrieblichen Regelungen zur Arbeitszeit auf die Telearbeiter zu übertragen, sondern in Bezug auf diesen Personenkreis spezielle Vereinbarungen zu treffen, die den besonderen Bedürfnissen der Telearbeiter Rechnung tragen.[111] Aber nicht nur die Arbeitszeit von Telearbeitnehmern kann zum Gegenstand des Mitbestimmungsrechts des Betriebsrates werden, sondern dieser hat auch dann mitzubestimmen, wenn die Einführung und Anwendung von technischen Einrichtungen, die dazu bestimmt sind, das Verhalten oder die Leistung der Arbeitnehmer zu überwachen, in Rede steht. Dies soll bereits dann einschlägig sein, wenn etwa ein Computerprogramm Verhaltens- und Leistungsdaten erfasst und aufzeichnet. Hierbei braucht es sich nicht um ein besonderes hierauf zugeschnittenes Programm zu handeln. Vielmehr genügt es auch, wenn etwa bei Standardsoftware relevante Verhaltens- und Leistungsdaten aufgezeichnet werden und dem Arbeitgeber zugänglich gemacht werden.[112] Dagegen erfasst das Mitbestimmungsrecht aus § 87 Abs. 1 Nr. 6 BetrVG nicht die bloße Kontrolle des Arbeitsergebnisses. Auch wenn dieses etwa durch technische Einrichtungen übertragen wird, folgt hieraus kein Mitbestimmungsrecht des Betriebsrates.

76   Des Weiteren hat der Betriebsrat gem. § 87 BetrVG mitzubestimmen über Regelungen hinsichtlich der Verhütung von Arbeitsunfällen und Berufskrankheiten sowie über den Gesundheitsschutz im Rahmen der gesetzlichen Vorschriften oder der Unfallverhütungsvorschriften. In diesem Zusammenhang leiten sich die relevanten Mitbestimmungsspielräume aus den für die Telearbeit geltenden Vorgaben, etwa der Bildschirmarbeitsverordnung, ab.[113] Entscheidend ist in diesem Kontext aber immer, dass die vorhandenen Schutzvorschriften einen Regelungsspielraum lassen. Nur innerhalb dieses Regelungsspielraumes kann das Mitbestimmungsrecht aus § 87 Abs. 1 Nr. 7 BetrVG einschlägig werden. Darüber hinaus kann der Betriebsrat zusätzliche Schutzmaßnahmen als die gesetzlich vorgesehenen nicht unter Berufung auf die genannte Vorschrift durchsetzen.[114] Ebenso wenig stehen dem Betriebsrat bei der Einführung von Telearbeit Mitbestimmungsrechte nach § 87 Abs. 1 BetrVG zu, sofern die angesprochenen Regelungsgegenstände bereits durch andere Betriebsvereinbarungen erfasst werden.[115]

---

110 Preis-*Genenger*, Innovative Arbeitsformen, S. 1118.

111 Siehe hierzu: *Neuhauser*, Cui bono? – Kollektivrechtliche Vereinbarungen zur Telearbeit, Diss. 2010, S. 261 ff., mit einer Übersicht und Auswertung von Regelungsinhalten in Betriebsvereinbarungen.

112 *Wedde*, Rn 961.

113 Vgl. *Wedde*, Rn 972; *Lammeyer*, Telearbeit, S. 280 ff.

114 Preis-*Genenger*, Innovative Arbeitsformen, S. 1120.

115 ArbG Paderborn 6.5.1998 – 1 BV 5/98 (n.v.).

Wie auch bei sonstigen Arbeitnehmern kann sich auch ein Mitbestimmungsrecht des Betriebs- **77** rates aus § 87 Abs. 1 Nr. 10 und Nr. 11 BetrVG ergeben.[116] Dies betrifft zum einen die Entloh- nungsgrundsätze, aber auch eventuell zu vereinbarende leistungsbezogene Entgelte, die im Rah- men der Telearbeit relevant werden können.

III. Mitbestimmung in personellen Angelegenheiten

Aber auch, soweit es im Zusammenhang mit der Telearbeit um personelle Einzelmaßnahmen geht, **78** sind die Mitbestimmungsrechte des Betriebsrates zu beachten. Dementsprechend gilt auch in Bezug auf den Telearbeitnehmer ohne Weiteres die Regelung des § 99 BetrVG. Danach hat der Arbeit- geber den Betriebsrat in Unternehmen mit in der Regel mehr als 20 wahlberechtigten Arbeitneh- mern vor jeder Einstellung, Eingruppierung, Umgruppierung und Versetzung zu unterrichten, ihm die erforderlichen Bewerbungsunterlagen vorzulegen und Auskunft über die Person der Betei- ligten zu geben. Bei Einstellungen und Versetzungen hat der Arbeitgeber insbesondere den in Aus- sicht genommenen Arbeitsplatz und die vorgesehene Eingruppierung mitzuteilen. Soll etwa ein Ar- beitnehmer gegen seinen Willen, aber aufgrund einer vereinbarten Versetzungsklausel in Zukunft Telearbeit ausüben, so wäre eine derartige Weisung rechtswidrig, wenn nicht zuvor der Betriebsrat gem. § 99 BetrVG beteiligt worden ist. Aber auch dann, wenn die Versetzung im gegenseitigen Ein- verständnis erfolgt, kann das Mitbestimmungsrecht des Betriebsrates gem. § 99 BetrVG berührt sein.[117]

Der Betriebsrat hat nicht nur im Rahmen der Einstellung von Telearbeitern ein Mitbestimmungs- **79** recht gem. § 99 Abs. 1 BetrVG, sondern gerade auch bei Versetzungen. Unter Versetzung ist gem. § 95 Abs. 3 BetrVG die Zuweisung eines anderen Arbeitsbereiches zu verstehen, die voraus- sichtlich die Dauer von einem Monat überschreitet, oder die mit einer erheblichen Änderung der Umstände verbunden ist, unter denen die Arbeit zu leisten ist. Soll also ein bisher in den Betriebs- räumen des Arbeitgebers tätiger Arbeitnehmer in Zukunft im häuslichen Bereich Telearbeit ausfüh- ren, so handelt es sich um die Zuweisung eines anderen Arbeitsbereiches für eine längere Dauer, zumindest aber unter Veränderung der bisherigen Arbeitsumstände, mithin also um eine Versetzung im Rechtssinne.

Beabsichtigt der Arbeitgeber, einen Arbeitnehmer, der bisher in den Betriebsräumen des Arbeit- **80** gebers tätig war, in Zukunft als Telearbeiter einzusetzen, und ist der Arbeitnehmer hiermit nicht einverstanden, kann der Arbeitgeber, sofern nicht eine Versetzungsklausel im Arbeitsvertrag vorhanden ist, nur versuchen, dies im Wege einer Änderungskündigung durchzusetzen. Für diese Änderungskündigung gelten dann die insoweit einschlägigen Mitbestimmungsrechte des Be- triebsrates. Mithin ist der Betriebsrat u.a. dann gem. § 102 Abs. 1 BetrVG zur beabsichtigten Kündigung zu hören.

F. Vertragsgestaltung und Muster

Der Telearbeiter ist keine eigene Kategorie des Arbeitsrechts. Vielmehr finden auf das Tele- **81** arbeitsverhältnis die gewöhnlichen arbeitsrechtlichen Vorschriften Anwendung. Lediglich der Umstand, dass der Telearbeiter vielfach nicht in den Betriebsräumen des Arbeitgebers tätig ist, sondern zu Hause arbeitet, führt dazu, dass sich das Rechtsverhältnis des Telearbeiters in einigen wenigen Bereichen von dem des Normal-Arbeitnehmers unterscheidet. Gerade in Bezug auf diese Bereiche ist es aber Sache der Arbeitsvertragsparteien, Regelungen zu finden, die ein funktionie- rendes Arbeitsverhältnis auch für den Telearbeiter gewährleisten und die den entsprechenden Be-

---

116 Küttner-*Röller*, Personalbuch, Telearbeit, Rn 8.
117 HWK-*Ricken*, § 99 BetrVG Rn 36.

sonderheiten Rechnung tragen. Die wesentlichen Grundzüge einer entsprechenden vertraglichen Regelung sind bereits durch die europäischen Sozialpartner in der Rahmenvereinbarung über Telearbeit vom 16.7.2002 vorgezeichnet.

82 Mit dieser freiwilligen Vereinbarung wollten die europäischen Sozialpartner einen Allgemeinen europäischen Rahmen abstecken, der von den Mitgliedern der unterzeichnenden Parteien entsprechend den für die Sozialpartner spezifischen nationalen Verfahren und Gepflogenheiten umgesetzt wird. Insofern soll nach dem Willen der europäischen Sozialpartner die Rahmenvereinbarung in die vielfach noch zu vereinbarenden Tarifwerke zur Telearbeit einfließen. In der Praxis finden sich allerdings nur wenige allein auf die Telearbeit bezogene Tarifverträge.[118] Angesichts dieser tarifpolitischen Enthaltsamkeit der Sozialpartner kann es durchaus angezeigt sein, die in der Rahmenvereinbarung über Telearbeit enthaltenen Gestaltungsvorschläge in die Arbeitsverträge mit Telearbeitnehmern zu integrieren. Insofern kann die Rahmenvereinbarung über Telearbeit als eine Art Muster für angemessene Vertragsbedingungen gelten.

83 ▼

Muster 7.1: Rahmenvereinbarung über Telearbeit vom 16.7.2002

1. Allgemeine Erwägungen

Der Europäische Rat rief im Rahmen der europäischen Beschäftigungsstrategie die Sozialpartner auf, Vereinbarungen zur Modernisierung der Arbeitsorganisation einschließlich einer flexiblen Arbeitsgestaltung mit dem Ziel auszuhandeln, die Produktivität und Wettbewerbsfähigkeit der Unternehmen zu erhöhen und dabei das nötige Gleichgewicht zwischen Flexibilität und Sicherheit zu erreichen.

Die Europäische Kommission forderte die Sozialpartner in der zweiten Phase ihrer Konsultation der Sozialpartner zur Modernisierung und Verbesserung der Arbeitsverhältnisse auf, Verhandlungen über Telearbeit aufzunehmen. Am 20.9.2001 gaben der EGB (und der EUROCADRES-CEC-Verbindungsausschuss), UNICE/UEAPME und CEEP ihre Absicht bekannt, die Verhandlungen für eine Vereinbarung zu beginnen, die von den Mitgliedern der Unterzeichnerparteien in den Mitgliedstaaten und in den Ländern des Europäischen Wirtschaftsraums umgesetzt wird. Sie wollten auf diese Weise einen Beitrag zur Vorbereitung auf den vom Europäischen Rat von Lissabon vereinbarten Übergang zu einer wissensbasierten Wirtschaft und Gesellschaft leisten.

Telearbeit umfasst ein breites und sich schnell entwickelndes Spektrum von Umständen und Praktiken. Aus diesem Grund haben die Sozialpartner eine Definition von Telearbeit gewählt, die verschiedene Formen regelmäßiger Telearbeit abdeckt.

Die Sozialpartner sehen Telearbeit sowohl als Möglichkeit für Unternehmen und Einrichtungen des öffentlichen Dienstes, die Arbeitsorganisation zu modernisieren, als auch als Möglichkeit für die Arbeitnehmer, Berufstätigkeit und soziales Leben in Einklang zu bringen und eine größere Selbstständigkeit bei der Erfüllung ihrer Aufgaben zu erreichen. Wenn Europa das Potenzial der Informationsgesellschaft ausschöpfen will, muss es diese neue Form der Arbeitsorganisation so fördern, dass Flexibilität und Sicherheit zusammengehen, die Qualität der Arbeitsplätze erhöht wird und die Chancen von Behinderten auf dem Arbeitsmarkt verbessert werden.

Mit dieser freiwilligen Vereinbarung soll ein Allgemeiner europäischer Rahmen abgesteckt werden, der von den Mitgliedern der unterzeichnenden Parteien entsprechend den für die Sozialpartner spezifischen nationalen Verfahren und Gepflogenheiten umgesetzt wird. Die ver-

---

118 Vgl. etwa den Tarifvertrag über Telearbeit bei der Deutschen Telekom AG – hierzu *Körner*, NZA 1999, 1190.

tragschließenden Parteien fordern auch ihre Mitgliedsorganisationen in den Beitrittsländern auf, diese Vereinbarung umzusetzen.

Die Umsetzung dieser Vereinbarung darf nicht als Rechtfertigung für die Senkung des allgemeinen Schutzniveaus der Arbeitnehmer im Geltungsbereich dieser Vereinbarung dienen. Bei der Umsetzung dieser Vereinbarung vermeiden die Mitglieder der unterzeichnenden Parteien unnötige Belastungen für kleine und mittlere Unternehmen.

Diese Vereinbarung beeinträchtigt nicht das Recht der Sozialpartner auf der entsprechenden Ebene, einschließlich der europäischen Ebene, Vereinbarungen zur Anpassung und/oder Ergänzung dieser Vereinbarung zu schließen, um besonderen Bedürfnissen der betroffenen Sozialpartner Rechnung zu tragen.

2. Definition und Anwendungsbereich

Telearbeit ist eine Form der Organisation und/oder Ausführung von Arbeit unter Verwendung von Informationstechnologie im Rahmen eines Arbeitsvertrages/eines Beschäftigungsverhältnisses, bei der die Arbeit, die auch in den Einrichtungen des Arbeitgebers ausgeführt werden könnte, regelmäßig außerhalb dieser Einrichtungen verrichtet wird.

Die Vereinbarung erstreckt sich auf Telearbeitnehmerinnen und Telearbeitnehmer. Ein Telearbeitnehmer bzw. eine Telearbeitnehmerin ist eine Person, die Telearbeit nach der vorstehenden Definition leistet.

3. Freiwilligkeit

Telearbeit ist für den betroffenen Arbeitnehmer/die betroffene Arbeitnehmerin und den Arbeitgeber freiwillig. Telearbeit kann als Teil der anfänglichen Tätigkeitsbeschreibung des Arbeitnehmers verlangt oder zu einem späteren Zeitpunkt im Rahmen einer freiwilligen Vereinbarung aufgenommen werden.

In beiden Fällen stellt der Arbeitgeber dem Telearbeitnehmer einschlägige schriftliche Informationen nach Maßgabe der Richtlinie 91/533/EWG einschließlich Informationen über anwendbare Tarifverträge, Beschreibung der zu verrichtenden Arbeit usw. zur Verfügung. Die Besonderheiten von Telearbeit erfordern normalerweise schriftliche Informationen über Fragen wie die Abteilung des Unternehmens, der der Telearbeitnehmer/die Telearbeitnehmerin zugeordnet ist, ihren oder seinen unmittelbaren Vorgesetzten oder andere Personen, an die sie/er Fragen beruflicher oder persönlicher Natur richten kann, Berichterstattungsregelungen usw.

Ist die Telearbeit nicht Teil der anfänglichen Tätigkeitsbeschreibung und unterbreitet der Arbeitgeber ein Angebot, Telearbeit zu leisten, kann der Arbeitnehmer das Angebot annehmen oder ablehnen. Äußert ein Arbeitnehmer den Wunsch, Telearbeit zu leisten, kann der Arbeitgeber dies annehmen oder ablehnen.

Der Wechsel zu Telearbeit berührt als solcher den Beschäftigungsstatus des Telearbeitnehmers nicht, da er nur die Art und Weise verändert, wie die Arbeit ausgeführt wird. Die Weigerung eines Arbeitnehmers, Telearbeit zu leisten, rechtfertigt als solche nicht die Beendigung des Beschäftigungsverhältnisses oder die Änderung der Arbeitsbedingungen dieses Arbeitnehmers.

Ist die Telearbeit nicht Teil der anfänglichen Tätigkeitsbeschreibung, kann die Entscheidung über den Wechsel zu Telearbeit durch individuelle und/oder kollektive Vereinbarung rückgängig gemacht werden. Die Rückgängigmachung kann die Rückkehr an einen Arbeitsplatz in den Einrichtungen des Arbeitgebers auf Wunsch des Arbeitnehmers oder des Arbeitgebers bedeuten. Die Modalitäten der Rückgängigmachung werden durch individuelle und/oder kollektive Vereinbarung festgelegt.

4. Beschäftigungsbedingungen

Hinsichtlich der Beschäftigungsbedingungen genießen Telearbeitnehmer dieselben, durch geltende Rechtsvorschriften und Tarifverträge garantierten Rechte wie vergleichbare Arbeitnehmer in den Einrichtungen des Arbeitgebers. Um jedoch den Besonderheiten von Telearbeit Rechnung zu tragen, sind gegebenenfalls spezifische ergänzende kollektive und/oder individuelle Vereinbarungen notwendig.

5. Datenschutz

Der Arbeitgeber ist verantwortlich dafür, dass geeignete Maßnahmen, insbesondere in Bezug auf die Software, getroffen werden, um den Schutz der vom Telearbeitnehmer für berufliche Zwecke benutzten und verarbeiteten Daten sicherzustellen.

Der Arbeitgeber informiert den Telearbeitnehmer über alle einschlägigen gesetzlichen und betrieblichen Vorschriften und Regeln über den Datenschutz.

Der Telearbeitnehmer ist für die Einhaltung dieser Vorschriften und Regeln verantwortlich.

Der Arbeitgeber informiert den Telearbeitnehmer insbesondere über:

■ etwaige Einschränkungen der Benutzung informationstechnologischer Geräte oder Hilfsmittel wie z.B. das Internet,

■ Sanktionen bei Nichteinhaltung.

6. Privatsphäre

Der Arbeitgeber respektiert die Privatsphäre des Telearbeitnehmers.

Wird ein Überwachungssystem eingerichtet, muss es im Verhältnis zum verfolgten Ziel stehen und nach Maßgabe der Richtlinie 90/270/EWG über Arbeit an Bildschirmgeräten eingeführt werden.

7. Ausrüstung

Alle Fragen hinsichtlich der Arbeitsausrüstung, der Haftung und der Kosten werden vor der Aufnahme der Telearbeit unmissverständlich festgelegt.

Als allgemeine Regel gilt, dass der Arbeitgeber für die Bereitstellung, die Installation und die Wartung der für eine regelmäßige Telearbeit erforderlichen Ausrüstung verantwortlich ist, es sei denn, der Telearbeitnehmer verwendet seine eigene Ausrüstung.

Wird die Telearbeit regelmäßig ausgeübt, deckt der Arbeitgeber die direkt durch die Arbeit entstehenden Kosten, insbesondere die Kosten für Kommunikation, oder gleicht diese Kosten aus.

Der Arbeitgeber stellt dem Telearbeitnehmer angemessene technische Unterstützung zur Verfügung.

Der Arbeitgeber haftet nach den geltenden einzelstaatlichen Rechtsvorschriften und Tarifverträgen für Kosten durch den Verlust oder die Beschädigung der vom Telearbeitnehmer benutzten Ausrüstung und Daten.

Der Telearbeitnehmer behandelt die Ausrüstung, die ihm zur Verfügung gestellt wird, mit der gebotenen Sorgfalt und sammelt oder verteilt kein illegales Material über das Internet.

8. Gesundheitsschutz und Sicherheit am Arbeitsplatz

Der Arbeitgeber ist für den Gesundheitsschutz und die Sicherheit des Telearbeitnehmers am Arbeitsplatz nach Maßgabe der Richtlinie 89/391/EWG und der einschlägigen Folgerichtlinien und einzelstaatlichen Rechtsvorschriften und Tarifverträge verantwortlich.

Der Arbeitgeber informiert den Telearbeitnehmer über die Politik des Unternehmens im Bereich des Gesundheitsschutzes und der Sicherheit am Arbeitsplatz, insbesondere über die Anforderungen an die Arbeit an Bildschirmgeräten. Der Telearbeitnehmer wendet die Sicherheitsmaßnahmen ordnungsgemäß an.

Um zu überprüfen, ob die geltenden Gesundheitsschutz- und Sicherheitsbestimmungen ordnungsgemäß angewendet werden, haben Arbeitgeber, Arbeitnehmervertreter und/oder die zuständigen Behörden im Rahmen der einzelstaatlichen Rechtsvorschriften und Tarifverträge Zugang zum Telearbeitsplatz. Übt der Telearbeitnehmer seine Tätigkeit zu Hause aus, sind für den Zugang eine vorherige Mitteilung und die Zustimmung des Telearbeitnehmers erforderlich.

Der Telearbeitnehmer kann Inspektionsbesuche verlangen.

9. Arbeitsorganisation

Der Telearbeitnehmer organisiert seine Arbeitszeit im Rahmen der geltenden Rechtsvorschriften, Tarifverträge und Unternehmensregeln.

Die Arbeitsbelastung und die Leistungsstandards des Telearbeitnehmers entsprechen denen vergleichbarer Arbeitnehmer in den Einrichtungen des Arbeitgebers.

Der Arbeitgeber stellt sicher, dass Maßnahmen getroffen werden, um zu verhindern, dass der Telearbeitnehmer vom Rest der Belegschaft des Unternehmens isoliert wird, unter anderem indem ihm Gelegenheit gegeben wird, regelmäßig mit Kollegen zusammenzutreffen, und dass ihm der Zugang zu Unternehmensinformationen ermöglicht wird.

10. Aus- und Weiterbildung

Telearbeitnehmer haben denselben Zugang zu Aus- und Weiterbildungs- und Karriereentwicklungsmöglichkeiten wie vergleichbare Arbeitnehmer in den Einrichtungen des Arbeitgebers. Für Telearbeitnehmer gelten dieselben Beurteilungskriterien wie für diese anderen Arbeitnehmer.

Telearbeitnehmer erhalten eine angemessene gezielte Schulung über die ihnen zur Verfügung stehende technische Ausrüstung und über die Charakteristiken dieser Form der Arbeitsorganisation. Gegebenenfalls benötigen auch der Vorgesetzte und die direkten Kollegen des Telearbeitnehmers Schulung über diese Form der Arbeit und den Umgang mit ihr.

11. Kollektive Rechte

Telearbeitnehmer haben dieselben kollektiven Rechte wie die anderen Arbeitnehmer in den Einrichtungen des Arbeitgebers. Der Kommunikation mit den Arbeitnehmervertretern werden keine Hindernisse entgegengesetzt.

Für Telearbeitnehmer gelten dieselben Bedingungen für die Teilnahme und Bewerbung zu den Wahlen für Gremien, die Arbeitnehmer vertreten oder in denen Arbeitnehmer vertreten sind. Telearbeitnehmer werden in die Berechnungen für die Bestimmung der Schwellenwerte für Gremien mit Arbeitnehmervertretung im Einklang mit den europäischen und einzelstaatlichen Rechtsvorschriften, Tarifverträgen und Gepflogenheiten einbezogen. Der Betrieb, dem der Telearbeitnehmer für die Ausübung seiner kollektiven Rechte zugeordnet ist, wird zu Beginn festgelegt.

Die Arbeitnehmervertreter werden im Einklang mit den europäischen und einzelstaatlichen Rechtsvorschriften, Tarifverträgen und Gepflogenheiten über die Einführung von Telearbeit unterrichtet und angehört.

12. Umsetzung und Follow-up

Diese europäische Rahmenvereinbarung wird im Hinblick auf Artikel 139 des Vertrages von den Mitgliedern von UNICE/UEAPME, CEEP und EGB (und des EUROCADRES-CEC-Verbindungsausschusses) entsprechend den für die Sozialpartner spezifischen Verfahren und Gepflogenheiten in den Mitgliedstaaten umgesetzt.

Die Umsetzung erfolgt innerhalb von drei Jahren nach dem Datum der Unterzeichnung dieser Vereinbarung.

Die Mitgliedsorganisationen erstatten einer von den vertragschließenden Parteien unter der Verantwortung des Ausschusses für den sozialen Dialog eingesetzten Ad-hoc-Gruppe Bericht über die Umsetzung dieser Vereinbarung. Die Ad-hoc-Gruppe erarbeitet einen gemeinsamen Bericht über die getroffenen Umsetzungsmaßnahmen. Der Bericht wird innerhalb von vier Jahren nach dem Datum der Unterzeichnung dieser Vereinbarung erstellt.

Bei Fragen zum Inhalt dieser Vereinbarung können sich die betreffenden Mitgliedsorganisationen einzeln oder gemeinsam an die unterzeichnenden Parteien wenden.

Die unterzeichnenden Parteien überprüfen die Vereinbarung fünf Jahre nach dem Datum ihrer Unterzeichnung, wenn eine der Parteien einen entsprechenden Antrag stellt.

Emilio Gabaglio	Georges Jacobs
Generalsekretär des EGB	Vorsitzender von UNICE
Andrea Bonetti	Rainer Plassmann
Vorsitzender von UEAPME	Generalsekretär des CEEP

▲

84 ▼

Muster 7.2: Arbeitsvertrag mit einem Telearbeitnehmer

Zwischen dem Unternehmen

[Name, Anschrift]

– im folgenden Arbeitgeber – und

Herrn/Frau

[Name, Anschrift]

– im folgenden Mitarbeiter – wird ein Arbeitsvertrag über Arbeit in Form von Telearbeit geschlossen:

§ 1 Arbeitsbeginn, Arbeitsort, Probezeit

Der Mitarbeiter wird ab dem [Datum]   auf einem Telearbeitsplatz beschäftigt. Er verrichtet seine Arbeit am häuslichen Arbeitsplatz, sofern nicht die Anwesenheit im Betrieb ausdrücklich angeordnet ist.

Die ersten sechs Monate gelten als Probezeit. Das Arbeitsverhältnis endet mit Ablauf des [Datum]   , wenn es nicht zuvor durch schriftliche Vereinbarung verlängert wird. Während der Probezeit ist das Arbeitsverhältnis mit einer Frist von zwei Wochen kündbar.

§ 2 Arbeitszeit

Es gilt die betriebsübliche wöchentliche Arbeitszeit. Zwischen den Vertragsparteien werden folgende Zeiten als betriebsbestimmte Arbeitszeiten festgelegt: [Arbeitszeiten]   .

Zu diesen Zeiten hat der Mitarbeiter an seinem häuslichen Arbeitsplatz seine Arbeitsleistung zu erfüllen. Im Übrigen kann er selbst die Lage der Arbeitszeit bestimmen (selbstbestimmte Arbeitszeit)   .

Der Mitarbeiter beachtet die gesetzlichen Arbeitszeitbestimmungen und etwaigen Beschäftigungsverbote.

Der Mitarbeiter hat betriebs- und selbstbestimmte Arbeitszeiten in einem Arbeitszeitbuch festzuhalten, dass er am Ende eines jeden Monats von seinem Vorgesetzten abzeichnen lässt. Dieses Arbeitszeitbuch hat der Mitarbeiter jederzeit auf Verlangen des Arbeitgebers vorzulegen.

Fahrten zwischen betrieblicher und außerbetrieblicher Arbeitsstätte sind keine Arbeitszeit.

§ 3 Arbeitsmittel

Der Mitarbeiter wird einen abschließbaren Büroraum und das notwendige Mobiliar des Büroraums zur Verfügung stellen. Der Mitarbeiter stellt hierbei sicher, dass die jeweils geltenden Arbeitsschutzbestimmungen im Hinblick auf den zur Verfügung gestellten Büroraum wie auch im Hinblick auf das zur Verfügung gestellte Mobiliar eingehalten werden. Genügen Büroraum und/oder Mobiliar nicht den jeweiligen Arbeitsschutzvorschriften, so wird der Mitarbeiter auf seine Kosten entsprechend geeigneten Ersatz beschaffen.

Der Mitarbeiter erhält vom Arbeitgeber folgende Arbeitsmittel kostenlos zur Verfügung gestellt: [Aufstellung Arbeitsmittel]   .

Die zur Verfügung gestellten Arbeitsmittel sind ausschließlich für betriebliche Zwecke zu verwenden.

Der Mitarbeiter wird die ihm überlassenen Gegenstände pfleglich behandeln. Eine Überlassung an Dritte, einschließlich der Überlassung an Familienmitglieder, ist dem Mitarbeiter untersagt. Der Mitarbeiter darf nur die vom Arbeitgeber freigegebene Software nutzen. Insbesondere ist dem Mitarbeiter nicht gestattet, vom Arbeitgeber nicht freigegebene Programme und Daten zu nutzen, zu kopieren und weiterzuverarbeiten. Dies betrifft auch die Kommunikation per E-Mail. Der Mitarbeiter wird dafür Sorge tragen, dass durch regelmäßige Sicherungskopien die von ihm genutzten Dateien auch bei einem Ausfall der EDV-Anlage dem Arbeitgeber unverzüglich zur Verfügung gestellt werden können.

Der Arbeitgeber kann die jederzeitige Rückgabe der Arbeitsmittel aus berechtigtem Anlass verlangen. Dies gilt insbesondere bei Austausch der Geräte, bei Kündigung oder bei der Freistellung von der Arbeit.

Soweit nicht anders bestimmt, sind ergänzend die im beigefügten, vom Bundesamt für Sicherheit in der Informationstechnik herausgegebenen Merkblatt für den Arbeitsplatz des Telearbeiters genannten Schutzvorschriften zu beachten.[119]

§ 4 Entgelt

Es wird ein Monatslohn in Höhe von [Betrag] ▓▓▓▓ EUR vereinbart.

Die Kosten der Unterhaltung des häuslichen Telearbeitsplatzes und des Büroraums werden durch den Arbeitgeber mit einer Pauschale in Höhe von [Betrag] ▓▓▓▓ EUR abgegolten. Der Arbeitnehmer hat darüber hinausgehende Aufwendungen selbst zu tragen. Ein Anspruch auf Erhöhung der Pauschale wegen ungewöhnlicher Mehrkosten besteht nicht.

Mit der Kostenpauschale sind auch etwaige Fahrtkosten abgegolten.

§ 5 Verschwiegenheitspflicht

Der Mitarbeiter ist zur Verschwiegenheit über alle betrieblichen und geschäftlichen Daten und der Kunden des Arbeitgebers verpflichtet. Insbesondere ist der Mitarbeiter verpflichtet, Betriebs- und Geschäftsgeheimnisse zu wahren und Daten geheim zu halten, welche die Person des Arbeitgebers oder eines anderen Arbeitnehmers betreffen. Er hat darauf zu achten, dass Dritte nicht unbefugt Kenntnis solcher Geheimnisse aus seinem Arbeitsbereich erlangen. Dies umfasst auch seine Verpflichtung, sicherzustellen, dass der Zugriff Dritter auf die im Rahmen des Telearbeitsverhältnisses verwandten Datenträger ausgeschlossen ist.

Hierzu hat der Mitarbeiter insbesondere die zum Haushalt des Mitarbeiters gehörenden Familienangehörigen und sonstigen Mitbewohner eingehend zu belehren.

§ 6 Zugangsrechte

Dem Arbeitgeber, von ihm beauftragten Personen sowie sonstigen Personen, denen eine Begehung des Arbeitsplatzes nach den jeweils einschlägigen gesetzlichen Bestimmungen zu gestatten ist, hat der Arbeitnehmer nach vorheriger Ankündigung jederzeit Zugang zum häuslichen Arbeitsbereich zu gewähren. Sowohl bei der Ankündung als auch bei der Begehung sind die Interessen des Mitarbeiters angemessen zu berücksichtigen.

§ 7 Verpflichtung bei Störungen

Bei Störungen der Hard- oder Software ist der Mitarbeiter verpflichtet, seinen Vorgesetzten unverzüglich zu unterrichten. Das weitere Vorgehen ist dann mit dem Vorgesetzten abzustimmen. Dieser kann den Mitarbeiter beauftragen, die defekten Geräte zur Reparatur in den Betrieb zu bringen.

Soweit Dritte für Schäden an den Geräten oder der Software oder den Dateien des Arbeitgebers verantwortlich sind, hat der Mitarbeiter dem Arbeitgeber alle die zum Schaden führenden Ereignisse detailliert anzugeben sowie dem Arbeitgeber die Person, die den Schaden herbeigeführt hat, zu bezeichnen.

---

119 Merkblatt für den Arbeitsplatz des Telearbeiters (https://www.bsi.bund.de/SharedDocs/Downloads/DE/BSI/ Grundschutz/Hilfsmittel/Muster/11telea_pdf.pdf?__blob=publicationFile).

§ 8 Nebentätigkeitsverbot

Der Mitarbeiter hat die Ausübung einer Nebentätigkeit schriftlich bei dem Arbeitgeber anzuzeigen. Die Nutzung der überlassenen Hard- und Software hat ausschließlich berieblichen Belangen zu dienen.

§ 9 Rückkehr in den Betrieb

Der Arbeitgeber kann mit einer Ankündigungsfrist von [Anzahl] ▓▓▓▓▓ Wochen verlangen, dass der Mitarbeiter seine Tätigkeit im häuslichen Bereich aufgibt und stattdessen seine Arbeitstätigkeit in den Betriebsräumen des Arbeitgebers durchführt. Von diesem Recht wird der Arbeitgeber nur in begründeten Fällen Gebrauch machen. Gründe hierfür sind etwa:

- technische Änderungen der Betriebsabläufe;

- wirtschaftliche Gründe;

- Gründe, die im Verhalten des Mitarbeiters liegen;

- in allen Fällen, in denen die Erbringung der Telearbeit dem Mitarbeiter unmöglich wird. Dies gilt auch, wenn die Telearbeit aufgrund behördlichen Einschreitens durch den Mitarbeiter in dessen Räumen nicht mehr ausgeübt werden kann.

§ 10 Beendigung des Arbeitsverhältnisses

Das Arbeitsverhältnis kann mit der in § 622 BGB geregelten Kündigungsfrist gekündigt werden.

...[120]

▲

---

[120] Wie jedes Muster bergen auch diese Musterformulierungen die Gefahr, dass sie ungeprüft auf jedes Rechtsverhältnis übernommen werden. Insofern sind die hier wiedergegebenen Formulierungen nur Beispiele. Für die Praxis ist anzuraten, bezogen auf die jeweils ins Auge gefasste konkrete Tätigkeit des Telearbeiters, „maßgeschneiderte" Vertragsbedingungen zu finden. Als Orientierungshilfe ist hierbei auf die Rahmenvereinbarung über Telearbeit vom 16.7.2002 zu verweisen.

§ 8 Formerfordernisse im Arbeitsrecht und Anwendung neuer Medien

Prof. Dr. Richard Giesen

Inhalt

A. Einführung

I. Einsatz neuer Medien und Formvorschriften

1 Die Nutzung moderner Informations- und Kommunikationstechnologie in der Arbeitswelt trägt dazu bei, auch im arbeitsrechtlich bedeutsamen Rechtsverkehr Kosten und Zeit zu sparen. Die damit verbundene Gleichstellung der elektronischen Form mit der konventionellen Schriftform führt zum Problem der Formäquivalenz. Es stellt sich die Frage, ob und wann beim Einsatz neuer Medien den Schriftformerfordernissen für die Wirksamkeit empfangsbedürftiger Willenserklärungen bei der Begründung, Gestaltung und Beendigung eines Arbeitsverhältnisses genügt wird. Mit dem Gesetz zur Anpassung der Formvorschriften des Privatrechts und anderer Vorschriften an den modernen Rechtsgeschäftsverkehr (FormVAnpG) vom 13.7.2001, in Kraft seit 1.8.2001,[1] wurden die elektronische Form und die Textform in das BGB eingeführt, die neben der Schriftform je nach Formzweck und Formerfordernis ihre Anwendung auch im Arbeitsrecht finden.

2 Für die Beurteilung der **Funktionsäquivalenz**, also die gleichwertige Erfüllung der Schriftformzwecke, kommt es darauf an, inwieweit die Funktionen der Schriftform den elektronischen Formen gleichermaßen zukommen. Gegenstand des Vergleichs sind vor allem die elektronische Form nach § 126a BGB und die Textform nach § 126b BGB. Da sich die Funktionen aus den Merkmalen der jeweiligen Formvorschrift ergeben, werden im folgenden Text zunächst die Ausgestaltung der Formen und sodann ihre Funktionen beschrieben.

---

1 BGBl I 2001, 1542.

II. Grundsatz der Formfreiheit

Für den **Abschluss des Arbeitsvertrages** gilt der **Grundsatz der Formfreiheit**. Der Arbeitsver- 3
trag kann grundsätzlich wirksam mündlich, schriftlich, ausdrücklich oder durch schlüssiges Verhalten abgeschlossen werden. Die nachfolgend dargestellten Ausnahmen vom Grundsatz der
Formfreiheit bestehen in den Regelungen des **Formerfordernisses** durch Gesetz, Tarifvertrag,
Betriebsvereinbarung oder sonstiger Vereinbarung.

III. Formfunktion und Formerfordernis

Die wirksame empfangsbedürftige Willenerklärung ist Bestandteil der verbindlichen Begrün- 4
dung, Gestaltung und Auflösung arbeitsrechtlich bedeutsamer Rechtsbeziehungen. Durch die
Fixierung des Erklärungsinhalts in einer gegenständlichen Form werden verschiedene **Form-
funktionen** wahrgenommen:

- Information,
- Identität des Ausstellers,
- Abschluss,
- Präzisierung bzw. Klarstellung,
- Beweis,
- Signal- bzw. Hinweisfunktion,
- Warnung,
- Ausschluss spontaner Erklärungen.

Die Anordnung eines Formerfordernisses ist wesentlich durch die Qualität der Rechtsfolgen, die 5
an die Erklärung geknüpft sind, bedingt. Je gewichtiger sie ausfallen, desto eher spricht dies für
eine höhere Formstrenge.

Das Formerfordernis einer Willenserklärung kann erfüllt werden durch 6

- Schriftform, § 126 Abs. 1 und 2 BGB,
- notarielle Beurkundung, §§ 126 Abs. 4, 128 BGB,
- elektronische Form, §§ 126 Abs. 3, 126a BGB,
- Textform, § 126b BGB und
- protokollierten Vergleich, § 127a BGB.

Im Arbeitsrecht folgen Formerfordernisse aus Gesetz, Tarifvertrag, Betriebsvereinbarung, 7
Dienstvereinbarung oder Arbeitsvertrag, § 127 BGB.

Das jeweilige konstitutive Formerfordernis bedingt seinerseits den **formgerechten Zugang** der 8
empfangsbedürftigen Willenserklärung. Der Zugang im Rechtssinne gem. § 130 Abs. 1 S. 1 BGB
liegt tatsächlich vor, wenn die Willenserklärung so in den Bereich des Empfängers gelangt ist,
dass dieser unter normalen Verhältnissen die Möglichkeit hat, vom Inhalt der Erklärung Kenntnis
zu nehmen.[2]

B. Schriftform, Textform und elektronische Form

I. Die Schriftform nach § 126 BGB und ihre Funktionen

1. Voraussetzungen der Schriftform

Die häufigste im Arbeitsverhältnis angeordnete Form ist die Schriftform. Nach § 126 Abs. 1 und 2 9
BGB muss die jeweilige formbedürftige Erklärung in einer Urkunde niedergelegt werden. „Ur-

---

2 BAG 11.11.1992–2 AZR 328/92, NJW 1993, 1093.

kunde" ist die schriftlich verkörperte Willenserklärung in Gestalt einer Sache (in der Regel eines Schriftstückes), die geeignet und bestimmt ist, im Rechtsverkehr Beweis zu erbringen, und den Aussteller erkennen lässt. Sie muss den Inhalt des Rechtsgeschäfts durch Schriftzeichen darstellen und das gesamte Rechtsgeschäft, soweit es formbedürftig ist, vollständig enthalten. Die Verweisung auf mündliche Abreden ist nicht ausreichend. Nehmen die Parteien Bestimmungen, die wesentliche Bestandteile des Vertrages sein sollen, nicht in den Vertrag selbst auf, sondern lagern sie diese in andere Schriftstücke z.B. als Anlage aus, müssen sie zur Urkundeneinheit die Zusammengehörigkeit dieser Schriftstücke in geeigneter Weise zweifelsfrei kenntlich machen. Dies kann durch eine körperliche Verbindung, aber auch durch Verweisung im Vertrag sowie Unterzeichnung der Parteien auf jedem Blatt der Anlage geschehen.[3]

10   Ist die Erklärung von mehreren Personen abzugeben (z.B. mehrere Arbeitgeber, die Gesellschafter einer GbR sind), so muss die Unterschrift jedes Einzelnen vorliegen oder eine entsprechende Vertretungsbefugnis offen gelegt werden.[4]

11   Die Urkunde ist eigenhändig zu unterschreiben. Die Schriftform ist auch dann gewahrt, wenn dem Erklärungsempfänger die Urkunde lediglich zum Durchlesen überlassen wird; ob er das Schriftstück tatsächlich liest, ist unerheblich.[5]

12   Die Schriftform wird nach §§ 126 Abs. 4, 128 BGB auch durch notarielle Beurkundung ersetzt sowie nach § 127a BGB durch ordnungsgemäß protokollierten Prozessvergleich (vgl. §§ 160 ff. ZPO). Letztere Variante spielt im Arbeitsrecht eine große Rolle, da insbesondere die Auflösung von Arbeitsverhältnissen häufig im Prozess erfolgt. Nach zutreffender Ansicht werden die Anforderungen der §§ 623, 126 Abs. 1, Abs. 4, 127a BGB u.a. auch dann erfüllt, wenn eine vergleichsweise Auflösungsvereinbarung nach § 278 Abs. 6 ZPO zustande kommt.[6]

2. Funktionen der Schriftform

13   Die **Informations- bzw. Perpetuierungsfunktion** der Schriftform besteht darin, den Inhalt des Rechtsgeschäfts für eine spätere Nachprüfung durch die Parteien bzw. Dritte zu sichern.[7] Sie beruht auf der dauerhaften Darstellung des Inhalts durch die in der Urkunde dargestellten Schriftzeichen.

14   Mit der **Identitätsfunktion** soll die Unterschrift die Identität des Ausstellers der Urkunde kenntlich machen.[8] Der Erklärende wird zugleich identifiziert. Der Aussteller der Urkunde und damit der Erklärende setzt durch die Unterschrift ein eindeutig auf seine Person hinweisendes Zeichen auf die Urkunde, durch das seine Person, und sei es durch weitere Umstände und mit Mühe, ermittelt werden kann.

15   Die **Abschlussfunktion** der Schriftform besteht darin, dass der Erklärende durch die Unterzeichnung der Erklärung die Vollständigkeit des Textes sowie den Abschluss des Prozesses der Bildung und Formulierung des rechtsgeschäftlichen Willens dokumentiert.

16   Die Schriftform hat eine **Präzisierungs- bzw. Klarstellungsfunktion** in der Weise, dass sie die Parteien zwingt, das Gewollte in einer als maßgeblich gekennzeichneten Formulierung zu fixieren. Konkludente Erklärungen sind hiermit weitgehend ausgeschlossen.

---

3 BGH 30.6.1999 – XII ZR 55/97, NJW 1999, 2591, 2592; s.a. BGH 18.12.2002 – XII ZR 253/01, NJW 2003, 1248, 1249.
4 BAG 21.4.2005 – 2 AZR 162/04, NZA 2005, 865; s. dazu *Laws*, AuA 2005, 435 f.
5 BAG 4.11.2004 – 2 AZR 17/04, NZA 2005, 513 = BB 2005, 1007; *Straub*, NZA 2001, 919, 927; a.A. ErfK-*Müller-Glöge*, § 14 TzBfG Rn 121.
6 *Dahlem/Wiesner*, NZA 2004, 530.
7 Begründung zu Art. 1 Nr. 3 FormanpG (§§ 126a, 126b BGB), BR-Drucks 535/00, 29.
8 Begründung zu Art. 1 Nr. 3 FormanpG (§§ 126a, 126b BGB), BR-Drucks 535/00, 29.

Die Schriftform hat insbesondere eine **Beweisfunktion**: 17

- Beweis für den Inhalt der Erklärung,
- Beweis für den Urheber und
- Beweis für die Abgabe der Erklärung.

Durch die Notwendigkeit der eigenhändig unterschriebenen Urkunde trägt die Schriftform dazu 18
bei, dass aufgrund der Merkmale der Urkunde und sonstiger Umstände, die mit dem Erstellen der
Urkunde verbunden sind, für den Besitzer der Urkunde eine gute Aussicht besteht, den Nachweis
zu führen, dass der angebliche Aussteller tatsächlich die Urkunde ausgestellt und die verkörperte
Erklärung abgegeben hat.

Die Schriftform hat **Signal- bzw. Hinweisfunktion**, indem sie auf eine besondere rechtliche Be- 19
deutung des formbedürftigen Rechtsgeschäfts aus Sicht des Gesetzgebers hinweist. Denn mit der
Formbedürftigkeit ist eine Unterscheidung zwischen besonders wichtigen oder risikoreichen und
sonstigen, formfreien Rechtsgeschäften getroffen.

Die **Warnfunktion** der Schriftform ergibt sich aus der tatsächlichen und rechtlichen Bedeutung 20
der unterschriebenen Urkunde und dem Bewusstsein des Ausstellers von dieser Bedeutung. Die
Schriftform macht den Erklärenden auf die erhöhte rechtliche Verbindlichkeit und Durchsetzbarkeit sowie die persönliche Zurechnung der unterzeichneten Erklärung aufmerksam.

Die Schriftform ist Grundlage eines eingeschränkten **Übereilungsschutzes**, indem sie die spontane 21
mündliche Abgabe sowie die Abgabe durch elektronische Kommunikationsmittel ausschließt.

Die Schriftform ist wegen der Reichweite ihrer dargestellten Funktionen im **Arbeitsrecht unein-** 22
geschränkt anwendbar.

23

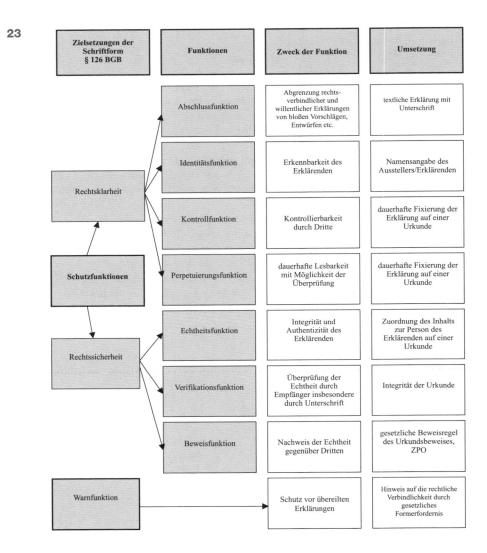

II. Die Textform nach § 126b BGB und ihre Funktionen

1. Voraussetzungen der Textform

24 Die Voraussetzungen der Textform sind in **§ 126b BGB** geregelt. Danach muss die Erklärung in einer Urkunde oder auf andere zur dauerhaften Wiedergabe in Schriftzeichen geeignete Weise abgegeben werden. Die Person des Erklärenden muss genannt und der Abschluss der Erklärung durch Nachbildung der Namensunterschrift oder in anderer Weise erkennbar gemacht werden.

25 Die Textform wird durch **Urkunden** i.S.d. § 126 BGB oder die dauerhafte Speicherung auf einem **dauerhaften Datenträger** erfüllt.

Das Merkmal der dauerhaften Wiedergabe setzt die dauerhafte Speicherung der Erklärung voraus. Diese liegt bei **jeglicher Speicherung auf einem dauerhaften Datenträger** wie Festplatte, CD-ROM, Memory-Stick, DVD etc. vor. Die Eignung zur Wiedergabe in Schriftzeichen setzt außerdem voraus, dass die Information in Schriftzeichen gespeichert und mit der passenden Hard- und Software als Schriftzeichen lesbar gemacht werden kann. Dauerhafte Speicherung meint nicht die Unveränderbarkeit der Information; es bedarf also nicht einer Sicherung durch CD-ROM oder ähnliche Nur-Lese-Medien. **26**

Die Textform setzt weiterhin voraus, dass die Person des **Erklärenden** genannt wird; die Unterschrift ist im Gegensatz zu § 126 BGB nicht erforderlich. Dies kann durch die textliche Angabe des Namens, durch einen Briefkopf oder durch den Kopf einer E-Mail erfolgen. Auch die graphische Nachbildung der handschriftlichen Unterschrift, also die eingescannte Unterschrift, reicht als Angabe des Erklärenden. In Bezug auf die Bezeichnung des Erklärenden gelten dieselben Anforderungen wie bei der Schriftform.[9] Danach ist die Angabe des Namens im Klartext nicht erforderlich. Es kann auch die Nennung des Vornamens, des Spitznamens oder der Paraphe ausreichend sein. **27**

Die Textform setzt voraus, wie § 126b BGB ausdrücklich bestimmt, dass der **Abschluss der Erklärung** deutlich gemacht wird. Dieses Merkmal wird in der Praxis möglicherweise noch Schwierigkeiten bereiten, da das Gesetz nicht besagt, unter welchen Voraussetzungen der Abschluss „erkennbar gemacht" ist. Die Abschlussfunktion bei der Schriftform berücksichtigt mehrere Aspekte: **28**

- die Anzeige des Textendes,
- die Anzeige der Beendigung der inhaltlichen Ausgestaltung der Erklärung und
- die Anzeige des Abschlusses der Meinungsbildung über das „Ob" der Erklärung.

Wollte man der Textform eine der Schriftform vergleichbare Abschlussfunktion zuweisen, so müsste man recht hohe Anforderungen an das Abschlusszeichen stellen. Dies hätte zur Folge, dass die vorgesehenen Einsatzgebiete der Textform – nämlich Erklärungen, die typischerweise automatisch oder teilweise automatisch, etwa als Serienbriefe etc. erstellt werden – ausgeschlossen wären. Da die Textform aber für die Praxis geeignet sein soll, muss sie durch einfache automatisch generierte Erklärungen erfüllt werden können. Im Ergebnis wird man also das Erfordernis, dass der Abschluss der Erklärung deutlich zu machen ist, dahin auszulegen haben, das lediglich das Ende des Textes, also die **Vollständigkeit der Erklärung**, anzuzeigen ist. Dies kann durch jede Art von Unterzeichnung geschehen, also durch **bloße Namensangabe, Unterschriftsersatz oder Unterschriftsabbildung**. Die bloße Angabe des Erklärenden im Kopf der E-Mail reicht nicht aus, wohl aber ein am Ende der E-Mail genannter Name. **29**

2. Zugang und Widerruf

Die Textform kann ihrem Konzept entsprechend durch alle Formen der elektronischen Übermittlung, durch Telegramm, Telefax, Computerfax, E-Mail, html-Dateien („Maus"-Klick im Web; Dateien, die per Link im Internet abgerufen werden können) erfüllt werden.[10] Auf den **formgerechten Zugang** finden die Grundsätze des **§ 130 BGB** Anwendung.[11] Das bedeutet, dass die jeweilige Erklärung solchermaßen und zu derjenigen Zeit in den Herrschaftsbereich des E-Mail-Empfängers gerät, dass dieser nach den gewöhnlichen Umständen von ihrem Inhalt Kenntnis nehmen kann. Bei privater Internetnutzung geht man davon aus, dass die Erklärung per E-Mail nur dann zulässig ist, wenn der der Empfänger gegenüber dem Absender seine Bereitschaft zum entsprechenden Nachrichtenempfang deutlich gemacht hat;[12] für das Arbeitsleben folgt daraus, dass **30**

---

9 Begründung RegE zu Art. 1 Nr. 3 Form-AnpassungsG, BR-Drucks 535/00, 38.
10 *Hähnchen*, NJW 2001, 2831, 2833.
11 Begründung zum Regierungsentwurf, BT-Drucks 14/4987, 11.
12 Hk-BGB-*Dörner*, § 130 BGB Rn 4.

dienstliche E-Mail-Anschlüsse stets genutzt werden können und private E-Mail-Anschlüsse dann, wenn der Arbeitnehmer sie dem Arbeitgeber mitgeteilt hat.

Bei der Prüfung des Erklärungszugangs sind im Einzelfall die technischen Besonderheiten des jeweiligen Mediums zu beachten. Die genannten Voraussetzungen sind beispielsweise bei E-Mails dann erfüllt, wenn diese beim Empfänger in dessen eigener Datenverarbeitungsanlage oder im Empfangsbriefkasten seines Providers abrufbar gespeichert werden. Erfolgt der Eingang während einer Zeit, in welcher der Empfänger gewöhnlich keine Kenntnis von seinen E-Mails nimmt (dies wird bei E-Mail-Empfang am Arbeitsplatz regelmäßig an Sonnabenden, Sonntagen oder Feiertagen der Fall sein), erfolgt der Zugang am nächsten Tag.[13]

31   Dem entsprechend ist auch der **Widerruf** der in Textform übermittelten Willenserklärung gem. § 130 Abs. 1 S. 2 BGB denkbar; dieser bedarf nicht der Textform nach § 126b BGB. Allerdings wird hier aufgrund der meist hohen Übertragungsgeschwindigkeit nicht sichergestellt sein, dass der Widerruf rechtzeitig erfolgt, also gleichzeitig oder noch vor der widerrufenen Erklärung beim Empfänger eingeht. Die Situation des rechtzeitigen Widerrufs kommt hier aber dann in Betracht, wenn die E-Mail zu einer Zeit versandt wurde, in welcher der Empfänger gewöhnlich keine Kenntnis von ihr nimmt. Wenn nun bis zu diesem Zeitpunkt eine Widerrufs-E-Mail erfolgt, ist der Widerruf rechtzeitig.

3. Funktionen der Textform

32   Die **Informationsfunktion** der Schriftform besteht darin, dass sie die Möglichkeit der fortdauernden Vergewisserung vom Inhalt des Rechtsgeschäfts sicherstellt. Die Textform gewährleistet die Entstehung einer Urkunde oder einer anderen dauerhaften Speicherung des Inhalts des Rechtsgeschäfts.

Die praktische Erfahrung belegt, dass die Textform die Informationsfunktion genau so gut wie die Schriftform erfüllt. Die elektronische Speicherung ist schon seit Jahren die übliche Form der Speicherung von Informationen und rechtsgeschäftlichen Erklärungen. Im Hinblick auf die Aufbewahrung von Informationen für die spätere Wahrnehmung hat die elektronische Aufzeichnung die Urkunden in der Praxis bereits abgelöst.

33   Der Textform, die die Angabe des Erklärenden enthalten muss, kommt auch eine der Schriftform entsprechende **Identitätsfunktion** zu.

34   Die Textform erfüllt die **Abschlussfunktion** der Schriftform nur hinsichtlich der Angabe der Vollständigkeit. Die anspruchsvollere Leistung, nämlich die Abgrenzung zwischen Entwurf und Urkunde, wird von der Textform nicht erfüllt.

35   Das elektronische Dokument hat, wenn es echt und unverfälscht ist, eine der Urkunde gleichartige **Beweiswirkung**, denn es erbringt Beweis für den Inhalt der gespeicherten Erklärung und begründet eine Vermutung für deren Vollständigkeit. Die Beweisfunktion für die **Unverfälschtheit** besteht darin, dass nachträglich Veränderungen und Ergänzungen regelmäßig erkennbar sind. Bei der elektronischen Speicherung von Informationen sind ohne Veränderungsschutz nachträgliche Veränderungen oder Ergänzungen nicht zu erkennen. Da die Textform keinen Veränderungsschutz voraussetzt, kommt ihr keine der Schriftform vergleichbare Beweiswirkung in Bezug auf die Unverfälschtheit der Aufzeichnung zu.

36   Die **Echtheitsfunktion** der Schriftform beruht darauf, dass durch die eigenhändige Unterschrift und die sonstigen Merkmale der unterschriebenen Urkunde die Chance, in einem Rechtsstreit die Identität des Erklärenden nachzuweisen, wesentlich erhöht wird. Bei der Textform dagegen fehlt es an einem der eigenhändigen Unterschrift vergleichbaren Merkmal. Die Aussichten, den Nachweis für den Urheber zu führen, sind sehr gering, soweit sich nicht aus dem Inhalt der Erklärung

---

13 Palandt-*Ellenberger*, § 130 BGB Rn 7 a.

oder aus sonstigen Umständen entsprechende Hinweise ergeben. Der Textform kommt somit keine nennenswerte Echtheitsfunktion zu.

Auch die Textform hält den Erklärenden durch die Notwendigkeit, die Erklärung in einer Fassung dauerhaft zu speichern, dazu an, das Gewollte klar zu fassen. Es kommt ihr daher eine der Schriftform vergleichbare **Präzisierungsfunktion** zu. Die Textform hat damit außerdem eine beschränkte **Ausschlussfunktion hinsichtlich mündlicher Erklärungen**. Eine Eigenhandlungsfunktion kommt der Textform nicht zu.[14]

37

Zielsetzungen der Textform § 126b BGB	Funktionen	Zweck der Funktion	Umsetzung
	Eingeschränkte Abschlussfunktion	Abgrenzung rechtsverbindlicher und willentlicher Erklärungen von bloßen Vorschlägen, Entwürfen etc.	textliche Erklärung mit erkennbarem Abschluss
nur eingeschränkte Rechtsklarheit	Identitätsfunktion	Erkennbarkeit des Erklärenden	Namensangabe des Ausstellers/Erklärenden
	eingeschränkte Kontrollfunktion	Kontrollierbarkeit durch Dritte	dauerhafte Fixierung der Erklärung auf Datenträger und Wiedergabemöglichkeit
nur eingeschränkte Schutzfunktionen	eingeschränkte Perpetuierungs- bzw. Dokumentationsfunktion	dauerhafte Lesbarkeit mit Möglichkeit der Überprüfung	dauerhafte Fixierung der Erklärung auf Datenträger und Wiedergabemöglichkeit
	~~Echtheitsfunktion~~		
Rechtssicherheit	~~Verifikationsfunktion~~		
	~~Beweisfunktion~~		
~~Warnfunktion~~			

---

14 S. zu den Funktionen der Textform die Begründung zum Regierungsentwurf, BT-Drucks 14/4987, 18 ff.; *Dörner*, AcP 202 (2002), 363, 394 ff.

III. Die elektronische Form nach § 126a BGB und ihre Funktionen

1. Voraussetzungen der elektronischen Form

38 Die elektronische Form ist keine eigenständige neue Form, sondern lediglich ein **Substitut der Schriftform,**[15] die digitale Form mit Unterschrift. Die Vorschriften zur Schriftform finden daher ebenfalls Anwendung. Wie die übrigen gesetzlichen Formen des BGB ist sie **Konstitutivform.**[16] Die elektronische Form setzt ein **elektronisches Dokument** voraus, also elektronische Daten, die in einem Schriftträger verkörpert sind, der ohne technische Hilfsmittel nicht lesbar ist. Gleichgültig ist, ob die Daten verschlüsselt oder unverschlüsselt sind. Voraussetzung ist aber, dass die Daten zumindest nach Entschlüsselung **in Schriftzeichen lesbar** sind und der Schriftträger geeignet ist, die Daten dauerhaft festzuhalten. Die **dauerhafte Wiedergabemöglichkeit** der Erklärung gewährleistet die Erfüllung ihrer Beweisfunktion. Hierfür genügt die Verkörperung der Erklärung auf einer Festplatte oder das Speichern auf Memory-Stick oder CD-ROM. Für die Formwirksamkeit der Erklärung genügt ihre Lesbarkeit auf einem Computerbildschirm, ein Papierausdruck ist nicht erforderlich.[17]

39 Der **Aussteller** muss dem elektronischen Dokument seinen Namen hinzufügen. Aussteller ist derjenige, der die Erklärung in eigener Verantwortung abgibt. Dies ist der Geschäftsherr bzw. sein Vertreter.

40 Der Ausstellername muss den Text des elektronischen Dokuments nicht räumlich abschließen. Anders als bei der Schriftform wird die Abgrenzung eines unverbindlichen Entwurfs von der Vollendung der Erklärung und dessen inhaltliche Bestätigung bei der elektronischen Form bereits durch die elektronische Signatur erreicht.

41 Bei einer **elektronischen Signatur** i.S.d. § 2 Nr. 1 SigG handelt es sich um Daten in verknüpfter Form, die anderen elektronischen Daten beigefügt oder logisch mit ihnen verknüpft sind und die zur Authentifizierung dienen.

42
> *Beispiel*
>
> **Einfache elektronische Signaturen** können damit Namenszeichen (z.B.: gez. Müller), Autosignaturen der Mailprogramme, elektronische Visitenkarten, aber auch gescannte Unterschriften unter einem Dokument sein. Da sie manipulierbar sind und nicht zweifelsfrei einer Person zugeordnet werden können, besitzen sie keinen Sicherheits- und Beweiswert; sie **eignen sich für formfreie Vorgänge**.

43 Eine **fortgeschrittene elektronische Signatur** i.S.d. § 2 Nr. 2 SigG verlangt hingegen einen geheimen privaten, nur dieser einen Person zugeordneten **Schlüssel des Ausstellers**, mit dem er das elektronische Dokument so verschlüsseln kann, dass dessen nachträgliche Veränderung zu erkennen ist. Dies erfolgt durch

- eindeutige Zuordnung der elektronischen Signatur zur Person des Signaturschlüsselinhabers,
- Identifizierbarkeit des Signaturschlüsselinhabers,
- ausschließliche Kontrolle der Verwendung durch den Signaturschlüsselinhaber,
- irreversible Verknüpfung der Signatur mit den Daten, auf die sie sich beziehen soll, so dass eine nachträgliche Veränderung erkannt werden kann,
- Beruhen der Signatur auf einem zum Zeitpunkt der Erzeugung gültigen qualifizierten Zertifikat und
- Erzeugung der Signatur mit einer sicheren Signaturerstellungseinrichtung.

---

15 Begründung zum Regierungsentwurf, BT-Drucks 14/4987, 12.
16 *Vehslage*, DB 2000, 1801, 1802.
17 Begründung zum Regierungsentwurf, BT-Drucks 14/4987, 19.

Die fortgeschrittene elektronische Signatur ergeht im **kryptographischen Verfahren** bzw. **44** **asymmetrischen Verschlüsselungsverfahren** und ist durch den Einsatz von zwei Schlüsseln gekennzeichnet: den geheimen privaten Schlüssel und den öffentlichen Signaturprüfschlüssel i.S.d. § 2 Nr. 5 SigG. Aus dem Text des zu signierenden Dokuments wird nach einem bekannten Algorithmus der sog. Hash-Wert, einer Quersumme oder einem mathematischen Fingerabdruck vergleichbar, errechnet und die Nachricht komprimiert. Der errechnete Hash-Wert wird nun mit dem privaten Schlüssel des Ausstellers verschlüsselt. Der unverschlüsselte Text wird zusammen mit dem verschlüsselten Hash-Wert dem Empfänger übermittelt, der das verschlüsselte Komprimat mit dem Signaturprüfschlüssel öffnen kann. Den passenden Signaturprüfschlüssel erhält der Empfänger entweder vom Absender oder von Zertifizierungsdienstanbietern, bei denen dieser Schlüssel abrufbar gehalten wird, § 5 Abs. 1 SigG. Der Empfänger kann nun mit diesem öffentlichen Prüfschlüssel den verschlüsselten Hash-Wert decodieren. Er kann dann selbst aus dem unverschlüsselten Text den Hash-Wert berechnen und diesen mit dem ihm übermittelten, nunmehr decodierten Hash-Wert vergleichen. Stimmen diese Werte überein, wurde der Text nach derzeitigem technischem Kenntnisstand nicht verändert.

Nach § 126a BGB bedarf die elektronische Form einer **qualifizierten elektronischen Signatur** **45** i.S.d. § 2 Nr. 3 SigG.

Die **qualifizierte elektronische Signatur** i.S.d. § 2 Nr. 3 SigG ist eine Art Siegel zu digitalen Daten. **46** Sie setzt eine fortgeschrittene elektronische Signatur voraus, die auf einem zum Zeitpunkt ihrer Erzeugung gültigen Zertifikat beruht und mit einer sicheren Signaturerstellungseinheit erzeugt wird. Eine Liste der Bestätigungsstellen und der Produkte, bei denen die Erfüllung der Anforderungen aus § 17 SigG und § 15 SigV sowie Anlage zur SigV formal bestätigt ist, ist auf dem Web-Server der Regulierungsbehörde für Telekommunikation und Post abrufbar.[18]

Zertifikate sind elektronische Bescheinigungen, mit denen die allgemein zugänglichen Signatur- **47** prüfschlüssel einer Person zugeordnet werden und die Identität dieser Person bestätigt wird, § 2 Nr. 6 SigG.

Das Zertifikat enthält nach § 7 Abs. 1 Nr. 1 SigG nur den Namen oder das Pseudonym des Sig- **48** naturschlüssel-Inhabers. Aus ihm lässt sich dessen vollständige Identität nicht ersehen. Für den Umfang der Identitätsdaten gilt das Erforderlichkeitsprinzip; es sind daher nur Name, Geburtsdatum und Anschrift ermittelbar.[19]

Bei elektronischen Dokumenten gilt auch der Grundsatz der **Einheitlichkeit der Urkunde**. **49**

Die elektronische Form kann ebenso wie die Schriftform durch **notarielle Beurkundung** ersetzt **50** werden, §§ 126 Abs. 3, Abs. 4, 126a Abs. 1 BGB.

Auf den **formgerechten Zugang** elektronischer Erklärungen finden die Grundsätze des **§ 130** **51** **BGB** Anwendung.[20] Der **Widerruf** der in elektronischer Form übermittelten Willenserklärung gem. § 130 Abs. 1 S. 2 BGB dürfte wegen der hohen Geschwindigkeit ihrer Übertragung selten in Betracht kommen; hier gelten dieselben Regeln wie oben (siehe Rn 30 f.).

2. Funktionsäquivalenz mit Schriftformfunktionen

Der Gesetzgeber des Formanpassungsgesetzes geht davon aus, dass die Funktionsäquivalenz der **52** Schriftformfunktionen bei der elektronischen Form mit einer Einschränkung gegeben ist: Nach seiner Einschätzung bleibt die elektronische Form bei der **Warnfunktion** hinter der Schriftform zurück.[21]

---

18 www.bundesnetzagentur.de.
19 *Roßnagel*, NJW 2005, 385, 387.
20 Begründung zum Regierungsentwurf, BT-Drucks 14/4987, 11.
21 Begründung zum Regierungsentwurf, BT-Drucks 14/4987, 31 f.

53   Die elektronische Form enthält alle Merkmale der Textform. Es werden folglich alle Funktionen der Schriftform, die der Textform zukommen, auch von der elektronischen Form erfüllt. Die elektronische Form hat also die **Informationsfunktion** in Bezug auf den Inhalt des Rechtsgeschäfts, die **Identitätsfunktion**, die **Präzisierungsfunktion**, die **Ausschlussfunktion** hinsichtlich mündlicher Erklärungen und die **Beweisfunktion in Bezug auf den Inhalt** der Erklärung.

54   Die **Abschlussfunktion** kommt der elektronischen Funktion in gleicher Weise wie der Schriftform zu, da die qualifizierte elektronische Signatur erst nach Abschluss des Textes in einem separaten Vorgang hinzugefügt werden kann.

55   Die **Beweisfunktion** der Schriftform **für die Unverfälschtheit der Urkunde** bedeutet, dass nachträgliche Veränderungen und Ergänzungen regelmäßig erkannt werden können. Die elektronische Form setzt die Signierung mit einer qualifizierten Signatur nach dem Signaturgesetz, mithin ein Signaturverfahren auf der Grundlage einer asymmetrischen Verschlüsselung voraus. Zu den wesentlichen Leistungen der auf asymmetrischer Verschlüsselung beruhenden Signaturverfahren gehört es, dass Veränderungen der Datei nach Signierung zuverlässig festgestellt werden können. Die Wahrscheinlichkeit einer unentdeckten Veränderung dürfte sogar noch deutlich geringer sein als bei einer eigenhändig unterschriebenen Urkunde. Somit kommt der elektronischen Form eine Beweisfunktion hinsichtlich der Unverfälschtheit des Dokuments zu, die der Beweisfunktion der Schriftform hinsichtlich der Unverfälschtheit der Urkunde mindestens ebenbürtig ist.

56   Die **Beweisfunktion** der elektronischen Signatur folgt zum einen aus dem **Anscheinsbeweis ihrer Echtheit nach § 371a ZPO** (vgl. ehemals § 292a ZPO).[22] Diese Vorschrift unterstellt die Beweiswirkung von privaten elektronischen Dokumenten, die mit einer qualifizierten Signatur versehen sind, dem Urkundsbeweis. Der Anschein der Echtheit kann vom Inhaber des Signaturschlüssels nur erschüttert werden, wenn er schlüssig Tatsachen vorträgt und beweist, die einen abweichenden Geschehensablauf ernsthaft als möglich erscheinen lassen (siehe im Einzelnen §§ 416, 420 ff. ZPO). §§ 371a Abs. 2, 416a ZPO stellen den Beweiswert entsprechender öffentlicher Urkunden gleich. Durch diese Verweisung sind sowohl die allgemeinen Beweiskraftregeln in §§ 415, 416a ff. ZPO als auch die speziellen Vorschriften über die Beweiskraft des gerichtlichen Protokolls, § 165 ZPO, und des Urteilstatbestands, § 314 ZPO, erfasst. All diese Regelungen gelten auch im Arbeitsprozess, §§ 46 Abs. 2, 80 Abs. 2 ArbGG.

57   Die elektronische Form führt dazu, dass ein Beweismittel erzeugt wird, dessen Merkmale, namentlich die elektronische Signatur, für den **Nachweis der Identität des Ausstellers** eine mindestens gleichwertige Bedeutung haben wie die Merkmale einer eigenhändig unterschriebenen Urkunde. Beim Funktionsvergleich sind jedoch die Begleitumstände zu berücksichtigen. Eigenhändige Unterschrift und elektronische Signatur unterscheiden sich in Bezug auf den Echtheitsbeweis darin, dass die eigenhändig ausgeführte Unterschrift auf einem personenbezogenen Merkmal, der Handschrift des Ausstellers beruht, die im gewöhnlichen Geschäftsgang nicht von einer anderen Person erzeugt wurde. Die elektronische Signatur beruht, soweit der Signaturschlüssel durch das Prinzip von Besitz und Wissen vor Missbrauch geschützt ist, auf einem **personenungebundenen Merkmal**. Es ist zulässig, mehrere Signaturschlüssel zu besitzen, und es ist möglich und durchaus vorstellbar, dass der Inhaber einen Signaturschlüssel, den er für den geschäftlichen Bereich verwendet, einer vertrauenswürdigen Person übergibt, damit diese – entsprechend der Nutzung eines Faksimilestempels – in seinem Namen Erklärungen übermitteln kann. Die Weitergabe des Schlüssels ist wegen der Missbrauchsgefahr riskant. Eine solche Praxis schwächt die Beweiskraft der elektronischen Unterschrift für die Person des Ausstellers. In diesem Fall wird man

---

22 *Viefhues*, NJW 2005, 1009; *Berger*, NJW 2005, 1016.

einen Tatbestand der Rechtsscheinshaftung annehmen müssen. Es dürften die Regeln über die zugelassene Unterschriftsfälschung durch den Vertreter eingreifen.[23]

Unterschiede bestehen auch in Bezug auf solche Umstände, die mit der **räumlichen Gebundenheit** der Urkunde zusammenhängen. Bei der Schriftform werden Urkunden entweder unter Anwesenden unterzeichnet oder per Briefpost versandt. Es entstehen Umstände, die für den Beweis der Identität des Urhebers bedeutsam sind. Das typische Einsatzgebiet der elektronischen Form ist der Vertragsschluss oder die Vornahme einseitiger Rechtsgeschäfte per Internet, hier meist per E-Mail, oder Erklärungen, die vom Nutzer an eine Website übermittelt werden wie das ausgefüllte und signierte Bestellformular. Dies kann von einem beliebigen Ort geschehen, so dass ein Hinzuziehen der räumlichen Begleitumstände für den Nachweis des Urhebers eines elektronischen Dokuments in den typischen Einsatzgebieten der elektronischen Form entfällt.

58

Die Grundlage der **Warnfunktion** bei der elektronischen Form ist in den Begleitumständen der Erklärungsabgabe zu sehen. Diese liegen im Innehalten wegen der Notwendigkeit, vor dem Signieren eines elektronischen Dokuments die Chipkarte in das Kartenlesegerät einzuführen und die PIN einzugeben, sowie in der Belehrung über die rechtlichen Wirkungen der elektronischen Signatur. Soweit auf die Signalwirkung der besonderen Bedeutung aufgrund der gesetzlichen Unterscheidung zwischen formbedürftigem und formlosem Rechtsgeschäft abgestellt wird, entsprechen sich Schriftform und elektronische Form.

59

Der elektronischen Form kommt im Verhältnis zur Schriftform allerdings eine geringere Warnfunktion zu, wenn auf die hohe Beweiswirkung der eigenhändig unterschriebenen Urkunde und die Verankerung dieser Wirkung im Bewusstsein des Erklärenden abgestellt wird. Hiernach wird die Warnfunktion dadurch ausgeübt, dass die Form den Erklärenden zwingt, dem Erklärungsempfänger ein Beweismittel von hoher Beweiswirkung zur Verfügung zu stellen. Eine entsprechende Tradition hat sich in der Praxis noch nicht herausgebildet.[24]

60

---

23 Siehe dazu BGH 3.3.1966 – II ZR 18/64, BGHZ 45, 193, 195 f.; s.a. BGH 11.05.2011 – VIII ZR 289/09, NJW 2011, 2421 ff.; Palandt-*Ellenberger*, § 126 Rn 8.
24 *Borges*, S. 618.

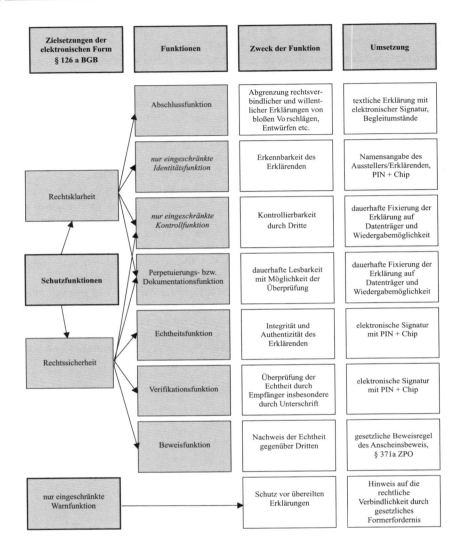

C. Kollektiv- und individualarbeitsrechtlich festgelegte Form

I. Tarifliche Form

61   Durch Tarifvertrag kann die Schriftform, die elektronische Form oder eine sonstige Form für den **Abschluss von Arbeitsverträgen** vorgesehen werden. Allerdings haben solche Vorschriften in der Regel keine konstitutive Funktion, denn die Tarifvertragsparteien wollen in der Regel bei Formverstößen nicht die Unwirksamkeit des Arbeitsvertrages.[25]

62   Demgegenüber haben **andere tarifvertragliche Formvorschriften**, die sich nicht auf den Arbeitsvertragsschluss beziehen, in der Regel konstitutive Wirkung. Hier führt eine Formverletzung

---

25 *Schaub*, ArbRHdb, § 32 IV 47.

nach § 125 S. 1 BGB zur Nichtigkeit. So wirken beispielsweise tarifvertragliche Abreden, die sich auf die Form eines Fortsetzungsverlangens des Arbeitsverhältnisses[26] oder etwa auf die Vereinbarung von Nebenleistungen beziehen, konstitutiv (zur Abbedingung kraft Betriebsübung siehe unten Rn 71 ff.).

Die Anwendung von § 125 S. 1 BGB (und nicht § 125 S. 2 BGB) folgt aus der normativen Wirkung **63** des Tarifvertrages (§ 4 Abs. 1 TVG). Das BAG wendet § 125 S. 1 BGB auch dann an, wenn der Tarifvertrag nur kraft arbeitsvertraglicher Bezugnahme gilt.[27] Dem ist m.E. aufgrund des klaren Wortlauts von § 125 S. 2 BGB zu widersprechen; allerdings ergibt sich wegen des Gleichstellungszwecks von Bezugnahmeklauseln aus dieser Unterscheidung im Ergebnis kein Unterschied.

II. Formvorschriften in Betriebs- und Dienstvereinbarungen

Eine für den Abschluss des Arbeitsvertrages konstitutive Formvorschrift kann nicht durch Be- **64** triebs- oder Dienstvereinbarung festgelegt werden, denn die betreffenden Regelungen können keine normative Wirkung für Arbeitnehmer haben, die noch nicht dem Betrieb angehören. Außerdem ist stets zu beachten, dass sich die jeweilige Betriebs- oder Dienstvereinbarung innerhalb der Betriebs- bzw. Dienstvereinbarungsautonomie hält.

III. Arbeitsvertraglich vereinbarte Form; Schriftformklausel

Vereinbaren die Arbeitsvertragsparteien gem. § 127 Abs. 1 BGB einen Formzwang, so ist durch **65** Auslegung zu ermitteln, ob dessen Einhaltung tatsächlich Wirksamkeitsvoraussetzung sein soll. Ist dies der Fall, so hat der Mangel der durch Rechtsgeschäft bestimmten Form im Zweifel Nichtigkeit zur Folge, § 125 S. 2 BGB. Häufig dürfte sich aber aus den Umständen ergeben, dass die vereinbarte Form keine konstitutive Bedeutung haben soll, sondern nur als Beweismittel gewollt ist.[28]

Nach § 127 Abs. 1 BGB gelten die Bestimmungen des § 126a BGB im Zweifel auch für die ver- **66** einbarte elektronische Form. § 127 Abs. 3 S. 1 BGB sieht vor, dass die vereinbarte elektronische Form im Zweifel durch eine andere als eine qualifizierte elektronische Signatur nach dem SigG erfüllt werden kann. Nach § 127 Abs. 3 S. 2 BGB kann jede Partei verlangen, dass die Form des § 126a BGB oder, wenn dies nicht möglich ist, die Schriftform nachgeholt wird. Die formelle Gültigkeit des Rechtsgeschäfts bleibt vom Anspruch auf Nachholung unberührt.[29]

Viele Arbeitsverträge enthalten eine Klausel, nach der Nebenabreden, Ergänzungen und Ände- **67** rungen des Vertrages der Schriftform bedürfen, sog. einfache Schriftformklausel. Verbreitet ist des Weiteren der Zusatz, dass diese Schriftformklausel durch mündliche Vereinbarungen nicht aufgehoben werden kann, sog. „doppelte" Schriftformklausel.

Die Vereinbarung solcher Klauseln ist nach den Grundsätzen der Privatautonomie ohne weiteres **68** zulässig. Die Parteien können – zusätzlich zu den ohnehin geltenden gesetzlichen (z.B. § 623 BGB oder § 14 Abs. 4 TzBfG) und kollektivrechtlichen Formvorschriften – für die Vornahme bestimmter Rechtsgeschäfte oder rechtsgeschäftsähnlicher Handlungen eine bestimmte Form vorschreiben.

Die **einfache Schriftformklausel** kann jedoch nicht garantieren, dass spätere formlose Vertrags- **69** änderungen ausgeschlossen sind. Im Rahmen der Privatautonomie lässt sich das vereinbarte

---

26 BAG 1.12.2004–7 AZR 135/04, EZA § 620 BGB 2002 Bedingung Nr. 3.
27 BAG 1.12.2004–7 AZR 135/04, EZA § 620 BGB 2002 Bedingung Nr. 3; BAG 15.11.1957–1 AZR 189/57, AP Nr. 2 zu § 125 BGB.
28 Palandt-*Ellenberger*, § 125 Rn 12 f.,17.
29 Palandt-*Ellenberger*, § 127 Rn 4.

Schriftformerfordernis durch mündliche Abmachungen jederzeit wieder aufheben und die ursprüngliche Vertragsregelung durch eine spätere mündliche Vereinbarung ergänzen und/oder ändern. Denn die Parteien können durch die Vereinbarung einer einfachen Schriftformklausel nicht für alle Zukunft auf ihre Vertragsfreiheit verzichten; das zuletzt Vereinbarte hat deshalb grundsätzlich Vorrang gegenüber früheren Abreden. Dabei ist es nicht einmal erforderlich, dass die Vertragsänderung ausdrücklich vereinbart wird. Vielmehr ist es möglich, das zunächst im Vertrag Vereinbarte trotz einfacher Schriftformklausel konkludent abzuändern, wobei auch eine **betriebliche Übung** sich über eine einfache Schriftformklausel hinwegsetzen kann.[30] Unter einer betrieblichen Übung ist die regelmäßige Wiederholung bestimmter Verhaltensweisen des Arbeitgebers zu verstehen, aus denen die Arbeitnehmer schließen können, ihnen solle eine Leistung oder eine Vergünstigung auf Dauer eingeräumt werden. Aus diesem als Vertragsangebot zu wertenden Verhalten des Arbeitgebers, das von dem Arbeitnehmer in der Regel stillschweigend angenommen wird (§ 151 BGB), erwachsen vertragliche Ansprüche auf die üblich gewordenen Leistungen. Entscheidend für die Entstehung eines Anspruchs ist nicht der Verpflichtungswille, sondern wie der Erklärungsempfänger die Erklärung oder das Verhalten des Arbeitgebers nach Treu und Glauben unter Berücksichtigung aller Begleitumstände verstehen musste und durfte.[31]

70   Gewährt der Arbeitgeber also mehrfach hintereinander Leistungen, die im schriftlichen Arbeitsvertrag nicht enthalten sind, ohne den Vorbehalt zu erklären, dass aus diesem Verhalten eine in die Zukunft wirkende Bindung nicht entsteht, so erwächst dem begünstigten Arbeitnehmer hieraus auch dann ein Anspruch für die Zukunft, wenn der Arbeitsvertrag eine einfache Schriftformklausel enthält. Der Arbeitgeber kann sich hiervon nur durch einvernehmliche Regelung oder mittels einer Änderungskündigung lösen. Damit ist jedenfalls die einfache Schriftformklausel aber nahezu inhaltsleer.

71   Deshalb ist die Rechtsprechung bei der **Abbedingung tarifvertraglicher Schriftformklauseln kraft betrieblicher Übung** etwas zurückhaltender als bei der entsprechenden Abbedingung vertraglicher Schriftformklauseln. Die Abbedingung tarifvertraglicher Schriftformklauseln kraft betrieblicher Übung wird dann zugelassen, wenn sich nicht aus der betreffenden Tarifvorschrift der besondere Zweck ergibt, die Entstehung einer betrieblichen Übung zu vermeiden.[32]

72   Etwas anderes gilt nach Ansicht des BAG bei den sog. **doppelten Schriftformklauseln**. Ursprünglich war die Rechtsprechung davon ausgegangen, dass auch bei doppelten Schriftformklauseln, also dann, wenn auch die Aufhebung der Schriftformklausel der schriftlichen Vereinbarung bedarf, eine betriebliche Übung, eine nur mündliche Absprache oder konkludentes Handeln der Schriftformklausel vorgehen. So hat das BAG in seiner Entscheidung vom 25.6.1985[33] noch entschieden, dass die Parteien eines Arbeitsvertrags eine Schriftformklausel jederzeit mündlich aufheben können, auch wenn im Vertrag vereinbart ist, dass selbst die Aufhebung der Schriftform bedürfe, denn die Parteien seien nicht gehindert, von ihrer Vertragsfreiheit Gebrauch zu machen. Das zuletzt Vereinbarte habe Vorrang gegenüber früheren Abreden. Letztlich bestand also bislang kein Unterschied zwischen einer einfachen und einer doppelten Schriftformklausel.

73   Das BAG hat in seiner Entscheidung vom 24.6.2003,[34] in der es um die Frage ging, ob der klagende Arbeitnehmer einen Anspruch aus betrieblicher Übung gegen den beklagten Arbeitgeber hat, obwohl im Arbeitsvertrag eine doppelte Schriftformklausel enthalten war, klargestellt, dass eine dauerhafte Bindung des Arbeitgebers trotz wiederholter vorbehaltloser Leistung nicht

---

30 BAG 24.6.2003 – 9 AZR 302/02, NJW 2003, 3725 = NZA 2003, 1145, 1147; BAG 27.3.1987 – 7 AZR 527/85, NZA 1987, 778; Palandt-*Ellenberger*, § 125 Rn 19.

31 Siehe im Einzelnen HWK-*Thüsing*, § 611 BGB Rn 228 ff.; Palandt-*Ellenberger*, Einf vor § 116 Rn 14; Palandt-*Weidenkaff*, Einf vor § 611 Rn 76.

32 BAG 27.3.1987 – 7 AZR 527/85, NZA 1987, 778; siehe auch BAG 3.8.1982 – 3 AZR 503/79, AP Nr. 12 zu § 242 BGB Betriebliche Übung.

33 BAG 25.6.1985 – 3 AZR 305/83, AP Nr. 11 zu § 74c HGB.

34 BAG 24.6.2003 – 9 AZR 302/02, NJW 2003, 3725 = NZA 2003, 1145, 1147; siehe dazu *Roloff*, NZA 2004, 1191.

zustande kommt, wenn eine doppelte Schriftformklausel vereinbart ist. Nach § 125 S. 2 BGB hat der Verstoß gegen eine vertraglich vereinbarte Formvorschrift im Zweifel die Nichtigkeit des Rechtsgeschäfts zur Folge. Eine Schriftformklausel kann deshalb die dauerhafte Übernahme einer Verpflichtung durch eine betriebliche Übung ausschließen.

Konkretisiert wurde dies durch die Entscheidung des BAG vom 20.05.2008,[35] wonach eine doppelte Schriftformklausel nur dann nicht wegen Intransparenz gegen § 307 Abs. 1 BGB unwirksam ist, wenn sie deutlich macht, dass nur das Entstehen betrieblicher Übungen ausgeschlossen ist. Darüber hinaus gelte der Vorrang der Individualabrede nach § 305b BGB, wonach eine im Arbeitsvertrag vorformulierte doppelte Schriftformklausel einer mündlichen Individualabrede grundsätzlich nicht entgegenstehen könne.[36]   **74**

D. Einzelne Anwendungsbereiche

Ist in arbeitsrechtlichen Normen die Schriftform vorgeschrieben, kann diese grundsätzlich durch die elektronische Form ersetzt werden, soweit sich aus dem Gesetz nichts anderes ergibt, § 126 Abs. 3 BGB.   **75**

Ob und inwieweit im Einzelnen die Schriftform durch die elektronische Form oder die Textform ersetzt werden kann, wird entweder gesetzlich geregelt oder ergibt sich nach dem Regelungszweck sowie dem Interesse an der Wahrung des jeweiligen Formzwecks.   **76**

Im folgenden Text werden unterschiedliche Fallkonstellationen der Formbedürftigkeit vorgestellt. Sie betreffen die wichtigsten Formvorschriften des Individualarbeitsrechts. Kollektivarbeitsrechtliche Formvorschriften bleiben mit Ausnahme von §§ 99, 102, 103 BetrVG außen vor (vgl. etwa § 1 Abs. 2 TVG, §§ 77 Abs. 2 S. 1, 112 Abs. 1 S. 1 BetrVG).   **77**

I. Schriftform gem. § 126 BGB gefordert und elektronische Form ausgeschlossen

1. Nachweis von Arbeitsbedingungen

a) § 2 Abs. 1 S. 1 und S. 3 NachwG: Arbeitsvertragsbedingungen

Der Nachweis der wesentlichen Arbeitsvertragsbedingungen hat schriftlich zu erfolgen. § 2 NachwG begründet aber nur ein zwingendes, nicht ein konstitutives Formerfordernis.[37] Nach § 2 Abs. 1 S. 1 NachwG ist der Arbeitgeber verpflichtet, die wesentlichen Vertragsbedingungen spätestens einen Monat nach Vertragsbeginn schriftlich niederzulegen, die Niederschrift zu unterzeichnen und dem Arbeitnehmer auszuhändigen. § 2 Abs. 1 S. 3 NachwG schließt die elektronische Form ausdrücklich aus. Der Nachweis muss daher den Anforderungen des § 126 BGB genügen.[38]   **78**

§ 3 S. 1 NachwG enthält für die **Änderung der wesentlichen Arbeitsbedingungen** ebenfalls kein konstitutives Schriftformerfordernis, so dass ein Verstoß hiergegen nicht zur Unwirksamkeit einer Änderungsvereinbarung führt.[39] Auch wenn § 3 S. 1 NachwG den Ausschluss der elektronischen Form nicht wiederholt, so ist im Hinblick auf § 2 Abs. 1 S. 3 NachwG davon auszugehen, dass § 126a BGB keine Anwendung findet.   **79**

35 BAG 20.05.2008 – 9 AZR 382/07, NJW 2009, 316 ff.
36 BAG 20.05.2008 – 9 AZR 382/07, NJW 2009, 316 ff.
37 BAG 21.8.1997 – 5 AZR 713/96, NZA 1998, 37; ErfK-*Preis*, Einf NachwG Rn 6; § 2 NachwG Rn 1.
38 ErfK-*Preis*, NachwG, § 2 NachwG Rn 29.
39 BAG 9.3.2005 – 5 AZR 231/04, AP Nr. 70 zu § 611 BGB Direktionsrecht.

80

Praxishinweis

Eine **Konkretisierung der Leistungspflicht aus dem Arbeitsvertragsverhältnis** kann durch das **Direktionsrecht** (Weisungsrecht) des Arbeitgebers erfolgen.[40] Da die Weisungsabhängigkeit des Arbeitnehmers ein charakteristisches Merkmal des Arbeitsverhältnisses ist, ist ein Direktionsrecht des Arbeitgebers jedem Arbeitsvertrag immanent. Einer besonderen schriftlichen, mündlichen oder konkludenten Vereinbarung bedarf es nicht. Auch die Ausübung des Weisungsrechts ist nach geltendem Recht an keine besondere Form gebunden, obwohl der Arbeitgeber durch Ausübung des Weisungsrechts gestaltend auf das Arbeitsverhältnis einwirkt, indem er die nach dem Arbeitsvertrag lediglich allgemein bestehende Leistungspflicht des Arbeitnehmers erst in ihrer konkreten Ausgestaltung nach Art, Ort und Zeitpunkt und sonstigen Modalitäten zur Entstehung bringt. Die Konkretisierung der Pflichten aus dem Arbeitsvertragsverhältnisses ist keine Änderung der wesentlichen Vertragbedingungen i.S.d. § 3 Abs. 1 NachwG, ein Formzwang besteht nicht.

81 Da die Niederschrift, auf deren Aushändigung der Arbeitnehmer einen einklagbaren Anspruch nach Ablauf der Monatsfrist hat, nur vom Arbeitgeber zu unterzeichnen ist, kann die von der Rspr.[41] für einen schriftlichen Arbeitsvertrag entwickelte Vermutung der Vollständigkeit und Richtigkeit hierauf nicht ohne weiteres übertragen werden, da die Niederschrift nur die wesentlichen Vertragsbedingungen zu enthalten hat. Die Formfunktion der Schriftform besteht hier darin, den Beweis der wesentlichen Vertragsbedingungen zu sichern und damit dem Arbeitnehmer in einer gerichtlichen Auseinandersetzung die Beweisführung zu erleichtern. Eine Vollständigkeitsvermutung wie bei einer von beiden Seiten unterzeichneten Urkunde kann wegen der Beschränkung auf die wesentlichen Vertragsbedingungen daran nicht geknüpft werden.

82 Die **Nichterteilung des Nachweises** hat auf die Wirksamkeit des Arbeitsvertrages keinen Einfluss, da es sich hierbei nicht um ein konstitutives Formerfordernis handelt. Für den Fall einer Verletzung der aus § 2 NachwG folgenden Nachweispflicht sieht das Gesetz keine ausdrückliche Sanktion vor. Im Falle des pflichtwidrigen Nichterteilens des Nachweises gibt es keinen Anknüpfungspunkt, der die Vermutung für das positive Vorliegen eines bestimmten Umstandes und eine infolgedessen eintretende Beweislastumkehr zugunsten des Arbeitnehmers rechtfertigen könnte.[42] Soweit aber der **Arbeitgeber** eine bestimmte Regelung in den Nachweis aufgenommen hat, bewirkt dies, dass er die Geltung einer **davon abweichenden Regelung beweisen** muss.[43] Weiter dürfte die Beweiskraft des Nachweises nicht reichen. Insbesondere richtet sie sich nicht gegen den Arbeitnehmer. Aber auch dem Arbeitgeber gegenüber kann die Unvollständigkeit und Ungenauigkeit als solche noch keine Beweisregel auslösen.[44] Zudem stellt die Nichterteilung oder Falscherteilung des Nachweises eine **Vertragsverletzung** dar, die gemäß §§ 280 Abs. 1, 241 Abs. 2 BGB einen Schadensersatzanspruch nach sich ziehen kann[45]

b) § 2 Abs. 1 NachwG: Arbeitgeberzusagen

83 Zu den wesentlichen Vertragbedingungen, die der Arbeitgeber gem. § 2 Abs. 1 S. 1 NachwG schriftlich niederzulegen hat, gehören u.a. Angaben über sämtliche Bestandteile des Arbeitsentgelts, § 2 Abs. 1 S. 1 Nr. 6 NachwG.

---

40 BAG 25.10.1989–2 AZR 633/88, AP Nr. 36 zu § 611 BGB Direktionsrecht; HWK-*Thüsing*, § 611 BGB, Rn 293 ff.

41 BAG 9.2.1995–2 AZR 389/94, NZA 1996, 249.

42 ErfK-*Preis*, Einf NachwG Rn 22; HWK-*Kliemt*, Vorb. NachwG Rn 41 f; siehe zum europäischen Hintergrund, der diese Auslegung nach nationalen Gesichtspunkten nahe legt, EuGH 4.12.1997 – Rs. C-253/96 u.a., BB 1998, 272; EuGH 8.2.2001 – Rs. C-350/99, BB 2001, 1255.

43 ErfK-*Preis*, Einf NachwG Rn 19 f.; HWK-*Kliemt*, Vorb. NachwG Rn 40.

44 HWK-*Kliemt*, Vorb. NachwG Rn 41.

45 Das gilt insbesondere im Hinblick auf vereinbarte Ausschlussfristen, s. ErfK-*Preis*, Einf NachwG Rn 12 f.

Da die betriebliche Altersversorgung Versorgungs- und Entgeltcharakter hat, lässt sich hieraus **84** bzw. aus dem Gesichtspunkt der „Wesentlichkeit" ein Anspruch des Arbeitnehmers gegen den Arbeitgeber auf schriftlichen Nachweis des Bestehens einer Versorgungszusage durch zumindest Hinweis auf die einschlägigen Regelungen des Tarifvertrages, der Betriebs- oder Dienstvereinbarung oder einer ähnlichen Regelung i.S.d. § 2 Abs. 3 NachwG herleiten. Entsprechende Arbeitgeberzusagen bedürfen nach § 2 Abs. 1 S. 1 NachwG der Schriftform, die elektronische Form ist ausgeschlossen. Auskunfts- und Mitteilungspflichten bestehen zudem nach §§ 4a, 9 BetrAVG.

c) § 11 AÜG: Leiharbeitsverhältnis

Im Rahmen einer gewerbsmäßigen Arbeitnehmerüberlassung kommt zwar der Abschluss des **85** Leiharbeitsverhältnisses formlos wirksam zustande. Der Verleiher ist aber gem. § 11 Abs. 1 S. 1 AÜG verpflichtet, den wesentlichen Inhalt des Leiharbeitsverhältnisses in eine von ihm zu unterzeichnende Urkunde aufzunehmen. Die elektronische Form ist nach § 11 Abs. 1 S. 1 HS. 2 AÜG ausgeschlossen. Der Verleiher muss hierbei zunächst die Voraussetzungen des NachwG prüfen, dabei die Besonderheiten der Leiharbeit berücksichtigen und zusätzlich § 11 Abs. 1, Abs. 2 AÜG beachten.[46]

Durch das Schriftformerfordernis soll der Leiharbeitnehmer über seine Rechtsstellung gegenüber **86** dem Verleiher informiert werden. Darüber hinaus sollen die zuständigen Behörden der Arbeitsverwaltung Möglichkeiten der Kontrolle wahrnehmen können.

Kommt der Verleiher seiner Pflicht des Erstellens einer Vertragsurkunde nach § 11 Abs. 1 AÜG **87** oder einer entsprechenden schriftlichen Vereinbarung nicht nach, begeht er eine Ordnungswidrigkeit gem. § 16 Abs. 1 Nr. 8 AÜG.

2. Kündigung des Arbeitsverhältnisses

a) § 623 BGB: Beendigungskündigung des Arbeitsvertrages

Die Beendigung des Arbeitsvertrages durch Kündigung gem. § 623 BGB ist einem konstitutiven **88** Schriftformerfordernis nach § 126 Abs. 1 BGB unterworfen.[47] Hiervon sind neben der Änderungskündigung auch die ordentliche und außerordentliche Kündigung erfasst,[48] unabhängig davon, ob der Arbeitgeber oder der Arbeitnehmer kündigt.[49]

Die elektronische Form ist ausdrücklich ausgeschlossen, § 623 Hs. 2 BGB.[50] Das Schriftformerfordernis des § 623 BGB gilt auch bei einer Beendigungskündigung durch den Insolvenzverwalter **89** gem. § 113 InsO.[51]

Der Schriftformzwang besteht auch dann, wenn das KSchG keine Anwendung findet, also bspw. **90** in Kleinbetrieben oder bei einer Kündigung in den ersten sechs Monaten des Arbeitsverhältnisses.

Eine Verletzung des Schriftformerfordernisses bei der Beendigungskündigung kann fristunge- **91** bunden gerichtlich geltend gemacht werden, da § 4 S. 1 KSchG den Zugang der „schriftlichen" Kündigung zur Voraussetzung für die Fristauslösung macht. Das gilt auch bei der außerordentlichen Kündigung, § 13 Abs. 1 S. 1 KSchG. Eine Begrenzung des Klagerechts ergibt sich nur aus dem Gesichtspunkt der Verwirkung, § 242 BGB,[52] Rn 97 ff.

Die **Umdeutung** einer unwirksamen außerordentlichen Kündigung in eine ordentliche Kündi- **92** gung bleibt gem. § 140 BGB möglich. Dies gilt aber nur dann, wenn die außerordentliche Kün-

---

46 ErfK-*Wank*, § 11 AÜG Rn. 1.
47 BAG 4.11.2004–2 AZR 17/04, NZA 2005, 513.
48 ErfK-*Müller-Glöge*, § 623 BGB, Rn 3; *Pauly/Osnabrügge*, § 1 Rn 45 ff.
49 ErfK-*Müller-Glöge*, § 623 BGB, Rn 3; *Trittin/Backmeister*, DB 2000, 618, 621.
50 *Pauly/Osnabrügge*, § 1 Rn 50.
51 *Preis/Gotthardt*, NZA 2000, 350.
52 HWK-*Quecke*, § 7 KSchG Rn 4; *Däubler*, AiB 2000, 188.

digung schriftlich gem. § 623 BGB erklärt worden ist und nur aus einem anderen Grund unwirksam ist. Die Umdeutung scheitert dann nicht an der Form für die ordentliche Kündigung, denn die Kündigung an sich ist formwirksam erklärt. Die Umdeutung einer gegen § 623 BGB verstoßenden außerordentlichen Kündigung in eine ordentliche Kündigung scheitert jedoch daran, dass die ordentliche Kündigung als Ersatzgeschäft gegen § 623 BGB verstößt und damit gleichfalls formunwirksam ist, denn § 140 BGB setzt voraus, dass mit der Umdeutung der Wille der Parteien in rechtlich zulässiger Weise verwirklicht worden wäre.[53]

93 Soweit der Arbeitgeber seine Kündigung mit einer **Abfindungserklärung nach § 1a KSchG** verbindet, bedarf diese ebenfalls der Schriftform.[54]

b) § 623 BGB: Änderungskündigung

94 Das Schriftformerfordernis des § 623 BGB erstreckt sich nicht nur auf die Änderungskündigung, sondern auch auf das Änderungsangebot.[55] Das Änderungsangebot ist Bestandteil der Kündigung. Eine Trennung von Kündigung und Angebot mit der Folge, dass der Arbeitgeber das Angebot auch mündlich abgeben kann, verkennt, dass Kündigung und Angebot eine Einheit bilden, es sich also um ein einheitliches Rechtsgeschäft handelt.[56]

95 Es ist aber ausreichend, wenn der Inhalt des Änderungsangebots im Kündigungsschreiben hinreichenden Anklang gefunden hat. Die Formvorschrift des § 623 BGB dient vor allem dem Schutz vor Übereilung (Warnfunktion) und der Rechtssicherheit (Klarstellungs- und Beweisfunktion).[57] Durch die Beachtung der Formvorschrift soll die Beweisführung für die Existenz der Kündigungserklärung sowie den Inhalt des Änderungsangebots gesichert werden. Hinsichtlich des Inhalts eines (Änderungs-)Angebots ist aber der wirkliche Wille des Erklärenden zu erforschen, § 133 BGB. Deshalb können und müssen auch außerhalb des Kündigungsschreibens liegende, zur Erforschung des Angebotsinhalts geeignete Umstände herangezogen und mitberücksichtigt werden. Dieser Notwendigkeit trägt im allgemeinen Zivilrecht bei formbedürftigen Rechtsgeschäften die sog. Andeutungstheorie Rechnung. Nach ihr sind auch Urkunden über formbedürftige Rechtsgeschäfte nach allgemeinen Grundsätzen auszulegen. Außerhalb der Urkunde liegende Umstände dürfen dabei berücksichtigt werden, wenn der einschlägige rechtsgeschäftliche Wille des Erklärenden in der formgerechten Urkunde einen wenn auch nur unvollkommenen oder andeutungsweisen Ausdruck gefunden hat.[58]

c) Rechtsfolgen des Formverstoßes, Klagefrist und Verwirkung

96 Die Nichteinhaltung der gesetzlichen Form des § 623 BGB hat gem. § 125 S. 1 BGB die Nichtigkeit der Kündigung zur Folge.[59] Eine Heilung ist nicht möglich. Die Kündigung muss unter Beachtung der anzuwendenden Kündigungsfristen sowie sonstiger rechtlicher Erfordernisse (z.B. Betriebsratsanhörung nach § 102 BetrVG) wiederholt werden. Deshalb kann eine wiederholte außerordentliche Kündigung an der zweiwöchigen Ausschlussfrist des § 626 BGB scheitern. Zudem sind bei erneuter Kündigungserklärung die Kündigungsfristen neu zu berechnen.

97 Will der Arbeitnehmer die Formunwirksamkeit der Kündigung geltend machen, ist er nicht an die Klagefrist des § 4 S. 1 KSchG gebunden, da diese Vorschrift den Zugang der „schriftlichen" Kündigung zur Voraussetzung für die Fristauslösung macht. Das gilt auch bei der außerordentlichen Kündigung, § 13 Abs. 1 S. 1 KSchG. Eine Begrenzung des Klagerechts ergibt sich aber aus dem

---

53 BGH 30.10.1970–IV ZR 125/69, NJW 1971, 428, 429.
54 *Giesen/Besgen*, NJW 2004, 185, 186; *Raab*, RdA 2005, 1, 5.
55 BAG 16.9.2004–2 AZR 628/03, NZA 2005, 635 = BB 2005, 946; ErfK-*Müller-Glöge*, § 623 BGB Rn 12; *Preis/ Gotthardt*, NZA 2000, 349; *Richardi/Annuß*, NJW 2000, 1233; *Hromadka*, DB 2002, 1323.
56 BAG 16.9.2004–2 AZR 628/03, NZA 2005, 635 = BB 2005, 946.
57 ErfK-*Müller-Glöge*, § 623 BGB Rn 1–3.
58 BGH 25.3.1983 – V ZR 268/81, BGHZ 81, 150; BGH 17.2.2000 – IX ZR 32/99, NJW 2000, 1569; zusammenfassend Palandt-*Ellenberger* § 133 Rn 19.
59 BAG 25.11.1976 – 2 AZR 751/75, EzA § 15 BBiG Nr. 3.

Gesichtspunkt der **Verwirkung**, § 242 BGB. Erforderlich ist dabei die Beachtung des Einzelfalles, wobei das sog. Zeitmoment und das Umstandsmoment zu berücksichtigen sind.[60]

Beispiel   98

Der Arbeitgeber hat dem Arbeitnehmer in Unkenntnis des § 623 BGB per E-Mail fristlos wegen Diebstahls gekündigt. Der Arbeitnehmer erscheint deshalb drei Monate nicht zur Arbeit und erhebt auch keine Kündigungsschutzklage. Nachdem er bei der Agentur für Arbeit erfahren hat, dass die Kündigung gegen § 623 BGB verstieß, beschließt er, Kündigungsschutzklage zu erheben. Hier spricht zwar die Unkenntnis beider Beteiligter von § 623 BGB und §§ 4, 13 KSchG grundsätzlich gegen die Annahme der Verwirkung. Andererseits ist aus dem Verhalten beider – insbesondere auch des Arbeitnehmers – zu entnehmen, dass sie von einer ordnungsgemäßen Kündigung ausgingen. Das ergibt sich aus der (aus der Schwere des Vorwurfs folgenden) Eindeutigkeit des arbeitgeberseitigen Kündigungswillens, der sofortigen Einstellung der Arbeitstätigkeit und der mit drei Monaten relativ langen Zeit, die sich der Arbeitnehmer nicht „gemeldet" hat.

Anders sind insbesondere Fälle zu beurteilen, in denen der Arbeitnehmer die fristlose Kündigung   99
kurz vor oder während einer „ordnungsgemäßen" Freistellungsphase erhält, etwa während oder kurz vor einem Urlaub, einer Krankheit o.ä. Zudem wird man die Verwirkung auch nach Verstreichenlassen mehrer Monate verneinen müssen, wenn das Arbeitsverhältnis bei ordentlicher Kündigung zunächst fortgesetzt wurde.

Beispiel   100

Der Arbeitgeber hat dem Arbeitnehmer in Unkenntnis des § 623 BGB per E-Mail nach § 622 Abs. 2 Nr. 4 BGB ordentlich mit einer Frist von vier Monaten zum Monatsende gekündigt, ohne ihn für die restliche Arbeitszeit freizustellen. Am Ende der Frist erinnert er den Arbeitnehmer an die Kündigung und erklärt, er möge nicht mehr zur Arbeit erscheinen. Der Arbeitnehmer zögert nunmehr weitere sechs Wochen, bis er einen Anwalt aufsucht und dieser Kündigungsschutzklage erhebt. Obwohl hier die (bei formgerechter Kündigung geltende) Dreiwochenfrist bereits um ca. vier Monate überschritten ist, sprechen die Umstände klar gegen eine Verwirkung.

d)   Durchbrechung der Formnichtigkeit, § 242 BGB

Die Nichtigkeitsfolge des § 125 BGB wird durch den Grundsatz von Treu und Glauben nach § 242   101
BGB dahin gehend eingeschränkt, dass die Berufung auf die Nichteinhaltung der Form eine unzulässige Rechtsausübung darstellen kann. Dies ist dann der Fall, wenn es nach den Beziehungen der Parteien und den gesamten Umständen mit Treu und Glauben unvereinbar wäre, das Rechtsgeschäft am Formmangel scheitern zu lassen. Das Ergebnis müsste für die Parteien nicht nur hart, sondern untragbar sein. Diese Allgemeinen zivilrechtlichen Grundsätze gelten auch für gesetzliche Formvorschriften im Arbeitsrecht.

§ 242 BGB ist nicht anwendbar, wenn die Parteien den Formmangel kannten.[61] Dies gilt auch   102
dann, wenn ein Beteiligter die Einhaltung der Form nicht durchsetzt, weil er dies wegen der Rechtschaffenheit oder des Ansehens des Vertragspartners für überflüssig hält. Etwas anderes gilt, wenn ein Vertragspartner seine Machtstellung dazu ausgenutzt hat, die Formwahrung zu verhindern.[62]

Bei beidseitiger Unkenntnis ist § 242 BGB ebenfalls nicht anwendbar, es bleibt bei der Rechtsfolge der Nichtigkeit nach § 125 S. 1 BGB[63] (zur Verwirkung bei weiterem Zuwarten siehe   103

---

60 HWK-*Quecke*, § 7 KSchG Rn 4; *Däubler*, AiB 2000, 188.
61 BGH 22.6.1973 – V ZR 146/71, NJW 1973, 1455.
62 BAG 22.8.1979 – 4 AZR 896/77, AP Nr. 6 zu § 4 BAT.
63 So auch mit Einschränkungen BAG 16.9.2004 – 2 AZR 659/03, AP Nr. 1 zu § 623 BGB.

oben Rn 97 ff.). Dies gilt auch dann, wenn eine Partei bei der anderen die irrige Vorstellung von der Formfreiheit veranlasst hat.[64] Auch eine einseitige Kenntnis einer Partei von der Formbedürftigkeit des Rechtsgeschäfts begründet für sich noch keine Anwendung des § 242 BGB.

104   *Beispiel*

Der Arbeitgeber ruft beim Arbeitnehmer die Vorstellung hervor, er könne ohne Beachtung einer Form kündigen.

105   § 242 BGB ist jedoch anwendbar, wenn der Kündigungsempfänger in Kenntnis der wahren Rechtslage den Kündigenden arglistig davon abgehalten hat, die schriftliche Form zu wahren. Auch ein Arbeitnehmer, der dem Arbeitgeber arglistig vorspielt, er könne formlos kündigen, kann sich nicht später auf die Unwirksamkeit seiner Eigenkündigung berufen, wenn er seine Entscheidung bereut, weil ein ihm in Aussicht gestelltes Arbeitsverhältnis bei einem anderen Arbeitgeber nicht zustande kommt. Jedoch ist der Arbeitgeber nicht gehalten, den Arbeitnehmer auf gegebenenfalls bestehende Formvorschriften hinzuweisen.[65]

Ebenso kann sich aus dem nachträglichen Verhalten der Vertragsparteien ergeben, dass sich diese auf die Wirksamkeit des formwidrig vorgenommenen Rechtsgeschäfts verlassen haben. Erweckt der Gekündigte durch sein gesamtes Verhalten dem Kündigenden gegenüber dauerhaft zunächst den Eindruck, dass er die Erklärung für wirksam hält, kann er nach der Verfestigung dieses Eindrucks nicht mehr hiervon abrücken.[66]

106   Bei der Berufung auf den Grundsatz von Treu und Glauben darf es sich nicht um ein **widersprüchliches Verhalten** handeln.

107   *Beispiele*

- Im Gerichtstermin wird dem Kündigenden in Anwesenheit des Erklärenden eine einfache Fotokopie der Kündigung übergeben; eine sofortige Einsicht in das Original ist möglich. In diesem Fall wäre es vom Erklärungsempfänger treuwidrig, wenn er nicht von diesen Aufklärungsmöglichkeiten Gebrauch macht oder die Erklärung wegen Nichteinhaltung der Form unverzüglich zurückweist, sondern sich erst geraume Zeit später auf den Formmangel beruft.[67]
- Ein Arbeitnehmer verhält sich widersprüchlich, wenn er ernsthaft und mehrfach mündlich kündigt, sich aber nachträglich auf die Formunwirksamkeit beruft.[68]
- Ein widersprüchliches Verhalten liegt auch vor, wenn der Arbeitgeber formwidrig kündigt, der Arbeitnehmer die Kündigung hinnimmt, eine neue Stelle antritt und sich der Arbeitgeber dann auf den Formmangel beruft und den Arbeitnehmer zur Wiederaufnahme der Arbeit unter Unterlassung der neuen Beschäftigung auffordert.[69] Entsprechendes gilt, wenn der Arbeitnehmer formwidrig kündigt, der Arbeitgeber dies akzeptiert, die Stelle neu besetzt und der Arbeitnehmer sich dann auf den Formmangel berufen will.[70]
- Treuwidrig ist es auch, wenn der Kündigungsempfänger die mündlich ausgesprochene Kündigung schriftlich bestätigt, sich später aber auf den Formmangel beruft.[71]

---

64 BGH 10.6.1977 – V ZR 99/75, NJW 1977, 2072.
65 BAG 1.12.2004–7 AZR 135/04, EZA § 620 BGB 2002 Bedingung Nr. 3.
66 Vgl. BAG 16.3.2005–7 AZR 289/04, NZA 2005, 923 (betrifft die Schriftform nach § 14 Abs. 4 TzBfG); LAG Köln 19.6.2006–14 Sa 250/06, NZA-RR 2007, 127.
67 BAG 20.8.1998–2 AZR 603/97, NZA 1998, 1330.
68 BAG 4.12.1997–2 AZR 799/96, NZA 1998, 420.
69 BAG 4.12.1997–2 AZR 799/96, NZA 1998, 420.
70 *Preis/Gotthardt*, NZA 2000, 353.
71 *Preis/Gotthardt*, NZA 2000, 353.

3. Sonstige Beendigung des Arbeitsverhältnisses

a) § 623 BGB: Auflösungsvertrag

§ 623 BGB unterwirft auch den Auflösungsvertrag (Aufhebungsvertrag), also die einvernehmliche **108** Beendigung des Arbeitsverhältnisses für die Zukunft, dem konstitutiven Schriftformerfordernis. Wird ein solcher Vertrag aufschiebend bedingt geschlossen, berührt dies das Schriftformerfordernis nicht.[72] Ein bloß mündlich oder konkludent durch unwirksame Kündigung geschlossener Auflösungsvertrag zeigt wegen Formunwirksamkeit keine Rechtswirkungen, das Arbeitsverhältnis besteht fort.[73] § 623 BGB gilt nicht für die Aufhebung oder Änderung einzelner Arbeitsbedingungen.[74]

Beispiele **109**

- In dem vom BAG[75] entschiedenen Fall hatte die in einem Baustoffhandel angestellte Klägerin am Morgen des ersten Arbeitstages nach Rückkehr aus dem Urlaub mit der Geschäftsführerin der Beklagten eine von wechselseitigen Vorwürfen gekennzeichnete Auseinandersetzung, nach deren Ende die Klägerin den Betrieb verließ. Die Beklagte hat behauptet, die Klägerin habe, obwohl sie sich über die Folgen vollkommen im Klaren gewesen sei, in vollem Ernst mündlich gekündigt oder es sei doch – ebenfalls mündlich – ein Auflösungsvertrag geschlossen worden. Die Klägerin könne sich angesichts der Eindeutigkeit und Ernsthaftigkeit ihrer Erklärungen nach Treu und Glauben nicht auf die fehlende Schriftform berufen. Dem ist das BAG, wie schon die Vorinstanzen, nicht gefolgt. Nach § 623 BGB bedarf die Beendigung von Arbeitsverhältnissen durch Auflösungsvertrag oder durch Kündigung der Schriftform. Ein mündlich geschlossener Auflösungsvertrag ist danach ebenso unwirksam wie eine mündlich erklärte Kündigung. Es verstößt in aller Regel nicht gegen Treu und Glauben (§ 242 BGB), wenn sich derjenige, der in einem kontrovers geführten Gespräch eine Kündigung ausgesprochen oder sich mit der Auflösung des Arbeitsverhältnisses einverstanden erklärt hat, nachträglich darauf beruft, die Schriftform sei nicht eingehalten. Der gesetzliche Formzwang soll die Parteien des Arbeitsvertrages vor Übereilung bei Beendigungserklärungen bewahren (Warnfunktion) und dient außerdem der Rechtssicherheit (Klarstellungs- und Beweisfunktion). Davon kann deshalb nur in seltenen Ausnahmefällen abgewichen werden.
- Wird ein Arbeitnehmer zum Organ seines Arbeitgebers, einer juristischen Person, berufen, bedeutet dies im Zweifel die Aufhebung seines Arbeitsverhältnisses.[76] Diese Vereinbarung bedarf gem. § 623 BGB der Schriftform, die allerdings gewahrt ist, wenn der neue Anstellungsvertrag schriftlich geschlossen wird.
- Zur Wahrung des Schriftformerfordernisses bedarf es beim Aufhebungsvertrag einer einheitlichen Urkunde, auf der der gesamte Vertragsinhalt von beiden Parteien unterzeichnet ist, § 126 Abs. 2 S. 1 BGB.[77] Alle den Vertragsinhalt bestimmenden Abreden werden vom Schriftformerfordernis erfasst. Hat eine formlos getroffene Nebenabrede wesentliche Bedeutung für den Aufhebungsvertrag, so kann gem. § 139 BGB nicht nur diese Nebenabrede, sondern der Aufhebungsvertrag als Ganzes nichtig sein. § 623 BGB gilt auch für spätere Änderungen oder Ergänzungen des Aufhebungsvertrages, nicht aber für seine einvernehmliche Aufhebung selbst.[78]

---

72 ErfK-*Müller-Glöge*, § 623 BGB Rn 13.
73 ErfK-*Müller-Glöge*, § 623 BGB Rn 13, 14; *Preis/Gotthardt*, NZA 2000, 351.
74 HWK-*Bittner*, § 623 BGB Rn 23.
75 BAG 16.9.2004–2 AZR 659/03, NZA 2005, 162 = DB 2005, 232.
76 *Niebler/Schmiedl*, NZA-RR 2001, 281, 284.
77 BAG 26.7.2006–7 AZR 514/05, NZA 2006, 1402.
78 ErfK-*Müller-Glöge*, § 623 BGB Rn 13.

- Bei **gerichtlichen Auflösungsvergleichen** folgt die Erfüllung des Schriftformerfordernisses aus §§ 623, 126 Abs. 1, Abs. 4, 127a BGB. Dieses dürfte auch dann erfüllt sein, wenn eine vergleichsweise Auflösungsvereinbarung nach § 278 Abs. 6 ZPO geschlossen wird.[79]
- Eine Klagefrist für die gerichtliche Geltendmachung der Formunwirksamkeit ist nicht einzuhalten. Es kann allenfalls zur Verwirkung des Klagerechts nach den Grundsätzen von Treu und Glauben kommen, § 242 BGB (siehe oben Rn 97 ff.).

b) Keine Anwendung von § 623 BGB auf die Anfechtung des Arbeitsvertrages

110   Die auf den Abschluss eines Arbeitsvertrages gerichteten Willenserklärungen können gem. §§ 119 f., 123 BGB angefochten werden, wenn ein Anfechtungsgrund vorliegt.[80] Der **Anfechtung** kommt im Ergebnis eine der außerordentlichen Kündigung i.S.d. § 626 Abs. 1 BGB entsprechende Wirkung zu. Während sich allerdings letztere nach den Verhältnissen im Zeitpunkt ihres Ausspruches beurteilt und wegen der notwendigen Interessenabwägung eher zukunftsbezogen ist, stellt der Anfechtungsgrund auf die Sachlage bei Abgabe der Willenserklärung ab und ist vergangenheitsbezogen. Trotz der Unterschiede hinsichtlich ihrer Voraussetzungen sind Anfechtung und Kündigung des Arbeitsvertrages hinsichtlich des Erklärungstatbestandes und ihrer Rechtswirkung weitgehend gleich. Beides sind einseitige, empfangsbedürftige Willenserklärungen mit Gestaltungswirkung. Ist das Arbeitsverhältnis bereits in Vollzug gesetzt worden, so hat die Anfechtung laut Rechtsprechung grundsätzlich die kündigungsähnliche Wirkung der Auflösung des Arbeitsverhältnisses für die Zukunft. Die Anfechtung erfolgt also abweichend von der gesetzlichen Regelung des § 142 Abs. 1 BGB nicht rückwirkend (ex tunc), sondern nur ab Zugang der Anfechtungserklärung (ex nunc). Abweichendes gilt nur, wenn das Arbeitsverhältnis, z.B. aufgrund Krankheit des Arbeitnehmers, nicht praktiziert wurde bzw. – so die Worte des BAG – „außer Funktion" gestanden hat.[81] Soweit die Anfechtung demnach nur für die Zukunft (ex nunc) greift, gelten für die Vergangenheit die Regeln über das sog. fehlerhafte Arbeitsverhältnis, das nicht mehr rückwirkend beseitigt werden kann.[82]

111   Aufgrund des klaren Gesetzeswortlauts besteht trotz dieser Parallelen für die Anfechtung (auch des bereits vollzogenen Arbeitsvertrages) kein konstitutiv wirkendes Schriftformerfordernis gem. § 623 BGB; dementsprechend ist auch die elektronische Form in diesem Fall nicht ausgeschlossen.[83] Auch die Drei-Wochen-Klagefrist des § 4 KSchG muss nicht eingehalten werden, wenn bspw. der Arbeitgeber den bereits vollzogenen Arbeitsvertrag nach § 119 BGB wegen Irrtums angefochten hat und der Arbeitnehmer wegen Unwirksamkeit der Anfechtung das Bestehen des Arbeitsverhältnisses geltend machen will.[84]

c) Keine Anwendung von § 623 BGB auf Abwicklungsvertrag, Nichtverlängerungsmitteilung und Ausgleichsquittung

112   Beim **Abwicklungsvertrag** ergeht zunächst eine formbedürftige Kündigung seitens des Arbeitgebers. Sodann wird im Abwicklungsvertrag vereinbart, dass der Arbeitnehmer die ausgesprochene Kündigung „hinnimmt", keine Klage erhebt, eine ggf. erhobene Klage zurücknimmt oder im Kündigungsschutzprozess nichts vorträgt. Der Arbeitgeber verpflichtet sich häufig zur Abfindungsleistung, und zwar entweder unbedingt, oder er macht dies abhängig von der Kooperation des Arbeitnehmers (unterlassene Kündigungsschutzklage, Klagerücknahme oder fehlen-

---

79 *Dahlem/Wiesner*, NZA 2004, 530.
80 BAG 21.2.1991–2 AZR 449/90, NZA 1991, 719; HWK-*Thüsing*, § 119 BGB Rn 1.
81 BAG 16.9.1982–2 AZR 228/80, AP Nr. 24 zu § 123 BGB; BAG 3.12.1998–2 AZR 754/97, AP Nr. 49 zu § 123 BGB; ErfK-*Preis*, § 611 BGB Rn 366.
82 HWK-*Thüsing*, § 119 BGB Rn 15; a.A. *Preis/Gotthardt*, NZA 2000, 350.
83 HWK-*Bittner*, § 623 BGB Rn 29; ErfK-*Müller-Glöge*, § 623 BGB Rn 3; *Rolfs*, NJW 2000, 1227; a.A. *Sander/Siebert*, AuR 2000, 334.
84 ErfK-*Ascheid*, § 4 KSchG Rn 6.

der Prozessvortrag). Der Abwicklungsvertrag ändert demnach nichts daran, dass der Beendigungstatbestand die arbeitgeberseitige Kündigung ist und nicht wie beim Aufhebungsvertrag die vertragliche Vereinbarung zwischen den Parteien. Deshalb greift die Formvorschrift des § 623 BGB ebenfalls nicht ein.[85] Dasselbe gilt für die **Nichtverlängerungsmitteilung** des Arbeitgebers vor Ende des befristeten Arbeitsverhältnisses sowie für die **Ausgleichsquittung**.

4. Zeugnis und Wettbewerbsverbot

a) § 109 GewO, § 16 BBiG: Zeugniserteilung

Bei der Beendigung eines Arbeitsverhältnisses kann der Arbeitnehmer vom Arbeitgeber ein schriftliches Zeugnis über das Dienstverhältnis fordern, § 109 Abs. 1 S. 1 GewO (vgl. § 630 S. 4 BGB). Das Gleiche gilt nach § 16 Abs. 1 BBiG für das Zeugnis des Auszubildenden. Das einfache bzw. qualifizierte Zeugnis muss schriftlich erteilt werden. Die elektronische Form ist für die Erteilung von Zeugnissen gesetzlich ausdrücklich ausgeschlossen, § 630 S. 3 BGB, § 109 Abs. 3 GewO, § 16 Abs. 1 S. 2 BBiG. **113**

Bei fehlerhafter Zeugniserteilung, sei es wegen inhaltlichen oder formellen Mängeln, besteht der Anspruch auf ein fehlerfreies Zeugnis fort und kann entsprechend durchgesetzt werden. Zudem haftet der Arbeitgeber bei schuldhaftem Handeln oder Unterlassen gegenüber dem Arbeitnehmer aus Nebenpflichtverletzung, § 280 Abs. 1 BGB, hinzukommen bei Persönlichkeitsrechtsverletzungen Ansprüche aus § 823 Abs. 1 BGB. Bei schuldhaft verzögerter Zeugniserteilung haftet der Arbeitgeber nach Maßgabe der §§ 280 Abs. 1, Abs. 2, 286 BGB.[86] Dem neuen Arbeitgeber haftet der Zeugnis erstellende ehemalige Arbeitgeber bei unrichtigen Auskünften aus vertragsähnlichen Grundsätzen sowie ggf. nach § 826 BGB.[87] **114**

b) § 110 GewO, § 74 Abs. 1 HGB: Nachvertragliches Wettbewerbsverbot

Soweit die Parteien für die Zeit nach Beendigung des Arbeitsvertrages ein nachvertragliches Wettbewerbsverbot vereinbaren wollen, § 110 GewO, richten sich die Wirksamkeitsvoraussetzungen hierfür nach § 74 ff HGB. Es besteht gem. § 74 Abs. 1 HGB ein doppeltes Formerfordernis: Zum einen muss die **Schriftform** gem. § 126 BGB eingehalten werden, und zum anderen bedarf es der **Aushändigung einer unterzeichneten Urkunde** über das nachvertragliche Wettbewerbsverbot an den Arbeitnehmer. Die konstitutive Pflicht zur Aushändigung der das Wettbewerbsverbot enthaltenden Urkunde soll sicherstellen, dass der Arbeitnehmer sich jederzeit über Art und Umfang seiner Verpflichtung im Klaren ist.[88] **115**

Die Verletzung des Schriftformerfordernisses führt zur Nichtigkeit des Wettbewerbsverbotes. Dagegen sieht die Rechtsprechung im Erfordernis der Aushändigung lediglich eine Dokumentationsregelung. Deshalb kann sich der Arbeitnehmer auch dann auf das Wettbewerbsverbot einschließlich Entschädigungsregelung berufen, wenn es ihm nicht ausgehändigt wurde.[89] Der Arbeitgeber kann aus einem nicht ausgehändigten Wettbewerbsverbot nur dann Ansprüche herleiten, wenn sich der Arbeitnehmer darauf berufen (also insbesondere die Karenzentschädigung verlangt) hat. Im Übrigen ist bei Gesetzesverstößen die differenzierende Regelung der §§ 74 Abs. 2, 74a ff. HGB zu beachten. **116**

Während der Vertragslaufzeit gilt § 60 HGB.

---

85 HWK-*Bittner*, § 623 BGB Rn 22; ErfK-*Müller-Glöge*, § 623 BGB Rn 12; unklar *Richardi*, NZA 2001, 57, 61; vgl. zu den sozialrechtlichen Folgen des Abwicklungsvertrages BSG 18.12.2003–B 11 AL 35/03 R, NZA 2004, 661; *Bauer/Krieger*, NZA 2004, 640 ff.
86 Vgl. BAG 16.11.1995–8 AZR 983/94, AuR 1996, 195.
87 Siehe im Einzelnen BGH 15.5.1979–VI ZR 230/76, BGHZ 74, 281; HWK-*Gäntgen*, § 109 GewO Rn 45.
88 LAG Nürnberg 21.7.1994–5 Sa 391/94, NZA 1995, 532.
89 BAG 23.11.2004–9 AZR 595/03, DB 2005, 671; HWK-*Diller*, § 74 HGB Rn 35; ErfK-*Oetker*, § 74 HGB Rn 13 f.

II. Schriftform vorgeschrieben und elektronische Form nicht ausgeschlossen

1. §§ 14 Abs. 4, 15 Abs. 2 TzBfG: Befristungsvereinbarung

117 Die Befristung eines Arbeitsvertrages bedarf nach § 14 Abs. 4 TzBfG zu ihrer Wirksamkeit der Schriftform; diese wirkt konstitutiv. Auch die Verlängerung eines befristeten Arbeitsvertrages nach § 14 Abs. 2 S. 1 TzBfG und jede Änderung der Vertragslaufzeit bedürfen der Schriftform. Die Schriftform greift auch in den Fällen der sog. **Prozessbeschäftigung**, wenn also der Arbeitgeber mit dem Arbeitnehmer vereinbart, dass dieser noch bis zum Ende des laufenden Kündigungsschutzprozesses beschäftigt bleiben soll.

> *Beispiel*
> Im Fall des BAG-Urteils vom 22.10.2003 hatten die Parteien eines Kündigungsschutzprozesses mündlich vereinbart, dass der Arbeitnehmer vorläufig bis zum Ende des Gerichtsverfahrens vorläufig weiterbeschäftigt werden sollte. Das BAG sah hierin die Vereinbarung einer befristeten Beschäftigung, die mit der rechtskräftigen Abweisung der Kündigungsschutzklage enden sollte (hier spricht alles für eine entsprechende auflösende Bedingung des Arbeitsverhältnisses nach § 21 TzBfG, § 158 Abs. 2 BGB, auch wenn das BAG dies wohl offen gelassen hat). Diese hätte nach §§ 14 Abs. 4, 21 TzBfG schriftlich erfolgen müssen. Mangels Schriftlichkeit folgerte es hieraus nach § 16 S. 1 TzBfG ein unbefristetes Arbeitsverhältnis.[90]

118 Während der Dauer der Befristung ist die **ordentliche Kündigung des Arbeitsverhältnisses** ausgeschlossen, wenn nicht ausdrücklich eine entsprechende Kündigungsmöglichkeit vereinbart wurde, § 15 Abs. 3 TzBfG. Diese Vereinbarung ist nicht formbedürftig; ihre Dokumentation empfiehlt sich aber zum Nachweis.

119 Formbedürftig ist allein die Befristungsabrede unter Angabe des Termins oder des zu erreichenden Zwecks, unabhängig davon, aus welcher gesetzlichen Bestimmung die Zulässigkeit der Befristung folgt (vgl. § 14 TzBfG, § 21 BEEG, §§ 57a ff. HRG, Gesetz über befristete Arbeitsverträge mit Ärzten in der Weiterbildung).[91] Die Formvorschrift des § 14 Abs. 4 TzBfG betrifft die Befristung des Arbeitsvertrages, die Befristung einzelner Arbeitsbedingungen dagegen nicht. Deren vertragliche Regelung ergeht formfrei.[92] Die Schriftformregelung findet auch keine Anwendung auf einen der Befristung ggf. zugrunde liegenden **sachlichen Grund**, etwa nach § 14 Abs. 1 TzBfG. Es bedarf keiner Einigung der Parteien darüber, welcher Befristungsgrund maßgeblich sein soll. Der sachliche Grund ist nur objektive Wirksamkeitsvoraussetzung für die Befristung eines Arbeitsverhältnisses.[93] Das gilt auch für den **Befristungsgrund der Erprobung** nach § 14 Abs. 1 S. 2 Nr. 5 TzBfG.[94] Ebenso bedarf die einzelvertragliche Vereinbarung einer **Altersgrenze** (vgl. § 41 SGB VI) der Schriftform. Folgt die Vereinbarung aus der einzelvertraglichen **Bezugnahme auf den Tarifvertrag**, reicht diese (schriftliche) Bezugnahme zur Wahrung des Schriftformerfordernisses aus.[95]

---

90 Siehe im Einzelnen BAG 22.10.2003 – 7 AZR 113/03, NZA 2004, 1275 = NJW 2004, 3586; BAG 19.1.2005 – 7 AZR 113/04, BAG-Report 2005, 253; *Ricken*, NZA 2005, 323, 329; *Bengelsdorf*, NZA 2005, 277 ff.; *Nadler/v. Medem*, NZA 2005, 1214 ff. *Riesenhuber*, NJW 2005, 2268.

91 BAG 3.9.2003–7 AZR 106/03, DB 2004, 490; HWK-*Schmalenberg*, § 14 TzBfG Rn 131; *Däubler*, ZIP 2001, 217, 224.

92 BAG 27.7.2005–7 AZR 486/04, NZA 2006, 40; BAG 18.1.2006–7 AZR 178/05, AP Nr. 22 zu § 14 TzBfG; *Däubler*, ZIP 2001, 217, 224; *Preis/Bender*, NZA-RR 2005, 337 (339).

93 BAG 3.9.2003–7 AZR 106/03, AP Nr. 4 zu § 14 TzBfG = EzA § 14 TzBfG Nr. 4.

94 BAG 23.6.2004–7 AZR 636/03, NZA 2004, 1333; ErfK-*Müller-Glöge*, § 14 TzBfG Rn 118; vgl. BAG 30.9.1981–7 AZR 789/78, BAGE 36, 229 = AP Nr. 61 zu § 620 BGB Befristeter Arbeitsvertrag = EzA § 620 BGB Nr. 54.

95 ErfK-*Müller-Glöge*, § 14 TzBfG Rn 119.

Wird der Vertrag für eine bestimmte Dauer geschlossen, kommt es nicht darauf an, ob es sich um eine Zeit- oder eine Zweckbefristung oder eine **auflösende Bedingung** handelt, auf die gem. § 21 TzBfG die Formvorschrift des § 14 Abs. 4 TzBfG entsprechende Anwendung findet (siehe oben Rn 117). **120**

Nach § 22 Abs. 2 TzBfG findet die Formvorschrift des § 14 Abs. 4 TzBfG auch außerhalb des Geltungsbereichs eines Tarifvertrages des öffentlichen Dienstes Anwendung, wenn die Anwendung der tarifvertraglichen Bestimmungen zwischen den nicht tarifgebundenen Arbeitgebern und Arbeitnehmern vereinbart und die Kosten des Betriebs überwiegend mit Zuwendungen i.S.d. Haushaltsrechts gedeckt werden.

Die Befristungsabrede kann nach § 14 Abs. 4 TzBfG auch durch das Schriftformsubstitut der qualifizierten elektronischen Signatur gem. § 126a BGB erfolgen.[96] **121**

Die **Treuwidrigkeit** der Berufung auf den Formmangel nach § 242 BGB kommt bei § 14 Abs. 4 TzBfG nur ausnahmsweise in Betracht.[97] Hier gelten prinzipiell die Ausführungen oben (siehe Rn 101 ff.). **122**

Es gilt somit, dass die Befristungsabrede zwar wirksam durch die elektronische Form vereinbart werden kann, für den nicht konstitutiv wirkenden Nachweis der Dauer des Arbeitsverhältnisses nach § 2 Abs. 1 S. 2 Nr. 3 NachwG die elektronische Form aber ausgeschlossen ist. **123**

Soweit die Voraussetzungen des Formerfordernisses nicht erfüllt werden, wird als Rechtsfolge gem. § 16 S. 1 TzBfG ein **unbefristetes Arbeitsverhältnis** fingiert. Den Arbeitsvertragsparteien wird jedoch nach § 16 S. 2 TzBfG ein ordentliches Kündigungsrecht eingeräumt, das diese auch schon vor Ablauf der vorgesehenen Vertragslaufzeit unter Berücksichtigung der allgemeinen Kündigungsvoraussetzungen – insbesondere des KSchG – ausüben können. **124**

Beispiel **125**

In dem BAG-Urteil vom 1.12.2004[98] zugrunde liegenden Sachverhalt wollte eine Bundesbehörde einen neuen Mitarbeiter für zwei Jahre befristet einstellen. Die Absprache wurde zunächst mündlich getroffen. Zehn Tage nach Dienstantritt wurde ein schriftlicher Arbeitsvertrag inklusive einer Befristungsabrede unterschrieben. Trotzdem hat das Gericht die Wirksamkeit der Befristung verneint. Zunächst wird festgestellt, dass bei Dienstantritt mangels Einhaltung der Schriftform ein unbefristetes Arbeitsverhältnis entstanden sei. Mit dem später abgeschlossenen „schriftlichen Arbeitsvertrag" sei lediglich die (nichtige) mündliche Vereinbarung schriftlich niedergelegt worden. Diese mündliche Vereinbarung bleibt nach Auffassung des BAG aber weiterhin unwirksam. Die Konsequenz ist, dass ein unbefristetes Arbeitsverhältnis (fort)besteht. Der Arbeitnehmer muss jedoch beachten, dass auch er die 3-Wochen-Frist für die Erhebung der Entfristungsklage nach § 17 TzBfG zu beachten hat.

Wenn die Schriftform nicht eingehalten wurde, kann möglicherweise ein vollkommen neuer Arbeitsvertrag unter Aufhebung des bisherigen (nur mündlich abgeschlossenen) Arbeitsvertrages vereinbart werden. In diesen Fällen ist wegen des unbefristet geschlossenen mündlichen Arbeitsvertrags aufgrund des Anschlussverbots des § 14 Abs. 2 S. 2 TzBfG eine neue Befristung nur dann wirksam, wenn sie auf einem Sachgrund beruht (vgl. § 14 Abs. 1 TzBfG, § 21 BEEG, Gesetz über befristete Arbeitsverträge in der Wissenschaft, Gesetz über befristete Arbeitsverträge mit Ärzten in der Weiterbildung). Auf die nach Vertragsbeginn vorgenommene schriftliche Niederlegung einer zuvor mündlich getroffenen Befristungsvereinbarung ist § 141 Abs. 2 BGB nicht anwendbar.[99] Eine Heilung durch Bestätigung kommt also nicht in Betracht. Die sachgrundlose Befris- **126**

---

96 ErfK-*Müller-Glöge*, § 14 Rn TzBfG 121.
97 S. näher BAG 16.3.2005–7 AZR 289/04, NZA 2005, 923.
98 BAG 1.12.2004 – 7 AZR 198/04, NZA 2005, 575 = DB 2005, 1172; bestätigt in BAG 16.3.2005 – 7 AZR 289/04, NZA 2005, 923; s. dazu *Bahnsen*, NZA 2005, 676 ff.; *Nadler/von Medem*, NZA 2005, 1214.
99 BAG 1.12.2004–7 AZR 198/04–BB 2005, 1172.

tung nach § 14 Abs. 2 S. 1 TzBfG ist nicht zulässig. Auch kann ein Formmangel nicht durch Bestätigung nach § 141 BGB geheilt werden, da nach § 141 Abs. 2 BGB die Bestätigung als Neuvornahme anzusehen ist.[100]

127 Wird eine formwirksam getroffene Befristungsabrede nachträglich formnichtig geändert, bleibt die ursprüngliche Abrede in Kraft.

> *Beispiele*
> - Es wird die Laufzeit des Arbeitsvertrages mündlich abgekürzt. Das Arbeitsverhältnis endet nach wie vor erst zu dem schriftlich vereinbarten Termin.
> - Es wird die Laufzeit des Arbeitsvertrages mündlich verlängert. Diese Formnichtigkeit führt nicht zu einem unbefristeten Arbeitsverhältnis. Das Arbeitsverhältnis endet zu dem schriftlich vereinbarten Termin, soweit es nicht über diesen Termin hinaus fortgesetzt wird (§ 15 Abs. 5 TzBfG).
> - Folgt die Unwirksamkeit der Befristungsabrede allein aus dem Mangel der Schriftform, kann der Arbeitgeber nach § 16 S. 2 TzBfG **frühestens zum vereinbarten Termin** unter Beachtung sonstiger gesetzlicher Bestimmungen ordentlich kündigen, sofern nicht nach § 15 Abs. 3 TzBfG die ordentliche Kündigungsmöglichkeit ausdrücklich einzelvertraglich oder im anzuwendenden Tarifvertrag vereinbart ist.[101]
> - Die Vereinbarung einer **Mindestvertragslaufzeit**, also des befristeten Ausschlusses der ordentlichen Kündigung, ist keine Befristung des Arbeitsvertrages i.S.d. § 14 Abs. 4 TzBfG und begründet somit kein Schriftformerfordernis.[102]

Zusätzlich zu § 14 Abs. 4 TzBfG ist im Fall von Zweckbefristungen (§ 3 Abs. 1 S. 2 Alt. 2 TzBfG) die Schriftform zu achten, die in § 15 Abs. 2 TzBfG gefordert wird. Hiernach hat der Arbeitgeber den Arbeitnehmer schriftlich über den Zeitpunkt der Zweckerreichung zu unterrichten. Dies ist neben der tatsächlichen Zweckerreichung Voraussetzung für die Beendigung des Arbeitsverhältnisses. Die Unterrichtung kann schon vor der Zweckerreichung vorgenommen werden, etwa wenn die Zweckerreichung absehbar ist. Jedoch bedarf es zwischen der Unterrichtung und dem mitgeteilten Arbeitsvertragsende einer Mindestfrist von zwei Wochen. Die Schriftform ist gewahrt, wenn der Arbeitgeber seine Unterrichtung gem. § 126 Abs. 1 BGB unterzeichnet. Die elektronische Form nach § 126a BGB ist nicht ausgeschlossen.[103] Die Erklärung durch Fax oder E-Mail nicht zulässig. Im Fall des Formverstoßes bleibt es gemäß § 125 BGB beim Tatbestand des Arbeitsverhältnisses. Der Arbeitgeber kann das Arbeitsverhältnis aber durch erneute Unterrichtung beenden.[104]

2. § 12 Abs. 1 AÜG: Arbeitnehmerüberlassungsvertrag

128 § 12 AÜG regelt Inhalt und Form des Arbeitnehmerüberlassungsvertrages. Zwar ist die elektronische Form gesetzlich nicht ausdrücklich ausgeschlossen und könnte somit gem. § 126 Abs. 3 BGB dem Formerfordernis genügen. Für die Einhaltung der nach § 12 Abs. 1 S. 1 AÜG vorgeschriebenen Schriftform muss aber die Vertragsurkunde entweder von beiden Parteien eigenhändig durch Namensunterschrift oder durch notariell beglaubigtes Handzeichen unterzeichnet sein. Aus Beweisgründen ist daher die Schriftform i.S.d. § 126 BGB einzuhalten.[105]

---

100 BAG 1.12.2004–7 AZR 198/04, NZA 2005, 575 = DB 2005, 1172; *Straub*, NZA 2001, 919, 927; a.A. ErfK-*Müller-Glöge*, § 14 TzBfG Rn 123.
101 ErfK-*Müller-Glöge*, § 16 TzBfG Rn 1.
102 *Richardi/Annuß*, NJW 2000, 1231, 1233.
103 *Bayreuther* in Rolfs/Giesen/Kreikebohm/Udsching, BeckOK, § 15 TzBfG Rn 2; ErfK-*Müller-Glöge*, § 15 TzBfG Rn 3.
104 S. im Einzelnen *Bayreuther*, in Rolfs/Giesen/Kreikebohm/Udsching, BeckOK, § 15 TzBfG Rn 7 ff.
105 ErfK-*Wank*, § 12 AÜG Rn 3.

3. Berufsausbildungsvertrag

a) § 11 BBiG: Abschluss des Berufsausbildungsvertrages

Für den Abschluss des Berufsausbildungsvertrages nach § 11 Abs. 1 BBiG besteht kein Form- **129**
zwang. Er kann mündlich oder schriftlich abgeschlossen werden und ist auch ohne Niederschrift
wirksam.[106]

Für das Berufsausbildungsverhältnis enthält § 11 Abs. 1 BBiG eine dem § 2 Abs. 1 S. 1 NachwG **130**
vergleichbare Regelung. Hiernach hat der Ausbildende unverzüglich nach Abschluss des Berufsausbildungsvertrages den wesentlichen Inhalt des Vertrages schriftlich niederzulegen. Gem. § 11
Abs. 3 BBiG besteht ein Anspruch des Auszubildenden bzw. des gesetzlichen Vertreters auf Aushändigung einer **Niederschrift**. Im Unterschied zu § 2 Abs. 1 NachwG ist jedoch die Niederschrift
gem. § 11 Abs. 2 BBiG von dem Ausbildenden, dem Auszubildenden und dessen gesetzlichem
Vertreter zu **unterzeichnen**.

Die Schriftform und das Aushändigungserfordernis haben nur deklaratorische Bedeutung und sol- **131**
len den Vertragsparteien jederzeit eine Orientierung über die wechselseitigen Rechte und Pflichten
ermöglichen. Außerdem dient die Niederschrift über den wesentlichen Vertragsinhalt dazu, die
Überwachung der Berufsausbildung durch die zuständigen Stellen gem. § 76 BBiG und das Eintra-
gen des Berufsausbildungsvertrages in das entsprechende Verzeichnis gem. § 35 BBiG zu gewährleisten. Ein pflichtwidriges Unterlassen ist daher gem. § 102 Abs. 1 Nr. 1 und 2 BBiG eine bußgeld-
bewehrte Ordnungswidrigkeit.

Die elektronische Form ist wegen der Notwendigkeit der persönlichen Unterschrift und im Hin- **132**
blick auf die entsprechende Formfunktion gem. § 2 Abs. 1 S. 3 NachwG ausgeschlossen.

b) § 22 Abs. 3 BBiG: Kündigung des Berufsausbildungsvertrages

Jede Kündigung des Berufsausbildungsverhältnisses muss gem. § 22 Abs. 3 BBiG schriftlich er- **133**
folgen. Dies gilt sowohl für eine Probezeitkündigung nach § 22 Abs. 1 BBiG als auch für die außerordentliche Kündigung durch den Ausbildenden nach § 22 Abs. 2 Nr. 1 BBiG sowie für die
ordentliche Kündigung durch den Auszubildenden gem. § 22 Abs. 2 Nr. 2 BBiG. Die außerordentliche Kündigung durch den Ausbildenden und die ordentliche Kündigung durch den Auszubildenden haben zwingend unter Angabe der Kündigungsgründe zu erfolgen, § 22 Abs. 3 BBiG.
Zweck dieses konstitutiven Formerfordernisses ist es, die kündigende Vertragspartei vor Übereilung zu bewahren und zur Rechtssicherheit, Rechtsklarheit und Beweissicherung beizutragen.
Ein Verstoß gegen die Formvorschrift des § 22 Abs. 3 BBiG führt zur Nichtigkeit der Kündigung
gem. § 125 S. 1 BGB; eine nachträgliche Mitteilung der Kündigungsgründe heilt den Formmangel
nicht.[107] Auch wenn das Formerfordernis des § 623 BGB den Kündigungsgrund nicht erfasst,[108]
gilt der Ausschluss der elektronischen Form ebenso für die von § 22 Abs. 3 BBiG geforderte Begründung der Kündigung, die hier Teil des Formerfordernisses für die Kündigung ist.[109]

4. § 9 Abs. 3 MuSchG

Gleiches gilt für das Schriftformerfordernis des § 9 Abs. 3 S. 2 MuSchG. Bliebe es bei der strikten **134**
Anwendung des § 126 Abs. 3 BGB, so könnte gerade im besonders strengen Sonderkündigungs-
schutz für Mütter eine Kündigung in elektronischer Form, also leichter als nach allgemeinen
Grundsätzen, wirksam erklärt werden. Da sich das Gebot der Schriftlichkeit auch auf die Angabe

---

106 BAG 21.8.1997 – 5 AZR 713/96, EuZW 1998, 94; ErfK-*Schlachter*, § 10 BBiG Rn 3; vgl. zur Neufassung des BBiG
   Natzel, DB 2005, 610; *Opolony*, DB 2005, 1050.
107 BAG 22.2.1972 – 2 AZR 205/71, AP Nr. 1 zu § 15 BBiG.
108 ErfK-*Müller-Glöge*, § 623 BGB Rn 16.
109 BAG 22.2.1972 – 2 AZR 205/71, AP Nr. 1 zu § 15 BBiG.

des zulässigen Kündigungsgrundes bezieht,[110] ist daher wie bei § 22 Abs. 3 BBiG sowohl für die Kündigungserklärung wie für die Begründung die elektronische Form ausgeschlossen.

5.   § 172 BGB: Vollmachtsurkunde

135   Bei einseitigen Willenserklärungen durch Bevollmächtigte, insbesondere bei der Kündigung von Arbeitsverhältnissen durch Anwälte, empfiehlt es sich, eine Vollmachtsurkunde nach § 172 BGB vorzulegen. Diese muss dem einfachen Schriftformerfordernis genügen.[111] Soweit der Erklärungs-empfänger die Vertretungsmacht des Vertreters nicht kannte (Kenntnis ist etwa bei Prokuristen oder dem Arbeitnehmer bekannten Personalleitern, Vorgesetzten etc. anzunehmen),[112] kann er die Kün-digungserklärung durch sofortige Erklärung nach § 174 S. 1 BGB zurückweisen. Soweit diese Zu-rückweisung ihrerseits wiederum durch einen Bevollmächtigten erfolgt (z.B. Anwalt oder Gewerk-schaftssekretär), ist dies ebenfalls eine einseitige Willenserklärung i.S.d. § 174 BGB, so dass hier ebenfalls eine Vollmachtsurkunde vorgelegt werden sollte, um eine Zurückweisung der Zurückwei-sung zu verhindern.

III.   Schriftform gefordert, elektronische Form ausdrücklich zugelassen

136   § 43 der Verordnung zum Schutz vor Röntgenstrahlen (RöV) und § 115 Strahlenschutzverord-nung 2001 (StrlSchV) sind gesetzliche Beispielsfälle, in denen neben der Schriftform die elekt-ronische Form ausdrücklich zugelassen ist.

IV.   Gesetz fordert schriftliche Erklärung, elektronische Form i.S.d. § 126a BGB nicht ausgeschlossen

1.   § 8 Abs. 5 TzBfG: Entscheidung über Verringerung der Arbeitszeit

137   Das Verlangen auf Verringerung der Arbeitszeit und deren Neuverteilung stellt ein Angebot auf Änderung des Arbeitsvertrages dar. Nach § 8 Abs. 5 TzBfG hat der Arbeitgeber die Entscheidung über die Verringerung der Arbeitszeit und ihre Verteilung dem Arbeitnehmer spätestens einen Monat vor dem gewünschten Beginn der Verringerung schriftlich mitzuteilen. Verpasst der Ar-beitgeber die Monatsfrist, verringert sich die Arbeitszeit in dem vom Arbeitnehmer gewünschten Umfang; die Verteilung der Arbeitszeit gilt entsprechend den Wünschen des Arbeitnehmers als festgelegt. Das Schriftformerfordernis hat keine konstitutive Wirkung, es dient im Wesentlichen der Klarstellung und Dokumentation sowie bezüglich der Fristwahrung der Beweislegung, so dass nach § 126 Abs. 3 BGB die elektronische Form ebenfalls dem Formerfordernis genügt.

2.   §§ 99, 102, 103 BetrVG: Formvorschriften für Mitbestimmungsakte des Betriebsrats

138   Nach § 99 Abs. 3 S. 1 und § 102 Abs. 2 S. 1 BetrVG ist der Betriebsrat verpflichtet, die Verwei-gerung der Zustimmung zu einer personellen Einzelmaßnahme bzw. Bedenken gegen eine Kün-digung dem Arbeitgeber schriftlich mitzuteilen.[113]

---

110 BAG 10.2.1999 – 2 AZR 848/98, NZA 1999, 603, 605.
111 Palandt-*Ellenberger*, § 174 Rn 5.
112 Palandt-*Ellenberger*, § 174 Rn 4.
113 Vgl. BAG 11.6.2002 – 1 ABR 43/01, BAGE 101, 298, 302 ff.; BAG 16.11.2004 – 1 ABR 48/03, NZA 2005, 775.

§ 103 BetrVG regelt die Zustimmungsbedürftigkeit im Falle der außerordentlichen Kündigung von Mitgliedern des Betriebsrats, der Jugend- und Auszubildendenvertretung, der Bordvertretung und des Seebetriebsrats, des Wahlvorstands und von Wahlbewerbern. Ein Formerfordernis nennt § 103 BetrVG nicht. Die Kündigung ist ein einseitiges Rechtsgeschäft, dessen Wirksamkeit von der Zustimmung eines Dritten – nämlich des Betriebsrats – abhängt. Deshalb könnte man nach dem Wortlaut von § 182 Abs. 3 BGB i.V.m. §§ 111 S. 2 u. S. 3, 623 BGB daran denken, die Zurückweisung einer Kündigung zuzulassen, wenn keine **schriftliche** Zustimmung des Betriebsrats vorliegt. Dem hat das BAG aber zu Recht widersprochen, da insofern das Verfahrensrecht des BetrVG vorrangig ist, welches für die Zustimmung nach § 103 BetrVG kein Formerfordernis statuiert. Es bleibt also dabei, dass die Zustimmung formfrei ist.[114]

3. § 15 Abs. 2 TzBfG

Ein weiterer Fall, in dem das Gesetz die Schriftform nach § 126 BGB fordert und die elektronische Form i.S.d. § 126a BGB nicht ausgeschlossen ist, stellt § 15 Abs. 2 TzBfG dar (siehe oben Rn 127). **139**

V. Gesetz bzw. der Tarifvertrag fordert schriftliche Erklärung, Schriftform des § 126 BGB nicht erforderlich

Sieht eine gesetzliche Regelung lediglich das Formerfordernis der Schriftlichkeit einer Erklärung vor, so ist die Textform i.S.d. § 126b BGB ausnahmsweise auch ohne gesetzliche Verweisung zugelassen, wenn dies nach dem Normzweck ausreichend ist. Ergibt dieser, dass Schriftform und elektronische Form vonnöten sind, weil die Warn- und Beweisfunktion keine wesentliche Rolle spielen, ist die Einhaltung der Textform notwendig, aber auch hinreichend.[115] Maßgeblich ist, ob der funktionale Mehrwert der eigenhändigen Unterschrift bzw. der qualifizierten elektronischen Signatur erforderlich ist. Das dürfte insbesondere bei Mitteilungen nicht der Fall sind, die (anders z.B. als empfangsbedürftige Willenserklärungen) keine rechtliche Verbindlichkeit haben.[116] **140**

1. § 15 Abs. 7 und § 16 BEEG: Schriftlichkeit des Antrags auf Elternzeit

Das Erfordernis der Schriftlichkeit des Verlangens nach Elternzeit in § 16 Abs. 1 BEEG oder der Mitteilung des Anspruchs auf Verringerung der Arbeitszeit gem. § 15 Abs. 7 S. 1 Nr. 5 BEEG bedürfen nicht der Form des § 126 BGB; die Textform ist insoweit ausreichend. Dies folgt daraus, dass die Einhaltung der Schriftform bereits nicht als Wirksamkeitsvoraussetzung für die Inanspruchnahme der Elternzeit verstanden wird. Die Formvorschrift bezweckt allein, den Gesamtüberblick der Arbeitsvertragsparteien über Dauer und Lage der flexibilisierten Elternzeit zu verbessern.[117] Es steht die Informations- und Dokumentationsfunktion im Vordergrund. **141**

2. § 17 KSchG: Massenentlassungen

Nach § 17 Abs. 2 S. 1 KSchG ist der Arbeitgeber für den Fall einer anzeigepflichtigen Massenentlassung verpflichtet, dem Betriebsrat zweckdienliche Auskünfte zu erteilen und über die in § 17 Abs. 2 S. 1 Nr. 1–5 KSchG genannten Aspekte schriftlich zu unterrichten. Mit der Einführung **142**

---

114 BAG 4.3.2004 – 2 AZR 147/03, NZA 2004, 717.
115 *Gotthard/Beck*, NZA 2002, 876, 879.
116 BT-Drucks 14/4987, 19.
117 BT-Drucks 14/3553, 22.

der **Textform** in § 613a Abs. 5 BGB für die Unterrichtung der von einem Betriebsübergang betroffenen Arbeitnehmer ist die Unterrichtung des Betriebsrates nach § 17 Abs. 2 S. 1 KSchG ein typischer Fall, in dem es lediglich auf die Dokumentation und Information ankommt. Der Betriebsrat soll über einen bestimmten Fall informiert werden, auf den er rechtlich mit einer Stellungnahme reagieren soll.[118] Entsprechend kann der Arbeitgeber die Mitteilung an den Betriebsrat der Agentur für Arbeit in Textform übermitteln, § 17 Abs. 3 S. 1 KSchG. Der Umstand, dass ohne Anzeige vorgenommene Massenentlassungen unwirksam sind,[119] führt nicht zum Schriftformerfordernis nach § 126 BGB, da die rechtserhebliche Folge der Anzeige lediglich der Fristbeginn nach § 18 KSchG ist.

Für die Anwendung von § 17 KSchG ist zudem zu berücksichtigen, dass nach Ansicht des EuGH der Begriff der „Entlassung" i.S.d. Art. 2–4 der Massenentlassungsrichtlinie 98/59/EG mit der Kündigungserklärung des Arbeitgebers gleichzusetzen ist.[120] Dieser Auffassung folgt das BAG durch richtlinienkonforme Auslegung des § 17 KSchG.[121] Es gibt somit seine frühere Rechtsprechung auf, die auf die beabsichtigte tatsächliche Beendigung des Arbeitsverhältnisses als maßgeblichen Zeitpunkt abstellte.[122]

Deshalb verschieben sich die Auskunfts-, Beratungs- und Anzeigepflichten nach § 17 KSchG und die Entlassungssperre nach § 18 KSchG.[123]

VI.   Gesetz sieht ausdrücklich Textform vor

1.   Fälle der Textform: Unterrichtung über den Betriebsübergang; Entgeltabrechnung

143   § 126b BGB verlangt, dass die Textform durch Gesetz vorgeschrieben sein muss. Dies ist im Arbeitsrecht bei der Information im Rahmen des Betriebsübergangs nach § 613a Abs. 5 BGB sowie bei der Entgeltabrechnung nach § 108 Abs. 1 GewO der Fall. Die Textform kann im Übrigen vereinbart werden, wenn nicht zwingendes Gesetzesrecht wie z.B. § 623 BGB, § 14 TzBfG dem entgegensteht. So ist die einfache Textform ausreichend, wenn der Unterrichtungs- und Informationszweck der Erklärung im Vordergrund steht. Wirksame Erklärungen in Textform sind beim Stellen des Urlaubsantrages oder bei dessen Genehmigung bzw. Ablehnung möglich und ausreichend.

2.   Insbesondere: Unterrichtung über den Betriebsübergang nach § 613a Abs. 5 BGB

144   Im Gesetzgebungsverfahren war insbesondere beim Recht des Betriebsübergangs darüber diskutiert worden, ob die **Unterrichtung der Arbeitnehmer** über die Modalitäten des Betriebsübergangs[124] (Zeitpunkt, Grund, rechtliche,[125] wirtschaftliche und soziale Folgen des Übergangs, in

---

118 *Worzalla*, NZA 2002, 353, 356.

119 BAG 13.4.2000 – 2 AZR 215/99, NZA 2001, 144.

120 EuGH 27.1.2005 – Rs. C-188/03 (Junk), NZA 2005, 213.

121 BAG 23.3.2006 – 2 AZR 343/05, NZA 2006, 971.

122 BAG 13.4.2000 – 2 AZR 215/99, NZA 2001, 144; BAG 24.2.2005 – 2 AZR 207/04, NZA 2005, 766.

123 Siehe dazu *Nicolai*, NZA 2005, 206; *Appel*, DB 2005, 1002; *Bauer/Krieger/Powietzka*, DB 2005, 445 und DB 2005, 1570; vgl. auch BAG 24.2.2005 – 2 AZR 207/04, DB 2005, 1576.

124 Vgl. BAG 13.7.2006 – 8 AZR 305/05, AP Nr. 312 zu § 613a BGB zu den umfassenden Unterrichtungspflichten des Arbeitgebers.

125 Darunter der Hinweis auf die Gesamtschuldnerschaft des Übernehmers und des Veräußerers nach § 613a Abs. 2 BGB und der Hinweis auf den Eintritt in die Rechte und Pflichten aus dem bestehenden Arbeitsverhältnis (BAG 24.7.2008 – 8 AZR 175/07, zitiert nach http://www.bundesarbeitsgericht.de/).

Aussicht genommene Maßnahmen i.S.d. § 613a Abs. 5 BGB) in Textform nach § 126b BGB genügt. Die Gesetzesbegründung hat sich schlussendlich ausdrücklich für die Textform entschieden, da die Funktion der Vorschrift in der Information und Dokumentation liegt; Beweis- oder Warnfunktion dagegen stehen nicht im Vordergrund (siehe oben Rn 31 ff.).[126] Das bedeutet, dass die Unterrichtung der Arbeitnehmer i.S.d. § 613a Abs. 5 BGB insbesondere auch durch E-Mail erfolgen kann, wenn hierbei die Anforderungen des § 126b BGB erfüllt werden. Voraussetzung ist natürlich, dass die betreffenden Arbeitnehmer durch E-Mail erreichbar sind. Die mündliche Mitteilung etwa auf einer Betriebsversammlung wahrt die Form nicht (vgl. oben Rn 24 ff.).[127] Zugang ist nach § 130 BGB dann gegeben, wenn die E-Mail solchermaßen und zu derjenigen Zeit in den Herrschaftsbereich des E-Mail-Empfängers gerät, dass dieser nach den gewöhnlichen Umständen von ihrem Inhalt Kenntnis nehmen kann (siehe oben Rn 30 f.).

Dagegen erfordert der **Widerspruch gegen den Betriebsübergang** nach § 613a Abs. 6 S. 1 BGB, welcher seitens des Arbeitnehmers gegenüber dem Betriebsveräußerer und gegenüber dem Betriebserwerber erhoben werden kann, die **Schriftform i.S.d. § 126 BGB** (vgl. oben Rn 9 ff.).

Beispiel   **145**

Der bisherige Arbeitgeber oder der Betriebserwerber unterrichten die Arbeitnehmer per E-Mail über die Modalitäten des bevorstehenden Betriebsübergangs nach § 613a Abs. 5 BGB. Wenn dabei die inhaltlichen Anforderungen des § 613a Abs. 5 BGB und die formellen Voraussetzungen des § 126b BGB erfüllt sind, insbesondere die Person des Erklärenden und der Abschluss der Erklärung erkennbar gemacht werden, ist die Textform gewahrt und die Unterrichtung ordnungsgemäß erfolgt. Soweit nun aber ein Arbeitnehmer diesem Betriebsübergang seinerseits per Antwort-E-Mail widerspricht, ist das Schriftlichkeitserfordernis des § 126 BGB nicht eingehalten (siehe oben Rn 9 ff.). Wenn der Arbeitnehmer diesen Fehler nicht erkennt und eine fristwahrende schriftliche Widerspruchserklärung abgibt, geht das Arbeitsverhältnis mangels wirksamen Widerspruchs auf den Betriebserwerber über. Auch eine Treupflichtverletzung des Arbeitgebers liegt regelmäßig nicht vor, da dieser den Arbeitnehmer nicht über den Formverstoß beim Widerspruch unterrichten muss; eine auf der Fürsorgepflicht beruhende Beratungspflicht kann nur dann angenommen werden, wenn der Arbeitgeber den Arbeitnehmer tatsächlich im Vorfeld über die betreffende Frage beraten hat.

E. Prozessuale Formerfordernisse

I. Formale Anforderungen an Schriftsätze – insbesondere zur Übermittlung per Fax

Im Arbeitsgerichtsprozess gilt generell das Mündlichkeitsprinzip: Prozesshandlungen sind   **146** mündlich im Verfahren vorzunehmen (§§ 128, 128 a ZPO, §§ 46 Abs. 2, 80 Abs. 2 ArbGG). Für Erklärungen, die außerhalb der mündlichen Verhandlung abgegeben werden, besteht dagegen grundsätzlich das Erfordernis der Schriftlichkeit, und zwar selbst dort, wo dies gesetzlich nicht ausdrücklich angeordnet ist.[128] Für Schriftsätze greifen die Anforderungen des § 130 ZPO; diese Vorschrift gilt auch im Arbeitsprozess (§§ 46 Abs. 2, 80 Abs. 2 ArbGG). Als Ersatz für die Schriftform lassen § 130a ZPO, § 46b ArbGG das elektronische Dokument zu.

---

126 Begründung zum Regierungsentwurf, BT-Drucks 14/7760, 19; dagegen hatte sich – ohne Erfolg – der Bundesrat gewandt, welcher der Regelung auch Beweisfunktion zusprechen wollte, siehe BT-Drucks 14/7760, 22; s. die widersprechende Stellungnahme BT-Drucks 14/7797, 1.
127 MüKo-*Müller-Glöge*, § 613a BGB Rn 112; KR-*Pfeiffer*, § 613a BGB, Rn 108 f; ErfK-*Preis*, § 613a BGB Rn 91.
128 Zöller-*Greger*, Vor § 128 ZPO Rn 19.

Im Einzelnen ergibt sich aus § 130 ZPO (im Arbeitsgerichtsprozess anwendbar nach §§ 46 Abs. 2, 80 Abs. 2 ArbGG) unter anderem, dass Schriftsätze unterschrieben sein müssen. § 130 Nr. 6 ZPO erlaubt ausdrücklich auch die Übermittlung der Unterschrift „durch einen Telefaxdienst (Telekopie)" mit „Wiedergabe der Unterschrift in Kopie". Für die Klageerhebung gilt gem. § 46 Abs. 2 ArbGG, §§ 253, 496 ZPO, dass sie mündlich zum Protokoll der Geschäftsstelle (§ 153 GVG) oder schriftlich nach Maßgabe von § 130 ZPO erfolgen kann. Schriftformerfordernisse gelten weiterhin etwa für die Einlegung der Berufung (§ 64 Abs. 6 ArbGG, § 519 ZPO) und der Revision (§ 72 Abs. 5 ArbGG, § 549 ZPO).[129] In ständiger Rechtsprechung ist dabei die Übermittlung durch Telegramm, Fernschreiben und – entsprechend der nunmehr ausdrücklichen Regelung des § 130 Nr. 6 ZPO[130] – auch durch Telefax zugelassen.[131] Dies umfasst auch die elektronische **Übertragung einer Textdatei mit eingescannter Unterschrift auf ein Faxgerät** des Gerichts.[132]

Freilich ist dies alles mit Risiken verbunden, da die Faxübermittlung tatsächlich erfolgreich gewesen sein muss. Laut Rechtsprechung genügt es für den Nachweis des Übertragungserfolgs nicht, dass ein korrekter Sendebericht mit „OK"-Vermerk sowie zutreffender Übertragungszeit, Sender- und Empfängernummer vorliegt. Es muss vielmehr ein Ausdruck bei Gericht erfolgt sein.[133] Deshalb bewirkt auch die unvollständige Übertragung wegen Papierstaus im Drucker des Gerichts nicht den Zugang des Schriftsatzes.[134] In all diesen Fällen kommt lediglich die Wiedereinsetzung in den vorigen Stand nach § 233 ZPO in Betracht.[135]

II. Zulassung elektronischer Dokumente als Schriftsätze

147 Mit dem **Formvorschriftenanpassungsgesetz**,[136] das am 1.8.2001 in Kraft getreten ist, und mit dem **Justizkommunikationsgesetz**,[137] das am 1.4.2005 in Kraft getreten ist, wurden normative Grundlagen für die Einbeziehung elektronischer Daten in den Arbeitsgerichtsprozess sowie in die übrigen Prozessarten geschaffen.

148 § 46c ArbGG (§ 130a ZPO) ermöglicht es, **Schriftsätze als elektronische Dokumente** bei Gericht einzureichen, also per E-Mail mit elektronischer Signatur. Voraussetzung ist, dass die Bundesregierung oder die Landesregierungen für die jeweiligen Gerichte diese Möglichkeit durch Rechtsverordnung eingeführt haben. Die entsprechenden Regelungen sind derzeit noch nicht vollständig erlassen worden.[138]

149 Eine Partei, die einen Schriftsatz gem. § 46c ArbGG (§ 130a ZPO) formwirksam als elektronisches Dokument einreicht, braucht keine Abschriften in Papierform nachzureichen (§ 133 Abs. 1 S. 2 ZPO). Die Zustellung kann, wenn der Prozessgegner über einen entsprechenden Zugang nach dem SigG verfügt, elektronisch erfolgen. In der Regel ist aber zwecks Zustellung ein Ausdruck erforderlich. Diesen hat die Geschäftsstelle zu erstellen und dem Gegner in der gesetz-

---

129 Schwab/Weth-*Schwab*, § 64 ArbGG Rn 117; Schwab/Weth-*Ulrich*, § 72 ArbGG Rn 60, 60a, § 74 ArbGG Rn 3 a ff.
130 Fassung vom 13.7.2001, BGBl I 2001, 1542.
131 GmS-OGB 5.4.2000–GmS-OGB 1/98, NZA 2000, 959 m.w.N.
132 GmS-OGB 5.4.2000–GmS-OGB 1/98, NZA 2000, 959.
133 BGH 7.12.1994–VIII ZR 153/93, EzA § 130 BGB Nr. 26; LAG Hamm 13.1.1993–14 Sa 1486/92, NZA 1994, 335.
134 BGH 23.11.2004 – XI ZB 4/04, CR 2005, 273.
135 BGH 23.11.2004 – XI ZB 4/04, CR 2005, 273; Zöller-*Greger*, § 233 ZPO Rn 23 „Computerstörung", „Telefax".
136 Gesetz zur Anpassung der Formvorschriften des Privatrechts und anderer Vorschriften an den modernen Rechtsgeschäftsverkehr vom 13.7.2001, BGBl I 2001, 1542.
137 Gesetz über die Verwendung elektronischer Kommunikationsformen in der Justiz (Justizkommunikationsgesetz – JKomG) vom 22.3.2005, BGBl I 2005, 837.
138 BGH: Elektronische Rechtsverkehrsverordnung vom 26.11.2001, BGBl I 2001, 3225; BVerwG und BFH: Verordnung über den elektronischen Rechtsverkehr beim Bundesverwaltungsgericht und beim Bundesfinanzhof (e-Rechtsverkehrsverordnung BVerwG + BFH) vom 26.11.2004, BGBl I 2004, 3091; Deutsches Patent- und Markenamt, Bundespatentgericht: Verordnung über den elektronischen Rechtsverkehr im gewerblichen Rechtsschutz (ERvGewRV) vom 5.8.2003, BGBl I 2003, 1558.

lich vorgeschriebenen Form zu übermitteln. Dadurch, dass die Verpflichtung beseitigt wird, die für die Zustellung erforderliche Zahl von Abschriften im Falle der elektronischen Übermittlung beizufügen, entfällt die Verpflichtung zur Zahlung der entsprechenden Auslagen nach Nr. 9000 Nr. 1 und 2 des Gebührenverzeichnis GKG.

Das **Risiko einer fehlgeschlagenen Übermittlung** trägt – wie nach den allgemeinen Regeln – der Absender. Jedoch muss er gem. § 46c Abs. 1 S. 3 ArbGG (§ 130a Abs. 1 S. 2 ZPO) frühzeitig davon unterrichtet werden, wenn ein übermitteltes **Dokument nicht zur Bearbeitung durch das Gericht geeignet** ist. Zum einen besteht dann bei noch laufender Frist die Möglichkeit, das Dokument nochmals zu übermitteln. Zum anderen kann darauf unter Umständen ein Antrag auf Wiedereinsetzung in den vorigen Stand gestützt werden.[139]   **150**

III. Zustellung elektronischer Dokumente

Nach Maßgabe von §§ 46 Abs. 2, 50 Abs. 2 ArbGG, §§ 174 Abs. 3, 317 Abs. 3, Abs. 5 ZPO, besteht für das Gericht die Möglichkeit, elektronische Dokumente, insbesondere Urteile und Ausfertigungen, an Verfahrensbeteiligte **zuzustellen**. Der Kreis der Zustellungsempfänger ist auf Personen beschränkt, die von Berufs wegen als zuverlässig gelten (dazu zählt der Gesetzgeber freundlicherweise auch Anwälte) und die über die elektronische Signatur nach dem SigG verfügen.   **151**

Die **öffentliche Zustellung** kann gem. § 46 Abs. 2 ArbGG, § 186a Abs. 2 ZPO jetzt auch durch ein elektronisches Informationssystem erfolgen, und zwar entweder zusätzlich zur Papierveröffentlichung oder ausschließlich im Internet, wenn im veranlassenden Gericht ein entsprechender Informationsterminal öffentlich zugänglich bereitsteht.   **152**

IV. Elektronische Aktenführung durch das Gericht

Mit dem am 1.4.2005 in Kraft getretenen **Justizkommunikationsgesetz**[140] (JKomG) wurden für den Bereich der Justiz und Rechtspflege weitere rechtliche Voraussetzungen geschaffen, um Verfahrensabläufe für alle hieran Beteiligten den gegenwärtigen technischen Möglichkeiten der Informationsverarbeitung anzupassen.[141] Das zentrale Ziel der Neuregelungen ist die Ermöglichung einer **elektronischen Aktenführung** sowie im Rahmen eines so genannten **elektronischen Rechtsverkehrs** eine umfassende rechtsverbindliche elektronische Kommunikation zwischen Verfahrensbeteiligten und Gerichten. Auf diese Weise sollen elektronische Akten u.a. kontinuierlich verfügbar sein und der Akten- und Dokumententransfer beschleunigt werden. Des Weiteren sollen verschiedene Bearbeiter an unterschiedlichen Orten gleichzeitig auf die Akten zugreifen können und durch Suchfunktionen verschiedenste Akteninhalte in kürzester Zeit auffindbar sein.   **153**

§ 46d ArbGG, § 130b ZPO erlauben, dass gerichtliche Dokumente (Urteil, Beschluss, Protokoll), die der **Schriftform** bedürfen, als elektronische Dokumente aufgezeichnet werden können. Hierbei kann die handschriftliche Unterzeichnung durch eine **qualifizierte elektronische Signatur** ersetzt werden. § 46e ArbGG, § 298a ZPO erlauben die Führung einer **elektronischen Prozessakte**. Näheres können Bund und Länder jeweils durch Verordnung regeln. Dies betrifft insbesondere die Frage, in welchen Verfahren und bei welchen Gerichten eine elektronische Aktenführung eröffnet wird. Den Landesregierungen wird die Möglichkeit eingeräumt, die Verordnungsermächtigung auf die jeweiligen Landesjustizverwaltungen zu delegieren. Die entsprechenden Regelungen sind derzeit noch nicht vollständig erlassen worden.[142]   **154**

---

139 Vgl. BGH 25.11.2004 – VII ZR 320/03, CR 2005, 442; Zöller-*Greger*, § 233 ZPO Rn 23 „Computerstörung", „Telefax".

140 BGBl I 2005, 837.

141 Siehe im Einzelnen *Viefhues*, NJW 2005, 1009; *Berger*, NJW 2005, 1016.

142 Vgl. *Viefhues*, NJW 2005, 1009, 1013 f.

155   Um die Beteiligten nicht zu überfordern und zur Sicherstellung ordnungsgemäßer Bearbeitung erlaubt § 298 Abs. 1 ZPO (im Arbeitsgerichtsprozess anzuwenden nach §§ 46 Abs. 2, 80 Abs. 2 ArbGG) den **Ausdruck für die Akten** von elektronischen Dokumenten (§§ 46c, 46d ArbGG, §§ 130a, 130b ZPO). Beim derzeitigen Stand der Technik dürfte dies auch den Erfordernissen der unabhängigen richterlichen Tätigkeit entsprechen.[143] Der Aktenausdruck ist nach den allgemeinen für Schriftstücke geltenden Aufbewahrungsvorschriften zu behandeln. Durch die in § 298 Abs. 3 ZPO vorgesehene Speicherung soll ein Beweisverlust vermieden werden. § 298 Abs. 2 ZPO regelt die diesbezüglichen – aufwendigen – Formerfordernisse. Es ist ein Transfervermerk erforderlich, der dreierlei enthalten muss: zunächst die Angabe, wer der Inhaber des mit dem Dokument verbundenen Signaturschlüssels ist, also der Signaturschlüssel-Inhaber i.S.v. § 2 Nr. 9 SigG. Zudem muss festgestellt werden, wann die elektronische Signatur mit dem Dokument verbunden wurde. Der Zeitpunkt lässt sich zum Beispiel anhand einer mit einem Zeitstempel versehenen qualifiziert-elektronischen Signatur eines akkreditierten Zertifizierungsdiensteanbieters bestimmen. Schließlich ist die Angabe notwendig, welche Zertifikate mit welchen Daten der Signatur zugrunde lagen. Hierdurch kann in Verbindung mit den anderen Angaben die Geltung des Signaturschlüssels überprüft und festgestellt werden, ob der Signaturschlüssel zum Zeitpunkt seiner Nutzung noch gültig war und ob das zugehörige Zertifikat entsprechende Rechtshandlungen, ggf. in Verbindung mit Attributzertifikaten, ermöglichte (vgl. § 5 Abs. 2 S. 1 SigG). Der gem. § 298 Abs. 2 ZPO erforderliche Transfervermerk kann maschinell erstellt werden. Um diese Verfahrensweise zu ermöglichen, verzichtet das Gesetz auf das Erfordernis einer handschriftlichen Unterzeichnung des Transfervermerks. Diese Voraussetzungen entsprechen weitgehend den Formerfordernissen, die für die behördliche Beglaubigung von Ausdrucken öffentlicher elektronischer Dokumente gem. § 33 Abs. 5 VwVfG gelten.[144]

156   Umgekehrt können gem. § 46e Abs. 2 ArbGG (§ 298a Abs. 2 ZPO) auch **Papierdokumente der elektronischen Akte zugeführt** werden. Hiernach besteht eine beschränkte Aufbewahrungspflicht für Schriftstücke und sonstige Unterlagen, die bis zum rechtskräftigen Abschluss des Verfahrens benötigt werden, etwa weil die von einer eingereichten Urkunde mittels Scannen erstellte Bilddatei nicht denselben Beweiswert hat wie das Papieroriginal. Auch über diesen Transfer von Papierform in elektronische Form muss nach § 46e Abs. 3 ArbGG (§ 298a Abs. 3 ZPO) ein entsprechender Vermerk gefertigt werden. Aus dem Vermerk muss sich die für den Ausdruck verantwortliche Person ergeben, die den Vermerk elektronisch zu signieren hat. Die Rechtsfolgen mangelhafter Transfervermerke sind nicht gesetzlich geregelt; ihre Bestimmung hat der Gesetzgeber der Rechtsprechung überlassen. Die **Akteneinsicht** in elektronische Dokumente richtet sich nach § 299 ZPO.

157   Bezüglich der **Beweiskraft** sind durch das JKomG die im Prozess gesetzlich zugelassenen **elektronischen Dokumente** nicht mehr im Augenscheinbeweis zu bewerten, sondern es sind auf private elektronische Dokumente die Vorschriften über die Beweiskraft der jeweiligen Urkundsart entsprechend anzuwenden, § 371a Abs. 1 ZPO (vgl. Rn 56). Insofern finden bei privaten elektronischen Dokumenten, die mit einer qualifizierten elektronischen Signatur versehen sind, die Vorschriften über die Beweiskraft privater Urkunden entsprechende Anwendung (§§ 416, 439, 440 ZPO). Für öffentliche elektronische Dokumente gelten §§ 371a Abs. 2, 416a ZPO.[145]

---

143 Vgl. *Viefhues*, NJW 2005, 1009, 1011.
144 *Viefhues*, NJW 2005, 1009, 1012 f.
145 *Viefhues*, NJW 2005, 1009; *Berger*, NJW 2005, 1016.

§ 9   Arbeitsschutz

Michael Werner

Inhalt

A.   Einführung

Die derzeitigen Arbeitsverhältnisse und ihr Umfeld unterliegen einem viel größeren Wandel als noch vor einer Generation. Insbesondere mit der nahezu flächendeckenden Einführung des Computers und der damit verbundenen Technologien in die Betriebe hat sich die Struktur der Arbeit erheblich verändert. **1**

Dies zeigt sich gerade beim Abbau von Arbeitsplätzen, die sich im Wesentlichen durch körperliche Tätigkeit ausgezeichnet haben und dem parallelen Anstieg von Arbeitsplätzen im Dienstleistungsbereich. In einer durch das Internet und andere moderne Informationstechnologien geprägten Arbeitswelt hat sich dieser Prozess weiter beschleunigt.

Der technische Wandel führt auch zu Änderungen im Bereich des Arbeitsschutzes. Einerseits bringt die Einführung von computergesteuerten Abläufen in der Produktion regelmäßig mehr Sicherheit für die Arbeitnehmer, da die von Unfallgefahren geprägte Arbeit immer mehr von Maschinen übernommen und auch gesteuert wird, während die Arbeitnehmer dafür mehr Kontrollfunktionen wahrnehmen als früher.

Andererseits vollzieht sich die Arbeit mit Informationstechnologien regelmäßig an einem Arbeitstisch mit einem Bildschirm. Dass ein solcher Arbeitsplatz geringere Gesundheitsgefahren beinhaltet als ein Arbeitsplatz in der klassischen industriellen Fertigung, liegt auf der Hand. Trotzdem ergeben sich aus der gleichförmigen Büroarbeit andere Gesundheitsbeeinträchtigungen, die auf den ersten Blick nicht so offenkundig zu Tage treten wie zum Beispiel Arbeitsunfälle mit Brüchen, Verbrennungen oder Quetschungen an Gliedmaßen. Im Vordergrund stehen vielmehr schleichende Prozesse mit Verspannungen in der Schulter- und Nackenmuskulatur, Kreuz- und Kopfschmerzen sowie Augenbeschwerden. Der europäische Gesetzgeber hat dieser Entwicklung Rechnung getragen und die angehörigen EU-Mitgliedstaaten zur Einleitung von Arbeitsschutzmaßnahmen verpflichtet. In Umsetzung mehrerer europäischer Richtlinien wurde mit dem Arbeitsschutzgesetz ein Instrument geschaffen, das zusammen mit der Verabschiedung einer ganzen Reihe von Arbeitsschutzverordnungen das staatliche Arbeitsschutzrecht neu gefasst hat.

2 Soweit das Arbeitsrecht insgesamt schon als Arbeitnehmerschutzrecht verstanden wird, grenzt sich das Arbeitsschutzrecht im engeren Sinn hiervon insoweit ab, als der technische Arbeitsschutz die Sicherheit der Arbeitnehmer am Arbeitsplatz zum Ziel hat. Er bezweckt den Schutz vor gesundheitlichen Gefährdungen während und durch die Arbeit, die Vermeidung von Berufskrankheiten und arbeitsbedingten Erkrankungen, den Erhalt der Arbeitskraft der Beschäftigten und die Verbesserung des wirtschaftlichen Erfolgs des Unternehmens infolge der Vermeidung von Personenschäden. In Umsetzung dieses Ziels soll in erster Linie eine menschengerechte Gestaltung der Arbeit erreicht werden.

Dagegen verfolgt der soziale Arbeitsschutz den Schutz besonderer Personengruppen, wie z.B. von Müttern oder Jugendlichen, und befasst sich u.a. mit Themen wie der Arbeitszeit.

3 Der Aufbau des technischen Arbeitsschutzes ist zweigeteilt: er besteht auf der einen Seite aus dem den Berufsgenossenschaften als Trägern der gesetzlichen Unfallversicherung übertragenen autonomen Arbeitsschutz. Dieser wird geprägt durch die auf der Grundlage der Vorschriften des Sozialgesetzbuchs VII erlassenen gefahrenspezifischen Unfallverhütungsvorschriften, Durchführungsanweisungen und Merkblätter sowie die ihre Einhaltung kontrollierenden technischen Aufsichtsdienste.

4 Auf der anderen Seite ist der Staat für die Durchführung des technischen Arbeitsschutzes zuständig. Seine Ermächtigung fußt vor allem auf dem gesetzlichen Rahmen des Arbeitsschutzgesetzes und Regelungen aus dem Arbeitssicherheitsgesetz, dem Betriebsverfassungsgesetz, der Gewerbeordnung und dem Arbeitnehmerüberlassungsgesetz. Durch die Verordnungsermächtigung nach den §§ 18, 19 ArbSchG, von der der Gesetzgeber mit Erlass der Verordnungen über Arbeitsstätten, Mutterschutz, Bildschirmarbeit, Betriebssicherheit, Biostoffe, Baustellen, Lastenhandhabung, Benutzung persönlicher Schutzausrüstung bei der Arbeit Gebrauch gemacht hat, ist der technische Arbeitsschutz inhaltlich konkretisiert worden. Zur Einhaltung des staatlichen Arbeitsschutzes sind in erster Linie die Gewerbeaufsichtsämter, die Gewerbeärzte und nachrangig die Ordnungs- und Polizeibehörden berufen.

5 Ergänzt wird das Arbeitsschutzrecht durch den so genannten privaten Arbeitsschutz, der auf tarifvertraglicher und betrieblicher Ebene stattfindet.

B. Arbeitsschutzgesetz

6 Da nur bei einem bestimmten Gefährdungspotential der betrieblichen Arbeit gesetzliche Vorschriften und Unfallverhütungsvorschriften existieren und diese auch dann nur den rechtlichen Rahmen für die Arbeitsorganisation bilden, hängt die Umsetzung des Arbeitsschutzgesetzes in der betrieblichen Praxis von der Mitwirkung aller Beteiligten, vom Arbeitgeber über die Arbeitnehmer, dem Betriebsrat, der Fachkraft für Arbeitssicherheit, dem Sicherheitsbeauftragten und dem Betriebsarzt, ab.

I. Anwendungsbereich

Das Gesetz erfasst alle Beschäftigten, ohne Unterscheidung, ob sie in einem privatrechtlichen oder öffentlich-rechtlichen Rechtsverhältnis tätig sind. Damit unterfallen ihm neben den Arbeitnehmern und Auszubildenden auch die arbeitnehmerähnlichen Personen, sowie Beamte, Richter, Soldaten und die in Werkstätten für Behinderte Beschäftigten. Ausgenommen sind lediglich Hausangestellte in privaten Haushalten sowie Beschäftigte auf Seeschiffen und in Bundesberggesetz-Betrieben. Letztgenannte werden durch andere Vorschriften, wie z.B. das Arbeitssicherheitsgesetz, das Geräteschutzgesetz, Unfallverhütungsvorschriften oder durch Sondervorschriften für Berg- und Seeleute, z.B. das Seemannsgesetz, geschützt. Unter den Beschäftigtenbegriff des ArbSchG fallen weiterhin auch Aushilfen, die nur vorübergehend im Betrieb eingesetzt werden, sowie Leiharbeitnehmer und auf der Basis eines Werkvertrags tätige Fremdarbeitnehmer im Betrieb wie auch Telearbeitnehmer oder Außendienstler.[1]

II. Arbeitgeber

1. Verpflichtungen des Arbeitgebers

Die innerbetriebliche Organisation des technischen Arbeitsschutzes obliegt dem Arbeitgeber gem. den §§ 3–14 ArbSchG. Er muss einerseits auf die Einhaltung der staatlichen Arbeitsschutzvorschriften und andererseits auf die Durchführung der Unfallverhütungsvorschriften der für den Betrieb zuständigen Berufsgenossenschaft achten. Im Falle der Nichteinhaltung dieser Vorschriften muss er damit rechnen, dass die Gewerbeaufsicht bzw. die Berufsgenossenschaft die Durchführung mittels Verwaltungszwang erzwingen oder ihm Bußgelder auferlegen kann.

Die Verpflichtungen des Arbeitsschutzgesetzes treffen den Arbeitgeber grundsätzlich höchstpersönlich. Er kann allerdings – wie dies auch in größeren Betrieben unumgänglich ist – die Verantwortlichkeit an seinen gesetzlichen Vertreter, vertretungsberechtigte Organe und Gesellschafter, Unternehmens- und Betriebsleiter im Rahmen der ihnen übertragenen Aufgaben und Befugnisse übertragen. Zu den beauftragten Personen können u.a. auch aufgrund Unfallverhütungsvorschriften, Gesetz oder Verordnung beauftragte Personen, wie z.B. der Betriebsarzt, die Fachkraft für Arbeitssicherheit, der Sicherheitsingenieur oder sonstige Dritte gehören.

Zunächst trifft den Arbeitgeber die materielle Gewährleistungspflicht, Gesundheit und Sicherheit der Beschäftigten bei der Arbeit sicherzustellen und damit eine umfassende, präventive Handlungspflicht, auch jenseits des Geltungsbereichs von Verordnungen oder Unfallverhütungsvorschriften tätig zu werden.

Beispiele

- Arbeitszeitgestaltung: Vermeidung von negativen gesundheitlichen Auswirkungen von Nacht- und Schichtarbeit, z.B. in Form von Magen-/Darmerkrankungen, Schlafstörungen, psychischen Problemen
- Arbeitsorganisation: Vermeidung von Stress infolge von widersprüchlichen Arbeitsanweisungen, Arbeitsverdichtung, Zeit- oder Termindruck, der zu beträchtlichen gesundheitlichen Beeinträchtigungen z.B. in Form von Magen-/Darmbeschwerden, Kopfschmerzen, Schlaflosigkeit, Konzentrationsstörungen führen kann

---

1 Kollmer-*Oppenhauer*, ArbSchG, § 15 Rn 7, 8.

12 Der Arbeitgeber ist allerdings „nur" im Rahmen des Erforderlichen verpflichtet, was bedeutet, dass jeweils das zur Verfügung stehende mildeste Mittel zur Abwehr einer bestehenden Gesundheitsgefahr ergriffen werden muss, und dies auch nur dann, wenn es nicht zu einem möglichen Erfolg außer Verhältnis steht.[2]

13 Dabei hat der Arbeitgeber zum einen Wirksamkeitskontrollen durchzuführen und mit dem Ziel stetiger Verbesserungen die Arbeitsbedingungen sich ändernden Gegebenheiten anzupassen. Diese Kontrollen können regelmäßig oder aus besonderem Anlass erfolgen.

14 *Beispiele*

■ Regelmäßig: schneller Turnus der Kontrollen bei hoher Gefährdung am Arbeitsplatz nach Maßgabe des Verhältnismäßigkeitsgrundsatzes, z.B. bei der Arbeit mit gefährlichen Chemikalien

■ Besonderer Anlass: Änderung der Belastungsfähigkeit des betroffenen Arbeitnehmers, Verschlechterung des Gesundheitszustandes, häufige Arbeitsunfälle, neue relevante Erkenntnisse über Gefahren am Arbeitsplatz, bessere Schutzmöglichkeiten aufgrund neuer Techniken

15 Ziel der Anpassungsverpflichtung ist, eine kontinuierliche Verbesserung des Arbeits- und Gesundheitsschutzes zu erreichen. Damit einhergehend wird der Arbeitgeber auch verpflichtet, für eine geeignete Organisation des Arbeitsschutzes zu sorgen, d.h. zunächst eine Konzeption des betrieblichen Arbeitsschutzes vorzulegen, die hierfür erforderlichen Mittel bereitzustellen und für die Durchführung der Arbeitsschutzmaßnahmen zu garantieren. Letzteres bedeutet, dass die Beschäftigten darauf kontrolliert werden müssen, dass die vorgegebenen Arbeitsschutzmaßnahmen auch durchgeführt werden.

16 *Beispiel*

■ Verteilung der arbeitsschutzrechtlichen Verantwortlichkeit auf hierfür geeignete, d.h. zuverlässige und fachkundige Personen, insbesondere der diesbezüglichen Weisungsbefugnisse im Betrieb, z.B. durch entsprechende Stellenbeschreibungen

■ Sicherstellung, dass diese Befugnisse auch ausgeübt werden können,[3] inklusive Vertretungsregeln[4]

■ Einführung einer Sicherheitskommunikation und -information

■ Einführung einer Oberaufsicht des Arbeitgebers, z.B. durch stichprobenartige Vor-Ort-Kontrollen, Berichtspflicht der für den Arbeitsschutz innerbetrieblich verantwortlichen Personen zum Stand des Arbeits- und Gesundheitsschutzes,[5] Beurteilung der Beschäftigten in Bezug auf den betrieblichen Arbeitsschutz

17 Der Arbeitgeber hat auch die erforderlichen Mittel für die Planung und die Durchführung des betrieblichen Arbeitsschutzes zu tragen. Hierzu gehören sächliche, personelle und finanzielle Mittel.

18 *Beispiel*

■ Bereitstellung von sicheren Arbeitsmitteln, einschließlich Sicherheitstechnik, persönlicher Schutzausrüstung und Messinstrumenten, Ausstattung der Arbeitsstätte mit Erste-Hilfe-Material, mit Sanitäts- und Sanitärräumen, Bekanntmachen von Arbeitsschutzvorschriften, Unterweisungs- und Schulungsmaterial

■ Bereitstellung von Hilfspersonal für die Sicherheitsfachkräfte und Betriebsärzte

---

2 Kollmer-*Kohte*, ArbSchG, § 3 Rn 20.
3 LG Hanau 28.2.1955 – 2 O 117/53, VersR 1956, 785, 786.
4 BGH 17.10.1967 – VI ZR 70/66, NJW 1968, 247, 249; BGH 26.4.1988 – VI ZR 246/86, NJW 1988, 2298, 2300.
5 BGH 17.10.1967 – VI ZR 70/66, NJW 1968, 247, 248; BGH 30.1.1996 – IV ZR 408/94, NJW-RR 1996, 867, 868.

Die Kosten für Maßnahmen nach dem Arbeitsschutzgesetz darf der Arbeitgeber nicht den Beschäftigten auferlegen, § 3 Abs. 3 ArbSchG. Geht der vom Arbeitgeber angebotene Schutz, z.B. bei der Arbeitskleidung, allerdings über den gesetzlichen Mindestrahmen hinaus, können – durchaus zulässig – arbeitsvertragliche und kollektivrechtliche Vereinbarungen über eine Kostenbeteiligung des Arbeitnehmers abgeschlossen werden, soweit der Arbeitgeber dem Arbeitnehmer besondere Vorteile mit der Nutzung anbietet und der Arbeitnehmer frei über die Annahme des Angebots entscheiden kann.[6]

19

Praxishinweis

Siehe hierzu auch die unter Rn 134 abgedruckte Betriebsvereinbarung Bildschirmarbeitsplätze I § 4 Nr. 6.

20

Nach § 4 ArbSchG werden dem Arbeitgeber eine Reihe weiterer Pflichten auferlegt, die allerdings zur Erreichung einer notwendigen Praktikabilität der Anpassung an die betrieblichen Erfordernisse bedürfen:

21

Beispiel

Gestaltung der Arbeit bei Vermeidung von Gefahrenpotential für Leben und Gesundheit; Berücksichtigung des Stands der Technik, der Arbeitsmedizin und Hygiene und sonstiger arbeitswissenschaftlicher Erkenntnisse bei der Durchführung von Arbeitsschutzmaßnahmen

22

Der Arbeitgeber muss den konkreten Arbeitsplatz im Sinne einer Gefahrenanalyse überprüfen, § 5 ArbSchG. Dabei muss er zuallererst die Gefährdung erkennen und dann hinsichtlich ihrer Schwere bewerten.

23

Hinzu kommt eine Dokumentationsverpflichtung betreffend die Gefährdungsbeurteilung, Arbeitsschutzmaßnahmen und Überprüfungsergebnisse. Der Arbeitgeber ist zwar frei in der Art und Weise seiner Dokumentation, muss allerdings den mit dem betrieblichen Arbeitsschutz befassten Personen sowie der Aufsichtsbehörde ermöglichen, die aktuelle Situation zu erfassen. Die Unterlagen müssen insoweit in sich verständlich sein. Die Kleinbetriebsklausel in § 6 Abs. 1 S. 3 ArbSchG, die Arbeitgeber mit zehn oder weniger Beschäftigten von der Dokumentationspflicht ausnimmt, ist europarechtswidrig.[7] Auch diese Betriebe unterliegen der Dokumentationspflicht.

24

Der Arbeitgeber hat weiterhin die Pflicht, die Arbeitnehmer hinsichtlich ihrer geistigen und körperlichen Fähigkeiten, z.B. bei Seh- und Hörschwächen, dahin gehend zu überprüfen, ob sie in der Lage sind, die bezogen auf den Arbeitsschutz an ihrem konkreten Arbeitsplatz maßgeblichen Schutzvorschriften einzuhalten, § 7 ArbSchG.

25

Praxishinweis

Siehe hierzu auch die im Anhang abgedruckte Betriebsvereinbarung Bildschirmarbeitsplätze I § 4 Nr. 1, 4.

26

Er muss daher geeignete Anweisungen über den Arbeitsschutz erteilen, insbesondere bei Arbeiten an gefährlichen Arbeitsplätzen. Diese Anweisungen müssen so frühzeitig erfolgen, dass der Arbeitnehmer sich selbst auf die Gefahr einstellen und ihr durch eigene Abwehrmaßnahmen begegnen, notfalls sich unverzüglich außer Gefahr bringen kann, §§ 9, 12 ArbSchG.

27

Abhängig von der Gefährdung am Arbeitsplatz hat der Arbeitgeber konkrete Vorsorge i.S.v. erster Hilfe, Brandbekämpfung und Evakuierung zu treffen und auf Verlangen den Arbeitnehmern eine regelmäßige arbeitsmedizinische Beratung bzw. Untersuchung zu ermöglichen, §§ 10, 11 ArbSchG.

28

---

6 BAG 18.8.1982 – 5 AZR 493/80, DB 1983, 234; BAG 17.4.1985 – 5 AZR 191/83, DB 1986, 283.
7 EuGH 7.2.2002 – C-5/00, NZA 2002, 321.

29   Neben den Pflichten gegenüber seinen Beschäftigten bzw. innerhalb des Betriebs treffen den Arbeitgeber zusätzlich Pflichten gegenüber der Arbeitsschutzbehörde. So muss er ihr über die Beschäftigten Auskunft erteilen, bezogen auf Anzahl, Geschlecht, Alter und Staatsangehörigkeit, den Ort der Betriebsstätte und den Wirtschaftszweig, in dem die Beschäftigten tätig sind. Hinzu kommen Mitteilungspflichten hinsichtlich des betrieblichen Arbeitsschutzes. Zusätzlich muss der Arbeitgeber die Behörde bei ihrer Arbeit unterstützen, ihr z.B. den Zutritt in den Betrieb gestatten sowie die Einsichtnahme in Betriebs- und Geschäftsunterlagen, §§ 22, 23 ArbSchG.

2.   Haftung des Arbeitgebers

a)   Öffentlich-rechtliche Haftung

30   Die Sanktionen im staatlichen Arbeitsschutzrecht erfolgen auf der Grundlage des öffentlichen Rechts. Verfahrensrecht ist die Verwaltungsgerichtsordnung. Erkennt eine Behörde Pflichtverstöße des Arbeitgebers, der verantwortlichen Personen oder der Beschäftigten, hat sie die Möglichkeit, gegen die betreffende Person eine verbindliche Anordnung zu erlassen und diese – falls erforderlich – für sofort vollziehbar zu erklären. Erklärt sich der Betroffene nicht einverstanden mit der Entscheidung der Behörde, ist der statthafte Rechtsbehelf der Widerspruch.

31   Bei erfolgter Anordnung der sofortigen Vollziehbarkeit des Verwaltungsakts, kann der Betroffene im einstweiligen Rechtsschutzverfahren vor dem zuständigen Verwaltungsgericht die Wiederherstellung der aufschiebenden Wirkung des Widerspruchs beantragen. Gegen den Widerspruchsbescheid ist die Klage zu den Verwaltungsgerichten zulässig.

32   Ist die Entscheidung der Aufsichtsbehörde bestandskräftig geworden, kann die Anordnung nach § 22 ArbSchG im Wege des Verwaltungszwangs, der nach den Verwaltungsvollstreckungsgesetzen der Bundesländer durchgeführt wird, vollstreckt werden. Zwangsmittel sind das Zwangsgeld, die Ersatzvornahme und der unmittelbare Zwang.

b)   Zivilrechtliche Haftung und Haftungsbeschränkung

33   Im Übrigen spielen zivilrechtliche Haftungsrisiken bei Verletzung der Arbeitsschutzvorschriften durch den Arbeitgeber eine große Rolle, allerdings auch Haftungsbeschränkungen nach dem SGB VII.

34   Erleidet ein Arbeitnehmer infolge eines Arbeitsunfalls einen Gesundheitsschaden, so stellt sich die Frage, ob der Arbeitgeber die unfallbedingten Kosten übernehmen muss. Nach allgemeinen vertragsrechtlichen und deliktsrechtlichen Grundsätzen, nach denen schuldhafte Vertrags- oder Rechtsgutsverletzungen zum Schadensersatz verpflichten, käme insbesondere auch das Verhalten oder Unterlassen des Arbeitgebers auf den Prüfstand. Die gesetzliche Unfallversicherung, namentlich die §§ 104–113 SGB VII, schließt allerdings in erheblichem Umfang zivilrechtliche Schadensersatzansprüche aus und befreit den Arbeitgeber neben einer Vielzahl weiterer Schädiger insoweit von der Haftung gegenüber dem Arbeitnehmer. Die Freistellung des Arbeitgebers gem. § 104 SGB VII geht soweit, dass die Einstandspflicht gegenüber dem Geschädigten nur bei Vorsatz und bei Wegeunfällen i.S.d. § 8 Abs. 2 Nr. 1–4 SGB VII greift.

35   Damit spielt die Unfallversicherung im Haftungsrecht des Arbeitsverhältnisses eine herausragende Rolle, weil mit den §§ 104 ff. SGB VII ein eigenes Haftungsregime statuiert wird,[8] welches wirtschaftlich nicht nur den Körper- und Vermögensschaden des Geschädigten sowie seiner Angehörigen absichert, sondern auch quasi als Haftpflichtversicherung des Schädigers fungiert. Der Grund für die Haftungseinschränkung wird in der arbeitgebergetragenen Beitragslast zur Unfallversicherung gesehen; der wirtschaftlich insoweit bereits belastete Arbeitgeber soll von weiter gehenden Ansprüchen verschont werden. Des Weiteren übt sie eine sehr wichtige Friedensfunk-

8 HWK-*Giesen*, Vorb. SGB VII Rn 5.

tion aus, da sie die Arbeitsbeziehungen zwischen Arbeitgebern und Arbeitnehmern sowie innerhalb der Gruppe der Arbeitnehmer entlastet. Diese werden nicht durch unter Umständen langwierige Haftungsprozesse erschwert. Die Unfallversicherung deckt nicht nur verschuldete, sondern auch unverschuldete Arbeitsunfälle ab und geht damit über die zivilrechtlichen Haftungstatbestände hinaus.[9]

Gegenstand der von der Unfallversicherung übernommenen und damit gegenüber dem Arbeitgeber ausgeschlossenen Ansprüche sind alle Personenschäden sowie sämtliche hiermit verbundenen weiteren Kosten und Aufwendungen, also z.B. Heilungskosten, Schäden an Hilfsmitteln wie Brillen und Prothesen, Erwerbsausfall, entgangener Gewinn, Beerdigungskosten, entgangener Unterhalt, entgangene Dienste usw.[10] Zwar zählt zum Personenschaden auch der Schmerzensgeldanspruch; dieser wird jedoch nicht durch die gesetzliche Unfallversicherung reguliert, da nach dem SGB VII immaterielle Schäden nicht ersetzt werden.   **36**

Ausgenommen von der Haftungsfreistellung gegenüber dem Geschädigten sind lediglich Vorsatzhandlungen des Arbeitgebers.

> *Praxishinweis*   **37**
>
> Sollte eine vorsätzliche oder auch eine grob fahrlässige Schädigung eines Arbeitnehmers durch den Arbeitgeber oder das Unternehmen verursacht worden sein, tritt eine Haftung auch gegenüber der Unfallversicherung gem. §§ 110, 111 SGB VII ein. Die Haftung ist in der Höhe beschränkt auf den zivilrechtlichen Schadensersatzanspruch.

Keine Haftungserleichterung gibt es ebenfalls bei einem auf dem nach § 8 Abs. 2 Nr. 1–4 SGB VII versicherten Weg des Geschädigten[11] herbeigeführten Versicherungsfall. Hierzu zählen alle unmittelbaren Wege von und nach dem Ort der Tätigkeit, eventuelle Umwege beim Fortbringen bzw. Abholen von Kindern, wegen der Teilnahme an Fahrgemeinschaften sowie Familienheimfahrten. Der versicherte Weg beginnt mit dem Durchschreiten der heimischen Außentür und endet mit dem Erreichen des Betriebsgeländes.[12]   **38**

Anders als bei den Personenschäden gibt es für den Arbeitgeber bei Sach- und Vermögensschäden keine Haftungsfreistellung, sondern es gelten die allgemeinen vertragsrechtlichen und deliktsrechtlichen Haftungsregeln gem. §§ 280 Abs. 1, 823 ff. BGB, die eine schuldhafte Vertrags- oder Rechtsgutsverletzung voraussetzen. Hinzu kommt eine Haftung für das Fehlverhalten von Erfüllungsgehilfen, wenn der Arbeitgeber bei ihrer Auswahl und Überwachung, z.B. der eines Vorgesetzten oder der Übertragung einer besonderen Schutzaufgabe auf einen unzuverlässigen Arbeitnehmer,[13] nicht sorgfältig vorgegangen und einem Arbeitnehmer hierdurch ein Sachschaden entstanden ist.   **39**

III. Beschäftigte

§ 15 ArbSchG deklariert die Eigenverantwortlichkeit des Beschäftigten in Fragen des betrieblichen Arbeitsschutzes. In diesem Sinne werden die Beschäftigten zur Einhaltung folgender Pflichten angehalten: **40**

---

9 Zu den weiteren Voraussetzungen der Arbeitgeberhaftung: *Werner*, AWR 2004, 178 ff.
10 ErfK-*Rolfs*, § 104 SGB VII Rn 29; HWK-*Giesen*, § 104 SGB VII Rn 6.
11 BAG 30.10.2003 – 8 AZR 548/02, DB 2004, 656.
12 HWK-*Giesen*, § 104 SGB VII Rn 11.
13 BAG 17.12.1968 – 5 AZR 149/68, AP Nr. 2 zu § 324 BGB; ErfK-*Preis*, § 619a BGB Rn 64.

1. Pflichten der Beschäftigten

41
■ Im Rahmen der Kenntnisse und vorhandenen technischen Mittel sollen geeignete Maßnahmen zur Gefahrenabwehr und Schadensbegrenzung getroffen werden, wenn bei unmittelbarer Gefahr für sich oder andere Personen der Vorgesetzte nicht erreichbar ist, § 9 Abs. 2 S. 2 ArbSchG.

■ Sie sollen für ihre Sicherheit und Gesundheit bei der Arbeit nach ihren Möglichkeiten sowie gem. der Unterweisung und Weisung des Arbeitgebers Sorge tragen, § 15 Abs. 1 ArbSchG.

■ Maschinen, Geräte, Werkzeuge, Arbeitsstoffe, Transport- und sonstige Arbeitsmittel sowie zur Verfügung gestellte persönliche Arbeitsmittel sollen bestimmungsgemäß verwandt werden, § 15 Abs. 2 ArbSchG.

■ Festgestellte unmittelbare Gefahren für Sicherheit und Gesundheit sowie Defekte an Schutzsystemen sollen unverzüglich dem Arbeitgeber oder dem zuständigen Vorgesetzten gemeldet werden, § 16 Abs. 1 ArbSchG.

■ Die für die Sicherheit und den Gesundheitsschutz zuständigen Personen sollen von ihnen unterstützt werden; Mängel sollen diesen und den Sicherheitsbeauftragten gemeldet werden, § 16 Abs. 2 ArbSchG.

Daneben bleiben die Pflichten der Beschäftigten aus anderen Rechtsvorschriften unberührt. Hierzu gehören insbesondere:

■ Weisungsgebundenheit der Auszubildenden gem. § 9 Nr. 3, 4 BBiG, § 21 Abs. 3 SGB VII
■ Mitteilungspflicht bei Schwangerschaft gem. § 5 MuSchG
■ Unterlassung von Umweltschäden in Entsprechung der §§ 324 ff. StGB
■ Pflichten aus Unfallverhütungsvorschriften gem. SGB VII, z.B. UVV „Allgemeine Vorschriften BGV A 1", UVV „Erste Hilfe BGV A 5", UVV „Lärm BGV B 3", UVV „Sicherheitskennzeichnung BGV B 8".

2. Haftung der Beschäftigten

42
Soweit Beschäftigte ihre Arbeitsschutzpflichten grob fahrlässig oder vorsätzlich verletzen und hieraus dem Arbeitgeber, einem anderen Beschäftigten oder dritten Personen ein Schaden entsteht, sind sie grundsätzlich zum Schadensersatz verpflichtet. Die Unfallverhütungsvorschriften stellen insoweit Schutzgesetze i.S.d. § 823 Abs. 2 BGB dar. Allerdings unterscheiden sich die Haftungsregeln für die Beschäftigten abhängig von dem jeweiligen Verschuldensgrad. Bei Sachschäden erfolgt die Haftung nach den Grundsätzen der begrenzten Arbeitnehmerhaftung bei betrieblich veranlassten Tätigkeiten. Unter gewissen Voraussetzungen ergibt sich danach eine volle oder anteilige Mithaftung des Arbeitgebers bei nicht vorsätzlicher Schadensverursachung durch seine Beschäftigten:

■ Unabhängig von einem Mitverschulden des Arbeitgebers gem. § 254 BGB muss der Arbeitnehmer für Schäden, die er infolge leichtester Fahrlässigkeit verursacht hat, nicht aufkommen.[14]

■ Bei mittlerer Fahrlässigkeit findet eine Schadensteilung unter Abwägung der Gesamtumstände unter Billigkeits- und Zumutbarkeitsgesichtspunkten statt.[15]

■ Sogar bei grober Fahrlässigkeit soll unter dem Gesichtspunkt des Betriebsrisikos eine vollständige Haftung des Arbeitnehmers aus Rücksicht auf dessen soziale Schutzwürdigkeit ausscheiden.[16]

43
Bei Personenschäden besteht wegen des Privilegs des § 105 Abs. 2 SGB VII die Haftung nur bei Vorsatz oder bei einem Wegeunfall, soweit Geschädigter der Arbeitgeber oder ein weiterer

---

14 BAG 27.9.1994 – GS 1/89 (A), AP Nr. 103 zu § 611 BGB Haftung des Arbeitnehmers.
15 BAG 18.4.2002 – 8 AZR 348/01, AP Nr. 122 zu § 611 BGB Haftung des Arbeitnehmers.
16 BAG 12.10.1989 – 5 AZR 276/88, AP Nr. 97 zu § 611 BGB Haftung des Arbeitnehmers.

Arbeitnehmer ist. Es besteht aber bei grober Fahrlässigkeit bzw. Vorsatz die Möglichkeit, dass die insoweit eintrittspflichtige Berufsgenossenschaft den Schädiger in Regress nimmt und das Geleistete von ihm erstattet verlangt, § 110 Abs. 1 SGB VII.

Bei Sach- oder Personenschäden, die einem Dritten gegenüber entstehen, gelten die normalen Haftungsregelungen. Der Arbeitgeber haftet wegen des Verstoßes gegen die Arbeitsschutzbestimmungen ebenfalls neben seinem Beschäftigten als Gesamtschuldner. Letzterer kann allerdings unter Berücksichtigung der innerbetrieblichen Haftungsregelungen im Innenverhältnis die mögliche anteilige Freistellung verlangen.   **44**

Der Arbeitgeber kann von seinem Arbeitnehmer grundsätzlich die Einhaltung der auf das Arbeitsverhältnis anwendbaren Schutzvorschriften im Sinne einer vertraglichen Nebenpflicht verlangen. Erbringt der Arbeitnehmer seine Arbeitsleistung insoweit unter Verstoß gegen zwingendes Arbeitsschutzrecht, muss der Arbeitgeber die Arbeitsleistung nicht annehmen, ohne dabei in Annahmeverzug zu geraten. Der Arbeitnehmer verliert dadurch seinen Lohnanspruch.   **45**

Wird der Arbeitnehmer arbeitsunfähig, weil er gegen Arbeitsschutzvorschriften verstoßen hat, kann er seinen Lohnfortzahlungsanspruch verlieren.

Im Übrigen kann die Pflichtverletzung zur Abmahnung und im Wiederholungsfall zur verhaltensbedingten Kündigung des Arbeitsverhältnisses führen. Entscheidende Bedeutung kommt dabei allerdings dem Umstand der vorherigen Unterweisung durch den Arbeitgeber oder dessen Beauftragten zu. Ist diese unterblieben, kann nicht gekündigt werden, bevor nicht mehrfach abgemahnt worden ist.[17]   **46**

3. Rechte der Beschäftigten

Das Arbeitsschutzrecht ist von seiner Intention auf eine Verbesserung der Arbeitssituation der Beschäftigten ausgerichtet. Um diesen gesetzlichen Ansatz in der betrieblichen Praxis durchsetzen zu können, sind die Beschäftigten nach dem ArbSchG mit folgenden Rechten ausgestattet worden: **47**

- ■ Ergreifen von geeigneten Eigenmaßnahmen zur Gefahrenabwehr und Schadensbegrenzung bei unmittelbarer Gefahr für sich und andere, § 9 Abs. 2
- ■ Unterrichtung durch den Arbeitgeber über erhebliche Gefahrenquellen, § 9 Abs. 2
- ■ Verlassendürfen des Arbeitsplatzes bei erheblicher unmittelbarer Gefahr, § 9 Abs. 2
- ■ Arbeitsmedizinische Untersuchungen bei Gesundheitsgefährdungen, § 11
- ■ Unterweisung über Sicherheit und Gesundheitsschutz am Arbeitsplatz während der Arbeitszeit, § 12 Abs. 1
- ■ Vorschlagsrecht zu allen Fragen der Sicherheit und des Gesundheitsschutzes, § 17 Abs. 1
- ■ Beschwerderecht beim Arbeitgeber sowie bei der zuständigen Arbeitsschutzbehörde, d.h. dem Gewerbeaufsichtsamt oder der Berufsgenossenschaft, § 17 Abs. 2.

Hinzu kommen weitere Rechte: **48**

- ■ Das Recht zur innerbetrieblichen Beschwerde: Nach §§ 84, 85 BetrVG können sich Arbeitnehmer, die sich vom Arbeitgeber oder anderen Arbeitnehmern benachteiligt, ungerecht behandelt oder in sonstiger Weise beeinträchtigt fühlen, bei der im Betrieb zuständigen Stelle oder beim Betriebsrat beschweren.
  Gegenstand einer solchen Beschwerde können auch der Arbeits- und Gesundheitsschutz im Betrieb, z.B. wenn es um Lärm, Gerüche, Vibrationen, Raumklima oder Immissionen, z.B. in Form von Strahlungen, geht, der Schutz der nichtrauchenden Arbeitnehmer im Betrieb,[18] ein unerträgliches Führungsverhalten, aber auch der betriebliche Umweltschutz sein, wenn dem

---

17 LAG Hamm 11.9.1997 – 12 Sa 964/97, AiB 1998, 596.
18 LAG München 27.11.1990 – 2 Sa 542/90, BB 1991, 624.

Arbeitnehmer eine umweltrechtswidrige oder -problematische Tätigkeit zugewiesen wird oder er solche Praktiken in seinem betrieblichen Umfeld feststellt.[19]

Vom Beschwerderecht des Arbeitnehmers ebenfalls umfasst sind Änderungen in der Arbeitsorganisation, wie eine Vergrößerung des Arbeitspensums, eine Leistungsverdichtung durch zu schnellen Maschinenlauf oder die Einführung von Gruppenarbeit.[20]

Arbeitgeber bzw. Betriebsrat haben die Beschwerden entgegenzunehmen und nach Prüfung ihrer Berechtigung auf Abhilfe hinzuwirken, § 85 Abs. 1 BetrVG.

Dem Betriebsrat steht, wenn mit dem Arbeitgeber über die Berechtigung der Beschwerde Meinungsverschiedenheiten bestehen, das Druckmittel der Einigungsstelle gemäß § 76 BetrVG zur Verfügung. Voraussetzung hierfür ist allerdings, dass dem Gegenstand der Beschwerde **kein Rechtsanspruch** des Arbeitnehmers zugrunde liegt.[21] Liegt der Beschwerde des Arbeitnehmers ein rechtlicher Anspruch zu Grunde, ist die daraus erwachsende Streitigkeit allein von den Arbeitsgerichten zu entscheiden.

- Das Recht auf arbeitsschutzgerechte Einrichtung und Unterhaltung von Räumen, Vorrichtungen oder Gerätschaften sowie auf entsprechende Organisation der Arbeit gem. § 618 Abs. 1 BGB. Bereits durch den Arbeitsvertrag wird der Arbeitgeber gegenüber dem Arbeitnehmer zur Einhaltung der meisten Vorschriften des technischen Arbeitsschutzes verpflichtet.

- Neben dem vorstehenden Vorschlagsrecht aus § 17 Abs. 1 ArbSchG ergibt sich mittelbar aus dem Anhörungsrecht des § 82 Abs. 1 BetrVG ein weiteres. Danach hat der Arbeitnehmer das Recht, in betrieblichen Angelegenheiten, die seine Person betreffen, von den zuständigen Personen gehört zu werden. Bei dieser Anhörung können dem Arbeitgeber bzw. dessen Bevollmächtigten zugleich Vorschläge des Arbeitnehmers unterbreitet werden. Das Anhörungs- und Vorschlagsrecht des Arbeitnehmers betrifft alle Fragen der betrieblichen Organisation, des Arbeitsablaufs und der Arbeitsplatzgestaltung, sofern ein **zumindest mittelbarer Bezug** des Anliegens des Arbeitnehmers zu seiner Tätigkeit oder Stellung im Betrieb vorliegt.[22] Eine Unterredung zwischen Arbeitnehmer und Vorgesetztem kann sich auf die Arbeitszeit des Arbeitnehmers, die Gestaltung seines Arbeitsplatzes, eine Verbesserung des Betriebsablaufs, sowie auf Themen des betrieblichen Arbeitsschutzes oder Gesundheitsschutzes beziehen.[23]

- Entsprechendes gilt nach § 86a BetrVG: Danach hat jeder Arbeitnehmer das Recht, dem Betriebsrat Themen zur Beratung vorzuschlagen. **Inhalt des Vorschlags** des Arbeitnehmers kann jedes Thema sein, mit dem sich der Betriebsrat im Rahmen seiner Zuständigkeit befassen kann.[24] Ein Mitwirkungs- oder Mitbestimmungsrecht des Betriebsrats muss nicht bestehen. Den Arbeitnehmer muss die von ihm vorgetragene Angelegenheit auch **nicht persönlich** betreffen.[25] Anders als im Rahmen der Beschwerde kann der Antrag des Arbeitnehmer sich auf **Gegenstände** beziehen, die den **Betrieb allgemein** betreffen oder einen Teil der Belegschaft berühren, der er nicht angehört.[26]

---

19 Däubler/Kittner/Klebe/*Buschmann*, BetrVG § 84 Rn 8; *Fitting u.a.*, § 84 BetrVG Rn 6; GK-*Wiese*, § 84 BetrVG Rn 10.

20 *Fitting u.a.*, § 84 BetrVG Rn 6.

21 BAG 28.6.1984 – 6 ABR 5/83, AP Nr. 1 zu § 85 BetrVG 1972; LAG Hamm 24.11.1978 – 3 TaBV 92/78, DB 1979, 1468; LAG Köln 16.11.1984 – 7 Ta BV 40/84, NZA 1985, 191; LAG Rheinland-Pfalz 17.1.1985 – 5 Sa 918/84, NZA 1985, 190; a.A. Däubler/Kittner/Klebe/*Buschmann*, BetrVG § 85 Rn 10.

22 Däubler/Kittner/Klebe/*Buschmann*, BetrVG § 82 Rn 4 f.; *Fitting u.a.*, § 82 BetrVG Rn 4; GK-*Wiese*, § 82 BetrVG Rn 5; Richardi-*Thüsing*, § 82 BetrVG Rn 5.

23 Däubler/Kittner/Klebe/*Buschmann*, BetrVG § 82 Rn 5.

24 Däubler/Kittner/Klebe/*Buschmann*, BetrVG § 86a Rn 10; ErfK-*Kania*, BetrVG § 86a Rn 1; *Fitting u.a.*, § 86a BetrVG Rn 6; GK-*Wiese*, § 86a BetrVG Rn 10; Richardi-*Thüsing*, § 86a BetrVG Rn 2.

25 Däubler/Kittner/Klebe/*Buschmann*, BetrVG § 86a Rn 11; *Fitting u.a.*, § 86a BetrVG Rn 6; GK-*Wiese*, § 86a BetrVG Rn 5; Richardi-*Thüsing*, § 86a BetrVG Rn 2.

26 Däubler/Kittner/Klebe/*Buschmann*, BetrVG § 86a Rn 11.

Wird ein Vorschlag von 5 % der Belegschaft unterstützt, hat der Betriebsrat innerhalb von zwei Monaten diesen Vorschlag auf seine Tagesordnung zu setzen und kann anschließend über sein Initiativrecht nach § 87 Abs. 1 BetrVG mit dem Arbeitgeber über den Vorschlag verhandeln.

■ Verstößt der Arbeitgeber gegen zwingendes Arbeitsschutzrecht, kann der Arbeitnehmer unter Hinweis auf § 618 BGB seine **Arbeitsleistung gem. § 273 Abs. 1 BGB verweigern.**[27] Allerdings ist in jedem Fall sorgfältig zu prüfen, ob es dem Arbeitgeber möglich ist, den geforderten Gesundheitsschutz zu gewährleisten, gegebenenfalls nach Versetzung auf einem anderen Arbeitsplatz. Nur wenn feststeht, dass evident gegen Arbeitsschutzrecht verstoßen wird, sollte der Arbeitnehmer das Zurückbehaltungsrecht ausüben. Hierbei kann er sich auch auf § 134 BGB berufen, wonach die wegen Verstoßes gegen das Arbeitsschutzgesetz in Verbindung mit § 618 BGB gesetzeswidrig ergangene Arbeitsanordnung des Arbeitgebers nichtig ist.

Übt der Arbeitnehmer sein Zurückbehaltungsrecht gem. § 273 Abs. 1 BGB aus, folgt daraus, dass der Arbeitgeber in **Annahmeverzug** gerät, wenn die sonstigen Voraussetzungen des Gläubigerverzugs ebenfalls vorliegen. Nach § 615 BGB hat dies dann zur Folge, dass der Verpflichtete seinen Vergütungsanspruch behält.[28] Die Herstellung eines arbeitsschutzgemäßen Zustands kann insofern als Mitwirkungshandlung i.S.d. § 295 BGB angesehen werden.[29] Die Ausübung des Zurückbehaltungsrechts stellt insofern ein Anbieten der Leistung dar.[30]

Zur Vermeidung arbeitsvertraglicher Nachteile in Form einer Abmahnung oder Kündigung sollte der Arbeitnehmer die Ausübung des Zurückbehaltungsrechts unter Fristsetzung anzeigen. Denn nach der Rechtsprechung wird gefordert, dass der Arbeitgeber vom Arbeitnehmer in einer jeden Zweifel ausschließenden Weise von der Ausübung eines Zurückbehaltungsrechtes in Kenntnis gesetzt wird.[31]

Neben dem allgemeinen Leistungsverweigerungsrechts nach § 273 Abs. 1 BGB besteht zusätzlich gegebenenfalls auch noch ein Arbeitsverweigerungsrecht nach spezialgesetzlichen Vorschriften. So enthält etwa § 21 Abs. 6 S. 2 GefStoffV ein besonderes Verweigerungsrecht für den Fall, dass durch die Überschreitung bestimmter Grenzwerte eine unmittelbare Gefahr für Leib oder Leben oder Gesundheit eines Arbeitnehmers entsteht.[32] Dies gilt jedoch nur bei einem „Umgang" mit Gefahrstoffen, also nur für diejenigen Beschäftigten, die unmittelbar selbst mit den Stoffen Kontakt haben oder im Gefahrenbereich des Umgangs tätig sind.[33] Dieses Arbeitsverweigerungsrecht gilt unabhängig davon, ob dem Arbeitgeber ein Verstoß gegen seine Arbeitsschutzpflichten zur Last fällt, sobald nur die Schutzpflichten verletzt sind. § 21 Abs. 6 S. 2 GefStoffV bezweckt insofern, weitgehend das Recht zur Arbeitseinstellung wegen Unzumutbarkeit der Leistung abzusichern und zu gewähren.[34] Tatbestandlich erforderlich, aber auch ausreichend ist, dass die jeweiligen Grenzwerte erreicht bzw überschritten sind und dass hierdurch eine unmittelbare Gefahr für Leben und Gesundheit des Beschäftigten besteht; dies wiederum ist der Fall, wenn eine hohe Wahrscheinlichkeit für das Umschlagen der Gefahr in einen Schaden gegeben ist.[35]

---

27 BAG 8.5.1996 – 5 AZR 315/95, AP Nr. 23 zu § 618 BGB; BAG 2.2.1994 – 5 AZR 273/93, DB 1994, 1087; ErfK-*Wank*, BGB § 618 Rn 26; Erman-*Belling*, BGB § 618 Rn 23; Soergel-*Kraft*, BGB § 618 Rn 22; MüKoBGB-*Lorenz*, BGB § 618 Rn 79.

28 BAG 7.6.1973 – 5 AZR 563/72, AP Nr. 28 zu § 615 BGB; Soergel/*Kraft*, BGB § 618 Rn 22.

29 So die überwiegende Ansicht, vgl. etwa AK-BGB/*Derleder*, BGB § 618 Rn 5; Palandt-*Putzo*, BGB § 618 Rn 7; Staudinger-*Oetker*, BGB § 618 Rn 281; *Otto*, AR-Blattei SD 1880 Rn 69; *Wlotzke*, in: FS für Hilger und Stumpf 1983, 723, 731.

30 BAG 7.6.1973 – 5 AZR 563/72, AP Nr. 28 zu § 615 BGB; Soergel-*Kraft*, BGB § 618 Rn 22; *Söllner*, ZfA 1973, 1, 16.

31 BAG 8.5.1996 – 5 AZR 315/95, NZA 1997, 86; Schaub-*Linck*, ArbRHdb, § 50 Rn 9.

32 Vgl. HWK-*Krause*, BGB § 618 Rn 37.

33 BAG 8.5.1996 – 5 AZR 982/94, AP Nr. 23 zu § 618 BGB; BAG 19.2.1997 – 5 AZR 982/94, AP Nr. 24 zu § 618 BGB.

34 Staudinger-*Oetker*, BGB § 618 Rn 269; *Wlotzke*, Anmerkung zu BAG 8.5.1996 AP Nr. 23 zu § 618 BGB.

35 Staudinger-*Oetker*, BGB § 618 Rn 273; MünchArbR-*Wlotzke*, § 209 Rn 31.

IV. Beschäftigte mit besonderen Aufgaben

1. Der Sicherheitsbeauftragte

49 In Unternehmen mit i.d.R. mehr als 20 Beschäftigten hat der Unternehmer einen oder mehrere Sicherheitsbeauftragte unter Mitwirkung des Betriebsrats zu bestellen, § 22 SGB VII. Dabei zählen bei der Feststellung der Beschäftigtenanzahl auch leitende Arbeitnehmer i.S.d. Betriebsverfassungsgesetzes, Schüler und Studenten, betreute Kinder in Tageseinrichtungen oder ehrenamtlich Tätige mit; Teilzeitbeschäftigte werden anteilig mitgerechnet.

Da den Unternehmer die Verpflichtung zur Bestellung trifft, ist es unzulässig sich selbst zum Sicherbeauftragten zu ernennen. Dies schließt indes nicht aus, dass z.B. bei Schulen auch ältere Schüler und bei Hochschulen auch Studenten als Sicherheitsbeauftragte benannt werden. Hinter der Vorschrift steht die Überlegung, dass solche Personen, die selbst im Betriebsgeschehen stehen, am besten die konkreten betrieblichen Erfordernisse der Prävention erkennen können.

50 In Betrieben mit gefährlichen Tätigkeiten und besonderen Gefahren kann der Unfallversicherungsträger auch eine Bestellung bei einer niedrigeren Beschäftigtenzahl anordnen.

51 Die Bestellung und Abberufung eines Arbeitnehmers zum Sicherheitsbeauftragten unterliegt der Mitwirkung des Betriebsrats im Sinne einer Unterrichtung und Beratung[36] gem. §§ 80 Abs. 2, 89 Abs. 2 BetrVG. Der Sicherheitsbeauftragte ist auch trotz der Bestellung einer Fachkraft für Arbeitssicherheit oder eines Betriebsarztes nicht entbehrlich, da er aufgrund seiner eigenen Erfahrung und des besonderen Wissens um die betriebliche Arbeitssicherheit eine ergänzende Funktion einnimmt. Er soll den Unternehmer durch Unterrichtung und Beratung beim Unfallschutz unterstützen. Vor allem soll er die vorgeschriebenen Schutzeinrichtungen überprüfen bzw. auf ihre Einrichtung und Anwendung hinwirken. Entsprechendes gilt für die Benutzung der persönlichen Schutzausrüstung.

52 *Beispiel*

Ein Büroarbeitsplatz ist standardmäßig mit einem Laptop ausgerüstet. Es muss der Hinweis auf die Umgestaltung des Arbeitsplatzes erfolgen, da der Laptop nicht den ergonomischen Bestimmungen der Bildschirmarbeitsverordnung entspricht. Entweder muss der Laptop mit einem ausreichend großen Bildschirm und einer Tastatur ergänzt oder gegen einen PC mit Bildschirm und Tastatur ausgetauscht werden.

Ein Arbeitsplatz wird auf Hinweis umgestaltet, da er der Sonneneinstrahlung ausgesetzt ist und der Arbeitnehmer über den Bildschirm des PC geblendet wird.

Ein Lagerarbeiter, der mit „normalen" Straßenschuhen arbeitet, wird auf das Tragen von Sicherheitsschuhen hingewiesen.

53 Der Sicherheitsbeauftragte soll auch an Betriebsbesichtigungen und Unfalluntersuchungen der Berufsgenossenschaft und der Gewerbeaufsicht teilnehmen und in die entsprechenden Protokolle Einsicht nehmen dürfen. Eine eigene betriebliche Weisungsbefugnis steht ihm allerdings gegenüber unternehmensangehörigen Arbeitnehmern nicht zu, es sei denn, er wird unternehmensseitig mit entsprechenden Kompetenzen ausgestattet.[37]

2. Die Fachkräfte für Arbeitssicherheit

54 Diese nach den §§ 1, 5 ASiG schriftlich bestellten Fachkräfte sind aufgrund ihrer Fachkompetenz die fachkundigen Berater vor allem des Arbeitgebers, aber auch der Beschäftigten und des Be-

---

36 Küttner-*Griese*, Personalhandbuch 2008, Betriebsbeauftragte Rn 11.
37 Kasseler Kommentar Sozialversicherungsrecht-*Ricke*, § 22 SGB VII Rn 6.

triebsrats, in allen Fragen des betrieblichen Arbeitsschutzes. Gem. § 6 ASiG sind sie insbesondere zu folgenden Aufgaben berufen:

- Planung, Ausführung und Unterhaltung von Betriebsanlagen und sozialen und sanitären Einrichtungen
- Beschaffung von technischen Arbeitsmitteln und Einführung von Arbeitsverfahren und Arbeitsstoffen

Beispiel   **55**

Sollen Außendienstmitarbeiter mit Handys oder BlackBerrys ausgestattet werden, muss von der Fachkraft für Arbeitssicherheit geprüft werden, ob die entsprechenden Einsatzfahrzeuge mit geeigneten Freisprechanlagen ausgestattet sind, um Unfällen bei Telefonaten während der Fahrt vorzubeugen.

- Auswahl und Erprobung von Körperschutzmitteln
- Gestaltung der Arbeitsplätze, des Arbeitsablaufs, der Arbeitsumgebung und in sonstigen Fragen der Ergonomie

Beispiel   **56**

Bei Bildschirmarbeitsplätzen soll darauf hingewirkt werden, dass in den Arbeitsabläufen ausreichende Pausen enthalten sind, eine Raumüberhitzung durch elektrische Geräte wie PC, Drucker oder Kopierer z.B. durch Belüftungsmöglichkeiten vermieden wird. Die Mitarbeiter sollen auf eine richtige Körperhaltung hingewiesen werden.

- Beurteilung der Arbeitsbedingungen
- Vor der Inbetriebnahme sind die Betriebsanlagen und technischen Hilfsmittel sicherheitstechnisch zu überprüfen.
- Die Durchführung des Arbeitsschutzes ist zu beachten durch regelmäßige Kontrolle der Arbeitsplätze sowie Mängelmitteilung an den Arbeitgeber nebst Abhilfevorschlägen und deren Durchführung.

Der Arbeitgeber kann die Fachkräfte für Arbeitssicherheit entweder als haupt- oder nebenamtliche Arbeitnehmer beschäftigen oder sie durch Werkvertrag verpflichten bzw. sich einem überbetrieblichen Dienst gem. § 24 SGB VII anschließen, wie z.B. einige Berufsgenossenschaften ihn in ihren Satzungen vorsehen. Bei der Entscheidung über die Art der Beschäftigung besteht ein Mitbestimmungsrecht des Betriebsrats gem. § 87 Abs. 1 Nr. 7 BetrVG.   **57**

Die Bestellung und Abberufung eines Arbeitnehmers zur Fachkraft für Arbeitssicherheit oder zum Betriebsarzt unterliegt der Zustimmung des Betriebsrats gem. § 9 Abs. 1 ASiG. Im Streitfall entscheidet die Einigungsstelle.[38]   **58**

Die Bestellung und Abberufung der Fachkraft für Arbeitssicherheit sind dabei von der Einstellung und Kündigung zu unterscheiden, da es sich hierbei um zwei verschiedene Rechtsverhältnisse handelt, das Beauftragtenverhältnis einerseits und das Arbeitsverhältnis andererseits. Insoweit bestehen hier auch zusätzliche Mitbestimmungsrechte des Betriebsrats gem. §§ 99, 102 BetrVG.   **59**

Der Fachkraft für Arbeitssicherheit kommt gegenüber den Beschäftigten keine eigene Weisungsbefugnis zu, es sei denn, sie wird ihr arbeitgeberseitig ausdrücklich verliehen. Wenn ein Beschäftigter den Hinweis der Fachkraft für Arbeitssicherheit ignoriert, z.B. einen Laptop an den vorhandenen Bildschirm und die Tastatur des Arbeitsplatzes anzuschließen, muss diese sich zum Zweck der Abhilfe umgehend an den Arbeitgeber wenden.   **60**

In der betrieblichen Hierarchie sind die Fachkräfte für Arbeitssicherheit unmittelbar dem Leiter des Betriebes unterstellt und dürfen nicht in untergeordneten Abteilungen eingegliedert werden.

---

38 BAG 24.3.1988 – 2 AZR 369/87, DB 1989, 227.

3. Der Betriebsarzt

61 Nach §§ 1, 2 ASiG erfolgt die Bestellung des Betriebsarztes in schriftlicher Form. Seine Aufgabe besteht in der Unterstützung des Arbeitgebers in allen Fragen des Unfallschutzes und umfasst insbesondere die Beratung bei

- der Planung, Ausführung und Unterhaltung von Betriebsanlagen sowie sozialen und sanitären Einrichtungen
- der Beschaffung von technischen Arbeitsmitteln und Einführung von Arbeitsverfahren und Arbeitsstoffen
- der Auswahl und Erprobung von Körperschutzmitteln
- der arbeitsphysiologischen, arbeitspsychologischen und sonstigen ergonomischen sowie arbeitshygienischen Fragen, insbesondere des Arbeitsrhythmus, der Arbeitszeit- und Pausenregelung, der Gestaltung der Arbeitsplätze, des Arbeitsablaufs und der Arbeitsumgebung
- der Organisation der ersten Hilfe im Betrieb
- Fragen des Arbeitsplatzwechsels sowie der Eingliederung und Wiedereingliederung Behinderter in den Arbeitsprozess
- der Beurteilung der Arbeitsbedingungen.

62 Darüber hinaus hat er die Arbeitnehmer zu untersuchen, arbeitsmedizinisch zu beurteilen und zu beraten sowie die Untersuchungsergebnisse zu erfassen und auszuwerten.

63 Ihm obliegt weiterhin, auf die Durchführung des Arbeitsschutzes zu achten, z.B. durch regelmäßige Kontrolle der Arbeitsplätze sowie Mängelmitteilung an den Arbeitgeber nebst Abhilfevorschlägen und deren Durchführung.

64 Hinsichtlich seiner betrieblichen Stellung gelten die Ausführungen zur Fachkraft für Arbeitssicherheit entsprechend (vgl. Rn 57 f.).

65 Dem Betriebsrat steht auch bei der Bestellung und Abberufung des Betriebsarztes ein Mitbestimmungsrecht zu. Zunächst ist er gem. § 87 Abs. 1 Nr. 7 BetrVG bei der Frage zu beteiligen, ob bei entsprechender Qualifikation ein eigener Arbeitnehmer, ein haupt- oder freiberuflicher Arzt oder ein überbetrieblicher Dienst zum Betriebsarzt bestellt werden soll,[39] ob mehrere Betriebsärzte erforderlich sind und welche konkreten betrieblichen Aufgaben dem Betriebsarzt übertragen werden sollen.[40]

66 Soll der Betriebsarzt als Arbeitnehmer beschäftigt werden, besteht das Mitbestimmungsrecht des Betriebsrats im Zusammenhang mit der Einstellung nach § 99 BetrVG und bei einer Kündigung des Betriebsarztes nach § 102 BetrVG.

67 Unabhängig davon muss der Betriebsrat der Amtsübertragung und -enthebung nach § 9 Abs. 3 ASiG zustimmen. Wenn die Abberufung als Betriebsarzt zugleich auch eine Kündigung des Arbeitsverhältnisses bedeutet, da eine sachliche Trennung der beiden Rechtsverhältnisse nicht funktioniert, bedarf es zwingend der Zustimmung des Betriebsrats,[41] wobei der Antrag nach § 9 ASiG und die Kündigungsanhörung nach § 102 BetrVG z.B. in einem Schreiben zusammenfallen können.[42]

V. Aufgaben und Mitbestimmung des Betriebsrats

68 Durch das Betriebsverfassungsgesetz und andere Vorschriften ist der Betriebsrat als Interessenvertretung der Arbeitnehmer mit vielen Aufgaben, Rechten und Pflichten in Bezug auf den betrieblichen Arbeitsschutz ausgestattet worden. Hierbei handelt es sich um Informations-, Anhö-

39 BAG 10.4.1979 – 1 ABR 34/77, DB 1979, 1995.
40 *Fitting u.a.*, § 87 BetrVG Rn 319.
41 BAG 24.3.1988 – 2 AZR 369/87, DB 1989, 227.
42 LAG Bremen 9.1.1998 – 4 Sa 11/97, NZA-RR 1998, 250.

rungs-, Mitwirkungs- und Mitbestimmungsrechte. Die Ausübung dieser Rechte steht indes nicht im freien Ermessen des Betriebsrats; vielmehr ist er aufgrund seiner Stellung im Betrieb verpflichtet, hiervon auch Gebrauch zu machen. Ein Eingriff in die Betriebsführung ist ihm aber nicht gestattet.

Folgende Rechte kann der Betriebsrat ausüben:

69

- Dem Betriebsrat obliegt ein allgemeiner Überwachungsauftrag gem. § 80 Abs. 1 BetrVG. Danach hat er darüber zu wachen, dass die zugunsten der Arbeitnehmer geltenden Gesetze, Verordnungen, Unfallverhütungsvorschriften, Tarifverträge und Betriebsvereinbarungen durchgeführt werden. Hierzu gehören insbesondere das Arbeitsschutzgesetz, Unfallverhütungsvorschriften nach dem SGB VII, sowie Betriebsvereinbarungen nach § 87 Abs. 1 Nr. 7 BetrVG sowie § 88 Abs. 1, 1a BetrVG. Im Rahmen dieser Befugnis muss der Betriebsrat den Arbeitgeber und die sonstigen Vorgesetzten auf Unzulänglichkeiten im Arbeits- und Unfallschutz hinweisen und auf die Beseitigung der Mängel drängen.
- Zur Durchführung seiner Verpflichtung nach § 80 Abs. 1 BetrVG kann der Betriebsrat eine rechtzeitige und umfassende Unterrichtung verlangen.

  Dabei handelt es sich im Bereich des Arbeitsschutzes um die Mitteilung der diesen und die Unfallverhütung betreffenden Auflagen und Anordnungen gemäß § 89 Abs. 2 S. 2 BetrVG, die Planung bei Gestaltung von Arbeitplatz, Arbeitsablauf und Arbeitsumgebung nach § 90 BetrVG, die Personalplanung nach § 92 Abs. 1 S. 1 BetrVG und bei geplanten Betriebsänderungen nach § 111 BetrVG.

  Dem Betriebsrat sind nach § 80 Abs. 2 BetrVG auf sein Verlangen vom Arbeitgeber Unterlagen zur Verfügung zu stellen, soweit diese zur Durchführung der gesetzlichen Aufgaben des Betriebsrats erforderlich sind.[43] Der Informationsanspruch betreffend die Vorlage von Unterlagen besteht **jederzeit**. Der Nachweis von **Verdachtsmomenten** ist nicht erforderlich.[44] Unterlagen im Sinne der Vorschrift sind alle Schriftstücke, Fotos und **elektronische Datenträger**, die der Arbeitgeber im Besitz hat und die Angaben erhalten, welche für die Aufgabe des Betriebsrat von Belang sind, zu deren Durchführung ihre Vorlage verlangt wird.[45] Der Arbeitgeber hat dem Betriebsrat das Original, eine Durchschrift oder Fotokopie für eine angemessene Zeit auszuhändigen,[46] wobei sich das Informationsrecht auf die bei ihm vorhandenen Unterlagen beschränkt.[47] Dem Betriebsrat muss eine Auswertung ohne Anwesenheit und Kontrolle durch den Arbeitgeber möglich sein.[48]
- Mitarbeiterbeschwerden über Arbeitsschutzfragen nach § 84 Abs. 1 BetrVG muss der Betriebsrat nachgehen, § 85 BetrVG.
- In Fragen der Ordnung des Betriebs und des Verhaltens der Arbeitnehmer haben die Betriebsparteien gem. § 87 Abs. 1 Nr. 1 BetrVG die Befugnis, in Betriebsvereinbarungen neben allgemeinen Regelungen wie z.B. der Nutzung **betrieblicher Einrichtungen** zu privaten Zwecken, wie des **Telefons** oder **Internets** oder eines Email-Systems[49] auch Fragen des betrieblichen Gesundheits- und Umweltschutzes zu regeln. So sind trotz der Regelungen in § 5 Arbeitsstättenverordnung zum Nichtraucherschutz betriebliche Bedürfnisse an einer konkreten Regelung vor Ort gegeben, um unter Berücksichtigung der Interessen des rauchenden Teils der Belegschaft und Wahrung der Schranke des § 75 Abs. 2 BetrVG[50] ein betriebliches

43 GK-*Kraft/Weber*, § 80 BetrVG Rn 77, 78.
44 BAG 27.6.1989 – 1 ABR 19/88, AP Nr. 37 zu § 80 BetrVG 1972.
45 BAG 17.3.1983 – 6 ABR 33/80, AP Nr. 18 zu § 80 BetrVG 1972.
46 ErfK-*Kania*, BetrVG § 80 Rn 24.
47 BAG 6.5.2003 – 1 ABR 13/02, AP Nr. 61 zu § 80 BetrVG 1972.
48 BAG 20.11.1984 – 1 ABR 64/82, AP Nr. 3 zu § 106 BetrVG 1972.
49 Vgl. Däubler/Kittner/*Klebe*, BetrVG § 87 Rn 53; *Fitting u.a.*, § 87 BetrVG Rn 71.
50 Vgl. BAG 19.1.1999 – 1 AZR 499/98, AP Nr. 28 zu § 87 BetrVG 1972 Ordnung des Betriebs.

Rauchverbot zu erlassen.[51] Zum betrieblichen Gesundheitsschutz gehört auch die Vereinbarung eines **Alkoholverbots**, soweit es sich nicht um eine Konkretisierung der arbeitsvertraglichen Pflicht des Arbeitnehmers handelt.[52]

Der Betriebsrat ist berechtigt, über die Lage der Arbeitszeit und über die **Lage und Dauer der Pausen**, soweit diese nicht in Gesetz oder Tarifvertrag abschließend und zwingend geregelt sind, mitzubestimmen.[53] Der Begriff der Pause ist gesetzlich nicht definiert. Nach der Rechtsprechung des BAG ist unter **Pause** jede im Voraus festgelegte Unterbrechung der Arbeitszeit zu verstehen, in denen der Arbeitnehmer weder Arbeit zu leisten, noch sich dafür bereit zu halten hat und die der Arbeitnehmer frei gestalten kann.[54] Dem Pausenbegriff des Abs. 1 Nr. 2 unterfallen nur **unbezahlte** Arbeitsunterbrechungen.[55] Vom Mitbestimmungsrecht des Betriebsrats nach Abs. 1 Nr. 2 nicht erfasst sind Erholungszeiten beim **Akkord**,[56] **Lärmpausen**,[57] Arbeitsunterbrechungen bei der **Bildschirmarbeit**[58] sowie Arbeitsunterbrechungen aus **technischen Gründen**.[59] Die Regelung der Dauer und Lage bezahlter Pausen kann zur Vermeidung von arbeitsspezifischen Überbelastungen, Stress und sonstigen Gesundheitsbeeinträchtigungen dem Mitbestimmungstatbestand des Abs. 1 Nr. 7 unterfallen.[60] Hierbei sollten insbesondere vertragliche, tarifvertragliche oder gesetzliche Höchstarbeitszeiten beachtet werden.

70

Praxishinweis

Siehe hierzu auch die im Anhang abgedruckte Betriebsvereinbarung Bildschirmarbeitsplätze II Nr. 5.

■ Soweit technische Einrichtungen das Verhalten oder die Leistung der Mitarbeiter überwachen können, besteht ein Mitbestimmungsrecht gem. § 87 Abs. 1 Nr. 6 BetrVG. Dies kommt in Betracht, wenn z.B. im Rahmen eines Bildschirmarbeitsverhältnisses Eingabefehler oder Eingabehäufigkeit programmgesteuert festgehalten und, auf den einzelnen Arbeitnehmer bezogen, gespeichert werden können.[61] Insoweit besteht eine Parallele zu dem Anhang zur BildscharbV. Danach sind Vorrichtungen zur qualitativen oder quantitativen Kontrolle des Benutzers, der in der Regel ein Arbeitnehmer des Betriebs ist, verboten. Vom Mitbestimmungstatbestand auch erfasst ist die Einführung und Anwendung von

■ Bürokommunikationssystemen zur Bearbeitung elektronischer Dokumente,[62]

■ von Bildschirmarbeitsplätzen,[63]

---

51 BAG 19.1.1999 – 1 AZR 499/98, NZA 1999, 546.

52 BAG 23.9.1986 – 1 AZR 83/85, AP Nr. 20 zu § 75 BPersVG; BVerwG 5.10.1989 – 6 P 7/88, PersR 1989, 364; GK-*Wiese*, § 87 BetrVG Rn 216.

53 BAG 13.10.1987 – 1 ABR 10/86, AP Nr. 24 zu § 87 BetrVG 1972 Arbeitszeit; Däubler/Kittner/*Klebe*, BetrVG § 87 Rn 75 f., 79; *Fitting u.a.*, § 87 BetrVG Rn 112 f., 118; Richardi-*Richardi*, § 87 BetrVG Rn 273, 276.

54 St. Rspr. BAG 23.9.1992 – 4 AZR 562/91, DB 1993, 1194; BAG 29.10.2002 – 1 AZR 603/01, DB 2003, 2014; BAG 22.7.2003 – 1 ABR 28/02, AP Nr. 108 zu § 87 BetrVG 1972 Arbeitszeit; LAG München 24.2.1993 – 5 Sa 775/91, BetrR 1993, 100 f.

55 BAG 28.7.1981 – 1 ABR 65/79, AP Nr. 3 zu § 87 BetrVG 1972 Arbeitssicherheit Nr. 3; Däubler/Kittner/*Klebe*, BetrVG § 87 Rn 79; *Fitting u.a.*, § 87 BetrVG Rn 118; GK-*Wiese*, § 87 BetrVG Rn 344.

56 BAG 7.12.1962 – 1 ABR 4/61, AP Nr. 3 zu § 56 BetrVG Akkord; LAG Hamm, NZA Beil 2/1986, 29; *Fitting u.a.*, § 87 BetrVG Rn 119; GK-*Wiese*, § 87 BetrVG Rn 347; Richardi-*Richardi*, § 87 BetrVG Rn 277.

57 BAG 28.7.1981 – 1 ABR 65/79, AP Nr. 3 zu § 87 BetrVG 1972 Arbeitssicherheit; Däubler/Kittner/*Klebe*, BetrVG § 87 Rn 79; *Fitting u.a.*, § 87 BetrVG Rn 119; GK-*Wiese*, § 87 BetrVG Rn 344.

58 BAG 16.12.1983 – 1 ABR 43/81, AP Nr. 7 zu § 87 BetrVG 1972 Überwachung; Däubler/Kittner/*Klebe*, BetrVG § 87 Rn 79; *Fitting u.a.*, § 87 BetrVG Rn 119; GK-*Wiese*, § 87 BetrVG Rn 346.

59 Däubler/Kittner/*Klebe*, BetrVG § 87 Rn 79.

60 Däubler/Kittner/*Klebe*, BetrVG § 87 Rn 79; *Fitting u.a.*, § 87 BetrVG Rn 119.

61 BAG 23.4.1985 – 1 ABR 2/82, NZA 1985, 671.

62 Däubler/Kittner/*Klebe*, BetrVG § 87 Rn 164; *Fitting u.a.*, § 87 BetrVG Rn 246.

63 BAG 6.12.1983 – 1 ABR 43/81, AP Nr. 7 zu § 87 BetrVG 1972 Überwachung.

- von Expertensystemen,[64]
- von Fotokopiergeräten mit persönlicher Code-Nummer,[65]
- von ISDN-Telefonen und Telefonanlagen,[66]
- von Standardinternetprogrammen,[67] von Telefonvermittlungsanlagen,[68]
- von rechnergesteuerten Textsystemen,[69]
- von EDV-Anlagen zur automatischen Erfassung von Telefondaten oder -gebühren,[70]
- von automatischen Zeiterfassungssystemen,[71]
- von Zeitstemplern,[72]
- von Zeitaufnahmegeräten zur Vorgabezeitermittlung[73] und
- von Zugangskontrollsystemen zum Internet.[74]

- Eine besondere Befugnis im Zusammenhang mit dem technischen Arbeitsschutz einschließlich der menschengerechten Gestaltung der Arbeit ergibt sich aus § 87 Abs. 1 Nr. 7 BetrVG. Danach hat der Betriebsrat, soweit eine gesetzliche oder tarifliche Regelung nicht besteht, bei Regelungen über die Verhütung von Arbeitsunfällen und von Berufskrankheiten sowie über den Gesundheitsschutz im Rahmen der gesetzlichen Vorschriften und der Unfallverhütungsvorschriften mitzubestimmen. Nach der aktuellen Rechtsprechung des Bundesarbeitsgerichts besteht das Mitbestimmungsrecht dann, wenn eine objektive, gesetzliche Handlungspflicht besteht und diese wegen Fehlens einer zwingenden Vorgabe betriebliche Regelungen verlangt, um das vom Gesetz vorgegebene Ziel des Arbeits- und Gesundheitsschutzes zu erreichen.[75] Durch § 87 Abs. 1 Nr. 7 BetrVG wird damit die Umsetzung der vom Gesetz originär dem Arbeitgeber auferlegten Handlungspflichten des § 3 ArbSchG zu einer gemeinsamen, gleichberechtigten Aufgabe der Betriebsparteien. Da dem Betriebsrat nach § 87 BetrVG ein Initiativrecht zusteht, bedarf es auch nicht der Bereitschaft des Arbeitgebers, überhaupt eine Regelung treffen zu wollen. Der Betriebsrat kann konkretisierende Regelungen auch gegen den Willen des Arbeitgebers erzwingen, indem er die Bildung einer Einigungsstelle beantragt oder im arbeitsgerichtlichen Beschlussverfahren eine Vorabentscheidung über das Bestehen eines Mitbestimmungsrechts herbeiführt.[76] Allerdings beschränkt sich das Mitbestimmungsrecht auf die Vereinbarung von Regelungen, d.h. die grundlegenden betrieblichen Sach-, Verfahrens- und Organisationsvorschriften. Die Durchführung des betrieblichen Arbeitsschutzes obliegt ausschließlich dem Arbeitgeber. Zur Einhaltung des Mitbestimmungsrechts bedarf es nicht zwingend einer Betriebsvereinbarung, ausreichend ist vielmehr eine Regelungsabrede.[77] Grund hierfür ist, dass der Arbeitnehmer bereits aus dem Arbeitsverhältnis zur Einhaltung der Arbeitsschutzvorschriften verpflichtet ist, so dass es einer Normierung dieser Pflicht durch Betriebsvereinbarung nicht bedarf.[78]

---

64 Däubler/Kittner/*Klebe*, BetrVG § 87 Rn 166; *Fitting u.a.*, § 87 BetrVG Rn 246.
65 OVG Münster 11.3.1992 – CL 38/89, CR 1993, 375; *Fitting u.a.*, § 87 BetrVG Rn 244.
66 BVerwG 2.2.1990 – 6 PB 11/89, CR 1991, 740; ErfK-*Kania*, BetrVG § 87 Rn 62.
67 Däubler/Kittner/*Klebe*, BetrVG § 87 Rn 165; ErfK-*Kania*, BetrVG § 87 Rn 62.
68 BAG 11.11.1998 – 7 ABR 47/97, AP Nr. 19 zu § 50 BetrVG 1972; BAG 30.8.1995 – 1 ABR 4/95, AP Nr. 29 zu § 87 BetrVG 1972 Überwachung.
69 BAG 23.4.1985 – 1 ABR 2/82, AP Nr. 12 zu § 87 BetrVG 1972 Überwachung; *Fitting u.a.*, § 87 BetrVG Rn 246.
70 BAG 10.7.1979 – 1 ABR 50/78, AP Nr. 3 zu § 87 BetrVG 1972 Überwachung; 27.5.1986 – 1 ABR 48/84, AP Nr. 15 zu § 87 BetrVG 1972 Überwachung; BAG 12.1.1988 – 1 AZR 352/86, AP Nr. 23 zu § 75 BPersVG; BAG 30.8.1995 – 1 ABR 4/95, NZA 1996, 219; BVerwG 30.1.1985 – 6 P 41/82, PersR 1985, 75.
71 ErfK-*Kania*, BetrVG § 87 Rn 62.
72 LAG Düsseldorf 21.11.1978, DB 1979, 459; Däubler/Kittner/*Klebe*, BetrVG § 87 Rn 166.
73 BAG 15.12.1992 – 1 ABR 24/92, CR 1994, 111; *Fitting u.a.*, § 87 BetrVG Rn 244.
74 Däubler/Kittner/*Klebe*, BetrVG § 87 Rn 165; ErfK-*Kania*, BetrVG § 87 Rn 62.
75 BAG 15.1.2002 – 1 ABR 13/01, NZA 2002, 998; BAG 8.6.2004 – 1 ABR 13/03, NZA 2004, 1175, 1177.
76 *Fitting u.a.*, § 87 BetrVG Rn 608.
77 *Fitting u.a.*, § 87 BetrVG Rn 288.
78 GK-*Wiese*, § 87 BetrVG Rn 640.

Die Mitbestimmung des Betriebsrats ist Wirksamkeitsvoraussetzung für die arbeitgeberseitig ergriffenen Arbeitschutzmaßnahmen.[79] Dies gilt auch für den Eilfall.[80] Nur in nicht vorhersehbaren Notfällen muss der Arbeitgeber ausnahmsweise bei Gefährdung von Gesundheit und Leben der Arbeitnehmer ohne die Mitwirkung des Betriebsrats tätig werden. In aller Regel können Betriebsratsbeschlüsse aber kurzfristig eingeholt werden, so dass Notfälle eher selten sind.

Die Arbeitnehmer können, soweit das Mitbestimmungsrecht des Betriebsrats verletzt ist, nur unter der weiteren Voraussetzung einer Gefährdung von Leib und Leben am Arbeitsplatz ein Leistungsverweigerungsrecht geltend machen.[81] Nach erfolglosen Beschwerden beim Arbeitgeber über objektive Verstöße gegen den betrieblichen Arbeitsschutz können die Arbeitnehmer die zuständige Arbeitsschutzbehörde einschalten. Der Betriebsrat kann in Fällen einseitiger, dh ohne seine Mitwirkung erfolgter Anordnungen von Arbeitsschutzmaßnahmen die Unterlassung und Beseitigung verlangen.[82]

71
Praxishinweis

Der Antrag, gerichtet auf Feststellung des Bestehens eines Mitbestimmungsrechts nach § 87 Abs. 1 Nr. 7 BetrVG, muss den Voraussetzungen des § 253 Abs. 2 ZPO genügen, d.h. hinreichend bestimmt sein. Dabei ist nicht ausreichend, dass lediglich die gesetzliche Handlungspflicht benannt wird, die durch eine Betriebsvereinbarung konkretisiert werden soll. Vielmehr muss klargestellt sein, an welcher konkreten Regelung der Betriebsrat mitbestimmen möchte.[83] Im Bereich der Wirksamkeitskontrollen des § 3 ArbSchG muss daher präzise angegeben werden, wann diese erfolgen sollen, in welcher Häufigkeit, wie zwischen unterschiedlichen Arbeitsplätzen zu differenzieren ist, wer verantwortlich sein soll bei der Durchführung und Auswertung.

72
Beispiel

Betriebsvereinbarung über die Durchführung von Bildschirmarbeit: hier sind die Rahmenbedingungen der Bildschirmarbeitsverordnung zu berücksichtigen. Geregelt werden dürfen noch die dem Arbeitgeber verbliebenen Gestaltungs- und Beurteilungsspielräume, z.B. bei der Durchführung der Gefährdungsbeurteilung gem. § 3 BildscharbV, bei der Festlegung geeigneter Schutzmaßnahmen, bei der Frage der Unterbrechung durch Pausen oder anderer Tätigkeiten und bei näheren Regelungen über die Untersuchung des Sehvermögens.[84]

73
Praxishinweis

Im Anhang sind drei Betriebsvereinbarungen zum Thema Bildschirmarbeitsplatz bzw. Bildschirmarbeitsplatzbrille abgedruckt.

Soweit der Arbeitgeber bereit ist, für den Betrieb einen über dem Niveau des bestehenden staatlichen Arbeitsschutzrechts stehenden, besseren Arbeitsschutz zu schaffen, gibt § 88 Abs. 1 Nr. 1 BetrVG den Betriebsparteien die Möglichkeit, im Rahmen einer freiwilligen Betriebsvereinbarung über Unfallverhütung und Schutz vor Gesundheitsschädigungen entsprechende Regelungen zu treffen.

---

79 BAG 16.6.1998 – 1 ABR 68/97, AP Nr. 7 zu § 87 BetrVG 1972 Gesundheitsschutz; *Fitting u.a.*, § 87 BetrVG Rn 289.
80 GK-*Wiese*, § 87 BetrVG Rn 641; aA *Fitting u.a.*, § 87 BetrVG Rn 289.
81 BAG 19.2.1997 – 5 AZR 982/94, NZA 1997, 821.
82 BAG 16.6.1998 – 1 ABR 68/97, AP Nr. 7 zu § 87 BetrVG Gesundheitsschutz.
83 BAG 11.6.2002 – 1 ABR 44/01, AP Nr. 70 zu § 256 ZPO 1977; BAG 15.1.2002 – 1 ABR 13/01, AP Nr. 12 zu § 87 BetrVG 1972 Gesundheitsschutz.
84 Vgl. die Nachweise in *Fitting u.a.*, § 87 BetrVG Rn 302.

Beispiel

74

Betriebsvereinbarung über die Verwendung von technischen Einrichtungen mit höherer Sicherheitsqualität als nach dem Stand der Technik üblich, Betriebsvereinbarung über die bessere Ausgestaltung der Arbeitsumgebung, Betriebsvereinbarung über die Durchführung von Vorsorgemaßnahmen.[85]

Betreffend den betrieblichen Umweltschutz gilt Vorstehendes gem. § 88 Abs. 1a BetrVG entsprechend.

Beispiel

75

Vereinbarung eines allgemeinen Unterrichtungs- und Beratungsrechts des Betriebsrats in allen umweltschutzrelevanten Angelegenheiten[86]

■ Gem. § 89 Abs. 1 BetrVG hat sich der Betriebsrat in Ergänzung des allgemeinen Auftrags **76** gem. § 80 Abs. 1 BetrVG gezielt für die Einhaltung von Arbeitsschutzmaßnahmen und Maßnahmen des betrieblichen Umweltschutzes durch den Arbeitgeber einzusetzen und dabei mit den zuständigen Behörden zusammenzuarbeiten. Ihm kommt diesbezüglich ein **eigenständiges Überwachungsrecht** bzw. eine Überwachungspflicht zu.[87] Er hat das Recht, ohne vorherige Überprüfung durch den Arbeitgeber alle erforderlichen Maßnahmen zu ergreifen, um seine gesetzliche Aufgabenzuweisung zu erfüllen.[88] Er kann den Betrieb besichtigen, unangekündigte Stichproben durchführen, Beschwerden von Arbeitnehmer nachgehen und hat zu allen Betriebsbereichen Zutritt, auch wenn diese allgemein nicht zugänglich sind.[89] Der Betriebsrat kann seine Befugnisse zur Überwachung der Einhaltung der Arbeitsschutz- und Umweltschutzvorschriften im Betrieb **jederzeit** ausüben, Verdachtsmomente für einen Verstoß gegen Bestimmungen des Arbeits- oder betrieblichen Umweltschutzes müssen nicht vorliegen.[90] Eine Informierung des Arbeitgebers über eine beabsichtigte Betriebsbegehung ist nur bei Vorliegen besonderer Umstände erforderlich.[91]

Der Betriebsrat ist verpflichtet, auf den Arbeitgeber wie auch **auf die Arbeitnehmer** des Betriebs **77** dahingehend einzuwirken, dass die Vorschriften über den Arbeits- und betrieblichen Umweltschutz beachtet und durchgeführt werden.[92] Der Betriebsrat, ein von ihm nach § 28 BetrVG eingesetzter Ausschuss oder ein Betriebsratsmitglied, hat dem Arbeitgeber Gefahrenquellen und Missstände aufzuzeigen, ihn auf die Vernachlässigung von Schutzeinrichtungen aufmerksam zu machen und mit ihm zu beraten, wie der Arbeits- und Gesundheitsschutz im Betrieb verbessert werden kann.[93]

■ Soweit Betriebsbegehungen und Besprechungen mit Sicherheitsbeauftragten stattfinden, ist **78** der Betriebsrat hinzuzuziehen, § 89 Abs. 2, 4 BetrVG. Dabei sind ihm Auflagen, Protokolle und Unfallanzeigen mitzuteilen und entsprechende Unterlagen zu überlassen.

---

85 *Fitting u.a.*, § 88 BetrVG Rn 16, 17.

86 *Fitting u.a.*, § 88 BetrVG Rn 18.

87 Däubler/Kittner/Klebe/*Buschmann*, BetrVG § 89 Rn 26; *Fitting u.a.*, § 89 BetrVG Rn 11.

88 ErfK-*Kania*, BetrVG § 89 Rn 3; Däubler/Kittner/Klebe/*Buschmann*, BetrVG § 89 Rn 28.

89 Däubler/Kittner/Klebe/*Buschmann*, BetrVG § 89 Rn 28; ErfK-*Kania*, BetrVG § 89 Rn 3; *Fitting u.a.*, § 89 BetrVG Rn 12; LAG Hessen 4.2.1972 – 5 BVTa 3/71, DB 1972, 2214.

90 LAG Hessen 21.3.1991 – 12 TaBV 191/90, BB 1991, 1712; Däubler/Kittner/Klebe/*Buschmann*, BetrVG § 89 Rn 28; *Fitting u.a.*, § 89 BetrVG Rn 12.

91 *Fitting u.a.*, § 89 BetrVG Rn 12.

92 ErfK-*Kania*, BetrVG § 89 Rn 3; Däubler/Kittner/Klebe/*Buschmann*, BetrVG § 89 Rn 26; *Fitting u.a.*, BetrVG § 89 Rn 13.

93 Däubler/Kittner/Klebe/*Buschmann*, BetrVG § 89 Rn 27; GK-*Wiese*, § 89 BetrVG Rn 57.

79 ■ Wegen der Einflussnahme der Gestaltung von Arbeitsplätzen, Arbeitsabläufen und Arbeitsumgebung auf den betrieblichen Arbeitsschutz hat der Betriebsrat auch gem. § 90 BetrVG ein umfassendes Unterrichtungs- und Beratungsrecht.

80 ■ Soweit die Änderung der Arbeitsplätze, des Arbeitsablaufs oder der Arbeitsumgebung den gesicherten arbeitswissenschaftlichen Erkenntnissen über die menschengerechte Gestaltung der Arbeit offensichtlich widersprechen, besteht ein umfassendes Mitbestimmungsrecht. Ein **offensichtlicher Verstoß** i.S.d. § 91 BetrVG ist gegeben, wenn jeder, der auf dem Gebiet des Arbeitsrechts **ausreichend sachkundig** ist, spätestens im Zeitpunkt der Durchführung der verändernden Maßnahme ohne weiteres erkennen kann, dass die gesicherten arbeitswissenschaftlichen Erkenntnisse über die menschengerechte Gestaltung der Arbeit verletzt sind.[94] Der Verstoß muss objektiv vorliegen.[95] Der Betriebsrat ist verpflichtet, **in jedem einzelnen Fall** und für jeden Arbeitnehmer darzulegen, dass ein offensichtlicher Widerspruch zu den gesicherten arbeitswissenschaftlichen Erkenntnissen besteht und worin die aus der Änderung des betrieblichen Zustand folgende besondere Belastung liegt.[96] Von einer besonderen Belastung i.S.d. Norm ist zu sprechen, wenn **erhebliche negative Belastungen** oder Beeinträchtigungen vorliegen, die das Maß der zumutbaren Belastung und Beanspruchung eines arbeitenden Menschen nicht nur unerheblich übersteigen.[97] Die Belastung kann sich sowohl aus negativen Umwelteinflüssen wie auch aus einer sich negativ auswirkenden Art der Arbeitsleistung ergeben.[98] Als Belastungen i.S.d. § 91 BetrVG kommen in Betracht Gase, Dämpfe, Lärm, Hitze, Kälte, Nässe, Schmutz, Staub, Lichtmangel, Vibrationen, erhöhtes Arbeitstempo, einseitige Beanspruchung, Monotonie, übermäßige Kontrolle, arbeitsorganisatorische Mängel oder autoritäre Führungsstrukturen.[99] Können sich die Betriebsparteien nicht über die Beseitigung einer besonderen Belastung in diesem Sinne verständigen, entscheidet die Einigungsstelle gem. § 76 BetrVG.

81 ■ Im Rahmen der Berufsbildung und der betrieblichen Aus- und Weiterbildung kann der Betriebsrat gem. §§ 96, 97 BetrVG Einfluss auf Arbeitsschutzinhalte nehmen.

82 ■ Betriebsärzte und Fachkräfte für Arbeitssicherheit sind nach § 9 ASiG verpflichtet, bei der Erfüllung ihrer Aufgaben mit dem Betriebsrat zusammenzuarbeiten und ihn über wichtige Angelegenheiten des Arbeitsschutzes und der Unfallverhütung zu unterrichten. Ihre Vorschläge zu arbeitsmedizinischen oder sicherheitstechnischen Maßnahmen an den Arbeitgeber haben sie dem Betriebsrat mitzuteilen. Auf Verlangen des Betriebsrats haben sie diesen in Fragen des Arbeitsschutzes und der Unfallverhütung zu beraten.

83 ■ Gem. § 11 ASiG ist in Betrieben mit mehr als 20 Beschäftigten durch den Arbeitgeber ein Arbeitsschutzausschuss zu bilden. Dieser ist die zentrale Stelle der betrieblichen Arbeitsschutzorganisation und setzt sich aus zwei Mitgliedern des Betriebsrats, dem Betriebsarzt, Fachkräften für Arbeitssicherheit, Sicherheitsbeauftragten und dem Arbeitgeber oder dessen Beauftragten zusammen. Er hat die Aufgabe, Anliegen des Arbeitsschutzes und der Unfallverhütung zu beraten. Er tritt mindestens einmal vierteljährlich zusammen.

84 ■ Der Bestellung und Abberufung des Sicherheitsbeauftragten und Betriebsarztes hat der Betriebsrat gem. § 9 ASiG zuzustimmen.

---

94 Däubler/Kittner/*Klebe*, BetrVG § 91 Rn 14; ErfK-*Kania*, BetrVG § 91 Rn 1.

95 GK-*Wiese*, § 91 BetrVG Rn 13.

96 BAG 6.12.1983 – 1 ABR 43/81, AP Nr. 7 zu § 87 BetrVG 1972 Überwachung; Däubler/Kittner/*Klebe*, BetrVG § 91 Rn 15; *Fitting u.a.*, § 91 BetrVG Rn 16.

97 ErfK-*Kania*, BetrVG § 91 Rn 1; *Fitting u.a.*, § 91 BetrVG Rn 5.

98 Däubler/Kittner/*Klebe*, BetrVG § 91 Rn 19; *Fitting u.a.*, § 91 BetrVG Rn 5.

99 Däubler/Kittner/*Klebe*, BetrVG § 91 Rn 19; *Fitting u.a.*, § 91 BetrVG Rn 5.

C. Bildschirmarbeitsplatz

I. Hintergründe zur Einführung der Bildschirmarbeitsverordnung

Auf der Grundlage des Arbeitsschutzgesetzes ist die Bildschirmarbeitsverordnung erlassen wor-   **85**
den. Hintergrund der aus dem Europarecht stammenden Vorschrift[100] ist der Umstand, dass durch
Schaffung von immer mehr Computerarbeitsplätzen der Einsatz von Bildschirmgeräten in den
letzten fünfzehn Jahren erheblich angestiegen ist. Mittlerweile dürften bereits nahezu 50 % aller
in der Bundesrepublik Deutschland Beschäftigten einen Arbeitsplatz besitzen, an dem sie regelmäßig mit einem Computer umgehen müssen.[101] Hinzu kommt der Anstieg der Telearbeit. Dabei
handelt es sich um Arbeit, die in selbst gewählten oder in einer vom Arbeitgeber oder Auftraggeber bereitgestellten Arbeitsstätte an EDV-Anlagen, die durch elektronische Kommunikationsmittel mit dem Betrieb des Arbeit- oder Auftraggebers verbunden sind, verrichtet wird (vgl.
§ 7).[102] Aufgrund der immer dichteren Verknüpfung mit dem Internet steigt auch die Zahl der
Telearbeitsplätze in Heimarbeit enorm an.

Da die Arbeit am Bildschirm eine besondere Körperhaltung bzw. Arbeitsweise bedingt, steigen   **86**
mit der Anzahl der Computerarbeitsplätze auch die mit dieser Haltung zusammenhängenden Ge-
sundheitsprobleme und ihre Häufigkeit stetig an. Hierzu gehören insbesondere:

- Augenbeschwerden
- Kopfschmerzen
- Verspannungen der Muskulatur im Nacken und Rückenbereich
- Schmerzen durch Stress und stille Zwangshaltungen
- Verschleiß der Muskulatur, der Sehnen und Gelenke im Unterarmbereich, an den Händen und
  Handgelenken.

Zwar sind für Bildschirmarbeitsplätze gesundheitsschonende, ergonomische Arbeitsbedingungen   **87**
seit langem bekannt. Wegen der Häufigkeit der Gesundheitsbeschwerden ist jedoch offenkundig,
dass diese Arbeitsbedingungen in der Praxis vielfach nicht in ausreichendem Umfang Beachtung
finden. Das Ziel der Bildschirmarbeitsverordnung ist es, eine ergonomischere Gestaltung der Bildschirmarbeitsplätze zu erreichen und damit die vorbeschriebenen Gesundheitsbeschwerden ein-
zudämmen. Ergonomische Gestaltung bedeutet eine optimale Anpassung der Software an den Benutzer und seine Arbeitsaufgabe, die so genannte Mensch-Maschinen-Schnittstelle, zu erreichen.[103]

Die Bildschirmarbeitsverordnung stellt rechtlich einen flexiblen Rahmen dar, der Spielraum für   **88**
an die Situation des Betriebes angepasste Arbeitschutzmaßnahmen lässt. In der Verordnung
selbst, wie auch in dem am Ende des Kapitels abgedruckten Anhang über die an Bildschirmarbeitsplätze zu stellenden Anforderungen, werden grundsätzlich nur Schutzziele vorgegeben.
Wegen des schnellen technischen Fortschritts wären detaillierte Vorschriften ohnehin nach kur-
zer Zeit überholt.[104]

---

100 Bildschirmrichtlinie 90/270/EWG.
101 Kollmer-*Blachnitzky*, ArbSchG, BildscharbV Einf Rn 2.
102 Küttner-*Röller*, Personalbuch 2008, Telearbeit Rn 1.
103 *Bücker/Feldhoff/Kohte*, Rn 286.
104 BR-Drucks 656/96 (Begründung der Artikelverordnung), 26.

II. Anwendungsbereich der Bildschirmarbeitsverordnung

89 Die Bildschirmarbeitsverordnung gilt gem. § 1 Abs. 1 grundsätzlich für alle Arten von Tätigkeiten mit Bildschirmgeräten. Ausgenommen von ihrem Geltungsbereich sind die sechs folgenden Arbeitsplatzgruppen:

- Bedienungsplätze an Maschinen mit Bildschirmgerät als integriertem Bestandteil oder an Fahrerplätzen von Fahrzeugen mit Bildschirmgeräten
- Bildschirmgeräte an Bord von Verkehrsmitteln, z.B. Lkw mit einem Display für das GPS-Leitsystem, Laptop während der Zugfahrt
- Datenverarbeitungsanlagen, die hauptsächlich der Benutzung durch die Öffentlichkeit dienen, z.B. Geldautomaten, Terminals für Fahrplanauskünfte
- Bildschirmgeräte für den ortsveränderlichen Gebrauch, sofern sie nicht regelmäßig an einem Arbeitsplatz eingesetzt werden, z.B. Laptop
- Rechenmaschinen, Registrierkassen oder andere Arbeitsmittel mit einer kleinen Daten- oder Messwertanzeigevorrichtung
- Schreibmaschinen klassischer Bauart mit einem Display

90 Jeder Bildschirm zur Herstellung alpha-numerischer Zeichen oder zur Grafikdarstellung, ungeachtet des Darstellungsverfahrens, ist ein Bildschirmgerät nach § 2 Abs. 1 BildscharbV. Hierzu gehören neben Bürogeräten auch Geräte zur Prozesssteuerung und nichtelektronische Darstellungssysteme, z.B. Microfilmlesegeräte.

91 Ein Bildschirmarbeitsplatz i.S.v. § 2 Abs. 2 BildscharbV besteht aus einem Bildschirmgerät und aus der unmittelbaren Arbeitsumgebung. Er kann ausgestattet sein mit Einrichtungen zur Erfassung von Daten, z.B. Tastatur, Maus, Scanner, mit Software und Betriebssystemen, mit Zusatzgeräten und Elementen, die zum Betreiben oder Benutzen des Bildschirms gehören, z.B. Drucker oder mit sonstigen speziellen Arbeitsmitteln, z.B. Arbeitstisch, Stuhl, Fußstütze.

92 Beschäftigte sind i.S.d. Verordnung nur diejenigen, die gewöhnlich während eines nicht unwesentlichen Teils ihrer normalen Arbeit ein Bildschirmgerät benutzen. Gelegentliche Arbeit am Bildschirmgerät fällt nicht unter die Verordnung.

III. Spezifische Anforderungen an den Bildschirmarbeitsplatz

93 Die Beurteilungsverpflichtung nach § 5 ArbSchG wird durch § 3 BildscharbV insoweit ergänzt, dass der Arbeitgeber bei Bildschirmarbeitsplätzen besonders die spezifischen Gesundheitsgefährdungen, nämlich eine mögliche Gefährdung des Sehvermögens sowie körperliche Probleme und psychische Belastungen zu ermitteln und zu beurteilen hat. Dabei ist der Bildschirmarbeitsplatz mit all seinen Komponenten systematisch und vollständig zu erfassen. Die Beurteilung kann in der Regel innerbetrieblich vorgenommen werden, z.B. mit Unterstützung von Arbeitsschutzfachleuten.

1. Ergonomische Anforderungen

94 § 4 BildscharbV verpflichtet den Arbeitgeber, geeignete Maßnahmen zu treffen, damit die Bildschirmarbeitsplätze den Anforderungen des Anhangs der Verordnung und sonstiger Rechtsvorschriften i.S.d. § 2 Abs. 4 ArbSchG[105] entsprechen. Der am Ende des Kapitels abgedruckte Anhang enthält insbesondere ergonomisch veranlasste Anforderungen an das Bildschirmgerät und

---

105 Etwa ArbeitsstättenVO, Unfallverhütungsvorschriften.

die Tastatur,[106] an sonstige Arbeitsmittel,[107] an die Arbeitsumgebung[108] sowie an das Zusammen-wirken Mensch-Arbeitsmittel;[109] ferner dürfen ohne Wissen des Benutzers keine Kontrolleinrich-tungen verwendet werden.

Die Bestimmungen des Anhangs sind zwingend, geben aber nur Schutzziele vor. Wie diese zu realisieren sind, wird nicht vorgeschrieben. Die Anforderungen des Anhangs entsprechen im We-sentlichen den allgemein anerkannten Regeln der Technik, wie sie insbesondere in den Sicher-heitsregeln für Bildschirmarbeitsplätze im Bürobereich der Verwaltungsberufsgenossenschaft und in den DIN-Normen[110] niedergelegt sind. Diese können parallel zur Auslegung oder Konkre-tisierung der Vorschriften der Verordnung herangezogen werden.   **95**

Von den Anforderungen des Anhangs darf abgewichen werden, wenn spezielle Erfordernisse des Bildschirmarbeitsplatzes oder Merkmale der Tätigkeit diesen Anforderungen entgegenstehen[111] oder wenn der Bildschirmarbeitsplatz entsprechend den jeweiligen Fähigkeiten von daran tätigen Behinderten unter Berücksichtigung von Art und Schwere der Behinderung gestaltet wird. Für beide Ausnahmemöglichkeiten müssen jedoch die Sicherheit und der Gesundheitsschutz auf an-dere Weise gewährleistet sein.   **96**

2. Pausen und Arbeitszeit

Nach § 5 BildscharbV hat der Arbeitgeber die Tätigkeit der Beschäftigten so zu organisieren, dass die tägliche Arbeit an Bildschirmgeräten regelmäßig durch andere Arbeiten oder durch Pausen un-terbrochen wird. Dadurch soll die Belastung durch Bildschirmarbeit[112] verringert werden. Ziel die-ser Verpflichtung ist die Einführung einer Mischarbeit, die besonders geeignet ist, einseitige körper-liche und psychische Belastungen durch Bildschirmarbeit zu verringern. Die zweite Alternative der kurzen Auszeiten soll dem Auftreten von Ermüdungen entgegenwirken. Dabei sollte der Beschäf-tigte hinsichtlich der Lage der Pausen nach Bedarf frei wählen können, auch im Interesse einer flexiblen Arbeitsanordnung und eines gesundheitszuträglichen Arbeitsablaufs.[113]   **97**

Praxishinweis   **98**
Siehe hierzu auch die unter Rn 136 abgedruckte Betriebsvereinbarung Bildschirmarbeits-plätze II Nr. 5.

Diese Pausen sind – obwohl die Arbeit unterbrochen wird[114] – der Arbeitszeit hinzuzurechnen. Es handelt sich dabei um so genannte Arbeitspausen, die z.B. auch im teil- oder vollmechanisierten Betrieb als vom Arbeitnehmer selbst gewählte Arbeitsunterbrechungen vorkommen und gegebe-nenfalls zu Kurzpausen zusammengefasst werden können.[115] Ihre Regelung ist regelmäßig kol-lektivrechtlicher, oft tarifrechtlicher Natur. Sie unterscheidet sich von den gesetzlich geregelten   **99**

---

106 Z.B. scharfe und ausreichend große Zeichen auf dem Bildschirm, frei von Flimmern und Verzerrungen, leicht dreh- und neigbares Gerät, davon getrennte und neigbare Tastatur.
107 Z.B. Arbeitstisch, Arbeitsstuhl.
108 Etwa ausreichend Raum für wechselnde Körperarbeitshaltungen, Beleuchtung, Vermeidung von Blendung, Verrin-gerung oder Vermeidung von Lärm, Wärme- und Strahlenbelastungen.
109 Z.B. Beachtung der Grundsätze der Ergonomie bei der Verarbeitung von Informationen durch den Menschen, bei Entwicklung, Auswahl, Erwerb und Änderung von Software besonders hinsichtlich der Benutzerfreundlichkeit.
110 DIN 66234.
111 Z.B. keine individuelle Verstellbarkeit der Bildschirmgeräte bei der Kontrolle von industriellen Prozessen, Beson-derheiten im werkstattnahen Bereich.
112 U.a. monotone und geistig ermüdende Arbeit, Augenbelastung, Muskelermüdung oder einseitige Körperhaltung.
113 *Wlotzke*, NJW 1997, 1469, 1474.
114 BAG 1.7.2003 – 1 ABR 20/02, NZA 2004, 620.
115 Küttner-*Reinecke*, Personalbuch 2008, Pause Rn 4.

Ruhepausen i.S.d. § 4 ArbZG. Diese Pausen stehen im Vorhinein fest und verpflichten den Arbeitnehmer nicht, während dessen Arbeit zu leisten, noch sich dafür bereit zu halten.[116]

3. Augenuntersuchung

100 § 6 Abs. 1 S. 1 BildscharbV verpflichtet den Arbeitgeber, den Beschäftigten eine angemessene Untersuchung der Augen und des Sehvermögens durch eine fachkundige Person anzubieten, und zwar vor Aufnahme der Tätigkeit an Bildschirmgeräten, anschließend in regelmäßigen Zeitabständen sowie bei Auftreten von Sehbeschwerden, die auf die Bildschirmarbeit zurückgeführt werden können. Es liegt bei dem einzelnen Beschäftigten, ob er das Angebot annimmt. Erweist sich als Ergebnis der Untersuchung eine augenärztliche Untersuchung als erforderlich, ist diese dem Beschäftigten zu ermöglichen. Sinnvoll ist es, die Untersuchung durch den Betriebsarzt wahrnehmen zu lassen, weil er aufgrund seiner Kenntnis über den Beschäftigten und seinen Arbeitsplatz am ehesten in der Lage ist, eventuell notwendig werdende arbeitsplatz- oder personenbezogene Maßnahmen vorzuschlagen. Ein Ergebnis der Untersuchungen kann sein, dass der Beschäftigte eine spezielle Sehhilfe für seine Bildschirmarbeit benötigt. § 6 Abs. 2 BildscharbV bestimmt dazu, dass in diesem Fall dem Beschäftigten im erforderlichen Umfang spezielle Sehhilfen zur Verfügung zu stellen sind. Die Kosten dafür dürfen nicht dem Beschäftigten auferlegt werden.

IV. Strafvorschriften

101 Nach § 7 BildscharbV begeht der Arbeitgeber eine Ordnungswidrigkeit, wenn er vorsätzlich oder fahrlässig entgegen § 6 Abs. 1 S. 1 BildscharbV die dort bezeichneten Untersuchungen nicht oder nicht rechtzeitig anbietet. Die Ordnungswidrigkeit ist nach § 25 Abs. 2 ArbSchG mit Geldbuße bis zu 5.000 EUR bedroht. Bei Verstößen gegen andere Vorschriften der Bildschirmarbeitsverordnung ergeben sich Bußgeldtatbestände nach § 22 Abs. 3 ArbSchG erst, wenn der Arbeitgeber oder eine sonst verantwortliche Person einer vollziehbaren Anordnung der zuständigen Behörde zuwiderhandelt.

V. Betriebliche Mitbestimmung

102 Kollektivrechtlich kann im Wesentlichen auf die Ausführungen zu den Aufgaben, Rechten und Pflichten des Betriebsrats zum Arbeitsschutzgesetz zurückgegriffen werden. Bei der Einrichtung und Gestaltung von Bildschirmarbeitsplätzen bestehen folgende Besonderheiten:

- Bevor ein Bildschirmarbeitsplatz eingerichtet wird, muss der Betriebsrat über die Planung des neuen Arbeitsplatzes unterrichtet werden; zusätzlich muss der Arbeitgeber mit ihm über die Maßnahme beraten, § 90 BetrVG. Maßgeblich ist hier, dass die Unterrichtung und Beratung so rechtzeitig erfolgt, dass der Betriebsrat noch Einfluss auf die Entscheidung ausüben kann.
- Soweit die Einrichtung des Bildschirmarbeitsplatzes offensichtlich gesicherten arbeitswissenschaftlichen Erkenntnissen über die menschengerechte Gestaltung der Arbeit widerspricht und der Arbeitnehmer hierdurch eine erhebliche Belastung erfährt, besteht ein erzwingbares Mitbestimmungsrecht des Betriebsrat gem. § 91 BetrVG.[117] Mit § 4 BildscharbV in Verbindung mit dem Anhang liegen gesicherte arbeitswissenschaftliche Erkenntnisse für die ergonomischen Anforderungen an den Arbeitsplatz vor. Weiterhin können zur Auslegung und Kon-

---

116 LAG Baden-Württemberg 14.10.1998 – 3 Sa 16/98, ZTR 1999, 365.
117 Däubler/Kittner/*Klebe*, BetrVG, § 91 Rn 12.

kretisierung die Sicherheitsregelungen der Verwaltungsberufsgenossenschaft (ZH 1/618)[118] oder andere Normen, z.B. ISO-Norm 9241, herangezogen werden.

- Da Bildschirmgeräte als technische Hilfsmittel unter den Betriebsanlagenbegriff des § 111 S. 3 Nr. 4 BetrVG subsumiert werden können,[119] kommt es für die Annahme einer Betriebsänderung mit den weit reichenden Mitbestimmungsrechten des Betriebsrats auf die Anzahl der betroffenen Arbeitnehmer an. Der zusätzlich geforderte wesentliche Nachteil für die Belegschaft oder einen Teil der Belegschaft wird durch die Annahme eines der Regelbeispiele in § 111 BetrVG fingiert.[120]

- Soweit Pausenregelungen oder die Unterbrechung der Arbeitszeit aus gesundheitsbedingten Gründen, z.B. wegen der Einführung von Mischarbeit, erfolgen müssen, sind Mitbestimmungsrechte nach § 87 Abs. 1 Nr. 2 und Nr. 7 BetrVG einschlägig.[121] Soweit der Umfang der Augenuntersuchung, die Qualifikation der untersuchenden Person, der Ort der Untersuchung bzw. der regelmäßige Zeitpunkt der Untersuchung Gegenstand ist, kann der Betriebsrat mit dem Arbeitgeber eine Betriebsvereinbarung nach § 87 Abs. 1 Nr. 7 BetrVG vereinbaren.

- Die Einführung von Bildschirmarbeitsplätzen kann unter dem Gesichtspunkt der Leistungskontrolle nach § 87 Abs. 1 Nr. 6 BetrVG mitbestimmungspflichtig sein.[122]

D. Strahlenschutz und sichere Arbeitsmittel

Die drahtlose Informationsübertragung mittels Mobilfunktechnik ist aus der modernen Kommunikation nicht mehr wegzudenken. Hochfrequente elektromagnetische Felder, die von einer Antenne abgestrahlt werden ermöglichen die Übertragung jeglicher Art von Informationen über große Entfernungen – per Rundfunk, Fernsehen, Mobilfunk sowie schnurlose Telefone über drahtlose Computernetzwerke („Wireless LAN" oder „WLAN").[123] Gleiches gilt für Funkmodule nach dem „Bluetooth"-Standard.[124]

103

Der Ausbau der Mobilfunknetze und ihre Nutzung auch im Berufsleben hat eine Diskussion um mögliche gesundheitsbeeinträchtigende Wirkungen der hochfrequenten elektromagnetischen Felder des Mobilfunks entfacht. Für den Einzelnen steht insbesondere die Handynutzung im Vordergrund, da Handys diese Felder beim Telefonieren ohne Freisprecheinrichtung direkt in Körpernähe erzeugen.[125] Wie hoch die Gesundheitsgefährdungen tatsächlich sind, ist in der öffentlichen Diskussion umstritten. Nach dem derzeitigen wissenschaftlichen Kenntnisstand handelt es sich indes nur um geringe Immissionen ohne bislang bestätigte langfristig gesundheitsschädigende Wirkungen.

Im Gegensatz zu der vergleichsweise geringen Exposition (Dauer der Strahlenbelastung) der allgemeinen Bevölkerung, treten an bestimmten Arbeitsplätzen mit hochfrequenten elektromagnetischen Feldern (von 300 Hertz bis 300 Gigahertz) hohe Belastungen auf.[126]

---

118 Vgl. BAG 6.12.1983 – 1 ABR 43/81, AP Nr. 7 zu § 87 BetrVG 1972 Überwachung.

119 BAG 26.10.1982 – 1 ABR 11/81, DB 1983, 1766.

120 BAG 17.8.1982 – 1 ABR 40/80, DB 1983, 344; BAG 7.8.1990 – 1 AZR 445/89, DB 1991, 760.

121 BVerwG 8.1.2001 – 6 P 6/00, NZA 2001, 570.

122 *Gaul*, Anm. zu EzA § 87 BetrVG 1972 Bildschirmarbeit Nr. 1.

123 Informationen des Bundesamtes für Strahlenschutz – Grundlagen – unter http://www.bfs.de/de/elektro/hff/grundlagen.html.

124 Bundesamt für Strahlenschutz – Grundlagen – http://www.bfs.de/de/elektro/hff/grundlagen.html.

125 Bundesamt für Strahlenschutz – Elektromagnetische Felder – Empfehlungen des Bundesamtes für Strahlenschutz zum Telefonieren mit dem Handy – http://www.bfs.de/de/elektro/hff/empfehlungen_handy.html.

126 Bundesamt für Strahlenschutz – Eletromagnetische Felder – Arbeitsschutz – unter http://www.bfs.de/de/elektro/hff/arbeitsschutz.html.

104   *Beispiele*

- Radio- und Fernsehsender
- In der Medizin z.B. bei der sog. Hochfrequenzchirurgie gibt es Anwendungen zum Erwärmen von Gewebe, wozu hochfrequente Ströme – 300 bis 2000 kHz – zum Schneiden von Körpergewebe eingesetzt werden
- Anlagen zum Erwärmen und Verbinden von Materialien in der Industrie (Schmelzöfen)

105   Auch die allgemeine Nutzung moderner Kommunikationsmittel kann im Arbeitsleben zur erhöhten Exposition mit hochfrequenten elektromagnetischen Feldern führen, zum Beispiel bei der Reparatur oder der Wartung von technischen Anlagen im laufenden Betrieb.

I. Regelungen zu elektromagnetischen Feldern

106   Als erste gesetzliche Regelung zum Schutz vor negativen Einwirkungen elektromagnetischer Felder trat im Jahr 1996 die **26. Bundes-Immissionsschutzverordnung**[127] in Kraft, welche allerdings nicht für den Arbeitsschutz gilt, sondern den Schutz der allgemeinen Bevölkerung gegen die elektrischen und magnetischen Felder ortsfester Anlagen regelt.

107   Zum Schutz der Beschäftigten wird die Berufsgenossenschaftliche Vorschrift für Sicherheit und Gesundheit bei der Arbeit – **Unfallverhütungsvorschrift Elektromagnetische Felder (BGV B11)** vom 1.6.2001 angewandt.[128] Diese gilt, soweit in der Unfallversicherung Versicherte elektrischen, magnetischen oder elektromagnetischen Feldern im Frequenzbereich von 0 Hz bis 300 GHz unmittelbar oder deren mittelbaren Wirkungen ausgesetzt sind. Damit wendet sich die Unfallverhütungsvorschrift BGV B11 vor allem an Unternehmen mit hohen Anschlussleistungen von elektrischen Anlagen, wie z.B. im Bereich Energieversorgung, Hochspannungsanlagen, Schmelzöfen, Funk und Mobilfunk. Diese Unternehmen haben dafür zu sorgen, dass in Arbeitsstätten und an Arbeitsplätzen weder unzulässige Expositionen (elektromagnetische Felder oberhalb der zulässigen Werte) noch unzulässige mittelbare Wirkungen durch elektromagnetische Felder auftreten (§ 3 BGV B11). Zu Letzterem zählen u.a. Berührungsspannungen, Kraftwirkungen auf Gegenstände sowie Körperströme, die beim Kontaktieren von aufgeladenen leitfähigen Gebilden entstehen können.[129] Der Anwendungsbereich der Unfallverhütungsvorschrift erfasst alle Arbeitnehmer, gleich wo sie im Betrieb eingesetzt werden, und alle Tätigkeiten von Versicherten während der üblichen Arbeitszeit. Sie gilt weiterhin unerheblich davon, ob die Tätigkeiten nur kurzzeitig oder während der ganzen Arbeitsschicht ausgeführt werden oder an wie vielen Schichten im Jahr im betreffenden Bereich gearbeitet wird. Ebenso wird nicht unterschieden, ob es sich um Mitarbeiter des eigenen Unternehmens oder von Fremdfirmen handelt.[130]

108   Über die nationale Unfallverhütungsvorschrift BGV B11 hinaus, spielt das Thema „Gefährdung durch elektromagnetische Felder" auch auf Europaebene eine große Rolle. Um einen europaweit einheitlichen Mindeststandard für den Schutz der Beschäftigten vor elektromagnetischen Feldern zu etablieren, hat die EU im April 2004 die **Richtlinie 2004/40/EG über Mindestvorschriften zum Schutz von Sicherheit und Gesundheit der Arbeitnehmer vor der Gefährdung durch physikalische Einwirkungen (elektromagnetische Felder)** verabschiedet. Arbeitnehmer müssen danach über Gefahren und Risiken von elektromagnetischen Feldern aufgeklärt werden. Ferner sind Arbeitgeber gehalten, mögliche Gefährdungen durch elektro-

---

127 Verordnung über elektromagnetische Felder vom 16.12.1996, BGBl I S. 1966 – 26. BImSchV.
128 Bundesamt für Strahlenschutz – Eletromagnetische Felder – Arbeitsschutz – unter http://www.bfs.de/de/elektro/ hff/arbeitsschutz.html.
129 Http://www.doku.net/artikel/kritischez.htm.
130 Http://www.doku.net/artikel/kritischez.htm.

magnetische Strahlung zu unterbinden.[131] Dazu müssen sie für Arbeitsplätze eine Risikobewertung erstellen, die Feldstärken ermitteln und regelmäßig die Einhaltung der Grenzwerte überwachen.[132] Um die Richtlinie im Lichte neuester wissenschaftlich-technischer Erkenntnisse überarbeiten zu können, wurde die Umsetzungsfrist der Richtlinie (in der Fassung der **Änderungsrichtlinie 2012/11/EU**) derzeit auf den 31.10.2013. verschoben. Derweil hat eine Expertengruppe ein neues Konzept für Grenzwerte zum Schutz von Beschäftigten am Arbeitsplatz bei Tätigkeiten mit Einwirkungen durch elektromagnetische Felder erarbeitet (Stand: November 2011).[133]

II. Produktsicherheit

Einen weiteren bedeutenden Beitrag zum Schutz von Verbrauchern und auch von Beschäftigten leistet das Gesetz über die Bereitstellung von Produkten auf dem Markt (**Produktsicherheitsgesetz – ProdSG**), welches am 1.12.2011 in Kraft getreten ist[134] und das bisherige **Geräte und Produktsicherheitsgesetz (GSPG)** ablöst. Das neue Produktsicherheitsgesetz (ProdSG) – nebst den dazu erlassenen Rechtsverordnungen – ist die zentrale Rechtsvorschrift für die technische Sicherheit von Geräten, Produkten und Anlagen. Die Definition von „Produkt" nach § 2 i.S.d. neuen Gesetzes ist weiter gefasst als im vorigen GSPG. Hierunter fällt nunmehr jede „Ware, die durch einen Fertigungsprozess entstanden ist", mithin eine breite Palette von Produkten wie beispielsweise auch dem Handy, Smartphone, Tablet-PC bis hin zu komplexen Anlagen.[135] So ist auch die vorher gültige Trennung zwischen technischen Arbeitsmitteln, wie Geräten und Anlagen, und Verbraucherprodukten, wie etwa Haarglätter oder Drucker, entfallen. Neben den grundsätzlichen Anforderungen hinsichtlich der technischen Sicherheit der Produkte enthält das ProdSG verschärfte Regelungen, die beim Bereitstellen von Produkten auf dem Markt zu beachten sind (z.B. hinsichtlich der Produktkennzeichnung).[136] Das ProdSG richtet sich dabei sowohl an die Hersteller der Produkte als auch den Einführer oder Händler. Darüber hinaus sind Bestimmungen zur Marktüberwachung sowie zum Errichten und Betrieb überwachungsbedürftiger Anlagen enthalten.

109

Für den Arbeitgeber ist im Zusammenhang mit dem Arbeitsschutz zu beachten, dass er den Beschäftigten nur Arbeitsmittel bereitstellen darf, die dem Produktsicherheitsgesetz und seinen Verordnungen (ProdSV) entsprechen. Dies betrifft u.a. elektrische Betriebsmittel, Druckgeräte, Maschinen und persönliche Schutzausrüstungen. Solche Arbeitsmittel sind in der Regel an der CE-Kennzeichnung und bei Maschinen zusätzlich an der Konformitätserklärung zu erkennen.[137]

110

E. Moderne Kommunikationsmittel

I. Smartphones und psychische Gesundheit

In der Diskussion um psychische Erkrankungen von Arbeitnehmern spielen die mobilen Technologien eine zentrale Rolle. Die Arbeitswelt ist komplexer geworden. Auf der einen Seite geben

111

---

131 Artikel 5 der Richtlinie 2004/40/EG.

132 Artikel 4 der Richtlinie 2004/40/EG.

133 Abrufbar auf den Seiten des Bundesministeriums für Arbeit und Soziales unter http://www.bmas.de/DE/Service/Publikationen/Forschungsberichte/fb400-elektromagnetische-felder.html.

134 BGBl I S. 2178.

135 Bundesministerium für Arbeit und Soziales unter http://www.bmas.de/DE/Themen/Arbeitsschutz/Meldungen/produktsicherheitsgesetz.html.

136 Ministerium für Arbeit, Integration und Soziales des Landes Nordrhein-Westfalen unter http://www.arbeitsschutz.nrw.de/Themenfelder/anlagen_arbeitsmittel/sichere_arbeitsmittel/index.php.

137 Informationen des Ministeriums für Arbeit, Integration und Soziales des Landes Nordrhein-Westfalen unter www.arbeitsschutz.nrw.de.

Laptop und Handy neue Freiheiten und Möglichkeiten. Auf der anderen Seite erschweren gerade mobile Kommunikationsmittel eine klare Trennung zwischen Privatleben und Beruf.

112 *Beispiele*

Diensthandys, z.B. BlackBerrys, bedeuten für viele Arbeitnehmer, auch nach Feierabend, d.h. außerhalb der vertraglich geregelten Arbeitszeiten, dauernd für den Arbeitgeber verfügbar zu sein.

113 Manche Arbeitgeber erwarten auch von ihren Arbeitnehmern, in der Freizeit oder sogar nachts bzw. während der Ruhezeit auf Anrufe oder E-Mails zu reagieren. Tatsächlich sind auch die meisten Berufstätigen für dienstliche Anrufe oder Mails ständig erreichbar. Das Arbeitszeitgesetz steht damit insoweit in Einklang, als von den Bestimmungen der §§ 3, 5 ArbZG gemäß § 7 ArbZG abweichende Regelungen zugelassen werden können. Rufbereitschaft oder kürzere Ruhezeiten lassen sich bei entsprechendem Zeitausgleich unter bestimmten Voraussetzungen vereinbaren. Nicht selten bedeutet eine solche Regelung eine Art von Interessenkollision – während dem Arbeitnehmer seine Ruhezeiten zur Erholung wichtig sind, liegt die ständige Erreichbarkeit im Interesse manches Arbeitgebers. Eine damit möglicherweise einhergehende „Überdosis" an Anstrengung für den Arbeitnehmer kann sich nicht nur auf die Arbeitszufriedenheit auswirken, sondern durchaus auch zu Stress, konkreten Beschwerden wie z.B. Kopfschmerzen oder zu unspezifischen Reaktionen wie allgemeinen Angstzuständen, Vermeidungsverhalten oder Unlustgefühl führen.[138]

114 *Praxishinweis*

Klare Regelungen wie eine Betriebsvereinbarung zur Erreichbarkeit der Mitarbeiter nach Feierabend können die psychische Gesundheit von Arbeitnehmern fördern und präventiv vor psychischen Krankheiten wie etwa Burnout schützen.

115 *Beispiel: BV zur Mail-Abschaltung bei Smartphones*

Technisch können Diensthandys so eingerichtet werden, dass z.B. eine halbe Stunde nach Arbeitsende bis eine halbe Stunde vor Arbeitsbeginn am nächsten Tag (z.B. von 18.30 Uhr bis 6.45 Uhr) keine Mails mehr empfangen werden können. Der Server kann in dieser Zeit heruntergefahren werden, ohne dass das Telefonieren beeinträchtigt wird.

116 Der Geltungsbereich kann sich auf alle Mitarbeiter mit Diensthandy erstrecken. Dem Arbeitgeberinteresse wird es regelmäßig eher entsprechen, leitende Angestellte oder außertariflich bezahlte Mitarbeiter von der Regelung auszunehmen. Insgesamt kann eine solche Betriebsvereinbarung zum Schutz der Arbeitnehmer vor psychischen Belastungen in Zusammenhang mit modernen Kommunikationsmitteln als Konzept zu einer „zukunftsorientierten Arbeitszeitform" begriffen werden.

II. Mobile Kommunikationsmittel und Arbeitszeit

117 Durch den Einsatz mobiler Kommunikationsmittel sind Arbeitnehmer heutzutage nicht zwingend ortsgebunden. Dementsprechend wird die Arbeitsleistung von mehr und mehr Beschäftigten nicht mehr unbedingt in den Räumlichkeiten des Arbeitgebers erbracht, sondern zunehmend auch außerhalb der Betriebsstätte.

118 *Beispiel*

- Bei Telearbeit (vgl. hierzu § 7 Rn 48 ff.)
- Bei Projektarbeit im In- oder Ausland mit „mobilem Büro"
- Bei Außendienstmitarbeit

138 *Kollmer*, ArbSchG, Syst A Rn 131.

Die Abkehr von der Bürogebundenheit lässt auch neue Fallkonstellationen für den Arbeitsschutz entstehen. Grundsätzlich gilt, dass unabhängig davon, wo genau der Arbeitnehmer seine Tätigkeit verrichtet, der Arbeitgeber für die Einhaltung derselben arbeitsschutzrechtlichen Anforderungen zu sorgen hat, die sich auch beim Tätigwerden in den Betriebsräumen stellen würden. Bei der Einführung neuer Arbeitsgeräte sind z.B. Schulungen zu Sicherheit und Gesundheitsschutz obligatorisch.   **119**

Praxistipp   **120**
In einer Betriebsvereinbarung kann geregelt werden, dass Weiterbildungen wie Schulungsmaßnahmen bei der Firma organisiert und durchgeführt werden

Unter arbeitsschutzrechtlichen Gesichtspunkten, insbesondere in punkto Arbeitszeit, können sich für den Arbeitgeber neue Herausforderungen stellen. Der Arbeitgeber hat die Einhaltung der Vorgaben zu Dauer und Lage der Arbeitszeit nach dem ArbZG oder die Beachtung der Vorschriften der Arbeitsstättenverordnung (für die in Heimarbeit Beschäftigten, vgl. hierzu § 7 Rn 53) sicherzustellen. Neben Vereinbarungen zur Arbeitszeit (betriebsüblich oder selbstbestimmt) und telefonischer Erreichbarkeit, können Regelungen zu Verhaltenskontrollen getroffen werden, welche insbesondere bei Missbrauchsverdacht sinnvoll sind. Bei schwerwiegenden arbeitsrechtlichen Verstößen kann eine Missbrauchskontrolle nach höchstrichterlicher Rechtsprechung auch nicht durch eine anderslautende Betriebsvereinbarung ausgeschlossen werden. Denkbare schwerwiegende arbeitsrechtliche Verstöße gegen die Arbeitszeit können hier z.B. sein – „Arbeitszeitbetrug", die unerlaubte Konkurrenztätigkeit während der bezahlten Arbeitszeit oder auch die Träumerei, die Bummelei oder die zu ausgiebige private Kommunikation mit Kollegen oder Kunden.[139] Die näheren Umstände der Kontrolle von Verhalten und Leistung kann durch Vereinbarungen geregelt werden. Für die Einführung und Anwendung von technischen Einrichtungen zur Verhaltens- oder Leistungskontrolle ist zudem das Mitbestimmungsrecht des Betriebsrats gem. § 87 Abs. 1 Nr. 6 BetrVG zu beachten.   **121**

Im Zusammenhang mit Arbeitszeit kann ein weiterer Aspekt Bedeutung erlangen, wenn die beiderseitigen Interessen zu Dauer und Lage der Arbeitszeit divergieren.   **122**

Beispiel   **123**
Insbesondere bei längeren Dienstreisen oder Projektarbeiten mit anschließender Rückkehr zur Tätigkeit im Betrieb ist denkbar, dass das Beschäftigteninteresse darin besteht, die Tätigkeit am anderen Ort so schnell wie möglich zu erledigen, um bald nach Hause zurückzukehren und dafür im Gegenzug auch zuschlagspflichtige Sonn- und Feiertagsarbeit zu leisten.

Hierfür ist zum Schutz der Arbeitnehmer die Vorschrift des § 9 ArbZG zu beachten, die ein Beschäftigungsverbot an Sonn- und gesetzlichen Feiertagen enthält. Abweichend von § 9 sieht § 10 ArbZG eine Sonn- und Feiertagsbeschäftigung nur ausnahmsweise vor. Diese ist für den Arbeitgeber auch regelmäßig mit einem höheren Entgeltaufwand verbunden, zumindest in tarifgebundenen Arbeitsverhältnissen.   **124**

Missbrauchsfälle können dann entstehen, wenn Arbeitnehmer eigenmächtig außerhalb der geregelten Arbeitszeiten ihren Dienst verrichten und Arbeitgeber die Arbeitsleistung duldend entgegennehmen, gleichwohl ohne die vereinbarten Zuschläge zu zahlen. Diese Fälle lösen sich oft nach dem Motto: „Wo kein Kläger, da kein Richter." bzw. aufgrund wirksam vereinbarter Ausschlussfristen.   **125**

Vor diesem Hintergrund ist eine Bereitschaft der Arbeitnehmer zu Sonn- und Feiertagsarbeit aus Arbeitgebersicht vor dem Aspekt einer möglichen Gesundheitsgefährdung der Arbeitnehmer grundsätzlich bedenklich. In der Praxis ist hier zu beobachten, dass nach dem Prinzip der Domino-   **126**

---

139 NZA-RR 2006, 302, 303; LAG Köln, Urt. v. 4.11.2005 – 11 Sa 500/05.

steine mit der Berufung auf die Regelung in Konkurrenzunternehmen die Verlängerung der Betriebsnutzungszeiten durch eine rasante Zunahme der Beschäftigung an Sonn- und Feiertagen erreicht wird.[140]

III. Arbeit am Bord-/Handcomputer

127 Zusätzlich zu den Bildschirmarbeitsplätzen in Deutschland werden immer mehr Beschäftigte mit mobilen Minicomputern ausgerüstet. Hier ist vor allem an Beschäftigte in besonderen Dienstleistungsbranchen (z.B. Paketauslieferungsdienste), aber auch an alle sonstige Außendienstmitarbeiter mit Dienstfahrzeug und entsprechendem Bordcomputer zu denken. Über GPS-Ortung der Fahrzeuge und Funkmeldung der Bordcomputer werden Daten seitens der disponierenden Unternehmen zentral abrufbar, was hinsichtlich des Datenschutzes von enormer Relevanz ist.

128 Die BildscharbV greift im Falle von Bord- und Handcomputern ausdrücklich nicht. Dennoch sind Arbeitgeber verpflichtet, die grundsätzlichen Bestimmungen des Arbeitsschutzes einzuhalten. Hinsichtlich Ergonomie und Gesundheitsschutz müssen sowohl der Stand der Technik als auch arbeitswissenschaftliche Erkenntnisse berücksichtigt werden, § 4 Nr. 3 ArbSchG.

129 Bezüglich der Bordcomputer haben die Unfallversicherungsträger Ende 2009 bereits Informationen zur ergonomischen Gestaltung herausgegeben[141]. Hierin wird auf 50 Seiten der Stand der Technik beschrieben. Auch eine Checkliste für zahlreiche mögliche Gefährdungen und präventive Gestaltungsaspekte sind enthalten.

130 *Beispiel*

Augenärztliche-/Vorsorgeuntersuchung für Außendienstmitarbeiter, die mit dem Arbeitsmittel der mobilen Datenerfassung arbeiten, Einhaltung von Strahlungsnormen, Arbeitsplatzanalyse zur Feststellung der konkreten Arbeitsplatzanforderungen im Rahmen des ArbSchG.

131 Im Rahmen des allgemeinen Kontrollrechts können Interessenvertretungen auf die Einhaltung eines hohen Niveaus an Sicherheit und Gesundheitsschutz (z.B. bezüglich Softwareergonomie) und somit auf die Einhaltung der berufgenossenschaftlichen Vorgaben sowie der DIN-Normen bestehen.

F. Muster

132 Aufgrund der jeweils zu berücksichtigenden Einzelfallumstände werden nachfolgend keine Musterbetriebsvereinbarungen, sondern exemplarische Beispiele von in der Praxis abgeschlossenen Betriebsvereinbarungen zur Bildschirmarbeit abgedruckt. Diese sollten zwingend vor einer Verwendung den jeweiligen individuellen betrieblichen Anforderungen und etwaigen künftigen Rechtsänderungen angepasst werden. Die beiden Betriebsvereinbarungen zur Bildschirmarbeit unterscheiden sich insbesondere bei der Mitbestimmung des Betriebsrats erheblich; in der ersten Betriebsvereinbarung ist die Mitbestimmung sehr stark ausgeprägt, regelt dezidiert Rechte von Betriebsrat und Beschäftigten, während sich die zweite Betriebsvereinbarung im Wesentlichen an der Bildschirmarbeitsverordnung orientiert und lediglich bei den Arbeitspausen eine arbeitnehmerfreundliche Regelung aufweist.

---

140 *Kollmer/Oppenauer*, § 17 Rn 115 ArbSchG.
141 BGI/GUV-I 8696, „Einsatz von bordeigenen Kommunikations- und Informationssystemen mit Bildschirmen an Fahrerarbeitsplätzen".

▼

Muster 9.1: BV Bildschirmarbeitsplatzbrille

Zwischen dem Arbeitgeber, vertreten durch ▮▮▮▮,

und

dem Betriebsrat des Betriebs,

vertreten durch den Betriebsratsvorsitzenden ▮▮▮▮,

wird folgende Betriebsvereinbarung geschlossen:

§ 1 Regelungsgegenstand

Diese Betriebsvereinbarung regelt die Zuzahlung für eine spezielle Sehhilfe (Bildschirm-arbeitsplatzbrille) auf der Grundlage der Bildschirmarbeitsverordnung.

§ 2 Verfahren

Treten Sehprobleme bei der Bildschirmarbeit auf, stellt der Arbeitnehmer einen Antrag an den Arbeitgeber auf eine Voruntersuchung nach dem Berufsgenossenschaftlichen Grundsatz für arbeitsmedizinische Vorsorgeuntersuchungen „Bildschirmarbeitsplätze" G 37. Nach Über-prüfung durch den Betriebsarzt erfolgt, falls eine spezielle Sehhilfe erforderlich ist, eine Unter-suchung durch den ermächtigten Augenarzt. Entscheidungsträger für das Erfordernis einer speziellen Sehhilfe ist der Betriebsarzt.

§ 3 Kostenübernahme

Für eine Monofokalbrille wird eine Pauschale in Höhe von 35 EUR und für eine Bifokalbrille von 70 EUR vereinbart. Für Brillengestelle erfolgt keine Zuzahlung.

§ 4 Inkrafttreten, Kündigung

Die Betriebsvereinbarung tritt ab ▮▮▮▮ in Kraft. Die Betriebsvereinbarung kann mit einer Frist von drei Monaten zum Jahresende gekündigt werden.

▮▮▮▮, den ▮▮▮▮

▮▮▮▮   ▮▮▮▮

Arbeitgeber   Der Vorsitzende des Betriebsrates

▲
▼

Muster 9.2: BV – Bildschirmarbeitsplätze I

Zwischen der ▮▮▮▮ – im Folgenden kurz Arbeitgeber (AG) genannt – und

dem Betriebsrat des o.g. Unternehmens – im Folgenden kurz Betriebsrat (BR) genannt – wird folgende Betriebsvereinbarung geschlossen:

§ 1 Geltungsbereich und Begriffsbestimmungen

(1) Gegenstand dieser Betriebsvereinbarung ist die Anwendung von Bildschirmgeräten, die Arbeit an Bildschirmarbeitsplätzen sowie der Gesundheitsschutz. Sie gilt

■ sachlich für die Einführung und den Betrieb von Arbeitsplätzen, wie sie in der Bildschirm-verordnung definiert sind – im Folgenden kurz Bildschirmarbeitsplätze genannt –

- persönlich für alle Arbeitnehmer gemäß der Bildschirmverordnung – im Folgenden kurz Arbeitnehmer genannt –

- räumlich für alle Bildschirmarbeitsplätze der

(2) Es gelten die Begriffsbestimmungen der Bildschirmarbeitsverordnung.

§ 2 Informations- und Beteiligungsrechte

(1) Der Arbeitgeber ist verpflichtet, den Betriebsrat frühestmöglich und bereits vor Abschluss von Planungen im Rahmen der Einführung und des Betriebes von Bildschirmarbeitsplätzen umfassend, unter Vorlage vollständiger und verständlicher Unterlagen zu unterrichten. Die Unterrichtung umfasst sowohl die gegenwärtigen als auch die zukünftigen technisch möglichen Ausbaustufen. Insbesondere muss die Unterrichtung detaillierte Angaben beinhalten, so dass der BR sich ein ausreichendes und umfassendes Bild über die arbeitswissenschaftlichen Bedingungen machen kann.

(2) Es wird gemäß dieser Betriebsvereinbarung ein paritätischer Ausschuss gebildet, bestehend aus je zwei Vertretern von Betriebsrat und Arbeitgeber, der sich mit der Umsetzung dieser Betriebsvereinbarung befasst. Sollten im paritätischen Ausschuss einvernehmliche Regelungen nicht gefunden werden, entscheidet die Einigungsstelle. Der Ausschuss hat darüber hinaus die Aufgabe, Vorschläge von Beschäftigten entgegenzunehmen und darüber zu beraten.

§ 3 Vermeidung von Nachteilen für die Arbeitnehmer

(1) Betriebsrat und Arbeitgeber stimmen darin überein, dass im Zusammenhang mit der Einführung und dem Betrieb von Bildschirmarbeitsplätzen

- keine zusätzlichen Belastungen aufgrund von Monotonie und Steigerung der Arbeitsintensität entstehen dürfen; Ausnahmen müssen mit dem Betriebsrat schriftlich vereinbart werden, wobei er angemessene Maßnahmen zur Abwendung, Milderung oder zum Ausgleich der Belastungen verlangen kann;

- gesundheitliche Beeinträchtigungen, soweit technisch möglich, vermieden oder beseitigt werden;

- keine personenbezogenen Leistungs- und Verhaltensüberwachungen ohne schriftliche Vereinbarung mit dem Betriebsrat durchgeführt werden (insbesondere gilt dies für Einrichtungen, die eine Erfassung und Speicherung von Leistungsdaten der einzelnen Arbeitnehmer ermöglichen);

- keine Veränderung der Arbeitszeiten und des betrieblichen Arbeitszeitvolumens ohne schriftliche Zustimmung des Betriebsrates vorgenommen werden;

- keine Veränderung der Entlohnungsmethode ohne schriftliche Zustimmung des Betriebsrates vorgenommen wird.

(2) Der Arbeitgeber muss dafür sorgen, dass jeder Arbeitnehmer zum Zeitpunkt seiner Einstellung, seiner Versetzung oder einer Veränderung seines Arbeitsbereiches eine ausreichende und angemessene Unterrichtung über Sicherheit und Gesundheitsschutz erhält, die eigens auf seinen Arbeitsplatz oder seinen Aufgabenbereich ausgerichtet ist. Die Unterweisung muss sich neben Handhabungshinweisen besonders auf die ergonomisch richtige Einstellung aller zur Verfügung gestellten Arbeitsmittel erstrecken.

(3) Werden durch die Einführung und/oder den Betrieb von Bildschirmarbeitsplätzen die bisherigen Arbeitsinhalte der betroffenen Arbeitnehmer ganz oder teilweise verändert, hat dies keinen negativen Einfluss auf die Höhe des bezogenen Einkommens.

§ 4 Gesundheitliche Voraussetzungen

(1) Vor Aufnahme der Arbeit am Bildschirmgerät muss nach einer augenärztlichen, neurologischen und orthopädischen Untersuchung durch Ärzte die Unbedenklichkeit für die Arbeit am Bildschirm bescheinigt werden. Der Arbeitnehmer hat das Recht auf freie Arztwahl. Zu den Aufgaben des nach § 2 Abs. 2 gebildeten Ausschusses gehört es, die Anforderungen an diese Untersuchung zu konkretisieren.

(2) Die augenärztlichen, neurologischen und orthopädischen Untersuchungen durch Ärzte sind in den zeitlichen Abständen, die von den Ärzten gefordert werden, zu wiederholen.

Die augenärztliche Untersuchung ist aber spätestens nach einem Jahr zu wiederholen. Sollte der Arbeitnehmer vorher Beeinträchtigungen der Sehleistung feststellen, ist ihm vorher die Möglichkeit einer augenärztlichen Untersuchung einzuräumen.

(3) Für alle Arbeitnehmer, die bei Inkrafttreten dieser Betriebsvereinbarung bereits beschäftigt sind, werden die Untersuchungen nach Abs. 1 bis ▬▬▬▬▬ vorgenommen.

(4) Die Untersuchungsergebnisse nach Abs. 1 und 2 sind ausschlaggebend für eine weitere Beschäftigung an Bildschirmarbeitsplätzen und dürfen nur enthalten: tauglich, nicht tauglich, eingeschränkt tauglich für die Arbeit an Bildschirmarbeitsplätzen. Der Arbeitgeber darf keine weiteren Angaben zu den Untersuchungsergebnissen anfordern oder entgegennehmen. Arbeitnehmer, bei denen Mängel des Sehvermögens festgestellt werden oder die bei der Tätigkeit an Bildschirmarbeitsplätzen über entsprechende dauerhafte Beschwerden klagen, sind vom Arbeitgeber aufzufordern, einen Arzt aufzusuchen, damit notwendige Behandlungen und Korrekturen durchgeführt werden.

(5) Arbeitnehmer, die aufgrund eines ärztlichen Attestes nicht, nicht mehr oder nur für eingeschränkte Dauer für die Arbeit an Bildschirmarbeitsplätzen geeignet sind, erhalten einen anderen, gleichwertigen Arbeitsplatz innerhalb des räumlichen Geltungsbereichs dieser Betriebsvereinbarung. Soweit eine gleichwertige Tätigkeit nicht zur Verfügung steht, ist den Arbeitnehmern ein anderer zumutbarer Arbeitsplatz anzubieten. Eventuell dabei notwendig werdende betriebliche Umschulungsmaßnahmen sind während der Arbeitszeit durchzuführen. Die Kosten trägt der Arbeitgeber.

(6) Die Kosten aller vorgenannten Untersuchungen gehen zu Lasten des Arbeitgebers, soweit sie nicht von der Krankenkasse getragen werden. Ergibt sich aus den oben in Abs. 1 und 2 genannten Untersuchungen die Notwendigkeit, Hilfsmittel (z.B. Brillen) einzusetzen, so gehen die Kosten für diese Hilfsmittel – sofern sie nicht von der Krankenkasse getragen werden und sofern diese Hilfsmittel arbeitsbedingt notwendig sind – zu Lasten des Arbeitgebers. Die Beteiligung des Arbeitgebers erfolgt in Höhe der Differenz des Kassenbetrages und tatsächlich entstandener Kosten bei Monofokalgläsern, die nicht entspiegelt und nicht getönt sind. Eine Ausnahme hiervon besteht nur dann, wenn der behandelnde Arzt entspiegelte oder getönte Brillengläser für die Arbeit am Bildschirm für erforderlich hält. Bei Brillengläsern ist der durch die Krankenkassen vorgegebene Kostenrahmen zu nutzen. Sollte es erforderlich sein, ein teureres Brillengestell zu verwenden, zahlt der Arbeitgeber die Differenz zwischen Kassenbeitrag und Anschaffungskosten bis maximal 25 EUR. Die Zuschüsse werden erneut gewährt, wenn der behandelnde Arzt neue Brillengläser verordnet. Die Arbeitnehmer sind verpflichtet, eine Fotokopie der ärztlichen Verordnung vorzulegen.

(7) Die in Abs. 1 und 2 genannten Untersuchungen werden in vollem Umfang auf die Arbeitszeit angerechnet.

§ 5 Arbeitsbedingungen

(1) Der Arbeitgeber verpflichtet sich, innerhalb von drei Monaten nach Festlegung der Prüfungsgrundlage durch den paritätischen Ausschuss nach § 2 Abs. 2 eine Analyse der Bildschirmarbeitsplätze durchzuführen, um die Sicherheits- und Gesundheitsbedingungen zu beurteilen, die dort für die Arbeitnehmer vorliegen. Zu den Aufgaben des nach § 2 Abs. 2 gebildeten Ausschusses gehört es, die Prüfungsgrundlagen hierfür innerhalb von zwei Monaten nach Abschluss dieser Betriebsvereinbarung festzulegen. Der Arbeitgeber muss auf der Grundlage der Analyse innerhalb von zwölf Monaten nach Vorliegen der Ergebnisse zweckdienliche Maßnahmen zur Ausschaltung der festgestellten Gefahren treffen, wobei er die Addition und/oder die Kombination der Wirkungen der festgestellten Gefahren zu berücksichtigen hat.

(2) Unter Arbeitsbedingungen werden die Beschaffenheit und die Gestaltung der Bildschirmarbeitsplätze und ihre Arbeitsumgebung verstanden. Die Arbeitsbedingungen müssen in allen arbeitswissenschaftlichen Bereichen ergonomisch gestaltet werden. Es gelten die in Anlage 1 genannten Mindestvorschriften.

(3) Die Sicherheitsregeln für Bildschirmarbeitsplätze im Bürobereich der Verwaltungs-Berufsgenossenschaft, die entsprechenden DIN-Normen und die arbeitswissenschaftlichen Erkenntnisse der Bundesanstalt für Arbeitsschutz und Unfallforschung in der jeweils gültigen Fassung sind Bestandteil dieser Vereinbarung und entsprechend zu berücksichtigen.

(4) Einseitige und monotone Arbeitsplätze müssen verhindert werden. Die Einrichtung von Mischarbeitsplätzen ist anzustreben und ein ständiger Blickkontakt mit dem Bildschirm ist zu vermeiden.

(5) Jeder Arbeitnehmer hat Anspruch auf zehn Minuten Erholungspause pro Stunde. Diese Pause ist Bestandteil der Arbeitszeit.

§ 6 Sonderregelung für Schwangere

Die Beschäftigung von Schwangeren an Bildschirmarbeitsplätzen ist nur auf eigenen Wunsch mit einer entsprechenden Bescheinigung des Facharztes zulässig. § 4 Abs. 5 gilt entsprechend.

§ 7 Schlussbestimmungen

(1) Alle Anlagen sind Bestandteil dieser Betriebsvereinbarung und unterliegen der Mitbestimmung.

(2) Diese Betriebsvereinbarung tritt am Tage ihrer Unterzeichnung in Kraft und kann mit einer Frist von sechs Monaten zum Schluss eines jeden Kalenderjahres gekündigt werden.

(3) Nach Eingang der Kündigung müssen unverzüglich Verhandlungen über eine neue Betriebsvereinbarung aufgenommen werden. Bis zum Abschluss einer neuen Betriebsvereinbarung gilt diese Vereinbarung weiter.

_____ , den _____

_____   _____

Arbeitgeber   Der Vorsitzende des Betriebsrates

Anlage 1 der Betriebsvereinbarung über Gesundheitsschutz und die Arbeit an Bildschirmgeräten

Mindestvorschriften

1. Gerät

a) Allgemeine Bemerkung

Die Benutzung des Gerätes als solche darf keine Gefährdung der Arbeitnehmer mit sich bringen.

b) Bildschirm

Die auf dem Bildschirm angezeigten Zeichen müssen scharf und deutlich, ausreichend groß und mit angemessenem Zeichen- und Zeilenabstand dargestellt werden.

Das Bild muss stabil und frei von Flimmern sein und darf keine Instabilität anderer Art aufweisen.

Die Helligkeit und/oder der Kontrast zwischen Zeichen und Bildschirmgrund müssen leicht vom Benutzer eingestellt und den Umgebungsbedingungen angepasst werden können.

Der Bildschirm muss zur Anpassung an die individuellen Bedürfnisse des Benutzers frei und leicht drehbar und neigbar sein.

Ein separater Ständer für den Bildschirm oder ein verstellbarer Tisch kann ebenfalls benutzt werden.

Der Bildschirm muss frei von Reflexen und Spiegelungen sein, die den Benutzer stören können.

Bei Austausch und Neueinrichtung von Bildschirmarbeitsplätzen sind die Grenzwerte des Schwedischen Mess- und Prüfrates (MPR II) einzuhalten.

c) Kopfhörer

Es sind Überkopf-Sprechgarnituren mit zwei Hörmuscheln zu verwenden.

Der Kopfhörer muss ausreichend in der Lautstärke regelbar sein.

Aus hygienischen Gründen sind austauschbare Aufsatzstücke vorzusehen.

Ebenso ist die Reinigung des Sprechteils bei jedem Schichtwechsel zu gewährleisten.

d) Tastatur

Die Tastatur muss neigbar und eine vom Bildschirm getrennte Einheit sein, damit der Benutzer eine bequeme Haltung einnehmen kann, die Arme und Hände nicht ermüdet.

Die Fläche vor der Tastatur muss ausreichend sein, um dem Benutzer ein Auflegen von Händen und Armen zu ermöglichen.

Zur Vermeidung von Reflexen muss die Tastatur eine matte Oberfläche haben.

Die Anordnung der Tastatur und die Beschaffenheit der Tasten müssen die Bedienung der Tastatur erleichtern.

Die Tastenbeschriftung muss sich vom Untergrund deutlich genug abheben und bei normaler Arbeitshaltung lesbar sein.

e) Arbeitstisch und Arbeitsfläche

Der Arbeitstisch bzw. die Arbeitsfläche muss eine ausreichend große und reflexionsarme Oberfläche besitzen und eine flexible Anordnung von Bildschirm, Tastatur, Schriftgut und sonstigen Arbeitsmitteln ermöglichen.

Der Manuskripthalter muss stabil und verstellbar sein und ist so einzurichten, dass unbequeme Kopf- und Augenbewegungen so weit wie möglich eingeschränkt werden.

Ausreichender Raum für eine bequeme Arbeitshaltung muss vorhanden sein.

f) Arbeitsstuhl

Der Arbeitsstuhl muss kippsicher sein, darf die Bewegungsfreiheit des Benutzers nicht einschränken und muss eine bequeme Haltung ermöglichen.

Die Sitzhöhe muss verstellbar sein.

Die Rückenlehne muss in Höhe und Neigung verstellbar sein.

Auf Wunsch ist eine Fußstütze zur Verfügung zu stellen.

2. Umgebung

a) Platzbedarf

Der Arbeitsplatz ist so zu bemessen, dass ausreichend Platz vorhanden ist, um wechselnde Arbeitshaltungen und -bewegungen zu ermöglichen.

b) Beleuchtung

Die allgemeine Beleuchtung und/oder die spezielle Beleuchtung (Arbeitslampen) sind so zu dimensionieren und anzuordnen, dass zufrieden stellende Lichtverhältnisse und ein ausreichender Kontrast zwischen Bildschirm und Umgebung im Hinblick auf die Art der Tätigkeit und die sehkraftbedingten Bedürfnisse des Benutzers gewährleistet sind.

Störende Blendung und Reflexe oder Spiegelungen auf dem Bildschirm und anderen Ausrüstungsgegenständen sind durch Abstimmung und Einrichtung von Arbeitsraum und Arbeitsplatz auf die Anordnung und die technischen Eigenschaften künstlicher Lichtquellen zu vermeiden.

c) Reflexe und Blendung

Bildschirmarbeitsplätze sind so einzurichten, dass Lichtquellen wie Fenster und sonstige Öffnungen, durchsichtige oder durchscheinende Trennwände sowie helle Einrichtungsgegenstände und Wände keine Direktblendung und möglichst keine Reflexion auf dem Bildschirm verursachen.

Die Fenster müssen mit einer geeigneten verstellbaren Lichtschutzvorrichtung ausgestattet sein, durch die sich die Stärke des Tageslichteinfalls auf den Arbeitsplatz vermindern lässt.

d) Lärm

Dem Lärm, der durch die zu den Arbeitsplätzen gehörenden Geräte verursacht wird, ist bei der Einrichtung der Arbeitsplätze Rechnung zu tragen, insbesondere um eine Beeinträchtigung der Konzentration und Sprachverständlichkeit zu vermeiden.

e) Wärme

Die zu den Arbeitsplätzen gehörenden Geräte dürfen nicht zu einer Wärmezunahme führen, die auf die Arbeitnehmer störend wirken könnte.

f) Strahlungen

Alle Strahlungen mit Ausnahme des sichtbaren Teils des elektromagnetischen Spektrums müssen auf Werte verringert werden, die vom Standpunkt der Sicherheit und des Gesundheitschutzes der Arbeitnehmer unerheblich sind.

g) Feuchtigkeit

Es ist für ausreichende Luftfeuchtigkeit zu sorgen.

3. Mensch-Maschine-Schnittstelle

Bei Konzipierung, Auswahl, Erwerb und Änderung von Software sowie bei der Gestaltung von Tätigkeiten, bei denen Bildschirmgeräte zum Einsatz kommen, hat der Arbeitgeber folgenden Faktoren Rechnung zu tragen:

a) Die Software muss der ausführenden Tätigkeit angepasst sein.

b) Sie muss benutzerfreundlich sein und gegebenenfalls dem Kenntnis- und Erfahrungsstand des Benutzers angepasst werden können; ohne Wissen des Arbeitnehmers darf keinerlei Vorrichtung zur quantitativen oder qualitativen Kontrolle verwendet werden.

c) Die Systeme müssen den Arbeitnehmern Angaben über die jeweiligen Abläufe bieten.

d) Die Systeme müssen die Informationen in einem Format und in einem Tempo anzeigen, das den Benutzern angepasst ist.

e) Die Grundsätze der Ergonomie sind insbesondere auf die Verarbeitung von Informationen durch den Menschen anzuwenden.

Protokollnotiz zur Betriebsvereinbarung Bildschirmarbeitsplätze:

Arbeitgeber und Betriebsrat sind sich einig, dass die noch vorhandenen Terminals ▬▬▬▬ so schnell wie möglich, spätestens aber bis zum ▬▬▬▬, ausgetauscht werden.

135

Muster 9.3: BV – Bildschirmarbeitsplätze II

Betriebsvereinbarung zwischen dem Vorstand und dem Gesamtbetriebsrat der ▬▬▬▬ über den Einsatz von Bildschirmarbeitsplätzen

1. Präambel

Zwischen der ▬▬▬▬ und dem Gesamtbetriebsrat besteht Einigkeit darüber, dass zur Erhaltung und Sicherung der Wettbewerbsfähigkeit ein weiterer Einsatz und Ausbau neuer Technologien unumgänglich ist. Durch diese Betriebsvereinbarung soll sowohl den wirtschaftlichen Belangen der ▬▬▬▬ als auch den Interessen der Mitarbeiter Rechnung getragen werden.

Ziel dieser Vereinbarungen ist es, die Überwachung auf das betrieblich und gesetzlich notwendige Maß zu beschränken und die Persönlichkeitsrechte der Mitarbeiterinnen und Mitarbeiter angesichts der Möglichkeiten der Technik zu wahren.

2. Geltungsbereich

Alle Mitarbeiter der ▮▮▮▮▮ mit Ausnahme der leitenden Angestellten.

3. Begriffsbestimmung

Bildschirmgerät im Sinne dieser Verordnung ist ein Bildschirm zur Darstellung alphanumerischer Zeichen oder zur Grafikdarstellung, ungeachtet des Darstellungsverfahrens.

Bildschirmarbeitsplatz im Sinne dieser Betriebsvereinbarung ist ein Computer-Arbeitsplatz mit einem Bildschirmgerät, der ausgestattet sein kann mit

■ Einrichtungen zur Erfassung von Daten,

■ Software, die den Beschäftigten bei der Ausführung ihrer Arbeitsaufgaben zur Verfügung steht,

■ Zusatzgeräten und Elementen, die zum Betreiben oder Benutzen der Bildschirmgeräte gehören, oder

■ sonstigen Arbeitsmitteln, sowie die unmittelbare Arbeitsumgebung.

Bildschirmarbeitsplätze sind Computer-Arbeitsplätze, bei denen die Arbeitsaufgabe einen überwiegenden Blickkontakt zum Bildschirmgerät erfordert.

4. Bildschirmarbeit und Gesundheitsschutz

Die ▮▮▮▮ veranlasst, dass Arbeitnehmer, die im Rahmen ihrer Tätigkeit mehr als zwei Stunden täglich an Arbeitsplätzen mit Bildschirmgeräten beschäftigt werden, sich regelmäßig einer arbeitsmedizinischen Untersuchung der Augen unterziehen. Dies gilt – sofern nicht bereits geschehen – auch für Arbeitnehmer, die bereits an Bildschirmgeräten arbeiten. Die Untersuchungen werden entsprechend der jeweils gültigen Tarifregelung vorgenommen. Soweit es vom Facharzt für erforderlich gehalten wird, Belastungen der Augen festzustellen, werden mit den augenärztlichen Untersuchungen auch Sehtests am Arbeitsplatz während eines normalen Arbeitstages vorgenommen. Alle Untersuchungen finden während der Arbeitszeit statt.

Die Untersuchungen sind in Abständen von zwei Jahren durchzuführen.

Die Kosten für diese Untersuchungen sowie gegebenenfalls das Anschaffen einer Bildschirmarbeitsbrille, die zusätzlich erforderlich wird, trägt die ▮▮▮▮, soweit nicht ein anderer Kostenträger in Anspruch genommen werden kann.

5. Arbeit an Bildschirmgeräten

Ein Mitarbeiter mit arbeitstäglich in der Regel mehr als vierstündiger zusammenhängender Tätigkeit an einem Bildschirmarbeitsplatz (Nr. 3 Abs. 2) soll nach je 50 Minuten ununterbrochener Tätigkeit eine zehnminütige bildschirmfreie Tätigkeit in Anspruch nehmen.

Das Zusammenziehen der bildschirmfreien Tätigkeit mit sonstigen Arbeitsunterbrechungen ist unzulässig. Sie dürfen auch nicht mit den anderen gesetzlichen bzw. tariflichen Arbeitsunterbrechungen (Pausen) zusammengelegt werden; dies gilt auch für den Beginn und das Ende der täglichen Arbeitszeit.

> *Praxishinweis*
>
> Die Festlegung der Dauer der Arbeitsunterbrechung oder auch die Nichtanrechenbarkeit der Arbeitsunterbrechungen auf Pausen ist Verhandlungsgegenstand der Betriebsparteien. Unter Berücksichtigung der konkreten Arbeitsplatzsituation sind kürzere Arbeits-

unterbrechungen, z.B. von fünf Minuten je Stunde, die der Mitarbeiter mit anderen Büro-
tätigkeiten verbringen kann, denkbar.

Vor der Einrichtung von Bildschirmarbeitsplätzen sind die vom Einsatz von Bildschirmgeräten betroffenen Arbeitnehmer rechtzeitig und umfassend über ihre Aufgaben und ihre Verantwortung zu unterrichten und einzuarbeiten. Die Arbeitnehmer sind insbesondere mit der ergonomisch richtigen Handhabung der Arbeitsmittel eingehend vertraut zu machen. Dies gilt auch für technische und organisatorische Änderungen in diesem Bereich.

6. An Bildschirmarbeitsplätze zu stellende Anforderungen

Die auf dem Bildschirm angezeigten Zeichen müssen scharf, deutlich und ausreichend groß sein sowie einen angemessenen Zeichen- und Zeilenabstand haben. Vergrößerungsmöglichkeiten sind hierbei ausreichend.

Bei Entwicklung, Auswahl, Erwerb und Änderung von Software sowie bei der Gestaltung der Tätigkeit an Bildschirmgeräten hat der Arbeitgeber den folgenden Grundsätzen insbesondere im Hinblick auf die Benutzerfreundlichkeit Rechnung zu tragen.

Das auf dem Bildschirm dargestellte Bild muss stabil und frei von Flimmern sein; es darf keine Verzerrungen aufweisen.

Die Helligkeit der Bildschirmanzeige und der Kontrast zwischen Zeichen und Zeichenuntergrund müssen einstellbar sein und den Verhältnissen der Arbeitsumgebung angepasst sein.

Der Bildschirm muss frei von Reflexionen und Spiegelungen sein, die den Benutzer stören können.

Der Bildschirm muss frei und leicht drehbar sein.

7. Arbeitsumgebung

Am Bildschirmarbeitsplatz muss ausreichend Raum für wechselnde Arbeitshaltungen und -bewegungen vorhanden sein.

Die Beleuchtung muss der Art der Sehaufgabe entsprechen und an das Sehvermögen der Benutzer angepasst sein; dabei ist ein ausreichender Kontrast zwischen Bildschirm und Arbeitsumgebung zu gewährleisten.

Bildschirmarbeitsplätze sind so einzurichten, dass leuchtende oder beleuchtete Flächen keine Blendung verursachen und Reflexionen auf dem Bildschirm so weit wie möglich vermieden werden. Die Fenster sollen mit einer geeigneten verstellbaren Lichtschutzvorrichtung ausgestattet sein, durch die sich die Stärke des Tageslichteinfalls auf den Bildschirmarbeitsplatz vermindern lässt.

Die Strahlung muss – mit Ausnahme des sichtbaren Teils des elektromagnetischen Spektrums – so niedrig gehalten werden, dass sie für Sicherheit und Gesundheit der Benutzer des Bildschirmgerätes unerheblich ist.

8. Gesetzliche Bestimmungen

Die gesetzlichen Bestimmungen (z.B. Mutterschutzgesetz, Bildschirmarbeitsverordnung) sowie die Vorschriften der Berufsgenossenschaft und der Bildschirmergonomie sind einzuhalten.

9. Geltungsdauer

Diese Betriebsvereinbarung gilt ab dem ▩▩▩▩.

Sie verlängert sich jeweils um ein Jahr, wenn sie nicht mit einer Frist von sechs Monaten zum Jahresende gekündigt wird.

Diese Betriebsvereinbarung wirkt sechs Monate nach, sofern sie nicht vorher durch eine neue Betriebsvereinbarung abgelöst wird.

10. Verstöße gegen diese Betriebsvereinbarung

Bei Verstößen gegen die Betriebsvereinbarung beraten Gesellschaft und Gesamtbetriebsrat über mögliche Konsequenzen. Im Übrigen bleiben die gesetzlichen Mitwirkungsrechte in personellen Einzelmaßnahmen unberührt.

11. Schlussbemerkung

Vorstand und Gesamtbetriebsrat sind sich darüber einig, dass mit dieser Regelung dem Unternehmen sowie jedem Mitarbeiter Rechnung getragen wird.

▩▩▩▩, den ▩▩▩▩

▩▩▩▩   ▩▩▩▩

Vorstand   Gesamtbetriebsrat

Anhang über an Bildschirmarbeitsplätze zu stellende Anforderungen nach der Bildschirmarbeitsverordnung, Stand 18. Dezember 2008

Bildschirmgerät und Tastatur

1. Die auf dem Bildschirm dargestellten Zeichen müssen scharf, deutlich und ausreichend groß sein sowie einen angemessenen Zeichen- und Zeilenabstand haben.

2. Das auf dem Bildschirm dargestellte Bild muss stabil und frei von Flimmern sein; es darf keine Verzerrungen aufweisen.

3. Die Helligkeit der Bildschirmanzeige und der Kontrast zwischen Zeichen und Zeichenuntergrund auf dem Bildschirm müssen einfach einstellbar sein und den Verhältnissen der Arbeitsumgebung angepasst werden können.

4. Der Bildschirm muss frei von störenden Reflexionen und Blendungen sein.

5. Das Bildschirmgerät muss frei und leicht drehbar und neigbar sein.

6. Die Tastatur muss vom Bildschirmgerät getrennt und neigbar sein, damit die Benutzer eine ergonomisch günstige Arbeitshaltung einnehmen können.

7. Die Tastatur und die sonstigen Eingabemittel müssen auf der Arbeitsfläche variabel angeordnet werden können. Die Arbeitsfläche vor der Tastatur muss ein Auflegen der Hände ermöglichen.

8. Die Tastatur muss eine reflexionsarme Oberfläche haben.

9. Form und Anschlag der Tasten müssen eine ergonomische Bedienung der Tastatur ermöglichen. Die Beschriftung der Tasten muss sich vom Untergrund deutlich abheben und bei normaler Arbeitshaltung lesbar sein.

Sonstige Arbeitsmittel

10. Der Arbeitstisch beziehungsweise die Arbeitsfläche muss eine ausreichend große und reflexionsarme Oberfläche besitzen und eine flexible Anordnung des Bildschirmgeräts, der Tastatur, des Schriftguts und der sonstigen Arbeitsmittel ermöglichen. Ausreichender Raum für eine ergonomisch günstige Arbeitshaltung muss vorhanden sein. Ein separater Ständer für das Bildschirmgerät kann verwendet werden.

11. Der Arbeitsstuhl muss ergonomisch gestaltet und standsicher sein.

12. Der Vorlagenhalter muss stabil und verstellbar sein sowie so angeordnet werden können, dass unbequeme Kopf- und Augenbewegungen so weit wie möglich eingeschränkt werden.

13. Eine Fußstütze ist auf Wunsch zur Verfügung zu stellen, wenn eine ergonomisch günstige Arbeitshaltung ohne Fußstütze nicht erreicht werden kann.

Arbeitsumgebung

14. Am Bildschirmarbeitsplatz muss ausreichender Raum für wechselnde Arbeitshaltungen und -bewegungen vorhanden sein.

15. Die Beleuchtung muss der Art der Sehaufgabe entsprechen und an das Sehvermögen der Benutzer angepasst sein; dabei ist ein angemessener Kontrast zwischen Bildschirm und Arbeitsumgebung zu gewährleisten. Durch die Gestaltung des Bildschirmarbeitsplatzes sowie Auslegung und Anordnung der Beleuchtung sind störende Blendwirkungen, Reflexionen oder Spiegelungen auf dem Bildschirm und den sonstigen Arbeitsmitteln zu vermeiden.

16. Bildschirmarbeitsplätze sind so einzurichten, dass leuchtende oder beleuchtete Flächen keine Blendung verursachen und Reflexionen auf dem Bildschirm so weit wie möglich vermieden werden. Die Fenster müssen mit einer geeigneten verstellbaren Lichtschutzvorrichtung ausgestattet sein, durch die sich die Stärke des Tageslichteinfalls auf den Bildschirmarbeitsplatz vermindern lässt.

17. Bei der Gestaltung des Bildschirmarbeitsplatzes ist dem Lärm, der durch die zum Bildschirmarbeitsplatz gehörenden Arbeitsmittel verursacht wird, Rechnung zu tragen, insbesondere um eine Beeinträchtigung der Konzentration und der Sprachverständlichkeit zu vermeiden.

18. Die Arbeitsmittel dürfen nicht zu einer erhöhten Wärmebelastung am Bildschirmarbeitsplatz führen, die unzuträglich ist. Es ist für eine ausreichende Luftfeuchtigkeit zu sorgen.

19. Die Strahlung muss – mit Ausnahme des sichtbaren Teils des elektromagnetischen Spektrums – so niedrig gehalten werden, dass sie für Sicherheit und Gesundheit der Benutzer des Bildschirmgerätes unerheblich ist.

Zusammenwirken Mensch – Arbeitsmittel

20. Die Grundsätze der Ergonomie sind insbesondere auf die Verarbeitung von Informationen durch den Menschen anzuwenden.

21. Bei Entwicklung, Auswahl, Erwerb und Änderung von Software sowie bei der Gestaltung der Tätigkeit an Bildschirmgeräten hat der Arbeitgeber den folgenden Grundsätzen insbesondere im Hinblick auf die Benutzerfreundlichkeit Rechnung zu tragen:

21.1 Die Software muss an die auszuführende Aufgabe angepasst sein.

21.2 Die Systeme müssen den Benutzern Angaben über die jeweiligen Dialogabläufe unmittelbar oder auf Verlangen machen.

21.3 Die Systeme müssen den Benutzern die Beeinflussung der jeweiligen Dialogabläufe ermöglichen sowie eventuelle Fehler bei der Handhabung beschreiben und deren Beseitigung mit begrenztem Arbeitsaufwand erlauben.

21.4 Die Software muss entsprechend den Kenntnissen und Erfahrungen der Benutzer im Hinblick auf die auszuführende Aufgabe angepasst werden können.

▲

§ 10 Arbeitsrechtliche Aspekte zu Social Media

Ebba Herfs-Röttgen

Inhalt

A. Einführung

Soziale Netzwerke wie **Facebook, Twitter** und **Xing** verbreiten sich rasend schnell. In Deutschland soll es inzwischen 30 Mio.[1] Nutzer geben. Die Entwicklungen im Web 2.0 als „Mitmach- **1**

---

[1] *Lützeler/Bissels*, ArbR Aktuell 2011, 322670.

netz", bei denen die Nutzer nicht mehr reine Konsumenten, sondern vielmehr Produzenten sind,[2] haben längst auch die Geschäftswelt und damit das Arbeitsrecht erreicht.

Nach einer aktuellen Studie des Meinungsforschungsinstituts YouGov ist etwa jeder vierte Beschäftigte in Deutschland auch während der Arbeitszeit privat bei Facebook aktiv. Bei 10 % der Befragten nimmt Facebook länger als fünf Stunden der **wöchentlichen Arbeitszeit** in Anspruch. Bei einem Drittel sind es immerhin noch ein bis zwei Stunden.[3]

Die arbeitsrechtliche Praxisrelevanz von Social Media zeigt sich auch in aktuell bekannt gewordenen Fällen. So wurde z.B. einer Auszubildenden wegen eines Facebook-Eintrages („Ab zum Arzt und dann Koffer packen") fristlos gekündigt (siehe unten Rn 51) und ein Betriebsratsmitglied trat von seinem Amt zurück, nachdem er Streikbrecher auf Facebook als „Wichser" und „Abschaum" bezeichnet hatte.[4]

Auch Arbeitgeber nutzen Social Media zunehmend, und zwar nicht nur zur Präsentation ihres Unternehmens, sondern immer häufiger auch als Mittel zur **Personalsuche**. Viele Unternehmen richten z.B. Twitter-Karriere „Feeds" ein. Wer einen solchen Feed abonniert und mit dem Personalverantwortlichen auf dem Karriere-Feed in Kontakt tritt, eröffnet zugleich den Zugriff auf Informationen zu seiner Person.[5]

Die Berührungspunkte im Arbeitsrecht sind also vielfältig. Grund genug, um sich mit arbeitsrechtlichen Aspekten zu Social Media näher zu befassen. Bei ihrer Bewertung ist den Besonderheiten des Web 2.0 Rechnung zu tragen, für das vor allem kennzeichnend ist, dass sich die ins Netz gestellten Informationen rasant verbreiten, einem nicht eingrenzbaren und steuerbaren Kreis von Nutzern zur Verfügung stehen und das Internet nichts vergisst![6]

Social Media gewinnen in allen **Phasen** des Arbeitsverhältnisses Bedeutung; sie bilden daher den Rahmen für die nachfolgende Erörterung typischer Problemkomplexe im Zusammenhang mit der Nutzung von sozialen Netzwerken:

1. Die Anbahnung des Arbeitsverhältnisses (Bewerbersuche/-auswahl über soziale Netzwerke)
2. Das bestehende Arbeitsverhältnis (Direktionsrecht und soziale Netzwerke sowie Vertragsverletzungen im Zusammenhang mit der Nutzung von sozialen Netzwerken)
3. Die Beendigung des Arbeitsverhältnisses (Herausgabe von Zugangs- und geschäftlichen Kontaktdaten).

B. Rechtliche Grundlagen

I. Europäisches Datenschutzrecht

1. Datenschutzrichtlinie 95/46/EG

2   Eine herausgehobene Stellung im europäischen Datenschutzrecht kommt der an alle Mitgliedstaaten gerichteten **Richtlinie 95/46/EG** des Europäischen Rates und des Parlaments „zum Schutz natürlicher Personen bei der Verarbeitung personenbezogener Daten und zum freien Datenschutzverkehr" vom 24.10.1995 zu. Die Richtlinie dient der Angleichung der Vorschriften aller Mitgliedstaaten zum Schutz personenbezogener Daten. Nach Erlass der Richtlinie wurden die EU-Mitglieder verpflichtet, die Richtlinie in nationales Recht umzusetzen. Zu diesem Zweck trat im Jahr 2001 eine neue Fassung des Bundesdatenschutzgesetzes (BDSG) in Kraft.[7]

---

2 *Erd,* NVwZ 2011, 19.
3 *Viefhues,* MMR-Aktuell 2012, 327062.
4 *Frings/Wahlers,* BB 2011, 3126.
5 *Frings/Wahlers,* BB 2011, 3126, 3129 m.w.N.
6 *Oberwetter,* BB 2008, 1562, 1564; *Lützeler/Bissels,* ArbR Aktuell 2011, 322670.
7 BGBl I 2001, S. 904.

Über die Reichweite der Richtlinie 95/46/EG hatte kürzlich der EuGH zu entscheiden.[8] Gegenstand der Entscheidung war eine spanische Datenschutzregelung. Die Verarbeitung personenbezogener Daten ohne Einwilligung des Betroffenen setzt nach dieser Bestimmung nicht nur voraus, dass ein berechtigtes Interesse an der Datenverarbeitung besteht und eine Abwägung mit den Grundrechten und -freiheiten des Betroffenen stattfindet. Vielmehr müssen darüber hinaus die Daten in öffentlich zugänglichen Quellen enthalten sein. Art. 7 Buchst. f der Richtlinie 95/46/EG sieht dagegen nur die ersten beiden Bedingungen für eine zulässige Datenverarbeitung vor.

Der EuGH sieht in der spanischen Vorschrift eine Verletzung europäischen Rechts. Die Richtlinie 95/46/EG lege nicht nur einen Mindestschutz fest, sondern gebe exakt das Schutzniveau vor, das alle Mitgliedstaaten zu gewährleisten hätten. Bezweckt sei also nicht nur eine Mindestharmonisierung, sondern vielmehr die vollständige Harmonisierung des europäischen Schutzniveaus (**Vollharmonisierung**). Die Mitgliedsstaaten seien daher weder berechtigt, neue Grundsätze in Bezug auf die Zulässigkeit der Verarbeitung personenbezogener Daten einzuführen, noch zusätzliche Bedingungen aufzustellen. Die Verarbeitung personenbezogener Daten ohne Einwilligung des Betroffenen dürfe nur an zwei Voraussetzungen anknüpfen, nämlich an das berechtigte Interesse an der Datenverarbeitung und dessen Abwägung mit den Grundrechten der betroffenen Person. 3

Gerade bei der bevorstehenden Reform des Beschäftigtendatenschutzes (siehe unten Rn 7 f.) wird die Gesetzgebung demnach genau zu prüfen haben, ob die Bestimmungen mit der Richtlinie konform sind und deren Schutzstandards eingehalten und nicht „übererfüllt" sind.

2. Entwurf einer Datenschutz-Grundverordnung

Zur Überraschung selbst von Fachleuten legte die EU-Kommission nun am 25.1.2012 den Entwurf einer „Verordnung zum Schutz natürlicher Personen bei der Verarbeitung personenbezogener Daten und zum freien Datenverkehr" (Datenschutz-Grundverordnung)"[9] vor. Die EU-Kommission ist der Auffassung, dass die Europäische Union einerseits einen umfassenderen und **einheitlicheren Datenschutz**, andererseits einen **erleichterten Datenfluss** innerhalb der Europäischen Union braucht. Daher will die Kommission den europäischen Datenschutz künftig nicht mehr in Form einer EU-Richtlinie regeln, deren Vorgaben die einzelnen Mitgliedstaaten durch nationale Gesetze umsetzen, sondern durch eine Verordnung. Die Besonderheit einer Verordnung liegt darin, dass es keines Umsetzungsaktes in nationales Recht mehr bedarf, sondern die Verordnung unmittelbar und direkt in allen Mitgliedstaaten Geltung erlangt. 4

Insgesamt führt der Entwurf mit seinen elf Kapiteln und 91 Artikeln zu weitreichenden Veränderungen im Datenschutz. Insbesondere in den Bereichen Transparenz, Organisations- und Vorsorgemaßnahmen sowie in Straf- und Bußgeldvorschriften begründet der Entwurf einen wesentlich strengeren Maßstab als die jetzige Rechtslage.

Für den **Beschäftigtendatenschutz** enthält der Entwurf keine umfassenden speziellen Regelungen. Vielmehr sieht Art. 82 des Entwurfs vor, dass die Mitgliedsstaaten nationale Sonderregelungen für die „Verarbeitung personenbezogener Arbeitnehmerdaten im Beschäftigungskontext" erlassen können. Hierbei dürfen die nationalen Gesetzgeber die Regelungen der EU-Datenschutzverordnung also konkretisieren, aber nicht von deren Grundsätzen abweichen. Als Beispiele für mögliche Regelungsgebiete nennt die Verordnung Zwecke der Einstellung, Erfüllung oder Beendigung des Arbeitsverhältnisses[10] (zu den näheren Einzelheiten zum europäischen Datenschutz siehe § 11 Rn 12 ff.). 5

---

8 EuGH 24.11.2011 – C-468/10, NZA 2011, 1409.

9 KOM (2012) 11/4, 2012/0011 (COD), abrufbar unter http://ec.europa.eu/justice/data-protection/document/review2012/com_2012_11_de.pdf.

10 *Wybitul/Fladung*, BB 2012, 509, 514; *Gola*, RDV 2012, 60, 63.

6   Arbeitgeber müssen sich zum jetzigen Zeitpunkt noch nicht intensiv mit dem Vorhaben der Kommission befassen. Denn es ist davon auszugehen, dass die Verordnung erst in etwa zwei bis drei Jahren in Kraft treten wird und bis zu diesem Zeitpunkt noch zahlreiche Änderungen eintreten werden.[11]

Zum jetzigen Zeitpunkt steht vielmehr die Reform des nationalen Beschäftigtendatenschutzes im Vordergrund, an der der Gesetzgeber ungeachtet der Kritik festzuhalten scheint.

II. Nationales Datenschutzrecht

7   Die Bestimmungen zum Beschäftigtendatenschutz sind Teil des **BDSG** in der Neufassung vom 14.1.2003. Um den Beschäftigtendatenschutz zu stärken, beschloss der Gesetzgeber im Jahr 2009 eine Novelle zum BDSG, die insbesondere zur Einführung des § 32 BDSG („Datenerhebung, -verarbeitung und -nutzung für Zwecke des Beschäftigungsverhältnisses") führte.[12]

Während es sich 2009 nur um eine „kleine Lösung" handelte, mit der vor allem auf aktuelle Datenschutzskandale in Unternehmen reagiert wurde,[13] strebt der Gesetzgeber nun eine **umfassende Reform** des Beschäftigtendatenschutzes an. Zu diesem Zweck hat die Bundesregierung am 25.8.2010 den „**Entwurf eines Gesetzes zur Regelung des Beschäftigtendatenschutzes**" vorgelegt.[14] Die neuen Regelungen (§§ 32 bis 32l) sind als Unterabschnitt im BDSG vorgesehen. Der Bundesrat hat dieses Gesetzgebungsvorhaben begrüßt, in einzelnen Punkten aber kritisiert und eine Stellungnahme vorgelegt.[15] Die Bundesregierung signalisierte grundsätzliche Bereitschaft zu Nachbesserungen und legte am 15.12.2010 einen ergänzten Gesetzesentwurf vor („BDSG-GE").[16] Auch die Oppositionsfraktionen haben eigene Gesetzentwürfe erarbeitet.[17] Ihnen wird aber kaum eine Chance eingeräumt.

8   Am 25.2.2011 fand im Bundestag die erste Lesung über den Gesetzesentwurf der Bundesregierung statt. Im Anschluss leitete der Bundestag die Gesetzesentwürfe der Bundesregierung zur weiteren Beratung an die zuständigen Ausschüsse des Bundestages weiter. Federführend ist hierbei der Innenausschuss. Dem Vernehmen nach soll das Gesetz noch im zweiten Quartal 2012 verabschiedet werden. Derzeit können Arbeitgeber davon ausgehen, dass der Entwurf der Bundesregierung mit einigen wenigen Änderungen in Kraft treten wird. Erwartet wird, dass eine persönliche Einwilligung in die Datenerhebung und -verarbeitung unter erweiterten als den bislang im Entwurf geregelten engen Voraussetzungen zugelassen wird. Auch mit der bisher nicht vorgesehenen Möglichkeit einer konzernweiten Datenverarbeitung und der Zulässigkeit von Betriebsvereinbarungen, die eine modifizierend-moderate Unterschreitung des BDSG-Datenschutzniveaus vorsehen, wird gerechnet. Demgegenüber soll es beim kategorischen Ausschluss der Videoüberwachung zur reinen Leistungskontrolle wohl bleiben.[18]

Da mit dem neuen Beschäftigtendatenschutz zeitnah zu rechnen ist, werden die einzelnen Komplexe in diesem Kapitel sowohl nach der derzeitigen Rechtslage beurteilt als auch unter Berücksichtigung des BDSG-GE.

---

11 *Wybitul/Fladung*, BB 2012, 509, 514.
12 Einen Überblick über die wesentlichen Regelungen liefert *Thüsing*, NZA 2009, 865.
13 BT-Drucks 16/13657, S. 20.
14 BR-Drucks 535/10.
15 BR-Drucks 535/10/B.
16 BT-Drucks 17/4230.
17 SPD-Fraktion BT-Drucks 17/69 und Bündnis 90/Die Grünen BT-Drucks 17/4853.
18 *Kort*, MMR 2011, 294; *Kursawe/Nebel,* BB 2012, 516, 518.

C. Die Anbahnung – Bewerbersuche/-auswahl über soziale Netzwerke

Früher erhielten Arbeitgeber die wesentlichen Informationen über ihre Bewerber im Rahmen der **Bewerbungsunterlagen** und des Einstellungsgespräches. Heute sollen bereits 28 % der Unternehmen zusätzlich auf eine Internetrecherche zurückgreifen. Hiervon erheben wiederum 36 % Daten auch aus sozialen Netzwerken. 25 % der Bewerber wurden aufgrund von Informationen im Internet nicht eingestellt. Dies ergab eine im Auftrag des Bundesministeriums für Verbraucherschutz in Auftrag gegebene Studie.[19]

9

Die Zulässigkeit einer Informationsbeschaffung des Arbeitgebers über den Bewerber im Web 2.0 richtet sich nach den Vorschriften des BDSG, §§ 27 Abs. 1 Nr. 1, 32 Abs. 2 i.V.m. § 3 Abs. 11 Nr. 7 BDSG.

I. Derzeitige Rechtslage

Eine Datenerhebung, -verarbeitung und -nutzung ist nach § 4 Abs. 1 BDSG nur zulässig, wenn sie gesetzlich erlaubt ist oder eine Einwilligung des Betroffenen vorliegt.

10

1. Einwilligung nach § 4a BDSG

Als Ermächtigungsgrundlage kommt eine **Einwilligung** nach § 4a BDSG in Betracht. Diese hat grundsätzlich schriftlich zu erfolgen, soweit nicht wegen besonderer Umstände eine andere Form angemessen ist. Dies dürfte im Rahmen des Massenmediums Internet der Fall sein. Denn eine schriftliche Erklärung kommt angesichts der Möglichkeit, Daten in Sekundenschnelle zu verknüpfen und weiterzuleiten, kaum in Betracht.[20] Die Einwilligung kann in besonderen Fällen auch **konkludent** erfolgen. Das wird jedoch nur selten zu bejahen sein. Denn die Einwilligung ist nur dann wirksam, wenn der Bewerber nach § 4a Abs. 1 S. 2 BDSG auf den vorgesehenen Zweck der Erhebung, Verarbeitung oder Nutzung hingewiesen worden ist.

11

Praxishinweis

12

Ein solcher Hinweis kann zum Beispiel in einer **Stellenausschreibung** vorgesehen werden.[21] Zur Aufnahme eines solchen Hinweises ist wegen der Möglichkeit, in späteren Streitfällen auf eine konkludent erteilte Einwilligung verweisen zu können, unbedingt zu raten.

In der Praxis wird es indessen hieran oftmals fehlen, so dass es auf anderweitige gesetzliche Erlaubnistatbestände ankommt.

2. Erlaubnis nach § 28 Abs. 1 S. 1 Nr. 3 BDSG

Eine solche Erlaubnis für die Datenerhebung kann sich aus § 28 Abs. 1 S. 1 Nr. 3 BDSG ergeben. Nach der Gesetzesbegründung[22] wird diese Regelung durch den zum 1.9.2009 in Kraft getretenen § 32 BDSG nicht verdrängt.[23]

13

---

19 *Forst*, NZA 2010, 427, 428.
20 *Forst*, NZA 2010, 427, 431.
21 *Forst*, NZA 2010, 427, 431.
22 BT-Drucks 16/13657, 34.
23 Siehe dazu auch *Bissels/Lützeler/Wisskirchen*, BB 2010, 2433.

Gemäß § 28 Abs. 1 S. 1 Nr. 3 BDSG ist die Datenerhebung und -verarbeitung zulässig, wenn die Daten allgemein zugänglich sind, es sei denn, dass schutzwürdige Interessen des Betroffenen überwiegen.

14

Praxishinweis

Von **allgemein zugänglichen** Daten wird man ausgehen können, wenn der Bewerber sie selbst ins Netz eingestellt hat oder sie über Suchmaschinenanfragen (z.B. „google") in dem entsprechenden Netzwerk erhoben werden können, ohne dass eine vorherige Anmeldung erforderlich ist.[24]

15 Auch bei den sogenannten **berufsorientierten Netzwerken** wie XING oder LinkedIn kann eine allgemeine Zugänglichkeit der Daten bejaht werden, obwohl hierzu eine Anmeldung erforderlich ist.[25] Denn eine Mitgliedschaft kann unkompliziert begründet werden. Es reicht regelmäßig, einige persönliche Daten anzugeben und sich dann freizuschalten. Im Anschluss hat der Nutzer sofort die Möglichkeit, nach Mitgliedern zu suchen und hat Zugriff auf die von den Mitgliedern hinterlegten Daten.[26] Eine allgemeine Zugänglichkeit der Daten in berufsorientierten Netzen wird man allerdings dann verneinen müssen, wenn der Nutzer sein Profil nur „Freunden" öffnet.

Abgesehen von dieser Ausnahme liegen überwiegende entgegenstehende Interessen bei berufsorientierten Netzwerken aber regelmäßig nicht vor, da der Betroffene die entsprechenden Daten selbst freigegeben hat und gerade für geschäftliche Zwecke öffnet.[27]

16 Eine andere Beurteilung ist dagegen für Daten geboten, die in **freizeitorientierten Netzwerken** wie z.B. Facebook, studivz oder stayfriends von dem Bewerber eingestellt werden. Die allgemeine Zugänglichkeit ist hier schon deshalb eingeschränkt, weil die Allgemeinen Geschäftsbedingungen der Netzwerkbetreiber ausschließlich eine Nutzung für private Nutzer vorsehen. Die Erstellung eines Bewerberprofils oder eine Verifizierung von Angaben der Bewerber durch einen potentiellen Arbeitgeber ist daher vom Nutzungszweck nicht gedeckt.[28] Die Datenerhebung wird zudem regelmäßig durch entgegenstehende schutzwürdige Interessen des Bewerbers ausgeschlossen sein. Das informationelle Selbstbestimmungsrecht des Bewerbers ist bei der Nutzung privatorientierter Netzwerke, die allein der Pflege privater Kontakte dienen, stärker zu gewichten als das Arbeitgeberinteresse an der Datenerhebung.[29]

3. § 32 BDSG

17 Einen weiteren gesetzlichen Erlaubnistatbestand enthält § 32 Abs. 1 S. 1 BDSG. Danach dürfen personenbezogene Daten für Zwecke des Beschäftigungsverhältnisses u.a. dann erhoben werden, wenn sie für die Entscheidung über die **Begründung** eines Beschäftigungsverhältnisses erforderlich sind. Daten aus freizeitorientierten Netzwerken werden jedoch für die Begründung des Beschäftigungsverhältnisses selten notwendig sein, so dass auch über diese Regelung keine entsprechende Datenerhebung legitimiert wird. Insbesondere stehen aber auch hier schutzwürdige Interessen des Bewerbers entgegen.[30] Die Freigabe der Daten über freizeitorientierte Netzwerke erfolgt nur gegenüber anderen Mitgliedern, zu denen der Arbeitgeber schon wegen der Allgemei-

---

24 *Rolf/Rötting*, RDV 2009, 263, 264; *Bissels/Lützeler/Wisskirchen*, BB 2010, 2433, 2437; *Forst*, NZA 2010, 427, 431; *Ernst*, NJOZ 2011, 953, 955.

25 *Oberwetter*, BB 2008, 1562, 1564; *Bissels/Lützeler/Wisskirchen*, BB 2010, 2433, 2437; *Rolf/Rötting*, RDV 2009, 263, 266.

26 *Oberwetter*, BB 2008, 1562, 1564; *Bissels/Lützeler/Wisskirchen*, BB 2010, 2433, 2440; *Ernst*, NJOZ 2011, 953, 955.

27 *Forst*, NZA 2010, 427, 431; *Lützeler/Bissels*, ArbR Aktuell 2011, 322670.

28 *Forst*, NZA 2010, 427, 431; *Bissels/Lützeler/Wisskirchen*, BB 2010, 2433, 2437.

29 *Bissels/Lützeler/Wisskirchen*, BB 2010, 2433, 2437; *Oberwetter*, NJW 2011, 417.

30 *Bissels/Lützeler/Wisskirchen*, BB 2010, 2433, 2437.

nen Geschäftsbedingungen der Netzwerkbetreiber nicht zählt. Das Persönlichkeitsrecht des Bewerbers zieht also auch hier dem Datenzugriff durch den Arbeitgeber Grenzen.

Beispiel

Bewerber B bewirbt sich als Bankkaufmann bei einer namhaften deutschen Bank. Auf seiner Profilseite in Facebook outet er sich im Rahmen einer hitzig geführten Diskussion mit anderen Nutzern als Sympathisant einer rechtsradikalen Partei.

Auf die Daten des Bewerbers in Facebook dürfte der Arbeitgeber nicht zugreifen. Dem steht das **18** Persönlichkeitsrecht des Bewerbers entgegen, das das Informationsinteresse des Arbeitgebers überwiegt. Eine andere Beurteilung würde sich auch nicht ergeben, wenn die Daten auf dem beruflich-orientierten Netzwerk Xing zu finden wären. Denn es fehlt hier zusätzlich an der **Erforderlichkeit** der Daten zur Entscheidung über die Begründung des Beschäftigungsverhältnisses im Sinne des § 32 Abs. 1 BDSG. Soweit der Bewerber keine herausgehobene, insbesondere repräsentative Aufgabe für die Bank wahrnehmen soll, ist seine Sympathie für eine rechtsradikale Partei ohne Bedeutung.

II. Ausblick BDSG-GE vom 15.12.2010

Eine wichtige Änderung des Gesetzesentwurfes gegenüber der bisherigen Rechtslage liegt in § 32 **19** Abs. 1 BDSG-GE. Danach ist die Einwilligung nur noch dann als **Rechtfertigungsinstrument** zugelassen, soweit sie in den Vorschriften der §§ 32 ff. BDSG-GE ausdrücklich vorgesehen ist. Eine legitimierende Einwilligung im Sinne des § 4a BDSG scheidet im Rahmen der sozialen Netzwerke damit aus. Aber auch in den §§ 32 ff. BDSG-GE findet sich eine Einwilligungsregelung für den Datenzugriff aus sozialen Netzwerken nicht.

Praxishinweis **20**

Die Beschränkung der Einwilligungsmöglichkeit auf bestimmte Fallgruppen wird vielfach kritisiert.[31] Es werden verfassungsrechtliche Bedenken erhoben. Schließlich wird es den Betroffenen verwehrt, über ihr Recht auf informationelle Selbstbestimmung selbst zu entscheiden.[32] Zudem wird in Frage gestellt, ob die geplante Regelung der (jedenfalls noch) maßgeblichen Datenschutzrichtlinie 95/46/EG entspricht. Wie oben (siehe Rn 8) bereits dargestellt, wird deshalb auch erwartet, dass der Gesetzesentwurf insoweit noch eine Änderung erfährt.

Neu eingeführt werden soll § 32 BDSG-GE, der überschrieben ist mit „Datenerhebung vor Begründung eines Beschäftigungsverhältnisses". **21**

Nach § 32 Abs. 1 S. 1 BDSG-GE darf der Arbeitgeber den Namen, die Anschrift, die Telefonnummer und die Adresse der elektronischen Post eines Bewerbers vor Begründung eines Beschäftigungsverhältnisses erheben. Auf weitere personenbezogene Daten darf er nur zugreifen, soweit die Kenntnis dieser Daten erforderlich ist, um die Eignung des Beschäftigten für die vorgesehenen Tätigkeiten festzustellen. Hiervon umfasst sind insbesondere Daten über die fachlichen und persönlichen Fähigkeiten, Kenntnisse und Erfahrungen sowie über die Ausbildung und den bisherigen beruflichen Werdegang des Beschäftigten.

Weiter zu beachten ist § 32 Abs. 6 BDSG-GE (sogenannter **„Lex Soziale Netzwerke"**). Diese Vorschrift hebt zunächst den **Grundsatz der Direkterhebung** hervor, wonach Beschäftigtendaten unmittelbar bei dem Beschäftigten zu erheben sind. Ohne Mitwirkung des Beschäftigten darf der Arbeitgeber allgemein zugängliche Daten erheben, wenn er den Beschäftigten vorher hie-

---

31 *Wybitul*, MMR-Aktuell 2011, 315091; *Kort*, MMR 2011, 294, 302.
32 *Wybitul*, MMR-Aktuell 2011, 315091.

rauf hingewiesen hat (z.B. in einer Stellenbeschreibung[33]). Die Gesetzesbegründung zählt die Fälle auf, in denen Daten allgemein zugänglich im Sinne der Norm sind. Es gelten dieselben Grundsätze wie nach der derzeitigen Rechtslage.[34]

Ein Zugriff auf allgemein zugängliche Daten ist auch nach dem geplanten Entwurf unzulässig, soweit schutzwürdige Interessen des Beschäftigten das berechtigte Interesse des Arbeitgebers überwiegen. § 32 Abs. 6 S. 3 BDSG-GE regelt insoweit, dass bei Daten aus sozialen Netzwerken, die der elektronischen Kommunikation dienen, die schutzwürdigen Interessen des Beschäftigten überwiegen. Das gilt nach dem Entwurf nicht für soziale Netzwerke, die zur Darstellung der beruflichen Qualifikation ihrer Mitglieder bestimmt sind.

22   Weder der Gesetzesentwurf noch die Gesetzesbegründung enthalten jedoch Hinweise darauf, nach welchen Kriterien eine **Abgrenzung** zwischen Netzwerken, die der **Kommunikation** dienen und solchen, die zur **beruflichen Qualifikation** bestimmt sind, zu erfolgen hat. Dies ist ein wesentlicher Kritikpunkt des Gesetzesentwurfs.[35]

Die Erfahrungen der letzten Jahre haben gezeigt, dass das Internet ständigen Veränderungen unterliegt und insbesondere auch Social Media-Angebote immer neu entstehen oder anders genutzt werden. Bereits jetzt wird Facebook vermehrt als Bewerber-Plattform verwendet. Private Nutzer stellen ihre Qualifikationen, Kenntnisse und Berufserfahrungen ein, während Unternehmen Profile für spezielle „Karriereseiten" (z.B. „BMW Karriere") einrichten.[36] Diese bieten den Bewerbern die Möglichkeit, sich über offene Stellen oder spezielle Recruiting-Events zu informieren oder mit den Unternehmen in Kontakt zu treten.[37] Die Zuordnung zu freizeit- oder berufsorientierten Netzwerken ist daher zunehmend schwierig.

23   Bislang bietet lediglich das „**Hintergrundpapier** zum Kabinettsbeschluss vom 25.8.2010" eine erste Orientierung. Als Beispiele privater Netzwerke nennt es Facebook, schülervz, studivz und stayfriends, während Xing und LinkedIn als Beispiele für berufliche Netzwerke aufgeführt sind. Der Dynamik sozialer Netzwerke und ihrer Nutzer wird diese statische Abgrenzung indes kaum gerecht und ebenso nicht ihrer Komplexität. So bleibt auch die Frage ungelöst, ob der Zugriff auf Daten aus sog. Blogs, die sich oftmals nicht eindeutig in die Kategorien „privatorientiert" oder „berufsorientiert" einordnen lassen, erlaubt ist oder nicht.

Insgesamt müsste deshalb zumindest Raum gegeben werden für eine anderweitige Bewertung „überwiegender schutzwürdiger Interessen", wenn die Umstände des Einzelfalls das gebieten. Würde im Gesetzesentwurf schon das Wort „grundsätzlich" eingefügt, wäre damit zumindest eine Möglichkeit eröffnet, auch den künftigen rasanten Entwicklungen des Web 2.0. angemessen Rechnung tragen zu können.

24   Nach der Gesetzesbegründung können sich überwiegende schutzwürdige Interessen des Beschäftigten zudem auch „daraus ergeben, wie alt die Veröffentlichung der Daten im Internet ist, in welchem Kontext sie erfolgt und ob der Beschäftigte nach den erkennbaren Umständen noch die Herrschaft über die Veröffentlichung hat". Bei der Abwägung ist danach weiterhin zu berücksichtigen, ob der Arbeitgeber durch die Erhebung der Daten zu Zwecken des Beschäftigungsverhältnisses gegen Allgemeine Geschäftsbedingungen desjenigen, der die Information bzw. die Plattform für diese zur Verfügung stellt, verstoßen würde.[38]

---

33 BT-Drucks 17/4230, S. 16.
34 BT-Drucks 17/4230, S. 16.
35 *Lelley/Müller*, RDV 2011, 59, 65; *Frings/Wahlers*, BB 2011, 3126, 3128; *Ernst*, NJOZ 2011, 953, 956.
36 *Frings/Wahlers*, BB 2011, 3126, 3128.
37 *Frings/Wahlers*, BB 2011, 3126, 3128.
38 BT-Drucks 17/4230, S. 16.

Praxishinweis 25

Dies trifft insbesondere auf Facebook zu, das den Zugang ausschließlich auf private Zwecke beschränkt und die Verwendung für gewerbliche, geschäftliche und kommerzielle Ziele untersagt.[39]

Beispiel 26

Der o.g. Beispielsfall des Bewerbers, der sich auf sozialen Netzwerken als Sympathisant einer rechtsradikalen Partei outet, wäre auch nach dem Gesetzesentwurf nicht anders zu beurteilen. Der Rückgriff auf Daten aus privatgenutzten Netzwerken wäre bereits nach § 32 Abs. 6 S. 3 BDSG-GE unzulässig. Und auch nach dem Gesetzesentwurf müssen die erhobenen Daten erforderlich sein, um die Eignung des Beschäftigten für die vorgesehenen Tätigkeiten festzustellen. Die Sympathie für eine rechtsradikale Partei sagt jedoch nichts über die Eignung eines Bewerbers für die Tätigkeit in einer Bank aus, jedenfalls soweit es sich nicht um eine herausgehobene, ggf. auch mit Repräsentationsaufgaben verbundene Funktion handelt.

D. Bestehendes Arbeitsverhältnis – Direktionsrecht und soziale Netzwerke

Beim Umgang mit sozialen Netzwerken im Arbeitsverhältnis stellt sich die Frage, ob und inwieweit 27 der Arbeitgeber befugt ist, dem Beschäftigten **Weisungen** hinsichtlich der Nutzung eines sozialen Netzwerkes zu erteilen. Ausgangspunkt für die Beantwortung dieser Frage ist das arbeitgeberseitige Direktionsrechts. Danach kann der Arbeitgeber Inhalt, Ort und Zeit der Arbeitsleistung nach billigem Ermessen näher bestimmen, soweit diese Arbeitsbedingungen nicht durch Gesetz, Tarifvertrag, Betriebsvereinbarung oder den Arbeitsvertrag festgelegt sind, § 106 GewO.

I. Firmen-Account in sozialen Netzwerken

Die Weisung, einen Firmen-Account zu erstellen und zu pflegen, dürfte regelmäßig vom Direk- 28 tionsrecht gedeckt sein.[40] Allerdings stellt sich in diesem Zusammenhang die Frage, ob der Arbeitnehmer in einem solchen Firmen-Account als **Ansprechpartner** genannt werden kann. Nach derzeitiger Rechtslage ist auf § 32 Abs. 1 BDSG abzustellen; § 28 Abs. 1 S. 1 Nr. 1 BDSG wird nach der Gesetzesbegründung insoweit verdrängt.[41] Gemäß § 32 BDSG dürfen personenbezogene Daten eines Arbeitnehmers u.a. verarbeitet werden, wenn dies für die Durchführung des Beschäftigungsverhältnisses erforderlich ist. Die Verpflichtung, als Kontaktperson aufzutreten, ist demnach zulässig, soweit die Angaben über den Mitarbeiter etwa für einen **Kunden- bzw. Interessenkontakt** notwendig sind.[42] In allen anderen Fällen ist die Veröffentlichung von Arbeitnehmerdaten nur auf der Grundlage einer konkreten Einwilligung des Arbeitnehmers zulässig, § 4a BDSG.

Nach dem BDSG-GE wird die Benennung des Mitarbeiters im gleichen Rahmen wie nach dem geltenden Recht zulässig sein, § 32d Abs. 1 i.V.m. § 32c Abs. 1 Nr. 3 BDSG-GE. Allerdings kommt eine Einwilligung als Erlaubnis nicht mehr in Betracht, da sie in §§ 32 ff. BDSG-GE nicht vorgesehen ist (vgl. oben Rn 19).

Bei der **Veröffentlichung von Fotos** sind die speziellen Vorschriften der §§ 22 ff. KUG zu be- 29 rücksichtigen, die das Recht am eigenen Bild regeln. Danach dürfen Personenfotos nur mit Ein-

---

39 Siehe hierzu *Forst*, NZA 2010, 427, 431.
40 *Legerlotz*, ArbRB 2011, 250, 251; *Byers/Mößner*, BB 2012, 1665, 1668.
41 BT-Drucks 16/13657, 20.
42 *Kazemi/Leopold*, Rn 766; *Oberwetter*, NJW 2011, 417, 419.

willigung des Abgebildeten verbreitet und öffentlich zur Schau gestellt werden. Grundsätzlich benötigt der Arbeitgeber hierfür die ausdrückliche Einwilligung der Arbeitnehmer. Von einer konkludenten Einwilligung kann ausgegangen werden, wenn der Arbeitnehmer die Veröffentlichung seiner Daten und Bilder als Ausfluss seiner Arbeitspflicht erkennbar akzeptiert hat.[43]

> *Beispiel*
> Eine solche konkludente Einwilligung wird man z.B. bei einem Modell oder einem Schauspieler annehmen können.

30 Dieselben Grundsätze wie oben gelten, wenn der Arbeitgeber die Daten und Fotos seiner Arbeitnehmer auf einer eigenen Internetseite des Unternehmens verwenden möchte.

II. Anmeldung unter eigenem Namen in sozialen Netzwerken

31 Fraglich ist, ob der Arbeitnehmer verpflichtet werden kann, sich in sozialen Netzwerken im eigenen Namen anzumelden und nach Weisungen des Arbeitgebers dort aktiv zu sein. Es ist bereits fraglich, ob eine derartige Nutzung von sozialen Netzwerken überhaupt zur Arbeitsleistung zählen kann. In Betracht käme dies allenfalls für Mitarbeiter im Bereich der **Öffentlichkeitsarbeit**[44] oder im Rahmen sogenannter Nebenarbeiten,[45] deren Verrichtung typischerweise im Zusammenhang mit der vereinbarten Tätigkeit geschuldet wird.[46] Jedenfalls dürfte eine solche Weisung billigem Ermessen widersprechen. Denn der darin liegende Eingriff in das **Persönlichkeitsrecht** des Arbeitnehmers lässt sich durch das Arbeitgeberinteresse an einer Nutzung nach seinen Vorgaben nicht rechtfertigen.[47] Schließlich würde der Arbeitnehmer verpflichtet, eigene Daten, auf deren Inhalt er gar keinen Einfluss hat und die dennoch ihm in der Außenwahrnehmung als Privatperson zugerechnet würden, einem nicht bestimmbaren Empfängerkreis zur Verfügung zu stellen. Darin liegt ein Verstoß gegen sein **Recht auf informationelle Selbstbestimmung**.[48]

32 Zu überlegen wäre, ob ein anderes Ergebnis gerechtfertigt ist, soweit sich der Arbeitnehmer in einem berufsorientierten Netzwerk, wie Xing oder LinkedIn, anzumelden hat. Jedoch sind auch diese Netzwerke im Kern der Person des Arbeitnehmers zuzuordnen. Der Arbeitnehmer nutzt seine persönlichen Kontakte, um seine eigene berufliche Entwicklung zu fördern. Daher ist es auch hier mit dem Persönlichkeitsrecht der Arbeitnehmer nicht vereinbar, den Arbeitnehmer anzuweisen, sich unter seinem eigenen Namen anzumelden und das Netzwerk nach Vorgaben des Arbeitgebers zu nutzen.[49]

III. Vertragliche Vereinbarung als Königsweg?

33 Fraglich ist, ob sich eine andere Bewertung ergibt, wenn die Nutzung des Internets im eigenen Namen des Mitarbeiters und nach Vorgaben des Arbeitgebers arbeitsvertraglich vereinbart wird. Angesichts der Grundrechtsbetroffenheit dürfte sich an der Bewertung nicht allein dadurch etwas ändern, dass der Arbeitnehmer mitwirkt. Vielmehr ist in einer solchen Vereinbarung eine **unan-**

---

43 *Gola/Wronka*, Rn 1170.
44 *Gabriel/Cornels*, MMR-Aktuell 2011, 316759; *Legerlotz*, ArbRB 2011, 250, 252; *Byers/Mößner*, BB 2012, 1665, 1669.
45 Zum Begriff siehe ErfK/*Preis*, § 106 GewO Rn 14.
46 *Göpfert/Wilke*, NZA 2010, 1329, 1332.
47 *Legerlotz*, ArbRB 2011, 250, 252; *Gabriel/Cornels*, MMR-Aktuell 2011, 316759; *Göpfert/Wilke*, NZA 2010, 1329, 1333; *Lützele/Bissels*, ArbRAktuell 2011, 322670.
48 *Gabriel/Cornels*, MMR-Aktuell 2011, 316759; *Göpfert/Wilke*, NZA 2010, 1329, 1333; *Byers/Mößner*, BB 2012, 1665, 1669.
49 *Legerlotz*, ArbRB 2011, 250, 252; *Oberwetter*, NJW 2011, 417, 418 f.; *Göpfert/Wilke*, NZA 2010, 1329, 1333.

gemessene Benachteiligung im Sinne des § 307 BGB zu sehen. Schließlich ist im Rahmen von Generalklauseln den objektiven Wertentscheidungen der Grundrechte Rechnung zu tragen. Ein Eingriff in das Recht auf informationelle Selbstbestimmung verbietet sich daher auch im Wege der Absprache.[50]

IV. Verbot beruflicher Darstellung in sozialen Netzwerken?

In berufsorientierten sozialen Netzwerken wie z.B. Xing und LinkedIn können Arbeitnehmer unter Nennung ihres Arbeitgebers, ihrer Position und ihren Qualifikationen ein Profil einrichten. Nicht nur der Austausch mit anderen Teilnehmern wird dadurch möglich. Vielmehr bieten die Netzwerke auch für Personalberater ideale Informationsplattformen. Es kann daher im Interesse des Arbeitgebers liegen, seinem Mitarbeiter den Zugang zu derartigen berufsorientierten Netzwerken zu verbieten, um eine **Abwerbung** zu verhindern.

Sowohl die grundrechtlich geschützte allgemeine **Handlungsfreiheit** wie auch die **Berufsfreiheit** lassen indes eine solche Nutzungsuntersagung nicht zu. Der Arbeitnehmer darf darstellen, bei welchem Arbeitgeber er tätig ist und welche Fähigkeiten er besitzt. Das ist Ausfluss seines Grundrechts aus Art. 12 GG. Auch kann ihm der private Kontakt und Austausch mit anderen Teilnehmern, dem berufsorientierte Netze ebenfalls dienen, nicht verboten werden. Ein solches Verbot wäre mit der durch Art. 2. Abs. 1 i.V.m. 1 Abs. 1 GG garantierten allgemeinen Handlungsfreiheit nicht vereinbar.[51] Das Risiko des Arbeitgebers, den Mitarbeiter an die **Konkurrenz** zu verlieren, kann diese beiden Grundrechte nicht wirksam einschränken. Etwas anderes gilt aber z.B. dann, wenn der Mitarbeiter auf seinem Profil Unzutreffendes über seinen Arbeitgeber oder seine Position angibt. Derartige Darstellungen kann der Arbeitgeber untersagen. Schützenswerte Interessen des Arbeitnehmers stehen dem nicht entgegen. Gleiches gilt, wenn der Arbeitgeber eine Kundenakquise für sein Unternehmen über derartige Netzwerke nicht möchte. Auch insoweit kann er seinem Mitarbeiter Vorgaben für die Nutzung machen.[52]

E. Bestehendes Arbeitsverhältnis: Vertragsverletzungen im Zusammenhang mit der Nutzung von sozialen Netzwerken

I. Verstoß wegen der Nutzung sozialer Netzwerke

Der Arbeitnehmer kann sich vertragswidrig verhalten, wenn er soziale Netzwerke am Arbeitsplatz entgegen einem **Verbot** nutzt oder sich nicht an die Vorgaben des Arbeitgebers hält. Vertragsverletzungen sind aber auch dann denkbar, wenn die private Nutzung konkludent erlaubt ist, was in den Betrieben zumeist Praxis ist. Unzulässig ist die **exzessive** Privatnutzung des Internets, die nach der Rechtsprechung u.a. dann anzunehmen sein kann, wenn die arbeitsvertraglich geschuldete Arbeitsleistung nicht erbracht, sondern stattdessen während der Arbeitszeit das Internet privat genutzt wird. Die höchstrichterliche Rechtsprechung ist hier recht **restriktiv** und lässt schon vergleichsweise kurze Nutzungszeiten während der Arbeitszeit als wichtigen Grund im Sinne des § 626 BGB ausreichen[53] (zu den näheren Einzelheiten der Sanktionsmöglichkeiten bei der unzulässigen Nutzung von Internet und E-Mail siehe § 1 Rn 60 ff.).

34

35

36

---

50 *Gabriel/Cornels*, MMR-Aktuell 2011, 316759; *Legerlotz*, ArbRB 2011, 250, 252.
51 *Frings/Wahlers*, BB 2011, 3126, 3129.
52 *Frings/Wahlers*, BB 2011, 3126, 3129.
53 Vgl. z.B. BAG 7.7.2005 – 2 AZR 581/04, NZA 2006, 98 (ca. 1 Stunde und 45 Minuten verteilt auf 2 Tage).

II. Verstoß bei der Nutzung sozialer Netzwerke: Außerdienstliches Verhalten

1. Loyalitätspflicht

a) Rufschädigung

37 Grundsätzlich ist es Sache des Arbeitnehmers, wie er seine **Freizeit** gestaltet. Grenzen finden seine außerdienstlichen Aktivitäten jedoch dort, wo berechtigte Interessen des Arbeitgebers berührt werden. Denn der Arbeitnehmer hat aufgrund einer arbeitsvertraglichen Nebenpflicht angemessen Rücksicht zu nehmen und seine Verpflichtungen aus dem Arbeitsverhältnis so zu erfüllen und die Interessen des Arbeitgebers so zu wahren, wie dies von ihm billigerweise nach Treu und Glauben verlangt werden kann, § 241 Abs. 2 BGB. Ob die außerdienstliche Nutzung von sozialen Netzwerken noch zulässig oder die arbeitsvertragliche **Rücksichtnahmepflicht** des Arbeitnehmers bereits Grenzen zieht, ist nicht immer leicht zu beurteilen. Stets setzen Einschränkungen auf der Grundlage einer Rücksichtnahmepflicht aber voraus, dass ein Bezug zum Arbeitsverhältnis gegeben ist.

> *Beispiel*
>
> Ein Mitarbeiter veröffentlicht auf Facebook seine Urlaubsbilder, auf denen er ein T-Shirt mit gut sichtbarem Firmenlogo trägt. Auf dem letzten Foto umarmt er gerade mit glückseligem Gesichtsausdruck den Sangria-Eimer.

38 Das Löschen der Fotos kann der Arbeitgeber ebenso wenig verlangen wie andere arbeitsrechtliche Sanktionen an das Verhalten seines Mitarbeiters knüpfen. Zwar existiert durch das Firmenlogo ein Bezug zum Unternehmen. Es tritt jedoch deutlich zu Tage, dass das Foto im privaten Umfeld entstanden ist. Negative Auswirkungen auf den Betrieb sind daher nicht zu befürchten.

b) Unternehmensschädliche Äußerungen

39 Der Arbeitnehmer hat alle Äußerungen zu unterlassen, die einem berechtigten Interesse des Unternehmens zuwiderlaufen, sofern die **Meinungsäußerungsfreiheit** hierdurch nicht unangemessen beeinträchtigt wird. Die Grundrechtsbetroffenheit des Arbeitnehmers ist in jedem einzelnen Fall gegen die Unternehmerinteressen abzuwägen.[54] Dabei gewährt Art. 5 GG einen recht weitgehenden Schutz.

> *Beispiel*
>
> Der zwischenzeitlich ausgeschiedene Abteilungsleiter A veröffentlicht im Internet unter der Seite www.megadownloads.net sogenannte Blogs. Hierbei handelte es sich um eigens von dem A erstellte Kommentare. Im Rahmen der Blogs verwendet der A Begriffe wie „Abzock-Methoden", „Nutzlos-Branche", „Deutsche Zentrale der Abzock-Mafia" in Bezug auf seinen früheren Arbeitgeber und formuliert: „Die Ratten verlassen das sinkende Schiff." Der ehemalige Arbeitgeber verlangt die Löschung der Negativäußerungen und Unterlassung.

40 Die Äußerungen des A sind insgesamt als Werturteile anzusehen, die von dem Recht auf Meinungsfreiheit gedeckt sind. A ist der Meinung, die Branche seines früheren Arbeitgebers sei nutzlos und die ihm vermeintlich bekannten Strukturen glichen denen der Abzock-Mafia. Auch wenn seine Formulierungen sicher polemisch und verletzend sind, sind sie dem Schutz des Art. 5 GG nicht entzogen. Da mit den „Ratten" die Mitarbeiter angesprochen sind, kann der Arbeitgeber sich auch gegen diese Äußerung nicht mit Erfolg wehren.[55]

---

54 MüHdbArbR/*Reichold*, § 49 Rn 47; ErfK/*Preis*, § 611 BGB Rn 734; *Byers/Mößner*, BB 2012, 1665.
55 ArbG Herford 12.11.2009 – 3 Ga 26/09, n.v.

Das LAG Baden-Württemberg sah auch den Blogbeitrag, in dem der Arbeitnehmer dem Arbeitgeber „eine verschärfte Ausbeutung, Angriffe auf politische und gewerkschaftliche Rechte sowie menschenverachtende Jagd auf Kranke" vorwarf, als von der Meinungsfreiheit umfasst an.[56]

Der VGH München hatte sich mit der behördlichen Zustimmung zu einer außerordentlichen Kündigung in der Schwangerschaft zu befassen. Die Mitarbeiterin war für ihren Arbeitgeber bei einem Kunden, der o2 telefonica, als Sicherheitsmitarbeiterin im Empfangsbereich eingesetzt. Auf ihrem privaten Facebook-Account postete sie über o2 telefonica: „Boah kotzen die mich an von o2, da sperren sie einfach das Handy, obwohl man schon bezahlt hat ... und dann behaupten die, es wären keine Zahlungen da. Solche Penner ... Naja ab nächsten Monat habe ich einen neuen Anbieter..." Der VGH München sah hierin keinen wichtigen Grund im Sinne des § 626 BGB für eine behördliche Zustimmung zur Kündigung. Die Äußerungen betrafen offensichtlich nur das private Vertragsverhältnis zwischen der Arbeitnehmerin und dem Kunden und seien im Übrigen noch von der Meinungsfreiheit umfasst.[57]

Eine Verletzung der Rücksichtnahmepflicht liegt aber in jedem Fall vor, wenn der Arbeitnehmer über den Firmenrechner Internetseiten mit pornografischem oder rechtsradikalem Inhalt besucht und hierdurch die Gefahr einer Rufschädigung für das Unternehmen entsteht.[58] Zudem darf der Arbeitnehmer keine **unwahren Tatsachen** verbreiten oder solche, die **ehrverletzenden Charakter** haben bzw. Schmähkritik darstellen.[59]

Darüber hinaus ist der Arbeitnehmer stets gehalten, Betriebs- und Geschäftsgeheimnisse des Arbeitgebers zu wahren, grundsätzlich auch nachvertraglich. Dies gilt auch bei der Nutzung von sozialen Netzwerken. Twittert der Arbeitnehmer also die neuen Quartalszahlen des Arbeitgebers, bevor sie veröffentlicht wurden, liegt darin eine Pflichtverletzung.   **41**

2. Whistle-Blowing

Arbeitgeber erwarten generell und werden darin durch die höchstrichterliche Rechtsprechung bestätigt, dass jeder Arbeitnehmer vermeintliches Fehlverhalten des Arbeitgebers selbst, eines Vorgesetzten oder Kollegen zuerst unternehmensintern anzeigt, bevor er hiermit an die Öffentlichkeit geht und es insbesondere im Web 2.0 veröffentlicht (so genanntes „Whistle-Blowing"). Dienstanweisungen bzw. Betriebsvereinbarungen zu diesem Thema vermehren sich. Gerade bei Äußerungen im Internet ist die Gefahr des Kontrollverlustes sehr hoch. Die schnelle Verbreitung von Informationen, der nicht steuerbare Empfängerkreis sowie die langfristige Speicherung und Abrufbarkeit steigern das Risiko, dass eine negative Äußerung erhebliche nachteilige Auswirkungen für den Arbeitgeber haben kann.[60]   **42**

Die vom Arbeitnehmer vorgenommene **Meldung von Gesetzesverstößen** oder anderem Fehlverhalten prüft die Rechtsprechung daraufhin, ob die Anzeige eine **unverhältnismäßige** Reaktion des Arbeitnehmers auf das Verhalten des Arbeitgebers darstellt.[61] Hierbei ist das BAG der Ansicht, dass der vorherigen innerbetrieblichen Klärung nicht generell der Vorrang gebührt. Es sei vielmehr Sache des Einzelfalls, wann dem Arbeitnehmer eine vorherige innerbetriebliche Anzeige ohne weiteres zumutbar und ein Unterlassen ein pflichtwidriges Verhalten darstellt.[62]   **43**

---

56 LAG Baden-Württemberg 10.2.2010 – 2 Sa 59/09, K&R 2010, 287.
57 VGH München 29.02.2012 – AN 14 K 11.02132, NZA-RR 2012, 302.
58 *Bissels/Lützeler/Wisskirchen*, BB 2010, 2433, 2434; *Göpfert/Wilke*, ArbRAktuell 2011, 315865.
59 BAG 24.6.2004 – 2 AZR 63/03, NZA 2005, 158.
60 LAG Berlin-Brandenburg 18.8.2008 – 10 TaBV 885/08, BB 2009, 661; *Kursawe*, ArbRB 2010, 21, 23.
61 BAG 3.7.2003 – 2 AZR 235/02, NZA 2004, 427.
62 BAG 3.7.2003 – 2 AZR 235/02, NZA 2004, 427.

Eine vorherige **innerbetriebliche Meldung** und Klärung ist dem Arbeitnehmer u.a. nicht zumutbar, wenn er Kenntnis erhält von Straftaten, durch deren Nichtanzeige er sich selbst einer Strafverfolgung aussetzen würde.

> *Beispiel*
>
> Plant ein Arbeitnehmer, das Betriebsgelände seines Arbeitgebers in Brand zu setzen, weil er sich über einen Vorgesetzten massiv geärgert hat, würde sich der Kollege, der hiervon Kenntnis erlangt, nach § 138 Abs. 1 Nr. 8 StGB selbst strafbar machen, wenn er die Tat nicht den Strafverfolgungsbehörden anzeigt.

44 Entsprechendes gilt bei schwerwiegenden Straftaten (z.B. Gammelfleischskandal) oder vom Arbeitgeber selbst begangene Straftaten. Weiter trifft den Arbeitnehmer keine Pflicht zur internen Meldung, wenn Abhilfe berechtigterweise nicht zu erwarten ist.[63]

> *Beispiel*
>
> Hat der Arbeitgeber Kenntnis davon, dass in seinem Unternehmen Straftaten, z.B. Bestechung und Untreue, begangen werden, billigt dies aber seit Jahren, kann der Arbeitnehmer berechtigterweise davon ausgehen, dass innerbetriebliche Abhilfe nicht zu erwarten ist.

45 In diesem Zusammenhang ist auch auf eine jüngst ergangene **Entscheidung des EGMR** hinzuweisen, mit der die Meinungsfreiheit der Arbeitnehmer gestärkt wurde.[64] Einer Altenpflegerin der Vivantes GmbH war aufgrund einer Strafanzeige gegen ihre Arbeitgeberin fristlos gekündigt worden. Ihre Anzeige wegen Betruges hatte sie damit begründet, dass Pflegebedürftige und ihre Angehörigen wegen Personalmangels keine angemessene Gegenleistung für die von ihnen getragenen Kosten erhielten.

46 Der EGMR hielt in seiner Entscheidung zunächst fest, dass einerseits Strafanzeigen von Arbeitnehmern gegen Arbeitgeber unter bestimmten Umständen von der Meinungsfreiheit gedeckt sein könnten, andererseits Arbeitnehmer ihrem Arbeitgeber zu Loyalität und Verschwiegenheit verpflichtet seien. Hieraus folge, dass der Arbeitnehmer grundsätzlich verpflichtet sei, zunächst für innerbetriebliche Abhilfe zu sorgen, wenn ein solcher Versuch nicht offensichtlich aussichtslos sei. Bei der im Falle einer Kündigung stets vorzunehmenden Interessenabwägung kam der Gerichtshof im konkreten Fall allerdings zu dem Ergebnis, dass insbesondere die Meinungsfreiheit der Arbeitnehmerin höher zu bewerten war als die Sorge der Vivantes GmbH um nachteilige Auswirkungen für ihr Unternehmen. Dabei rückte der EGMR maßgeblich das **öffentliche Interesse** an der Meldung der Missstände in den Vordergrund. In einer demokratischen Gesellschaft sei das öffentliche Interesse an Informationen über Mängel in der institutionellen Altenpflege so wichtig, dass es gegenüber den Interessen eines einzelnen Unternehmens am Schutz seines Rufes und seiner Geschäftsbelange überwiege. Zudem habe die Mitarbeiterin die Missstände wiederholt intern angezeigt und der Staatsanwaltschaft nicht wissentlich oder leichtfertig falsche Informationen übermittelt.[65]

47 Auf die Kündigung der Vivantes GmbH hat die Entscheidung des EGMR insoweit Auswirkung, als die Mitarbeitern berechtigt ist, Restitutionsklage gemäß §§ 79 S. 1 ArbGG, 578 Abs. 1, 580 Nr. 8 ZPO zu erheben mit der Folge, dass das LAG Berlin-Brandenburg erneut über die Kündigung zu entscheiden hätte, und zwar unter Berücksichtigung der Wertung des EGMR.

Darüber hinaus stellt sich die Frage, welche Rechtsfolgen das Urteil des EGMR für die nationale Rechtsprechung hinsichtlich der Kündigungen gegenüber Whistleblowern allgemein hat. Nach An-

---

63 BAG 3.7.2003 – 2 AZR 235/02, NZA 2004, 427; *Bissels/Lützeler/Wisskirchen*, BB 2010, 2433, 2436.
64 EGMR 21.7.2011 – 28274/08, ArbuR 2011, 355.
65 EGMR 21.7.2011 – 28274/08, ArbuR 2011, 355.

sicht des BVerfG soll die Judikative des EGMR als **Auslegungshilfe** für die Grundrechte dienen.[66] Es gehe jedoch nicht um eine „schematische Parallelisierung" einzelner verfassungsrechtlicher Begriffe. Vielmehr solle die Rechtsprechung möglichst schonend in das vorhandene, dogmatisch ausdifferenzierte nationale Rechtssystem eingepasst werden.[67]

Überträgt man dies auf die hier vorliegende Entscheidung, werden sich die nationalen Gerichte in Zukunft stärker daran zu orientieren haben, in welchem Umfang ein **öffentliches Interesse** an den zu Tage getretenen Missständen besteht. Der Versuch unternehmensinterner Klärung könnte zunehmend verzichtbar werden, wenn die Meldung von Gesetzesverstößen im öffentlichen Interesse erfolgt.[68] **48**

Praxishinweis **49**

Um die Notwendigkeit der vorherigen innerbetrieblichen Abhilfe zu manifestieren, bietet sich die Einrichtung einer unabhängigen Compliance-Organisation bzw. einer anonymen Whistleblowing-Hotline an.

III. Arbeitsrechtliche Konsequenzen/Suche nach Pflichtverletzungen im Netz

Bei einer Verletzung der arbeitsvertraglichen Pflichten durch den Arbeitnehmer kommen als arbeitsrechtliche Konsequenzen insbesondere die **Abmahnung**, die ordentliche bzw. als ultima ratio die außerordentliche fristlose **Kündigung** des Arbeitsverhältnisses in Betracht. **50**

Geht es um Vertragsverletzungen im Zusammenhang mit der Nutzung von Social Media, stellt sich die Frage, ob der Arbeitgeber berechtigt ist, Recherchen in sozialen Netzwerken zu betreiben, um nach etwaigen Pflichtverstößen zu suchen.

Ein interessanter Rechtsstreit wurde vor einiger Zeit vor dem Arbeitsgericht Düsseldorf[69] verhandelt. Eine Auszubildende postete auf ihrer Facebook-Seite den Satz „**Ab zum Arzt und dann Koffer packen**". Nach ihrer Krankmeldung machte sie Urlaub auf Mallorca und stellte später ihre Urlaubsbilder ins Netz. Der Arbeitgeber kündigte das Ausbildungsverhältnis fristlos mit der Begründung, die Auszubildende habe ihre Arbeitsunfähigkeit nur vorgetäuscht. Das Verfahren endete mit einem Vergleich. Andernfalls hätte die Frage beantwortet werden müssen: War der Arbeitgeber berechtigt, auf der Facebook-Seite der Arbeitnehmerin nach Hinweisen auf eine vorgetäuschte Arbeitsunfähigkeit zu suchen? **51**

1. Derzeitige Rechtslage

Nach § 32 Abs. 1 S. 1 BDSG – § 28 Abs. 1 S. 1 Nr. 1 BDSG ist insoweit verdrängt[70] – dürfen personenbezogene Daten u.a. erhoben, verarbeitet oder genutzt werden, wenn dies für dessen Beendigung erforderlich ist. Zur **Aufdeckung von Straftaten** eines Beschäftigten dürfen sie nach Satz 2 nur dann erhoben werden, wenn zu dokumentierende tatsächliche Anhaltspunkte den Verdacht begründen, dass der Betroffene im Beschäftigungsverhältnis eine Straftat begangen hat, die Erhebung zur Aufdeckung erforderlich ist und das schutzwürdige Interesse des Beschäftigten an dem Ausschluss der Erhebung nicht überwiegt, insbesondere Art und Ausmaß im Hinblick auf den Anlass nicht unverhältnismäßig sind, § 32 Abs. 1 S. 2 BDSG. **52**

---

66 BVerfG 26.3.1987 – 2 BvR 589/79, NJW 1987, 2427.
67 BVerfG 4.5.2001 – 2 BvR 2365/09, 740/10, 2333/08, 1152/10, 571/10, NJW 2011, 1931.
68 *Dzida/Naber*, ArbRB 2011, 238, 241.
69 7 Ca 2591/11.
70 BT-Drucks 16/13657, S. 20.

53   Der fehlende Hinweis auf **andere Pflichtverletzungen** in Satz 2 könnte darauf hindeuten, dass in diesen Fällen eine Datenerhebung gänzlich unzulässig ist. Nach der Gesetzesbegründung ist in Satz 2 allerdings keine Beschränkung des Satzes 1 zu sehen. Vielmehr soll nach Satz 1 allgemein die Zulässigkeit solcher Maßnahmen zu beurteilen sein, die im Zusammenhang mit der Beendigung des Beschäftigungsverhältnisses stehen (z.B. Abmahnung, Kündigung).[71] Demgegenüber benennt Satz 2 die Voraussetzungen für die Erhebung und Verwendung personenbezogener Daten zur Aufdeckung von Straftaten, die im Beschäftigungsverhältnis begangen worden sind. Insoweit orientiert sich die Regelung inhaltlich an den Anforderungen, die die Rechtsprechung des BAG[72] zur verdeckten Überwachung von Beschäftigten aufgestellt hat und soll der Tatsache Rechnung tragen, dass Maßnahmen zur Aufdeckung von Straftaten besonders intensiv in das allgemeine Persönlichkeitsrecht eingreifen.[73]

54   Wäre der Fall der gekündigten Auszubildenden nicht verglichen worden, wäre es nach § 32 BDSG für die gerichtliche Entscheidung maßgeblich darauf angekommen, ob die Datenerhebung in Facebook erforderlich war. Auch wenn es möglicherweise außerhalb von Facebook bereits Verdachtsmomente für eine vorgetäuschte Arbeitsunfähigkeit der Auszubildenden gab, ist der Zugriff auf ihren Facebook-Account zur Erhärtung der Verdachtsäußerungen als unzulässig anzusehen. Denn Facebook dient als freizeitorientiertes Netz nur der privaten Kontaktpflege und allein in diesem Rahmen auch der Weitergabe von Informationen. Die Mitglieder dürfen auf den Austausch ausschließlich unter privaten Nutzern auch vertrauen. Schließlich verbieten schon die AGBs des Netzwerks jede gewerbliche, geschäftliche und kommerzielle Nutzung und lassen ausschließlich eine Nutzung zu privaten Zwecken zu. Ein Zugriff auf die in freizeitorientierten Netzwerken eingestellten Daten wäre mithin ein unzulässiger Eingriff in das Persönlichkeitsrecht des Arbeitnehmers, hier der Auszubildenden. Es fehlt damit an der Erforderlichkeit.

55   Eine andere Bewertung könnte sich dann ergeben, wenn die Auszubildende ihre Informationen über ein berufsorientiertes Netz verbreitet hätte. Denn mit der Einstellung von Daten in ein berufsorientierten Netzes öffnet der Arbeitnehmer seine Daten bewusst auch einem beruflich veranlassten Zugriff.

2.   Ausblick BDSG-GE vom 15.12.2010

56   Nach dem Gesetzesentwurf zum BDSG ist vor allem § 32c „Datenerhebung im Beschäftigungsverhältnis" zu beachten. Danach dürfen – vorbehaltlich der §§ 32e bis 32i – Beschäftigtendaten erhoben werden, die für die Durchführung, Beendigung oder Abwicklung des Beschäftigungsverhältnisses erforderlich sind. Dies ist insbesondere der Fall, soweit die Kenntnis dieser Daten für den Arbeitgeber notwendig ist, um die gegenüber dem Beschäftigten bestehenden Rechte des Arbeitgebers einschließlich der **Leistungs- und Verhaltenskontrolle** wahrzunehmen, § 32c Abs. 1 S. 2 Nr. 3 BDSG-GE. Zur Wahrnehmung der Arbeitgeberrechte gehören auch eventuelle arbeitsrechtliche Konsequenzen gegenüber den Beschäftigten. Hierzu ist der Arbeitgeber auf eine Erforschung des Sachverhaltes angewiesen. Nach § 32c Abs. 4 BDSG-GE hat der Arbeitgeber aber in jedem Fall den Verhältnismäßigkeitsgrundsatz zu wahren.

57   Zudem findet nach § 32c Abs. 1 S. 3 BDSG-GE auch § 32 Abs. 6 BDSG-GE Anwendung. Die Grundsätze der **Direkterhebung** und der **Transparenz** gelten demnach auch im bestehenden Arbeitsverhältnis. Im Rahmen der Recherche in sozialen Netzwerken sind darüber hinaus dieselben Grenzen wie für die Bewerbersuche (siehe oben Rn 21 ff.) einzuhalten. Im o.g. Rechtsstreit vor

---

71 BT-Drucks 16/13657, S. 21.
72 BAG 27.3.2003 – 2 AZR 51/02, NZA 2003, 1193; BAG 26.8.2008 – 1 ABR 16/07, NZA 2008, 1187.
73 BT-Drucks 16/13657, S. 21; a.A. *Gola/Schomerus*, § 32 Rn 29; *Thüsing*, NZA 2009, 865, 868 f.; ErfK/*Wank*, § 32 BDSG Rn 29 m.w.N.

dem ArbG Düsseldorf wäre eine Datenerhebung des Arbeitgebers über Facebook mithin schon unter diesem Gesichtspunkt nicht zulässig gewesen.

Daneben ist auf die Vorschrift des § 32e BDSG-E „Datenerhebung ohne Kenntnis des Beschäftigten **zur Aufdeckung und Verhinderung von Straftaten** und anderen schwerwiegenden Pflichtverletzungen im Beschäftigungsverhältnis" hinzuweisen. Nach seinem Abs. 2 dürfen Beschäftigtendaten **ohne Kenntnis** des Beschäftigten nur erhoben werden, wenn **58**

1. Tatsachen den Verdacht begründen, dass der Beschäftigte im Beschäftigungsverhältnis eine Straftat oder eine andere schwerwiegende Pflichtverletzung begangen hat, die den Arbeitgeber bei einem Arbeitnehmer zu einer Kündigung aus wichtigem Grund berechtigen würde, und

2. die Erhebung erforderlich ist, um die Straftat oder die andere schwerwiegende Pflichtverletzung aufzudecken oder um damit im Zusammenhang stehende weitere Straftaten oder schwerwiegende Pflichtverletzungen des Beschäftigten zu verhindern.

Im Vergleich zur derzeitigen Rechtlage (§ 32 Abs. 1 S. 2 BDSG) stellt der Gesetzesentwurf also eine **Erschwerung der Datenerhebung** ohne Mitwirkung des Betroffenen dar. Die Datenerhebung ist hiernach nur zur Erhärtung eines bestehenden Verdachts auf Vorliegen einer Straftat oder einer schwerwiegenden Pflichtverletzung zulässig. Bei der Zulässigkeitsprüfung sind auch die sonstigen Anforderungen des § 32e BDSG-GE zu beachten, insbesondere muss die Erforschung des Sachverhaltes auf andere Weise erschwert oder weniger erfolgversprechend sein und es sind die Grenzen des § 32e Abs. 4 BDSG-GE einzuhalten. **59**

IV. Beweisverwertungsverbot

Verstößt der Arbeitgeber bei seiner Recherche gegen die Vorschriften des Bundesdatenschutzgesetzes, stellt sich die Frage, ob er die erhobenen Daten in einem späteren Rechtsstreit verwenden darf. **60**

Grundsätzlich kennt das Deutsche Zivilprozessrecht kein Sachvortrags- oder Beweisverwertungsverbot.[74] Das Gericht entscheidet auf der Grundlage von § 286 ZPO unter Berücksichtigung des gesamten Inhaltes der Verhandlung und des Ergebnisses einer möglichen Beweisaufnahme nach **freier Überzeugung**. In einem gerichtlichen Verfahren tritt der Richter den Verfahrensbeteiligten jedoch in Ausübung staatlicher Hoheitsgewalt gegenüber. Nach Art. 1 Abs. 2 GG ist er damit bei seiner Urteilsfindung an die maßgeblichen Grundgesetze gebunden.

Im Arbeitsverhältnis ist insbesondere das durch Art. 2 Abs. 1 i.V.m. Art. 1 Abs. 1 GG gewährleistete **allgemeine Persönlichkeitsrecht** zu beachten, das bei einer Informationsgewinnung durch den Arbeitgeber verletzt sein kann. Zwar ist nicht jede unzulässig erlangte Information prozessual unverwertbar. Vielmehr kommt es darauf an, ob mit ihrer gerichtlichen Verwertung ein erneuter Eingriff in rechtlich geschützte, hochrangige Positionen der anderen Prozesspartei oder die Perpetuierung eines solchen Eingriffs verbunden wäre.[75] Gerade wenn der Arbeitgeber Daten unter Verletzung der Persönlichkeitsrechte des Arbeitnehmers gewonnen hat und hieraus Rechte gegen den Arbeitnehmer herleitet, kann aber ein solcher Eingriff oder dessen Perpetuierung vorliegen.[76] **61**

Bei der Bewertung, ob eine prozessuale Unverwertbarkeit gegeben ist, ist allerdings stets zu berücksichtigen, dass das Persönlichkeitsrecht nicht **schrankenlos** gewährleistet ist. Eingriffe in das Persönlichkeitsrecht können durch die Wahrnehmung überwiegender **schutzwürdiger Interessen des Arbeitgebers** gerechtfertigt sein. Bei einer Kollision des allgemeinen Persönlichkeits- **62**

---

74 BAG 13.12.2007 – 2 AZR 537/06, NZA 2008, 1008.

75 BAG 16.12.2010 – 2 AZR 485/08, NZA 2011, 571.

76 BAG 27.3.2003 – 2 AZR 51/02, NZA 2003, 1193; BAG 13.12.2007 – 2 AZR 537/06, NZA 2008, 1008; BGH 18.2.2003 – XI ZR 165/02, NJW 2003, 1727; *Prütting,* in: Germelmann/Matthes/Prütting/Müller-Glöge, ArbGG, § 58 Rn 36; *Lunk,* NZA 2009. 457, 459.

rechts mit den Interessen des Arbeitgebers ist somit durch eine Güterabwägung im Einzelfall zu ermitteln, ob das allgemeine Persönlichkeitsrecht den Vorrang verdient.[77] Je intensiver der Eingriff in das Persönlichkeitsrecht des Arbeitnehmers ausfällt, desto schwerwiegender müssen etwa die vorgebrachten Kündigungsgründe sein, um eine Verwertung der erhobenen Daten zu ermöglichen.[78]

> *Beispiel*
>
> Nach bisheriger Rechtslage – der BDSG-GE sieht demgegenüber nun ein ausnahmsloses Verbot **heimlicher Videoüberwachung** vor (vgl. § 32e Abs. 4 Nr. 3 BDSG) – soll eine heimliche Videoüberwachung nur dann zulässig sein, wenn der konkrete Verdacht einer strafbaren Handlung oder einer anderen schweren Verfehlung zu Lasten des Arbeitgebers besteht, weniger einschneidende Mittel zur Aufklärung ausgeschöpft sind, die verdeckte Video-Überwachung praktisch das einzig verbleibende Mittel darstellt und insgesamt nicht unverhältnismäßig ist.[79]

63   Werden Daten aus sozialen Netzwerken unter Verstoß gegen das BDSG erhoben und verarbeitet, ist das Recht auf informationelle Selbstbestimmung und damit ein bedeutsames Grundrecht verletzt, so dass das Risiko eines **Beweisverwertungsverbots** für die gewonnenen Daten als hoch einzuschätzen sein dürfte. Letztlich kann die prozessuale Verwertbarkeit aber nur anhand des Einzelfalls zuverlässig beurteilt werden.

F.   Beendigung des Arbeitsverhältnisses: Herausgabe von Accountdaten

64   Generell hat der Arbeitnehmer die Pflicht, bei Beendigung des Arbeitsverhältnisses alle ihm zur Verfügung gestellten Arbeitsmittel an den Arbeitgeber zurückzugeben.[80] Dies betrifft insbesondere Geschäftsunterlagen und Kundendaten.[81]

Im Falle eines **Firmen-Accounts**, den der Arbeitnehmer gepflegt, dessen Kosten aber der Arbeitgeber getragen hat oder den er dem Arbeitnehmer zur Verfügung gestellt hat, ist eine Pflicht des Arbeitnehmers zur Herausgabe der Zugangs- und der damit verbundenen geschäftlichen Kontaktdaten zu bejahen.[82] Die Herausgabe erfolgt durch Mitteilung der Zugangsdaten an den Arbeitgeber. Dem Arbeitnehmer steht jedoch das Recht zu, seine ggf. privat hinterlegten Daten vorher zu löschen.[83]

Liegt dagegen ein rein **privates** Konto vor, für welches der Arbeitnehmer die Kosten selbst trägt und das auch keinen Hinweis auf einen Firmenauftritt enthält, liegt eine Weitergabepflicht der Zugangsdaten nicht vor.[84]

---

77 BVerfG 9.10.2002 – 1 BvR 1611/96, NJW 2002, 3619; BVerfG 13.2.2007 – 1 BvR 421/05, NJW 2007, 753; BAG 29.10.1997 – 5 AZR 508/96, NZA 1998, 307; BAG 27.3.2003 – 2 AZR 51/02, NZA 2003, 1193; BAG 13.12.2007 – 2 AZR 537/06, NZA 2008, 1008; BAG 16.12.2010 – 2 AZR 485/08, NZA 2011, 571.

78 *Göpfert/Wilke*, ArbRAktuell 2011, 315865.

79 BAG 27.3.2003 – 2 AZR 51/02, NZA 2003, 1193; BAG 29.6.2004 – 1 ABR 21/03, NJW 2005, 313; BAG 26.8.2008 – 1 ABR 16/07, NZA 2008, 1187; LAG Köln 28.12.2005 – 9 Ta 361/05, NZA-RR 2006, 434; LAG Köln 18.11.2010 – 8 Sa 817/10, NZA-RR 2011, 241.

80 ErfK/*Preis*, § 611 Rn 754.

81 LAG Hamm 26.2.1991 – 11, (10) Sa 1398/90, ARSt. 1991, 182.

82 *Legerlotz*, ArbRB 2011, 250, 252; *Bissels/Lützeler/Wisskirchen*, BB 2010, 2433, 2438; *Oberwetter*, NJW 2011, 417, 420; *Ernst*, NJOZ 2011, 953, 957.

83 *Oberwetter*, NJW 2011, 417, 420.

84 *Legerlotz*, ArbRB 2011, 250, 252; *Bissels/Lützeler/Wisskirchen*, BB 2010, 2433, 2438.

Bei einem Mischcharakter des Accounts hat der Arbeitnehmer jedoch solche Daten herauszugeben, die für den Arbeitgeber zur Fortführung der Geschäftskontakte erforderlich sind, insbesondere Kundendaten.[85]

G. Mitbestimmungsrecht des Betriebsrates

Nach § 87 Abs. 1 Nr. 6 BetrVG hat der Betriebsrat bei der Einführung und Anwendung von **technischen Einrichtungen** mitzubestimmen, mit denen das Verhalten und die Leistungen der Arbeitnehmer überwacht werden können. Da soziale Netzwerke zur Überwachung geeignet sind, sind die mit der Nutzung von PCs, Software und Internetzugang verbundenen Mitbestimmungsrechte zu wahren.[86]   **65**

Auch bei der Festlegung von Modalitäten zur privaten Nutzung von Social Media am Arbeitsplatz hat der Arbeitgeber den Betriebsrat zu beteiligen, da es sich um sog. **Ordnungsverhalten** nach § 87 Abs. 1 Nr. BetrVG handelt.[87] Möchte der Arbeitgeber die Mitarbeiter anweisen, einen Firmen-Account zu erstellen und zu pflegen, betrifft dies dagegen seine Arbeitspflicht und ein Mitbestimmungsrecht scheidet aus. Ebenso entzieht sich die außerdienstliche Nutzung sozialer Netzwerke der Regelungsbefugnis des Betriebsrats, weil damit die private Lebensführung des Arbeitnehmers betroffen ist[88] (zu den näheren Einzelheiten der Mitbestimmungsrechte des Betriebsrates siehe § 2 Rn 2 ff.).   **66**

H. Social Media Richtlinien

Nicht zuletzt wegen der Unbekümmertheit vieler Mitarbeiter im Umgang mit Social Media und der fehlenden Kenntnis damit verbundener Risiken, bietet es sich an, den Umgang mit sozialen Netzwerken im Unternehmen durch **verbindliche Richtlinien** festzulegen. Es empfiehlt sich dabei, gleichzeitig die Nutzung internettauglicher Geräte zu regeln (näheres dazu siehe § 1 Rn 1 ff.).   **67**

Folgende Punkte sollten im Rahmen einer Social Media Richtlinie geregelt werden. Dabei ist bei Bestehen eines Betriebsrats stets zu prüfen, ob ein Beteiligungsrecht nach § 87 Abs. 1 Nr. 1 BetrVG zu beachten ist: **68**

Checkliste: Social Media Richtlinie

- Zulässigkeit der Nutzung sozialer Netzwerke während der Arbeitszeit?
- Welche Form der Nutzung (berufliche/private Zwecke) ist zugelassen?
- Konkretisierung der Pflichten im Zusammenhang mit der Nutzung sozialer Netzwerke (insbes. Loyalitäts- und Rücksichtnahmepflichten).
- Hinweise auf die Einhaltung gesetzlicher Regelungen des Wettbewerbs-, Urheber-, Marken- und Persönlichkeitsrechten.
- Pflichten im Zusammenhang mit der Beendigung des Arbeitsverhältnisses.
- Bei Personalverantwortlichen: Umgang mit sozialen Netzwerken bei Bewerbungsverfahren.[89]

---

85 *Bissels/Lützeler/Wisskirchen*, BB 2010, 2433, 2438; *Oberwetter*, NJW 2011, 417, 420.

86 *Legerlotz*, ArbRB 2011, 250, 253.

87 LAG Nürnberg 29.1.1987 – 5 TaBV 4/86, NZA 1987, 572; ErfK/*Kania*, § 87 BetrVG Rn 19 m.w.N.; *Oberwetter*, NJW 2010, 417, 421.

88 *Lützeler/Bissels*, ArbAktuell 2011, 322670.

89 *Oberwetter*, NJW 2011, 417, 420; *Lützeler/Bissels*, ArbRAktuell 2011, 322670; *Frings/Wahlers*, BB 2011, 3126, 3136 f; *Byers/Mößner*, BB 2012, 1665, 1666.

§ 11 Grenzüberschreitender Verkehr arbeitnehmerbezogener Daten

Prof. Dr. Richard Giesen

Inhalt

A. Einführung

1   Die dynamische Integration der europäischen Wirtschaft und die Globalisierung der Weltwirtschaft mit einer zunehmenden Anzahl von grenzüberschreitenden Fusionen, Übernahmen und Erwerbungen lässt mehr und mehr Arbeitnehmer für Firmen oder Organisationen tätig sein, die Niederlassungen oder Filialen in mehr als einem Land besitzen. Mit der wachsenden internationalen wirtschaftlichen Verflechtung wird zugleich die Vernetzung von Datenbanken auf nationaler wie internationaler Ebene forciert. Dies folgt alternativ bzw. kumulativ aus gewissen Anwendungsformen Neuer Medien sowie aus den grenzüberschreitenden Betätigungsfeldern der Arbeitgeber und Arbeitnehmer.

2   Der Einsatz beispielsweise von **Asset-Tracking-Systemen**[1] in größeren nationalen Unternehmen und international operierenden Unternehmensgruppen hat zum Ziel, die Unternehmens-„Assets“, also die vermögenswerten Positionen im Unternehmen, zu erfassen. Das Asset-Tracking-Tool ist als Software-Tool Teil einer EDV-Anlage; seine Installation erfolgt auf jedem Rechner und den einzelnen Workstations. Die personenbezogenen Tracking-Daten werden zusammen mit den übrigen Daten nach deren Erhebung meist auf den einzelnen Desktops zwischengespeichert. Daran schließt unmittelbar die Übermittlung an einen zentralen Server an, um die gewonnenen Daten zu sammeln und nach verschiedenen Parametern beliebig auswerten zu können.

I. Erhebung, Verarbeitung und Nutzung von Bewerber- und Arbeitnehmerdaten

3   Bei der Erfassung und Übertragung von Hard-, Software- und Systemdaten sind oft auch personenbezogene Arbeitnehmerdaten der Anwender betroffen. Dieser Eingriff in die persönliche Sphäre und die Arbeitssphäre des Arbeitnehmers dient häufig unternehmerischen Interessen:

- Unternehmerische Planungssicherheit für künftige Anschaffungen und Investitionen,
- Optimierung der Systemarchitektur und -struktur,
- Nutzung von Kosteneinsparungspotentialen,
- Schaffung von Kostentransparenz,
- Effizienzsteigerung durch gezielteren Arbeitsmitteleinsatz.

4   Die Erhebung, Verarbeitung und Nutzung personenbezogener Daten von Arbeitnehmern ist nach § 32 Abs. 1 S. 1 BDSG zulässig, „wenn dies für die Entscheidung über die Begründung eines Beschäftigungsverhältnisses erforderlich ist“. Auch wenn somit stets danach zu fragen ist, ob die betreffenden Bewerber- und Arbeitnehmerdaten tatsächlich gebraucht werden („erforderlich“), besteht doch allgemeine Übereinstimmung darüber, dass bestimmte Daten zum benötigten Fundus des Arbeitgebers gehören. Dies sind die für die Personalplanung, Arbeitsorganisation, Regelbeurteilung, Entgeltorganisation (einschließlich Entgeltzahlung im Krankheitsfall), Aus- und Fortbildung sowie nicht zuletzt für die Sozialauswahl bei betriebsbedingten Kündigungen notwendigen Daten.[2] Gleiches gilt auch für die zusätzlichen Leistungen, die im Rahmen des Arbeitsverhältnisses erbracht werden, weshalb auch Daten aus der betrieblichen Altersversorgung, bei der Gewährung von Personalrabatten oder aus der Verwaltung von Werksmietwohnungen von § 30 BDSG erfasst sind.[3] Da § 32 Abs. 1 S. 1 BDSG die betreffenden Maßnahmen im Vorfeld des Arbeitsverhältnisses und im Arbeitsverhältnis selbst ausdrücklich zulässt, bedarf es nach

---

1 *Niedermeier/Schröcker*, CR 2002, 41.
2 Siehe dazu im Einzelnen *Gola/Schomerus*, BDSG, § 32 Rn 10 ff.; Simitis/*Seifert*, BDSG, § 32 Rn 57 ff.
3 Simitis/*Seifert*, BDSG, § 32 Rn 59 f.

dem Wortlaut des § 4a BDSG nicht mehr der diesbezüglichen Einwilligung des Betroffenen (§ 4a Abs. 1 S. 1 BDSG: „... soweit dieses Gesetz ... dies erlaubt ...").[4]

Deshalb kommen Betriebsvereinbarungen nach neuem Datenschutzrecht auch keine Funktion **5** mehr als einwilligungsersetzende Norm im Sinne dieser Regelung zu (§ 4 Abs. 1 S. 1 BDSG: „...soweit...eine andere Rechtsvorschrift dies erlaubt..."). Der diesbezügliche Streit dürfte sich somit erledigt haben.[5]

Soweit der Rahmen des § 32 BDSG überschritten ist, der Arbeitgeber also Daten nicht zu Zwe- **6** cken des Beschäftigungsverhältnisses erhebt, verarbeitet oder nutzt (bzw. dies nach § 11 BDSG durch Auftragnehmer vernehmen lässt), gelten die allgemeinen Regeln des BDSG.[6] Diese können die Erhebung, Verarbeitung und Nutzung von Daten durchaus erlauben, etwa wenn Arbeitnehmer (außerhalb der Gewährung von spezifischen Vergünstigungen wie etwa Personalrabatten[7]) als Kunden registriert werden. In diesen Fällen gelten §§ 28, 4 Abs. 1, 4a BDSG, so dass eine wirksame Einwilligung des Betroffenen erforderlich ist. Dass jenseits des Anwendungsbereichs von § 32 BDSG einer Betriebsvereinbarung einwilligungsersetzende Bedeutung nach § 4a Abs. 1 S. 1 BDSG zukommen kann, ist m.E. ausgeschlossen. Soweit der Anwendungsbereich von § 32 BDSG verlassen ist, dürfte es auch an der Zuständigkeit der Betriebsparteien fehlen.

Unabhängig davon sind aber die jeweiligen Mitbestimmungsrechte der Betriebsverfassung zu **7** wahren. Der jeweilige Mitbestimmungstatbestand kann sich insbesondere nach § 87 Abs. 1 Nr. 6 BetrVG[8] oder auch aus der Möglichkeit zur freiwilligen Mitbestimmung nach § 88 BetrVG ergeben. Für den internationalen Datenaustausch wird diese Regelung durch Betriebsvereinbarung aber teilweise abgelehnt.[9] Allerdings ist fraglich, ob dies zutrifft. Eine Ablehnung kann nur darauf beruhen, dass der Betriebsrat aufgrund des territorialen Anwendungsbereichs des BetrVG ausschließlich für die in Deutschland beschäftigten Arbeitnehmer zuständig ist. Die Einwilligung zur im Ausland vorzunehmenden Verarbeitung der Daten von in deutschen Betrieben beschäftigten Arbeitnehmern dürfte innerhalb der territorialen Regelungsmacht der Betriebspartner liegen. Soweit man sich daher der BAG-Rechtsprechung über die BetrVG-Regelungsbefugnisse anschließt, wird dieses Vorgehen also zulässig sein. Umgekehrt fällt die in Deutschland vorzunehmende Verarbeitung der Daten von im Ausland beschäftigten Arbeitnehmern nicht in die Zuständigkeit des Betriebsrats; diesbezügliche Betriebsvereinbarungen sind also nicht möglich.

II. Grenzüberschreitende Arbeitsverhältnisse und grenzüberschreitender Datenfluss

Neben der In-house-Übermittlung erfolgt die Speicherung von Systemdaten in multinationalen **8** Konzernen oft auf zentralen Servern, etwa bei der Konzernmutter, die ihren Sitz häufig im Aus-

---

4 *Kazemi/Leopold*, Datenschutzrecht, § 3 Rn 584 lassen dies offen. Einwilligungsfreiheit nimmt aber zu Recht an Simitis/*Seifert*, BDSG, § 32 Rn 54 f.

5 Nach altem Recht vertrat das BAG die Ansicht, eine Betriebsvereinbarung ersetze die Arbeitnehmereinwilligung gemäß § 4a Abs. 1 S. 1 BDSG, BAG 27.5.1986 – 1 ABR 48/84, DB 1986, 2080, 2082; ebenso *Wiese*: in GK-BetrVG, § 87 Rn 493; Simitis/*Sokol*, BDSG, § 4 Rn 11; anderer Ansicht Simitis/*Seifert*, BDSG, § 32 Rn 167.

6 Deshalb stellt die Gesetzesbegründung klar, dass neben § 32 BDSG auch die nach §§ 4 Abs. 1, 4a BDSG durch Einwilligung legitimierte Datenverarbeitung möglich ist, BT-Drucks 16/13657, S. 20.

7 Simitis/*Seifert*, BDSG, § 32 Rn 59 f.

8 S. im Einzelnen Richardi-*Richardi*, § 87 BetrVG Rn 491, 501 ff.; Roßnagel-*Wedde*, 6.3 Rn 42 ff.; s. zur Einsicht in die Pesonalakten und zur Mitbestimmung bei Personalfragebögen nach §§ 83, 94 BetrVG Richardi-*Thüsing*, § 83 BetrVG Rn 41 f., § 94 BetrVG Rn 29 ff.; Roßnagel-*Wedde*, 6.3 Rn 33 ff.; vgl. zur generellen Überwachungspflicht des Betriebsrats bzgl. der Einhaltung des BDSG Richardi-*Thüsing*, § 80 BetrVG Rn 57; Roßnagel-*Wedde*, 6.3 Rn 18 ff.; Simitis/*Seifert*, BDSG, § 32 Rn 147 ff.

9 *Gola/Schomerus*, BDSG, § 4 Rn 10; Tätigkeitsbericht des Hamburgischen Datenschutzbeauftragten 2000/2001, RDV 2002, 210, 211 f. Anderer Ansicht offenbar Roßnagel-*Büllesbach*, 6.1 Rn 72.

land hat. Die Datenübermittlung überschreitet dann nationale Grenzen innerhalb der EU, aber auch von der EU in Drittländer wie zum Beispiel in die USA. In den Fällen der Übermittlung innerhalb der EU und von der EU in Drittländer sind allgemeine nationale und die gemeinschaftlichen datenschutzrechtlichen Anforderungen zu beachten.

9 Weil und soweit Bewerber- und Arbeitnehmerdaten auf diese Weise zulässig erhoben, verarbeitet und genutzt werden, ist es möglich, hierfür auch dritte Stellen einzusetzen. Auftragsdatenverarbeitung erfolgt im Personalwesen sehr häufig und zwar sowohl durch freie Auftragnehmer als auch innerhalb von Konzernen. Sie ist an die zusätzlichen Anforderungen des § 11 BDSG geknüpft. Erforderlich ist demnach insbesondere die sorgfältige Auswahl eines zuverlässigen Auftragnehmers, mit dem gemäß § 11 Abs. 2 S. 2 BDSG eine schriftliche Vereinbarung über Gegenstand, Dauer des Auftrags, Umfang, Art und Zweck seiner Tätigkeit etc. erfasst werden (siehe im Einzelnen § 11 Abs. 2 S. 2, Nrn. 1–10 BDSG).[10] Die Zulässigkeit der Auftragsdatenverarbeitung nach § 11 BDSG findet dabei im Bereich der Datenerhebung eine Ausnahme in § 4 Abs. 2 BDSG. Danach gilt als Regel der sog. Grundsatz der Direkterhebung. Das bedeutet, dass Bewerber- und Arbeitnehmerdaten beim Bewerber bzw. Arbeitnehmer selbst erhoben werden müssen (auch wenn dies der Auftragnehmer nach § 11 BDSG tut). Erkundigungen bei ehemaligen Arbeitgebern und Einforderungen von Führungszeugnissen nach Maßgabe des BZRG sind aber erlaubt.[11]

10 Im Rahmen von **grenzüberschreitenden Arbeitsverhältnissen**[12] (Abordnung, Entsendung, Versetzung beispielsweise eines deutschen Mitarbeiters zu einer ausländischen Konzerntochter) werden ebenfalls personenbezogene Arbeitnehmerdaten übermittelt. Auch wenn die Arbeitsvertragsparteien nach internationalem Arbeitsvertragsrecht gem. Art. 3, Art. 8 Abs. 1 S. 1 Rom I-VO in den Grenzen des Art. 8 Abs. 1 S. 2, Art. 9 Rom I-VO das Arbeitsvertragsstatut frei wählen können oder sich mangels einer entsprechenden Wahl das Arbeitsvertragsstatut nach Art. 8 Abs. 2–4 Rom I-VO richtet, bleiben die **europäischen Datenschutzregelungen** als speziellere Vorschrift von den Regelungen des internationalen (Arbeits-)Vertragsrechts unberührt.

11 Hier gilt das besondere datenschutzrechtliche Kollisionsrecht des § 1 Abs. 5 BDSG, der seinerseits eine Umsetzungsvorschrift zu Art. 4 Abs. 1 der Datenschutz-RL 95/46/EG darstellt (siehe unten Rn 30 ff.).[13]

B. Europäisches Datenschutzrecht

I. Die Datenschutz-RL 95/46/EG

12 Der Rat der Organisation für Wirtschaftliche Zusammenarbeit und Entwicklung (**OECD**) verabschiedete bereits im September 1980 Leitlinien für den Schutz der Privatsphäre bei grenzüberschreitendem Datenverkehr.[14] Parallel zu den Bemühungen der OECD beschloss der **Europarat** die Konvention (Nr. 108) zum Schutz des Einzelnen im Hinblick auf die automatische Verarbeitung personenbezogener Daten,[15] die am 1.10.1985 als erste völkerrechtlich verbindliche Datenschutzregelung in Kraft trat. Der Datenschutz ist auf EU-Ebene geschützt durch Art. 8 der **Charta der Grundrechte**. Diese ist nach Art. 6 Abs. 1 EUV als primäres Recht der Europäischen Union den Verträgen gleichrangig, genießt also insbesondere dieselbe Verbindlichkeit wie die AEUV.

---

10 Dazu näher *Kazemi/Leopold*, § 3 Rn 491 ff.

11 S. im Einzelnen Simitis/*Seifert*, BDSG, § 32 Rn 41 ff., 46 ff.

12 *Thüsing*, NZA 2003, 1303; *Schlachter*, NZA 2000, 57.

13 *Dammann*, RDV 2002, 70, 73.

14 Empfehlung des OECD-Rates vom 23.9.1980 über Leitlinien für den Schutz des Persönlichkeitsrechts und den grenzüberschreitenden Verkehr personenbezogener Daten, OECD-Dokument C (80) 58 (Final), abrufbar unter http://acts.oecd.org/Instruments/ShowInstrumentView.aspx?InstrumentID=114&InstrumentPID=110&Lang=en&Book=False.

15 BGBl II 1981, 539.

Damit geht sie allem EU-Sekundärrecht, also vor allem Richtlinien und Verordnungen vor. Gleiches gilt für nationales Recht, soweit dieses EU-Recht umsetzt.

Auf die Datenschutzkonvention des Europarats (Nr. 108) nimmt die **Richtlinie 95/46/EG** des   **13** Europäischen Rates und des Parlamentes **„zum Schutz natürlicher Personen bei der Verarbeitung personenbezogener Daten und zum freien Datenverkehr"** vom 24.10.1995,[16] folgend „Datenschutz-RL", in Kraft seit 13.12.1995, geändert durch VO(EG) Nr. 1882/2003 vom 29.9.2003,[17] ausdrücklich Bezug.[18] Als Harmonisierungsmaßnahme gem. Art. 95 Abs. 1 EG a.F. (vgl. heute Art 114 AEUV)[19] normiert die Richtlinie nicht nur Vorschriften zur **Angleichung der Vorschriften der Mitgliedstaaten** in Bezug auf den innergemeinschaftlich gleichwertigen Schutz personenbezogener Daten in den verschiedenen Bereichen wirtschaftlicher, verwaltungsrechtlicher und sozialer Tätigkeit, sondern enthält auch die Vorgabe, dass angesichts des durch die Umsetzung erreichten gemeinsamen Schutzniveaus nunmehr der **freie Datenverkehr als Ausprägung des Binnenmarktprinzips** gem. Art. 26 AEUV zu gewährleisten ist.[20]

Die **Mitgliedstaaten der EU** wurden verpflichtet, ihre innerstaatlichen Rechtsvorschriften bis   **14** zum 24.10.1998 legislativ an die Richtlinie anzupassen.

Die **Richtlinie 2002/58/EG** vom 12.7.2002 über die Verarbeitung personenbezogener Daten und   **15** den Schutz der Privatsphäre in der elektronischen Kommunikation (**Datenschutz-RL für elektronische Kommunikation**)[21] zielt in bereichsspezifischer Ergänzung der Richtlinie 95/46/EG darauf ab, den Schutzbereich der Datenschutz-RL auch für den Nutzer öffentlich zugänglicher elektronischer Kommunikationsdienste im Rahmen der Erfüllung seiner arbeitsvertraglichen Verpflichtungen zu erweitern, Art. 1 Abs. 2 RL 2002/58/EG.

Mit der **Verordnung EG/45/2001**[22] vom 18.12.2000 zum Schutz natürlicher Personen bei der   **16** Verarbeitung personenbezogener Daten durch die Organe und Einrichtungen der Gemeinschaft und zum freien Datenverkehr wird der Anwendungsbereich der Datenschutz-RL 95/46/EG auf **Organe und Einrichtungen der Gemeinschaft** erweitert, um „die kohärente, homogene Anwendung der Bestimmungen für den Schutz der Grundrechte und Grundfreiheiten von Personen bei der Verarbeitung personenbezogener Daten in der gesamten Gemeinschaft zu gewährleisten".[23] Der durch diese Verordnung eingerichtete **Europäische Datenschutzbeauftragte** überwacht als unabhängige Kontrollbehörde die Anwendung der Datenschutzbestimmungen, Art. 1 Abs. 2 VO EG/45/2001.

II. Anwendungsbereich der Datenschutz-RL

1. Sachlicher Anwendungsbereich der Datenschutz-RL

Die Datenschutz-RL bezweckt den Schutz personenbezogener Daten. **Personenbezogene Daten**   **17** sind gem. Art. 2 Buchst. a) „alle Informationen über eine bestimmte oder bestimmbare natürliche Person", vgl. § 3 Abs. 2 BDSG. Als bestimmbar wird eine Person angesehen, die direkt oder indirekt identifiziert werden kann, insbesondere durch Zuordnung zu einer Kennnummer.[24]

---

16 ABl Nr. 281 vom 23.11.1995, 31; s. zur Datenschutzrichtlinie Roßnagel-*Brühann*, 2.4 Rn 15 ff.

17 ABl Nr. L 284 vom 31.10.2003, 1.

18 Erwägungsgrund Nr. 11 Datenschutz-RL.

19 EG-Vertrag in der Fassung des Vertrages von Nizza (2001/C 80/01) zur Änderung des Vertrages über die Europäische Union (EUV), der Verträge zur Gründung der Europäischen Gemeinschaft (EG) sowie einiger damit zusammenhängender Rechtsakte.

20 Vgl. Erwägungsgründe Nr. 3–9 Datenschutz-RL.

21 ABl L Nr. 201 vom 31.7.2002, 37.

22 ABl L Nr. 8 vom 12.1.2001, 1.

23 ABl L Nr. 8 vom 12.1.2001, 2; Erwägungsgrund-Nr. 12 Datenschutz-RL und Art. 1 VO EG/45/2001.

24 Roßnagel-*Brühann*, 2.4, Rn 17.

18   In den Schutzbereich der Datenschutz-RL fallen damit alle natürlichen Personen innerhalb der EU und des EWR. Bei der **Person des Betroffenen** kommt es daher weder auf seinen Wohnsitz noch auf seine Staatsbürgerschaft an.[25]

19   Der Inhalt der Datenschutz-RL ist damit – wie beim nationalen Umsetzungsgesetz in Deutschland, dem BDSG – **nicht spezifisch arbeitsrechtlich**. Dennoch liegt einer ihrer großen praktischen Anwendungsbereiche allein schon wegen der Technisierung der Lohnabrechnung und des Zahlungsverkehrs im Arbeitsrecht. Personenbezogene Daten i.S.d. Datenschutz-RL sind folglich insbesondere auch solche von **Arbeitnehmern**.[26]

20   Informationen über eine juristische Person,[27] insbesondere Wirtschaftsdaten, fallen nicht in den Schutzbereich der Datenschutz-RL.[28]

21   Gemäß Art. 2 Buchst. c) Datenschutz-RL, umgesetzt in § 3 Abs. 2 BDSG, ist eine „**Datei** jede strukturierte Sammlung personenbezogener Daten, die nach bestimmten Kriterien zugänglich ist, gleichgültig, ob diese Sammlung zentral, dezentral, funktional oder nach geographischen Gesichtspunkten aufgeteilt geführt wird". Neben **Textdaten** erfasst die Richtlinie auch die Verarbeitung von **Bild- und Tondaten**.[29]

22   Die Datenschutz-RL bezieht sich gem. Art. 2 Buchst. b) auf jeden „**Vorgang oder jede Vorgangsreihe** im Zusammenhang mit personenbezogenen Daten" (vgl. § 2 Abs. 4 BDSG). Diese Vorgänge werden als „**Verarbeitungen**" bezeichnet. Zu den Verarbeitungen zählen unter anderem das Erheben, das Speichern, die Organisation, die Aufbewahrung, die Ausarbeitung, die Veränderung, die Erstellung von Auszügen, das Abfragen, das Nutzen, das Weitergeben durch Übermittlung, die Verbreitung oder jede andere Form der Bereitstellung, die Kombination oder die Verknüpfung sowie das Sperren, Löschen oder Vernichten der Daten.

23   Gemäß Art. 3 Abs. 1 ist der sachliche Anwendungsbereich der Datenschutz-RL eröffnet, wenn personenbezogene Daten entweder **ganz oder teilweise automatisiert** verarbeitet werden (vgl. § 1 Abs. 2 BDSG). Die Richtlinienbestimmungen sind auf den gesamten Verarbeitungsprozess im Rahmen einer bestimmten Aufgabe anzuwenden, sofern nur ein einzelner Abschnitt automatisiert erfolgt.[30]

> *Beispiel*
>
> Leitsatz 1 des EuGH-Urteils vom 6.11.2003 in der Rechtssache C-101/01 Bodil Lindqvist:[31]
>
> „Die Handlung, die darin besteht, auf einer Internetseite auf verschiedene Personen hinzuweisen und diese entweder durch ihren Namen oder auf andere Weise, etwa durch Angabe ihrer Telefonnummer oder durch Informationen über ihr Arbeitsverhältnis oder ihre Freizeitbeschäftigungen, erkennbar zu machen, stellt eine ganz oder teilweise automatisierte Verarbeitung personenbezogener Daten i.S.v. Art. 3 Abs. 1 der Richtlinie 95/46/EG des Europäischen Parlaments und des Rates vom 24.10.1995 zum Schutz natürlicher Personen bei der Verarbeitung personenbezogener Daten und zum freien Datenverkehr dar."

24   Dasselbe gilt für eine **nicht-automatisierte** Verarbeitung, sofern die personenbezogenen Daten in einer Datei gespeichert sind oder gespeichert werden sollen. Lässt der bereits erfolgte oder beabsichtigte Gesamtverarbeitungsvorgang nach der Art der Daten und dem Verarbeitungszweck nach allgemeiner Erfahrung oder der regelmäßigen Praxis eine Speicherung in einer Datei erwar-

---

25 Erwägungsgrund-Nr. 2 Datenschutz-RL.

26 *Krimphove*, NZA 1996, 112 ff.; *Lambrich/Cahlik*, RDV 2002, 287.

27 Erwägungsgrund Nr. 24 Datenschutz-RL; Erwägungsgrund Nr. 12 der Datenschutz-RL für elektronische Kommunikation 2002/58/EG; *Dammann/Simitis*, Art. 2 Rn 1.

28 Erwägungsgrund Nr. 24 Datenschutz-RL; *Draf*, S. 27.

29 Erwägungsgründe Nr. 14 bis Nr. 17 Datenschutz-RL.

30 *Kopp*, DuD 1995, 204, 207.

31 ABl C Nr. 118 vom 21.4.2001; vgl. im Einzelnen *Kaufmann*, DuD 2005, 162.

ten, kommen die Schutzbestimmungen der Datenschutz-RL zur Anwendung,[32] und zwar auch für solche Verarbeitungsvorgänge, die selbst der Existenz einer Datei z.B. als herkömmliche Personalakten in Papierform oder Karteisystemen nicht bedürften.[33]

Die Bestimmungen der Datenschutz-RL finden **unabhängig von den technischen Mitteln**, die für die Verarbeitung von personenbezogenen Daten benutzt werden, Anwendung. Daher gilt die Richtlinie sowohl für den **sichtbaren** wie auch für den **nicht sichtbaren Bestand** an personenbezogenen Daten im Internet, z.B. „Cookies", die dazu verwendet werden, bestimmte Aktivitäten der Teilnehmer im Internet zu registrieren.   **25**

Gemäß Art. 3 Abs. 2, 1. Spiegelstrich findet die Richtlinie **keine Anwendung** auf eine Datenverarbeitung, „die für die Ausübung von Tätigkeiten erfolgt, die **nicht in den Anwendungsbereich des Gemeinschaftsrechts** fallen" (vgl. § 1 Abs. 5 BDSG). Als Beispiele für diese dynamische Verweisung nennt die Vorschrift die Bestimmungen über die **Gemeinsame Außen- und Sicherheitspolitik** sowie die Bestimmungen über die **polizeiliche und justitielle Zusammenarbeit in Strafsachen**. Weiter wird darauf hingewiesen, dass die Richtlinie „auf keinen Fall auf Verarbeitungen betreffend die öffentliche Sicherheit, die Landesverteidigung, die Sicherheit des Staates ... und die Tätigkeiten des Staates im strafrechtlichen Bereich" anzuwenden sei; diese Aufzählung wirkt konstitutiv.[34]   **26**

Die Datenschutz-RL findet ferner gem. Art. 3 Abs. 2 Spiegelstrich 2 keine Anwendung auf eine Verarbeitung, die von einer natürlichen Person zur Ausübung **ausschließlich persönlicher oder familiärer Tätigkeiten** vorgenommen wird (vgl. § 1 Abs. 2 Nr. 3 BDSG). Der persönliche und familiäre Gebrauch personenbezogener Daten im Führen eines privaten Adressbuches oder elektronischer Notizbücher zu ausschließlich persönlichen Zwecken verletzt nicht die Grundrechte Dritter.[35] Der private Umgang mit den Daten ist jedoch präzise von gewerblichen und beruflichen Funktionen der Verarbeitung abzugrenzen.[36]   **27**

Um die Erfordernisse des Schutzes bei der Verarbeitung personenbezogener Daten mit dem Grundsatz der Freiheit der Meinungsäußerung in Einklang zu bringen, bestimmt Art. 9 Datenschutz-RL, dass die Mitgliedstaaten für die Verarbeitung personenbezogener Daten, die allein zu **journalistischen, künstlerischen oder literarischen Zwecken** erfolgt, Abweichungen und **Ausnahmen** insofern vorsehen, als sich dies als notwendig erweist, um das Recht auf Privatsphäre mit den für die Freiheit der Meinungsäußerung geltenden Vorschriften in Einklang zu bringen (vgl. § 41 BDSG und die entsprechenden landesrechtlichen Regelungen).[37]   **28**

Verantwortliche für die Datenverarbeitung sind gem. Art. 2 Buchst. d) Datenschutz-RL Personen oder Organisationen des öffentlichen oder privaten Sektors, die über die Zwecke und Mittel der Verarbeitung von personenbezogenen Daten **entscheiden** (vgl. § 3 Abs. 7 BDSG). So ist ein Unternehmen verantwortlich für die verarbeiteten Daten seiner Kunden und Beschäftigten.   **29**

2. Räumlicher Anwendungsbereich der Datenschutz-RL

Art. 4 Abs. 1 Datenschutz-RL, umgesetzt in § 1 Abs. 5 BDSG, regelt den räumlichen Anwendungsbereich,[38] indem er die Anwendbarkeit der in Umsetzung der Datenschutz-RL erlassenen nationalen Vorschriften nach territorialen Kriterien zuordnet. Als einheitliche Kollisionsnorm   **30**

---

32 *Dammann/Simitis*, Art. 3 Rn 5; Hanau/Steinmeyer/Wank-*Wank*, § 18 Rn 977.
33 *Ehmann/Helfrich*, Art. 3 Rn 9.
34 *Dammann/Simitis*, Art. 3 EG-Datenschutz-RL Rn 6.
35 *Ehmann/Helfrich*, Art. 3 EG-Datenschutz-RL Rn 23.
36 *Dammann/Simitis*, Art. 3 EG-Datenschutz-RL Rn 8.
37 S. dazu *Gola/Schomerus*, BDSG, § 41 Rn 1 ff.
38 *Korff*, RDV 1994, 209, 214; *Dammann/Simitis*, Einl Rn 24; *Simitis*, NJW 1997, 281, 284; *Tinnefeld/Ehmann/ Gesling*, S. 67; *Wuermeling*, S. 73.

verhindert Art. 4, dass für ein und dieselbe Verarbeitung die Datenschutzgesetze mehrerer Mitgliedstaaten gleichzeitig einschlägig sind und dass entsprechende Schutzlücken entstehen, bei denen kein Gesetz anzuwenden ist.[39] Andere Anknüpfungspunkte insbesondere aus dem Internationalen Privatrecht der EU-Mitgliedstaaten werden verdrängt.[40]

31 Nach Art. 4 Abs. 1 Buchst. a) Datenschutz-RL fallen solche Verarbeitungen in den Anwendungsbereich eines mitgliedstaatlichen Datenschutzgesetzes, die im Rahmen der Tätigkeiten einer **Niederlassung** ausgeführt werden, welche der für die Verarbeitung Verantwortliche **im Hoheitsgebiet** dieses Mitgliedstaats besitzt (vgl. § 1 Abs. 5 S. 1 BDSG). Der Begriff der **Niederlassung** ist in Anlehnung an die Rechtsprechung des EuGH zu den Art. 49 ff. AEUV[41] als „die effektive und tatsächliche Ausübung einer Tätigkeit mittels einer festen Einrichtung"[42] extensiv auszulegen. Unterhält der Verantwortliche Niederlassungen in mehreren Mitgliedstaaten, so hat er dafür zu sorgen, dass jede dieser Niederlassungen das für ihre Tätigkeiten jeweils geltende einzelstaatliche Recht einhält.

32 Art. 4 Abs. 1 Buchst. b) Datenschutz-RL bestimmt, dass solche Verarbeitungen ihrem Anwendungsbereich unterfallen, deren Verantwortlicher zwar **nicht im Hoheitsgebiet** eines Mitgliedstaates, aber an einem Ort niedergelassen ist, an dem das **einzelstaatliche Recht dieses EU-/EWR-Mitgliedstaats gem. dem internationalen öffentlichen Recht Anwendung** findet. Verarbeitungen personenbezogener Daten durch eine europäische Botschaft, eine diplomatische oder konsularische Vertretung[43] sowie durch eine sonstige den Regeln der Exterritorialität unterliegenden Stelle[44] müssen den nationalen Schutzvorschriften zur Umsetzung der Richtlinie derart genügen, als ob sie sich auf dem Hoheitsgebiet des jeweiligen Mitgliedstaates befänden. Der Ort der Verarbeitung und der Sitz der verantwortlichen Stelle werden regelmäßig räumlich zusammenfallen.

33 Nach Art. 4 Abs. 1 Buchst. c) ist die Datenschutz-RL auch anwendbar, wenn der für die Verarbeitung Verantwortliche **keine Niederlassung in einem Mitgliedstaat** hat und zum Zwecke der Verarbeitung auf automatisierte oder nicht-automatisierte **Mittel in einem Mitgliedstaat zurückgreift** (vgl. § 1 Abs. 5 S. 2 BDSG). Unter solchen Mitteln versteht die Richtlinie z.B. Terminals oder Fragebögen.[45] Mit dieser Regelung soll die Anwendung des Datenschutzstandards der Richtlinie gewahrt bleiben, auch wenn der für die Verarbeitung Verantwortliche in ein Drittland ausweicht.[46] **Art. 4 Abs. 2** der Richtlinie sieht deshalb auch vor, dass ein solcher für die Verarbeitung Verantwortlicher einen **Vertreter** benennt, der in demjenigen Mitgliedstaat ansässig ist, in dem sich die Mittel befinden, auf die für die Verarbeitung zurückgegriffen wird (vgl. § 1 Abs. 5 S. 3 BDSG). Dieser ist Ansprechpartner der mitgliedstaatlichen Kontrollorgane nach Art. 28 Datenschutz-RL.[47]

34 Der Fall der rein faktischen **Durchfuhr von Daten** durch das Gemeinschaftsgebiet ist von der Richtlinie ausgenommen, Art. 4 Abs. 1 Buchst. c) (vgl. § 1 Abs. 5 S. 4 BDSG).[48]

---

39 *Simitis/Dammann*, § 1 BDSG Rn 196; *Ehmann/Helfrich*, Art. 4 EG-Datenschutz-RL Rn 3; *Korff*, RDV 1994, 209, 213 f.

40 *Dammann*, RDV 2002, 70, 73; zum Ausschluss der freien Rechtswahl bezogen auf das Internet: Kaminski u.a. *Blömer/Moos*, 2. Kap. D Rn 5; *Hobert*, S. 83; *Hoeren*, S. 237.

41 EuGH, Kommission/Vereinigtes Königreich, Rs. C 246/89, Slg. 1991, I-4585 ff., I-4614 Rn 21.

42 Erwägungsgrund Nr. 19 Datenschutz-RL.

43 *Dammann/Simitis*, Art. 4 EG-Datenschutz-RL Rn 5.

44 *Weber*, CR 1995, 297, 299.

45 Begründung der Kommission zum zweiten Entwurf der Datenschutz-RL, KOM (92) 422 endg. – SYN 287, 2 ff., 14; *Draf*, S. 53.

46 *Weber*, DuD 1995, 698 ff., 700; *Wuermeling*, S. 77; *Draf*, S. 53; *Dammann/Simitis*, Art. 4 EG-Datenschutz-RL Rn 6.

47 *Draf*, S. 53; *Dammann/Simitis*, Art. 4 EG-Datenschutz-RL Rn 10; *Th. Giesen*, RDV 1998, 15.

48 *Dammann/Simitis*, Art. 4 EG-Datenschutz-RL Rn 9; *Draf*, S. 54.

III. Zulässigkeit und Rahmenbedingungen der Datenverarbeitung

1. Rechtmäßigkeit der Datenverarbeitung

Nach der Datenschutz-RL ist die grundsätzlich verbotene Verarbeitung personenbezogener Daten zulässig, wenn bestimmte Rechtmäßigkeitstatbestände erfüllt sind.   35

Personenbezogene Daten dürfen nach Kapitel II verarbeitet werden, wenn: 36

- die betroffene Person ohne jeden Zweifel ihre **Einwilligung** zu der geplanten Übermittlung gegeben hat, Art. 7 Buchst. a), oder
- die Übermittlung gem. Art. 7 Buchst. b) – f) **erforderlich** ist,
- für die Erfüllung eines Vertrags zwischen der betroffenen Person und dem für die Verarbeitung Verantwortlichen oder zur Durchführung von vorvertraglichen Maßnahmen auf Antrag der betroffenen Person im Falle beispielsweise einer Bewerbung,
- zum Abschluss oder zur Erfüllung eines Vertrags, der im Interesse der betroffenen Person vom für die Verarbeitung Verantwortlichen mit einem Dritten geschlossen wurde oder geschlossen werden soll,
- für die Wahrung eines wichtigen öffentlichen Interesses oder zur Geltendmachung, Ausübung oder Verteidigung von Rechtsansprüchen vor Gericht oder
- für die Wahrung lebenswichtiger Interessen der betroffenen Person.

Diese Aufzählung ist abschließend und kann durch die Mitgliedstaaten nicht erweitert werden.[49] Deshalb dürfen Daten auch nichts zwecks Verfolgung von Diskriminierungsansprüchen weitergegeben werden.[50]

2. Grundsätze über die Qualität der Datenverarbeitung

Gemäß Art. 6 Abs. 1 sind die Mitgliedstaaten verpflichtet, folgende Grundsätze über die Qualität   37
von Daten und den Umgang mit ihnen im jeweiligen nationalen Recht vorzusehen:

- Die Verarbeitung personenbezogener Daten hat nach Treu und Glauben sowie auf rechtmäßige Weise zu erfolgen.
- Die Daten müssen für festgelegte eindeutige und rechtmäßige Zwecke erhoben werden; sie dürfen nicht in einer mit diesen Zweckbestimmungen nicht zu vereinbarenden Weise weiterverarbeitet werden. Die Daten müssen den Zwecken entsprechen, hierfür erheblich sein und nicht darüber hinausgehen.
- Die Daten müssen sachlich richtig und möglichst aktuell sein; nicht zutreffende oder unvollständige Daten sind zu löschen oder zu berichtigen.
- Die Daten dürfen nicht länger als erforderlich aufbewahrt werden.
- Die Datenverarbeitung muss den Sicherheits- und Vertraulichkeitsanforderungen des Art. 16 und 17 Datenschutz-RL genügen.

Beispiel   38

Leitsatz 1 des EuGH-Urteils vom 20.5.2003, Rs. C-465/00, C-138/01 und C-139/01, DuD 2003, 573–580, Rechnungshof/Österreichischer Rundfunk u.a.:[51]

„1. Die Art. 6 Abs. 1 Buchst. c) und 7 Buchst. c) und e) der Richtlinie 95/46/EG stehen einer nationalen Regelung nicht entgegen, sofern erwiesen ist, dass die Offenlegung, die nicht nur die Höhe der Jahreseinkommen der Beschäftigten von der Kontrolle des Rechnungshofes unter-

---

49 EuGH 24.11.2011 – Rs. C-468/10, NZA 2011, 1409 ff.; vgl. zum zwingenden Charakter der Datenschutzbestimmungen auch EuGH 9.11.2010 – Rs. C-92/09, JZ 2011, 201 ff.; *Streinz*, DuD 2011, 602 ff.

50 EuGH 1.7.2011 – Rs. C-104/10 (Kelly), RIW 2011, 796, Rn 55 mit Anm. *Picker*, EuZA 2012, 257 ff.

51 ABl C Nr. 79 vom 10.3.2001; ABl C Nr. 173 vom 16.6.2001.

liegenden Rechtsträgern betrifft, wenn diese Einkommen einen bestimmten Betrag überschreiten, sondern auch die Namen der Bezieher dieser Einkommen umfasst, im Hinblick auf das vom Verfassungsgesetzgeber verfolgte Ziel der ordnungsgemäßen Verwaltung der öffentlichen Mittel notwendig und angemessen ist, was die vorlegenden Gerichte zu prüfen haben."

3. Besondere Datenkategorien

39   Für besondere **„sensible" Datenkategorien** schreibt Art. 8 Abs. 1 der Datenschutz-RL (vgl. §§ 3 Abs. 9; 4a Abs. 3; 4d Abs. 5 Nr. 1; 13 Abs. 2; 14 Abs. 5, 6; 16 Abs. 1 Nr. 2; 28 Abs. 6–9; 30 Abs. 5 BDSG) ein grundsätzliches Verbot der Verarbeitung vor. Untersagt ist es, Daten zu verarbeiten, aus denen die rassische oder ethnische Herkunft, politische Meinungen, religiöse oder philosophische Überzeugungen oder die Gewerkschaftszugehörigkeit hervorgehen, sowie Daten über die Gesundheit oder das Sexualleben.

40   Die Verarbeitung sensibler Daten ist ausnahmsweise zulässig,

- wenn die betroffene Person ausdrücklich ihre Einwilligung zu der beabsichtigten Verarbeitung gegeben hat und dies mit den Rechtsvorschriften des Mitgliedstaats vereinbar ist;
- wenn die Verarbeitung erforderlich ist, um den Rechten und Pflichten des Verantwortlichen der **Verarbeitung auf dem Gebiet des Arbeitsrechts** Rechnung zu tragen, sofern dies aufgrund von einzelstaatlichem Recht, das angemessene Garantien vorsieht, zulässig ist;
- wenn die Verarbeitung zum Schutz lebenswichtiger Interessen der betroffenen Person oder eines Dritten erforderlich ist, sofern die Person außerstande ist, ihre Einwilligung zu geben;
- wenn die Verarbeitung auf der Grundlage angemessener Garantien durch eine politisch, philosophisch, religiös oder gewerkschaftlich ausgerichtete Stiftung, Vereinigung oder sonstige Organisation, die keinen Erwerbszweck verfolgt, im Rahmen ihrer berechtigten Tätigkeiten erfolgt;
- wenn sich die Verarbeitung auf Daten bezieht, die die betroffene Person offenkundig öffentlich gemacht hat;
- wenn die Verarbeitung zur Geltendmachung, Ausübung oder Verteidigung rechtlicher Ansprüche vor Gericht erforderlich ist;
- wenn die Verarbeitung zum Zwecke der Gesundheitsvorsorge erforderlich ist.

41   *Hinweis*

Art. 7 Buchst. b) und Art. 8 Abs. 2 Buchst. b) Datenschutz-RL ermöglichen es dem Arbeitgeber, personenbezogene Daten des Arbeitnehmers zum Zweck der Erfüllung seiner Verpflichtungen aus dem Arbeitsverhältnis zu erheben und zu verarbeiten. Inwieweit sämtliche arbeitnehmerbezogenen Informationen einer „Personalakte" der Datenverarbeitung i.S.d. Art. 2 Buchst. b) Datenschutz-RL datenschutzrechtlich zugänglich gemacht werden dürfen, ist als eine Frage des Einzelfalles zu prüfen. Die Rechtmäßigkeit der Datenverarbeitung kann nur dann bejaht werden, wenn man sie als Voraussetzung zur ordnungsgemäßen Abwicklung des Arbeitsverhältnisses durch den Arbeitgeber ansieht. So ist das automatisierte Speichern von Abmahnungen oder Leistungsbeurteilungen nicht zulässig.

42   Die vorgenannten Einzelvoraussetzungen für die Erhebung, Verarbeitung und Nutzung von Daten bei Bewerbern und Arbeitnehmern sind in § 32 BDSG nicht nochmals je im Einzelnen nachgezeichnet worden. Hier gilt aber zum einen das Gebot der richtlinienkonformen Auslegung. Zum anderen enthält die neue Regelung des § 32 BDSG bereits die wichtigsten Wertungen zur (Nicht-) Zulassung der Arbeitnehmerdatenverarbeitung. Das gilt insbesondere für das Merkmal der Erforderlichkeit. Zudem werden mit der Begrenzung auf die Bereiche Bewerbung und Beschäftigung die besonderen Zwecke konkretisiert, für die in der Regel von einer Einwilligung des Betroffenen auszugehen ist und für welche zumindest die Wahrung weiterer, diese ersetzenden Interessen eingreift.

IV. Rechte der Betroffenen und Überwachung der Datenverarbeitung

1. Informations-, Auskunfts- und Widerspruchsrechte der betroffenen Person

Art. 10 f. Datenschutz-RL (vgl. §§ 19, 33 BDSG) sehen vor, dass die betroffene Person über die Person des für die Verarbeitung Verantwortlichen zu informieren ist. **43**

Gemäß Art. 12 Datenschutz-RL (vgl. §§ 19a, 34 BDSG, s. zusätzlich auch § 83 Abs. 1 BetrVG)[52] haben betroffene Personen das Recht, in angemessenen Abständen und ohne unzumutbare Verzögerung eine **Auskunft** darüber zu erhalten, ob sie betreffende personenbezogene Daten verarbeitet werden.[53] **44**

Gemäß Art. 14 Datenschutz-RL (vgl. §§ 20, 35 BDSG) besteht ein eingeschränktes **Widerspruchsrecht,** **45**

- wenn die Daten aus Gründen der Wahrnehmung einer Aufgabe im öffentlichen Interesse oder in Ausübung öffentlicher Gewalt verarbeitet werden;
- wenn die Datenverarbeitung im Zusammenhang mit einer Direktwerbung steht.

2. Unabhängige nationale Kontrollstellen

Die Richtlinie schreibt vor, dass jeder Mitgliedstaat eine oder mehrere Aufsichtsbehörden oder **Kontrollstellen** einrichten muss, um die Anwendung der Richtlinie zu überwachen. Zu den Aufgaben der Kontrollstelle, die auch durch einen gesondert bestellten internen Datenschutzbeauftragten wahrgenommen werden können, gehört es, ein laufend aktualisiertes öffentliches Register zu führen, so dass die Öffentlichkeit Zugang zu den Namen der Verantwortlichen für die Datenverarbeitung und der Art der von ihnen durchgeführten Datenverarbeitung hat. **46**

Die für die Datenverarbeitung Verantwortlichen haben die Kontrollstelle zu informieren, wenn sie Daten verarbeiten. Die Mitgliedstaaten können bei bestimmten Verarbeitungen, die keine besonderen Risiken beinhalten, von der Meldepflicht absehen oder die Meldung vereinfachen. Eine Befreiung oder Vereinfachung ist außerdem möglich, wenn ein **unabhängiger Datenschutzbeauftragter** gem. den einzelstaatlichen Rechtsvorschriften von dem Verantwortlichen für die Verarbeitung eingesetzt wurde.[54] Die Mitgliedstaaten können anordnen, dass die Aufsichtsbehörde eine Vorabkontrolle i.S.d. Art. 20 Datenschutz-RL durchführen muss, ehe Datenverarbeitungen, die spezifische Risiken beinhalten, durchgeführt werden können. Es ist Sache der Mitgliedstaaten, festzulegen, welche Verarbeitungen mit besonderen Risiken verbunden sind. **47**

3. Rechtsbehelfe, Haftung, Sanktionen

Die Mitgliedstaaten haben zu gewährleisten, dass jede betroffene Person die Verletzung ihrer Persönlichkeitsrechte vor Gericht gelten machen kann, Art. 22 Datenschutz-RL. Hierbei kann sie sich auf die unmittelbare Schutzwirkung der Regelungen der Datenschutz-RL berufen. **48**

---

52 Vgl. Roßnagel-*Büllesbach*, 6.1, Rn 22 ff. Vgl. zur unveränderten Wahrung der Betriebsrechte auch im Bereich des BDSG § 32 Abs. 3 BDSG.
53 S. dazu EuGH 7.5.2009 – Rs. C-553/07, NJW 2010, 220 = EuZW 2009, 546 ff.
54 S. zum Erfordernis der Unabhängigkeit EuGH 9.3.2010 – Rs. C-518/07, Slg. 2010, I-1885.

49

> *Beispiel*
>
> Leitsatz 2 des EuGH-Urteils vom 20.5.2003, Rs. C-465/00, C-138/01 und C-139/01, DuD 2003, 573–580, Rechnungshof/Österreichischer Rundfunk u.a.:[55]
>
> „Die Art. 6 Abs. 1 Buchst. c) und 7 Buchst. c) und e) der Richtlinie 95/46/EG sind in dem Sinne unmittelbar anwendbar, dass sich ein Einzelner vor den nationalen Gerichten auf sie berufen kann, um die Anwendung entgegenstehender Vorschriften des innerstaatlichen Rechts zu verhindern."

50 Ein Schadensersatzanspruch ergibt sich aus Art. 23 Abs. 1 Datenschutz-RL (vgl. §§ 7 f. BDSG).

51 Verstöße gegen die nationalen Umsetzungsvorschriften können sanktioniert werden, Art. 24 Datenschutz-RL.

C. Drittländerregelung nach der Datenschutz-RL

I. Zum grenzüberschreitenden Datentransfer

52 **Drittländer** sind jene Staaten, die nicht Mitglied der EU oder des EWR und somit nicht Adressat der Datenschutz-RL nach Art. 34 sind. Die Drittländerregelung umfasst somit die Datenübermittlung an Empfänger außerhalb des Gemeinschaftsgebiets. Hierzu zählen auch Datenübermittlungen an Auftragsdatenverarbeiter, die im Ausland für inländisch ansässige Verantwortliche Daten verarbeiten, sowie der Transfer zwischen einem Unternehmen und seinen im Drittland belegenen Mutterunternehmen, Tochterunternehmen oder Unternehmensteilen.[56]

53 Der Begriff der **Übermittlung** in Art. 25 der Datenschutz-RL umfasst jeglichen Transfer von personenbezogenen Daten. Unerheblich ist dabei die Person des Übermittlers, so dass auch die betroffene Person selbst ihre Daten transferieren kann.[57] Im Falle einer **unaufgeforderten** Zuleitung ihrer persönlichen Daten durch die betroffene Person selbst in einen Drittstaat findet die Drittstaatenregelung keine Anwendung, weil der Empfänger im Drittland nicht Verantwortlicher der Übermittlung ist.

> *Beispiel*
>
> Leitsatz 4 des EuGH-Urteils vom 6.11.2003 in der Rechtssache C-101/01, Bodil Lindqvist:
>
> „Es liegt keine „Übermittlung von Daten in ein Drittland" i.S.v. Art. 25 der Richtlinie 95/46/EG vor, wenn eine sich in einem Mitgliedstaat aufhaltende Person in eine Internetseite, die bei einer in demselben oder einem anderen Mitgliedstaat ansässigen natürlichen oder juristischen Person gespeichert ist, die die Website unterhält, auf der diese Seite abgerufen werden kann, personenbezogene Daten aufnimmt und diese damit jeder Person, die eine Verbindung zum Internet herstellt, einschließlich Personen in Drittländern, zugänglich macht."[58]

---

55 ABl C Nr. 79 vom 10.3.2001; ABl C Nr. 173 vom 16.6.2001.
56 *Draf*, S. 60 f.; *Wuermeling*, S. 87 ff.; *Th. Giesen*, DuD 1996, 394.
57 *Draf*, S. 60.
58 ABl C Nr. 118 vom 21.4.2001; vgl. im Einzelnen *Kaufmann*, DuD 2005, 162.

Schema: Drittländerregelung der Datenschutz-RL 95/46/EG

Verbot des Transfers personenbezogener Daten aus der EU, es sei denn, es läge alternativ vor: **54**

Einwilligung der betroffenen Person	Erforderlichkeit	KOM-Entscheidung über die Angemessenheit des Datenschutz-niveaus,	Garantien des AG/Unternehmens/Branche,
Art. 7 Buchst. a) Datenschtuz-RL	Art. 7 Buchst. b) – f) Datenschutz-RL	Art. 25 Datenschutz-RL	Art. 26 Datenschutz-RL
(vgl. §§ 4 Abs. 1, 4a BDSG)	(vgl. §§ 4 ff., 13 ff., 28 ff. BDSG)	(präjudiziell für § 4b Abs. 2, 3 BDSG)	(vgl. § 4c BDSG)

Sonderfall: USA Safe Harbor Privacy Principles – SHPP	Codes of Conduct
Standard-vertragsklauseln der KOM	Genehmigte ad-hoc-Vertragsklauseln

II. Drittland mit angemessenem Datenschutzniveau, Art. 25 Datenschutz-RL

Gem. Art. 25 Abs. 1 Datenschutz-RL (vgl. § 4b Abs. 2, 3 BDSG) ist die Übermittlung personen-bezogener Daten in **Drittländer** vorbehaltlich der aufgrund der Richtlinie erlassenen staatlichen Vorschriften zulässig, wenn das Drittland ein angemessenes Datenschutzniveau gewährleistet. **55**

Zentrales Kriterium für die Zulässigkeit des Drittländertransfers von Daten ist der unbestimmte Rechtsbegriff der **Angemessenheit**. Er ist Ausdruck einer flexiblen Handlungsmöglichkeit im Rahmen des Datenverkehrs der Gemeinschaft mit Drittstaaten und erlaubt eine Unterschreitung des **Grundsatzes der Gleichwertigkeit** des Datenschutzniveaus, der innerhalb des Gemein-schaftsgebietes gilt. Die Grenze der Unterschreitung findet sich jedoch in der inhaltlichen Bestim-mung des Begriffes der Angemessenheit, die für jedes Drittland gesondert erfolgen muss.[59] **56**

Anhaltspunkte für das Bestehen eines angemessenen Datenschutzniveaus im Drittland sind gem. Art. 25 Abs. 2 der Datenschutz-RL insbesondere die Art der Daten, die Zweckbestimmung, die Dauer der geplanten Verarbeitung, das Herkunfts- und Endbestimmungsland, die in dem Dritt- **57**

---

59 *Gola/Schomerus*, BDSG, § 4b Rn 6 ff.; Roßnagel-*Büllesbach*, 6.1 Rn 74 f. und 7 Rn 56 ff.; ausführlich: Art. 29-Datenschutzgruppe, WP 12 vom 24.7.1998, abrufbar unter http://ec.europa.eu/justice_home/fsj/privacy/workinggroup/wpdocs/1998_de.htm.

land geltenden Allgemeinen und sektoriellen Rechtsnormen sowie die dort geltenden Standesregeln und Sicherheitsmaßnahmen.

58 Bestehen **nationale gesetzliche Regelungen**, so sind diese hinsichtlich ihres Regelungsgehaltes, ihrer Durchsetzbarkeit und Kontrolle im Vergleich zu den Vorgaben der Richtlinie zu werten.[60]

59 Bestehen keine gesetzlichen Regelungen, so ist zu prüfen, inwiefern eine anderweitige datenschutzrechtliche Bindung der Datenverarbeiter aus **Standesregeln** oder **branchen- bzw. unternehmensinternen Verhaltenskodices** festgestellt werden kann.[61]

60 Für Drittländer, die die **Datenschutzkonvention des Europarates**[62] unterzeichnet und Maßnahmen zur effektiven Umsetzung geschaffen haben, spricht eine Vermutung für das dortige Vorhandensein eines angemessenen Datenschutzniveaus.[63]

61 Die Kommission kann auf der Grundlage von Art. 25 Abs. 6 Datenschutz-RL **entscheiden**, ob ein Drittstaat aufgrund von internen Rechtsvorschriften oder eingegangenen internationalen Verpflichtungen ein angemessenes Schutzniveau i.S.d. Art. 25 Abs. 1 (und damit auch des § 4b Abs. 2, 3 BDSG) gewährleistet. Eine solche Entscheidung bewirkt, dass persönliche Daten aus den 27 EU-Mitgliedstaaten und den drei EWR-Mitgliedstaaten (Norwegen, Liechtenstein und Island)[64] in ein Drittland übermittelt werden können, **ohne** dass **zusätzliche Garantien** erforderlich sind.

62 Die Kommission hat bislang festgestellt, dass ein angemessener Schutz für personenbezogene Daten in der **Schweiz**,[65] **Kanada**,[66] **Argentinien**,[67] **Guernsey**,[68] **Insel Man**,[69] bei der Anwendung der vom US-Handelsministerium vorgelegten Grundsätze des „sicheren Hafens"[70] sowie bei der Übermittlung von Fluggastdatensätzen an die US-Zoll- und Grenzschutzbehörde (CBP)[71] besteht.

III. Drittland USA: Safe-Harbor-Privacy Principles (SHPP)

1. Safe-Harbor-Privacy Principles (SHPP)

63 Die Datenschutz-RL bringt die gemeinsame Überzeugung der **EG-Mitgliedstaaten** zum Ausdruck, dass es für eine effektive Gewährleistung der Privatsphäre, der Grundrechte und Grundfreiheiten einer Normierung feststehender Schutzprinzipien in einem allgemeinen Datenschutzgesetz bedarf, das sich mit dem Schutz personenbezogener Informationen sowohl gegenüber dem Staat als auch gegenüber privaten Datenverarbeitern befasst.

64 Die **USA** verfolgen gem. ihrer ausgeprägten liberalstaatlichen Regulierungsphilosophie einen datenschutzrechtlichen Ansatz, der sich vorwiegend dem Schutz der Bürger vor staatlichen Eingriffen in die informationelle Selbstbestimmung widmet. Der Datenverkehr zwischen den Bürgern untereinander wird nur in einzelnen Bereichen geregelt.[72] Weder auf föderaler noch auf einzel-

---

60 *Wuermeling*, S. 128; *Draf*, S. 96; *Gola/Schomerus*, BDSG, § 4b Rn 10 ff.
61 *Draf*, S. 96.
62 BGBl II 1981, 539.
63 Art. 29-Datenschutzgruppe, WP 12 vom 24.7.1998, 9 f.
64 Die Einbeziehung dieser Staaten geht auf das Abkommen über den Europäischen Wirtschaftsraum vom 2.5.1992 sowie das Anpassungsprotokoll zu diesem Abkommen vom 17.3.1993 zurück; die EWR-Staaten haben die Richtlinie 95/46/EG mit Wirksamkeit zum 1.7.2000 übernommen.
65 Entscheidung 2000/518/EG vom 26.7.2000, ABl L Nr. 215 vom 25.8.2000, 1.
66 Entscheidung 2002/2/EG vom 20.12.2001, ABl L Nr. 2 vom 4.1.2002, 13.
67 Entscheidung KOM(2003)1731 endg. vom 30.6.2003, ABl L Nr. 168 vom 5.7.2003.
68 Entscheidung 2003/821/EG vom 21.11.2003, ABl L Nr. 308 vom 25.11.2003, 27.
69 Entscheidung 2004/411/EG vom 28.4.2004, ABl L Nr. 151 vom 30.4.2004; berichtigt in ABl L Nr. 208/47 vom 10.6.2004.
70 Entscheidung 2000/520/EG vom 26.7.2000, ABl L Nr. 215 vom 25.8.2000, 7.
71 Entscheidung 2004/535/EG vom 14.5.2004, ABl L Nr. 235 vom 6.7.2004, 11.
72 U.S. Chamber of Commerce, Privacy made simple, A Do-It-Yourself Guide to Privacy Management (presented by BBBOnline, Inc. u.a.), 2003, abrufbar unter www.uschamber.com.

staatlicher Ebene existiert ein allgemeines Datenschutzgesetz.[73] Allerdings ist das „Right to Privacy" nunmehr auch als Common Law Right anerkannt,[74] Rechtsträger sind jedoch nur US-amerikanische Staatsbürger.

Die **Selbstkontrolle der amerikanischen Wirtschaft** stellt sich in den USA als zentrales Regulativ des Handels dar, so dass der Gesetzgeber auch im Bereich des Datenschutzes auf die Mechanismen des Wettbewerbes vertraut.[75] In der Praxis gibt es bei US-Unternehmen so genannte Privacy Codes oder Privacy Policies, die sich vorwiegend an den OECD-Leitlinien orientieren,[76] unverbindlich sind und einen effektiven Durchsetzungsmechanismus im Wege einer unabhängigen Kontrolle vermissen lassen.[77]   65

Das insgesamt fragmentarische Gesamtbild des privatrechtlichen Datenschutzes in den USA genügt daher nicht den Anforderungen des Art. 25 Datenschutz-RL an die Angemessenheit des allgemeinen Datenschutzniveaus im Drittland USA.[78]   66

Mit der Entscheidung 2000/520/EG vom 26.7.2000[79] stellte die EG-Kommission fest, dass die vom US-Handelsministerium vorgelegten „Grundsätze des sicheren Hafens" (**Safe-Harbor-Privacy-Principles – SHPP**) und die diesbezüglichen Antworten auf „häufig gestellte Fragen" (Frequently Asked Questions, **FAQ**) einen angemessenen Schutz für die Übermittlung personenbezogener Daten darstellen, die aus der EU übermittelt werden.   67

Bei den **SHPP** und den zugehörigen FAQ handelt es sich um Datenschutzprinzipien, auf deren Einhaltung sich US-Unternehmen freiwillig verpflichten können, wenn sie personenbezogene Daten aus der EU erhalten; haben sich US-Unternehmen freiwillig diesen Datenschutzprinzipien unterworfen, soll ein angemessenes Datenschutzniveau i.S.d. Art. 25 Abs. 2 Datenschutz-RL bei der Übermittlung personenbezogener Daten aus der EU an das US-Unternehmen gegeben sein, Art. 1 Abs. 1 der Entscheidung 2000/520/EG.   68

Die Methodik der SHPP und der FAQ entspricht dem Regulierungsmechanismus datenschutzrechtlicher Selbstkontrollkodizes der Wirtschaft, die nach der Art. 29-Datenschutzgruppe als Standesregeln i.S.d. Art. 25 Abs. 2 Datenschutz-RL in die Bewertung des Datenschutzniveaus eines Drittlandes einfließen können.[80]   69

■ Die Entscheidung 2000/520/EG der Kommission in Bezug auf die SHPP stellt ein komplexes Regelwerk dar: 70

■ Anhang I hat die Grundsätze des „sicheren Hafens" zum Datenschutz des amerikanischen Handelsministeriums vom 21.7.2000 zum Inhalt.

■ Anhang II gibt die Antworten auf „häufig gestellte Fragen (FAQ)" wieder.

■ Anhang III bietet den Überblick über die Möglichkeiten der Durchsetzung der Grundsätze, d.h. die Befugnisse des US-Bundes und der US-Bundesstaaten.

■ Anhang IV stellt die Bereiche Datenschutz und Schadensersatz und Auswirkungen von Fusionen und Übernahmen im US-amerikanischen Recht dar.

---

73 *Wilske*, CR 1993, 297, 299, 304.

74 *Grimm/Roßnagel*, DuD 2000, S. 446, 447; *Wilske*, CR 1993, 297, 304; *Engel*, Reichweite und Umsetzung des Datenschutzes gem. der Richtlinie 95/46/EG aus der Europäischen Union in Drittländer exportierte Daten am Beispiel der USA, 2003.

75 *Jacob*, S. 25, 28.

76 *Wuermeling*, S. 187.

77 *Heil*, DuD 2001, 129, 130.

78 Art. 29-Datenschutzgruppe, WP 19, DG Markt 5047/99 vom 3.5.1999, 3.

79 ABl L Nr. 215 vom 25.8.2000, S. 7.

80 Art. 29-Datenschutzgruppe, WP 12, 11 ff.; *Gola/Schomerus*, BDSG, § 4b Rn 15 f.; *Engel*, Reichweite und Umsetzung des Datenschutzes gem. der Richtlinie 95/46/EG aus der Europäischen Union in Drittländer exportierte Daten am Beispiel der USA, 2003.

■ Anhänge V und VI enthalten eine Beschreibung der Zuständigkeiten der US-Behörden Federal Trade Commission und des US-Verkehrsministeriums im Bereich des Datenschutzes.

■ Anhang VII nennt schließlich die staatlichen Behörden, die bei der Durchsetzung der Grundsätze, insbesondere für Beschwerden und Schadensersatzansprüche nach US-amerikanischem Recht im Rahmen der Safe-Harbor-Vereinbarung zuständig sind.

2. Grundsätze des „sicheren Hafens" zum Datenschutz

71   Im Rahmen der Safe-Harbor-Regelung gelten die folgenden **sieben Grundsätze**, die den inhaltlichen Grundsätzen der Angemessenheit i.S.d. Art. 25 der Datenschutz-RL entsprechen:

■ Grundsatz der Informationspflicht – *Notice* –,
■ Grundsatz der Wahlmöglichkeit – *Choice* –,
■ Grundsatz der Weitergabe – *Onward Transfer* –,
■ Grundsatz der Sicherheit – *Security* –,
■ Grundsatz der Datenintegrität – *Data Integrity* –,
■ Grundsatz des Auskunftsrechts – *Access* – und
■ Grundsatz der Durchsetzung – *Enforcement* –.

72   FAQ 9 stellt klar, dass die Grundsätze auch für Datentransfers von **Arbeitnehmerdaten** gelten.[81]

73   Der **Grundsatz der Informationspflicht** – *Notice* – besteht darin, die betroffene Person über den Zweck der Datenerhebung und -verwendung zu informieren.[82] Dem **Grundsatz der Zweckbindung** der Datenerhebung wird so inzident entsprochen. Das US-Unternehmen hat Auskunft zu geben über mögliche Kontaktaufnahme für Nachfragen und Beschwerden, an welche Kategorien von Dritten die Daten weitergegeben werden und welche Möglichkeiten der betroffenen Person hinsichtlich der Einschränkung der Verwendung und Weitergabe der Daten zustehen. Die Information hat bei der Erhebung der Daten beim Betroffenen zu erfolgen. Sie muss vor einer Verarbeitung der Daten zu anderen Zwecken, zu denen sie erhoben oder verarbeitet worden sind, oder bei einer Weitergabe an Dritte ergehen. Ist der Dritte, an den die Daten weitergeleitet werden, im Auftrag für das US-Unternehmen tätig, so ist die betroffene Person nicht zu unterrichten.[83]

74   Will die Organisation die erhaltenen personenbezogenen Daten an einen **Dritten**, der nicht Auftragsdatenverarbeiter ist, **weiterleiten** oder will sie die Daten zu einem anderen (Sekundär-)Zweck verwenden, der nicht mit dem ursprünglichen oder dem nachträglich von der betroffenen Person genehmigten Erhebungszweck vereinbar ist, so hat sie der betroffenen Person ein **Wahlrecht** – *Choice* – oder Widerspruchsrecht einzuräumen („opt-out"). Die Ausübung des Wahlrechts muss durch leicht erkennbare, verständliche, leicht zugängliche und kostengünstige Verfahren ermöglicht werden.[84]

75   *Beispiel*

Verboten sind zu nicht näher konkretisierten Zwecken eingerichtete **Data Warehouses**, in denen durch **Data Mining** nach noch nicht erkannten Zusammenhängen zwischen Einzelnen personenbezogenen Informationen geforscht werden kann.

76   Zum Opt-out-Wahlrecht ist kritisch anzumerken, dass in den USA die Zulässigkeit der Datenverarbeitung nicht an die Voraussetzung einer Zweckbegrenzung entsprechend Art. 7 Datenschutz-RL gebunden ist. Zudem ist das Merkmal der bloßen Vereinbarkeit mit dem Ursprungs-

---

81 FAQ 9, Anhang II der Kommissionsentscheidung, S. 19 f.
82 Anhang I der Kommissionsentscheidung, S. 11.
83 Anhang I der Kommissionsentscheidung, Fn 1.
84 Anhang I der Kommissionsentscheidung, S. 11.

zweck einer extensiven Auslegung zugänglich und die Verwendungsfreigabe kann bereits bei unreflektiertem Schweigen des Betroffenen vorliegen.

Sollen **sensible Daten** an Dritte weitergeleitet werden, bzw. zu einem anderen Zweck verarbeitet werden, zu dem die Daten ursprünglich erhoben wurden, bzw. dem die betroffene Person zugestimmt hat, so ist die **vorherige Zustimmung** der betroffenen Person einzuholen („opt-in"). In jedem Fall soll die Organisation, wenn sie Daten von einem Übermittler erhält, diese Daten als sensibel behandeln, wenn sie von dem Übermittler als solche behandelt werden.[85] Diese Regelung der Verarbeitung **sensibler Daten**[86] entspricht Art. 8 Datenschutz-RL.

77

Gemäß dem **Grundsatz der Weitergabe** – *Onward Transfer* – darf eine Organisation personenbezogene Daten nur weitergeben, wenn sie die betroffene Person hierüber unterrichtet und ihr das Wahlrecht eingeräumt hat, ob die Weitergabe stattfinden darf.[87]

78

Dies gilt nicht, wenn sie an einen Dritten weitergegeben werden sollen, der im Auftrag und auf Weisung der Organisation tätig wird, jedoch müssen für die Weitergabe an Auftragsdatenverarbeiter folgende Voraussetzungen vorliegen:

79

- Der Dritte gehört ebenfalls den **SHPP** an oder
- unterliegt der Datenschutz-RL oder
- ist durch eine andere Feststellung angemessenen Datenschutzes erfasst oder
- hat sich durch eine schriftliche Vereinbarung mit dem US-Unternehmen zur Einhaltung eines Schutzmaßes verpflichtet, das den SHPP-Grundsätzen entspricht.

In diesen Fällen ist das US-Unternehmen von einer Haftung in Bezug auf Missachtungen bei der Verarbeitung durch den Dritten befreit, es sei denn, es hätte Kenntnis gehabt bzw. haben müssen.

Für den Bereich der **Auftragsdatenverarbeitung**, bei der eine US-Organisation Daten, die sie aus der Europäischen Union erhält, im Auftrag verarbeitet, sollen gem. FAQ 10 die Grundsätze nicht für diese Verarbeitung gelten, da der für die Verarbeitung Verantwortliche in der EU bereits unter die Datenschutz-RL fällt und nach diesen Vorschriften haftet.[88]

80

Gemäß dem **Grundsatz der Sicherheit** – *Security* – müssen die US-Unternehmen, die personenbezogene Daten erstellen, verwalten, verwenden oder verbreiten, angemessene Sicherheitsvorkehrungen treffen, die sie vor Verlust, Missbrauch, unbefugtem Zugriff, Weitergabe, Änderung und Zerstörung schützen.[89] Dieser Grundsatz entspricht den OECD-Leitlinien[90] und darüber hinaus im Ansatz den Vorgaben des Art. 17 Abs. 1 Datenschutz-RL.

81

Der **Grundsatz der Datenintegrität** – *Data Integrity* – besagt, dass die personenbezogenen Daten für den beabsichtigten Verwendungszweck erheblich sein müssen; die Daten dürfen nicht in einer Weise verarbeitet werden, die mit dem ursprünglichen Erhebungszweck bzw. mit dem nachträglich zugestimmten Verwendungszweck unvereinbar sind. Das US-Unternehmen muss in einem für diese Zwecke notwendigen Umfang gewährleisten, dass die Daten für den vorgesehenen Zweck hinreichend zuverlässig, genau, vollständig und aktuell sind.[91] Dieser Grundsatz orientiert sich an den OECD-Leitlinien[92] sowie an Art. 6 Abs. 1 der Datenschutz-RL.

82

Nach dem **Grundsatz des Auskunftsrechts** – *Access* – müssen Privatpersonen Zugang zu ihren personenbezogenen Daten haben, die ein US-Unternehmen besitzt; sie müssen die Möglichkeit haben, diese korrigieren, ändern oder falsche Angaben löschen zu lassen.[93] Nicht geregelt ist

83

---

85 Anhang I der Kommissionsentscheidung, S. 11.
86 FAQ 1, Anhang II der Kommissionsentscheidung, S. 13.
87 Anhang I der Kommissionsentscheidung, S. 11.
88 FAQ 10, Anhang II der Kommissionsentscheidung, S. 21.
89 Anhang I der Kommissionsentscheidung, S. 12.
90 Anlage der OECD-Ratsempfehlung vom 23.9.1980, Nr. 11.
91 Anhang I der Kommissionsentscheidung, S. 12.
92 Anlage der OECD-Ratsempfehlung vom 23.9.1980, Nr. 8.
93 Anhang I der Kommissionsentscheidung, S. 12.

hier der Fall, dass Daten, die ohne Zustimmung der betroffenen Person oder unter Verstoß gegen die Grundsätze verarbeitet wurden, gelöscht werden können.[94] Der materielle Aufwand für die Gewährung des Zugangs darf nicht in einem Missverhältnis zu den Nachteilen für den Betroffenen stehen oder Rechte anderer Personen verletzen.[95]

84   Beim **Grundsatz der Durchsetzung** – *Enforcement* – müssen mindestens folgende Voraussetzungen erfüllt sein:

- leicht zugängliche und erschwingliche Beschwerdeverfahren;
- Vorschriften, nach denen für die Betroffenen Schadensersatz aufgrund Gesetzesrecht oder privater Regelungen zu leisten ist;
- Kontrollmaßnahmen zur Überprüfung der Organisation hinsichtlich ihrer Datenschutzmaßnahmen und deren Durchsetzung;
- Verpflichtung zur Lösung von Problemen bei Nichteinhaltung der Grundsätze durch die Organisation sowie entsprechende effektive Sanktionen.[96]

3. Anlassunabhängige Kontrollen der US-Organisationen

85   Nach FAQ 7 soll eine alljährliche anlassunabhängige Kontrolle der Organisation entweder durch Selbstkontrolle oder durch eine externe Stelle erfolgen.[97] Die Kontrolle umfasst eine Erklärung, in der festgestellt wird, dass die allgemein zugänglichen Geschäftsbedingungen des Unternehmens zum Datenschutz den **SHPP** entsprechen, umgesetzt werden und dass die betroffenen Personen über interne Beschwerdeverfahren und externe Beschwerdeverfahren vor unabhängigen Schiedsstellen informiert werden.

86   Die Erklärung bei einer internen Selbstkontrolle hat zusätzlich zum Inhalt, dass die Beschäftigten systematisch in die Praxis des Datenschutzes unterwiesen, Verstöße gegen die Grundsätze im US-Unternehmen sanktioniert und regelmäßige Selbstkontrollen durchgeführt werden. Die jeweiligen Berichte sind auf Verlangen bei Untersuchungen und im Beschwerdeverfahren wegen Nichteinhaltung der Datenschutzvorschriften vorzulegen, der Selbstkontrollbericht ist auch bei Verfahren der gesetzlichen Aufsichtsbehörde im Rahmen von unlauterem und irreführendem Geschäftsgebaren vorzulegen.[98]

4. Beschwerdeverfahren

a) Beschwerdemöglichkeiten und sonstige Sanktionen

87   Nach dem Grundsatz der Durchsetzung sind bei Verstößen gegen diese Grundsätze Beschwerdeverfahren für die Betroffenen vorzusehen. Gegebenenfalls ist auch Schadensersatz zuzusprechen, wenn dies das US-Recht oder eine private Regelung vorsehen, sowie ein unabhängiges Schiedsverfahren, welches Verstöße der Organisation sanktioniert.

88   Im Rahmen dieser Verfahren sieht FAQ 5 vor, dass sich die US-Organisationen zu einer Zusammenarbeit mit den Datenschutzbehörden bei Beschwerdeverfahren und weiteren Verfahren zur Feststellung eines Verstoßes gegen die Grundsätze verpflichten können. Die Datenschutzbehörden tragen im Rahmen eines informellen Gremiums zur Streitbeilegung bei, indem sie Empfehlungen geben, bei deren Nichtbefolgung die FTC (Federal Trade Commission) oder ggf. eine an-

---

94 Art. 29-Datenshutzgruppe vom 16.5.2000, CA07/434/00/DE, WP 32, S. 6, abrufbar unter: http://ec.europa.eu/ justice_home/fsj/privacy/workinggroup/wpdocs/2000_de.htm.
95 FAQ 8, Anhang II der Kommissionsentscheidung, S. 17 ff.
96 Anhang I der Kommissionsentscheidung, S. 12.
97 FAQ 7, Anhang II der Kommissionsentscheidung, S. 16.
98 FAQ 7, Anhang II der Kommissionsentscheidung, S. 16.

dere staatliche Stelle zur Verfolgung von Irreführung und unrichtigen Erklärungen angerufen werden können.[99]

Die europäischen Datenschutzbehörden haben sich jedoch in ihrer Zusammensetzung als Datenschutzgruppe nach Art. 29 Datenschutz-RL unter Berufung auf fehlende Zuständigkeiten bei Verstößen gegen Datenschutzvorschriften außerhalb der Richtlinie gegen die Aufnahme dieser FAQ ausgesprochen.[100] Es wurde vereinbart, dass FAQ 5 erst bei Zustimmung der Datenschutzgruppe Anwendung findet.[101]   **89**

Zum einen ist die Anrufung **unabhängiger Beschwerdestellen**, zum anderen die der **FTC** und des **US-Verkehrsministeriums** vorgesehen.   **90**

b) Unabhängige Beschwerdestellen

Nach FAQ 11[102] sind unabhängige Beschwerdestellen für Beschwerden einzelner Betroffener sowie für Sanktionen gegenüber den teilnehmenden US-Unternehmen bei Nichteinhaltung der Grundsätze zuständig. Wie die teilnehmenden US-Unternehmen das unabhängige Beschwerdeverfahren ausgestalten, bleibt ihnen überlassen; FAQ 11 nennt beispielhaft die Teilnahme an bereits von der Privatwirtschaft entwickelten Datenschutzprogrammen, die einen den Grundsätzen der SHPP entsprechenden Durchsetzungsmechanismus enthalten bzw. die Unterwerfung unter gesetzlich vorgesehene Kontrollorgane, die ebenfalls für eine derartige Streitschlichtung zuständig sind.[103] Zu beachten ist allerdings, dass bei Verstößen gegen diese Selbstregulierungsmechanismen die FTC oder das US-Verkehrsministerium für die betreffende Organisation zuständig sein müssen.[104]   **91**

In Bezug auf die Ausgestaltung des Beschwerdesystems für einzelne Betroffene schreibt der Grundsatz der Durchsetzung mindestens vor, dass es sich um leicht zugängliche, erschwingliche und unabhängige Verfahren handeln muss, nach denen dem Betroffenen aufgrund geltenden Rechts oder privater Vereinbarungen Schadensersatz geleistet werden kann.   **92**

Um den SHPP der Durchsetzung zu entsprechen, gibt FAQ 11 für die Arbeitsweise der **unabhängigen Beschwerdestellen** lediglich einige Kriterien vor, wie z.B. das Anlegen von Standardbeschwerdeformularen. Im Übrigen wird die nähere Ausgestaltung den Betreibern der Beschwerdestellen unter dem Vorbehalt überlassen, transparent und einsichtig die vorgebrachten Beschwerden zu behandeln. Für US-Unternehmen, die sich nicht an ihre Selbstverpflichtungen halten, wird ein Katalog möglicher Sanktionen an die Hand gegeben. Dieser reicht von der Veröffentlichung des Verstoßes bis zum Entzug der Zugehörigkeit zur Beschwerdestelle und zur Entschädigungen für betroffene Personen.[105]   **93**

Bei Missachtung ihrer Entscheidungen sind die Beschwerdestellen verpflichtet, die Gerichte anzurufen und das US-Handelsministerium zu verständigen; werden die Gerichte nicht angerufen, so muss die FTC bzw. das US-Verkehrsministerium als entscheidungsbefugte Behörde angerufen werden.[106]   **94**

---

99 FAQ 5, Anhang II der Kommissionsentscheidung, S. 14 f.

100 Stellungnahme 7/99 vom 3.12.1999, 5146/99/DE/endg. WP 27, S. 11, abrufbar unter: http://ec.europa.eu/justice_home/fsj/privacy/workinggroup/wpdocs/1999_de.htm.

101 FAQ 5, Anhang II der Kommissionsentscheidung, S. 14 Fn 1.

102 Anhang II der Kommissionsentscheidung, S. 21.

103 Anhang II der Kommissionsentscheidung, S. 21.

104 FAQ 11, Anhang II der Kommissionsentscheidung, S. 21 i.V.m. Anhang I, S. 10, Abs. 3 i.V.m. Anlage zu Anhang I, S. 12.

105 FAQ 11, Anhang II der Kommissionsentscheidung, S. 21 f.

106 FAQ 11, Anhang II der Kommissionsentscheidung, S. 22.

aa) Befugnisse der Federal Trade Commission (FTC)

95 Gemäß Anhang VII der Kommissionsentscheidung wird die FTC auf der Grundlage von Abschnitt 5 des Federal Trade Commission Act[107] tätig. Hiernach ist die FTC für die Verhinderung von unfairen und irreführenden Handlungen und Praktiken im Handel oder mit Bezug auf den Handel zuständig. Sie kann nach formaler Anhörung Unterlassungsanordnungen aussprechen, § 45 (b) FTC Act, und bei Vorliegen eines öffentlichen Interesses vor einem US-Bezirksgericht auf einstweilige Unterlassung klagen oder eine einstweilige oder endgültige Verfügung erwirken, § 53 (b) FTC Act.

96 Im Fall weit verbreiteter unfairer oder irreführender Handlungen oder Praktiken und bei bereits ausgesprochenen Unterlassungsanordnungen kann die FTC eine Verwaltungsvorschrift bezüglich der Handlungen oder Praktiken veröffentlichen, § 57a FTC Act.

97 Jeder Verstoß gegen eine Anordnung der FTC sowie jeder wissentliche Verstoß gegen eine Vorschrift der FTC wird mit einer Strafe von bis zu $ 11.000 geahndet, § 45 (l) und § 45 (m) FTC Act.

98 Aus Anhang III der Kommissionsentscheidung geht hervor, dass bereits mit der Zertifizierung für den „sicheren Hafen" die US-Organisationen eine Erklärung zur Einhaltung der SHPP abzugeben haben, so dass bei Nichteinhaltung der Grundsätze eine falsche Erklärung vorläge, die eine **irreführende Praxis** darstelle.[108]

99 **Unlautere Praktiken** werden von der FTC in Anhang V der Kommissionsentscheidung als Praktiken definiert, die dem Betroffenen einen erheblichen Schaden zufügen oder zufügen können, der nicht mit vertretbarem Aufwand zu vermeiden ist und nicht durch geldwerte Vorteile für den Betroffenen oder den Wettbewerb aufgewogen wird.[109]

100 In Bezug auf die Begrenzung der Zuständigkeit der FTC auf rein wirtschaftsbezogene Datenverarbeitungen stellt Anhang III klar, dass eine irgendwie geartete geschäftliche Transaktion in Bezug auf die Datenverarbeitung für ein Eingreifen der FTC ausreicht.[110]

101 Im Rahmen ihrer Zuständigkeit wird die FTC tätig, wenn sich ein Unternehmen „in **typischer Weise unangemessen** verhalten hat".[111] Dies kann nur bedeuten, dass es sich nicht um einen Einzelfall handeln darf, sondern die US-Organisation in mehreren Fällen gegen die SHPP verstoßen hat.

102 Gemäß § 45 (a) Unterabschnitt (2) FTC Act ist die **Zuständigkeit** der FTC zur Verfolgung unfairer oder irreführender Handlungen und Praktiken bei folgenden Organisationen **ausgeschlossen**:

- Finanzinstitute, einschließlich Banken, Spar- und Darlehenskassen sowie Kreditgenossenschaften,
- Betreiber öffentlicher Telekommunikationsnetze und zwischenstaatlich tätige Transportunternehmen,
- Luftverkehrsunternehmen,
- Vieh- und Fleischhändler bzw. Fleischwarenproduzenten,[112]
- Versicherungswirtschaft, wenn diese nicht durch einen Bundesstaat gesetzlich geregelt ist oder es sich um ein Tätigwerden der Versicherungsgesellschaft über den Bereich des Versicherungswesens hinaus handelt.[113]

---

107 Vgl. Titel 15 des U.S.C. Kapitel 2, Unterkapitel I, abrufbar unter: http://www4.law.cornell.edu/uscode/15/ch2schI.html.
108 Anhang III der Kommissionsentscheidung, S. 27.
109 Anhang V der Kommissionsentscheidung, S. 39.
110 Anhang III der Kommissionsentscheidung, S. 27.
111 Anhang V der Kommissionsentscheidung, S. 42.
112 Anhang III der Kommissionsentscheidung, S. 27.
113 Anhang III der Kommissionsentscheidung, S. 27 f. m.w.N.

Nach FAQ 11 will die FTC Beschwerden wegen Verletzung der SHPP, die von Selbstregulierungs-organen für den Datenschutz wie BBBOnline[114] und TRUSTe[115] und den EG-Mitgliedstaaten vor-gelegt werden, vorrangig behandeln.[116] Unabhängig von den zwei ausdrücklich genannten Online-Organisationen ist die FTC auch für den Offline-Bereich der Datenübermittlung zuständig.[117] **103**

Sonderfall – Arbeitnehmerdaten **104**

Gegen ein Unternehmen, das zwar nach eigenen Angaben die SHPP respektiert, aber arbeit-nehmerbezogene Daten in einer Weise übermittelt oder nutzt, die gegen diese Grundsätze ver-stößt, kann die FTC ebenfalls gemäß Abschnitt 5 des FTC Act vorgehen,[118] wie sie im Übrigen für beschäftigungsbezogene Praktiken in Unternehmen und in der Industrie im internationalen Handel zuständig ist.[119]

Ist aber ein Datenschutzrechtsstreit bereits Gegenstand eines Streitbeilegungsverfahrens inner-halb einer arbeitsrechtlichen Auseinandersetzung vor dem National Labor Relations Board, so wird die FTC dieses Verfahren durch ihre Entscheidung nicht präkludieren. **105**

Beispiel **106**

Der Arbeitgeber hat in einer Tarifauseinandersetzung um die Nutzung personenbezogener Da-ten eine Zusage gemacht und der Arbeitnehmer oder eine Gewerkschaft wirft ihm den Bruch der Vereinbarung vor.

bb) Befugnisse des US-Verkehrsministeriums

Die Befugnisse des US-Verkehrsministeriums im Rahmen der Durchsetzung der SHPP ergeben sich aus Titel 49 U.S.C. § 41712.[120] Nach dieser Vorschrift kann das Ministerium Fluggesellschaf-ten unlautere oder irreführende Praktiken beim Verkauf von Flugtickets untersagen. Im Vorder-grund steht somit auch eher die Verfolgung von Wettbewerbsverletzungen als die Ahndung von Datenschutzverstößen. In ihrem Schreiben an die Kommission betont jedoch das US-Verkehrs-ministerium, dass sobald eine US-Organisation sich zu den SHPP formell bekennt, ein Verstoß gegen die Grundsätze von der Behörde auch geahndet werden kann.[121] **107**

Gemäß Titel 49 U.S.C. § 41712 kann jedoch eine einzelne betroffene Person keine Untersuchung beim US-Verkehrsministerium beantragen. Hierzu sind nur die Fluggesellschaften oder Ticket-verkaufsagenturen oder das Ministerium selbst befugt. **108**

c) Schadensersatz wegen Verletzung der Privatsphäre

Das US-Handelsministerium hat in Anhang IV der Kommissionsentscheidung eine Übersicht zu-sammengestellt, wonach gemäß US-amerikanischem Recht Schadensersatz für Verletzungen der Privatsphäre zugesprochen werden kann.[122] **109**

Im Fall der arglistigen Täuschung gem. § 525 des Restatement of the Law, Second, Torts des American Law Institute[123] haftet die Person, die wissentlich falsche Angaben in Bezug auf Sach-verhalte, Meinungen, Absichten oder das Recht macht, gegenüber der Person, die im Vertrauen **110**

114 Http://www.bbb.org.
115 Http://www.truste.org.
116 FAQ 11, Anhang II der Kommissionsentscheidung, S. 22.
117 Anhang V der Kommissionsentscheidung, S. 43.
118 Anhang V der Kommissionsentscheidung, S. 42.
119 Anhang V der Kommissionsentscheidung, S. 42, Fn 12.
120 Abrufbar unter: http://www4.law.cornell.edu/uscode/49/41712.html.
121 Anhang VI der Kommissionsentscheidung, S. 45 f.
122 Anhang IV der Kommissionsentscheidung, S. 31 ff.
123 Das Restatement of the Law ist eine Zusammenfassung allgemeiner Common Law-Rechtsgrundsätze des renom-mierten American Law Institute, es stellt kein bindendes Recht dar, dient aber als Leitfaden für die Rechtsanwen-dung, vgl. Beschreibung des American Law Institute unter: http://www.ali.org/ali/thisali.htm.

auf die Angaben eine Handlung vornimmt oder unterlässt, für den daraus entstandenen Schaden.[124] Nach Ansicht des US-Handelsministeriums könnte ein wissentlicher Verstoß gegen die SHPP somit unter diesen Haftungstatbestand fallen.

111 Daneben kann eine **Haftung für Fahrlässigkeit** nach dem Restatement of the Law, Torts, in Betracht kommen, wenn eine Person, die im Rahmen ihrer Geschäftstätigkeit, beruflichen Tätigkeit, ihres **Anstellungsverhältnisses** oder einer finanziellen Transaktion bei der Einholung oder Übermittlung von Informationen tätig wird, ein angemessenes Maß an Sorgfalt und Sachverstand nicht einhält.[125]

112 Des Weiteren verweist das US-Handelsministerium auf die aus dem Bereich der unerlaubten Handlung entwickelten vier Ansprüche, nach denen Schadensersatz bei Verletzung der Privatsphäre geleistet werden kann:

- Verletzung der Intimsphäre,
- Missbrauch des Namens bzw. Abbildes einer Person,
- Veröffentlichung privater Sachverhalte als hohes Maß an Beleidigung,
- wissentliche oder leichtfertige Darstellung in der Öffentlichkeit als hohes Maß an Beleidigung.[126]

113 Gleiches gilt für die vom US-Handelsministerium gemachten Angaben zur Leistung von Schadensersatz bei Verletzung der Privatsphäre durch Rechtsvorschriften auf Bundes- sowie einzelstaatlicher Ebene.[127]

114 *Praxishinweis*

Es besteht zwar grundsätzlich die Möglichkeit, Schadensersatz für eine Verletzung der SHPP aufgrund des US-Common Law im Bereich der Verletzung der Privatsphäre und aufgrund einzelstaatlicher Vorschriften geltend zu machen. Es ist jedoch empfehlenswert, einen Schadensersatzanspruch gesondert vertraglich festzusetzen. Gleiches gilt für die Durchführung der anlassunabhängigen Kontrolle der Einhaltung der SHPP, bei der sich die US-Organisation an eine dritte, externe Organisation zur Überprüfung wenden sollte.

d) Ausnahmen vom sachlichen Anwendungsbereich

115 Gemäß den Grundsätzen kann die Geltung der SHPP begrenzt werden aus Gründen der nationalen Sicherheit, des öffentlichen Interesses oder zur Durchführung von Gesetzesrecht, wenn die Datenschutz-RL oder nationales Recht Ausnahmeregelungen vorsehen.[128]

116 Schwierig ist die weitere Ausnahmeregelung, wonach durch **Gesetzesrecht, staatliche Regulierungsvorschriften oder Fallrecht** eine unvereinbare Verpflichtung oder ausdrückliche Ermächtigung die US-Unternehmen zu einem Abweichen von den SHPP berechtigen. Die US-Unternehmen sollten bei diesen Ausnahmen die Grundsätze zumindest in transparenter Weise anwenden, z.B. indem sie angeben, in welchen Fällen Abweichungen regelmäßig Anwendung finden. Zudem wird von den US-Unternehmen erwartet, dass sie sich im Falle einer Wahlmöglichkeit bei der Anwendung der Grundsätze oder des US-Rechts für das höhere Schutzniveau entscheiden.[129]

117 Anhang IV der Kommissionenentscheidung nennt einige gesetzliche Ausnahmetatbestände im Bereich Telekommunikation und Kreditwesen, sowie Vorschläge im Bereich Gesundheitswesen.[130]

---

124 Anhang IV der Kommissionsentscheidung, S. 31.
125 Restatement § 552 (1), hier aus Anhang VI der Kommissionsentscheidung, S. 32.
126 Anhang IV der Kommissionsentscheidung, S. 32 ff.
127 Anhang IV der Kommissionsentscheidung, S. 34 f.
128 Anhang I der Kommissionsentscheidung, S. 10 Abs. 4.
129 Anhang I der Kommissionsentscheidung, S. 10 Abs. 4 a.E.
130 Anhang IV der Kommissionsentscheidung, S. 35 ff.

Gemäß **FAQ 15** gelten für Daten aus öffentlich zugänglichen Registern und für öffentlich zugängliche Daten die Grundsätze ebenfalls nur eingeschränkt.[131]

118

FAQ 4 enthält ebenfalls Ausnahmen von der Geltung einzelner Grundsätze im Bereich der Datenverarbeitung von **Investmentbanken** und **Wirtschaftsprüfern**. Danach kann die Anwendung der Grundsätze insbesondere legitimen Interessen zuwiderlaufen. Legitime Interessen sind z.B. die Kontrolle von Unternehmen auf Erfüllung ihrer gesetzlichen Pflichten, die Prüfung der Rechnungslegung und die Wahrung der Vertraulichkeit von Informationen betreffend möglicher Übernahmen.[132]

119

Art. 2 der Entscheidung 2000/520/EG stellt klar, dass die Anwendung der weiteren Vorgaben der Datenschutz-RL einschließlich ihres Art. 4 nicht berührt wird. So sind gem. Art. 4 Abs. 1 Buchst. c) Datenschutz-RL die zur Umsetzung der Datenschutz-RL erlassenen Vorschriften eines Mitgliedstaates auch auf US-Unternehmen anwendbar, die als Verantwortliche der Verarbeitung zum Zwecke der Verarbeitung von personenbezogenen Daten **auf in einem EU-Mitgliedstaat gelegene Mittel**, also z.B. EDV-Anlagen, zurückgreifen oder katalogisierte Meinungsumfragen durchführen. In diesen Fällen unterliegen die Verarbeitungsmaßnahmen der US-Unternehmen den nationalen Datenschutzvorschriften der Mitgliedstaaten.

120

Art. 3 der Entscheidung 2000/520/EG räumt den nationalen Behörden der Mitgliedstaaten die Befugnis ein, den Datentransfer an ein US-Unternehmen auszusetzen, wenn die Federal Trade Commission bzw. das US-Verkehrsministerium oder eine unabhängige Schiedsinstanz i.S.v. Buchst. a) beim Durchsetzungsgrundsatz gem. Anhang I eine Verletzung der Grundsätze durch das US-Unternehmen festgestellt hat bzw. eine hohe Wahrscheinlichkeit besteht, das diese Grundsätze verletzt werden.

121

Die Kommission ist über eine Aussetzung in Kenntnis zu setzen, Art. 3 Abs. 2 der Entscheidung 2000/520/EG. Des Weiteren informieren die Kommission und die Mitgliedstaaten einander in Fällen, in denen die Maßnahmen, die von einer Einrichtung in den USA, die für die Einhaltung der Grundsätze verantwortlich ist, keinen ausreichenden Schutz gewährleisten, Art. 3 Abs. 3 der Entscheidung 2000/520/EG. Erweisen sich die Maßnahmen der Einrichtungen, die für die Einhaltung der Grundsätze verantwortlich sind, nicht als wirkungsvoll, so kann die Kommission nach Benachrichtigung des US-Handelsministeriums gegebenenfalls eine revidierte Entscheidung über die SHPP im Verfahren nach Art. 31 Datenschutz-RL erwägen, Art. 3 Abs. 4 der Entscheidung 2000/520/EG.

122

Art. 4 der Entscheidung 2000/520/EG stellt klar, dass die Kommission ihre Entscheidung über die SHPP jederzeit im Licht der Erfahrung mit ihrer Anwendung und insbesondere, wenn das durch die Grundsätze und den FAQ gewährleistete Schutzniveau in die Rechtsvorschriften der USA übernommen werden, anpassen kann; erforderlichenfalls erfolgt eine neue Entscheidung der Kommission nach Art. 25 Abs. 6 Datenschutz-RL.

123

Eine erste kritische Einschätzung über die Umsetzung der SHPP/FAQ hat die Kommission in ihrem Arbeitsdokument SEK (2002) 196 vom 13.2.2002 vorgelegt.

124

e) Formelle Teilnahmevoraussetzungen

Ein US-Unternehmen nimmt an den SHPP teil, wenn es sich eindeutig und öffentlich gegenüber dem US-Handelsministerium verpflichtet, die Grundsätze der SHPP einzuhalten. Die Teilnahme ist freiwillig. Die Grundsätze gelten für ein US-Unternehmen ab dem Tag, an dem es seinen Beitritt gegenüber dem US-Handelsministerium erklärt.[133] Mit der Selbstzertifizierung entsteht eine Verpflichtung des US-Unternehmens, sich an die SHPP zu halten.[134]

125

---

131 FAQ 15, Anhang II der Kommissionsentscheidung, S. 25.
132 FAQ 4, Anhang II der Kommissionsentscheidung, S. 13.
133 Anhang I der Kommissionsentscheidung, S. 10, Abs. 3 a.E.
134 Anhang I der Kommissionsentscheidung, S. 10, Abs. 5.

126   Das US-Unternehmen muss der gesetzlichen Aufsicht entweder der **Federal Trade Commission (FTC)**, die gem. Abschnitt 5 des Federal Trade Commission Act[135] zuständig ist, oder des **US-Verkehrsministeriums,** das aufgrund von Titel 49 des U.S.C. Abschnitt 4172[136] zuständig ist, unterliegen. Beide Behörden sind von der Europäischen Union anerkannt, Beschwerden zu prüfen, Abhilfe im Rahmen von wettbewerbswidrigem Verhalten zu schaffen und Schadensersatz bei Verletzung der Grundsätze zu erwirken.[137] Die Kommissionsentscheidung bezüglich der SHPP ist nicht auf Datenverarbeitungen anwendbar, die nicht der Zuständigkeit dieser beiden Behörden unterliegen.[138]

127   Die **Qualifikation des US-Unternehmens** zur Teilnahme kann auf verschiedene Weise erfolgen: Zum einen über den Anschluss an ein von dem Privatsektor entwickeltes Datenschutzprogramm, das die Grundsätze einhält, oder durch die Entwicklung eigener, die SHPP wahrender Datenschutzprogramme. Diese Selbstregulierungsmechanismen müssen durch die FTC oder durch das US-Verkehrsministerium nach den Maßstäben der SHPP überprüfbar sein.[139]

128   Das US-Handelsministerium führt eine Liste der selbstzertifizierten Unternehmen, die im Internet veröffentlicht ist; von dort kann auf die Datenschutzpolicies der angehörigen Unternehmen zugegriffen werden.[140]

129   Nach FAQ 6[141] hat das US-Unternehmen gegenüber dem US-Handelsministerium anzugeben, für welche betriebliche Maßnahme es personenbezogene Daten aus der EU bezieht.[142] Des Weiteren muss das Unternehmen seine Geschäftsbedingungen für den Datenschutz darlegen, die folgenden Inhalt haben müssen:

■ den Tag des Inkrafttretens;
■ die innerbetriebliche Kontaktstelle, die für Beschwerden, Auskünfte und andere Angelegenheiten des „sicheren Hafens" zuständig ist;
■ die Zuständigkeit der FTC oder des US-Verkehrsministeriums;
■ die Bezeichnung aller Datenschutzprogramme, an denen das US-Unternehmen teilnimmt;
■ die Art der anlassunabhängigen Kontrolle;
■ das unabhängige Schiedsverfahren zur Behandlung von ungelösten Beschwerdefällen.

130   Sollen die Grundsätze auch für die Übermittlung von **Arbeitnehmerdaten** gelten,[143] dann muss das US-Unternehmen in seiner Zertifizierungserklärung angeben, wer für Beschwerden zuständig ist: die FTC oder das US-Verkehrsministerium.

131   Für Organisationen, die ihre rechtliche Selbstständigkeit durch Fusion oder Übernahme verlieren, schreibt FAQ 6 vor, dass eine vorherige Mitteilung an das US-Handelsministerium zu erfolgen hat, wonach sich die weitere Einhaltung der Grundsätze entweder durch Gesetz oder durch andere schriftliche Garantien ergibt; andernfalls sind die Daten, die im Rahmen des sicheren Hafens gesammelt wurden, zu löschen.[144]

132   Kritisch zu der Selbstzertifizierung ist zu bemerken, dass keine vorherige Kontrolle über die tatsächliche Übereinstimmung der organisationsinternen Datenschutzprogramme mit den Grundsätzen des „sicheren Hafens" und insbesondere bezüglich einer wirksamen Durchsetzung durch das US-Handelsministerium erfolgt. Es bleibt den US-Unternehmen selbst überlassen, für die

---

135 Titel 15 des U.S.C. Kapitel 2, Unterkapitel I; abrufbar unter http://www4.law.cornell.edu/uscode/15/ch2schI.html.
136 Titel 49 des U.S.C., Untertitel VII, Kapitel 412, § 41712, abrufbar unter: http://www4.law.cornell.edu/uscode/49/41712.html.
137 Anlage zu Anhang I der Kommissionsentscheidung vom 26.7.2000, S. 12.
138 Erwägungsgrund Nr. 6 der Kommissionsentscheidung.
139 Anhang I der Kommissionsentscheidung, S. 10, Abs. 3.
140 Abrufbar unter: http://web.ita.doc.gov/safeharbor/shlist.nsf/webPages/safe+harbor+list.
141 Anhang II der Kommissionsentscheidung, S. 15.
142 Anhang II der Kommissionsentscheidung, S. 15, Antwort unter b.
143 FAQ 6, Anhang II der Kommissionsentscheidung, S. 15, Antwort zu Abs. 3.
144 FAQ 6, Anhang II der Kommissionsentscheidung, S. 16.

Richtigkeit der Angaben zu sorgen. Zwar betont FAQ 6 im letzten Absatz, dass falsche Angaben über die Anwendung der Grundsätze einen Straftatbestand nach dem False Statements Act[145] erfüllen; in der Zwischenzeit kommt das US-Unternehmen jedoch weiterhin in den Genuss des sicheren Hafens.

US-Unternehmen, die sich **nicht** auf die Grundsätze des sicheren Hafens verpflichtet haben, können die relevanten Grundsätze des sicheren Hafens im Rahmen eines Vertrags mit einem EU-Unternehmen anwenden, sofern sie auch die verbindlichen Datenschutzgrundsätze anwenden: Beschränkung der Zweckbindung; Beschränkung der Weiterübermittlung; Auskunftsrecht und Recht auf Berichtigung, Löschung und Widerspruch. **133**

IV. Ausnahmen nach Art. 26 Datenschutz-RL

Nach Art. 26 Datenschutz-RL können personenbezogene Daten ausnahmsweise auch dann übermittelt werden, wenn das Bestimmungsland **kein angemessenes Datenschutzniveau** bietet, es sich also gewissermaßen um ein „unsicheres" Drittland handelt. Voraussetzung ist, dass einer der folgenden Erlaubnistatbestände erfüllt ist. **134**

1. Datenschutzgarantien nach Art. 26 Abs. 1 Datenschutz-RL

Die Tatbestände des Art. 26 Abs. 1 Datenschutz-RL zeichnen sich dadurch aus, dass in den betreffenden Konstellationen entweder andere Rechtsgüter das Schutzinteresse des Betroffenen überwiegen oder nur ein geringes Risiko für eine Verletzung seiner Privatsphäre besteht, weil die Übermittlung entweder seinem erklärten Willen oder seinem mutmaßlichen Interesse entspricht. **135**

Die Mitgliedstaaten können einen Datentransfer erlauben, wenn der Verantwortliche der Verarbeitung **ausreichende Garantien** hinsichtlich des Schutzes der betroffenen Person bietet. Zum anderen ist der Datentransfer zulässig, wenn die **zweifelsfreie Einwilligung** des Betroffenen vorliegt oder die Übermittlung aufgrund eines **Vertrages zwischen dem Betroffenen** und der Daten verarbeitenden Stelle bzw. aufgrund eines Vertrages erfolgt, der im Interesse des Betroffenen geschlossen wurde. **136**

Art. 26 Abs. 1 Buchst. b) Datenschutz-RL erlaubt die Übermittlung in ein Drittland, wenn sie „zum Abschluss oder zur Erfüllung eines Vertrags erforderlich ist, der im Interesse der betroffenen Person vom für die Verarbeitung Verantwortlichen mit einem Dritten geschlossen wurde oder geschlossen werden soll". Diese Vorschrift kann auch eine unternehmens-, konzern- oder gruppeninterne **Übermittlung von Arbeitnehmerdaten in Drittländer** rechtfertigen. **137**

Allerdings kann zur Erfüllung des Arbeitsvertrages mit dem Betroffenen grundsätzlich nur eine Übermittlung erforderlich sein, die einer globalen Vertretung des Unternehmens und der infolgedessen notwendigen weltweiten Zusammenarbeit im Unternehmen immanent ist. Das trifft etwa auf die Weitergabe dienstlicher Kontaktdaten in einem globalen Directory oder auf die Übermittlung von Personaldaten an Vorgesetzte in dem jeweiligen Drittland zu, die diese Daten zur Ausübung ihrer Weisungsbefugnisse benötigen. Im letzteren Fall entfällt die Erforderlichkeit nicht deswegen, weil der Vorgesetzte seine Funktion auch im Inland ausüben könnte. Vielmehr wird man die organisatorische Grundentscheidung eines Unternehmens oder eines Konzerns respektieren müssen, die Personalplanung und -verwaltung in einer oder mehreren Zentralen grenzüberschreifend zusammenzufassen. Die grenzüberschreitende Übermittlung von Arbeitnehmerdaten zur datentechnischen Verarbeitung an eine zentrale Datenbank oder ein Rechenzentrum in einem Drittland ist damit aber nicht erfasst. Ein solches Outsourcing dient lediglich einer effektiveren **138**

---

[145] Titel 18 U.S.C. § 1001, der U.S.C. ist abrufbar unter: http://www4.law.cornell.edu/uscode/.

und beschleunigten Datenverarbeitung und ist nur in Ausnahmefällen einer globalen Zusammenarbeit des Konzerns immanent.

139   Schließlich kann die Datenübertragung gem. Art. 26 Abs. 1 Buchst. d) Datenschutz-RL aus bestimmten **öffentlichen Interessen** zulässig sein. Im Gegensatz zu dem korrespondierenden Art. 7 Buchst. e) Datenschutz-RL lässt Art. 26 Abs. 1 Buchst. d) eine Übermittlung nicht zur Wahrung jeglichen öffentlichen Interesses zu. Vielmehr vermag nur ein wichtiges, also **qualifiziertes öffentliches Interesse** eine Datenübermittlung in ein Drittland zu rechtfertigen. Mit dieser Ausnahme soll die internationale Zusammenarbeit zum Beispiel bei der Bekämpfung der Geldwäsche oder im Rahmen der Überwachung der Finanzinstitute gestattet werden. Erwägungsgrund Nr. 58 der Richtlinie nennt zudem beispielhaft den internationalen Datenaustausch zwischen **Steuer- oder Zollverwaltungen** und zwischen Diensten, die für Angelegenheiten der **sozialen Sicherheit** zuständig sind.

In Bezug auf eine freiwillige **Selbstkontrolle der Wirtschaft durch Standesregeln** und **weitere Sicherungsmaßnahmen** stellt die Datenschutzgruppe fest, dass sich auch diese Regelungen an den Anforderungen bezüglich des Inhaltes und der Durchsetzungsmechanismen zu orientieren haben:[146]

- Grundsatz der Beschränkung der Zweckbestimmung;
- Grundsatz der Datenqualität und -verhältnismäßigkeit;
- Grundsatz der Transparenz;
- Grundsatz der Sicherheit;
- Recht auf Zugriff, Berichtigung und Widerspruch der betroffenen Person;
- Beschränkung der Weitergabe in andere Drittländer;
- zusätzliche Sicherheitsmaßnahmen bei sensiblen Daten i.S.d. Art. 8 der Richtlinie;
- jederzeitiges Widerspruchsrecht bei der Übermittlung zu Zwecken des Direktmarketings;
- besondere Anforderungen bei der Übermittlung mit dem Ziel einer automatisierten Einzelentscheidung i.S.d. Art. 15 der Richtlinie.

2. Notifizierung der Garantien einzelner Unternehmen, Art. 26 Abs. 2, 3 Datenschutz-RL

140   **Art. 26 Abs. 2 Datenschutz-RL** erlaubt den Mitgliedstaaten, eine Übermittlung oder eine Kategorie von Übermittlungen personenbezogener Daten in ein Drittland zu genehmigen, das **kein angemessenes Schutzniveau** aufweist, wenn der für die Verarbeitung Verantwortliche ausreichende **Garantien** bietet.

141   Ausreichende Garantien können sich ergeben

- aus entsprechenden **Vertragsklauseln,**
- aus den von der Europäischen Kommission angenommenen **Standardvertragsklauseln,**
- aus **Ad-hoc-Klauseln,** die vom betreffenden Mitgliedstaat selbst für ausreichend befunden werden,
- aus anderen geeigneten Maßnahmen wie **verbindlichen unternehmensinternen Vorschriften,** wie sie die Art. 29-Datenschutzgruppe für die interne Datenübermittlung multinationaler Unternehmen[147] angenommen hat. Die Grundsätze des Datenschutzes in den verbindlichen unternehmensinternen Vorschriften müssen weitgehend mit den Grundsätzen des Daten-

---

146 Art. 29-Datenschutzgruppe, WP 12, S. 11 ff.
147 WP 74 abrufbar unter: http://ec.europa.eu/justice_home/fsj/privacy/workinggroup/wpdocs/2003_de.htm; ergänzend WP 107 und 108 vom 14.4.2005, abrufbar unter: http://ec.europa.eu/justice_home/fsj/privacy/workinggroup/wpdocs/2005_de.htm.

schutzes der Richtlinie 95/46/EG übereinstimmen. Aus dieser Sicht stellt die Einführung verbindlicher unternehmensinterner Vorschriften innerhalb von EU/EWR kein Problem dar, sofern die Vorschriften den nationalen Datenschutzvorschriften genügen.

Art. 26 Abs. 3 Datenschutz-RL bestimmt, dass die Mitgliedstaaten die Kommission und die anderen Mitgliedstaaten über die von ihnen nach Abs. 2 erteilten Genehmigungen **unterrichten**. Bestehen gegen die Genehmigung Einwände, so kann die Kommission die Entscheidung entsprechend dem in Art. 31 Datenschutz-RL bestimmten Ausschussverfahren aufheben oder bestätigen. **142**

3. Standardvertragsklauseln, Art. 26 Abs. 4 Datenschutz-RL

Rat und Europäisches Parlament haben die Kommission ermächtigt, aufgrund von Art. 26 Abs. 4 **Datenschutz-RL** zu entscheiden, dass bestimmte **Standardvertragsklauseln** Garantien hinsichtlich des Schutzes der Privatsphäre, der Grundrechte und der Grundfreiheiten der Personen sowie hinsichtlich der Ausübung der damit verbundenen Rechte bieten, die den Erfordernissen von Art. 26 Abs. 2 Datenschutz-RL genügen. Diese Vertragsklauseln sind so präzise wiedergegeben, dass sie in den Vereinbarungen in der Praxis meist wörtlich übernommen werden.[148] **143**

Eine solche Entscheidung bewirkt, dass mit der **Aufnahme der Standardvertragsklauseln** in einen Vertrag personenbezogene Daten von einer für die Datei verantwortlichen Person, die in einem der EU-Mitgliedstaaten oder EWR-Mitgliedstaaten (Norwegen, Liechtenstein und Island) ansässig ist, an eine für die Datei verantwortliche Person, die in einem Land niedergelassen ist, das **kein angemessenes Datenschutzniveau** gewährleistet, weitervermittelt werden können.[149] **144**

Die Standardvertragsklauseln sind für die Unternehmen **nicht zwingend** vorgeschrieben. Sie berühren weder bereits abgeschlossene noch künftige vertragliche Vereinbarungen, die von nationalen Datenschutzbehörden nach nationalem Recht genehmigt sind. **145**

Die Standardvertragsklauseln sehen unter III. vor, dass in den Fällen, in denen einer betroffenen Person infolge der Verletzung ihrer Rechte aus dem Vertrag ein Schaden entstanden ist, diese Person Anspruch auf Entschädigung durch den Datenexporteur oder den Datenimporteur oder gesamtschuldnerisch gegen beide hat. **146**

Standardvertragsklauseln sind nicht erforderlich, wenn der Datenempfänger einem System angeschlossen ist, das wie die SHPP/FAQ einen angemessenen Datenschutz bietet. Wenn die Übermittlung jedoch Daten betrifft, die nicht durch die Verpflichtung auf die Grundsätze des sicheren Hafens abgedeckt sind, stellt die Anwendung der Standardvertragsklauseln eine Möglichkeit dar, die erforderlichen Datenschutzgarantien zu bieten. **147**

Mitgliedstaaten können Datenübermittlungen aufgrund der Standardvertragsklauseln in Ausnahmefällen blockieren oder aussetzen, Art. 4 der Kommissionsentscheidung 2004/915/EG. Das gilt unter anderem dann, wenn **148**

■ feststeht, dass das für den Datenimporteur geltende Recht von diesem fordert, von den einschlägigen Datenschutzvorschriften abzuweichen, und zwar in einem Maß, das über die in einer Demokratie erforderlichen Einschränkungen nach Art. 13 der Richtlinie 95/46/EG hinausgeht; das gilt, wenn die Bestimmungen dieses Rechts geeignet sind, die Garantien, die die Vertragsklauseln bieten sollen, stark zu beeinträchtigen, oder

148 *Wisskirchen/Jordan/Bissels*, DB 2005, 2190, 2194.
149 Entscheidung der Kommission 2004/915/EG vom 27.12.2004 zur Änderung der Entscheidung 2001/497/EG bezüglich der Einführung alternativer Standardvertragsklauseln für die Übermittlung personenbezogener Daten in Drittländer, ABl L Nr. 385 vom 29.12.2004, 74 ff.

- eine zuständige Behörde festgestellt hat, dass der Datenimporteur die Vertragsklauseln nicht beachtet, oder
- eine hohe Wahrscheinlichkeit besteht, dass die Standardvertragsklauseln derzeit oder künftig nicht eingehalten werden und die fortgesetzte Übermittlung den betroffenen Personen einen nicht wieder gut zu machenden Schaden zufügen würde.

149 Art. 3 Abs. 3 der Kommissionsentscheidung 2004/915/EG sieht zudem vor, dass die Mitgliedstaaten die Kommission informieren, wenn sie in irgendeiner Form von dieser Klausel Gebrauch machen, und dass die Kommission ihrerseits die anderen Mitgliedstaaten davon unterrichtet. Die Kommission kann nach dem Verfahren des Art. 31 Abs. 2 Datenschutz-RL geeignete Maßnahmen ergreifen.

150 Die Vertragsparteien können vereinbaren, neben den Standardvertragsklauseln weitere Klauseln zu vereinbaren, sofern diese den von der Kommission festgelegten Standardvertragsklauseln weder direkt noch indirekt entgegenstehen und nicht die Grundrechte und Grundfreiheiten der betroffenen Personen beeinträchtigen. So ist es beispielsweise möglich, zusätzliche Garantien oder verfahrensbezogene Sicherheiten für natürliche Personen einzubeziehen (z.B. Online-Verfahren oder einschlägige Bestimmungen, die in einer Datenschutzpolitik verankert sind).

V. Muster

151 **Übermittlung zwischen für die Datenverarbeitung Verantwortlichen**

Dem folgenden Muster liegt eine Entscheidung der Kommission vom 27.12.2004 (2004/915/EG) zur Änderung der Entscheidung 2001/497/EG bezüglich der Einführung alternativer Standardvertragsklauseln für die Übermittlung personenbezogener Daten in Drittländer zugrunde.[150]

▼

Muster 11.1: Standardvertragsklauseln für die Übermittlung personenbezogener Daten aus der Gemeinschaft in Drittländer

Vereinbarung über die Datenübermittlung

zwischen

(Name)

(Adresse und Sitzland)

nachstehend als „Datenexporteur" bezeichnet,

und

(Name)

(Adresse und Sitzland)

nachstehend als „Datenimporteur" bezeichnet,

beide nachstehend als „Partei", zusammen als „Parteien" bezeichnet:

Begriffsbestimmungen

Im Rahmen der Vertragsklauseln gelten folgende Begriffsbestimmungen:

150 ABl L Nr. 385 vom 29.12.2004, S. 74.

a) Die Begriffe „personenbezogene Daten", „besondere Kategorien personenbezogener Daten/sensible Daten", „verarbeiten/-Verarbeitung", „für die Verarbeitung Verantwortlicher", „Auftragsverarbeiter", „betroffene Person" und „Kontrollstelle" werden entsprechend den Begriffsbestimmungen der Richtlinie 95/46/EG vom 24.10.1995 verwendet (wobei mit „Kontrollstelle" die Datenschutzkontrollstelle gemeint ist, die für das Sitzland des Datenexporteurs zuständig ist).

b) „Datenexporteur" bezeichnet den für die Verarbeitung Verantwortlichen, der die personenbezogenen Daten übermittelt.

c) „Datenimporteur" bezeichnet den für die Verarbeitung Verantwortlichen, der sich bereit erklärt, vom Datenexporteur

　1.) personenbezogene Daten für die Verarbeitung gemäß den Bestimmungen dieser Vertragsklauseln entgegenzunehmen,

　2.) und der nicht an ein System eines Drittlandes gebunden ist, das angemessenen Schutz gewährleistet.

d) „Klauseln" bezeichnet diese Standardvertragsklauseln als eigenständiges Dokument, das keine Geschäftsbedingungen beinhaltet, die von den Parteien im Rahmen getrennter geschäftlicher Vereinbarungen getroffen wurden.

Die Einzelheiten der Übermittlung (sowie die abgedeckten personenbezogenen Daten) sind in Anhang B aufgeführt, der integraler Bestandteil dieser Klauseln ist.

I. Pflichten des Datenexporteurs

Der Datenexporteur gibt folgende Zusicherungen:

a) Die personenbezogenen Daten wurden nach den für den Datenexporteur geltenden Gesetzen gesammelt, verarbeitet und übermittelt.

b) Er hat sich im Rahmen des Zumutbaren davon überzeugt, dass der Datenimporteur seine Rechtspflichten aus diesen Klauseln zu erfüllen in der Lage ist.

c) Er stellt dem Datenimporteur auf Antrag Exemplare der einschlägigen Datenschutzgesetze oder entsprechende Fundstellennachweise seines Sitzlandes zur Verfügung, erteilt aber keine Rechtsberatung.

d) Er beantwortet Anfragen der betroffenen Personen und der Kontrollstelle bezüglich der Verarbeitung der personenbezogenen Daten durch den Datenimporteur, es sei denn, die Parteien haben vereinbart, dass der Datenimporteur die Beantwortung übernimmt; der Datenexporteur übernimmt die Beantwortung im Rahmen der Zumutbarkeit und aufgrund der ihm zugänglichen Informationen auch dann, wenn der Datenimporteur nicht antworten will oder kann. Sie erfolgt innerhalb einer angemessenen Frist.

e) Er stellt betroffenen Personen, die Drittbegünstigte i.S.v. Klausel III sind, auf Verlangen ein Exemplar der Klauseln zur Verfügung, es sei denn, die Klauseln enthalten vertrauliche Angaben; in diesem Fall hat er das Recht, diese Angaben zu entfernen. Werden Angaben entfernt, teilt der Datenexporteur den betroffenen Personen schriftlich die Gründe für die Entfernung mit und belehrt sie über ihr Recht, die Kontrollstelle auf die Entfernung aufmerksam zu machen. Der Datenexporteur leistet indessen der Entscheidung der Kontrollstelle Folge, den betroffenen Personen Zugang zum Volltext der Klauseln zu gewähren, wenn diese sich zur Geheimhaltung der entfernten vertraulichen Informationen verpflichten.

Der Datenexporteur stellt ferner auch der Kontrollstelle auf Antrag ein Exemplar der Klauseln zur Verfügung.

II. Pflichten des Datenimporteurs

Der Datenimporteur gibt folgende Zusicherungen:

a) Er verfügt über die technischen und organisatorischen Voraussetzungen zum Schutz der personenbezogenen Daten gegen die unbeabsichtigte oder rechtswidrige Zerstörung oder gegen den unbeabsichtigten Verlust oder die unbeabsichtigte Änderung, die unberechtigte Offenlegung oder den unberechtigten Zugriff; damit ist ein Sicherheitsniveau gewährleistet, das den von der Verarbeitung ausgehenden Risiken und der Art der zu schützenden Daten gerecht wird.

b) Seine Verfahrensregeln gewährleisten, dass von ihm zum Zugriff auf die personenbezogenen Daten befugte Dritte, einschließlich des Auftragsverarbeiters, die Geheimhaltung und Sicherheit der personenbezogenen Daten beachten und wahren. Die unter der Verantwortung des Datenimporteurs tätigen Personen, darunter auch Auftragsverarbeiter, dürfen die personenbezogenen Daten nur auf seine Anweisung verarbeiten. Diese Bestimmung gilt nicht für Personen, die von Rechts wegen zum Zugriff auf die personenbezogenen Daten befugt oder verpflichtet sind.

c) Zum Zeitpunkt des Vertragsabschlusses bestehen seines Wissens in seinem Land keine entgegenstehenden Rechtsvorschriften, die die Garantien aus diesen Klauseln in gravierender Weise beeinträchtigen; er benachrichtigt den Datenexporteur (der die Benachrichtigung erforderlichenfalls an die Kontrollstelle weiterleitet), wenn er Kenntnis von derartigen Rechtsvorschriften erlangt.

d) Er verarbeitet die personenbezogenen Daten zu den in Anhang B dargelegten Zwecken und ist ermächtigt, die Zusicherungen zu geben und die Verpflichtungen zu erfüllen, die sich aus diesem Vertrag ergeben.

e) Er nennt dem Datenexporteur eine Anlaufstelle innerhalb seiner Organisation, die befugt ist, Anfragen bezüglich der Verarbeitung der personenbezogenen Daten zu behandeln, und arbeitet redlich mit dem Datenexporteur, der betroffenen Person und der Kontrollstelle zusammen, damit derartige Anfragen innerhalb einer angemessenen Frist beantwortet werden. Wenn der Datenexporteur nicht mehr besteht oder wenn die Parteien Entsprechendes vereinbaren, verpflichtet sich der Datenimporteur zur Einhaltung der Bestimmungen von Klausel II Buchst. e).

f) Auf Antrag des Datenexporteurs weist er nach, dass er über ausreichende Finanzmittel verfügt, um die Verpflichtungen aus Klausel III zu erfüllen (wozu auch Versicherungsschutz zählen kann).

g) Auf Antrag des Datenexporteurs und sofern dies nicht willkürlich ist, überlässt er seine zur Verarbeitung benötigten Datenverarbeitungseinrichtungen, Dateien und Unterlagen der Überprüfung, dem Audit und/oder der Zertifizierung durch den Datenexporteur (oder von ihm ausgewählte unabhängige oder unparteiische Prüfer oder Auditoren, gegen die der Datenimporteur keine begründeten Einwände erhebt), um zu gewährleisten, dass die Zusicherungen in diesen Klauseln eingehalten werden, wobei die Überprüfung rechtzeitig anzukündigen und während der üblichen Geschäftszeiten durchzuführen ist. Sofern die Zustimmung oder Genehmigung durch eine Regulierungs- oder Kontrollstelle im Land des Datenimporteurs erforderlich ist, bemüht sich dieser, die Zustimmung oder Genehmigung zügig zu erhalten.

h) Er verarbeitet die personenbezogenen Daten gemäß

   i) den Datenschutzbestimmungen des Landes, in dem der Datenexporteur ansässig ist, oder

   ii) den einschlägigen Bestimmungen etwaiger Kommissionsentscheidungen nach Art. 25 Abs. 6 der Richtlinie 95/46/EG, sofern der Datenimporteur die einschlägigen Bestimmungen derartiger Genehmigungen bzw. Entscheidungen einhält und in einem Land ansässig ist, für das diese Genehmigungen oder Entscheidungen gelten, obwohl diese hinsichtlich der Übermittlung personenbezogener Daten auf ihn keine Anwendung finden, oder

   iii) den Grundsätzen für die Datenverarbeitung in Anhang A.

Der Datenimporteur wählt die Möglichkeit: ▭

Paraphe des Datenimporteurs: ▭ ;

i) Er verzichtet auf die Offenlegung oder Übermittlung personenbezogener Daten an für die Verarbeitung verantwortliche Dritte, die außerhalb des Europäischen Wirtschaftsraums (EWR) ansässig sind, es sei denn, er setzt den Datenexporteur von der Übermittlung in Kenntnis und

   i) der für die Verarbeitung verantwortliche Dritte verarbeitet die personenbezogenen Daten im Einklang mit einer Kommissionsentscheidung, in der die Kommission einem Drittland ein angemessenes Datenschutzniveau zuerkennt, oder

   ii) der für die Verarbeitung verantwortliche Dritte unterzeichnet diese Klauseln oder eine andere, von einer zuständigen Stelle in der EU genehmigte Datenübermittlungsvereinbarung oder

   iii) die betroffenen Personen haben das Recht zum Widerspruch, nachdem sie über den Zweck der Übermittlung informiert wurden, ferner über die Empfängerkategorien und darüber, dass das Empfängerland der Daten möglicherweise andere Datenschutzstandards aufweist, oder

   iv) die betroffenen Personen haben im Hinblick auf die Weiterübermittlung sensibler Daten zweifelsfrei ihre Zustimmung zu der Weiterübermittlung erteilt.

III. Haftung und Rechte Dritter

a) Jede Partei haftet gegenüber der anderen Partei für Schäden, die sie durch einen Verstoß gegen diese Klauseln verursacht. Die gegenseitige Haftung der Parteien ist auf den tatsächlich erlittenen Schaden begrenzt. Strafschadensersatzansprüche (d.h. die Zahlung von Strafen für grobes Fehlverhalten einer Partei) sind ausdrücklich ausgeschlossen. Jede Partei haftet gegenüber der betroffenen Person für Schäden, die sie durch die Verletzung von Rechten Dritter im Rahmen dieser Klauseln verursacht. Die Haftung des Datenexporteurs gemäß den für ihn maßgeblichen Datenschutzvorschriften bleibt davon unberührt.

b) Die Parteien räumen den betroffenen Personen das Recht ein, diese Klausel sowie Klausel I Buchst. b), d) und e), Klausel II Buchst. a), c), d), e), h), i), Klausel III Buchst. a) sowie die Klauseln V, VI Buchst. d) und VII als Drittbegünstigte gegenüber dem Datenimporteur oder dem Datenexporteur durchzusetzen, wenn diese im Hinblick auf die Daten der betroffenen Personen ihre Vertragspflichten verletzen; zu diesem Zweck erkennen sie die Zuständigkeit der Gerichte im Sitzland des Datenexporteurs an. Wirft die betroffene Person dem Datenimporteur Vertragsverletzung vor, muss sie den Datenexporteur zunächst auffordern, ihre Rechte gegenüber dem Datenimporteur durchzusetzen; wird der Datenexporteur nicht innerhalb einer angemessenen Frist tätig (im Regelfall innerhalb eines Monats), kann die betroffene Person ihre Rechte direkt gegenüber dem Datenimporteur durchsetzen. Eine betroffene Person kann direkt gegen einen Datenexporteur vorgehen, wenn dieser sich im Rahmen des Zumutbaren nicht davon überzeugt hat, dass der Datenimporteur seine rechtlichen Verpflichtungen aus diesen Klauseln zu erfüllen in der Lage ist (der Datenexporteur muss beweisen, dass er alle zumutbaren Anstrengungen unternommen hat).

IV. Anwendbares Recht

Diese Klauseln unterliegen dem Recht des Landes, in dem der Datenexporteur ansässig ist; davon ausgenommen sind die Rechtsvorschriften über die Verarbeitung der personenbezogenen Daten durch den Datenimporteur gem. Klausel II Buchst. h), die nur gelten, wenn sich der Datenimporteur nach dieser Klausel dafür entschieden hat.

V. Beilegung von Streitigkeiten mit betroffenen Personen oder der Kontrollstelle

a) Bei einer Streitigkeit oder einer Klage der betroffenen Person oder der Kontrollstelle gegen eine Partei oder beide Parteien bezüglich der Verarbeitung personenbezogener Daten setzen die Parteien einander davon in Kenntnis und bemühen sich gemeinsam um eine zügige, gütliche Beilegung.

b) Die Parteien erklären sich bereit, sich jedem allgemein zugänglichen, nicht bindenden Schlichtungsverfahren zu unterwerfen, das von einer betroffenen Person oder der Kontrollstelle angestrengt wird. Beteiligen sie sich an dem Verfahren, können sie dies auf dem Weg der Telekommunikation tun (z.B. per Telefon oder anderer elektronischer Mittel). Die Parteien erklären sich ferner bereit, eine Beteiligung an anderen Vermittlungsverfahren, Schiedsverfahren oder sonstigen Verfahren der Streitbeilegung zu erwägen, die für die Zwecke des Datenschutzes entwickelt werden.

c) Die Parteien unterwerfen sich den rechtskräftigen Endentscheidungen des zuständigen Gerichts im Sitzland des Datenexporteurs oder der Kontrollstelle.

VI. Beendigung des Vertrags

a) Verstößt der Datenimporteur gegen seine Verpflichtungen aus diesen Klauseln, kann der Datenexporteur die Übermittlung personenbezogener Daten an den Datenimporteur vorläufig aussetzen, bis der Verstoß beseitigt oder der Vertrag beendet ist.

b) Tritt einer der folgenden Fälle ein:

   i) die Übermittlung personenbezogener Daten an den Datenimporteur wird vom Datenexporteur gem. Buchst. a) länger als einen Monat ausgesetzt;

   ii) die Einhaltung dieser Klauseln durch den Datenimporteur verstößt gegen Rechtsvorschriften des Importlandes;

   iii) der Datenimporteur missachtet Zusicherungen, die er im Rahmen dieser Klauseln gegeben hat, in erheblichem Umfang oder fortdauernd;

   iv) das zuständige Gericht im Sitzland des Datenexporteurs oder der Kontrollstelle stellt rechtskräftig fest, dass der Datenimporteur oder der Datenexporteur gegen die Klauseln verstoßen haben, oder

v) es wird ein Antrag auf Insolvenzverwaltung oder Abwicklung des Datenimporteurs in dessen privater oder geschäftlicher Eigenschaft gestellt, der nicht innerhalb der nach geltendem Recht vorgesehenen Frist abgewiesen wird; die Abwicklung wird gerichtlich angeordnet; für einen beliebigen Teil seines Vermögens wird ein Zwangsverwalter bestellt; ein Treuhänder wird bestellt, falls es sich bei dem Datenimporteur um eine Privatperson handelt; dieser leitet einen außergerichtlichen Vergleich ein, oder es kommt zu einem je nach Rechtsordnung gleichwertigen Verfahren,

so ist der Datenexporteur berechtigt, unbeschadet etwaiger sonstiger Ansprüche gegen den Datenimporteur, diesen Vertrag zu kündigen, wovon er gegebenenfalls die Kontrollstelle in Kenntnis setzt. Tritt einer der in Ziffer i), ii) oder iv) genannten Fälle ein, kann der Datenimporteur seinerseits den Vertrag kündigen.

c) Jede Partei kann den Vertrag kündigen, wenn i) die Kommission eine positive Angemessenheitsfeststellung gem. Art. 25 Abs. 6 der Richtlinie 95/46/EG (oder einer Vorschrift, die diese Vorschrift ersetzt) in Bezug auf das Land (oder einen Bereich davon) trifft, in das die Daten übermittelt und in dem sie vom Datenimporteur verarbeitet werden, oder ii) die Richtlinie 95/46/EG (oder eine Vorschrift, die diese Vorschrift ersetzt) in dem betreffenden Land unmittelbar zur Anwendung gelangt.

d) Die Parteien vereinbaren, dass sie auch nach der Beendigung dieses Vertrags, ungeachtet des Zeitpunkts, der Umstände oder der Gründe (ausgenommen die Kündigung gem. Klausel VI Buchst. c), weiterhin an die Verpflichtungen und/oder Bestimmungen dieser Klauseln in Bezug auf die Verarbeitung der übermittelten Daten gebunden sind.

VII. Änderung der Klauseln

Die Parteien dürfen diese Klauseln nur zum Zwecke der Aktualisierung von Anhang B ändern; gegebenenfalls müssen sie die Kontrollstelle davon in Kenntnis setzen. Es steht den Parteien allerdings frei, erforderlichenfalls weitere Geschäftsklauseln hinzuzufügen.

VIII. Beschreibung der Übermittlung

Die Einzelheiten zur Übermittlung und zu den personenbezogenen Daten sind in Anhang B aufgeführt. Die Parteien vereinbaren, dass sie gegebenenfalls in Anhang B enthaltene vertrauliche Informationen nicht gegenüber Dritten offen legen, es sei denn, sie sind gesetzlich dazu verpflichtet oder handeln auf Aufforderung einer zuständigen Regulierungsstelle oder staatlichen Einrichtung oder gem. Klausel I Buchst. e. Die Parteien können weitere Anhänge vereinbaren, die zusätzliche Übermittlungen betreffen; diese sind gegebenenfalls der Kontrollstelle zu unterbreiten. Ersatzweise kann Anhang B so formuliert werden, dass er eine Vielzahl von Übermittlungen abdeckt.

Datum:

Für den DATENIMPORTEUR:

Für den DATENEXPORTEUR:

Anhang A: Grundsätze für die Datenverarbeitung

1. Zweckbindung: Personenbezogene Daten dürfen nur für die in Anhang B festgelegten oder anschließend von der betroffenen Person genehmigten Zwecke verarbeitet und danach verwendet oder weiter übermittelt werden.

2. Datenqualität und Verhältnismäßigkeit: Personenbezogene Daten müssen sachlich richtig sein und nötigenfalls auf dem neuesten Stand gehalten werden. Sie müssen den Übermittlungs- und Verarbeitungszwecken angemessen sein und dafür erheblich sein und dürfen nicht über das erforderliche Maß hinausgehen.

3. Transparenz: Die betroffenen Personen müssen Informationen erhalten, die eine Verarbeitung nach Treu und Glauben gewährleisten (beispielsweise Angaben zum Verarbeitungszweck und zur Übermittlung), sofern diese Informationen nicht bereits vom Datenexporteur erteilt wurden.

4. Sicherheit und Geheimhaltung: Der für die Verarbeitung Verantwortliche muss geeignete technische und organisatorische Sicherheitsvorkehrungen gegen die Risiken der Verarbeitung treffen, beispielsweise gegen die unbeabsichtigte oder rechtswidrige Zerstörung oder gegen den unbeabsichtigten Verlust oder die unbeabsichtigte Änderung, die unberechtigte Offenlegung oder den unberechtigten Zugriff. Alle unter der Verantwortung des für die Verarbeitung Verantwortlichen tätigen Personen, darunter auch Auftragsverarbeiter, dürfen die Daten nur auf Anweisung des für die Verarbeitung Verantwortlichen verarbeiten.

5. Recht auf Auskunft, Berichtigung, Löschung und Widerspruch: Nach Art. 12 der Richtlinie 95/46/EG hat die betroffene Person das Recht, entweder direkt oder durch Dritte, Auskunft über alle ihre personenbezogenen Daten zu erhalten, die von einer Organisation vorgehalten werden; dies gilt nicht für Auskunftsersuchen, die aufgrund ihrer unzumutbaren Periodizität oder ihrer Zahl, Wiederholung oder Systematik offensichtlich übertrieben sind, oder für Daten, über die nach dem für den Datenexporteur geltenden Recht keine Auskunft erteilt werden muss. Vorbehaltlich der vorherigen Genehmigung durch die Kontrollstelle muss auch dann keine Auskunft erteilt werden, wenn die Interessen des Datenimporteurs oder anderer Organisationen, die mit dem Datenimporteur in Geschäftsverkehr stehen, dadurch ernsthaft geschädigt würden und die Grundrechte und Grundfreiheiten der betroffenen Personen hierdurch nicht beeinträchtigt werden. Die Quellen der personenbezogenen Daten müssen nicht angegeben werden, wenn dazu unzumutbare Anstrengungen erforderlich wären oder die Rechte Dritter dadurch verletzt würden. Die betroffene Person muss das Recht haben, ihre personenbezogenen Daten berichtigen, ändern oder löschen zu lassen, wenn diese unzutreffend sind oder entgegen den vorliegenden Grundsätzen verarbeitet wurden. Bei begründeten Zweifeln an der Rechtmäßigkeit des Ersuchens kann die Organisation weitere Belege verlangen, bevor die Berichtigung, Änderung oder Löschung erfolgt. Dritte, gegenüber denen die Daten offen gelegt wurden, müssen von der Berichtigung, Änderung oder Löschung nicht in Kenntnis gesetzt werden, wenn dies mit einem unverhältnismäßigen Aufwand verbunden wäre. Die betroffene Person muss auch aus zwingenden legitimen Gründen, die mit ihrer persönlichen Situation zusammenhängen, Widerspruch gegen die Verarbeitung ihrer personenbezogenen Daten einlegen können. Die Beweislast liegt im Fall einer Ablehnung beim Datenimporteur; die betroffene Person kann eine Ablehnung jederzeit vor der Kontrollstelle anfechten.

6. Sensible Daten: Der Datenimporteur trifft die zusätzlichen Vorkehrungen (z.B. sicherheitsbezogener Art), die entsprechend seinen Verpflichtungen nach Klausel II zum Schutz sensibler Daten erforderlich sind.

7. Direktmarketing: Werden Daten zum Zwecke des Direktmarketings verarbeitet, sind wirksame Verfahren vorzusehen, damit die betroffene Person sich jederzeit gegen die Verwendung ihrer Daten für derartige Zwecke entscheiden kann („Opt-out").

8. Automatisierte Entscheidungen: „Automatisierte Entscheidungen" im Sinne dieser Klauseln sind mit Rechtsfolgen behaftete Entscheidungen des Datenexporteurs oder des Datenimporteurs bezüglich einer betroffenen Person, die allein auf der automatisierten Verarbeitung personenbezogener Daten zum Zwecke der Bewertung einzelner Aspekte ihrer Person beruhen, beispielsweise ihrer beruflichen Leistungsfähigkeit, ihrer Kreditwürdigkeit, ihrer Zuverlässigkeit oder ihres Verhaltens. Der Datenimporteur darf keine automatisierten Entscheidungen über eine betroffene Person fällen, es sei denn:

a)

aa) der Datenimporteur fällt die Entscheidungen im Rahmen eines Vertragsabschlusses oder der Ausführung eines Vertrags mit der betroffenen Person, und

bb) die betroffene Person erhält die Möglichkeit, die Ergebnisse einer einschlägigen automatisierten Entscheidung mit einem Vertreter der entscheidungstreffenden Partei zu erörtern, oder aber Erklärungen gegenüber dieser Partei abzugeben,

oder

b) die für den Datenexporteur geltenden Rechtsvorschriften sehen etwas anderes vor.

Anhang B: Beschreibung der Übermittlung

[von den Parteien auszufüllen]

Betroffene Personen

Die übermittelten personenbezogenen Daten betreffen folgende Kategorien betroffener Personen:

Übermittlungszwecke

Die Übermittlung ist zu folgenden Zwecken erforderlich:

Kategorien übermittelter Daten

Die übermittelten personenbezogenen Daten betreffen folgende Datenkategorien:

Empfänger

Die übermittelten personenbezogenen Daten dürfen nur gegenüber folgenden Empfängern oder Kategorien von Empfängern offen gelegt werden:

Sensible Daten (falls zutreffend)

Die übermittelten personenbezogenen Daten betreffen folgende Kategorien sensibler Daten:

Datenschutzmelderegister-Angaben des Datenexporteurs (falls zutreffend):

Sonstige nützliche Informationen (Aufbewahrungszeitraum und sonstige einschlägige Angaben):

Ansprechpartner für Datenschutzauskünfte

Datenexporteur:

Datenimporteur:

Anhang C: Veranschaulichende Geschäftsklauseln (Fakultativ)

Wechselseitige Entschädigung von Datenexporteur und Datenimporteur:

„Die Parteien entschädigen sich wechselseitig oder halten sich wechselseitig schadlos für alle Kosten, Ausgaben, Schäden, Auslagen oder Verluste, die die andere Partei durch Verletzung einer dieser Vertragsklauseln verursacht. Der Entschädigungsanspruch setzt voraus, dass

a) die zu entschädigenden Parteien die entschädigenden Parteien unverzüglich von dem Bestehen einer Forderung in Kenntnis setzen, und

b) die entschädigenden Parteien allein dazu berechtigt sind, sich gegen einen solchen Anspruch zu verteidigen oder den Streit beizulegen, und

c) die zu entschädigenden Parteien bei der Abwehr derartiger Rechtsansprüche redlich mit den entschädigenden Parteien zusammenarbeiten und diese unterstützen."

Streitbeilegung zwischen Datenexporteur und Datenimporteur (die Parteien können selbstverständlich eine andere alternative Streitbeilegung oder die Zuständigkeit eines Gerichts vereinbaren):

„Alle Rechtsstreitigkeiten zwischen dem Datenimporteur und dem Datenexporteur aus dem vorliegenden Vertrag werden gemäß dem Schlichtungs- und Schiedsreglement der Internationalen Handelskammer endgültig durch einen oder mehrere Schiedsrichter entschieden, die in Übereinstimmung mit diesem Reglement ernannt werden. Ort des Schiedsverfahrens ist   . Die Zahl der Schiedsrichter beträgt   ."

Kostenteilung:

„Jede Partei trägt die Kosten für die Erfüllung ihrer Vertragspflichten."

Zusätzliche Beendigungsklausel:

„Bei Beendigung dieses Vertrags gibt der Datenimporteur alle personenbezogenen Daten sowie alle Kopien der personenbezogenen Daten, die Gegenstand dieser Klauseln sind, unverzüglich an den Datenexporteur zurück, oder aber der Datenimporteur vernichtet auf Antrag des Datenexporteurs alle Exemplare derselben und bescheinigt dem Datenexporteur die Vernichtung, es sei denn, der nationale Gesetzgeber oder die nationale Regulierungsbehörde verbietet die vollständige oder teilweise Rückübermittlung oder Zerstörung dieser Daten; in diesem Fall werden die Daten geheim gehalten und zu keinem weiteren Zweck aktiv verarbeitet. Auf Verlangen des Datenexporteurs erlaubt der Datenimporteur dem Datenexporteur oder einem vom Datenexporteur ausgewählten Prüfer, gegen den der Datenimporteur keine begründeten Einwände erhebt, den Zugang zu seinen Räumlichkeiten, damit die Ausführung dieser Bestimmungen überprüft werden kann; die Überprüfung ist rechtzeitig anzukündigen und während der üblichen Geschäftszeiten durchzuführen."

▲

§ 12   Steuerrecht

Dr. Stephan Dornbusch

Inhalt

A.   Lohnsteuer

I.   Privatnutzung betrieblicher Geräte

Stellt der Arbeitgeber dem Arbeitnehmer Telekommunikationsgeräte ausschließlich für betrieb- **1**
liche Zwecke zur Verfügung, so ist dies lohnsteuerrechtlich unproblematisch; dem Arbeitnehmer
erwächst aus der Gestellung kein steuerpflichtiger geldwerter Vorteil. Ein solcher geldwerter
Vorteil entsteht allerdings, wenn der Arbeitnehmer auch zur privaten Nutzung der Geräte befugt
ist.

Die lohnsteuerrechtliche Behandlung der privaten Nutzung von betrieblichen Telekommunika- **2**
tionsgeräten war lange Zeit unklar und umstritten. Der Telekommunikationserlass des BMF[1]
aus dem Mai 2000, der nur schwer zu handhabende Regelungen vorsah, wurde im Oktober
2000 nach massiver Kritik aus der Wirtschaft wieder aufgehoben.[2] Die offenen Fragen hat der Gesetzgeber durch die Einführung des § 3 Nr. 45 EStG durch das Gesetz zur Änderung des Investi-
tionszulagengesetzes 1999[3] weitgehend geklärt. Der nach § 52 Abs. 5 EStG seit dem 1.1.2000
rückwirkend[4] geltende § 3 Nr. 45 EStG erklärt die Vorteile des Arbeitnehmers aus der privaten

---

1 BMF 24.5.2000 – IV C 5 – S 2336–13/00, DB 2000, 1100.
2 BMF 16.10.2000 – IV C 5 – S 2336–13/00 VI, DB 2000, 2143.
3 BGBl I 2000, 1850.
4 Auch die entsprechende Lohnsteuer-Richtlinie R 21 e LStR gilt rückwirkend ab dem 1.1.2000.

Nutzung von betrieblichen Personalcomputern und Telekommunikationsgeräten für steuerfrei.[5] Im Zuge dieser gesetzlichen Neuregelung wurden auch die noch geltenden BMF-Schreiben vom 11.6.1990[6] und vom 14.10.1993[7] aufgehoben.[8]

Mit dem Gesetz zur Änderung des Gemeindefinanzreformgesetzes vom 8.5.2012[9] ist die Vorschrift des § 3 Nr. 45 EStG erweitert worden. Die Steuerbefreiung betrifft jetzt nicht mehr nur Personalcomputer, sondern bezieht sich allgemeiner auf Datenverarbeitungsgeräte.

Praxishinweis

Die Gesetzesänderung gilt nach § 52 Abs. 4g EStG rückwirkend für Veranlagungsjahre ab dem 1.1.2000. Die Steuerfreiheit greift insofern auch für die Vergangenheit, sofern Steuerbescheide noch geändert werden können. Es empfiehlt sich daher die Prüfung, ob noch nicht bestandskräftige Steuerbescheide mit dem Einspruch angefochten werden können.

3   Nach § 3 Nr. 45 EStG ist die private Nutzung betrieblicher Datenverarbeitungsgeräte und Telekommunikationsgeräte grundsätzlich ein nicht steuerbarer Vorgang. Die Einführung dieser Vorschrift soll nach dem Willen des Gesetzgebers einerseits die Verwendung und Verbreitung des Internets fördern und andererseits einen Beitrag zur Steuervereinfachung leisten, obwohl das Internet selbst im Gesetzestext nicht genannt wird. Gegenstand der Steuerbefreiung ist die private Nutzung betrieblicher Datenverarbeitungsgeräte und Telekommunikationsgeräte. Beide Begriffe sind unter Berücksichtigung der gesetzgeberischen Intention, eine Steuervereinfachung zu bewirken, weit zu verstehen.

1. Datenverarbeitungsgeräte

4   Der Begriff Datenverarbeitungsgerät umfasst zunächst die bisher vom Gesetz genannten Personalcomputer. Unter **Personalcomputern** sind sowohl Standgeräte als auch Laptops und Notebooks zu verstehen. Auch anschließbare Standard-Hardware ist unter den Begriff zu fassen, wie z.B. Prozessoren, Grafik- und Soundkarten, Speichererweiterungen, Disketten-/CD-ROM-/DVD-Laufwerke. Außerdem unterfallen Zubehörgeräte, wie z.B. Monitore, Drucker, Scanner, Modems, ISDN-Karten und Software der Regelung (R 3.45 LStR). Mit dem Begriff des Datenverarbeitungsgeräts wollte der Gesetzgeber aber auch neuere Geräte steuerlich privilegieren. Ausweislich der Gesetzesbegründung sollen insbesondere Smartphones und Tablets von der Vorschrift erfasst werden.

2. Telekommunikationsgeräte

5   Als **Telekommunikationsgerät** soll insbesondere das von der Vorschrift in erster Linie geförderte Internet gelten. Außerdem sind darunter auch Telefon- und Telefaxgeräte, Mobil- und Autotelefone sowie Modems/ISDN-Karten zu fassen. Von der Steuerbefreiung erfasst sind im Übrigen auch die Verbindungsentgelte, d.h. die Grundgebühr und die sonstigen laufenden Kosten (R 3.45 LStR).

6   Keine Telekommunikationsgeräte i.S.d. § 3 Nr. 45 EStG sind Rundfunk- und Fernsehgeräte.[10] Bei der Charakterisierung von **Navigationsgeräten** ist zu differenzieren. Das FG Düsseldorf[11] hat mit eingehender Begründung dargelegt, dass auch ein Navigationsgerät als Telekommunikationsgerät i.S.d. § 3 Nr. 45 EStG anzusehen sei. Das Urteil betraf die Frage, ob ein fest in einen Dienstwagen

---

5 Zur Neuregelung *Beckschulze/Henkel*, DB 2001, 1503; *Fischer*, DStR 2001, 201; *Welling*, DStR 2001, 650.

6 BMF 11.6.1990 – IV B 6 – S 2336–4/90, BStBl I 1990, 290.

7 BMF 14.10.1993 – IV B 6 – S 2336–9/93, DB 1993, 2159.

8 BMF 20.11.2001 – IV C 5 – S 2336–9/01 II, DB 2001, 2567.

9 BGBl I 2012 S. 1030.

10 FinMin NRW 12.10.2001 – S 2334–29 – V B 3, DB 2001, 2274.

11 FG Düsseldorf 4.6.2004 – 18 K 879/03 E, EFG 2004, 1357.

installiertes Navigationsgerät in die Bemessungsgrundlage bei der Besteuerung des privaten Kfz-Anteils nach §§ 6 Abs. 1 Nr. 4 S. 2, 8 Abs. 2 S. 2 EStG (1 %-Regelung) einzubeziehen ist. Der Bundesfinanzhof[12] hat das Urteil aufgehoben und entschieden, dass unabhängig von der Bewertung eines Navigationsgeräts als Telekommunikationsgerät i.S.d. § 3 Nr. 45 EStG ein solch fest installiertes Gerät jedenfalls kein selbstständig bewertbares Wirtschaftsgut darstelle und die Vorschrift des § 3 Nr. 45 EStG insoweit nicht anwendbar sei. Die Finanzverwaltung vertritt ebenfalls diese Auffassung.[13] Danach sind fest installierte Navigationsgeräte nicht unter § 3 Nr. 45 EStG zu fassen; bei privater Nutzung eines Dienstwagens ist das fest eingebaute Navigationsgerät in die Bemessungsgrundlage für die Privatnutzung des Dienstwagens einzubeziehen. Da sowohl der Bundesfinanzhof als auch die Finanzverwaltung ausdrücklich auf die feste Verbindung zwischen Dienstwagen und dem eingebauten Navigationsgerät abstellen, sind insoweit mit dem FG Düsseldorf mobile Navigationsgeräte als Telekommunikationsgeräte anzusehen. Gleiches gilt für PDA.

3. System- und Anwendungsprogramme

Mit dem Gesetz zur Änderung des Gemeindefinanzreformgesetzes ist der § 3 Nr. 45 EStG zudem rückwirkend auf System- und Anwendungsprogramme erstreckt worden, die dem Arbeitnehmer vom Arbeitgeber oder aufgrund des Dienstverhältnisses von einem Dritten unentgeltlich oder verbilligt überlassen worden sind. Steuerfrei sind damit insbesondere geldwerte Vorteile des Arbeitnehmers im Rahmen so genannter Home Use Programme, bei denen ein Arbeitgeber mit einem Softwareanbieter so genannte Volumenlizenzvereinbarungen für Software abschließt, die dem Arbeitnehmer auch die private Nutzung der Software auf seinem privaten Personalcomputer ermöglichen. Als Beispiele für System- und Anwendungsprogramme nennt die Gesetzesbegründung Betriebssysteme und Virenscanner.   **7**

4. Betriebliche Geräte

Bei den Datenverarbeitungs- und Telekommunikationsgeräten muss es sich um **betriebliche Geräte** handeln. Dies bedeutet, dass die Geräte vom Arbeitgeber für den Betrieb angeschafft worden und dem Arbeitnehmer im Rahmen des Dienstverhältnisses überlassen worden sind. Dazu zählen auch gemietete und geleaste Geräte. Erforderlich ist, dass der Arbeitgeber wirtschaftlicher Eigentümer des Gerätes ist. An den Arbeitnehmer übereignete Geräte sind nicht mehr betrieblicher Art; auch wirtschaftliches Eigentum des Arbeitnehmers ist schädlich. Nicht von der Vorschrift umfasst sind Barzuschüsse des Arbeitgebers zur Nutzung von eigenen Geräten des Arbeitnehmers (etwa auch die Überlassung von Telefonkarten). Eine Ausnahme besteht wie gesehen für System- und Anwendungsprogramme. Diese können unter den genannten Voraussetzungen auch auf einem privaten Personlacomputer eingesetzt werden.   **8**

5. Nutzung durch Arbeitnehmer

Steuerbefreit ist nur die Nutzung durch einen **Arbeitnehmer**. Darunter zu fassen sind auch Rechtsnachfolger i.S.d. § 1 Abs. 1 LStDV sowie die Familienangehörigen des Arbeitnehmers.[14]   **9**

---

12 BFH 16.2.2005 – VI R 37/04, BB 2005, 1481; siehe hierzu auch *Urban*, FR 2004, 1383.
13 BMF 10.6.2002 – IV C 5 – S 2334–63/02, DStR 2002, 1667; OFD Koblenz 18.10.2004 – S 2334 A (n.v.) unter Hinweis auf R 31 Abs. 9 S. 6 LStR (R 8.1 Abs. 9 S. 6 n.F.).
14 *Niermann*, DB 2001, 2415, 2416.

Eine entsprechende Anwendung der Vorschrift auf Gewerbetreibende und Freiberufler ist nicht möglich; eine Verletzung des Gleichheitssatzes ist hiermit nicht verbunden.[15]

Unerheblich ist, ob die Geräte im Betrieb oder in der Privatwohnung des Arbeitnehmers genutzt werden.

10

Beispiel

Der Arbeitnehmer nutzt ein Autotelefon im Firmenfahrzeug auch für private Gespräche. Der Arbeitnehmer nutzt in seiner Privatwohnung einen ihm vom Arbeitgeber für dienstliche Zwecke zur Verfügung gestellten PC mit dessen Zustimmung auch privat.

11

Nicht von Bedeutung ist das Verhältnis von privater und beruflicher Nutzung. Die Steuerbefreiung ist außerdem der Höhe nach nicht begrenzt, wobei es nicht darauf ankommt, ob die Nutzungsvorteile vom Arbeitgeber zusätzlich zum Barlohn oder im Wege der Gehaltsumwandlung gewährt werden (R 3.45 LStR).

6. Umsatzsteuerrechtliche Folgen

12

Die **umsatzsteuerrechtlichen Folgen** aus der Einführung des § 3 Nr. 45 EStG regelt ein BMF-Schreiben vom 11.4.2001.[16] Das Schreiben unterscheidet zwischen drei Fallgestaltungen. Danach ist im Fall einer entgeltlichen Nutzungsüberlassung betrieblicher PC oder Telekommunikationsgeräte durch den Arbeitgeber von einer steuerbaren und steuerpflichtigen Leistung auszugehen. Bei einer unentgeltlichen Nutzungsüberlassung liegt zwar eine grundsätzlich steuerbare und steuerpflichtige unentgeltliche Wertabgabe gem. § 3 Abs. 9a UStG vor, eine Besteuerung kann allerdings im Einzelfall gem. Abschn. 12 Abs. 4 UStR ausscheiden, wenn die private Nutzung durch betriebliche Zwecke überlagert wird.[17]

13

Beispiel

Ein Journalist nutzt privat das Internet, um sich einen Überblick über die Nachrichtenlage zu verschaffen.

14

Im Fall einer Privatnutzung gegen den Willen des Arbeitgebers liegt kein steuerbarer Vorgang vor.

II. Pauschalierungsbefugnis nach § 40 Abs. 2 Nr. 5 EStG

15

Übereignet ein Arbeitgeber einen PC an seinen Arbeitnehmer, so liegt darin die Gewährung eines geldwerten Vorteils, der lohnsteuerlich zu erfassen ist. Seit dem 1.1.2000 besteht für den Arbeitgeber die durch das Gesetz zur Änderung des Versicherungsaufsichtsgesetzes[18] eingeführte **Pauschalierungsmöglichkeit** des § 40 Abs. 2 Nr. 5 EStG. Danach kann der Arbeitgeber eine pauschale Lohnsteuer von 25 % erheben, wenn er seinen Arbeitnehmern Personalcomputer unentgeltlich oder verbilligt übereignet. Wie bei der Vorschrift des § 3 Nr. 45 EStG soll auch hierdurch die Verbreitung des Internets gefördert werden.

---

15 BMF 6.5.2002 – IV A 6 – S 2144 – 19/02, DStR 2002, 999; BFH 21.6.2006 – XI R 50/05, BStBl II 2006, 715; BFH 14.3.2007 – XI R 1/06, BFH/NV 2007, 1481.

16 BMF 11.4.2001 – IV B 7 – S 7109 – 14/01, DB 2001, 1117.

17 BFH 29.6.2007 – V B 1/06, BFH/NV 2007, 1899.

18 BGBl I 2000, 1857.

1. Personalcomputer

Im Gegensatz zu § 3 Nr. 45 EStG sind die Voraussetzungen des § 40 Abs. 2 Nr. 5 EStG enger gefasst. Begünstigt sind nicht sämtliche Telekommunikationsgeräte, sondern nur **Personalcomputer**, deren Zubehör und der Internetzugang. Telekommunikationsgeräte, die nicht Zubehör eines PC sind oder nicht für die Internetnutzung verwendet werden können, sind von der Vorschrift nicht umfasst. Nicht maßgeblich ist, ob es sich bei den übereigneten Gerätschaften um eine Erstausstattung oder um eine Ergänzung oder einen Austausch bereits vorhandener Geräte handelt (R 40.2 Abs. 5 LStR). Ausreichend ist auch, dass nur Zubehörgeräte übereignet werden. Eine Pauschalierung kommt außerdem nur in Betracht, soweit die unentgeltliche oder verbilligte Abgabe zusätzlich zum ohnehin geschuldeten Arbeitslohn erbracht wird. Fälle der Gehaltsumwandlung sind insoweit nicht begünstigt.[19]

16

Dagegen gilt die Pauschalierungsmöglichkeit gem. § 40 Abs. 2 Nr. 5 S. 2 EStG auch bei Barlohnzuschüssen des Arbeitgebers zu Aufwendungen des Arbeitnehmers für die Internetnutzung, soweit diese zusätzlich zum Lohn gewährt werden. Als Aufwendungen für die Internetnutzung in diesem Sinne zählen sowohl die laufenden Kosten (z.B. Grundgebühr für den Internetzugang, laufende Gebühren für die Internetnutzung, Flatrate) als auch die Kosten der Einrichtung des Internetzugangs (z.B. ISDN-Anschluss, Modem, Personalcomputer).

17

Die Möglichkeit der Lohnsteuerpauschalierung besteht auch, soweit der Arbeitgeber dem Arbeitnehmer im Rahmen einer **Abfindung** einen Personalcomputer übereignet.

18

Beispiel

19

Der Arbeitnehmer erhält bei Beendigung des Arbeitsverhältnisses eine Geldabfindung. Zusätzlich darf er den bisher von ihm benutzten dienstlichen Laptop behalten, den der Arbeitgeber an ihn übereignet. Der Arbeitgeber kann den geldwerten Vorteil aus der Übereignung des Laptops nach § 40 Abs. 2 Nr. 5 EStG der pauschalen Lohnsteuer unterwerfen, wobei im Einzelfall zu fragen ist, ob die Pauschalierung steuerlich günstiger ist und wer die Lohnsteuer im Innenverhältnis tragen soll (das Muster hierzu siehe unten Rn 60).

2. Nachweis

Ohne **Nachweise** kann der Arbeitgeber den vom Arbeitnehmer erklärten Betrag für die Internetnutzung pauschal versteuern, soweit dieser 50 EUR im Monat nicht übersteigt. Übersteigen die Zuschüsse diesen Betrag, so muss der Arbeitnehmer seine Aufwendungen für einen repräsentativen Zeitraum von drei Monaten im Einzelnen nachweisen. Der Durchschnittswert kann dann als Maßstab für die Pauschalierung angesetzt werden, bis sich die Verhältnisse wesentlich ändern. Ein Werbungskostenabzug für Anschaffungen, die von Seiten des Arbeitgebers der pauschalen Besteuerung unterworfen werden, ist ausgeschlossen (R 40.2 Abs. 5 LStR); zugunsten des Arbeitnehmers sind die pauschal besteuerten Zuschüsse zunächst auf den privat veranlassten Teil der Aufwendungen anzurechnen. Bei monatlichen Zuschüssen von unter 50 EUR im Monat unterbleibt die Anrechnung.

20

Beispiel

21

Der Arbeitgeber erstattet dem Arbeitnehmer monatlich 50 EUR für den vom Arbeitnehmer ausschließlich privat genutzten Internetzugang. Diesen geldwerten Vorteil kann der Arbeitgeber der pauschalen Lohnsteuer von 25 % unterwerfen, wenn der Arbeitnehmer eine Erklärung abgibt, dass er einen Internetzugang besitzt und dass ihm durchschnittliche monatliche Kosten von 50 EUR entstehen.

---

19 Schmidt-*Drenseck*, § 40 EStG Rn 20.

B. Einkommensteuer

I. Werbungskostenabzug

22   Im Gegensatz zur lohnsteuerlichen Erfassung der Privatnutzung betrieblicher Telekommunikationsgeräte stellt sich bei der privaten Anschaffung betrieblich genutzter Telekommunikationsgeräte die Frage nach dem **Werbungskostenabzug**. § 9 Abs. 1 Nr. 6 EStG nennt als von den Einkünften des Arbeitnehmers abzugsfähige Werbungskosten die „Aufwendungen für Arbeitsmittel", wobei als Arbeitsmittel alle Wirtschaftsgüter anzusehen sind, die ausschließlich – oder doch nahezu ausschließlich – und unmittelbar zur Erledigung der dienstlichen Aufgaben dienen.[20] Problematisch hierbei ist, dass die für dienstliche Zwecke angeschafften Telekommunikationsgeräte grundsätzlich auch zu privaten Zwecken nutzbar sind und häufig auch privat genutzt werden. Aufwendungen für eine solche Privatnutzung sind gem. § 12 Nr. 1 S. 1 EStG allerdings vom Steuerabzug ausgeschlossen. Bei der Einordnung als Arbeitsmittel ist insoweit auf den tatsächlichen Verwendungszweck im Einzelfall abzustellen. Die rein theoretische Nutzung für private Zwecke schließt die Berücksichtigung als Arbeitsmittel nicht aus, wobei die private Mitbenutzung im Umfang von nicht mehr als 10 % unberücksichtigt bleiben kann.[21]

23   *Beispiel*

Der Arbeitnehmer nutzt einen von ihm für dienstliche Zwecke angeschafften PC auch privat, wobei die Privatnutzung weniger als 10 % der gesamten Nutzung ausmacht. Die Anschaffungskosten des PC sind vollumfänglich als Werbungskosten anzusetzen.

24   Sind Aufwendungen für Arbeitsmittel sowohl dienstlich als auch privat – zu mehr als 10 % – veranlasst (gemischte Aufwendungen), so sind diese gemischten Aufwendungen grundsätzlich nicht teilbar, sondern in vollem Umfang dem privaten Bereich zuzuordnen, mit der Folge, dass sie insgesamt nicht abzugsfähig sind. Eine Ausnahme von diesem Aufteilungsverbot ist nur gegeben, wenn berufliche und betriebliche Sphäre anhand eines objektiven, leicht und einwandfrei nachprüfbaren Aufteilungsmaßstabs getrennt werden können (R 12.1 EStR).

II. Personalcomputer

25   Nachdem der Bundesfinanzhof bei **Personalcomputern**, die auch privat nutzbar bzw. zu Spielzwecken geeignet sind, zunächst strenge Beweisanforderungen an die Einordnung als Arbeitsmittel gestellt hatte, ist er in einer neueren Entscheidung vom 19.2.2004[22] zu einer großzügigeren Bewertung gelangt. Als Grund hierfür nennt der Bundesfinanzhof die Einführung des § 3 Nr. 45 EStG. Der Gesetzgeber habe mit Einführung dieser Vorschrift deutlich gemacht, dass er der privaten Nutzung von PC eine untergeordnete Bedeutung zumesse. Vor diesem Hintergrund könne die anteilige Privatnutzung eines PC jedenfalls nicht zu einer vollständigen Versagung des Werbungskostenabzugs führen. Im Falle einer vom Steuerpflichtigen glaubhaft gemachten dienstlichen Nutzung könne die Finanzverwaltung den für den Werbungskostenabzug maßgeblichen Anteil im Schätzwege ermitteln. Mangels weiterer Anhaltspunkte könne pauschalierend von einer hälftigen privaten und hälftigen dienstlichen Nutzung ausgegangen werden.[23] Die Finanzverwaltung[24] hatte bereits vor der Entscheidung des Bundesfinanzhofs eine Aufteilung und einen jedenfalls anteiligen Werbungskostenabzug befürwortet.

---

20 BFH 19.2.2004 – VI R 135/01, DStR 2004, 812.
21 BFH 19.2.2004 – VI R 135/01, DStR 2004, 812.
22 BFH 19.2.2004 – VI R 135/01, DStR 2004, 812.
23 BFH 10.3.2004 – VI R 44/02 (n.v.).
24 FinMin NRW 14.2.2002 – S 2354–1 – V B 3, DB 2002, 400; OFD Magdeburg 16.4.2002 – S 2354 – 5 – St 222, FR 2002, 697.

Verfügt der Steuerpflichtige nicht über die an seinem Arbeitsplatz erforderlichen Computer-kenntnisse, sind Aufwendungen für einen Computerkurs zum Erwerb entsprechender Kenntnisse jedenfalls dann als Werbungskosten abziehbar, wenn der Steuerpflichtige keinen privaten Computer besitzt.[25]

Im Rahmen des Werbungskostenabzugs für Arbeitsmittel gelten gem. § 9 Abs. 1 Nr. 6 und 7 EStG die Vorschriften über Abschreibungen der §§ 6, 7 EStG, so dass, soweit sich die Verwendung oder Nutzung eines Arbeitsmittels auf mehr als ein Jahr erstreckt, beim Werbungskostenabzug die Anschaffungskosten über die voraussichtliche Nutzungsdauer gleichmäßig zu verteilen sind. Bei PC ist von einer Nutzungsdauer von drei Jahren auszugehen.[26]

26

Die Anschaffungskosten können im Jahr der Anschaffung in voller Höhe als Werbungskosten abgezogen werden, wenn sie 410 EUR nicht überschreiten und insoweit von einem **geringwertigen Wirtschaftsgut** gem. § 6 Abs. 2 EStG auszugehen ist. Ein solches geringwertiges Wirtschaftsgut liegt allerdings nur vor, soweit das jeweilige Wirtschaftsgut einer selbstständigen Nutzung fähig ist. Davon kann beispielsweise bei so genannten Kombi-Geräten (Drucker/Scanner/Telefax/Kopierer in einem Gerät) ausgegangen werden, da eine selbstständige Nutzung als Faxgerät/Kopierer unabhängig vom PC möglich ist.[27] Gleiches gilt für externe Datenspeicher, die rechnerunabhängig der Speicherung, dem Transport und der Sicherung von Daten dienen können oder für einen Computertisch.[28] Sonstige Peripherie-Geräte, wie z.B. Drucker, Scanner oder PC-Monitor, sind nicht selbstständig nutzungsfähig, sondern nur im Zusammenhang mit einem PC einsatzfähig.[29] Mangels Vorliegens eines geringwertigen Wirtschaftsguts sind auch insoweit die Anschaffungskosten auf die voraussichtliche Nutzungsdauer zu verteilen.

27

Beispiel

28

Der Arbeitnehmer schafft für dienstliche Zwecke ein Kombigerät im Wert von 150 EUR an, das als Drucker, Scanner und Telefaxgerät fungiert. Das Gerät ist ohne Anschluss an einen PC selbstständig als Telefaxgerät nutzbar. Die Anschaffungskosten sind im Jahr der Anschaffung vollumfänglich als Werbungskosten anzusetzen.

III. Telekommunikationsaufwendungen

Im Übrigen sind **Telekommunikationsaufwendungen** (z.B. für Telefon, Internet, Mobiltelefon) als Werbungskosten abzugsfähig, soweit sie beruflich veranlasst sind (R 9.1 Abs. 5 LStR). Abzugsfähig sind grundsätzlich sowohl die Verbindungsentgelte als auch Nutzungsentgelte für Telefonanlagen und Grundpreise der Anschlüsse. Bei Nachweis der beruflichen Veranlassung für einen repräsentativen Zeitraum von drei Monaten können die Werte aus Vereinfachungsgründen für den gesamten Veranlagungszeitraum übernommen werden. Fallen solche beruflich veranlassten Telekommunikationsaufwendungen erfahrungsgemäß an, so können ohne Nachweis 20 % des Rechnungsbetrags, höchstens aber 20 EUR monatlich als Werbungskosten anerkannt werden. In diesem Umfang, in dem Werbungskosten anzuerkennen sind, kann der Arbeitgeber nach § 3 Nr. 50 EStG auch steuerfreien Auslagenersatz leisten, der dann die Möglichkeit des Werbungskostenabzugs ausschließt (R 3.50 Abs. 2 LStR).

29

---

25 FG Rheinland-Pfalz 24.10.2005 – 5 K 1944/03, rkr., DStRE 2006, 136.
26 BMF 15.12.2000 – IV D 2 – S 1551 – 188/00, BStBl I 2000, 1532.
27 BFH 19.2.2004 – VI R 135/01, DStR 2004, 812.
28 FG Rheinland-Pfalz 22.1.2004 – 6 K 2148/02, rkr., EFG 2004, 718.
29 BFH 19.2.2004 – VI R 135/01, DStR 2004, 812, 958; BFH 10.3.2004 – VI R 91/00 (n.v.).

C. Steuerrechtliche Behandlung der Telearbeit

30 Besondere Probleme wirft die steuerrechtliche Erfassung der Telearbeit (insoweit siehe auch § 7) auf. Einerseits ist der lohnsteuerrechtliche Arbeitnehmerbegriff auf den Normalfall des im Betrieb unter den Augen des Arbeitgebers tätigen Arbeitnehmers und nicht auf den an einem anderen Ort tätigen Telearbeiter zugeschnitten. Andererseits ist insbesondere bei Sachverhalten mit Auslandsbezügen fraglich, ob der Arbeitgeber noch zur Erhebung von Lohnsteuer verpflichtet ist oder ob der Telearbeiter gar einen Anknüpfungspunkt für eine Besteuerung des Arbeitgebers im Ausland liefert. Im Folgenden soll aus Gründen der Vereinfachung als Telearbeiter nur der Teleheimarbeiter angesehen werden, der seiner Tätigkeit von seiner Wohnung aus nachgeht.[30]

I. Arbeitnehmerbegriff

31 Die lohnsteuerrechtliche Arbeitnehmereigenschaft richtet sich grundsätzlich nach der Definition des § 1 Abs. 1 LStDV. Arbeitnehmer sind danach Personen, die in öffentlichem oder privatem Dienst angestellt oder beschäftigt sind oder waren, und die aus diesem Dienstverhältnis Arbeitslohn beziehen oder bezogen haben. Ein Dienstverhältnis liegt nach § 1 Abs. 2 LStDV vor, wenn der Angestellte dem Arbeitgeber seine Arbeitskraft schuldet. Dies ist der Fall, wenn die tätige Person in der Betätigung ihres geschäftlichen Willens unter der Leitung des Arbeitgebers steht oder im geschäftlichen Organismus den Weisungen des Arbeitgebers zu folgen verpflichtet ist. Eine Negativabgrenzung enthält § 1 Abs. 3 LStDV, wonach Arbeitnehmer nicht ist, wer eine gewerbliche oder berufliche Tätigkeit selbstständig ausführt.

32 Maßgeblich bei der Beurteilung der Arbeitnehmereigenschaft ist das Gesamtbild der Verhältnisse,[31] wobei die in H 19.0 LStR aufgeführten Merkmale (z.B. Weisungsgebundenheit hinsichtlich Ort, Zeit und Umfang der Tätigkeit; feste Arbeitszeiten; Ausübung der Tätigkeit gleich bleibend an einem festen Ort; Urlaubsanspruch; Anspruch auf sonstige Sozialleistungen; feste Bezüge; Fortzahlung der Bezüge im Krankheitsfall; kein Unternehmerrisiko; keine Pflicht zur Beschaffung von Arbeitsmitteln usw.), die für die Arbeitnehmereigenschaft sprechen, im Rahmen der Telearbeit besonders zu würdigen sind.

33 So mag die Weisungsgebundenheit hinsichtlich Ort, Zeit und Umfang der Tätigkeit regelmäßig ein Indiz für eine nichtselbstständige Tätigkeit darstellen. Bei der Telearbeit ist dies anders. Vorteil der Telearbeit und Motiv für die Einführung von Telearbeit ist die flexible Gestaltung dieser Arbeitsbedingungen, so dass das Merkmal nur eingeschränkt für eine Abgrenzung tauglich ist. Die Gestellung der Arbeitsmittel mag regelmäßig ebenfalls gegen die Selbstständigkeit der Tätigkeit sprechen, wobei im Rahmen der Telearbeit durchaus vereinbart werden kann, dass der Arbeitnehmer die von ihm allein in der eigenen Wohnung benutzten Arbeitsmittel anzuschaffen hat, ohne dass ihn dies automatisch als Selbstständigen qualifizieren würde. Die Eingliederung des Arbeitnehmers in die betriebliche Organisation des Arbeitgebers ist insoweit bei der Telearbeit gelockert, was auch bei der Auslegung der in H 67 LStR aufgeführten Merkmale zu berücksichtigen ist.

34 Im Ergebnis ist auch beim Telearbeiter die Arbeitnehmereigenschaft nach der Definition des § 1 Abs. 1 LStDV zu prüfen, wobei die in H 19.0 LStR aufgeführten Merkmale nur unter besonderer Würdigung der Eigenheiten der Telearbeit gewertet und gewichtet werden können. Besondere Beachtung ist den Kriterien zu schenken, die unabhängig von den Besonderheiten in der Arbeitsweise

---

30 Bei anderen Formen der Telearbeit (vgl. hierzu § 7 Rn 10 ff.), wie z.B. der mobilen Telearbeit oder der Telearbeit in Telearbeitszentren, ist bei der steuerrechtlichen Einordnung in noch weiterem Maße als bei der Teleheimarbeit die konkrete Ausgestaltung der Arbeitsbedingungen zu beachten.
31 Küttner-*Thomas*, Personalbuch 2008, Telearbeit Rn 12.

des Telearbeiters sind (z.B. Entgeltfortzahlung im Krankheitsfall, Urlaubsanspruch, Anspruch auf soziale Leistungen, das Fehlen von Unternehmerrisiko, Arbeit nur für einen Auftraggeber usw.).[32]

II. Lohnsteuererhebung durch den Arbeitgeber

Nach § 38 Abs. 1 S. 1 EStG ist grundsätzlich – eine Ausnahme besteht hinsichtlich der gewerbs- **35** mäßigen Arbeitnehmerüberlassung – nur ein **inländischer Arbeitgeber** zur Erhebung der Lohnsteuer verpflichtet. Arbeitgeber in diesem Sinne ist derjenige, zu dem eine Person in einem Arbeitnehmerverhältnis gem. § 1 LStDV steht.[33] Inländischer Arbeitgeber ist der Arbeitgeber, der im Inland seinen Wohnsitz (§ 8 AO), seinen gewöhnlichen Aufenthalt (§ 9 AO), seine Geschäftsleitung (§ 10 AO), seinen Sitz (§ 11 AO), eine Betriebsstätte (§ 12 AO) oder einen ständigen Vertreter (§ 13 AO) hat.[34] Die Pflicht zur Einbehaltung von Lohnsteuer kann jedoch in Fällen mit Auslandsberührung zweifelhaft sein. Unterliegt der Telearbeiter nicht der deutschen Besteuerung, so ist der Arbeitgeber auch nicht zum Lohnsteuereinbehalt verpflichtet. Arbeitet ein Telearbeiter vom Ausland aus für den inländischen Arbeitgeber, so hängt die Besteuerung dieser Tätigkeit insbesondere von den zwischenstaatlichen Regelungen (Doppelbesteuerungsabkommen, DBA) ab.

1. Unbeschränkt steuerpflichtiger Telearbeiter

Soweit ein Telearbeiter seinen Wohnsitz (§ 8 AO) oder seinen gewöhnlichen Aufenthalt (§ 9 AO) **36** im Inland hat und im Ausland arbeitet, unterliegen seine Einkünfte gleichwohl nach § 1 Abs. 1 S. 1 EStG der deutschen Besteuerung. Der inländische Arbeitgeber wäre danach zur Abführung der Lohnsteuer verpflichtet.

Besteht wegen der Tätigkeit des Telearbeiters im Ausland auch in diesem Land ein Anknüpfungs- **37** punkt für eine Besteuerung, so richtet sich die Aufteilung der Besteuerung zwischen Wohnsitz- und Tätigkeitsstaat regelmäßig nach dem jeweiligen Doppelbesteuerungsabkommen (DBA), falls ein solches zwischen beiden Staaten abgeschlossen wurde. Da die meisten DBA in Inhalt und Aufbau dem Musterabkommen der OECD (OECD-MA) folgen, werden nachfolgend exemplarisch nur die Regelungen des OECD-MA angesprochen.

Die Aufteilung des Besteuerungsrechts bei nichtselbstständiger Arbeit ist in Art. 15 OECD-MA **38** geregelt. Nach Art. 15 Abs. 1 OECD-MA liegt bei der Erbringung nichtselbstständiger Arbeit das Besteuerungsrecht beim Wohnsitzstaat, es sei denn, die Tätigkeit wird in dem anderen Staat ausgeübt; in diesem Fall liegt das Besteuerungsrecht beim Tätigkeitsstaat. Als Ausnahme zu diesem Grundsatz fällt das Besteuerungsrecht gem. Art. 15 Abs. 2 OECD-MA wiederum dem Wohnsitzstaat zu, wenn der Telearbeiter nur vorübergehend im Ausland tätig wird und nicht von einem im Tätigkeitsstaat ansässigen Arbeitgeber entlohnt wird. Der Art. 15 Abs. 2 OECD-MA stellt hierfür drei Voraussetzungen auf:

- der Arbeitnehmer hält sich insgesamt nicht länger als 183 Tage innerhalb eines Zeitraums von **39** zwölf Monaten, der während des betreffenden Steuerjahres beginnt oder endet, im Tätigkeitsstaat auf
- die Vergütung wird von einem Arbeitgeber oder für einen Arbeitgeber gezahlt, der nicht im Tätigkeitsstaat ansässig ist
- die Vergütung wird nicht von einer Betriebsstätte getragen, die der Arbeitgeber im Tätigkeitsstaat hat.[35]

Liegen diese Voraussetzungen vor, so liegt das Besteuerungsrecht beim Wohnsitzstaat.

---

32 Gummert/Trapp-*Maskow/Scholl*, Rn 631; Schmidt-*Drenseck*, § 19 EStG Rn 15.
33 Schmidt-*Drenseck*, § 38 EStG Rn 4.
34 Schmidt-*Drenseck*, § 38 EStG Rn 5.
35 Einzelheiten zur 183-Tage-Regelung in BMF 14.9.2006 – IV B 6 – S 1300 – 367/06, BStBl I 2006, 532.

40

Beispiel

Der Telearbeiter hat seinen Wohnsitz in Deutschland und hält sich für 180 Tage im Jahr in einem ausländischen Staat auf, um von dort seiner Tätigkeit nachzugehen. Seine Vergütung erhält er unmittelbar von seinem deutschen Arbeitgeber, der die Vergütung nicht von einer im Tätigkeitsstaat errichteten Betriebsstätte zahlen lässt. Besteht mit dem ausländischen Tätigkeitsstaat ein DBA mit einer dem Art. 15 OECD-MA entsprechenden Regelung, so unterliegt die Tätigkeit der deutschen Einkommensteuer. Der Arbeitgeber ist zur Abführung der Lohnsteuer verpflichtet.

41

Besteht zwischen Wohnsitz- und Tätigkeitsstaat kein DBA, ist der Arbeitgeber zum Lohnsteuerabzug verpflichtet. Einer möglichen Doppelbesteuerung kann der Telearbeiter durch die Ermäßigungsvorschrift des § 34c EStG begegnen.

2. Beschränkt steuerpflichtiger Telearbeiter

42

Hat ein Telearbeiter weder seinen Wohnsitz (§ 8 AO) noch seinen gewöhnlichen Aufenthalt (§ 9 AO) im Inland, so ist er nach § 1 Abs. 4 EStG im Inland beschränkt steuerpflichtig, wenn er inländische Einkünfte im Sinne des § 49 EStG hat. Besteht mit dem ausländischen Staat, in dem der Telearbeiter seinen Wohnsitz oder gewöhnlichen Aufenthalt hat, ein DBA, so liegt nach Art. 15 OECD-MA das Besteuerungsrecht beim Wohnsitzstaat, wenn sich der Telearbeiter nur vorübergehend im Inland aufhält bzw. die Voraussetzungen des Art. 15 Abs. 2 OECD-MA erfüllt sind; die Frage nach der beschränkten Steuerpflicht stellt sich nicht.

43

Sind die Voraussetzungen des Art. 15 OECD-MA nicht erfüllt oder besteht kein DBA, so ist zu fragen, ob der Telearbeiter inländische Einkünfte im Sinne des § 49 EStG hat. Dazu zählen gem. § 49 Abs. 1 Nr. 1 EStG Einkünfte aus nichtselbstständiger Arbeit, die im Inland ausgeübt oder verwertet wird oder worden ist.

44

Die Arbeit wird dort ausgeübt, wo der Telearbeiter persönlich tätig wird (R 39d Abs. 1 LStR), d.h. wo er sich physisch aufhält und die Tätigkeit persönlich ausübt.[36] Auch wenn die Tätigkeit des Telearbeiters nicht im Inland ausgeübt wird, liegen inländische Einkünfte vor, wenn die Arbeit im Inland verwertet wird. Eine Verwertung der Arbeit im Inland ist anzunehmen, wenn der Arbeitnehmer das Ergebnis seiner im Ausland erbrachten Arbeit seinem Arbeitgeber im Inland zuführt (R 39d Abs. 1 LStR). Unter Verwertung ist insoweit ein über die Arbeitsleistung hinausgehender Vorgang zu verstehen;[37] entscheidend ist, ob die Arbeitsergebnisse für den Arbeitgeber im Inland nutzbar sind.[38]

45

Beispiel

Der im Ausland ansässige Telearbeiter erstellt Marktanalyseberichte, die er dem inländischen Arbeitgeber per E-Mail zur Verfügung stellt. Der Arbeitgeber nutzt diese Berichte bei der Ausrichtung seiner Produktion. Es liegen inländische Einkünfte gem. § 49 Abs. 1 Nr. 4a EStG vor.[39]

46

Liegen inländische Einkünfte nach § 49 EStG vor, ist der Telearbeiter beschränkt steuerpflichtig im Sinne des § 1 Abs. 4 EStG. Der Arbeitgeber hat nach § 38 EStG Lohnsteuer abzuführen.

---

36 BFH 12.11.1986 – I R 268/83, BStBl II 1987, 372.
37 Schmidt-*Heinicke*, § 49 EStG Rn 48.
38 BFH 12.11.1986 – I R 69/83, BStBl II 1987, 379.
39 Beispiel nach BFH 12.11.1986 – I R 69/83, BStBl II 1987, 379.

III. Betriebsstättenproblematik

Neben der zuvor behandelten Frage, wie der Telearbeiter einkommen- bzw. lohnsteuerrechtlich   **47**
zu erfassen ist, kann die Beschäftigung von Telearbeitern auch beim Arbeitgeber unmittelbar
steuerrechtliche Auswirkungen haben, und zwar insbesondere dann, wenn der Telearbeiter selbst
als Betriebsstätte gem. § 12 AO bzw. in abkommensrechtlichem Sinne anzusehen ist.

1. Arbeitsleistung am inländischen Wohnsitz

Arbeitet der Telearbeiter von seinem **inländischen** Wohnsitz aus und befindet sich auch der ihn   **48**
beschäftigende Arbeitgeber im Inland, so hat die Frage, ob der Telearbeiter eine Betriebsstätte
nach § 12 AO bildet, in erster Linie gewerbesteuerliche Auswirkungen.[40] Liegen der Geschäftssitz
des Arbeitgebers und der Wohnsitz des Telearbeiters in unterschiedlichen Gemeinden, so wäre,
wenn der Telearbeiter eine Betriebsstätte darstellen würde, nach §§ 28 ff. GewStG eine Zerlegung
des einheitlichen Steuermessbetrages vorzunehmen.

Eine Betriebsstätte ist nach § 12 AO jede feste Geschäftseinrichtung oder Anlage, die der Tätig-   **49**
keit eines Unternehmens dient. Dies beinhaltet eine sowohl räumliche als auch zeitliche Komponente. Eine Geschäftseinrichtung können sowohl ein Gebäude als auch einzelne Räume eines
Gebäudes sein.[41] Nutzt der Telearbeiter für seine Tätigkeit seine Wohnung bzw. einen Teil seiner
Wohnung, so ist grundsätzlich eine Geschäftseinrichtung gegeben. Geschieht dies für einen
längeren Zeitraum, so liegt auch eine feste Geschäftseinrichtung im Sinne einer örtlich und zeitlich nachhaltigen Nutzung vor.[42] Auch der Bezug zur Tätigkeit des Unternehmens ist unproblematisch, wenn mit der Telearbeit betriebliche Aufgaben in die Wohnung des Arbeitnehmers aus-
gelagert werden.

Weitere Voraussetzung für das Vorliegen einer Betriebsstätte ist nach der Bundesfinanzhofrecht-   **50**
sprechung, dass der Unternehmer eine nicht nur vorübergehende Verfügungsmacht über die Einrichtung hat.[43] Eine solche Verfügungsmacht ist dann anzunehmen, wenn der Unternehmer hinsichtlich bestimmter Räume eine Rechtsposition inne hat, die ihm nicht ohne weiteres entzogen
oder die ohne seine Mitwirkung nicht ohne weiteres verändert werden kann.[44] Dies ist hinsichtlich
der Privatwohnung des Arbeitnehmers nicht anzunehmen. Auch die arbeitsvertraglich vorgesehene Nutzung der Wohnung bzw. einzelner Zimmer zu dienstlichen Zwecken begründet eine solche Verfügungsmacht nicht.[45]

Grundsätzlich ist der Telearbeiter danach nicht als Betriebsstätte im Sinne des § 12 AO anzuse-   **51**
hen. Anderes mag allenfalls in Ausnahmefällen gelten, wenn etwa aufgrund der konkreten Einrichtung des Telearbeitsplatzes im Einzelfall eine Verfügungsmacht des Arbeitgebers hierüber
anzunehmen ist.[46] Nach der Rechtsprechung des Bundesfinanzhofes[47] stellt außerdem die Stätte
der Geschäftsleitung gem. § 12 S. 2 AO eine Betriebsstätte dar, ohne dass eine feste Geschäftseinrichtung vorliegen muss. Danach kann eine Betriebsstätte gegeben sein, wenn ein Geschäftsführer eines Unternehmens selbst als Telearbeiter tätig wird. In diesen Ausnahmefällen hat, soweit der Telearbeitsplatz in einer anderen Gemeinde liegt als das beschäftigende Unternehmen,
eine Zerlegung des Gewerbesteuermessbetrages nach §§ 28 ff. GewStG zu erfolgen.

---

40 *Pasch/Utescher*, BB 2001, 1660, 1662.
41 BFH 14.7.2004 – I R 106/03 (n.v.).
42 Vgl. BFH 3.2.1993 – I R 80–81/91, BStBl II 1993, 462.
43 BFH 10.11.1998 – I B 80/97 (n.v.).
44 BFH 10.11.1998 – I B 80/97 (n.v.).
45 BFH 10.11.1998 – I B 80/97 (n.v.).
46 Vgl. *Pasch/Utescher*, BB 2001, 1660, 1663.
47 BFH 28.7.1993 – I R 15/93, BStBl II 1994, 148.

2. Arbeitsleistung am ausländischen Wohnsitz

52 Arbeitet der Telearbeiter von seinem **ausländischen** Wohnsitz aus für einen inländischen Arbeitgeber, so kann die Frage, ob er eine Betriebsstätte darstellt, gem. Art. 7 OECD-MA für die Besteuerung des Arbeitgebers Bedeutung erlangen. Nach Art. 7 OECD-MA können Unternehmensgewinne, die in einer ausländischen Betriebsstätte erzielt werden, abweichend vom Wohnsitzprinzip des Art. 15 OECD-MA in dem ausländischen Staat besteuert werden.

53 Die Betriebsstättendefinition des Art. 5 Abs. 1 OECD-MA entspricht derjenigen in § 12 AO, so dass ein Telearbeiter nur in den oben genannten Ausnahmefällen eine Betriebsstätte begründet. Zu beachten sind allerdings die abkommensrechtlichen Besonderheiten. Art. 5 Abs. 4 OECD-MA enthält einen Negativkatalog von Tätigkeiten mit untergeordneter Bedeutung; in den Fällen der dort genannten Hilfstätigkeiten liegt keine Betriebsstätte vor. Im Einzelfall ist anhand von Art und Umfang der Tätigkeit des Telearbeiters zu prüfen, ob einer der Ausnahmefälle des Art. 5 Abs. 4 OECD-MA einschlägig ist. Einen weiteren Ausnahmefall stellt die sog. Vertreterbetriebsstätte nach Art. 5 Abs. 5 OECD-MA dar. Bestimmte, mit Abschlussvollmachten ausgestattete Unternehmensvertreter gelten nach dieser Regelung als Betriebsstätte.

54 Auch bei einer Tätigkeit des Telearbeiters im Ausland ist insoweit nur in Ausnahmefällen von einer Betriebsstätte nach Art. 5 OECD-MA auszugehen. Diese kann über Art. 7 Abs. 1 OECD-MA zu einer ausländischen Besteuerung führen.

IV. Werbungskostenabzug bei Telearbeit

55 Werden die Arbeitsmittel (PC, Telefax, Internet) dem Telearbeiter vom Arbeitgeber zur Verfügung gestellt, ist dies lohnsteuerrechtlich unproblematisch. Auch die private Nutzung der Geräte führt nach § 3 Nr. 45 EStG nicht zur Steuerpflicht (siehe Rn 1 ff.). Soweit der Arbeitnehmer die von ihm für die Telearbeit benötigten Arbeitsmittel selbst anschafft, kommt ein Ansatz als Werbungskosten in Betracht (siehe Rn 25 ff.).

56 Wird die Telearbeit im häuslichen Arbeitszimmer erbracht, kann der Telearbeiter die Aufwendungen hierfür im Rahmen des § 9 Abs. 5, § 4 Abs. 5 Nr. 6b EStG als Werbungskosten geltend machen, wenn für die betriebliche oder berufliche Tätigkeit kein anderer Arbeitsplatz zur Verfügung steht; der Werbungskostenabzug ist in diesem Fall allerdings auf 1.250 EUR begrenzt. Diese Begrenzung gilt nicht, wenn das häusliche Arbeitszimmer den Mittelpunkt der gesamten betrieblichen und beruflichen Betätigung darstellt. In anderen Fällen ist ein Werbungskostenabzug ausgeschlossen.[48] Liegen die Voraussetzungen für einen Werbungskostenabzug vor, so sind hiervon auch die Aufwendungen zum Herrichten des häuslichen Telearbeitsplatzes umfasst, wenn erst im Folgejahr die häusliche Telearbeit aufgenommen wird.[49] Aufwendungen für eine Bildschirm-Arbeitsbrille sollen dagegen nach Auffassung des BFH selbst dann keine Werbungskosten darstellen, wenn die Brille ausschließlich am Arbeitsplatz getragen wird.[50]

---

48 Einzelheiten zum Werbungskostenabzug betreffend das häusliche Arbeitszimmer enthält BMF 2.3.2011 – IV C 6 – S 2145/07/10002, BStBl I 2011, S. 195.
49 BFH 23.5.2006 – VI R 21/03, BStBl II 2006, 600.
50 BFH 20.7.2005 – VI R 50/03, BFH/NV 2005, 2185.

D. Muster

▼

Muster 12.1: Abfindungsklausel bei Übereignung von Personalcomputern

Für den Verlust des Arbeitsplatzes erhält der Arbeitnehmer in entsprechender Anwendung der §§ 9, 10 KSchG eine Abfindung in Höhe von 51.000 EUR. Die Entschädigung erfolgt durch Zahlung eines Betrages in Höhe von 50.000 EUR brutto auf das Konto des Arbeitnehmers und im Übrigen durch Übereignung des Laptops IBM ThinkPad R 40, Seriennummer 12345555, mit einem Verkehrswert von 1.000 EUR. Der Arbeitgeber wird die Übereignung des Laptops nach § 40 Abs. 2 Nr. 5 EStG der pauschalen Lohnsteuer unterwerfen; die pauschale Lohnsteuer trägt im Innenverhältnis der   [Arbeitgeber bzw. Arbeitnehmer].

▲

Stichwortverzeichnis